C・ギャンブル 著／田村　隆 訳

ヨーロッパの旧石器社会

Clive Gamble
THE PALAEOLITHIC SOCIETIES OF EUROPE

同成社

Titel : THE PALAEOLITHIC SOCIETIES OF EUROPE

Author : Clive Gamble

Copyright   Clive Gamble 1999

Japanese translation rights arranged with

 the Syndicate of the Press of the University of Cambridge, Cambridge, UK

through Tuttle-Mori Agency, Inc., Tokyo

序　文

　二つの会議が本書の執筆にインスピレーションを与えてくれた。一つは，1981年にブラッドフォードで行われた考古学的な視点からヨーロッパ社会の進化が討議された会議である。私はこれに本書第1章の一部を含む要旨を提出したのだが，実をいうと，その刊行物からは何も得るところはなかった。というのも，そこでは新石器時代以前については単なる埋草以上のものではなかったからである。発表要旨の編者はあらゆる時代にわたる議論を精力的にとりまとめることに努力したが，そこには狩猟・採集民は含まれていなかったのである。事実，私自身もほとんど意見を述べることはなかったし，また，どうしてそうなってしまうのか，という疑問を禁じ得なかったのである。

　第二の会議は，1986年にロンドン大学経済学スクールで行われたものある。この会議は狩猟・採集民に関するものであったが，私の期待は先のそれよりもいっそう大きいものであった。というのも，この会議は名門の血筋に連なるものであったからである。つまりそれは，われわれに狩猟・採集民に関する一つのモデルを提示してくれた，1968年に開催された「狩猟民としてのヒト（Man the Hunter）」と題した会議の直系に連なるものであった。ここでは考古学者にも要旨の提出が求められたが，それが社会について論じられていない場合には，公刊された論集からは排除されてしまった。その結果，活字になったのはわずか1編にすぎなかったのである。

　専門家たちが！Kung / Zhu / Ju /'hoansiをどのような名称で統一的に呼ぶべきかであるかとか，1965年8月26日に水場のまわりにいたのは何人であったのか，といった愚にもつかない議論に熱中しているのを，ロンドン大学経済学スクールの座り心地のよい安楽椅子に座りながら眠気をこらえて聴いているのは辛い経験であった。とはいえ，一つだけ稔りある会話を交わすことができたのは幸いであったが。

　私はオーストラリア・アボリジニーの専門家に，考古学者に何を期待するのか，とたずねてみた。「人類学者の注意を喚起するために，われわれ考古学者にできることは何だろうか」と聞いてみたわけである。

　彼は自信なさそうにこう答えてくれた。

　「そうだね，社会的な問題なんかどうだろう」

　「それでは，君にとって社会とはなんだい」

　「うーん，とりあえず血縁関係にかかわる問題かな」といいかけて，

　「いや失礼，君たち考古学者にはどだい無理な話だね。そうじゃないかい」

　確かに本書では血縁関係はあまり登場しないが，この大陸の50万年間にもわたる先史時代を対象とする社会的なアプローチの意味するところについては十分な紙面を割くことになるだろう。私は，前著『ヨーロッパ旧石器時代のセトルメント』（1986）において，ヨーロッパを地域的に区分することは地域的な較差が大きいため難しいので，これを九つの細胞状の地域モデルに標準化すること

を提案した。本書では，検討すべきタイムスケールをどのように設定するのかという問題を出発点とした。このスケールは伝統的に1万年前までとされてきたが，本書では最終氷期最寒冷期直前の2万1,000年前までとした。これには二つの理由がある。

まず，本書のボリュームである。最終氷期後半期を取り入れると，あまりにも大冊になり，手軽に扱えなくなってしまう。また，逆に，必要な記述も手薄になるおそれがある。第二に，打切りの時期を古くすることによって，よくいって恣意的，悪くいえば因習的な区分を意識的に混乱させることをねらったからである。この区分があるために，旧石器時代はもっと新しい先史時代から切り離されてきたのである。ところが，その理由はといえば，現在の間氷期以前であるというだけにすぎないのだ。天気予報のために50万年におよぶ先史時代が凍結されて，研究の埒外に追いやられてきたとすれば，笑い話にもならないだろう。そうであるがゆえに，境界を時間的に繰り上げた理由は，筆者の執着や疲労によるものではなく，論点をより鮮明にする目的があったためである。ただし，ここでの繰上げ点はまったく恣意的なものでもないし，かといって格別の意味があるわけでもない。むしろ，便宜的なものというべきであろう。ヨーロッパの旧石器時代においては，社会生活は休みなく継続されたし，いかなる気候のもとでもとどまることはなく，また，ある特定の条件のもとでのみ安定していたわけでもない。なお，最終氷期後半期については別な著述を予定している。

『ヨーロッパ旧石器時代のセトルメント』以降の10年間に，調査と研究はすばらしい進展を見せた。このデータの質と量は，前著の改訂を断念させ，新たな著述を必要とした。また，私の関心も移り変わった。私は常々旧石器時代研究を牛耳っている二つの教条的なモデルに我慢がならなかった。学生たちには，これを胃袋主導（stomach-led）主義と脳従属(brain-dead)主義と教えている。第一の教条はカロリー中心の考え方で，それは初期人類の木や石で動物を狩猟する能力にすっかり魅せられた研究者の考え方である。第二の教条は変化をことごとく灰色の脳髄の緩慢な目覚めに帰着させる考え方といえる。この考え方によれば，彼らは何百万年もの間，靴紐の結び方ばかりか，どこに足があるのかについても思い悩んできたことになる。このような思考を煎じ詰めれば，考古学的な記録を説明するためには何がしかの原動力（prime movers）が存在し，われわれはそれを見つけなくてはならないということになるだろう。それは共同作業の発達かもしれないし，ちょっとした，だが素晴らしいテクノロジーかもしれないし，あるいは言語の登場かもしれないが，いずれにせよ，それらは人類を優位に立たせ，さらに新しいパターンを解釈するために用意されたものでもある。こうした原動力主義は考古学の分野ではうまく運用されてこなかったし，旧石器時代に対してもあまり効果的な思考方法とはいえない。私が本書で試みたのは，パターンを生み出すコンテクストを提示することであり，私見によれば，そこでわれわれに受け容れられる枠組としては，社会を措いてほかにはないであろう。私は個人を中心に据え，社会生活におけるパフォーマンスのための相互関係モデルを提示するが，このことに多くの読者は戸惑いを覚えるかもしれない。私はこの方法論的な枠組や新しい用語の導入に対して，とくに弁明する必要を感じない。この導入は新しい分析を阻止してきた理論負荷的な事実から抜け出るために必要であったからである。また，旧石器時代の露天遺跡や岩陰遺跡の調査に高度に専門的な技量が必要とされることは事実であるが，そうした人工物の座標計測やタフォノミーの検討といった精密な記録化とはいったいどのような意味を

もつのだろうか。さらに，人工物の入念な接合が行われているが，そうした作業によって基礎的な事実が明らかにされるということはさておき，接合資料とはいったい何を物語るのだろうか。ローマ時代の社会を研究する社会考古学者は，現在旧石器時代の研究者が行っているように，土器の接合に多大のエネルギーを投入し，頭を悩ましているのだろうか。われわれは手持ちの材料も，あるいは問うべき課題も出し尽くしてしまったのだろうか。私はそうは思わない。こうした労多く，稔り少ない手順を踏むことによって，胃袋主導主義と脳従属主義的な解釈を脱し，そうした精緻な分析を，われわれの手許にある資料から抽出された豊富な社会的なデータに適用するという試みへとつなげていく，いささか実験的ともいえる部分をも含む領域へと進んでいかなければならないからである。

　多くの方々から，さまざまなアイディアと情報を提供していただいた。1992年にはウィル・ロウブレックスとゲルハルト・ボジンスキーからの招請で，ヨーロッパ最古の居住者をテーマとするヨーロッパ科学基金ネットワークの役員として3か年にわたって海外視察とゼミナール，会議などに出席する機会を与えられたが，この間の旧石器時代に関する討議はもっとも有益なものであった。他の役員であったマニュエル・サントニィア，ラルス・ラーソン，アラン・タフロー，ルイ・ラポソ，ニコライ・プラスロフ，マルゲリータ・ムッシが本書の内容に理解を示してくれることを願いたい。ヨーロッパ科学基金ネットワーク世話人マックス・スパラブームには，さまざまな問題を適切に処理していただいた。厚くお礼申し上げる。

　遺跡の訪問や討論など楽しいひとときを過ごさせていただいた皆さまにも謝意を表したい。順不同でお名前を記させていただく。チス・ヴァン・コルフショーテン，ジョン・マッカーブ，ジョン・ゴウレット，ポール・メラーズ，スティーブ・ミズン，ニック・アシュトン，チェルト・ヴァン・アンデル，マーチン・スリート，エレーヌ・ターナー，サビーヌ・ゴジンスキー，ポール・プチット，レスリー・アューリョ，マーク・ホワイト，ウィリアム・デイビーズ，ジリ・スボボダ，ジュアーヌ・フェブロ・オグスタン，マーク・ロバーツ，ディートリッヒ・マーニア，パトリック・オギュスト，ジョン・ワイマー，ユーダルド・カルボネル，ジョフ・ベイリー，アンドルー・ローソン，イャヌス・コズロウスキー，ジャン・ミシェル・ジュネスト，クリス・ストリンガー，アラン・ターナー，アレン・トゥルク，ハンスユルゲン・ミューラー・ベック，エレーヌ・モリス，ロブ・フォーレイ，ニック・コナード，クレメンス・パスダ，フランシス・ウェンバン・スミス，ルパート・ハウスリー，ジェラルド・ヴェガ・トスカーノの諸氏。また，下記の各氏には草稿を閲読していただき，併せて貴重な意見を頂戴した。スティーブン・シェナン，クウェンタン・マッキー，ポール・グレイブス・ブラウン，J.D.ヒル，ヴィクター・ストキェコフスキー，キャスリーン・ペルレ，アダム・クーパー，ヴァーノン・レイノルズ，アントニー・ファース，ステファニー・モーゼル，リチャード・ブラッドレー，ケイト・グレゴリー，ネーザン・シュランガー，アラスデア・ホイットル，アン・ベスト，ジェイムス・スティール，クリス・ゴスデン，ウィル・ロウブレックス，イボンヌ・マーシャル，オルガ・ゾファー。そしてルイス・ビンフォードからはいつもながら多くの学恩を受けたが，彼とはどちらが早くめいめいの著述を書き上げることができるのかち

ょっとした競争があった。

　本書の執筆に際してはサウサンプトン大学からも支援を受けた。大学からは特別研究有給休暇をいただき，英国アカデミーからも旅行資金の援助があった。また，1994年から1995年にかけては文献査読のための特別休暇年であった。考古学研究室の同僚にも感謝しなければならない。彼らにはこの年度には私の分までの負担をかけた。とくにアンソニー・シンクレアには，私が「サルの仲間」の研究に没頭している間，私の授業の肩代わりをしてもらった。ソフィー・シェナンには書誌と索引を作成していただいた。マーチン・ポアからは文献探索に多大の協力を得た。編集のジェシカ・クーパーには叱咤激励いただいた。ジャネット・ホールからは印刷面でのアドバイスを受けた。挿図の作成にはエリカ・ヘミングがあたったが，ニック・ブラッドフォードとピーター・ホッジがこれに協力した。モーリシオ・アントンにはアタプエルカの家族の木の前に勢揃いしたシマ・ド・ロス・フエソスの人々のイラストを表紙カバーのために描いていただいた。深くお礼申し上げる。このイラストには，30万年前の人々の行為と各自の性格までもが描かれているが，彼らは親密な，そして日常的なネットワークをつくりあげている（第2章参照）。

　最後になるが，悲しいことに，わがヨーロッパ科学基金ネットワークの同僚であったキャスリーン・ファリジーと，私が大学院時代に助力を仰いだキム・ハーンには，本書の内容について忌憚のない意見を頂戴することが永久にできなくなってしまった。本書は彼らの旧石器時代研究の衣鉢を継ぐものであり，謹んで彼らの想い出に捧げたいと思う。

　1998年1月

　　　　　　　　　　　　　　　　　　　　西インド諸島ネヴィス　コンスティチューション・ヒルにて

目　　次

第1章　旧石器時代のカーテンを開けよう……………………………………9
　　はじめに　9
　　旧石器時代初期のイメージ　10
　　旧石器時代についての批判・信念・道筋　12
　　考古学に関する理論的な語り　15
　　旧石器社会の研究：人類社会の起源　17
　　旧石器社会の研究：現代狩猟・採集民社会の起源　23
　　旧石器社会の研究：バンドと複合的社会の起源　28
　　文化についての二つの物語　34
　　要　　約　37

第2章　個人，社会そしてネットワーク………………………………………40
　　集団と個人　40
　　社会に対する二つのアプローチ　41
　　霊長類の社会　44
　　媒介的関係（agency），構造そして個人　45
　　社会進化の核心的諸問題　47
　　ネットワークとそのコンポーネント　49
　　資源とネットワーク構造　55
　　ネットワークのサイズを説明するための規則　58
　　ネットワークの人口学的サイズ　62
　　行動のルール：狩猟・採集民のマジックナンバー　67
　　要　　約　68

第3章　旧石器時代の枠組：場，リズムそして域……………………………71
　　旧石器時代の居住行動（セトルメント）瞥見　72
　　旧石器時代社会研究の枠組　73
　　場　75
　　リズムと社会的テクノロジー　85
　　域　92
　　要　　約　100

第4章　最初のヨーロッパ社会（50万～30万年前）…………………… 103
　　旧石器時代のヨーロッパを定義する　103

編年，気候そして居住地　105
　　リズムと社会的テクノロジー　125
　　域　140
　　場　143
　　場：ビルツィングスレーベンについての事例研究　150
　　要　　約　166

第5章　ネアンデルタール人の社会（30万〜6万年前）……………171
　　ネアンデルタール人の生活の多様性　171
　　編年・古気候・環境　172
　　最終間氷期，すなわちエーミアン（12.8万〜11.8万年前）　187
　　リズムと社会的テクノロジー　196
　　ルヴァロア技法はいつ登場したのだろう　212
　　域　227
　　場　231
　　場：マーストリヒト・ベルヴェデールについての事例研究　237
　　要　　約　248

第6章　社会生活のリズム（6万〜2万1,000年前）………………253
　　何のための社会生活なのか　253
　　編年・古気候・環境　256
　　リズムと社会的テクノロジー　289
　　要　　約　319

第7章　社会的生活の拡張（6万〜2万1,000年前）………………324
　　旧石器時代の権力　324
　　域　327
　　場　357
　　場：ドルニ・ヴェストニツェ-パブロフについての事例研究　358
　　編　年　361
　　要　　約　381

第8章　ヨーロッパ旧石器時代の社会……………………………385

　　参考文献　396
　　訳者あとがき——解説にかえて——　451

ヨーロッパの旧石器社会

第1章　旧石器時代のカーテンを開けよう

> 社会とは，それまで存在したこともなかった事態を組み立てるために提唱され，公認された一つの要求であるということができる。
> エリック・ウルフ：『社会の創出』

はじめに

　数多くの観察結果が記録され，さまざまなアイディアが定説化されることによって，ヨーロッパの旧石器時代は構成されてきた。この二つの手続きを駆使して，考古学者は多くのパターンを認識し，また大陸的規模での時間的・空間的パターンに対応した解釈を提示してきたのである。そこでの解釈は，石器という形で表現された初期人類の生物学的な能力や生態系への適応，さらに地域的な石器群の変遷などを前面に押し出したものであった。人類が移動するための能力の変化は，文化的要素が選択的に伝播と結びつけて，文化史的に記載されてきたし，また同時に，このような旧石器時代の記録は，連続性と変化という視点を含む長期にわたる適応システムとしても記述されてきたのであった。

　たしかに，こうした長年にわたるデータの調査と，データを分析するための概念の発達の渦中にあって，本書のテーマである旧石器時代におけるヨーロッパ社会の変化という課題も，この間注目されてはきた。だが，旧石器社会の調査といっても，これまでなされてきた生業経済の研究やセトルメントの空間分析，洞穴画や石器型式学，さらに技術論などといった分野の成果に比肩すべくもないのも事実である。しかし，より新しい時代を対象とする社会に関する考古学的研究については，すでに大きな一歩が印されているところであり（Hodder 1990a, Renfrew 1973），その成果の一端は後期旧石器時代社会の解釈にも援用されている（Clark and Lindjy 1991, Price and Brown 1985a, Soffer 1987）。とはいえ，上部旧石器に先立つ50万年間もの間，ヨーロッパに居住していたのは，社会的な登場人物というよりもむしろ生態学的な生物であった。つまりわれわれは，第四紀という巨大な自然的営力に立ち向かった単純な石器製作技術を評価することによって，半人半獣という，とうていわれわれとは並置できない存在をつくり出してきたのである。こうした分析によれば，彼ら旧石器時代人はアフリカから新人が到来し，自分たちを奴隷的な自然との闘争から解放してくれるのを辛抱強く待ち望んでいたということになってしまうのである。

　ゴードン・チャイルドGordon Childeは，とりわけこの時代の社会の再構成には消極的な展望しか抱いていなかった。彼は『社会進化』の中で次のような一般受けする見解を述べている。

> 下部旧石器時代のホルドについては，嘆かわしいほどわずかな資料しかなく，社会組織を示すような資料も驚くほど少ないか，まったく欠落している。こうしたがらくたしかないので，いかなる一般化も不可能である（Childe 1951:85）。

資料が相対的に豊富な中石器時代や上部旧石器時代についても評価は同じであり，それは一方的ともいえる。

　氷河時代のヨーロッパや，後氷期の北方森林帯においては，特定の環境への適応を示唆するものは，経済と物質文化以外には存在しない（ibid.）。

こうした見解によれば，中石器時代の人びとは農耕民によって置き換えられることを辛抱強く待っていたことになろう。チャイルドの30年後にリチャード・ブラッドリーRichard Bladleyは，考古学者が今なお，

　成功した農耕民たちは社会的な紐帯を維持していたのに対して，狩猟・採集民たちはヘーゼルナッツとの生態的関係しか維持していなかった（Bladley 1984 :11）。

ということを強調していることに対して，嘆きの声をあげることになる。だが，こうしたイメージも変わりつつある。考古学的な記録から中石器時代人の自己意識が読み解かれ，地域的な研究は（Bonsall 1991）社会的再構成に豊かな資料を提供してくれる。これは上部旧石器についても同様である。

旧石器時代初期のイメージ

社会考古学という分野を一つにまとめ上げようとする前向きな試みは，どのようなものであれ，普通は初期旧石器という岩盤にその足場をおいている。チャイルドの1951年の指摘以来起きたことといえば，下部および中部旧石器が，当時上部旧石器と中石器とに割り振られていた場所を占めるようになったということである。過去40年間というもの，大規模かつ学際的なプロジェクトによって，ヨーロッパ全域で考古学的な，また環境に関するデータが豊富に蓄積されてきた。さらに，深海底の酸素同位体記録に基づく連続的な更新世の編年が組み上げられ（Imbrie and Imbrie 1979），放射年代の限界を突破する科学的年代学が確立され（Aitken 1990），単なる事実記載から脱却して，解釈の時代が到来したのであった。

　こうした解釈は，視覚的に表現されることが少なくない。多くのプロジェクトの成果として，ヨーロッパにこうした人類が居住していた当時の光景が画家の手によって復元されている（Lumley 1979, Mania and Dietzel 1980）。モーゼルMoserが議論しているように，これらのイメージは「単なるテキストに表示されている情報を要約した図解以上のものであり，むしろ，理論を補うものであり，それ自体議論の一部なのである」（1992 :833）。調査成果を図解することによって，暗に解釈の方法が示されているのである。われわれは，ビルツィングスレーベンBilzingslebenの湖畔で人類がバイソンを攻撃している有様を目にし（Mania and Dietzel 1980），トラルバ・アンブローナTorralba/Ambronaにおいて計画的に行われた，賞賛すべきゾウ狩りを見ることもできる（Howell 1965）。こうした工夫によって，考古学的がらくたに満ちた不案内な過去は一転してなじみ深い過去に変容することになるのである。

　このような視覚的イメージは，知識よりも理論的想像力に訴えるところが大きい（Stoczkowski 1994, Gamble 1992a, Moser 1998, Moser and Gamble 1997, Gifford-Gonzalez 1993）。それは過去の再構成

に向けられた自然科学的アプローチと同様，われわれにある種の満足感を与えてくれる。こうしたイメージは地質学者が，石炭紀等の失われた世界を再構築するために，過去一世紀をかけてつくりあげた遠い過去の一場面と比較されるだろう（Rudwick 1976）。

　こうした再構成は，規定どおり回収され，分析される旧石器遺跡の多種多様なデータ間の「あるがままの」関係を表現するという意味で有効である。今や，景観の中のヒトという視覚的イメージの有効性はいくつもの分野で指摘されているところであり，カイムシ，大型・小型哺乳類，爬虫動物，石灰質ナノプランクトンなどの分析や土壌の微細構造，花粉学，地質学および土壌学などから得られた証拠などと手を携えて第四紀学者の武器庫にしまわれている。われわれは，旧石器の国際会議の席上で，こうしたデータの意味を提示しようとする際には，しばしば遠い過去のイメージに頼ることになるのである。こうしたイメージを活用することによって，狩りや採集，調理，食餌，育児，道具作り，皮鞣し，睡眠，埋葬などといった，また性的分業など過去の出来事がどのようなものであったのかについてのコンセンサスも得られるだろう。

　だが，さまざまなイメージによって旧石器の窓が開かれるとしても，そこにはいぜんとしてカーテンが横たわっている。われわれの調査をさえぎるもっともやっかいなカーテンは，本書の主題でもある旧石器時代の社会というカーテンである。この理由は明確である。旧石器という畑には，これまで考古学的な社会理論の種が蒔かれたことはなかったからである。そのかわり，旧石器時代に関わる記録はどのようにして形成されてきたのか，石器群や動物に継起的に生じた変異の理由は何なのか，といった別な意味で重要な問題が議論されてきたのであった（Binford 1973，1981a，1981b，Binford and Binford 1966，Bordes and de Sonneville-Bordes 1970，Dibble 1987，Mellars 1996，Mellars 1970，Stiner and Khun 1992）。このような中領域理論（Binford 1983a）は，とくにタフォノミーと遺跡形成過程の研究などの分野で推進されてきた。その結果，われわれは旧石器時代について，それまでよりはずっとクリアーに考えることが可能になった。新しいデータが追加され，遺跡と地域の両面にわたりフレッシュなパターンが認識できるようになったからである。しかしながら，こうしたパターンといえども，社会的要因に引きつけた説明はされてこなかったのではないだろうか。事実，南フランスにおける相異なる石器群によって定義された5種のムステリアン部族の存在（Bordes 1968a，1972）に対するビンフォードの批判は，文化史と社会学的説明を周到に回避するものであった。

　観察記録が膨大になるにつれて，登録台帳にも次々に斬新な考え方が登載されるようになった。ただし，それも手堅い踏み跡の上にだけではあったが。この踏み跡は，旧石器時代の風景の中におかれた，ヒトと資源との生態学的関係を把握しようとする芸術家のイメージによってよく表現されているだろう。また，こうした関係は，先史時代の遊動的な狩猟・採集民に関する最適化（Bettinger 1991），意志決定（Mithen 1990），リスク回避（Torrence 1989）などといった進化生態学の領域では効果的に拡張されはしたが，その力点は先史社会というよりも，むしろ自然の側におかれていたのである。

　社会的諸関係は象徴的なダイアグラムにでもよらなければうまく表現することはできないが，ここで次頁のアントンM.Antonによって描かれたイラストを見てみよう。人類学者ならここから肖像

アントンM.Antōnによって描かれたイラスト

というよりも親族関係のチャートを想い描くだろう。このチャートは彼らの社会生活の議論には不可欠のものだからである。一方，考古学者にとっては，このイラストよりもビルツィングスレーベンにおけるバイソン狩りの自然科学的再構成のほうが「本ものらしく」受け止められるのではないだろうか。なぜなら，それはしっかりとしたタフォノミーに裏づけられており，東部ドイツにおける30万年前の曙光に祈りを捧げるヒトの像よりも信頼のおけるものであると受け止められるからである。社会といった複雑な概念を図化しようとする芸術家も，これと同様の壁にぶつかるかもしれない。この壁を突破するためには科学的に裏づけされた過去の社会生活と切り結ぶ何らかの導線が必要であろう。そして，遠い過去の地理学的な情景を描くには，誰にとってもなじみ深い自然的景観を描くという約束事も必要である。動物であれヒトであれ，社会なるものはけっして表現されることはない。そこに立ちあらわれる動物は，剥製屋の仕事場にあるかのように描かれているに違いない。

旧石器時代についての批判・信念・道筋

考古学者による社会考古学への参画は，先史時代といっても，より新しい時代から着手された（Flannery 1976, Friedman and Rowlands 1977, Redman et al. 1978, Renfrew 1973, Renfrew and Shennan 1982）。また，この大いにプロセス学派的かつ唯物論的基盤からは，近年，さまざまな社会理論が派生している（Barrett 1994, Barrett,Bradley and Green 1991, Bradley 1984, Gosden 1994, Hodder 1990a, Moore 1986, Shanks and Tilley 1987a and 1987b, Thomas 1991）。ことに，近年の社会理論によれば，考古学的記録は意味に満ちた，また不確定性を刻印されたテクストと見なされている。そこでは確固たる意志をもった社会的な登場人物たちがさまざまな振る舞いをする光景が描き出されている。この可変的かつダイナミックな社会的な世界に包括される社会的行為者という構図は，社会考古学初期のテクストとは著しく乖離するものといえよう。後者にあっては，社会システムとその多様な調整メカニズムが議論の焦点となり，諸個人の社会的創造性は圧倒的なシステムに粉砕されてしまっていた。

ほとんど変化のない，無限に続くかと思われる旧石器時代は，チャイルドのいうがらくたと結びついて自然主義的に描写されたり，せいぜいのところ，何がしかのシステムと見なされてきたにすぎない。とはいえ，仮にシステムが認識されたにせよ，長い間，宗教や専業的生産といったサブシステムは完全に無視されてきたのである。この結果，サブシステム間の摩擦によって均衡の破綻によって変化が引き起こされた，というシステム論的な考え方による説明は困難であり，それゆえ

に，ダイナミックな変動は外的な要因に帰されることになった。つまり，ある集団から別の集団への入替わりとか，気候変動などが生業やセトルメント，さらに技術などの変化の要因とされてきたのである。

その結果はといえば，旧石器時代は古代人と現代人，環境と文化，遊動民と農耕民といった対立図式の内部で解釈されてしまった。こうしたアプローチは，文明の基礎がいつどこで築かれたのかとか，西欧世界は結局のところ何から遺産を承継したのか，といった今なお多くの考古学者が先史考古学の分野ではもっとも重要な課題であると見なしている問題を鮮明にするものである（Gamble 1993a : 20-3）。長い間，旧石器考古学はこうした課題の上に張り巡らされたカーテンによって，これ以外の考古学の分野とは一線を画されてきた。先のがらくた説と同じように，このような事情のために旧石器はより後の時代を対象とする社会考古学から疎外され，したがってポスト・プロセス考古学からも仲間外れにされてきたのである（しかし，Hodder 1990aを見よ）。

こうした仲間外れも旧石器考古学には有益だという研究者も少なからずいるだろうし，長らく私もそのように考えてきた。私が考えを改めたのは，ポスト・プロセス学派の題目を信奉しているからではなく，彼らの攻撃によって，私の専門分野における研究の理論的貧困さが露呈したからにほかならない。この貧困さは，旧石器研究の分析対象と研究の目的自体に顕著であった。詳しくは第2章と第3章で述べるが，私の研究の目標は，この解釈上のカーテンを取り払い，伝統的解釈によらない見通しを提示することである。

もちろん，この目標に立ち向かっているのは私だけではない。カーテンをむしりとろうとする試みはすでに開始されている。たとえば，交易・農耕・儀礼・記念物・都市と権力等によって表現される能動的なヒトと，緩急に適応しているにすぎない受動的なヒトというカーテンは，中石器時代に関する限りすでに過去のものである（Bender 1985 : 21）。上部旧石器の豊富な資料についても事情は同じであろう（Price and Brown 1985a.Soffer 1987）。しかしながら，過去を現在に至る連続的な移行過程と見なすこうした業績を無視できないことは事実であるが，われわれと他者を，文明と非文明とを分かつカーテンは，今や中部旧石器と上部旧石器との間に，つまりネアンデルタール人と新人の間に引かれているのである（Gamble 1991, Stringer and Gamble 1993）。結局われわれのやったことといえば，カーテン一式を約3万年前に引きなおしたことにすぎないのではないのだろうか。

私の目的は，このカーテンを一掃することである。遠古の旧石器を先の対立図式から研究すべき必要性は何もない。こんな対立図式に立脚していたら，考古学は分裂の憂き目にあうだけである。また，こんなことをしていたら，旧石器考古学は他の分野から隔絶されてしまうに違いない。人類の起源の研究は，おとぎの国の物語でもないし，地質学的時代区分によって引きさかれた人類を対象とするものでもない。

私のとる道は，社会を統一的な視点に立って俯瞰することである。これは一見すると奇妙に感じられるかもしれないが，私は多くの文献調査を積み重ねることによって，この妥当性を確信するに至った。その理由は以下のとおりである。

まず第一に，新人とそれ以上昔のヒトとを分け隔てるカーテンの両側に，別々の考古学が存在するなどととても信じられないことである。考古学的記録の性格が，農業や定住化にともなって変わ

るがゆえに，解釈が生態学的なものから社会的なものに突然変わる理由は何もない（Barker and Gamble 1985, Gamble 1986a, 1986b, 1986c）。同様に，上部旧石器の変化に富む資料の出現によって変えなければならない理由も存在しない。私の関心は旧石器社会の違いにあるのであり，本書における私の関心と，他の分析との違いにおかれているのではない。

　第二に，あらゆる形態の社会を研究することこそが考古学の目標であるに違いない。過去を対象とする人類学者として，われわれはこうした経験を拡大深化するデータをすでに手中に収めている（Gamble and Soffer 1990, Soffer and Gamble 1990, Stringer and Gamble 1993）。旧石器時代の社会を考古学的に研究することは，何よりもこれに比較される民族誌的なデータを検討することである。ウォプストWobstは次のように指摘している。

　　考古学者とは，すべての位相にわたる行動変異に関する情報を掌握している人類学者である。そこには，人口としては個人から最大規模の集団まで，空間的には最小のキャッチメントから大陸規模の人口のまとまりまで，時間的には一つの事件から数千年に及ぶものまでが包摂されている（Wobst 1978 : 307）。

　第三に，平衡状態と変動とはまさに考古学的議論の中心命題であった。変化が起きようと否とにかかわらず，社会生活とはシステムを刺激するものの核心部に位置している（Gamble 1993a, 1993b, 1995a, 1995b）。多くの場合，平衡と変動に関する考察は，資源に対する人口圧といったように，社会システムにおける変量を検討するといった水準にとどまっている。こういう単純で，非社会的な変動や集約化に対する解釈には少なからぬ批判が寄せられているが（Bender 1978,1981, Lourandos 1977,1985），なお，人口と環境の制約といった単一の理由から人類進化を解釈しようとする固陋な社会進化論者もいる（Johnson and Earle 1987）。私はそうした時代遅れの文献は横に置き，人類と環境とに関する新しい見解を打ち出したい。ここで強調したいのは，自己の環境をつくりあげ，また環境と折合いをつけるために行われる個人の能動的関与と相互関係である。

　最後に指摘しておきたいのは，今や考古学は歴史科学ばかりでなく，確固たる橋頭堡を築くべき機が熟しているということである。そうするためには，われわれは自己の立場の相対性を自覚しなければならない。つまり，過去によって現代社会を反省的に再構築したり（Gamble 1993b, 1993c），現代の諸関係を先史学的視点から見ることも必要である。この立場については，ビンフォードBinfordの的確な指摘がある。

　　われわれには，直接的な社会的経験をそのつど言明しなければならない当事者や社会科学者にとっては不可能な方法によって人類を理解する機会が与えられている。この能力を認識しそこなうと，また，こういう他の学問とは異なる観点から人類を把握できなければ，つまり，複雑な熱システムの中にいる当事者によっては十分に評価できないコンテクストの内部に立って，広い視野による新しい生活観を手に入れることができなければ，それは文字どおり，生得の権利を放棄することである（1989a :52）。

　これまで社会科学は，旧石器時代はいうまでもなく，どのようなものであれ先史考古学なるものをほとんど無視してきた。この状況が変化するとすれば，歴史的な観点や長期に及ぶ先史時代の記録（Murray 1987）が理解されるときを措いてほかにはない。本書には，社会理論，とくにネット

ワーク分析の用語が採用されているが，その理由はさまざまなタイムスケールと解像度をもつ人間行動に関係する多様な資料を理解するためである．しかしながら，私は古心理学や古人類学を論じるつもりはないし，同様に旧石器時代の古社会学の提唱を目論んでいるのでもない．考古学は歴史的かつ物質的な基盤に立っているが，そのことによって，われわれの提示する社会や諸個人に関する解釈も制約されることになる．現代世界における社会や諸個人を理解しようとする試みにはいろいろな理論的な立場があるが，ある理論が他のそれよりもすぐれているという明白な根拠などどこにも存在しない．現代および過去についての研究方法や問題設定が，社会分析における多様なプロジェクトを生み出してきたのである．

しかしながら，先史社会の分析が考古学者にしか役立たないものであるとすれば，それは結局目的のはっきりしない分析ということになるだろう．したがって，われわれの努力は社会理論の将来的総合にはっきりと目を据えたものでなければならない．こうした総合化はこれからも，スタンダードなポスト・モダンの流儀で行われていくことになるだろう．つまり，工業化と文明という支配的な社会形態はすべての社会を包括しているわけではないし，ましてそれが最高の達成というわけでもない．ここにおいて，考古学が寄与しうる領域が明確になるであろう．総合化とは，まさにそれに向けられたプロセスの性格によって，またそうしたプロセスによって解き明かされる新たな領域によっても，絶えずわれわれの経験の幅を広げてくれるものでなければならない．先史学とはこうした絶えざる領域開削への道筋を与えてくれるのである．

考古学に関する理論的な語り

われわれの考古学的な語りを抑制してきた大きな要因があるとすれば，それは議論と比較のための共通の枠組が欠如していたことである．この理由としては，旧石器考古学が科学的方法論に執着してきたことがあげられる．事実の中立性という客観主義や，精密な分析といっそう多くの事実によってのみ明らかにされると信じられている，どこか外部にあると信じられてきた構造性などは，そのもっとも皮相的な姿といえよう．たとえば，フラネリーFranneryとマークスMarcusは客観性について次のような自説を開示している．

科学が社会的なあるいは政治的な議論に絡む場合には，その議論がいかに高邁なものであろうと，いつも科学が犠牲になるのである（Flannery and Marcus 1994:441 強調筆者）．

逆に，旧石器考古学のような歴史科学の一分野が，それが知という価値判断をもっている限り，社会的・政治的な議論から切り離されることはないであろう（Gamble 1993b,1993c）．過去を研究することは，素粒子論と同じように，個人が自分だけで遂行する中立的な学問ではなく，つねに諸個人との関係の中で遂行されているからである．

したがって，多くの社会理論が，知に差し向けられた科学的アプローチとかならずしも愉快とはいえない関係を結んでいるとしても，それはけっして驚くにはあたらない．重要なのは，知的要求が正当化され，因果関係が公認される筋道がどのようなものであるのか，という点である（Clark 1993）．こうしたことへの危惧は，ギデンズGidennsのように科学に対する拒否反応を引き起こすこ

ともある（Gidenns 1984）。このような拒否反応は考古学者の中にも見出される。彼らは考古学的文献にしばしば登場する狭量な科学的見解を批判するのである。だが，彼らの紋切り型ともいえる因果関係の説明には人間の行為が欠落している，という指摘はけっして誤っていない（Thomas 1991）。

とはいえ，科学的方法が自然科学の分野で研究を構造化するための手段として機能していることを疑う者はいない。事実，旧石器考古学は，科学的手法の導入によってめざましい発展を遂げてきたのではなかったか。しかし，このアプローチは後ほど見るように，考古学的なデータによって社会を物語るには，あまりにも限定されたものといわざるをえないだろう。ここでは先に触れた視覚的イメージについての議論が重要なのである。

そうであるがゆえに，社会を議論の中核に据えるためには，現在の旧石器考古学の限界を見きわめなくてはならない。このことは，過去の研究と絶縁することではない。私は本書を執筆するにあたり，旧石器社会について語るには科学的アプローチを捨て去ることなど不可能であるし，また望ましいことでもないと実感した。私は，同時にいったいどの知識が必要とされているのか，という問題を手放すわけにもいかない。かくして，これからエコロジーや環境についての議論が多出することになるが，この理由はといえば，それが客観的な基準となることを企図したからではなく，それらが過去の人間行動を理解するうえで必要不可欠であるからである。私の意図は，歴史科学と社会科学とにまたがるアプローチの幅を広げることにある。このような再編成には，たとえば社会といった概念的問題とともに，そこに至る方法についても包摂しておく必要がある。この点で私はハラウェイHarawayにならいたいと思う。彼は，霊長類社会の科学的研究において，事実が意味をもつのは物語の中だけである，と指摘している（Haraway 1989）。しかしながら，私のようにこうしたアプローチをとりながら，いかに自分の語りを正当化しうるのか，という問題に関心を寄せるものにとって，一つの留保条件が必要とされる。

> われわれは，物語は物語であるがゆえに，それはある意味で現実でもなければ，真実でもないといった考え方に陥ってはなるまい。そうであるならば，唯一の現実や真実は，じつはそこでわれわれは生き，経験を蓄積しているはずなのに，どこにも行き場がなくなってしまうからである（Ingold 1993 : 153）。

旧石器時代にまつわる最大の問題点が何かといえば，それは今のところ，あまりにも語りが少なすぎるということにつきるであろう。仮に語りがあるにしても，その多くは起源に関するものであったり（Conkey and Williams 1991, Knight 1991a,1991b, Landau 1991），変化の端緒についてのものであったりといったように，このような興奮期と興奮期との間の長期的な平衡期間についての語りはなかったのである。社会をテーマとする以上，私は語りにスポットをあてて，50万年間にもわたるヨーロッパ旧石器時代について検討を加え，解釈を行わなくてはならない。この悠久の時の中に，あたかも画集の中のイメージのように，公認され流布されたアイディアが次々と流れていくのである。

旧石器時代に関する社会的アプローチには，データのパターン認識ばかりでなく，むしろ，そのようなパターンを反芻することが求められているのである。旧石器時代の社会像は，時にそうした

傾向に陥ってしまいがちなのであるが，単に諸属性を機械的に積み重ねることによって，明らかにされるものではけっしてない。旧石器時代の突きつける問題は，また，そこに解釈上のカーテンが引きめぐらされている根拠は，これまであまりにも多くの社会考古学が依拠してきた社会的な属性なるものに対する基本的な把握の仕方が，もはやそのままでは維持できなくなっているという点にこそあるのである。最低限，こうした諸属性を列挙してみると，そこには，言語，物質的象徴性，反省的意識，血縁の表象，儀式や権力などが含まれている。これらをカクテルすることによって生業，エコロジー，自然淘汰あるいは人口などに一切言及しなくても，いくつもの社会理論を練り上げることも可能なのである（Turner 1991）。

旧石器社会の研究：人類社会の起源

　1951年にチャイルドが下部旧石器時代の記録の不十分性を慨嘆していた頃，これまで述べてきたような資料に基づいて，社会組織についてのモデル構築はすでにその端緒を拓かれていた。それは近代人類学の最高の達成の一つと数えられる『初期人類の社会生活』（Washburn 1961）である。このウェンナー・グレン・シンポジウムへの参加者は，形質人類学者，古生物学者，心理学者，遺伝学者，動物学者などであり，そこには考古学者も含まれていた[1]。

　私はこれを「最高度の達成」といったが，だれでもなぜなのだろうと疑問に思うに違いない。事実そこに提出された発表要旨を見ても，社会組織に関するものはほとんどなく，食人とか火の使用の起源といったことについての年表ばかりだからである（Washburn 1961：Ⅷ-Ⅸ）。社会的な視座からする研究もわずかながら提示されてはいたが，それは次のようなまことに陳腐な指摘であった。

　　あらゆる（物質的な）証拠は，旧石器時代のバンドは大規模な移動を可能にするようなテリトリーをもったものではなく，またその間には性的なつながりがあったことを示している（Vallois 1961：229）。

　一方，そこでは今後の道筋も想定されていた。

　　進化論的な観点からすれば，文化的システムにとって不可避であり，またどうしてもそれに必要なものは，社会的な行動を統合するシステムであり，そこでさまざまな役割行動がパターン化されることになる。（中略）それゆえに社会構造は，人類進化の源初的な段階を特徴づけるものなのである（Hallowell 1961：240）。

　しかしながら，参加者の大半は狩猟・採集民の民族誌に立脚した社会的形態や起源についての仮説を提示し，また考古学的な資料の解釈に汲々としていた。

　『初期人類の社会生活』の重要性は3点に要約される。まず，それは人類起源の問題に学際的研究を導入した点である。これはとくに初期人類の研究のために立案され実行された。学際研究はおもに自然科学や人類科学の分野に向けられており，初期人類という坩堝に注がれたのである。

　第二に，この論文集にはウォッシュバーンWashburnとデヴォアDeVoreによる「ヒヒと初期人類の社会行動」という傑出した論文が掲載されたことである。彼らは集団規模，集団領域，食餌，人口構造，サブ・グループの存否と機能，親子関係，経済的依存性，支配関係，ホーム・ベース，音

表1.1　狩猟・採集民の遊動スタイルに関するモデル（Lee and DeVore 1968:11-12）

組織基盤
- オープンな社会システム。一般的にローカル・グループは地理的な範囲と一致。
- 集団間のコミュニケーションは婚姻，同盟関係，訪問などによる。この結果，狩猟グループは複数のバンドを構成し，さらに，それらがより大規模な言語的な，あるいは養育にあたるコミュニティーを形成する。
- 経済システムは日常生活における次のような核の上に形成される。
  - ホーム・ベース
  - 男性の狩猟と女性の採集という性的分業
  - 集められた資源の分配

社会システム
- 遊動の必要性は個人の所有物と物質文化を制約する。
- 食料供給の制約のため，集団は小規模化する。それはしばしば5人以下となる。人口がバンド間に分散されることによって，ユニットの効率性が維持される。
- 婚姻や他の手段による集団間の関係は，資源枯渇に対応する手段となる。
- 資源に対する排他的な権利は稀。
- 環境は資源倉庫であり，余剰食糧は稀である。これが食糧資源の社会的な利用を制限する。
- 訪問行動によって，特定エリアへの強い固着性は障碍される。諍いはたいていグループの分裂によって解決される。

声と身振りなどを検討した。この議論の枠組は，その後の研究の手本ともなっている。全体を通して，彼らはヒヒと現代の遊動民とを比較しているが，先の基準に照らしながら空間的・人口学的・感情的・行動的異差性を一覧表にまとめ，「人類とその近縁種との間には，行動的に見て大きなギャップがあるため，何がしかの（社会的）行動の再構成は可能である」（Washburn and DeVore 1961 : 103）と結論づけている。このギャップは人類と類人猿との間の失われた移行段階を示唆しているという。

第三は，これ以降への影響である。ウォッシュバーンとデヴォアは，リーLeeをボツワナでの1963年から1964年にかけての最初のクン・サン遊動民の最初の研究に駆り立てることになる（Lee 1979 : 9-15）。これは人類学者による人類起源についての学際的研究の幕開けとなり（ibid. 9），「狩猟民としてのヒト」という重要なシンポジウムのきっかけともなったのである（Lee and DeVore 1968）。ここに提出された発表とその後の業績は，あちこち動き回る小規模な集団といった程度の認識しかされてこなかった，遊動民の社会的なパラメータを定義するうえで，豊かな基礎資料をもたらすことになる（Bicchieri 1972, Burch annd Ellanna 1994, Damas 1969, Hunn and Williams 1982, Ingold,Riches and Woodburn 1991, Leacock and Lee 1982, Lee and DeVore 1976, Miracle, Fisher and Brown 1991, Smiley et al. 1980）[2]。

狩猟・採集民の性格規定

この遊動的な生活様式という記述が，これに続く狩猟・採集民社会の基本モデルとなった（Mueller-Wille and Dickson 1991 : 26）。「狩猟民としてのヒト」提出発表をとりまとめて，リーとデヴォアは社会組織と社会システムをベースにした一覧表（表1.1）を提示している（ibid. 11-12）。

大方の予想どおり，このモデルはウォッシュバーンとデヴォアが狩猟・採集民とヒヒとを比較して要約した見解を拡張したものであった。このオープン・システムと同盟関係，遊動性とテリトリ

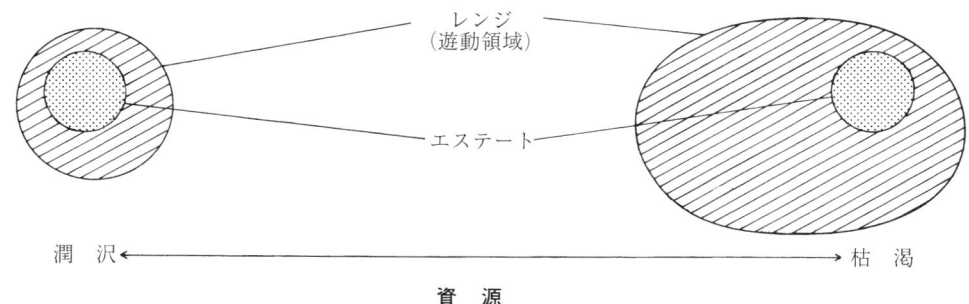

図1.1 スタナーの予測（1965）による，生態学的な条件の変化による狩猟・採集民の空間的行動の変化

ーの欠如などを主軸とするモデルは，かならずしもシンポジウム参加者全員の支持は得られなかったが，サービスServiceの古典的な社会進化モデル（Service 1966,1971）による父系制とバンドによる土地領有という通説への強力な対案となった。リーとデヴォアによるモデルは，レッサーLesserが作業仮説として提起した初期の主張を再評価するものであった。

> どこにおいてもヒトとヒトとが接触し，相互に何らかの関係をつくりあげるということは，社会史的に見ても人類社会の根本的な特徴であり，また前提条件であった。さらに，先史時代，原始時代，そして現代を問わず，その関係は閉鎖的なシステムではなく，オープン・システムであった。われわれは，どのようなものであれ，社会的な結合体を壁によって外部と遮断され，切り離されたものであると考えることはできない。そうではなく，遠い近いを問わず，蜘蛛の巣のように継手によって結ばれた結合体に組み込まれていると考えなければならないのである（Lesser 1961：42）。

民族誌的な事例には，ここで議論されている両極端に該当する事例を見つけ出すことができる。だが，実際はといえば，スタナーが指摘するように（Peterson 1986,Stanner 1965），ローカルグループによる彼らが管理する資源への社会的なアクセスの仕方には連続的な変化が認められる（社会的連続体）。こうした多様な関係は，彼のいうエステート（信仰の中心）とレンジ（遊動の範囲）との関係の内部に埋め込まれている（Gamble 1986a：33-4）。この連続性の中におかれた集団の位置価は，生態学的条件によって大きく左右される。父系制のように，その集団のエステートとレンジの規模が近接していれば，それだけアクセス・システムは限定されてくる。逆に，資源が限定されていれば，レンジの大きさはエステートを上回るようになる。この結果，アクセスの制限は緩和され，閉鎖的システムよりも分配的なオープンシステムが形成されることになる（図1.1）。

ピーターソンPeterson（1986）は，この社会的連続体がどのようにオーストラリアの狩猟・採集民において機能していたのかを示している（表1.2）。潤沢な資源から資源の枯渇へと向かう段階的な遷移過程にあっては[3]，社会的なまとまり方や大地との関わり方，さらには婚姻関係等にはシステマティックな変化が観察される。この遷移にそいながら何を取り入れ，何を排除するのかという原則に関しては第3章で検討される。

私がこの狩猟・採集民の閉鎖的システムとオープンシステムに関する議論に注目するのは，それが私の主要なテーマ，すなわち社会の問題に関連しているばかりではなく，それが今後再三提示さ

表1.2　生態学的遷移性に従ったオーストラリアの社会組織
（Peterson 1986 : Figs.6.5および151-3による）

資源の傾向	人口密度（km²）	社会統合	土地との関係	婚姻	社会原理
貧弱	1：200（ピントゥピ）	世代半族	概念的	一夫一婦	包括的
中位	1：86（ワルピリ，ピチャンチャチャラ）	父系一般半族	セクション・サブセクションマネージャー		
潤沢	1：20（ヨルング）1：4（クルナイ）	なし	世襲集団	一夫多妻	排他的

表1.3　現在・過去の狩猟・採集民の性格規定に使われる二項的な概念

ローカルグループ	夫方居住	複合バンド	Service 1971, Steward 1936
	単系出自	双系出自	Gardner 1966, Layton 1986
社会組織	テリトリー制	非テリトリー制	Lee 1976
	部族レベル	バンドレベル	Constandse-Westermann and Newell 1991, Fox 1967
親族システム	複雑（エスキモー）	基本的（オーストラリア現地人）	Lévi-Strauss 1969
ネットワーク	集中型	非集中型	Yellen and Harpending 1972
相互関係のパターン	閉鎖的	オープン	Lee 1976
	排他的	包括的	Gamble 1993d
	集中的	平等的	Woodburn 1982
セトルメント・システム	コレクター	フォリジャー	Binford 1980
	巡回型	放射型	Marks 1983
リターン・システム	遅延型	即時型	Woodburn 1980
システム統合	複雑型	単純型	Keeley 1988
知的基盤	集団の意見	個人的経験蓄積	Gardner 1966
技術組織	管理的	即応的	Binford 1973, 1979
	信頼性重視	保守性重視	Bleed 1986
歴史評価	ホット	コールド	
	能動的	受動的	
社会的評価	カプセル化されていない	カプセル化	Woodburn 1991
	非世俗的	世俗的	Service 1971
進化論的評価	ローカルグループ：統括者不在	家族レベルの集団：非栽培民	Johnson and Earle 1987

れることになる狩猟・採集民の二分法（表1.3）とも響きあっているからである。

　これらの提起者の中には，スタナーがうまく定式化した社会的連続体に触れているものもいる。しかしながら，こうした大枠が忘却され，極端相のみが考古学的な分析の構造を支配し，狩猟・採集民の生活様式の特徴づけに採用されてきたことも事実である（例えばJohnson and Earle 1987, Keeley 1988）。

学際的研究のサクセス・ストーリー

表1.3に示した二分法が導入されるようになったのは1960年代以降のことであるが，この時期になると，考古学者も人類学者もともにチャイルドとは違って，初期の人類の社会生活を研究することは可能であると確信するようになっていた。このような確信が生み出された源泉には，社会や生物の起源問題にさし向けられた学際的アプローチがあったのである。

この戦略は，今や化石や考古学上の遺跡の年代が科学的手法によって決定されている，タンザニアのオルドゥヴァイ渓谷でのリーキーLeakey一家の成功によってよく象徴されているだろう（Leakey 1951，Leakey 1971）。彼らはチンパンジーの研究にも刺激を与え，その道具使用とか集団行動などといった驚くべき事実が明らかにされている（Goodall 1986）。かつて旧石器時代の社会生活研究に活路を開いた，ウォッシュバーンとデヴォアによるヒヒと狩猟・採集民との間の比較における中心的な問題は，ようやくヒトと類人猿との親近性という問題の探求へと結実したのである。

こうした成功を目のあたりにした結果，学際的な研究がアフリカに集中したのも当然の成りゆきであった（Clark 1976）。この研究は社会生活の起源にも向けられてきたが[4]，そこでは多くの業績が蓄積されている（Reynolds 1966, Howell 1965, Isaac 1972,1978, Leakey and Lewin 1977, Zihlman 1978, Wilson 1980, Tanner 1981, Lovejoy 1981, Humphrey 1983, Parker 1987, Wilson 1988, Foley 1989, Knight 1991a,1991b, Maryanski and Turner 1992, Rodseth et al. 1991, Potts 1993, Quiatt and Reynolds 1993）。これらのモデルのいくつかは，リチャーズRichayds（1978：206-33やナイトKnight（1991a 第5章）などにまとめられている。また，フェミニストの重要な批判もある（Fedigan 1986, Conkey 1991, Sperling 1991）[5]。

このような検討によれば，人類起源の研究というコンテクストにおいては，社会という概念こそが，それまでバラバラであった学際各分野を統合し，首尾一貫した語りをつくりあげることに寄与してきたという事実が明示されるであろう。変化についての語りと適応についての語りという，本来出自を異にする二つの語りによって支えられたパラダイムが，こうした見通しを強力にサポートしていたのである。

とくに，グリン・アイザックGlynn Issakは東アフリカの前期更新世の考古学を武器に，人類初期の社会とその発展経路の性格を特徴づけようとした。彼のホーム・ベース仮説（1978），文化伝播のネットワーク理論（1972），文化の上部構造仮説（1976）などは，ハロウェルの用語によれば（1961），大型類人猿の組織に比較されるプロトカルチャーの上に築き上げられていたことになる（図1.2）。

蕾の中を這う虫

だが，人類起源の探求の道筋はそんなバラ色のことばかりではなかった。チャイルドがその不可能性を宣告して以来40年，考古学者は学際研究と科学的研究の成果を誇示し続けたとはいうものの，それでいったい何が明確になったというのだろう。あらゆる学際的な研究の目指したものは，新しく発見された遺跡や化石骨とそのパターンなのではなく，それらの社会的起源であった。

ラトゥールLatourとストラムStrumは（1986），ホッブスの『リヴァイアサン』（1651）からアク

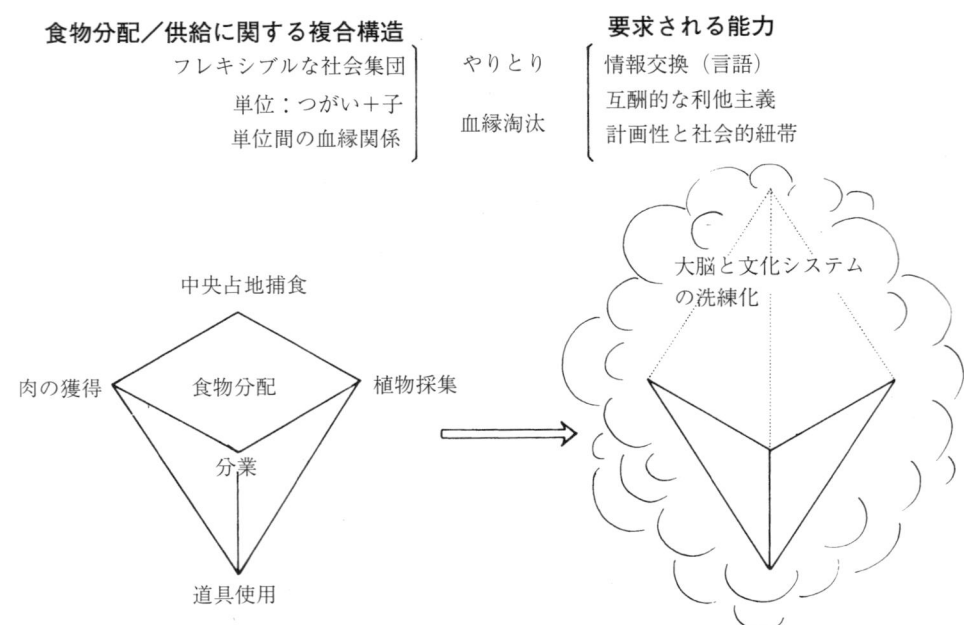

図1.2 「食物分配」モデルあるいは「中央占地捕食」モデルと初期人類の社会進化における両モデルの意味
（Isaac 1989:Fig.4.14による）

スルロッドAxelrodとレーウィンLewinの（1977）社会生物学的な解釈に至る七つの人類社会起源説を検討している。彼らは，それにリーキーの『オリジン』を含めているが，それは，われわれの社会の起源に科学的な年代観をもちこみ，また周到な学際的な研究を導入した点で，これ以外の起源説と比較して異彩を放っている[6]。ところが『オリジン』を，旧石器考古学の扱う人類化石の発見されるずっと以前に発表されたルソーの『人間不平等起源論』と較べてみると，両者の議論の基本的な骨組にはほとんど違いがないことが指摘されるのである。こうした検討から，次のような挑発的な意見が提示されることになる。

> われわれは，人類社会の起源に関するよりよい「事実」が発見されれば，それだけよりよい解釈も生まれるという考え方になじんできた。だが，そんなことはない。具体的に説明しよう。われわれの解釈には明らかに内在的なルールが存在する。それはこういうことだ。多くの事実が発見され，それらが組み込まれれば組み込まれるほど，こうした事実を素材とする解釈の一貫性は脅かされるようになるのである。その結果，単なる事実の数ばかりが増え続けることになる。なぜならば，もっとも首尾一貫した解釈とは，ルソーの解釈のようにあらゆる事実の傍らにあるのであり，もっとも一貫性に欠ける解釈とは，逆にその大半が事実から構成されているからである（Latour and Strum 1986：185，強調筆者）。

この指摘は，人類社会の起源という問題はいろいろな要素を積み重ねればわかるだろうと期待する研究者への挑戦である。また，ランダウLandau（1991）も指摘するように，同じ課題に立ち向かっている研究者たちとの見解の異同など何ら忖度することなく，考古学者によって繰り返し書かれる人類起源の物語をとり集めるだけで十分であるとする者たちへの挑戦ともいえる。

この社会の成り立ちについての注意深い語りから次のような結論が引き出される。ハラウェイが

指摘したように，事実は物語の中でのみ意味をもつ。われわれに必要なのは，情報の的確な選択と語りの一貫性のバランスである。一貫性を生み出すためには，発見された事実を一切合切取り入れる必要はないのだが，語りの構造についても同等の注意を払う必要があろう。科学的方法が自覚しなければならない点があるとすれば，社会の起源についての言説は本来神話的な性格をもっているということである。というのも，それはわれわれの現実の立場や役割，権利などに深く制約されているからである。

ラトゥールとストラムが私たちに警告したことは何かといえば，議論のスタート地点を明確にせよということであった。たしかに，論理的な手順を厳密化したり，知的な要求を正当化するものとしての科学的な説明をつくりあげているものは何か，という点に関しては，いつもなにがしかの展望は語られてきた（Gardin 1980）。私が彼らの警告に耳を貸す理由は，彼らが科学の神話性を強調しながらも，社会の起源に関する研究を手放していないからである。このスタンスは，そうした研究は時間の無駄遣いであり，回答不能の問題であるというイギリスの人類学者エヴァンス・プリチャードEvans-Pritchardの見解（1965）の対極をなしている[7]。彼らの主張する社会の系譜学は，起源論争とわれわれの社会についての議論とをなかだちし，ネゴシエートするものであるが，それはこうした試みを正当化し，科学と高邁な社会的あるいは政治的議論との関わりに起因するトラブルを回避するするためのコンテクストを与えてくれるのである。

旧石器社会の研究：現代狩猟・採集民社会の起源

過去30年間において，もっとも影響力のあった社会進化の形態学は，バンド・部族・首長・国家という図式である（Service 1971）。この形態学的図式はすでに克服されたという者は多いが，彼らの大部分はこれを便宜的に使用し続けているのが実際なのではないだろうか（Yoffee and Sherratt 1933）。この図式は一般的であるために，そこから厳密な研究に進むことが可能であろうとの希望的な観測から，考古学的なまた人類学的な諸事例が，とりあえずこの枠組に入れ込まれてきたのである。

バンドと国家とは異なる社会的実体であるといったように，この区分が広い意味である種のリアリティーはもつにせよ，問題となるのは，さまざまな移行段階にある社会をどのように分類するのか，といった問題については，これといった共通認識が存在しない点である。さらに，この形態学によって示唆される社会進化の必然的な不可避性は，ジョンソンJohnsonとアールEarleのように上向的螺旋と前向きに評価するものもいないではないが（1987 : 15），それは文明の優越性を称揚するもの以外の何ものでもない。たしかに，それはわれわれ西欧社会の起源にとっては愉快な神話といえるかもしれないが，それとても進歩に仮託された一つの信念の吐露にすぎないだろう。

オープンな社会が早いのか，閉鎖的社会が早いのか

こうした問題を第一のカテゴリーであるバンドに即して考察してみよう。ヨーロッパ人や北米人が狩猟・採集民にも社会的生活があることを認識するのには，また，それについてのシステマティ

ックな研究が開始されるまでには，多くの歳月が必要であった（Kuper 1988）。ひとたび研究が開始されるや世界各地に散在し，さまざまな資源を採取し，数え上げれば膨大な慣習をもつ非均質的な集団をいかに分類するのか，という問題が提起されることになったのである。

　スチュワードSteward（1936, 1955）とサーヴィス（1966, 1971）はバンドの多くが現代世界との接触の産物であると論じ，一定の筋道をつけた。これらのバンドは北部アルゴンキン族とかアタバスカン族（Service 1971：48-52）といった合成バンド（composite band）であり，彼らは西欧との接触によって壊滅し，流動的な組織構成や家族レベルの組織しか残されなかったのである（*ibid.*：97）。これらは往時の父系バンドの名残であると考えられたが，それは外婚制によるローカルバンドであり，父系居住集団，つまり結婚した女性は男性の世帯，あるいはキャンプで生活するものと定義されていた（1971：64）。リーは「われわれが父系バンドから受けるもっとも強烈な印象は，テリトリーに封じ込まれた，半ば孤立した男性中心社会である」（Lee 1976：75）といっている。これこそが，サーヴィスによって提示された，またもっとも人口に膾炙した旧石器時代の社会組織観であろう。父系バンドの民族誌には，オーストラリアとカリフォルニア中央砂漠のすべての住民が含まれている。

　しかし，この形態学的図式をはみ出るバンドははなはだ多いのである。たとえば，エスキモーとグレートベースン・ショショニは，ヨーロッパ文明の洗礼を受けつつも，いまだ父系バンドの特徴を保持しているがゆえに，「その他」扱いされている（Service 1971：83-97）。カラハリ・ブッシュマンは，「狩猟民としてのヒト」シンポジウムでの発表（Service 1971：50）以降も，形態的には父系とは認めがたい，分類の難しい事例とされている。最後に，アメリカ北西岸狩猟・採集民社会はバンド社会に該当しないという説が多くあり，首長制あるいは階層的社会という位置づけが行われている。

　一方，リーは父系バンドは民族誌的に少数であることから，その一般性に疑問を呈した（1976：76）。モースMaussに由来する（1906）彼のモデルは集団の離合集散を重視し，そこにおいては父系というよりも，両系的な構成を重視するものであった。クン族は重複する互酬的テリトリーをもち，比較的オープンな社会集団の典型例と見なされ，現代の狩猟・採集民の代表選手の地位を獲得した（Lee 1976：76）。これらはいずれも合成バンド概念の再検討を迫る事例である。それらの諸形態を現代文明との接触のみによって説明し尽くすことは困難なのではないだろうか（Lee 1976：77）。

　すでに見てきたように，アフリカにおける初源的な社会の研究は，バンドといった社会形態よりも，社会を組み立てているさまざまな要素（つまり，技術，テリトリー制，協業，狩猟等）の獲得を主たるテーマとしてきた。この戦略は，アイザックの食料分配モデルといった影響力のあるモデルのように（1976：fig.6, 1978），類人猿のモデルに加筆したものであり，現代の狩猟・採集民モデルを除筆したものである（図1.2）。この初源的な社会は本質的にオープンであり，構成員は流動的であり，テリトリー制は欠如している，といのが支配的な見解である。かくして，それはサン族に近似してくる（Barnard 1992, Lee 1976, Silberbauer 1981）。現代のサン族などに見られる流動的社会構造と即時的なリターン・システムは，放牧民と農耕民によって押しつけられた結果身についた

表1.4　現代の狩猟・採集民の分類（Woodburn 1991:35による）

カプセルに封じ込められた即時的なリターンシステム	カプセル化されていない遅延的なリターンシステム
アフリカ	**北アメリカ**
クン	イヌイット社会
ムブッティ	北西岸社会
ハッダ	**オーストラリア**
インド	アボリジニー社会
マラパンタラム	
ナイケン	
パーリアン	
マレーシア	
バテク・ネグリート	

ものとされた（Woodburn 1991）[8]。そうであるならば，これらの社会はさまざまな点で，過去から受け継がれた社会形態というよりも，文明化の産物であるというサーヴィスの合成バンド概念（1971）と類似したものではないのか，という問題が再浮上することになってしまう（表1.4）。

　リーらによって着手されたカラハリ地域の重要な研究は，この見解と整合しない。彼らの論じるところによれば，オープンシステムは源初以来機能していたという（Yellen and Harpending 1972：244）。このシステムの利点は，地域的な食糧資源の状況によって人口を調整することができ，文字どおり「厄介ごとから逃げ回る」ための集団の分裂によって争いを回避し，バンド内のローカルグループ間の性比と世帯サイズが調整されることである（Layton 1986, Lee 1979）。しかしながら，狩猟・採集民社会に関するリビジョニストの批判によれば（Schrire 1984, Wilmsen 1989），こうした「オープン」な社会は南アフリカの近代政治史をかたちづくってきた広範な経済的かつ社会的な諸勢力によって形成されたものであるという。諸個人は狩猟と遊牧の間を何の苦もなく，また両者の違いにもあまり頓着せずに往き来している，という現実が見出されている。

　その結果，振り子は揺り戻され，農業や産業国家のカプセルに入れられていない社会が，ある意味で一般的な先農業社会を代表するものであるという考え方が提起されることになった。狩猟・採集民によって構成されている世界を見ると，そこでは例外なく遅延的なリターンシステムが高い比率を占めている（Woodburn 1991：61）。こうした社会は極北，アメリカ北西岸，そしてオーストラリアに知られている（表1.4）。ウッドバーンは，こうした社会は所有物の価値以上の権利が保障されている，遅延的リターンシステムによって特徴づけられると指摘している（1980, 1982）。ここで保障される所有物には次のようなものがある。

・（網・船・魚用罠など）生産用の大切な技術的施設
・しばしばイエの中，あるいはイエの近傍におかれる調理された，あるいは保存される食料
・労働強化によって増産されうる自然産物
・婚姻において男性によって与えられる女性親族

　狩猟・採集民の大陸ともいえるオーストラリアは，遊動社会の源初形態に関するウッドバーンの所説にとってはいささか厄介者であった。貯蔵はまれであったが，農民によるカプセル化はキャプ

テン・クックの到着まで行われていなかった。だが，ここには父系制を基礎とする遊動バンドは存在しない（Hiatt 1962）。この問題を考えあぐねてウッドバーンは，オーストラリアの婚姻システムは一種の遅延的リターンシステムであって，長老あるいはイニシエーションを受けた成人が，婚姻関係の形成においてはローカル・バンド間の女性の分配をコントロールしていると考えた。「オーストラリア原住民は偽装された農民（farmers）といえる。彼らが関心を寄せるのは，自分の女性たちを養育し（farm），預託（farm out）することである」（Woodburn 1980 : 108-9）。

しかし，遊動社会に変化をもたらし，また，それを特徴づけるものとして，遅延か即時かとを問わず，あまりにもリターンシステムに執着しすぎたために，ウッドバーンは資産としての場所と所有物の重要性を軽視するきらいがあった。これが致命的であるのは，レイトンLaytonが指摘したように（1986 : 30），所有地と所有物こそは狩猟・採集民社会の長期的なパターンを規定し，政治的構造をも規定するものであったからである。この場合，所有物は小規模な世襲集団，あるいは15人から50人の構成員からなる（ibid. : 22）氏族によって所有される。それらはまた，最小バンド（minimum band）とか（Damas 1972），ローカル・グループ（Birdsell 1968）とよばれることもある。

オーストラリアにおいては，この所有物には各氏族が排外的な権利をもつ聖地（sacred sites）が含まれている。この場所は，スタナーの分類（1965）ではエステートに相当している。それはヒトと土地，あるいは，ヒトとオーストラリアの狩猟・採集民社会を性格づける場所との関係のことである。こうした地理上の場所と聖なる知識に関する排外的な権利は，レイトンによって他の狩猟・採集民のテリトリーやそこに含まれる食糧資源と比較されている（1986 : 30）。こうした権利は血縁関係によって承継され，その結果，非平等的な社会構造が形成される。

メイヤスーMeillassouxは，これとやや異なる見解を提示している（1973）。彼によれば，土地の開発様式は社会の物的なまた社会的な再生産を通して，それ自体をも内包する生産諸関係をつくりあげるという。彼の見解では，狩猟集団のメンバー間の生産諸関係は，かならずしも固定的なメンバーシップを要求しないし，それゆえに長期間安定した社会的凝集性をもたらすことはない。さらに農民のように，土地が労働手段というよりも主たる労働対象である場合には，土地は急速に消耗するがゆえに，集団は新たな食糧資源を求めて，ある地域から別の地域への移動を強いられることになる。このため，彼にとっては，環境から何がしかの恩恵を受けることがない場合に，どのようにして狩猟民が農民へと移行するのかという問題に回答することは，不可能とはいえないまでも，きわめて困難なものになってしまうのである。

所有物と資源のある場所を使用することは，権利と義務の関係を通して，社会的な行動の基本を構成している。もしもウッドバーンが提起した，リターンシステムと資源の時間的な使用を基軸とするならば，われわれは奇妙な進化論的な議論にはいりこんでしまうだろう。たとえば，クンは彼らを取りまく経済的・政治的力によって遅延的システムが許される場合にのみ，そこに立ち戻ると考えることができるかもしれない。こうした考え方は，クンが自己の歴史の能動的な関与者であることを否定し，単に組織的な安定を求めているにすぎないと見なすことと同じである。狩猟・採集民は，気候変動や文明化といった外的要因に翻弄されて生活している，いわば受動的な状態へと立ち戻ることもある。こうした社会の構成員は，能動的な社会的成員というよりも自然の奴隷といっ

てよいだろう。彼らの生活するこうした社会は「コールド」である。変化はいつも外からやってくるのだから。このシナリオでは,「ホット」な社会は農業と文明とともに開始される。こうした社会は,「蕾の中を這う虫」によって受粉され,そこに歴史という花が開花するのである（Bender 1985：21）。

こうした戯画化はさておき,このようなドラマティックな変革がどのように,またなぜ起きるのか,という大きな問題が残されている。これはウッドバーンにとっても大きな関心事でもあった。彼はこう述べている。

> 遅延的狩猟・採集民システムは,ある意味で,農業と文明に対する先適応ということができる。彼らの社会組織（社会的グループ間の紐帯）は,技術が一定の水準に到達するや,農業と文明に基盤をおいた経済を発達させるに違いない（Woodburn 1991：57）。

それゆえに,このような変革は,今や失われてしまった,またカプセルに入れられなかった,そして遅延システムをもった社会で起きたことになろう。換言すれば,彼らは成功した,ゆえにいなくなった,のである。

メイヤスーは,この問題を回避するために,漁労に依存するが農業が土地所有と財産と足並みをそろえて発生する可能性を秘めた苗床でもある北西岸を引き合いに出している（1973：201）。しかし,ウッドバーンと同様,彼もこの恵まれた環境において,どうして狩猟・採集的生活様式が支配的であるのかを説明していない。

単純すぎる説明

こうした研究は,民族誌から農業に先行する社会を見つけ出し,そこから進化の筋道を演繹することが不可能とはいえないまでも,困難な方法であることを示唆している。だが,こうした教訓も,ジョンソンとアールを押しとどめることはできなかった。かれらはクンとイヌイットが狩猟・採集民社会の両極端であると位置づけ,家族レベルのローカル・グループの代表であるとしている（1987：18）。オルドウヴァイからドルドーニュの中部旧石器にいたる先史時代の狩猟・採集民社会は,かくしてクン族やグレートベースン・ショショニ族の人口学的パラメータにうまく適合させられることになった。上部旧石器に起きたことといえば,「たえざる人口増によって促進された」ものとされた（*ibid.*：55）。事実,彼らは人口増加を社会変動の主要な要因と考えている（*ibid.*：3）。この人口増加により促進された集約化は,海岸部イヌイットや内陸ヌナミュートのようなローカル・グループ・レベルの社会をもたらした。それゆえに,ここに提示された見解では,オープンで複合的なシステムは古い様相であり,狩猟・採集民は人口の増加を受け身の体制で待ち受けていることになってしまうであろう。つまり,彼らは自分からすすんでそうしようとするのではなく,また,それがどこからやってくるかにも無頓着であるのだ。この最後の説明ではまったく話にもならない。シャベルによる民族誌（Wobst 1978）も,まだまだ進化論的な枠組には取り入れられていないようである。

旧石器社会の研究：バンドと複合的社会の起源

人類学者が矛盾に満ちた形態学に没頭している間に，考古学者は人類学畑の形態学に由来する二つの概念と取り組んでいた。まず第一は「バンド社会（*Band Society*：語頭大文字表記）」であり，ウォプストによって，そこから特定の狩猟・採集民の集団の文化的行動が現れ出る潜在的文化的システムと規定された（1974：V）。バンド社会の本質的特徴はバンドの凝集性であり，境界線の出現である[9]。それはバーゼルBirdsellが提示した（1958, 1953），「会話能力と二足歩行」に依存したオーストラリアのダイアレクト・トライブ（地方的言語的部族）から着想を得た，人口学的かつ生態的なモデルに立脚している。

第二の概念は，「複合的狩猟・採集民（*complex hunter-gatherers*）」であり（Ames：1985, Hayden et al. 1985, Marquardt 1985, Shnirelman 1992），この概念は拡張されていわゆる新石器時代の農耕民にも適用されている（Bender 1985）。これまで長期にわたって，原始的なホルド以外の何ものでもないとされてきた複合的狩猟・採集民という概念は，一方においてサーヴィスの分類による首長制に，また農耕民はどこに由来するのかという進化論的な疑問に由来していた。しかしながら，ここで注意しなければならないのは，複合的という概念は属性としてはすべての現代の狩猟・採集バンドに該当する点である。また，キーレイKeeley（1988）が注意したように，「複合」的狩猟・採集民とは「単純」な狩猟・採集民と肩を触れ合うことはない。

バンド，バンド社会，複合的狩猟・採集民という概念は明確に区別されなければならない。ここでこうした用語に注意を喚起したいのは，考古学者として，われわれはバンド社会という概念が複合的な物質文化をを生み出すのに必要な組織性をもっているということに確信をもっているからである。その結果，バンド社会という概念は，上部旧石器の主要な変革期の解釈に広く採用されてきたのである（Gilman 1984, Mellars 1973, White 1982）。以下，これらの概念について検討を加えよう。

バンド社会と同盟関係

バンドレベルでの統合関係は，これまで知られている狩猟・採集民においてはもっとも一般的なものであり，普遍的とまではいえないかもしれないが，旧石器時代の社会組織にあっても，特徴的なものであった（Service 1971：47）。

だが，こういう指摘は，かつてウォプストが指摘したように，生物学的に見たヒトの登場とか農耕の起源といった問題とも並ぶような重要な問題であるバンド社会の起源という問題系を，どこかに置き去りにしてしまうものではないだろうか（1974：Ⅵ）。

われわれが最初に確認しなければならないのは，バンド社会という問題は，サーヴィスの父系バンドの定義と同じように（1971：64），社会組織による居住とテリトリー制という限定された問題を扱っているということであるが，これに関連して六つの前提条件が提示されている（表1.5）。ウィリアムスWilliams（1974）はコンピュータ・シミュレーションによって，東インドのビルホア

表1.5 バンド社会の特徴 (Williams 1974)

- 種族は社会集団に分割されているが，それらが食料供給あるいは生存のために必要な資源について自立性をもっている場合，テリトリー制をとる。
- 食料が家族内で分配され，また狩猟・採集行動に際して労働の性的な分業が認められる場合，テリトリー制をしく集団は夫方居住制をとることが多い。
- 狩猟・採集社会を束ねる社会的な紐帯は親族である。
- 狩猟・採集社会では，資源をめぐり最大限の自律性を発揮する親族単位はリネージである。
- リネージ・バンドは外婚的である。
- 最適バンド・サイズとは，周囲のすべてのバンドと婚姻関係に基づいた同盟関係を維持しうる最小のサイズをいう。

Birhoa族と，婚姻網の空間構造をその遺伝子的意味という観点から検討している。

この空間的な意味については第2章，第3章でさらに検討されるだろう。本章では，どうしてこのモデルが，そこから民族誌的に多様を極める社会形態が生成されることになるバンド社会の青写真の検討に有効であるのかについて触れるにとどめておきたい。

バンド社会とはウォブストによって（1976:52），「婚姻網（mating networks）」と分かち難いものと規定された。「婚姻網はそこに含まれるローカル・グループが，事実上すべての配偶者を，一組のグループ構成員の中から迎えることが可能となる程度に閉じられたものである」。また，それはフォクスFox（1967:176）がタイラーTylor（1881）から借用した，コヌービアム（connubium），すなわち婚姻交換システムでもある。コヌービアム内では，外婚制によって婚姻同盟が成立している。結果として，「わが旧石器時代の狩猟・採集民のバンドは，（中略）他者と平和裡に暮らすために女性を交換した」（Fox 1967:176）ということになる。

婚姻網という概念が強調されてきたことにはそれなりに意味がある（Wobst 1976:49）。というのも，それは社会・文化・人口といったこれまで考古学に欠落していた分析的な概念であるからである。ただし，これには地域的なスケールの検討が必要となることはいうまでもあるまい（Wobst 1976:49）。さらに，こうしたネットワークは，婚姻にともなうコヌービアム内の諸個人の移動によるスタイルの文化的な伝達という面からの検討も可能にする。このモデルを利用することは，ウィリアムスの遺伝子の流れの研究（1974）と比較されるが，パラメータとして，前者が人為的なスタイルを使うのに対して，後者は対立遺伝子に着目している。

閉鎖性こそが，ここで規定されたバンド社会の鍵となる概念である。この概念によってこそ，ネットワークを単位とするスタイルや，ネットワークの価値意識を下支えするための儀式の存在が想定されることにもなろう。境界線が顕在化することによって，さまざまな空間的スケールをもつネットワークが出現する（Wobst 1977）。婚姻網に淘汰圧が作用するとすれば，それはこのネットワークを維持するのに必要とされる情報をさまざまなレベルにふるい分けするコンテクストにほかならない。こうした情報に含まれているメッセージは，メンバーシップと同盟関係に関する機能を荷担している。

ウォブストはまた，婚姻網の閉鎖性は社会的な支出を増加させ，同時に生産性を低下させるがゆえに，社会的相互関係のコストを増加させると指摘している（1976:55）（第3章参照）。この原則は，カラハリにおける研究によって支持されているように（Yellen and Herpending 1972, Lee 1976），

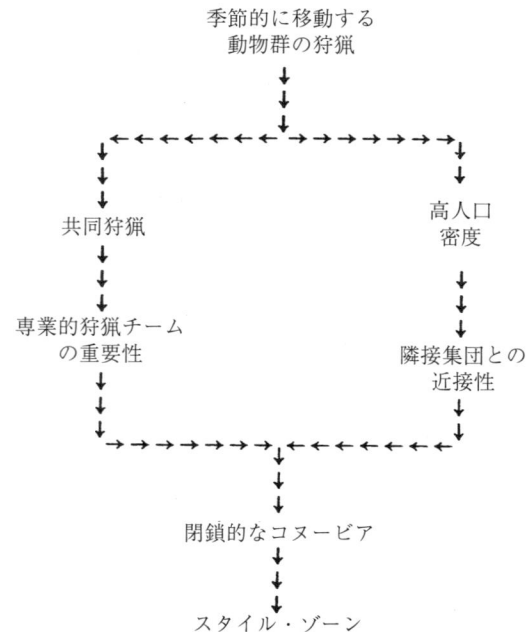

図1.3　ウォプストによる閉鎖システムの発達と上部旧石器のスタイル・ゾーン
（Gilman 1984 : Fig.2による）

進化論的な展望を与えてくれる。

　民族的集団と社会的集団への帰属との間の象徴的な境界をしるすと考えられているスタイルを組み立てている諸要素は，最終氷期の半ばまではまったく欠如していた。この観察結果に従えば，バンド社会とその機能面での表現である婚姻網の閉鎖性は，ホモサピエンスの初期にまでは遡行しないということになろう（Wobst 1976:54）。

　バンド社会という概念を導入することによって，オープンシステムから閉鎖的システムへ，「われわれは誰とでも結婚できる」から「われわれの結婚できるのはこのバンドの構成員であって，外部の人間ではない」へという歴史的推移を想定することができる。

　ギルマンGilmanは，どのようにしてバンド社会が出現したのか，という問題を要約し（1984:121）（図1.3），とくにローカル・グループ内での共同労働の有効性を論じた（Wobst 1976:55）。共同労働は，共同狩猟が必要とされる動物のムレに対する応答の仕方である。しかし，ギルマンはこうした発展を特別の生態的条件と関係づけるのではなく，労働力の確保をめぐる親族構造の理論（Barnard 1992, Fox 1967, Kuper 1988, Lévi-Strauss 1969）を用いて，生産諸関係という一般性的な概念ついて検討を加えている（図1.4）。結論として，彼はウォプストの理論的弱点である，社会と人口との等置に焦点をあてたことになる。婚姻網は社会組織の重要な一環であることにはかわりはないが，超還元主義あるいは社会生物学論者は別にして，これを社会と等置することはできない。霊長類動物学者は，ランガムWrangham（1980）の主張にしたがって，メスを結節環とする組織を社会的行動の鍵と見なしてはいるが（Foley and Lee 1989），婚姻システムと社会組織との間には明瞭な区別がある（Quiatt and Reynolds 1993:51-2）。

　しかし，ギルマンのバンド社会モデルにも弱点はある。レヴィ・ストロースは，その同盟理論に

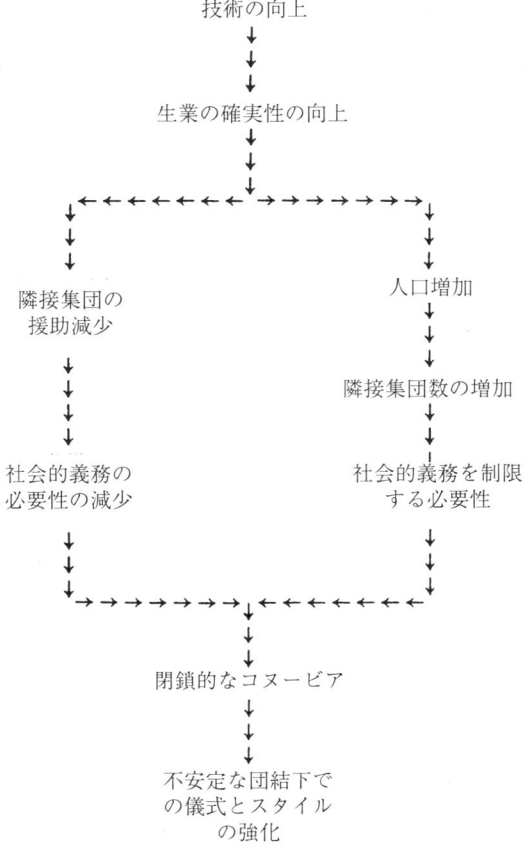

図1.4　上部旧石器革命における技術革新と社会変動
（Gilman 1984：Fig. 3 による）

おいて，外婚制に普遍的重要性を与え，それによって諸集団はさらに大きな全体性へと集約されると論じた（1969:480）。彼の解釈によれば，血縁関係による集団間の長期的な交換関係の組織化が，あたかも公理であるこのごとく見なされている。

　とはいえ，婚姻とは同盟関係の一形態にすぎず，集団とは社会の唯一の，あるいは論理的な単位というわけでもない（第2章参照）。婚姻によらない同盟関係には，諸個人間のネゴシエーションや年齢や性に基づいた友愛関係，徒党，派閥などがある。同盟とは，親愛の情，物的・象徴的紐帯，一杯の酒とパートナー，歌と饗宴，愛と憎悪などによって形成される。

　ネゴシエーションに大きく依存する社会のあり方によって規定される多様な同盟関係は（Guemple 1972:56），先史時代の狩猟・採集民に関する別稿でも触れている（Gamble 1982）。

　　こうしたネゴシエーション的な同盟は，地域的な枠組の内部で，個人とローカル・グループの
　　たしかさを与えてくれる手段である。この同盟網は，しばしば多様な社会的諸関係を規定し，
　　そこでこそモノとヒトの循環と交換がさまざまなつながりと，その持続性をたしかなものに
　　してくれるのである（Gamble 1986a:54）。

　諸個人のネゴシエーションに基づいた協定される同盟網は，旧石器社会研究にとっては集団を強調する婚姻網よりも理解しやすく，また適用範囲も広い分析単位といえる。同盟網の境界はオープ

ンであり，時に閉鎖的でもある（Gamble 1991b）。オープンな同盟システムの空間的な広がりは，コヌービアムの範囲よりもずっと広いであろう。このため，ウォプスト（1976）とベンダー（1978）らがその必要性を示唆した，ある範囲を領有する集団（on the ground groups）を超える分析単位となろう。というのも，ローカルな変異というものは，それよりも広い地方的（regional）な，あるいは間地方的な適応プロセスに規制されるからである（Gamble 1986a:54-62）。バンド社会は旧石器社会の分析に必須の社会的同盟関係の一つの表現といえるのである[10]。

複合的狩猟・採集民

　　　バンドレベルに統合された社会は，どこでも自然食料の狩猟・採集によるものである。だが，自然食料に依存するの狩猟・採集民はバンドレベルにあるとは限らない。北アメリカの北西岸に沿って海洋民が多数居住しているが，その環境は非常に潤沢であるため，かれらは首長制レベルの複合的な共同体を形成している。（中略）旧石器時代にあっても，こうした形態の社会がバンドのほかにも存在した可能性はある（Service 1971:47）。

　過去20年間を振り返ってみると，バンド社会が文化変化研究の主要な論点となるであろう，というウォプストの予測（1974:Ⅵ）どおりに事態は進まなかったようである。むしろ関心はどのようにして文化的な複合性が生成されたのか，という問題に集中したといえよう（Koyama and Thomas 1982，Price and Brown 1985a）。考古学者はバンドの中に，この首長候補を探し続けていたのである（King 1978，Mueller-Wille and Dickson 1991）。

　プライスとブラウンの編著『先史時代の狩猟・採集民：文化的複合性の発生』（1985a）は，問題点が整理されていてたいへん有益な書物であった。複合性という概念は多くの要素の絡み合いである，と定義されているが（Price and Brown 1985b:7），それはヨーロッパ上部旧石器の始源期である3万5,000年前以降というもの，社会生活を組み立てている主要因子とされてきた。この書物にも関連論文が収録されているが（Conkey 1985，Mellars 1985，Soffer 1985a），地理的に広い範囲に分布している資料も，上部旧石器以降あらゆる社会が複合化したことを支持している。だが，こうした事実も，複合的社会が単純な社会に包囲されていたことを意味するか否かは明確とはいえない。ベンダーも指摘しているように（1981），長い時間的経過の中では，大陸的な規模で権力と複合性を備えた地域的なセンターのシフトが行われていたと考えたほうが現実的であろう。

　考古学的な資料の中で，複合性は次のようなチェックリストによって認識されてきた。
・人口密度
・大規模なセトルメント・サイズ
・恒久的な住居
・恒久的な儀式の場所
・芸術・工芸のスタイル
・副葬品や場所，埋葬に要するエネルギーなどの違いによる墳墓の違い

　非常に数多くの狩猟・採集民社会がこれらの項目のいくつかを具備し，またことごとく芸術・工芸面で何がしかのスタイルをもっているとすれば，そうした社会を複合的であると評価することは

可能であるとしても，結局のところ，こうした分類自体，たいした意味はもたないのではないだろうか。これが実状であろうと私は確信しているが，第2章において，私は複合性という概念を詳しく検討し，上部旧石器ばかりではなく，複合的な社会の誕生に先行する社会について論じてみたい。では，どのような事態が複合的な社会生活を生み出すのだろうか。プライスとブラウンの「社会と文化が複合化する要因は狩猟・採集民の経済にある」（1985:436）という指摘は誤ってはいないが，この指摘が妥当性をもつのは，そのような複合性が先のチェックリストの要件を満たしているときのみである。ここで念を押しておきたいのは，経済的・文化的な複合性とは狩猟・採集民の社会生活に胚胎する，ということである。ここにおいて，ある社会の構成員による資源の移動と物質的世界の生産は，彼ら相互のネゴシエーションを媒介としてはじめて可能になるのである。

また，かつてコンスタンス・ウェスターマンConstandse-Westermannとニューウェル Newellがその寿命を引き延ばそうと試みたように，いささか肯定的なスタンスには立ちながらも，ブラウンとプライスは進化論的形態学における分析単位として使われてきたバンドという用語の使用を葬り去ろうとするのである。考古学者として，彼らの関心は文化の変化と複合性に向けられているが，それを解き明かすに際して，

> われわれはさまざまな適応にスポットライトをあてようと思う。それは，先史時代の狩猟・採集民を特徴づけ，さらに社会的複合性の主要な特徴を素描してくれる（Price and Brown 1985c：Ⅷ）。

彼らのテーマは3点にまとめられる。食料獲得の集約化，定住的コミュニティーの起源，そして社会的不平等と階層的組織の出現である。また，彼らはこのテーマを研究する明確な方向性も打ち出している。

> われわれが取り扱うのは，このような現象の起源ばかりではなく，それら相互の関係についても検討する。つまり，セトルメント，人口，生業，交換，抗争，それから技術などがどのように社会の洗練化に寄与するのか，という問いに答えたい（ibid.）。

かくして，適応をめぐる議論の一環として社会性が浮上することになる（Price and Brown 1985c: 図1.1）。複合的社会の出現は歴史的かつ経済的分野と緊密に結びつけられ，ここから編年的な，あるいは地理的な変異の解釈が行われている。

その解釈に社会という概念を含む適応論的アプローチについては，また別な観点からの評価も可能である。私はかつてレイトンLaytonの見解を紹介したことがあったが（1986），これによれば，狩猟・採集民社会の長期的なプロセスには，所有物との関わり方とかそれらの扱われ方などが重要な役割を演じていた。彼は，不平等性としての社会的複合性は，生業に必要なもの（所有物）や，また儀式を含むこと細かな観念的体系などの違いを反映していることを指摘している。アメリカ北西岸や極北とオーストラリアあるいはカラハリを比較して見れば，このことはよく理解できるであろう。複合的行動の変化は必然的に適応的というわけではなく，その場その場で必要な所有物によって引き起こされるものなのであり，また，それによって社会も構造化されていくことになるのだが，これについては第2章で触れることにしよう。

文化についての二つの物語

　旧石器時代の社会進化を研究することが困難であるとすれば，そのかわりにどうして文化の発達という問題が設定されないのだろうか。考古学者にとって，文化とは規則や象徴のシステムであり，人類が生得のものとしてもっている超身体的な適応手段なのである。この変化は激しく，このため，われわれはたくさんの相異なる文化を目にすることになる。しかしながら，人類学者にとって，こうした無数の変化の底には単純な社会的原則しか存在しない。彼らの仕事は，文化を身ぐるみはぎ取って，この潜在的構造をとり出し，ついでこれを用いて，その変換規則を発見することである。これは，生物の遺伝子型（社会構造）と表現型（文化的表現）の違いになぞらえることができる。前者は鼻，皮膚，2本の足を提示し，後者はどんな大きさの，どんな色の，どんな長さの，といった基本構造の具体的な姿を提示する[11]。

　文化とは，また自然と対立するものとも把握されている。卑近なところでは，われわれには文化があるが，動物にはないといった議論がある。それゆえに，文化をもっているということは，われわれ自身を規定するものともいえる。これが文化的適応が超身体化される根拠である。というのは，このような文化とはわれわれの外部にあり，同時に人類としての社会生活の一部でもあるからである。それは儀礼とか習慣，技術といった形をとることもあれば，技量，知識，情報という場合もあるだろう。

　しかしながら，こうした文化と社会という二項対立を受容することは，再びわれわれの解釈と旧石器との間にカーテンを引き回すことになってしまうのではないだろうか（Gamble 1991a）。そうすると，いつわれわれが文化的な（つまり非自然的な）存在となったのか，言語といった新たな能力はいつ獲得されたのか，先文化あるいは原文化をも含めた変化のペースはどうだったのか，という問題に取り組むはめに陥ってしまう。それゆえに，文化という概念が旧石器研究に有効性を発揮するのは，われわれによるわれわれ自身の定義を目的とする場合に限られてしまうことになろう。すでに人類学の分野で繰り返し指摘されてきたように，文化によって文化を説明することはできないということが問題なのだ。

　現在の霊長類学と生物学においては，人類と非人類の連続性に定位したアプローチが主要潮流となっている。この見解によれば，文化とは情報を社会的に処理するための手段や，生存のための活力を与えてくれる手段とされている（Quiatt and Reynolds 1993:179）。文化は社会的知識と相互関係を調整する。それは変化し，また伝達もされる。そこを経由する情報は淘汰圧の対象となる。したがって，われわれが旧石器時代の記録にパターンを見出し，またその解釈を見つけ出す根拠は，この淘汰に起因するとされている。文化とは適応的であるが，何がしかの歴史によってデザインされたものではなく，その形態によって適応的なのである（Gamble 1993a:5, Gould 1991, Gould and Vrba 1982）。たしかにそれはパターン化するが，その筋道を予測することは不可能である。

　だが，文化とは単なる情報ではない。それは諸個人の生存に関する社会的原則を表現するための手段なのであるが，それ自体生命をもっているわけではないし，われわれのデータから得られるパ

ターンの解釈に使うこともできない。文化とは人類の進化と同一歩調で発達してきたものではないのであり，むしろ人間が能動的に諸活動や相互関係にかかわる中から紡ぎ出されたものといえる。この意味で，それは人類と非人類，初期の人類と現代人，われわれ自身とわれわれの祖先といった連続体を形成している。文化は種と種の間でも異なるし，また時間的にも変化するものである。それは，諸個人が関係を維持するためのさまざまな材料を選択したり，社会的な広がりを強化するからである（第2章参照）。

蕾の中を這う虫は蛇に変身し，やがて象徴的な身振りになる

人類社会の文化的アプローチの強みと弱み，これを端的示す二つの例を示そう。両者はまったく視点を異にする語りではあるが，旧石器のデータによってその社会を構成しようとする点では共通点がある。

ナイトKnightは女性の力の衰退という視点から，社会の進化を挑発的に論じている（1991a,1991b）。彼によれば，文化とは共同体を表現するものにほかならない。女性の文化は，月の満ち欠けと関係する排卵と月経を媒介とする集団的な性交の拒否に立脚している。ナイトによれば，このようにして性交を拒否された女性の夫たちによって，狩猟を組織するための集団が構成された。夫たちの狩猟が成功裏に終えれば，肉は性交と交換される。この文化的な結合環は，女性の血と獣の血である。女性の性交拒否は最初のタブーであり，文化的な活動において血がパワフルな役割を演じるのである。象徴的な行動の基盤が，その記号と意味とがここには明示されている。

これは先文化，あるいは原文化段階を指し示している。この原始的なパターンを覆し，また，われわれを完全に文化的存在と化した上部旧石器における転回は，生態学的に解釈されている。

> 動物のムレが衰退するにつれて，女性の力に依拠する集団猟は信頼のおけないものとなった。また，分散したほうが都合がよくなればよくなるほど，女性の凝集力も衰退しはじめた（Knight 1991b:35）。

女性のもつ男性の支配力の衰退は，動物が彼女たちを裏切ったからである。氷河時代における女性の力は，動物の数に左右されていた。狩人の成功度が低下するや，女性は代価を支払わなければならなかった。共同祭儀と共同行動に基づく女性の力は衰退したが，われわれがよく知っている世界が成立したのはその後であった（*ibid.*:37）。こうした文化はすでに過去のものとなったが，血によって象徴される女性の連帯性は今なお生き残っている。儀式と神話的な世界に入り込んで，ナイト（1991a）は，権力を盗み取るというテーマの男性のイニシエーションと神話は，女性の権力喪失の遠い残響であると論じている。この文化的意味は，汎世界的に知られている龍や蛇の神話に示されている。こうした遺産は，火，血，誕生と死，結婚と結婚の脅威，男性的な精力，男性祭儀の起源などと密接に結びついている（Knight 1991b:44）。かつては女性の力を顕示していた象徴性を巧みに盗みながら，上部旧石器時代に龍を殺戮した男性は，自己の連帯性と集団としての力をわがものとする契機を手に入れたのだ。

こうした大胆な物語は，文化をどう見るのかという点で，環境決定論や社会生物学的決定論に大きく依拠しているにせよ，語り続けられるべき価値をもっている。私はこの語りの大筋にも細部に

も賛同できないが，それがどのように私たちの希望には添わないものであろうと，旧石器研究において独自の領域を切り開いている。

これに対する第二の物語は，アンドレ・ルロワ・グーランの『言葉と身振り』(Le gest et parole)である。本書は1964～5年に出版され，フランス国外ではまったく無視されていたが，1993年に英訳が出された。彼は，洞窟壁画の研究で著名であり（1968），またアルシー・シュール・キュールArcy sur Cure（1961,1964）やパンスバンPincevint（Leroi-Gourhan and Brézillon 1966,1972）らのパイオニア的な調査でも知られている。本書は社会進化と人間行動を取り扱っているが，その独創的で大胆不敵なアプローチはまことに息をのむようである。

彼の議論は大変込み入っているので，本章以降でも再三立ち戻ることになる。ルロワ・グーラン自身は明言していないが，彼はモースの『身体技法』(Les techniques du corps)に多くを負っているようである。そこでは，技術とは何よりもまず社会的産物である，と主張されている（Lemmonier 1993:3）。技術と社会的プロセスとを結合させて，ルロワ・グーランは一つの旧石器研究の筋道を指し示した。彼は一度も文化に触れることなく歩を進めている。それゆえに，われわれはチャイルドのように社会的データの欠如を嘆く必要はない。そうではなく，ルロワ・グーランが指摘したように，われわれは関心のおもむくままに，技術の進化を研究することによって，長期的な社会変化の方向性を研究すればよいのである。さらに，この総合的考察には，スタイルと機能の区別など必要とされない（White 1993a: XVIII）。社会とは，アイデンティティーと集団性を荷担しているスタイルに宿るのではなく，生産・使用・廃棄といった行動に文字どおり組み込まれた社会的表現にほかならないからである。

これはまったく独特な社会考古学であり，文化の理解の仕方であるといえるだろう。たしかに，それは生物学における形態学や形態変化などといった概念に立脚しているが，身体こそが価値の源泉であり，**動作の連鎖**（chaînes opératoires）を統合するリズムが特別に重視されている。これによって，形と動作の伝統化，つまり考古学者が文化とよぶものがつくり出されるというのである。

人類進化に関するルロワ・グーランの見解によれば，今日のわれわれは，個体という概念がすでに時代遅れとなった時代にいる。人類の基盤は種であることが重要なのである（1993:253）。これは人類の記憶の不断の外在化によって達成された。時の経過とともに，文化的な記憶を身体の外部に蓄積するという新しい変化が生じた。この結果として，行動の構造を変化させることによって人間社会の組織のされ方も変貌を遂げたのである。

われわれは新しいかたちの行動を繰り返し利用してきた。記憶は書物になり，力は角の道具によって強化され，やがてハンマーへと改良された（Leroi-Gourhan 1993:246）。

シンボルのネットワークとしての文化は，行動をかたちづくるリズムの源泉としての身体にその座を譲る。このような時間と空間の組織化は，わが種の進化の道筋をあらわすことになる。進歩した技術や自働機械の出現は，このプロセスの究極的な蓄積の成果といえる。なぜなれば，今や社会的に再生産されているヒトによってつくり上げられたものこそが，われわれの展望を拓くものとなるからである。かくして，われわれの将来に対する信頼感は，「個人とは究極的に社会的な存在である」（1993:407）という信念と，個人と社会との関係は，かつていつもそうであったように，つ

ねに調整が可能であるという確信によって支えられることになる。

　これは進歩という変化に対するいささか奇妙な信念といえるが，支持することができそうな見込みのある語りではあろう。どうしてなのだろう。それは結局のところ，ルロワ・グーランもまた，上部旧石器時代の絵画芸術の出現を，記憶が急速に外在化されるようになる傾向性を説明するための転回点と考えたからである。この図像表現の開花によって，記号と言語とを含む新しいリズムのシステムが創出された。新しい形態の言語が創られ，新たな身振りと動作の連鎖がつくり出されたのである。

　このアプローチが無視できないのは，それが図示表現の起源という新たな問題へと誘うからではなく，同じ社会的プロジェクトとして，旧石器考古学と他の考古学や歴史学とを再結合してくれるからである。そうすることによって，自己と他者との関係を社会と考える前提に立ちながら，わが種の長期的な進化は，われわれの社会的行動に関する継続的な検討の内部に位置づけうるのである。

要　　約

　旧石器時代研究においては，社会への焦点のあて方には二つあった。第一は，アフリカの人類起源研究と関連するもので，学際的研究のための素材として社会というテーマが用いられている。人類社会の起源は帰納的研究のゴールであり，研究上のパラダイムでもあった。それには解剖学者，地質学者，それに考古学者やそのほかにも多くの専門家達が参画した。われわれがそこから飛躍した文化の祖型が主戦場となった。

　第二は，旧石器年表ではこの対極に向けられたもので，バンド社会あるいは複合的社会を対象としているが，それは現代のヒトがつくり上げたものであった。この領域では，社会とは研究のパラダイムというよりも解釈されるべきものである。そこには社会革命（Stringer and Gamble 1993）と同時に文化革命（Knight 1991a,1991b）もあった。これによって，人類の変革の歴史に大きな一歩が印されたのである。これだけで上部旧石器革命を十分に解き明かすことが可能であるという見解もあるが（Gilman 1984:124），この革命がスタイルの出現と時間的かつ空間的に明瞭な文化の出現によって特徴づけられるという点において，他の革命と区別されるものである。象徴性とスタイルとは，コンキーConkeyによれば（1978:78），複合的社会の地域的発展の基盤であり，上部旧石器時代の後半期に登場した。この新しく華麗な世界は，文化よりも社会の物質的な表現であると理解されている（Bender 1978:218）。

　私は，本章において，いずれの見解を採用するのかについては触れない。むしろ，私が強く惹かれるのは，ラトゥールとストラムによって概念化された問題である。これまでの議論に関する限り，真に社会的なものなどほとんどないではないか，と考える向きもあるかもしれない。われわれは，それが婚姻網であろうと（Williams 1974, Wobst 1974,1976），テクノロジー・システムであろうと，いずれにせよ社会的システムのごく一部しか知識としてはもっていない。たしかに，バンド社会の起源に関する研究においては，同盟関係について十分に注意が払われてこなかったかもしれないが，それは諸個人の研究というよりもグループのダイナミズムについての研究であり，特定のタイプの

社会組織を対象とする先史学である。この組織は現代においては二つの形態に分離されており（Service 1971, Woodburn 1991），それらは遠古の時間的な序列に組み込まれている。社会とは解釈のための概念である。それは，閉鎖的システムがオープンシステムに変化する，あるいはその逆になる等々といった，序列の解釈である。

このように旧石器時代の両端には焦点があてられてきたにもかかわらず，この中間の時期にはあまり注意が払われてこなかったことも明確になったと思う。そこでの研究が大きなインパクトを与えることはなかったといえるだろう（例えばSchmidt 1936）。サハラ以南のアフリカからホモ・エレクトスが拡散し，上部旧石器革命へと到るまでの長い期間は，生態学的に，また主に生業面から記載されてきたにとどまっている。ヨーロッパに人類が居住しはじめて以来，この50万年間は，その変化と平衡状態とを記述するには格好の素材であり，また，単なる記述以上のことが可能であるかもしれない。しかしそのためには，通常の考古学者以上に社会や共同体についての理解を深化させなければならないのである。

註

1) レイモンド・ファースRaymonnd Firthが企画に参画していたが，人類学者の参加はなかった。
2) 狩猟・採集民研究における，いわゆるリビジョニストの議論についてはここでは触れない（Barnard 1992, Schrire 1984, Wilmsen 1989）。私は現代の狩猟・採集民を先史時代の社会と同一視できないことについては完全に同意するが，リビジョニストの批判を受け容れることは，「サン族の文化を研究することからは人類進化に関する有益なことは何も得られないが，狩猟・採集民によって駆使される知識の性格とか技術などは狩猟・採集民研究に有効な唯一の分野である。さらに結局のところ，サン語を話す人々が旧石器時代人の名残をとどめているという考え方に固執しなければ，こうした人々をことさらに調査対象として選び出す必要性は何もない」ということとは別問題であるというウィルムゼン（1989:352 強調筆者）のコメントに賛成である。
3) バーゼル（1958）によれば，降水量がこうした傾向をはかるのに使われる。
4) リチャーズRichards（1987:306-31）は社会進化に関するきわめて有益な文献調査を行って，次のようなことに注意を喚起している。「歴史的に見て，（社会進化は）多種多様で幅の広い領域をつねにその源泉としており，特定の学問分野とはとても認められないものであった。結論的にいえば，わずかの例外はあるが，この問題が首尾一貫した，また長い蓄積をもった科学となったのは，あるいは，アカデミックな文献が登場したのはといいかえてもよいが，それはせいぜいここ10年くらいのものである。われわれの手元にあるものといえば，その最終章である場合があまりにも多すぎた。そこではテクストの著者は，人間の条件に関するガチガチの科学的手続きに哲学的なワックスをかけながら，もつれを解きほぐすのが常であった」（*ibid.*:207）。
5) この議論の立て方は印象的である。そこではきわめて幅広い論拠が提示される。社会的諸関係を再構築するために，東アフリカのサバンナに準拠して想像的な説明を行う研究者もいる（とくにFox 1967:175-80, Gamble 1993a:108-12, Humphrey 1983:48-55, Isaac 1976:483-5. Reynolds 1966:446-50などを見よ）。こうした物語は進化論という物語に新しいひねりを加えたという点で，多くの類似点をもっているが，実際のところ，その語り口は何十万年間にもわたる，また，しばしば遠く距たった空間的なデータを融合するために，生態学的な，つまり現在に関わる記述を当てはめるという限界をも共有していた（Gamble 1993a:36-7）。

6) これ以外に，フロイトFreud（1913）の『トーテムとタブー』，ドーキンスDawkins（1976）『利己的な遺伝子』，トライバーズTrivers（1978）『互酬的利他主義の起源』などがある。

7) もう一人のイギリスの人類学者ラドクリフ・ブラウンRadcliffe-Brown（1952）は社会進化に限定つきの支持を表明しているが，彼にとってそれは，むしろ推測的な歴史であった。この見解はイギリスの多くの門弟たちに承継された（Ingold 1986aをみよ）。

8) 同じような考え方に，ガードナーGardner（1966:406）による狩猟民社会をパワフルな隣人たち，つまり，孤立的で抑圧されていない社会（例えばトリンギット族やワルブリ族）と，それから文化的な抑圧をこうむっているレヒュジア社会（例えば，クン族やパリヤン族）に区分しようとする案がある。

9) コンスタンス・ウェスターマンとニューウェル（1991, Newell 1984, Newell and Constadse-Westermann 1986）は北アメリカの狩猟・採集民の人口について繰り返し論じている。彼らはバンド・レベル（Band level）と部族レベル（Tribal level）という二つのタイプを区別しているが，両者にバンドと語族（dialect tribes）を包括させるという混乱が認められる。彼らの考え方によれば，外婚制と閉鎖性（つまりバンド社会）を支えうる人口密度は部族レベルの社会にのみ見出されるという（1991:表1）。これはサーヴィス（1971）のいう部族にほかならず，これは普通食糧生産と関係する。

10) コンスタンス・ウェスターマンとニューウェルは，バンド社会モデルでは狩猟・採集民における社会組織の二層性，つまりバンドと部族の存在を評価できないと主張している。スチュワードとサーヴィスは複合バンドと父方居住バンドとを区別したが，これはそれまで論じられてきた多くの議論の出発点でもあった。部族は食糧生産と関連づけられることが多い。ところが，ニューウェルとコンスタンス・ウェスターマンは，ヨーロッパの中石器時代には，バンドから部族への段階的な発展があったと主張している。それは，開放的な婚姻網から，閉鎖的な婚姻網への移行に対応しているが，閉鎖的な婚姻網は地方的な言語の差によって区別される部族レベルの内部に位置づけられている。1 km²あたり0.1人という人口密度は，彼らによる北アメリカの白人との接触期，あるいはその時期に近接した時期の256に及ぶ集団の民族誌的な調査によるものであるが，こうした移行を示唆する重要な閾値とはいえ，かならずしも十分に説得力をもった数字とはいえない。彼らのモデルの問題点は，それがいっこうに先史時代の狩猟・採集民社会の何たるかを教えてくれないところにある。彼らにとって社会構造とは，人口学的な，また言語学的な集計表以外の何ものでもない。

11) この区分に対する伝統的な人類学の側からのアプローチは，ゲルナーによって以下のように簡潔に述べられている。「この考え方は，部族社会はある構造，あるいは組織性をもっているとするものである。この構造あるいは組織の各部分は，その内部の諸個人を抑圧し，また承認するが，その結果，今度は逆に，彼らが構造や組織を支えているかのように確信させる。それは恒久的に，また長期間一定の割合で成立している」（Gellner 1985:135）。人類学者はこうした構造の解明におもむかなければならない。各構造のさまざまな文化的表現はあまり重要ではない。文化とは気晴らし程度のものであり，取るに足らないものでもある。ゲルナーはまた，こうも揶揄している。「結婚相手が構造なら，文化とは花嫁のベール程度のものだ」（*ibid.*:136）。

第2章 個人，社会そしてネットワーク

人類は自分の歴史をつくるが，自分がそうしたいと考えてつくっているのではない。人類は自分で選択した条件の下で歴史をつくっているのではなく，過去に直接向き合って，また過去を素材に，過去からの伝達という条件の下でそうしているのである。

カール・マルクス，1869

集団と個人[1]

社会考古学が主に関心を寄せてきたのは集団と組織の研究であった。これらは文化，伝統，システム，サブシステム，さらに文明などに分類され，バンド，部族，首長，国家という有名な進化論的段階設定に従うものとされてきた（Service 1971）。こうした先史時代における社会組織の研究が首尾よくすすめられてきた理由はといえば，しごく単純なものであった。つまり，考古学者はあらかじめ自分が見つけ出すものを知っていたからにほかならない。首長とか国家，あるいはそのシステムやサブシステム等は，発掘がはじまる前に周知のものであったのだ。神殿やロングハウス，豊富な副葬品のある墳墓，遠方から将来された素材，壁画や記念物的な彫刻などの発見は，既存の分類にうまくあてはめられた。この古典的ともいえるテクニックは，考古学的発見物を対照するためのチェックリストでもあった（Gamble 1986b）。だが，100％の合致など望むべくもないだろう。先史時代の文化は，現代社会と同じように，その文化的装いはまことに多元的であるからである（Clarke 1968）。

個人というものはこうした枠組の中には登場したためしはなかった。クラークによれば，集団行動の蓄積された結果のみが保存されるのであり，諸個人の行動は旧石器時代の記録容量を超えたものと考えられてきた（Clark 1992a:107）。ミズンはこれに巧みに反論している。

> 考古学においてすばらしい説明を行うためには，諸個人が毎日どこで何をしていたのかを明言しなければならない。彼らには，世界観や意志決定能力，さらに社会的かつ物質的な環境の突きつける挑戦状に対して，創意工夫をこらして応えようとする能力が備わっているのである（Mithen 1993a:396）。

彼はさらに，1970年代から1980年代の社会考古学は，集団的適応を強調するあまり，先史時代の諸個人を集団淘汰とか人口圧といった非個人的な巨大な力によって，後景に追いやってしまったとも指摘している[2]。旧石器時代以来の，また先史時代一般においても，そこでの個人の不在は，「原始的社会」モデル（Kuper 1988）の温床でもあった。このモデルによれば，人々は自分が生まれ落ちた既存の制度の中ではまったく無力である，という点に力点がおかれていたからである。

このアプローチには別の理論的立場との共通点が存在する。構造化理論に立脚しながらシャンク

スとティリーはこう指摘している。

> 個人を考古学的な分析から一掃することはできない。個人とは知識を積極的に吸収し，行動的で，しかも社会構造と社会戦略と密接不離の立場に，また構造化された社会的領域の中におかれている。このことは，社会的諸関係なるものは，創造的諸個人の相互関係に還元されないことを意味している（Shanks and Tilley 1987:210）。

このミクロとマクロ，社会と個人という問題は，旧石器社会に関する議論の中で取り上げられたことはなかったが，社会を理解するための多面的なコンテクストの中で論じられなければならない。まず，われわれが避けなければならないのは，諸個人を互換性のある単なる分析単位と見なすことである（Wolf 1988:760）。また，広範な社会的諸構造が諸個人の行動を規制していることも忘れてはならない。

最初のボトムアップ・アプローチは個人をスタートラインに据える。第二のトップダウン・アプローチは集団を始点としている。先のモデルでは，個人が能動的に社会的な**役割を演じ**，構造を具体化する。後者にあっては，社会はその組織的な力を通じて個人と**向き合い**，個人をつくり上げる。この対立的なモデルは以下で詳論されることになるだろう。第一のモデルを旧石器時代の社会研究に適用することの有効性については，現下の霊長類社会の研究と構造化理論を例として示しておこう。これはネットワーク分析を導入することによって，形式的ではあるが，柔軟な構造が与えられることになるが，マクロなスケールとミクロなスケールとを架橋するものである。ネットワーク分析は個人に力点をおくため，社会分析のボトムアップ・アプローチに適用される。とくに，ネットワーク内の資源とルールとが焦点化され，そこから人口学的なパターンが抽出される。

社会に対する二つのアプローチ

動物行動学者ロバート・ハインドRobert Hinde（1976,1987）は，この社会モデルの違いについて記述している。この違いは決定的ではあるが，ハインドも指摘しているように，互いに排除しあうものではない。トップダウン・アプローチとは，

> 人間の社会構造とは，複数の関係，組織，制度などの無限の連鎖によってつくりあげられており，それらが個人的行動を規制していると考えられる。あるいは，自己と関連する社会を創出した諸個人の行動の生み出したものといってもよい。これまでの構造論的な見解は，現実的な生活からの高度な抽象より成り立っていた。だが，それは社会をどの面から見てもその妥当性が容認されるような相互依存的な部分性と手順の統合体と見なす立場に身をおくことでもある（Hind 1976:14）。

一方，ボトムアップ・アプローチとは，

> 個人からはじまり，自己の関係の切結び方を模索し，自己のかかわる関係の進路を考えようとする（*ibid.*）。

この区分には，対立関係にある人類学者達の文化観が内在している（Ingold 1994）。認知論者的なアプローチとは，社会構造の心的象徴性を分類する。そこにおいては，文化的な安定性は，言語

的な伝達によって達成される。一方，現象論的なアプローチは，ヒトの環境への能動的な参画を前面化しようとする。社会生活の遂行における身体のリズムや身振り，生活における慣習的な行動（Leroi-Gourhan 1993:231-2）などは，社会的メモリーが非テクスト的・非言語的（Connerton 1989:72）に手渡されることを意味している。この詳細は第3章で論じよう。

建築としての社会：トップダウン・アプローチ

構築論的なアプローチ，つまりトップダウン・アプローチにおいては，社会とはちょうど建築のようなものと考えられている。この建築は過去のある時点でつくられ，現代人が使用するが，めったに改築されることはない。お好みならば，それは集団の詰め込まれた公衆劇場といってもよい。そこでは個人には首長やビッグ・マン，あるいは祭司王といった制度的な役割が割り振られている。このモデルは社会考古学者に多く使われている（Redman et al.1978）。彼らは自分たちが見つけ出した社会的カテゴリーを熟知している。彼らのモデルは社会の構成員に先だって存在するものであるからである。換言すれば，諸個人が生まれ落ちたときには社会的な枠組はすでにできあがっている。彼らの参画する諸関係は，彼らの生誕を認知する集団によってがんじがらめに束縛されている。そして，この諸関係は文化によってコード化されている。結果として，社会進化の研究は制度の維持と同時に，移行の時期について格別の関心を示すことになるのである。

集団を最優先し，社会の下支えとも見なす見解は，社会人類学に由来している。公的な制度を規定することが難しい「プリミティブな社会」にあっては，人類学者にとってもっとも重要な制度は親族である。これもまたクラン，半族，リネージ，ローカス，家族王などに細分される。これらの制度は団結を生み，集団的行動によって社会的生活を可能とする。これはデュルケームに連なる見解であり，幅広い支持を得ている（Ingold 1986a:227-30, Kuper 1988:118-20）。

このモデルは常識にもかなったものといえる。小児が長期間養育されなければならないのは自明であろう。この期間に社会制度は導き入れられ，集団の規範と信念が植えつけられる。それは集団への適応であり，歴史によって形づくられるものとされる。社会を分析するにあたって問題となるのは，諸個人は制度に意志的に馴致し，その意志を代弁するということにある。ここでは創造性は否定されなければならない。

上書きされる原稿としての社会：ボトムアップ・アプローチ

ハインドによる第二の社会モデル（1976）は，集団よりも個人を重視する。社会とは先行性というよりも形成されるものとされる。既存の構築物に組み込まれるのではなく，社会とは個々の行為者によって構築されている。

この意味での社会は，諸個人の相互関係によってつくり出され，それを上書きするものといえる（Grönhaug 1978:120）。社会構造とは，究極的にこうした相互関係から生じる（Hinde 1987）。社会は多数のネットワークから発生し，それは諸個人を含むというよりも，諸個人によって構成されている。

こうした社会理論についての観点が有効なのは，その目的がマクロ，ミクロ両様のプロセスを扱

いうるところにある（Turner 1991:632）。つまり，そこでは制度と個人とが結合されている。このプロセスのスケールは，路上での束の間の邂逅から，きわめて長期間の道徳や制度の持続に至るまで，じつに変化に富んでいる。

個人と社会とがうまくネゴシエーション可能であったとしても，彼らが生み出したネットワークは親族や婚姻に立脚するものとは限らないだろう。加えて，そこには虚構の親族関係とか，交易，儀式と交誼などによる諸関係が含まれ，それらは訪問，儀式，饗宴，会話等々に際して発動される。こうした創造性を物語る民族誌には事欠かない。

ズー族Zhu［クン！Kung］の社会における親族関係は，教科書どおりの拘束衣をまとっているのではなく，ダイナミックなキーボードといえる。そこでは諸個人が思い思いの選択を行っている。そこでは，（中略）諸個人が思いどおりに，効果的なネットワークをつくり出し，ネットワークをあやつっている（Wilmsen 1989:180，強調筆者）。

ズー族の地域的バンドは親族的な領域での結節環であるが，そこでは諸個人はより幅広い政治的な形態をとりながら相互関係を維持している（ibid.:117）。この好例はヴィスナーWiessnerが紹介しているクン族のハロhxaroという交易上の相互関係である。これはまず親族間に結ばれるが，キャンプ間もこれに拘束され，その結果，きわめて広域的なネットワークが形成されることになる。このシステムで重要なのは相互関係と選択性である。さらに，多くのに狩猟・採集民においては，虚構の親族関係はごく限られた名辞を用いることによって，部外者をも自己のネットワークに組み込むことが可能になるが，これもまたネットワーク形成の普遍的な方法である（Lee 1979）。

モリスMorrisは南インドのヒル・パンダラム族Hill Pandaramの研究において，「彼らは自分たちの世界を気ままにつくり出す」（1982:150）と結論づけている。そこでは各世代は社会的に融和しているが，その基盤は友好的な二者間（ダイアディック）の絆によって結びついている。つまり，二者間の関係に基盤がおかれているのである。

これとまったく異なった環境のもとにおいても，ゲンプルGuempleによるベルチャー島Belcher Islandのイヌイット族Inuitの事例は，個人による社会関係創出を明示している。

親族システムを階層性に還元することはまったくの誤りであり，むしろ規約的なものといえる。（中略）それはまた，社会的な喩的関係によるシステムでもある。つまり，社会的に関係することは，参画者の偶然の出会いによって始動されるのである。そこでの第一の基準は，だれでも親族の一員と見なされるという意味論的なシステムに組み入れられることであり，次いで，対面的な関係にある者は，実際上はどうであれ，親族の一員として遇されることになる（Guemple 1972:75強調筆者）[3]。

ウィルソンWilsonの観察結果（1988:36）によれば，親族とは原始的な社会特有の制度ではない。そうではなく，それは諸力の蓄えられた貯水槽のようなものである。だがそれは，必要なときには社会的な焦点を形成するための空隙をもっている。バウシュBahuchetによるザイール・ピグミー族Zaire Pygmiesの研究は（1992:247），こうした規則と選択の問題を示唆している。規則とは父系制と夫方居住をいう（1992:247）。しかしながらここには，女婿が嫁とともに自己のキャンプに帰還することなく嫁方のキャンプに逗留するといった，例外的な事例が少なからず観察されている。結果と

して，相互関係と嗜好による選択は，理論的な予測に反する居住パターンが形成される(*ibid.*:219) [4]。

霊長類の社会

　サルや類人猿の社会を研究することの難しさは，旧石器時代の社会を研究するのと同様である。霊長類学は行動を観察することができるが，社会生活については類推しなければならない。血縁関係の不明確さ，またそのほんの一部分しか表現されることのない曖昧な社会性は，霊長類の社会を再構築することを著しく困難なものにしている。霊長類の意図を読みとることはできないし，一連の行動を観察し，将来の行動を予測することなどまさに僭越である。一方，旧石器考古学者は過去の行動の静態的な残滓しか研究することはできない。ここから行動と社会とを予想しなければならないのである。

　こうした現状を踏まえ，現在の霊長類研究からは，興味深い二つの概念的問題が摘出されている。それは，分析単位と社会の性格規定に関するものである。まず第一に，クイアットQuiattとレイノルズReynoldsが指摘するように（1993:52），非人類霊長類の社会研究においては，個体が観察の単位であり，同時に分析の単位でもある。第二に，霊長類社会という概念には，クーパーKuperが指摘しているように（1998），「原始社会」概念に取って代わりうる変換操作が仮託されている。

　ストラムとラトゥール（1987），チェイニーCheyneyとセイファースSeyfarth（1990），ローウェルRowell（1991）らがすでに指摘しているように，霊長類の社会生活の研究は，新しいテクニックの開発というよりも，社会概念の変化に多くを負っている。これは，集団的な行動に立脚した建築的なモデルから離脱し，諸個体が社会的領域においてもとめる相互関係を軸とするネゴシエーションというパフォーマンス・モデルを指向していることを意味している。クンマーKummerのヒヒの研究（1968）やハインドの社会構造モデルは（1976,1987）ことに重要である。ストラムとラトゥールは次のように要約している。

　　ヒヒが安定した構造におかれているのではなく，変動する構造とうまくネゴシエートしながら，こうした局面をモニターし，また他の個体にもネゴシエーションを求めているとすれば，ヒヒ社会のさまざまな変化や，ある構造における個体の居心地の悪さといった観察結果は，「遂行論」的に問題が検討された結果であると考えられる（Strum and Latour 1987:78）。

　こうしたアプローチは，ハインドによって，相互行動・相互関係・対面的あるいは社会的構造の結合体として概念化されている（表2.1）。

　このモデルはミクロ，マクロ双方のプロセスを統合し，各レベルでの制約条件を摘出するものといえる。諸個体間の対面行動は社会構造のもっとも基本的な関係と見なされ，個体と個体の間に継起する相互行動と規定されている（Hinde 1976:3）。そこでの諸関係は相互行動にまつわる単純なルールからはじまり，そこでの社会性とは諸個体間の相互行動に由来し，緊急の場合などに顕在化するものである（Foley and Lee 1996）。ハインドのモデルにおいて最高位に位置する集団構造とは，諸関係の

表2.1　単純化された社会モデル
（Hinde 1976による）

社　会　構　造
｜
諸　関　係
｜
相　互　関　係

種類・性質・パターンなどによって組み立てられている。

　研究対象とされた霊長類は，それぞれ多様な関係を切り結んでいる諸個体からなりたっている。ローウェルが指摘したように（1991:258），さまざまな個体間の妥協によって社会構造は形成される。かくして諸個体の多様なパーソナリティーは，すべての観察者がその存在を認めているように，このモデルの構成要素と認めうるのである（Asquith 1996）。ここからかなり流動的な社会観が生み出されることになる。それは，生物学的・遺伝子的な社会モデルといったはなはだ硬直的なモデルではなく，社会生活における相互ネゴシエーションの産物であるという非常に可変的なモデルといえる。それゆえに非人類霊長類社会は，こうした社会的諸関係の種類・性質・パターンなどによって規定され，諸個体間や社会集団間の規則性が生み出されるのである（Cheney and Seyfarth 1990）。

　ハインドはまた，この社会モデルにおける時間的要因の重要性についても指摘している。相互行動が継起する時間は短いが，関係は記憶され想起され強化される。要するに，時間軸に沿った関係のパターン化が理解されねばならず（Hinde 1976:7），次いでマクロなスケールに，また対面関係へと拡張されることになろう。東アフリカの小型ベルベットモンキー（*Cercopithecus aethiops*）の研究において，チェイニーとセイファースは次のように指摘している。

　　関係を規定するものは，行動（グルーミング，ハッギング，ファイティングなど）のみならず，
　　諸行動の時間的な関係であり，ここの行為の遂行のされ方である（1990:176）。

　彼らはベルベットモンキーを研究して，こうした関係が援助行動に強く依存し，また規定されていることを見出した。相互行動による協力関係の形成と，管理され維持されるそうした関係の多寡がベルベットモンキーの社会的力能の基準となっている。協力関係は「2個体が攻撃的な関係に入り込んだ際に，第三者が加勢あるいは助勢に参画する場合である」（Cheney and Seyfarth 1990:27）。ベルベットモンキーの社会はメスを核としているが，協力関係はむしろ同性間でよく形成される傾向がある。非人類霊長類におけるグループ間の協力関係は，親近性に基づいて一般的な規則がつくられている（Cheney and Seyfarth 1990:299）。

媒介的関係 (agency)，構造そして個人

　社会理論といっても，それにはいろいろなモデルがあるが（Turner 1991），こと旧石器に関するものは，たとえあるにしても，その数は非常に少ない。ここでは，数ある社会理論の中から構造化理論（structuration theory）による提起（Giddens 1984）をとりあげ，霊長類社会研究の方法と問題点を検討してみたい。構造化理論は考古学者によって，より新しい先史時代や新人の考古学的分野に応用されている（Barrett 1994, Gosden 1994, Shanks and Tilley 1987aおよび1987b）。ところで，ギデンズのモデルは，その核心をとらえれば，旧石器社会の研究にも適用することが可能である。彼は，まず一方で，社会的な行動を理解するためには時間と空間の設定が重要であることを指摘し，他方で，個体から全体的なシステムに至るスケールで統一的に問題を取り扱っている。

　ギデンズの構造化理論は，「時間と空間を横断して社会的諸関係を構造化するが，それは構造の二重性を前提としている」（1984:176）のであるが[5]，ここでいう構造の二重性とは，構造の外部，

個体の外側に存在するものではない。むしろ，構造とは行動の内部にあり，その行動には媒介的関係，つまり遂行しつつある行動が含まれている（*ibid.*:10）。

媒介的関係によって，われわれは個体のレベルへと立ち返ることができる。媒介的関係という概念を新人やネアンデルタール人，さらにハイデルベルク人等に適用できるのは，社会生活の鍵となるものが行動に求められているからである。こうしたアプローチは，トップダウン・アプローチに見られるような，既存の天下り的な構造を排除するものである。ゴドリエGodelierも指摘しているように，決定的な分岐は「他の社会的生物とは違って，人類はともに生活するだけでは満足できずに，生活のための社会をつくり出すことである」（Bahuchet 1992:253）という点にある。

ギデンズの**二重性**（*duality*）という概念は構造と媒介的関係とを統一的に扱うが，これは，社会構造が個体から分離され，外在化されたデュルケームの**二元論**（*dualism*）とはまったく異なっている。デュルケームにとって社会構造とは，諸個人の自由な企投を禁じてしまう否定的な制約にほかならない。この先在的ともいえる制約構造は，集団的な団結と社会への集団的な参画によって，首尾一貫した社会的行動を生産するとされてきたのである。

これに対して，ギデンズ理論のキーポイントは，構造とは制約であると同時に，可能態であるという点にある。彼はつねに社会概念の二重性を指摘するが，同時に，そのいずれか一つの要素のみが強調されてきたことをもあわせて指摘する。ここでは権力論が核心である。権力とはしばしばオーソライズする力能であり，闘争の存在を象徴するものと考えられてきた（Giddens 1984:257）。しかし，これは権力の一側面にすぎない。というのも，ファースがいうように「社会構造とは自由な行動の制約条件のみではなく，その原則に順応しようとする個人に能動的な契機を与える」（1951:56）からである。ここでいう順応とは，小児段階からはじまる他者や社会との対話のことをいう（Leroi-Gourhan 1993:228）。構造的二重性とは，**素材**（resorces）と**規則**（rules）という根本的な対立関係に由来している。それは社会生活のつくられ方に由来するといってもよい。本章冒頭のマルクスの引用からもわかるように，生活は自由を制約するのでもなく，また，既存の構造によって行動規則を規制する天下り的な規定性によって支配されているのでもない。

ギデンズは言語の例をあげている（1984:170）。われわれは母国語を選択することはできない。われわれはそれを学習し，規則のシステムを学ぶ。それは疑いもなく思考を制約し，行動のガイドとなる。だが，言語の習得は認識能力と現実的判断能力を拡大し，アクティブで創造的な能力をも形成する。単に会話能力を涵養するのみではなく，言語を獲得することによって，われわれは社会を見直し，ネゴシエーションを行い，創造し，演じることが可能になるのである（Gamble 1993a, Gould 1991, Gould and Vrba 1982）。社会とはこうした二重性に基づいているのであって，集団構造モデルのように，個人と社会とを分離する二元論に依拠して理解することはできない。

この視点が有意義なのは，それが社会とシステムを統合しうる概念とリンクしているからである（Giddens 1984:142）。社会的統合とは人々が団結して事にあたるということである。それは，対面的な共同的世界に生起する，さまざまな相互行動をカバーしている。（Goffman 1959,1963）。こうしたミクロなスケールでの人間行動においては，ゴフマンGoffmanも指摘しているように（1963:17），情報は豊富に流通し，個体間のフィードバックも難しくない。その結果，この種の相互関係は，彼

表2.2　相互関係の階層性（Goffman 1963:18による）

社会的な場——時間的かつ空間的に規定される。名づけられた場所，構造物，施設あるいは対象物などが含まれる。
場　面　性——諸個人間の相互確認が終了した時にはじめて成立する，環境のもつあらゆる空間的な属性
ギャザリング——場面性の範囲内に存在し，お互いに不可欠な二人あるいはそれ以上の人物を含んでいる（とともにあること）。

が単純な階層性とよんだ関係を研究するために，大きな手がかりを与えてくれるのである（表2.2）。

システムの統合は，対面的な関係というレベルを**離脱**した場合において，社会的統合パターンがどれくらい広い範囲に認められるのかという点によって評価される（以下を参照）。

社会とシステムの統合性は，個体の出会いにはじまり，長い間維持されている保守的なモラルや国際的な機関に至るまで，幅広い広がりをもっている。また，旧石器時代のハンドアックスの製作に要する15分間から3,000年以上にわたるソリュートレアンの継続時間まで，タイムスケールの幅も大きい。さらに空間的には，石器製作者の足下の剥片類のまとまりから，ソリュートレアンの広がりを超える，つまりフランスとスペインをあわせた面積よりも広く分布している特徴ある投射用の槍先の分布にまで及んでいる。旧石器社会の違いとは，後に見るように，情緒的なあるいは物質的な，さらに象徴的な相互関係に必要不可欠な**資源**と，ネットワークの大きさと組織性を制約する諸関係に由来するが，それは諸関係の姿を決定する規則の違いにほかならないのである。

社会進化の核心的諸問題

これまで手短に眺めてきた霊長類と人類の社会に関する概念的アプローチは，社会を概念化するうえで，きわめて有益な枠組と語彙を与えてくれた。私がこれを選択したのは，知的好奇心からではなく，それが旧石器社会研究の鍵となる問題を論じているからである。それはすでに第1章で触れたように，トップダウン・アプローチにおいては等閑視されてきた問題でもある。こうしたアプローチに共通する問題は，個体をアクティブな社会的行為者と見ることといえる。こうした行為者による社会の創出というパフォーマンスと，社会とのネゴシエーションというコンテクストにおける諸個人間の相互関係が重要である。

しかしながら，枠組といい語彙といい，それらが適切であるのか否かは改めて吟味されなければならない。ここでは二つの大きな問題を提示しよう。そこにおいて，霊長類と社会についての構造化理論が長期的な進化の問題と抵触することになるのだが，当然，旧石器時代のデータにも関係している。この問題をシンプルにいえば次のようになろう。

・君が何がしかの集まりから離脱するときに，社会的にいって，どのような事態が出来するのだろうか

それからもう一つ。

・どうして社会はこんなにこんがらがってしまったのだろうか

近接性からの解放

われわれが対面的な共同世界を離脱するやいなや，われわれは社会理論上の大きな問題の一つに直面することになる。その問題とは，

> 社会的な諸関係が時間的に，また空間的に拡大するにつれて，諸個人の「今，ここ」という意識の範囲はどのように広がっていったのだろうか（Giddens 1984:35）。

この問題は，文字どおり君は同一時刻に二つの異なる場所にいることができるのか，と問うているのである。社会が対面的な相互関係によって成り立ち，またそこでは最高の注意力を発揮できたとしても，君のパートナーがその場からいなくなったとしたら，そこでも密度の濃い関係が維持できるのだろうか。さらに，まだあったこともない人や君のことをまだ知りもしない人と，対面時と同じような関係を維持することができるのだろうか。

こういう問題は，明らかに歴史的な意味をもっている。さらに，この問いは旧石器時代にもうまくあてはまる。この時代にあっては，対面的な関係からの拡大は源初的であると同時に，かなり発達したメディアとメカニズムを明らかに備えていたからである。

これとまったく同じ問題は霊長類学者によっても提示されている。ローゼスRodsethは空間的な非カップリング関係は，類人猿よりもヒトの社会にとって重要な意味をもつと指摘している（et al.1991:240）。彼らはこれを適切にも「近接性からの解放」と命名している。クイアットとレイノルズは，この問題を社会認識の問題ととらえ，利用可能な情報の「範囲を超える」ことがヒトの刻印である，といっている（1993:141）。個人間の相互関係を媒介とする社会づくりは，いうまでもなく，われらが祖である霊長類からの遺産である。これを超え出て，スポーツカーやペット（とくに誰もいないときなど），また時にはわれわれもやっていることではあるが，4世紀のギリシャやイタリアのように手が込んで，想像を絶するほどことこまかな実体からなる「情事」といったつくり物に没入することなど，500万年前には間違いなくありえなかったろう。いったいいつ，人々が自身の身体や声，身振りなどといった生得の資源によって支えられていた社会のルールを超え出たのか，これこそが旧石器時代最大の問題である。

複雑な社会・複合的な社会

第二の問題もパフォーマンスに関する問題である。ここでもストラムとラトゥールがヒトと非人類霊長類の**社会的パフォーマンス**の有益な区分を行っている。彼らの区分によれば，非人類霊長類の社会は社会的に複合的（complex）であり，ヒトの社会は複雑（complicated）である。例えば，

> ヒヒは複合的な社会で暮らし，複合的な社会性を保有している。彼らが自己の社会秩序をつくりあげたり，ほころびを繕う場合には，そこに動員される資源といえば，自己の身体であり，社会的な技量であり，彼らにも組み立てられる社会戦略である（Strum and Latour 1987:790）。

ヒヒが，自分が決めた社会に他の個体を参入させる場合には，社会的な技量が行使される（Strum and Latour 1987:795）。これが社会的紐帯のもつパフォーマンス的な性格である。身体は，表現の具となり，社会的な価値を評価する手段でもある（Leroi-Gourhan 1993: 11章）。身体による

パフォーマンスによって，ヒヒは社会的コンテクストにおいて「有資格者（competent member）」とされる。

> あるときに，社会的な要素である何事かとうまく折り合えない者は，その問題に関しては，誰か他の構成要員の干渉をも甘受しなければならない（Strum and Latour 1987:790）。

この結果，社会的安定性は限定的なものとなる。というのは，これが可能となるのは，例えば，集合時に一致団結するといった関係が生み出されるような，緊密な相互関係が維持されている場合のみであるからである。

一方，人類は社会に複合性をもち込んだ。ストラムとラトゥールはこう指摘している。「単純な投企も長期に及ぶと，何がしかこんがらがってくるものだ」（1987:791）。彼らはじつはこうした事態が安定性を生み出すとも評価している。身体や社会的な技量と並んで，人類はモノと，モノよりもさらに重要なシンボルを使用する。これによって，「社会とは何ぞや」という問いに具体的に答えようとするのである。このために，社会は複雑さを増すとはいえ，その程度はいくぶんか緩和されることになる。

これまで指摘した諸要素が，ギデンズの核心的な疑問である，自己が**不在**であるにもかかわらず，どのようにして社会構造は維持されるのか，あるいは，ともにいるという限界を超えて社会はどのように拡張されるのか，という二つの問いかけに答えるための必要欠くべからざる手がかりとなる。ヒトとモノを焦点とするシンボルの使用による複雑さの回避は，どのような社会的コンテクストにおいても，変動の幅を一定に収束させようとする働きをする。結果として，社会への多種多様な要求は，それが出されるたびに即座に調停されることになる（Strum and Latour 1987:792-3）[6]。それゆえに，複雑な社会における**技量に長けた構成員**はスペシャリストである。彼女あるいは彼は，時間的・空間的距離を調停するための素材をもっているが，それは時間と身体，空間によって形成される，その場にいるもの同士の現実的な関係の限界を超え出るのである。

ネットワークとそのコンポーネント

私がこれから旧石器研究に導入するボトムアップ・アプローチの枠組には，まず時間と空間の相互関係が必要とされる。このような方法論的な大枠がなければ，これまで指摘してきた諸問題は棚上げされてしまうだろう。構造化理論と霊長類研究は，たしかに社会を概念化する方途は指し示してくれたものの，考古学者の扱う対象については，社会生活を考察する方法も，また社会の構成のされ方も具体的に提示されていない，という意味で多くの不満が残されている。

私見によれば，ネットワーク分析は，諸個人による相互関係と相互のやりとりに基づいて，社会概念を組み立てるための大枠を提示するものである。この意味で，ネットワーク分析は集団中心の人類学や社会学分析に対峙するものともいえる（Barnes 1972, Bott 1957, Maryanski 1993, Milardo 1992, Mitchell 1974, Turner and Maryanski 1991, Wellman and Berkowitz 1998）。しかしながら，ここで強調しておきたいのは，それは分析の一つの形であって，社会的行動の理論ではないということである（Boissevain 1979:393, Mitchell 1974:282）。

ネットワーク分析においては，諸個人は能動的な，またとどまることなく運動する結節環であり，そこにはさまざまな関わり方と内容，存続期間をもつ紐帯が形成される。個人のネットワークはつねに変化しているが，そこには社会関係を研究するための領域が厳存している（Douglas 1973:89）。ネットワークは網目状に接点を形成し，これは社会領域の重複とよばれるが（Gonhaug 1978, Lesser 1961, Paine 1967），究極的にネットワーク自体もネットワーク化され（Boissevain 1979:392），表 2.3に示したような連続体を形成することになる。

表2.3 社会のネットワーク・モデル
（Boissevain 1968による）

社　　　会
｜
複合化された制度体系
｜
集　　　団
｜
半ば帰属する集団・帰属しない集団
｜
相互関係のネットワーク
｜
諸　個　人

ネットワークには以下のようなコンポーネントが認められる。とりあえずこれを瞥見してから，再び素材と規則の問題に立ち返ることにしよう。

紐帯による束縛

諸個人は有能な社会的演技者であり，また拘束的な，あるいは結合的な相互関係を通じて紐帯をつくりあげている。個人が形づくる諸関係は（表2.1），その紐帯の形態の違いによってパターン化されている。ここには重要な概念が二つある。すなわち，多重的紐帯と単一的紐帯がこれである。多重的紐帯は2個体（例えば，姉妹や親友）間に形成されたいくつかの関係的連鎖を構成している。それが多重的であるのは，固有の歴史をもち，多彩な行動に立脚し，さらに独自のパフォーマンスというコンテクストに依存しているからである。この紐帯は血縁的なものであり，経済的なものであり，友愛的なものであり，社会的なものでもある。紐帯の網目状構造がそれに持続性を与えることになる。これに対して，単一的紐帯は単一効果しかもたない関係的リンクである。この例としては，八百屋やバスの運転手があげられる。紐帯の性格は必ずしも相互関係の頻度に左右されない。読者は妹と年1回のクリスマスに会うが，バスの運転手とは毎日出会うだろう。

密度と結合度

ネットワークの性格は程度の如何はあれ相互関係によって規定され，また相互関係を保証する社会的紐帯のもつ密度と結合度によって左右される（Milroy 1987）。ネットワークの紐帯の密度は，潜在的に諸個人間に存在しうる紐帯が，現実的にどのくらいの確率で実現されるのかを決定する[7]。高密度のネットワークは高度の標準化をもたらすことが多く，個体の行動を規制する。一方，低密度のそれは，個人主義の昂揚と対応する（Boissevain 1974, Turner and Maryanski 1991）。

ネットワークにおけるアクセス可能性は，その中心部との関係によって左右されている。これにはネットワークの大きさと構造が大きく関与し，一般には，ネットワーク密度が低ければ，中心部のアクセス可能性は相対的に高くなる。個人が中心部に位置すればするほど，彼あるいは彼女はより円滑なコミュニケーションを確保することができるのである。

紐帯転位は相互につながりのない個体間の関係転位に影響を及ぼす。もしも，AがBを知ってお

り，BがCを知っているとすれば，紐帯転位によってAもCを知ることになる。紐帯転位は高密度のネットワークにおいてしばしば発生する。そこでは，存在可能なリンクは友人から友人への口コミによって，たちまち利用されつくされてしまうからである。紐帯転位はまたネットワークの広がりをも規定している。これは，完全に未知の個体に到達するまでのリンク数および友人知人関係のネットワークを活用して，彼らを紹介してもらうまでのリンク数によって量られる。この数字は驚くほど小さい。およそ30万人から2億人の範囲であれば，この中からまったくランダムに選択した人物まで到達するためには，わずかに3〜5単位のリンクがあればよいとされている。もちろんここには多重的なネットワークが活用され，紹介者の厳選も必要ではあるが（Boissevain 1974, Jacobson 1978）。このように相互の隔たり具合がごく限定されているということが紐帯転位の現実であり，紐帯のクラスター化の要因でもある。そして，ここで個人はブローカーとして活躍することができるのである（Turner and Maryanski 1991）。

ネットワーク構造の諸属性は，密度と結合子との関係に基づくグラフによって表現される（図2.1）。情報という

オール・チャンネル・センターあり

オール・チャンネル・センターなし

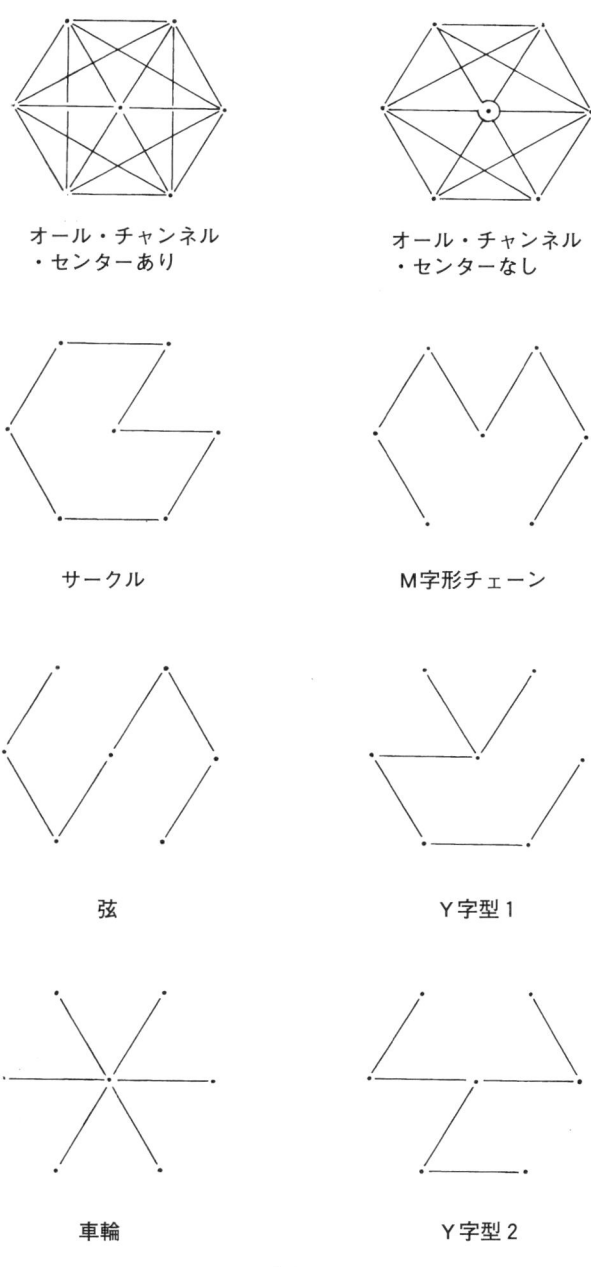

サークル

M字形チェーン

弦

Y字型1

車輪

Y字型2

図2.1　7つの結節をもつ互換的ネットワーク・パターンおよびそこにおける情報と資源の流通（表2.3参照）

因子が，さまざまな配置の効率性を評価する手がかりになる。例えば，アーガイルArgyle（1969:309）は問題解決能力という観点からネットワーク構造を考察している。ここで彼は，5人の人間が円形，鎖型，Y字型並びに車輪型（放射状）に配置されている場合のコミュニケーション効率と問題解決効力を，リービットLeavittの業績を参考にしながら検討している。円形はもっとも伝達速度が遅く，誤りも多く，多くの情報が必要になる。Y字型はもっとも誤りが少ない。カッフェラーKapferer（1973）は，低密度の車輪型が情報の伝達の面ではもっとも問題解決に適した日常

表2.4 多様なネットワーク構造の事例　密度計算にはBoissevain（1974）の公式を適用

	密度	紐帯と結合子			末端個数	紐帯数
		中心から末端	末端から中心	外縁から末端		
オール・チャンネル（高密度・センターなし）	87	0	0	1	0	18
オール・チャンネル（高密度・センターあり）	80	1	0	1〜2	0	15
サークル	33.3	0	0	1〜6	0	7
M字型	27	1〜2	3	1〜4	1	6
弦	33.3	1〜5	6	1〜4	1	6
Y字型1	20	1〜3	1〜4	1〜2	3	6
Y字型2	20	1	2	1〜2	6	6
車　輪（低密度）	0	0	1	2	6	6

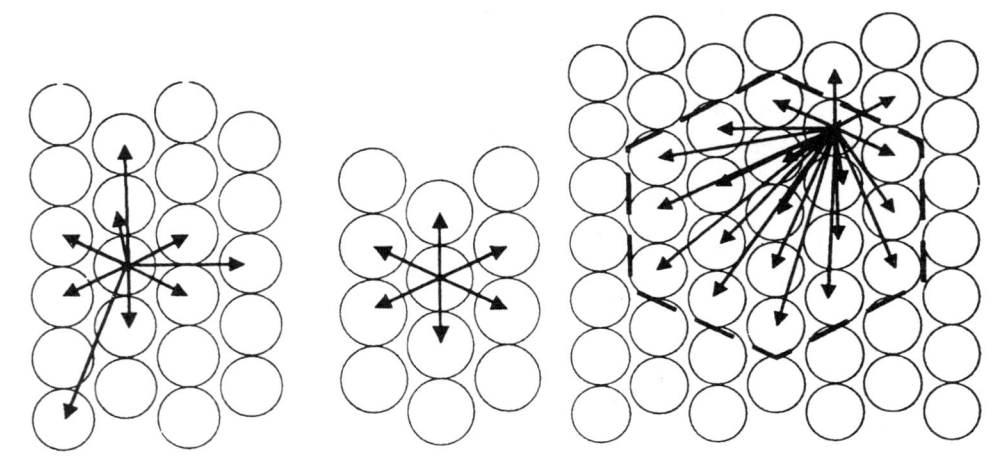

図2.2　コミュニケーションと分散パターンのシミュレーションに使われたネットワークモデル
左から，ポワソン・ネットワーク，低密度ネットワーク，高密度・部族形ネットワーク
（Steele 1994 :Fig. 2 による）

的な配置であることを指摘している。これが高密度のオールチャンネル型に発展する。

　表2.4は図2.1に示した異なるネットワーク間の諸属性間の計算結果である。ここではリンクの密度と構造に着目されている。この表から密度の違いやネットワーク内での中央部の結節の機能などが読みとれる。例えば，ネットワークの構造的な違いが，結節の布置に応じたコストの違いを通して，相互関係にどのような影響を及ぼすのかといった問題が提示されている（例えば，Mandryk 1993，Wobst 1976）。低密度ネットワークと高密度ネットワークとの違いは明確である。具体例をあげてみよう。スティールSteele（1994）は，3例の格子構造（図2.2）におけるネットワーク結合子の分散パターンのシミュレーションを行っている。彼はこの結果から，これらの事例における結節間の文化伝播を考察しているが，結合子密度は新しい文化要素の導入に大きな影響力をもつ。彼によれば，結合度の弱いポワソン・ネットワークと低密度ネットワークとは，適応性のある文化要素の迅速な浸透には好都合である。一方，部族的ネットワークといった結合密度の高いパターンにおいては，新しい要素の導入には少なからぬ抵抗が生じ，行動的規範を無理やり押しつける場合も

無核型　　　　　　　　中間型　　　　　　　有核型

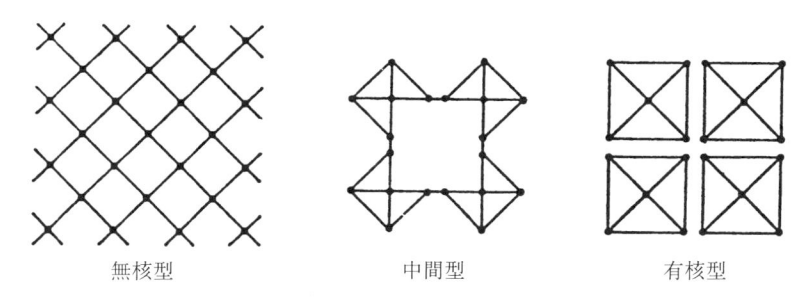

図2.3　オープン・ネットワークと閉鎖的（クローズド）ネットワークにおける個人あるいは集団に擬せられる結節間のリンクと情報の流れ（Yellen and Harpending 1972：Fig.15）

表2．5　年齢別カテゴリーによるハロのパートナー
（Wiessner 1982：table 3.1から引用）

年齢別カテゴリー	クン族のインタビュー対象数	一人あたりの平均的なハロ・パートナー数	
		x	s.d.
青年	6	10	4
婚姻可能な娘	4	16	5
小さい子供のいる成人	27	13	7
大きな子供のいる成人	14	24	8
一部養育されている老人	8	12	6

あることが理解されるであろう。

ネットワーク構造における年齢効果

図2.3に示したネットワーク・ダイアグラムにおける結合子と結節との関係を観察すると，個体の時間的かつ空間的な移動経路と（Carlstein 1982）情報とモノの流れ（Isaac 1972, Yellen and Harpending 1972）がよく理解されるだろう。ネットワークが維持されるのは，個体がその社会生活をつくり出すにあたって，繰返しその経路を往還するからである。ところが個体が成長し，その社会的ポジションが変化するにつれて，ネットワークも組み替えられる。その好例をヴィスナー（1982）が提示している。すなわち，クン族の交換組織であるハロの構成員の数は，構成員の年齢による関わり方の違いによって変化するという。

当然のことではあるが，ハロのネットワークがもっとも膨張するのは，自分の子供の配偶者を捜すときである（*ibid.*:74）。

このことは，年齢による基本的ネットワーク構造について示唆している。このカテゴリーにおいては，諸個人は相互関係の密度として定義される，さまざまなネットワークをつくり出すが，その存続期間と密度は可変的なものである。表2.5における標準偏差はこの間の状況をよく物語っている。

性的分業とネットワーク構造

ハウェルHowell（1988）は，クン族の性の違いによるネットワークの違いを指摘している。女性

表2.6 人類以外の霊長類における両性間のネットワークの紐帯密度および両者の分裂度との関連性(Maryanski and Ishii-Kuntz 1991 : table 1から引用)

分離度	発情期の分散	ネットワーク密度パターン		種
		オス	メス	
高度の分裂性	オス	低	高	ペタス・モンキー
	オス	低	高	ゲラダス
	メス	高	低	マントヒヒ
	メス	中	低	チンパンジー
中位の分裂	オス	低	高	ヒヒ
中位の分裂性	オスとメス	低	低	ゴリラ
合併	オスとメス	低	低	テナガザル

注:つがい間の分裂度は(a)共に過ごすレジャーのための時間,(b)養育のためのオスの関与,(c)共にするメンテナンス行動並びに(d)支配関係などによって評価されている。

の繁殖期間は28年であり,男性の35年と比較して短い(*ibid.*:70-1)。クン族の女性は兄弟たちよりも早い時期に婚姻を通じて社会的つながりを獲得し,つながりのピークは早く訪れる。男性は女性に較べてずっと遅くこうしたつながりに参加することになる。

性的な分業的労働とネットワーク構造との関係については,マリアンスキーMaryanski とイシイ・クンツIshii-Kuntzが非人類霊長類の役割分化について研究している(1991)。この研究はボットBottらの都市のネットワーク研究(Bott 1957, Kapferer1973)に基づくものであるが,この研究の結論は,紐帯の数とその情緒的な内容によって評価される家族的ネットワークの相互関係の密度によって,性によってどのくらい分業が行われているのかを知ることができるというものであった。マリアンスキーとイシイ・クンツは非人類霊長類の異性間の紐帯の強さ(欠如〜強)を測定している。表2.6は彼らの測定結果であるが,ネットワークの密度が分散パターンと密接に関連することを示している。メスの高密度のネットワークはオスが分散する場合に一般的であり,またその逆も成立する。両性がホームを離脱すると,両性ともにそのネットワーク密度を減少させる(Maryanski and Ishii-Kuritz 1991:417)。

マリアンスキーとイシイ・クンツは非人類霊長類についてではあるが,「片方の性のネットワーク密度が高くなるにつれて,その役割の水準も増大する」というボットのテーゼの正当性を指摘し,また「ネットワーク密度が減少するにつれて,雌雄の分業度は低下する」(Maryanski and Ishii-Kuritz 1991:417)とつけ加えている[8]。ここで,表2.6の雌雄の分散パターンとスティールのシミュレーション結果(1994,図2.2)とを比較検討してみると,マントヒヒのオスはポワソン型ネットワークをもち,それがある程度の変異幅をもつ低密度の分散性に基づいていることが判明する。一方,メスは部族型ネットワークをもち,すべての居住個体が高度の,また頻繁な相互関係を維持している。

最後に,表2.7は普通のチンパンジー(*Pan troglodytes*)と小型のボノボ(*Pan paniscus*)とを比較したものであるが,これまでの例とはまったく異なる性によるネットワーク構造を示唆している(Foley and Lee 1966, Foley and Lee 1989も参照せよ)。これら二種の類人猿は,種としても近似し,また体重からもわかるように類似した性別体型をしているが,両者の比較によって,社会構造とは遺伝子のみならず,歴史からも大きな影響を受けていることが示唆される。それが繁殖成功度に関

表2.7 遺伝的に計測された，あるいは性的同型性によって評価された非常に近い関係にある2種間のネットワーク密度の変化（Parish 1996）

チンパンジー	ボノボ
メス分散	メス分散
メス乳児と独居	外部からのメス
［低密度ネットワーク］	［高密度ネットワーク］
複数のオス同盟	オスは孤独
［高密度ネットワーク］	［低密度ネットワーク］
メスはオスの体重から84％の大きさ	メスはオスの体重から82.5％の大きさ

表2.8 いろいろな資源と相互関係およびネットワークとの関係

ネットワーク	資源		
	情緒的 (Milardo 1992, Boissevain 1968,1974)	物質・交換 (Sahlins 1972, Valeri 1992)	象徴・スタイル （Wobst 1977）
親密な (5)	●●●● 重要な他者	一般化された ●●● 世帯	● 身近な世帯構成員
日常的 (20)	●●● 同僚や友人	一般化された ♀♀♀ リニージとムラ人	●● 友人や親類
拡張された (100-400)	友人の知り合い	バランスのとれた ●♀ 部族構成員	●●● ターゲット・グループ 社会的な距離
グローバルな (2,500)	● ニュートラル 拮抗的	ネガティブ ● 部族間	● 非ターゲット・グループ 社会的な距離大

（右側：パーソナルなネットワーク）

注：黒丸は各資源の相対的な使われ方を示す。各ネットワーク・サイズは括弧内の数字により提示されている。ネットワークについては表2.9参照

わるものでない限り，性に基づくいずれの集団パターンも可能である。しかし，このことは，原始的な人類，例えばネットワーク密度にたいした違いがないであろうホモ・ハイデルベルゲンシスやホモ・ネアンデルターレンシス，ホモ・サピエンスといった類似した種の間においてすら，そのパターンを特定することは困難である。

資源とネットワーク構造

ここまでネットワークをつくりあげているいくつかのコンポーネントについて考察を進めてきたが，次に特定の構造を形成する資源について話題を転じよう。ターナーとマリアンスキーは相互に関連しあう三つの資源についてのネットワークの内容について検討している（Turner and Maryanski 1991:550）。この資源とは情緒と象徴，そして物質である。これらは諸個人を結ぶ社会的紐帯での相互のやりとりに用いられる。表2.8はいかに諸個人が，個人的なまたグローバルなネットワークの枠組を通して，これらの資源をいかに活用して社会を形づくっているのかを示すモデルである。

情緒的な資源は，身近な血縁や友人などの間に密度の濃い紐帯をつくりあげる。それは対面性と

表2.9　自分を中心とする階層的ネットワーク

親密なネットワークには遺伝的かつ情緒的な資本が大いに活用される。このネットワークは個人に安らぎを与えてくれるが，それは各自の社会や自然が，そのようなものとして立ち現れるということである（Giddens 1984）。緊密な対面的な相互関係も含まれる。

日常的なネットワークは日々の生活の兵站ともいえる。そこでの人々は各自の再生産と経済的・政治的・社会的な目的達成の手段となる。物質的資源はこの紐帯の形成に重要な役割を演じる。

拡張されたネットワークには，友人の知り合いが含まれるが，彼らは自分にとっても顔見知りであり，必要とあらば日常的なネットワークに加入させることもできる。スタイルと物質文化によって組み立てられた象徴的な資源は，このネットワークのネゴシエートのためには欠くことができない。

これら三者はパーソナル・ネットワークとして記述される。このネットワークは，そこに含まれている諸個人の社会的紐帯のスケールといい，またその内容といい，きわめて可変的である。パーソナルネットワーク内の諸個人は，ネゴシエーションによる同盟関係という紐帯によって結ばれている。

グローバル・ネットワークとは他者性によって定義される。そこには赤の他人やほんの知り合いなども含まれる。彼らが登場するにせよ，相互関係によって築かれた同盟関係という基準によって計ると，自分にとって彼らは一貫してニュートラルである。というのも，（小規模な遊動社会におけるように）彼らが顔を合わせることはないし，仮に顔を合わせるにしても，（フットボール・グランド上に群れ集う観客のように）その数には限りがあるために，ネゴシエーションの対象とはなりえないからである。遊動社会というよりも都会では，こうしたレベルの「とともにいること」への対応の仕方は，ゴフマン（1963）による焦点なき相互関係の一例である。

頻繁な再認に依存している。諸個人は紐帯の濃密さから安心を得るのである。親密なネットワークの大きさを制限する条件は，ある心理的な状態を得るために，ある個人が一定の濃密さを維持しながら，相手をすることができる人数にはおのずと限界があるという点に求められる。このネットワークに独特な性格を与えている具体的な相互関係によって，パフォーマンスによって出現する関係は限定され，結果的により小型で親密な関係が維持されるサークルが形成される。グルーミングの時間は，いくつかの意味の違いをもっているものの，あらゆる霊長類の親密なネットワークを制約している。

物質的な資源は，結婚相手の交換によって説明することができる。たとえば，サーリンズのいう一般化された互酬性と均衡的互酬性の区別（Sahlins 1972:194-5）についていえば，後者が婚姻によって生み出された同盟関係である。これに対して，一般化された互酬性はいかなる反対給付ももっていない。「それは時間の長短によって規制されることもあれば，特別な時間によって規定される場合もある。要するに，互酬性への期待は明確なものではないのである」（*ibid.*:194）。この区別は，親密なあるいは日常的なネットワークと拡張されたネットワークの違いとも見られよう。

ネットワークにおけるこうしたさまざまな関係は，それらを指し示すために用いられてきた物質的資源についても再考を促すことになる。つまり，同じモノであっても，贈与されたモノであったり，諸個人間のネットワークを広げるために有効な手段であったりするであろう（Gregory 1982）。ヴァレリValeriが指摘したように（1992:15），「買うこと」から「贈り物をすること」への変化は，関係の変化に依存している（図2.4）。表2.8からうかがえるように，物質的資源は親密な，あるいは日常的なネットワークにとってより重要である。だが，その種類は多彩である。自発的な食料や装備，あるいは原材料などの分配は親密なネットワークでは普通に行われている。一方，日常的なネ

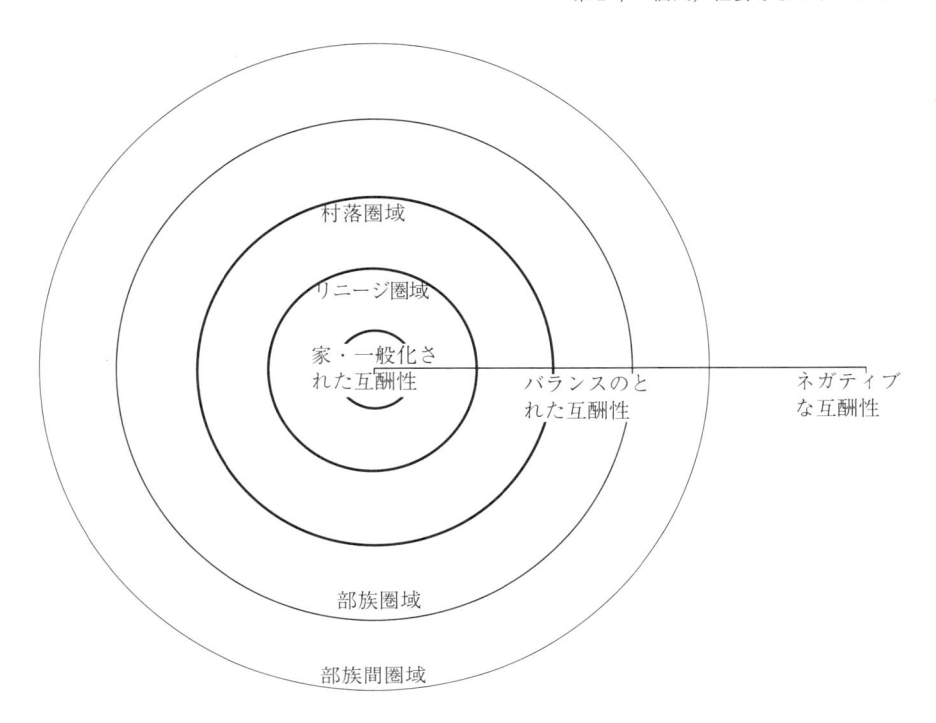

図2.4　互酬性と親族居住圏　後者は交換と財産供与によって示される関係の変化に
よって示される階層的統合性を示す（Sahlins 1972 : Fig. 5.1による）。

同心円の内側から外側へ：家・一般化された互酬性／リニージ圏域／村落圏域／部族圏域／部族間圏域。外側方向の矢印：バランスのとれた互酬性／ネガティブな互酬性。

ットワークは婚姻交換と食料の儀礼的な消費によって支配されている。最後に，反対給付のないネガティブな互酬性は，社会性があまりにも大きいため，互いに相手を知らないようなグローバルなネットワークにおける「他者」との同盟関係に見られる。交換を媒介とする同盟関係の再認は，集団内から選抜された者による個人的なネットワークを通して行われる。

　象徴的資源の表現は人類社会においては物質文化を媒介としている。この表現における情報内容は伝統的にスタイルという概念によって分析されてきた。ウォプスト（1977）は情報は生存に必要不可欠であり，したがって，そこには淘汰が働いていると指摘した。かくして，スタイル行動は規則に従い，その規則はメッセージを受け取る標的としての集団めがけて投げかけられる（図2.5）。こうした集団の構成員が，毎日のように顔を合わせるおなじみの対象であれば，スタイルに託した情報伝達は不必要である。ダグラスDouglas（1973）はこうした頻繁な相互交流を支配する限られたコードを研究して，そこには儀式的かつ象徴的・スタイル的な資源が乏しいことを指摘した。

　　限られたコードが出現する条件は，集団構成員が互いによく知り合っているため，あえて説明
　　する必要もない背景を共有していることである（Douglas 1973:78）。

　コードの限定化は対面的な接触において一般的であり，パフォーマンスと頻繁な相互交流をともなう。情緒的資源として使われる強い情愛は，それゆえにスタイルによって組織される象徴的資源の行使とは負の相関性をもっている（表2.8）。象徴的資源は日常的ネットワークと，ことに拡張されたネットワークに多用される。

　このようなネットワークと資源を類別し，これと考古学的分野との関連性を見出そうとすること

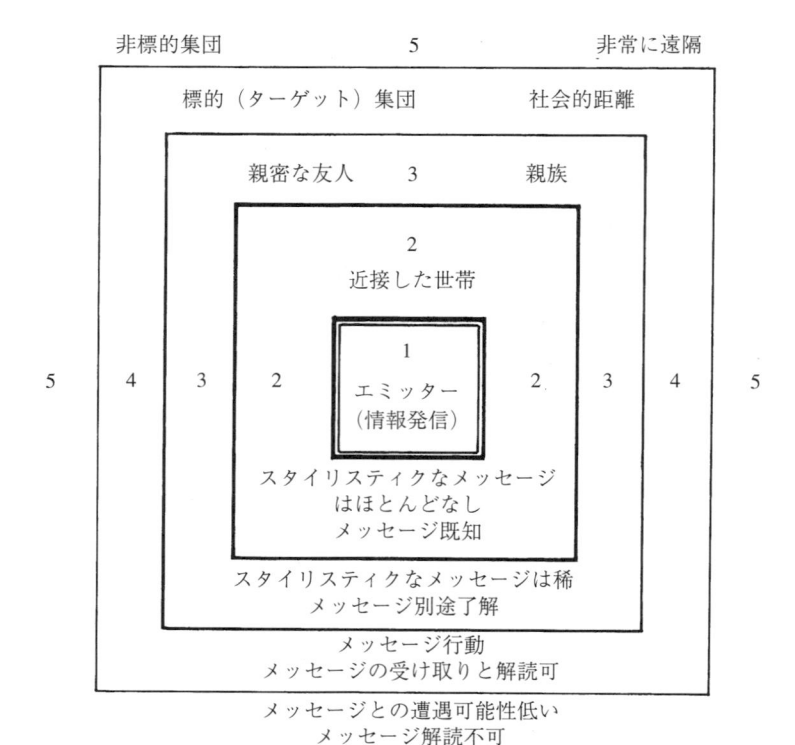

```
                    非標的集団           5              非常に遠隔
            ┌─────────────────────────────────────────────┐
            │   標的（ターゲット）集団        社会的距離    │
            │    ┌───────────────────────────────────┐    │
            │    │    親密な友人      3      親族      │    │
            │    │    ┌─────────────────────────┐    │    │
            │    │    │           2              │    │    │
            │    │    │       近接した世帯        │    │    │
            │    │    │    ┌───────────────┐    │    │    │
5   4   3   2    │    │    │      1        │    2    3   4   5
            │    │    │    │  エミッター    │    │    │    │
            │    │    │    │ （情報発信）   │    │    │    │
            │    │    │    └───────────────┘    │    │    │
            │    │    │  スタイリスティクなメッセージ │    │
            │    │    │    はほとんどなし         │    │    │
            │    │    │      メッセージ既知       │    │    │
            │    │    └─────────────────────────┘    │    │
            │    │   スタイリスティクなメッセージは稀   │    │
            │    │      メッセージ別途了解            │    │
            │    └───────────────────────────────────┘    │
            │            メッセージ行動                    │
            │        メッセージの受け取りと解読可           │
            └─────────────────────────────────────────────┘
                    メッセージとの遭遇可能性低い
                        メッセージ解読不可
```

図2.5 スタイリスティクなメッセージの標的となる集団 これは階層的な統合性をもち，視覚的な文化のデザインとディスプレイに意味を投げかける（Wobst 1977 : Fig.1）。

は，必ずしも私の意図するところではない。私のねらいは，むしろ概念的な枠組を提示し，諸個人がそれに参画し，相互にやりとりし組み込まれ，互酬的な関係を切り結んでいるネットワークに対する淘汰圧の存在を指摘することである。要するに，ネットワークの総和が諸個人の生活のあらゆる局面における意志決定に影響を及ぼしているのである。ネットワークをつくりあげている紐帯は，拘束（bind）し，また結束（bond）している。

ネットワークのサイズを説明するための規則

二つの規則がネットワーク・サイズを規制している。
・折々の，とりわけグルーミングと会話を含む情愛行動
・情報の操作能力としての認知こそが決定的に重要であると見られる

ネットワークと時間

ダンバーDunbar（1992a）は，他の個体とのやりとりにおける時間的な資本について，次のような指摘をしている。

　（霊長類の）種がその認知能力によって，大集団を含むすべての関係をうまくやりくりできたとしても，社会的なグルーミングを媒介とするこうした関係を維持するための時間を確保でき

ないといった環境が到来する可能性はあるだろう。このように関係にほつれが生じ，日常的に機能しえなくなった場合，結果としてグループは分散しがちであり，集団としての均衡度の低下した状態へと移行する（Dunbar 1993:687）。

チェイニーとセイファース（1990）は，ベルベット・モンキーの個体間に5分～10分，10分～15分，15分～20分，20分～25分さらに25分以上といったグルーミングの時間的間隔のあることを観察している。ダンバー（1992a）は1日あたりのグルーミング時間が，グループ・サイズの増加にしたがって，どのくらい増えるかを示している。グループ・サイズの増加にともなって，諸個体は連合して他の構成員からのいじめに対処しようとする圧力が発生する。ベルベット・モンキーの場合，グループ・サイズの規模に比較しても，こうした連合は小規模である。私の用語法に従えば，ベルベット・モンキーの連合体は情緒的あるいは日常的ネットワークに相当しよう（表2.8）。このレベルこそが，ムレの形成というコンテクストにおいて，同盟関係が調停されるレベルである。

ヒヒにおいては，社会と関わりをもつために費やされる時間の総量は，彼らの年間活動時間の7％～20％の間である。この変異の幅は，例えば平均的なグループ・サイズによって示されるような，さまざまな大きさの社会組織の違いによるものではない。ダンバー（1992a:42）は，主な制約条件は，ヒヒが捕食に使わなければならない時間の総量であると結論づけている。

1日の20％（日中12時間の内2.4時間）を社会的グルーミングに費やすのが，非人類霊長類の絶対的上限であるように思われる（Dunbar 1993:688）。グルーミングが相対的に多い場合でも，グループ・サイズは小さく30頭～40頭程度である（*ibid.*:fig.3）。150人からなる人類集団の場合，デュランDuranの回帰式によれば，おおよそ全活動時間の42％がグルーミングに費やされることになる。

これが制約条件となるのは，グループの恒久的な安定性が社会的グルーミングの目的とされる場合に限られる。離合集散システムをもつヒトの場合，グループ・サイズと構成員は頻繁に変わるため，生活をともにするグループ・サイズを小型化することによって，問題を回避することができる。と同時に，ダンバーも指摘しているように，ヒトは言語をグルーミングのかわりに使うことができる。言葉によるグルーミング仮説はアユーリョAiello（and Dumbar 1993）によって追求されているが，ここではグループ・サイズと新皮質との関連性が問題とされている（Dunbar 1992b,1993,1996）。新皮質とは，繊維質の物質で，脳の「思考部分」に相当する（Dunbar 1992b:473）。また，それが過去200万年も遡行しうるものであるということは，われわれの巨大な脳の存在理由でもある。

スティール（1996）は，この分析を深化し，ヒトの平均的なグループ・サイズを予測している（表2.10）。彼は既知の霊長類のグループ・サイズと脳および身体サイズとを比較することによって，

表2.10 スティールによる平均的なグループ・サイズとホーム・レンジの直径の予測（1996 : Table 8.7）

	平均的なグループ・サイズ	ホーム・レンジの直径(km)	
	グループ・サイズ／脳重量と体重のトータルによって予測	霊長類モデル	肉食獣モデル
ホモ・ハビリス	91.3	3.0～8.5	26.2～78.0
ホモ・ルドルフェンシス	74.7	3.6～10.4	32.4～96.2
ホモ・エレクトス	107.6	3.7～10.6	32.9～97.9
ネアンデルタール	308.7	3.6～10.5	32.6～96.8
ホモ・サピエンス	312.1	3.8～11.0	34.4～102.2

この予測を立てた。さらに，身体の大きさを比較材料としながら（Grant, Chapman and Richardson 1992），霊長類と肉食獣のモデルに基づいて，ヒトのホームレンジ・サイズをも推定している（表2.10）。この数字によれば，ヒト属の後出的なものについては一致したパターンが抽出されているが，これと考古学的資料との関わりについては第3章で触れる。

アユーリョとダンバーとは，言語こそが相互活動にとって有効性の高い手段であり，大規模なグループ内においても，安定した関係を形成することができると指摘している（1993）。それは「安価な」社会的グルーミングの形態である。なぜならば，1回の会話によって複数のヒトがグルーミングされ，時間の節約になるからである。そればかりではない。ここにいないヒトの情報も素早く交換できる。他人を観察する時間も必要なくなる。関係概念だけがここには必要なのであり，その結果として社会的情報が交換されることになるのである。最後に，ダンバーの指摘を引用しておこう。

> 新皮質による処理能力が制約条件として機能するのは，安定した相互関係を維持することができる個体数という点に限定される。これはいかなる意味においても，その集団を形づくる具体的な方法（例えば親族関係など）には関与することはない（Dunbar 1993:692）。

ネットワーク，情報交換そして精神

時間因子が重要なのは，それが情緒的あるいは日常的ネットワークのサイズを規制するからである。認知論的な規則が拡張されたネットワークやグローバル・ネットワークを支配していることは明確である。グループ・サイズが繰り返し変動することに対する説明としては（下記参照），情報を操作し，蓄積するための諸個人のキャパシティーという問題があげられる（Bernard and Killworth 1973, Johnson 1982, 1978, Kosse 1990, Williams 1981）。

だが，情報をネットワークに関わる多くの項目の一つとして見れば，それはいかなる項目なのだろうか。私の定義によれば，どのようなものであれ，他者とのやりとりや社会的な出会いに際しては，お互いにそれが何であるのかを知りうるものであり，かつそのようなものとして機能することが求められているものであれば，その項目に加わる資格があろう。コミュニケーションをとるための行為として，適切な情報は他の人物や関係網と関係づけられる。情報として伝えられなければならないのは，また記憶されなければならないのは，情緒的なあるいは象徴的，物質的な資源の多様な使われ方であり，この資源がわれわれの相互交流において姿を変えて活用されることになるのである。

記憶の認知論的な研究によれば，記憶のプロセスは短期間の記憶と長期間蓄えられる記憶とに分けられる。サイモンSimon（1974）によれば，短期の記憶から長期の記憶への変化，および記憶としての定着は，問題解決能力の鍵である。実験によれば，記憶にとどめられるものは，わずかに7項目，おそらくは4項目よりも少ないとされている。さらに，長期の記憶のためには約5分から10分の時間が必要とされる（Simon 1981:75）。「マジック・ナンバー」である7とは（Miller 1956），記憶能力と情報集約に関わる心理的な制約条件であると見なされている（Bernard and Killworth 1973）。

短期間の記憶は，記憶にとどめられるものに限りがあるため，記憶を拡張する工夫によって情報を統合し，また「チャンク」化する（Miller 1956, Simon 1981,1974）[9]。この「チャンク」という用語はミラーMiller（1956）によって導入された概念であり，意図的に曖昧にされた領域であるが，情報の不断の流れ（例えば音素，単語，音等）と，特定の心理的・社会的意味によって区切られた流れのかたまり（チャンク）とを区分するために使われている（Simon 1974:482）。

「情報ソース」という概念，それは個人からより大きなユニットまで多様なスケールをもっているが，その概念を駆使して，ジョンソン（1978）はこうしたユニットの増加にともなう統合コストを分析している。これによれば，5ユニット～7ユニットが情報交換可能な閾値であるという結論が提示されている。例えば，遊動民のテリトリーに関するモデルによれば，各ローカル・グループは，最適な地理的配置条件から6個のグループと隣接しなければならないが，これによって蜂窩排列における接触距離が低減されることになる。実際に境界の数を数えてみると，チンダールTindale（1974）によるオーストラリアの原住民分布図の例と同じように，予測された6という数字に近いが，それよりも小さいことが判明する。ジョンソンはこれを狩猟・採集民社会におけるヒエラルキーの欠如に帰したが，この社会は，可能な条件がそろってさえいればという留保条件はつくが，こうした情報ソースの統合という問題を解決することもできるのである。

この問題は別なところでスカラー・ストレス（scalar stress）として検討されている（Johnson 1982）。これによれば，問題となるのは統合されなくてはならない人口というよりも，むしろチャンクの数，あるいは情報ソースの数であるとされている。小規模集団の動態的研究は，個人レベルでの問題を考察するうえで有益である。アルギルArgyle（1969:231）は，解決すべき問題を抱えたグループの構成員が3人から8人に増加すると，相互交流パターンがドラマティックに変化することを示している。諸個人が等しくグループに貢献するものでないことは予想されるが，ある特定の人物が「リーダー」として，つまり会話の支配権を掌握するのは，グループの構成員が5人を超えたときである。と同時に，これ以外の構成員の貢献度は劇的に減少に転じ，等価な存在になる。こうした構造は個人によってつくり出されると同時に，これとは異なる数字を生み出すかもしれない別の関係によっても影響される。これは情報ソース統合の一例であるが，そこではリーダーのような統合的メカニズムが活用されているのである。

グループのスケールが増大することによって，どのような問題が生じるのだろうか。この問題についてはジョンソン（1982:394）がコミュニケーション・ストレスの発生を指摘している。つまり，ミラーの提示した5ユニット～7ユニットのチャンクというマジック・ナンバーが維持されていないと，統合化された成員の認知能力に障害を生じることになるというのである。したがって，路上から街，都市，国あるいは家族からリニージ，部族といった，さまざまなユニットを統合するために階層性を導入し，あるいはコントロール可能な範囲に人々を振り分けようとすれば，システム内の総人口を増加させ続けることは可能といえる。バーナードBernardとキルワースKillworth（1973）がグループあるいはサブ・グループに対する上限と規定した，七つのユニットのもつ心理的な諸条件も，これとまったく同様の計量社会学的な事例ということができる。

ジョンソン（1982:392）によれば，「グループの意志決定における情報交換能力は，そのグルー

プのもつ相互関係能力の上限により規定される」のであるから，コミュニケーションを維持するための困難さは低減されることはない。ここでいう相互関係能力の上限とは，グループ構成員がみんなそろって対面的な相互関係を維持できる限界のことである。こういったやりかたは，一筋縄ではいかないし，多大の時間を要するように見える。そこでは情報は平等に分配されているため，抗争が回避される保証もないし，情報はコンスタントに更新されないため，判断の正否にも問題が生じる。こうした局面を打開するためには，スポークスマンがつくられ，チャンク化によるユニット数の調整が必要となる（Williams 1981:248）。

ジョンソン（1982）は，組織構造の組み替えを引き起こすチャンク化の実例をあげている。データとしてはイェーレンYellenn（1977）のクン族のキャンプの研究が使われているが，そこでは，平均で11人，一例では40人という大人数のキャンプを含むといった構成者数の変化が観察されている（表2.11）。ところが，ジョンソンの分析によれば，チャンク数は1キャンプあたり3単位くらいというコンスタントな数値を示していた。したがって，人々が数多く集うキャンプは，小規模なキャンプにおけるように核家族ではなく，より規模の大きな拡大家族によって構成されているということになる。

ユニットの数が増加する（チャンク化）ことによって，数の増加にともなって増大することが予測されるコミュニケーション・ストレスは緩和され，人口の集中が促進されるが，それだけでは人口増にともなうことの多い階層分化は発生しない。

コスKosseの解釈によれば，この限界は対面的ネットワーク内で，諸個人がもちこたえられる認知論的な負荷によって決定される。コスは最大ユニットを500人±100人と見積もっている（Kosse 1990:291）。しかしながら，われわれはすでにネットワーク・アプローチを通じて，仮にわれわれが500人の人々の名前を知っていたとしても，彼らの間のすべての関係を知っているとは限らない，ということを理解している（以下を参照。またColson 1978）。どれくらい関係を了解しているかは，個人的ネットワークが親密な関係から拡大された領域に及ぶにつれて減少する。対面的な関係や日常的な関係に基づく知識が低減するにつれて，シンボルとスタイルを駆使した符牒が多く使われるようになるのである。

ネットワークの人口学的サイズ

さて，これからは，表2.8および2.9に示した4種のネットワークに基づいて，資源とルールにつ

表2.11 クン族のチャンクによる組織構造（Johnson 1982:table21.3による）

グループ	組織をつくるチャンク	グループごとのユニット		平均的なグループ構成員数
		範囲	平均	
乾季のキャンプ	拡大家族	3〜4	3.5	40.00
雨季のキャンプ	核家族	2〜6	3.08	14.83
拡大家族	核家族	1〜5	3.00	11.43
核家族	成人	2〜3	2.10	3.43
社会のユニット	成人	1〜3	1.86	2.96

いて，人口学的サイズという側面から検討を加える。その理由は，これまで述べた3種の資源（情緒・記号・モノ）をすべて活用したネットワークは，あらゆる人類社会に普遍的に認められるので，われわれはネットワーク分析に，現代の産業社会や都市型社会などのデータを使用することができるし，伝統的な地方型コミュニティーで補足することもできるからである。

パーソナル・ネットワーク

親密な関係

ミラード（1992:表1）は西欧社会の文化に関する比較研究を行い，自己（ego）を中心としたもっとも親密な関係の構成メンバーの数が3人から7人の間にあり，その平均が5人であることを発見した。そのメンバーは大切な人というカテゴリーに相当し，重要な他者でもある。親密さの程度は，対面的な交渉を含む接触の頻度によって計ることができる。ミラードのサンプルにおいては，近親者はこのネットワークに組み込まれたメンバーのわずか50%にすぎない。この点はトロントの近隣コミュニティーの研究でも指摘されている（Wellman,Carrington and Hall 1988）。この結果は，血縁淘汰に関する議論（Quiatt and Reynolds 1993）や諸個人が団結し自己の遺伝的な資源の保護を促進するといった状況のもとでは，信じがたいかもしれない。親密なネットワークの重要な特徴は，遺伝的な資源の顕在化というよりも，むしろその安定性と一貫性の維持という点であろう。このユニットをウィリアムスWilliams（1981:249）は世帯（household）とよんだが，そこから経済的・社会的，あるいは政治的な目的をもったネットワークがどの社会でも形成されている。子育てや慈しみ，友愛などを媒介とするネットワークをつくりあげるためのコストは大きいとはいえ，社会的な紐帯が長い時の試練を経てはじめて，そうしたネットワーク・コストは酬われることになるであろう。結局，親密な関係は誰にとっても安全なネットワークであり，諸個人に無言の，そして疑問の余地のない支持を与えてくれる。こうした安心は自然と社会に対する信用と信頼をはぐくむに違いない（Giddens 1984:375）。それゆえに，この紐帯とは複合的で密度も高い。複合的紐帯は，姉と弟あるいは親友などといった諸個人間の親密な関係を橋渡しをする。この紐帯が複合的であるのは，それが固有の歴史をもち，さまざまなパフォーマンスのコンテクストに立脚するからである。また，これが高密度である理由は，現実に存在する2人の個人間には，数多くのつながり方がありうるからである。

日常的な関係

日々の繰返しの中には，ものをくれたり感情面で支えてくれるような人々が存在する。ミラード（1992:表2）は，こうしたネットワーク（彼はそれを交換のためのネットワークとよぶ）のサイズが平均20人であるが，ここに含まれる血縁者の割合は40%にまで低下する（Cubitt 1973も参照）。彼の提示した八つのサンプルでは，平均的ネットワーク・サイズの幅は10.05人〜22.8人であった。ミラードはかなりの変動幅を想定している。サンプルの平均値に95%の信頼限界を設定すれば，大部分の人は6人〜34人までの構成員からなる日常的ネットワークに組み込まれると推定している。

日常的ネットワークの古典的な例として，シカゴの成人男子の隣組に関するスラッシャーThrasherの研究があげられる（1927）。彼のサンプルには895の組が含まれていたが，その90%は50

人よりも少数の構成員からなり，60％は6人〜20人のメンバーを保有していた。スラッシャーは対面的な関係を維持するのに必要な組あるいはクリーク（clique:小規模な徒党）の一般的なサイズを提示したが，これはある構成員の発言をすべての他の構成員が耳にすることができる程度のサイズに基づくネットワークである。分裂が起きるのは，それまで高密度の相互関係とパフォーマンスによって維持されていた経験の共有化が破綻した場合である。

　日常的なネットワークは，より小規模で親密なネットワークに比較すると，永続性に欠け安定性にも欠ける。諸個人間の紐帯は複数であったり単独であったり，特定の目的に限定されていたりする。複数の紐帯については，ダマスDamas（1972:24-5）がコッパー・エスキモー族の分配の習慣に即して説明している。そのピカチギート（*piqatigiit*）というシステムは，フイリアザラシの14か所の部分を識別し，それらをパートナー間で分配するものである。同じ組のパートナーが獲物をしとめた場合，相方は指定された部位を受け取ることになる。

　コルソンColson（1978）は，ザンビアのグエンベ族Gwembeの間でリニージの構成員数が10人〜12人の間に落ち着くように，いかに合理的に配慮されているのかを示した。死者との関係もこうした日常的なネットワークの一部であり，死者たちは8人〜15人程度の祖霊として人事に介入し，人々と祖霊とは密接不離とされている。こうしたことから，18人〜27人からなるグエンベ族の日常的なネットワークが成立するという。ハウェルHowell（1988）によれば，クン族の場合，人口学的な要因と親族関係を支配する規則とによって，1人あたりの平均的な親族数はおよそ16人である。

拡張された関係

　これは顔なじみおよび知合いの知合いといったレベルのネットワークである。自己のもっているネットワーク構成員との紐帯は，それらがその時点で能動態にあるか，それとも受動態にあるのかによって変化する。これにはクリスマスカードを送る相手や職場の同僚，日頃いく店の得意客なども含まれる。大部分の紐帯は複合的というよりも単一的である。ここに認められる違いは，親密な交際相手や親族との関係と，サービスの提供先や店主などとの関係との違いである。

　このネットワークでことに重要なのは，中間的な移行的紐帯のもつ影響力である。こうした紐帯は相互関係のない人々との移行の仕方を推し量るものといえる（Milroy 1987, Turner and Maryanski 1991）。これによって日常的関係と拡張された関係との区別が明確になるだろう。ミラード（1992）は両者間には，わずかに25％しか重複する部分がないことを見出した。拡張されたネットワークからも一時的ではあれ，集団が形成されることがある。グエンベ族の屈強なもの達から選抜される労働のための集団はこの例であるが（Colson 1978），これらの集団は一時的に編成されたものであり，コンテクストに依存している。このような集団には日常的ネットワークの構成員も含まれている。

　拡張されたネットワークのサイズの推定は困難である。顔なじみとか知合いの知合いといった算定基礎はしばしば漠然としており，定量的な推定には使いにくい。ミラード（1992:455）は，グレウィヒGurevichの27人のボランティアについての研究を引用している。このボランティアについて100日間以上にわたって交流が記録されている。その平均は400人であったが，変動幅は72人から1,000人以上に及んでいる。バルトBarth（1978:175）は同様の実験を14日間にわたって行い，109人と交流したが，彼の年若い共同研究者の場合には175人であった。ボワスヴェンBoissevain（1968）

は自分の拡張されたネットワークを300人からなると見積もっているが，この数字はコルソン（1978）が示唆したグエンベ族の数字と一致している。

　バーナードとキルワース（1973）は，諸個人間の相互関係のマトリクスに着目して，グループおよびサブグループの構造を考察している。彼らによれば，人数と単位的なまとまりには心理的な制約が働いているとされる。つまり，「140要素以上からなるグループはいずれもサブグループを形成し，その結果，これに対処するためのヒエラルキーも形成される」（Bernard and Killworth 1973:184）という仮説が提示されている。ダンバーDunbar（1993:686）は言語を媒介とする紐帯により，150人によって支えられたネットワークの存在を認定している。より大型の拡張されたネットワークが形成されるためには，集団の形成と相互関係を制約する心理学的な条件を克服するための移行的紐帯とともに，さまざまな紐帯の統合も必要とされるという。

　こうした説明も拡張されたネットワークサイズの推定にはあまり有効とはいえないが，3つの条件が指し示されている。まず第一に，諸個人間のネットワークには大きな変異幅が存在する（Killworth, Bernard and McCarty 1984,1990）。このことは，ネットワーク・モデルが集団をベースとした社会の研究よりも有効であることを明示している。なぜならば，個人レベルでの変化は通時的であり，したがって，淘汰による変動の対象となりうるからである。第二は，ミラードも指摘しているようにこうした変動幅の大きさは，

　　日常的な仕事の中で遭遇する人々の実際の数とか，彼らが提示したり，あるいは拒絶したりする，他人との違いや仲間意識，あるいは稀少な資源に対するアクセス可能性などといった諸契機（Milardo 1992:455）。

などを斟酌しながら組み上げられる諸個人の意志決定や安全確保，あるいはネットワーク構築に関わる5名からなる親密なネットワークのもつ影響力の大きさを物語るものである。

　最後に，紐帯にもいろいろあるが，効率的に機能しているのは，それらのうちのほんの一部にすぎない点があげられる。新しい紐帯が形成されるのは，古い紐帯が新しい紐帯に置き換えられる場合に限られる（Wellman,Carington and Hall 1988）。こうして見ると，日常的ネットワークと拡張されたネットワークは，親密なネットワークと比較して，しばしば組み替えが行われ安定性を欠いている（Boissevain 1968:547）。

　要約すると，100人〜400人という数字が拡張されたネットワークのメンバー数としてはもっとも適切なものである。これに親密な，また日常的なネットワーク構成員を加えると130人〜430人となるが，その上限は1,000人を超えている。

グローバル・ネットワーク

　このように，個人の切り結ぶ3種のネットワークにはそれぞれ一定のサイズが認められたが，「他者」に関わる社会的カテゴリーであるグローバル・ネットワークは，際限がないように見える。それは個人的なネットワークに導入された新たな紐帯ということになる。この種のネットワークに対する西欧社会の諸個人の対処の仕方に関する研究は，アクセスの可能性と，そこから生じる参入の可能性に焦点をあてている（Killworth,Bernard and McCarty 1984）。この点について想起されるのは，すでに見たように，アットランダムに選抜された特定の個人にアクセスするには，わずかに3

人〜4人いれば事足りるということである（Bissevain 1974, Jacobson 1978）。ここに見られるように，諸個人がどれくらい相互に隔てられているのか，といった程度が紐帯の移行性や統合性を具体的に示している。

だが，低い人口密度のもとではグローバル・ネットワークのサイズはどうなるのだろうか。コス（1990:278）は，地域レベルでの適応に関しては（Hill 1978），人口の上限としては2,500人を閾値と想定している。これは，ヴィスナーによるクン族の伝統的なハロという交易システムにおける2,000人という見積とも矛盾しないし，コンスタンス・ウェスターマンとニューウェルによるバンド・レベルでの言語的なファミリーにおける平均2,815人という数字とも調和している（1991,Newell and Constandse-Westermann 1986）。この程度の人口密度では，間接的な交易上のパートナーは別にしても，広い範囲に分散する特定の人物と遭遇する機会は，コミュニケーションが発達した現代よりも，ずっと少ないだろう。興味深いことに，バーナードとキルワースの計量社会学的な研究によれば（1973:183），相互関係を支配する形式的なヒエラルキーなしに安定するグループ・サイズの上限は2,460人と計算されている。

アラスカのようにこのユニットを超える場合，

> 鹿狩りの小グループが後背地で（偶然に）遭遇し，緊張関係にさらされたといった挿話は数多く残されている。まず，彼らはお互いに誰かを確認しようとする。相手がはっきりしないと，その状況におかれた関係者の人数と条件とによって対応にも違いがでる。もしもグループの力が同等であれば，お互いに身を引いて抗争は回避される。もしも一方の力が他を凌駕しているとすれば，ある種の暴力がそれに続く（Burch 1975:25）。

孤独な海獣猟を生業とするもの達の場合，氷海を彷徨しているため，集落民は彼らを識別できず，殺戮が発生することが多い（Burch 1975）。このようにして，社会的な相互関係は十分に練られた排除の原則によってまず規制されるのである（Mauss 1967:79）。

工業化された社会に暮らすものにとって，自分たちの個人的な，またグローバルなネットワークは，旅行やコミュニケーションによって，これまでになかったほど束縛されていないような気がするかもしれない。だが，これは手放せない概念である。たとえジャンボジェット機や携帯電話，インターネットを駆使したとしても，この惑星に住む60億人とコンタクトをとることはできない。それは，ザンビアのグエンベ・トンガ族のある人物が近隣の600人のすべてとネットワークを構築することができないのと同じである（Colson 1978）。仮にインターネットや携帯電話が自由に使えこなせたとしても，それは不可能であろう。コルソンが発見したように，グエンベ族は600人にも及ぶ隣人たちと密接に連携をとり，一丸となっているのではないか，といった印象を与えるが，しかし，

> 事実を詳しく検討してみると，実際，彼らは自分たちが利用できるきわめて限定された範囲で緊密な関係を維持し，これ以外とは大勢の中の一員，あるいは関わり合いにならない範囲での一過的な，そしてうわべだけの好意によった，通り一遍の接触を維持しているにすぎない。こうした好意は，特定の人物に対する役割の評価や人物を熟知したうえでの処遇というよりも，一過性という側面をもっている（Colson 1978:153，強調筆者）。

この事例は，相互関係を通じた関係形成における時間という資源の重要性を示唆している。つまり，ある人物を覚えているか否かというよりも，むしろ他者との関係を大切な資源として取り扱うために時間を活用するか否かという問題が重要である（表2.8）。この扱う扱わないという明確な区分は，コルソンによって「対人ショック（people shock）」と巧みに命名されている（1978:155）。このショックは彼女の体験に基づいているが，小さいながらも，ニューヨーク市民100万人の間ではけっして味わえないパワーをもって外部の者を圧倒する。共同体の内部で仕事をしている人類学者も同じような体験をするだろう。実際はこうである。グエンベ族はわれわれと同じように集団に対処しているに違いない。ただし，われわれが天気について語ったり，（もしも英国人であればだが）誰かの足を踏んづけたときには謝罪するといったことが，儀式的な訪問儀礼の形ですすめられているのである（第3章参照）。

　ここで重要なのは，名前を知っているかどうかという問題と，相互関係によるさまざまなやりとりを行うという潜在的可能性とはまったく別物であるということである。われわれは数多くの名前を思い出すことができるが，相互のやりとりとなると，その数はいたって少ないであろう。それは親密なあるいは日常的な関係における時間が限られていることに起因すると考えられる。われわれの資源としてのもち時間は，この二つのネットワーク内の特定のメンバーとの関係を超え出るにはあまりにも少なすぎる。もしも，こうしたネットワークが，機能的にメンバーの安全性を保証してくれるとすれば，つまり，

　　自己と社会のアイデンティティーに関する基本的なパラメータを含む，自然と社会とによって
　　表現される信頼と信用（Giddens 1984:375）

として規定されるとすれば，そこには多くの時間が投入されることになろう。そのためには多大の情緒的な資源が必要とされるからである。

　コルソンColsonも指摘するように，人類が発展させてきたのは，われわれが現に生きているグローバル・ネットワークのサイズとは何の関わりもない。われわれの排除する能力があればこそ，密度の濃い個人的なネットワークが無事に維持されるのである。この排除は，相互関係を司る規則と利用可能なさまざまな資源とによって方向づけられている。こうした相互関係の外部に，われわれを共感させ，またいろいろな要求を突きつけてくる多面的な性格をもった諸個人が立ち現れるのである（Colson 1978:151）。これは，例えば一般化された，あるいは均衡した互酬性や視覚的な情報の相互交換などによって達成されるであろう（表2.8）。

行動のルール：狩猟・採集民のマジックナンバー

　親密なネットワークが5人，日常的なネットワークが20人，拡張されたネットワークが100人～400人というネットワークサイズは，狩猟・採集民の人口学ではすでにおなじみのものである。ここで，バーゼルの文献に見られる「マジックナンバー」（1958, 1968, 1976）を導入しておこう。それは次のような内容となっている。

・核家族は5人からなる

・ローカル・グループあるいはミニマム・バンドは25人からなるが，20人から70人の幅をもち，通常，特定の名前の地域（locality）と関連する（Peterson 1986, Stanner 1965, Williams 1981:240, Wobst 1974:170）
・現実の性的な関係によって結ばれた人口単位，あるいはコニュービアムは150人～200人の構成員からなるが，その人数は性比と死亡率，あるいは出生率の確率論的な変動に十分に対処できる（Howell and Lehotay 1978, Williams 1974, Wobst 1974）
・もっとも議論の対象となる言語的部族（dialect tribe）あるいはマキシマムバンドは500人からなるが変動幅が大きい（Burch 1975, Constandse-Westermann and Newell 1991, Dixon 1976, Tindale 1974）

こうした「マジックナンバー」の要点は，旧石器時代の狩猟・採集民の人口学的枠組になっていることにある。それは，すでに問題点を論じてきた一方向的なトップダウン・アプローチの好例である。たしかに人口学的なパターンは存在するが，それを集団ベースの社会のモデルとすることはできないだろう。

私が主張したいのは，親族組織や性的な関係によって結ばれた人口単位といった制度的なものではなく，多くの人類学者が提唱しているような（Bahuchet 1992:247, Carrithers 1990, Guemple 1972:75, Morris 1982:150, Wissner 1982, Wilmsen 1989:180），個人を中心に，個人によってつくられたネットワークとして，こうしたグループを鋳直すことこそが，文化伝播（Steele 1994）や社会形成といった重要な問題について，いっそうフレキシブルなアプローチを可能にするということである。このアプローチは，異なる種の間での社会的行動やネットワークの紐帯に関する比較検討を可能にするであろう（Maryanski and Ishii-Kuntz 1991, Maryanski 1996）。そこでは，情緒的・物質的そして象徴的な資源がネットワークの洗練度を変化させている。

要　　約

ギデンズは「『文化』は二つの有益な意味をもっている。（中略）拘束されたシステムの表現であり，もう一つは社会的諸関係一般である」（Giddens 1984: XXVI）と指摘しているが，それは同時に，実際問題として両者の境界が曖昧模糊としており，重要なのは社会システムの変化とその横断面であることを想起させてくれる。このことこそが，旧石器時代の社会がどのような意味をもつのか，という問題を明確にするために，私がネットワーク・アプローチを採用する理由の一端を担っている。だが，どのスタートラインから出発するのかが問題である。一つのルートはトップダウンに進むことである。このルートは比喩的に建築物にたとえられる。ひとたびそれが建築されるや，そこに人々が住み着き，建物に入ったり出たりするが，そのデザインにはいっこうに無頓着である。第二のルートは諸個人の相互関係からはじまるが，社会の大きさや物質的な複雑さに関わりなく，相互関係はそこでの社会生活の尺度を与えてくれる。ボトムアップ・アプローチにおいては，こうした演者はお互いに交渉し合い，それによって社会は形づくられていく。キーポイントが継続性であることは明白である。いかにしてパフォーマンスは過ぎゆく時間に抗しうるのか。残された痕跡

はどのようにハイレベルの関係や継起的な社会形態へと発展させられていったのか。この問いかけへの回答は，行動とは可能態であり，かつ被拘束態であるという構造の二重性という概念の中に見つけ出すことができる（Giddens 1984，Hinde 1976）。構造と相互関係とは双方向的なプロセスである。このプロセスは，社会生活を媒介とする，また妥協と制約とを含む行動を通じて形成される世界と深く関わっており，ここから，社会とは何かしら超越的な存在であるという構造化モデルが好む遂行論的な見解も生まれる。社会によってわれわれも，またベルベット・モンキーも社会的な存在となるのではない。まず第一に，また最初から，われわれは誰でも社会的な演者である。われわれと世界との抜き差しならぬ関係は，社会を豊かな個人的な経験に変える。人類学者がクン族を訪問し，霊長類学者がゴンベでチンパンジーと出会い，考古学者はドルドーニュ地方の氷河時代におもむき，社会学者はシカゴの隣組に入り込む，まさにそのときなってはじめて，われわれは社会生活のさなかでヒトや動物の具体的な関わりを超えた諸構造を比較検討することの必要性を痛感することになるのである。

　私は本章で，このような議論を旧石器時代へと導入する方法を提示した。これまでは個人を分析の対象とすることには抵抗があったし，そこでの社会的データの欠乏は嘆きの種でもあったが（第1章），ここで新たに提示した方法とは相互関係を形成するルールと資源とを分析することである。このボトムアップ・アプローチによって，時間的に，また認知論的に制約された諸個人のネットワークのサイズの循環的な変動を認定することが可能である。ネットワークのサイズは諸個人の間でも変化するが，このアプローチによって資源をベースとするネットワーク・サイズとネゴシエーションによってつくられた紐帯の内容を予測することが可能である。ここまでは，人類の相互関係に認められるパターン化を検討してきたが，いよいよ次章では旧石器時代の社会生活研究の枠組を検討することにしよう。

註

1) 第2，第3章で提示したモデルの要約はギャンブル（1998）にある。
2) 私は，われわれは必ずしも旧石器時代の記録の中に個人を見ているわけではないが，個人は分析単位として否定されるべきではない，というミズン（1993a:394）の意見にも賛同したい。これまで科学者たちは，直接観察できずに，その擬似的な運動結果しか観察できない場合は，無意識とか遺伝子，原子，分子といった概念を使用してきた。
3) この見解はダマス（1972:50）によって支持されている。彼はコッパー・エスキモー族の血縁関係に同関係の潜在的な可能性を認めている。
4) 親族モデルがいかに人類学者の視野を拘束し，また，切り捨てる領域をつくり出してきたか，という事例についてはクーパーKuper（1988:241-3）を参照せよ。
5) ターナー（1991）によるギデンズらの社会理論についての議論が推薦できる。
6) ストロムとラトゥール（1987:図1）が，その複雑な社会のモデルを展開するにあたって，かつてクーパー（1988：243）が警告したように，始源的な社会（primitive society）という概念を無批判に導入したことは不幸なことであった。彼らは狩猟・採集民，農耕民，そして工業化された社会の違いを，そうした社会をつくり上げている物質的・象徴的手段のレベルの違いに求めている。この見解は他者を組織化す

る能力の成果を巨視的に把握するものである。しかしながら，彼らの複雑化という概念においては，こうした継起的な社会進化を想定することはできないであろう。ストラムとラトゥールらの同じような見解はマリヤンスキーとターナー（1992）にも見出すことができる。そこでは，園耕民社会の出現による社会構造の高次化によって，人々は「社会という檻」の中に入れられ，それに先立つ人たち（すなわち，狩猟・採集民）の遺伝的な傾向が攪乱されたと主張されている。

7) ケファートKephert（1950）は，単一集団の構成員が形成する諸関係数のとりうる値を計算している。例えば，構成員が5名であれば，そこに形成されうる関係数は90となる。これが15名になるや7,133,616という数字に飛躍する。

8) 彼は現代の中規模な移動民社会の家族を一夫一婦性のギボンに比較している。つまり，強い紐帯の欠如，役割分担の脆弱性等が特徴として列挙されているが，この結論はミルロイMilroy（1987）によっても支持されている。ミルロイによれば，移動社会と諸個人のネットワーク密度とは相関している。

9) ミラーの著書『マジックナンバー7プラス・マイナス2』において，7という数字がオリジナル・ナンバーであることが指摘されているが，彼は注意深くこれを過度に強調することを避けている。サイモンSimon（1947：487, 脚注2）は，短期的な記憶にあっては，5という数字がマジック・ナンバーであるという再計算結果を提示している。

第3章　旧石器時代の枠組：場，リズムそして域

　どうして私がこれほどまでにディテールにこだわるのかわかるかい。
理由はこうだ。私を取りまくピリピリとした雰囲気，こいつがどうでもいい
ことを何か決定的に重要な動きとか動作に変えちまうということだ。こんな
神経過敏なときには，昔からおなじみの思わず出ちまう身のこなしといえど
も，それぞれ頑固な意志をもった仕草みたいになったもんだ。君，どんなこ
とだってあたりまえなものなんてないんだよ。何にもね。

レイモンド・チャンドラー：『長いお別れ』

　私は本章において，旧石器時代の居住行動ではなく，旧石器時代の社会について考察する。この分析は，場（locales）と域（regions）という二つのレベルからなるが，両者は社会的なテクノロジーのもつリズムによってリンクされている。ここでとくに空間に注目するのは，相互関係と主体にはじまる社会的ネットワークの形成というコンテクストを反映しているからである。この二つの空間的スケールは，旧石器時代のデータと，それを生み出した主体と社会との間に架構された方法論的な橋脚である。それらは一連の密接に関連しあう概念（これを私は**リズム**と呼ぶが）によって架橋されている。このような取組は，媒介的行動という概念にとって必要欠くべからざるものなのであるが，これまで旧石器考古学者には不可視の分野であったことはいうまでもない。それらはよく踏み込まれた路，および他者に向けられた視線に沿う操作上の系列，あるいは運動などから構成されている。リズムはわれわれに過去のダイナミックな行動と，こうした行動の生気の失われた残滓とをリンクする概念装置を与えてくれる。それらは行動の後に残された人工物から推測されなければならないが，行動を地域に，主体を幅広い社会構造に，そしてわれわれ自身を過去にリンクしてもくれるだろう。

　本章においては，場とは**逅**（encounters：ヒト・モノなどと遭遇することおよびその場）や**ギャザリング**（gatherings：狩猟や採集行動とそれが繰り広げられる場），**社会的なできごとや場面性**（social occasions）およびその**場所**（places）に関する考古学という視点から考察される（Gamble 1998）。地域的なスケールへ拡張するためには，さらに二つの概念が必要とされる。一つは**習俗としての景観**（landscape of habit）であり，他は**社会としての景観**（social landscape）である（Gamble 1993d,1995b,1996b）。リズムに関する議論は近年の時間と景観に関する議論（Gosden 1989,1994, Head,Gosden and White 1994, Ingold 1993, Pickering 1994）とともに，ルロワ・グーラン（(1966)1993）の洞察に負うところが大きい。

　こうした概念を導入する目的は，社会生活を検討するための失われた語彙をヨーロッパ旧石器時代における変化と均衡（第4〜7章）を考察するため，復権することにある。

旧石器時代の居住行動（セトルメント）瞥見

　この枠組については，前著において，旧石器時代のデータを分析するための三つの行動上の領域，つまり空間・人口・社会領域に焦点をあてて論じたところである（Gamble 1986a）。そこでは九つのエリアからなるヨーロッパという単一地域における（図3.1），資源の生態学的な構造から予測されるさまざまな行動が議論されている。大陸的なスケールで見ると，セトルメントのこうした変異は，緯度と経度および海抜高度と関連していた。こうした地理的な要因によって，植物の生育期間とそれに規定される資源の生産性は大陸的なスケールで制約されている。氷期であろうと間氷期であろうと，この事情は変わらない。

　この単純なモデルによって旧石器時代の居住行動は，どの時点においても大陸の九つの地域を通して変化していることが示されるが，その変化は人工品のタイプというよりも，むしろ遺跡の密度や出現頻度によって規定されている。また，時間的な変化も存在するが，それは芸術や新しい投射具，石器生産戦略などの出現によるのではなく，地域的なスケールでのセトルメントの累積的な歴史によってトレースされる。このモデルは生態系と，それへの適応という選択・淘汰過程を基準にすることによって理解されるだろう。この選択・淘汰過程は77万5,000年前に開始され，中部更新世の8回に及ぶ氷期と間氷期とのサイクルに対応しているように見える。

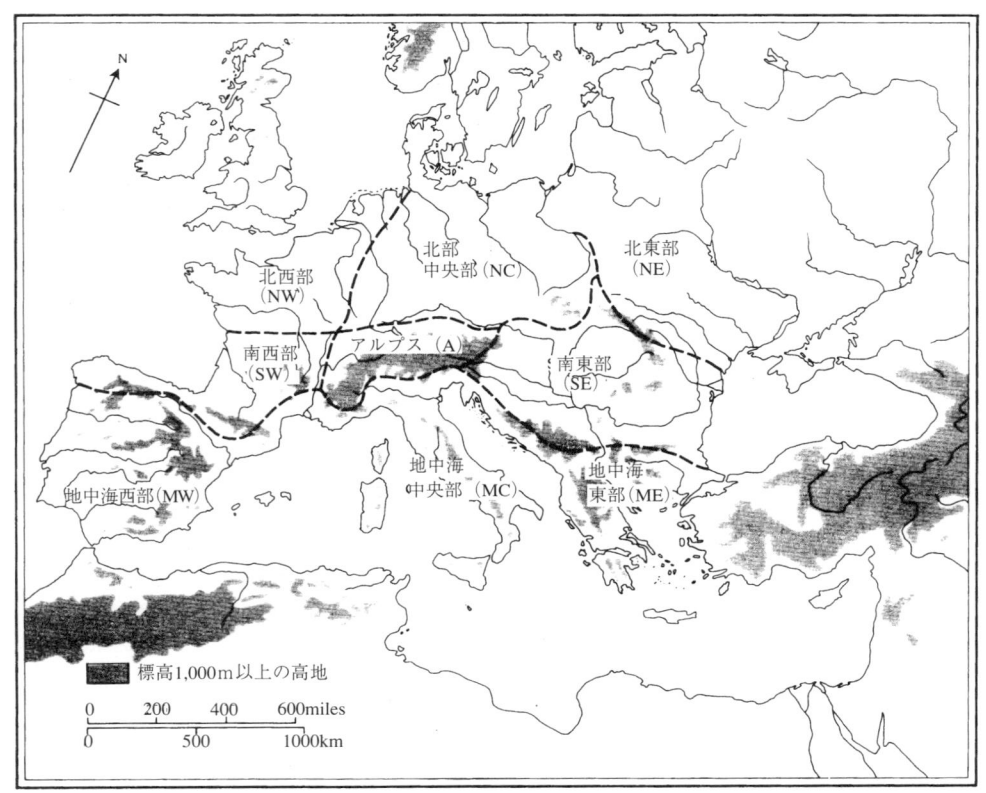

図3.1　人口移動による長期的な生存戦略を研究するためのヨーロッパの地域モデル（Gamble 1986a:Fig.3.1による）

だが，これでは生態決定論ではないのか。しかし，集落形成行動に関する限り，社会的諸関係は生態学的関係によって支配されている（Ingold 1981）。生態学的関係は長期的な土地利用パターンと遺跡占地パターンの多くを支配しているかもしれないが，これによって旧石器時代のすべての記録を解釈することは困難である。とはいえ，支配的な社会的諸関係を提示しようにも，それは容易な仕事ではない。というのも，この九つの地域はあまりにも広大であり，一つの社会システムの覆いうる範囲をはるかに超えているからである。社会的諸関係を示唆する研究は，これまで上部旧石器に集中してきたが，その理由はといえば，この時代には地域間の交流と交換とが明示されていたからである（ibid.:第 8 章）。4万年以上前の時代は，社会的諸関係というよりも生態学的諸関係によって支配されていた，とされてきたのである（本書第 1 章）。振り返ってみれば，こうした結論もとくに驚くには値しない。なぜならば，私は集団に的を絞って，この九つの地域を居住の舞台としていた社会的ユニットにアプローチしてきたからであり，また，静態的資料と過去のダイナミックな行動を架橋しようとする私の議論は，何よりも生態学に依拠していたからである。

　これからのアプローチもまた，この地域的なスケールを踏襲することになるが，このモデル（図3.1）は後章で具体的なデータを吟味する際に活用されることになる。私は，旧石器時代社会の詳細な分析を行うために，場と域という概念を導入することによってこのアプローチの幅を拡張したいが，さらに社会生活を生成するリズムという概念によって，両者の架橋をはかりたいと思う。これは，あまたの適応理論があまりにも特殊化しすぎている現状に向けられた一つの打開策でもある。われわれに必要なのは，グールドGouldも指摘しているように（1994:28），データによって支持される抽象性のレベルを適正化することである。一方において，われわれは考古学を定義ばかりを求めたがる知的営為と考える必要もないし，他方，架橋理論がないからといって，データから織りなされた理論を捨て去る必要もない。このように，心中，ある物語りを語りたいという欲求を秘めながら，場，リズム，そして域という三つの分析のレベルが設定されることになるのである。

旧石器時代社会研究の枠組

　これまで私は，旧石器時代の社会研究を諸個人とネットワークの形成ならびに社会生活におけるパフォーマンスのもつ役割などに引き寄せて再措定してきた。このアプローチは，社会考古学を豊富な記録の残されている上部旧石器からはじめるのではなく，一挙に500万年も遡行させて，今日に至るまでの人類史全体を対象とするものへと転換させることを意味している。あるいは，閉鎖的な集団構成とスタイル，エスニシティー等からバンド社会の起源を論じるのではなく（Gillman 1984, Williams 1974），時間と空間のさなかに社会的諸関係が張り巡らされ，社会的な複合性といった問題（第 2 章）をも生み出すことになる「近接性からの解放」についての解釈におもむくともいうこともできるだろう。

　こうした問題に応えるためには，さまざまなスケールの分析を架橋しなければならない。つまり，短期間の相互行動から500万年間にも及ぶ複雑な人間行動を，またギャザリングの行われた場から相互依存的な社会的パフォーマンスの繰り広げられた域を，さらに諸主体と彼らがつくり出し，ま

た，彼らの行動を規定することにもなる社会の表層に張り巡らされた集合的な構造性などを架橋しなければならない。諸個人を基点とし，またグローバルなスケールをもちうるネットワークが旧石器時代社会の全域に及ぼす問題点を考察するためには，とりあえず空間的かつ時間的な枠組が必要である（表3.1）。

　この枠組に準拠した分析は，ヨットを「上手回しに」操舵するように（図3.2），データと理論の間を行き来しながら旧石器時代を解釈するような営為といえるだろう（Wylie 1993:23-4）。この議論を構築し，確固たるものとするためには，われわれは剥離痕も鮮明で精巧な人工品や，いわゆる

表3.1　旧石器社会研究の枠組

場	リズム	域
近	動作の連鎖	習俗としての景観
ギャザリング		
	動景	
社会的な場面性		
場所	道と径	社会的な景観
諸個人 ←――――――――→ ネットワーク		

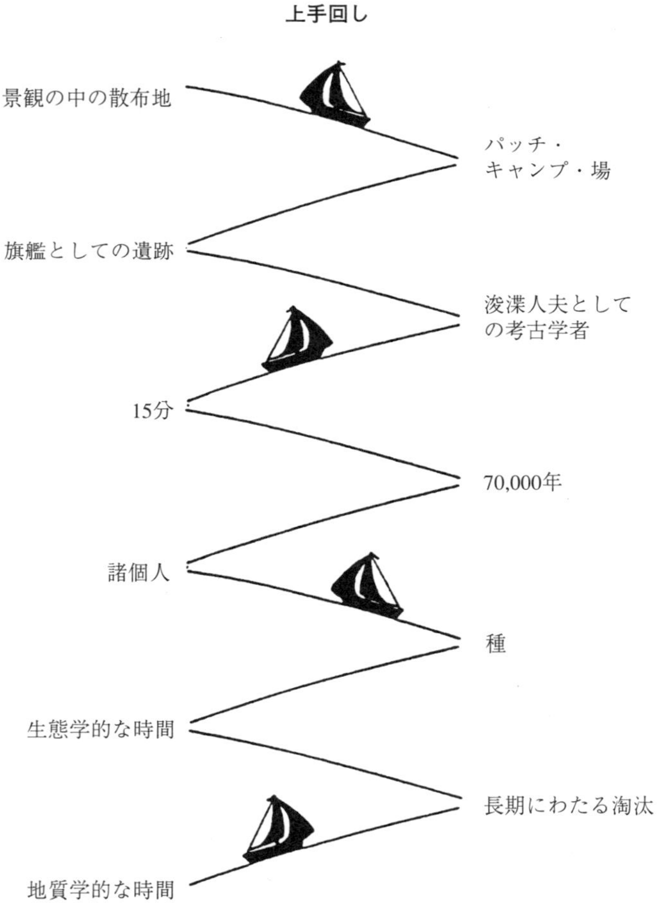

上手回し

景観の中の散布地	
	パッチ・キャンプ・場
旗艦としての遺跡	
	浚渫人夫としての考古学者
15分	
	70,000年
諸個人	
	種
生態学的な時間	
	長期にわたる淘汰
地質学的な時間	

図3.2　旧石器時代のさまざまなスケールと解像度をもつデータに対処するための解釈戦略としての「上手回し」（Gammble 1969b:Fig.7.1による）

由緒ある遺跡を離れ，河岸段丘の中に埋没した，他との比較によってようやくそれとわかるような，ひどく風化した石器の方へと歩みを進めなければならないのだ（Gamble 1996b）。行動を再構成するためには，細区画的であるか粗区画的であるかを問わず，複数の生態学的パッチと，それらを含むパッチの散布域とを行きつ戻りつしなければならないであろう。こうした方法論的な操舵方法は，考古学的な記録にとどめられた過去の行動の目盛りを読むことでもある。後章で見るように，われわれには50万年前のわずか15分間の行動を発見することが可能であり，また70万年もの時を遠く隔てた石器群を発見することもできる。われわれが上手回しに進めるのは，記録の構造を媒介にして時間を読み切ることができるからである。普通，考古学一般もこのような議論の方法を採用しているが，そのタイムスパンが他の分野よりはるかに大きいとはいえ，旧石器考古学も例外ではない。

場

相互行動はどのように空間的に布置されるのか

遺跡ではなく，場こそが相互行動が生起し残された場である。その形態は多様であるが，その出発点は個人であり，彼あるいは彼女が環境内を移動することである。これには，道あるいは径に沿った歩行による知覚（Gibson 1979）がともなう。このスタート地点から，相互行動のモデルをつくり出すことができる。主体がそのように移動するにつれて，彼らは自分たちが歩く道径によく馴染み，そこには一つの価値体系が形成される。その道径が他者の道径と交叉するとき，われわれはそこを**逅**あるいは結節と呼ぶが，そこでは知覚的な相互作用が起きるであろう。この逅には，狩人の路を横断する動物や視野にとらえられた他者の像なども含まれる。さらに，これには丸太や石などといった植物や素材なども含めよう。このような歩行にともなう知覚は，狩猟民のワナ道によってよく説明できる（図3.3およびIngold 1986）。狩猟・採集民の逅のパターンとコレクターによるインターセプト・パターン（Binford 1986）とは，ともにこの用語によって説明される。

逅によるアフォーダンスは当座の，あるいは近い将来の行動についての決定を促す。草木を食べようとか，トナカイをとって食べよう，槍をつくろう，石を拾おう，ネットワーク・パートナーを広げよう，異人を見逃そう，他者に向けられた自分たちの情報を思い起こし再吟味しようといった決断が必要になるのである。逅とは，人類が移動する道径に関する「サウンド・バイト（ニュース番組で使われる事件を端的に伝える映像）」である。それは痕跡を残すことはない。

ギャザリングはある時間性を帯びた場である。それが時間性をもつのは，残されるものの質と量による。それは1回，あるいは複数回の訪問によって生じる。ギャザリングとは，それまで生きていたものとの逅でもある。いずれの立場も情報を発信し，あるいは情報をにおわせる。このような情報は言葉，しかめ面，身振り，打撃などの形で**身体的に表現される**が（embodied），それが伝達されるには身体がなければならない。一方，この情報は絵画，彫刻，文書，写真，径，道具などといった形で**非身体的に表現される**（disembodied）こともある。

このように，個人は文化的な手段によって情報を入手し手元に保持してきたが，これによって相手がどのように遠くにいようと，相手とともに存在する契機を拡張していった。このことが，**不在**

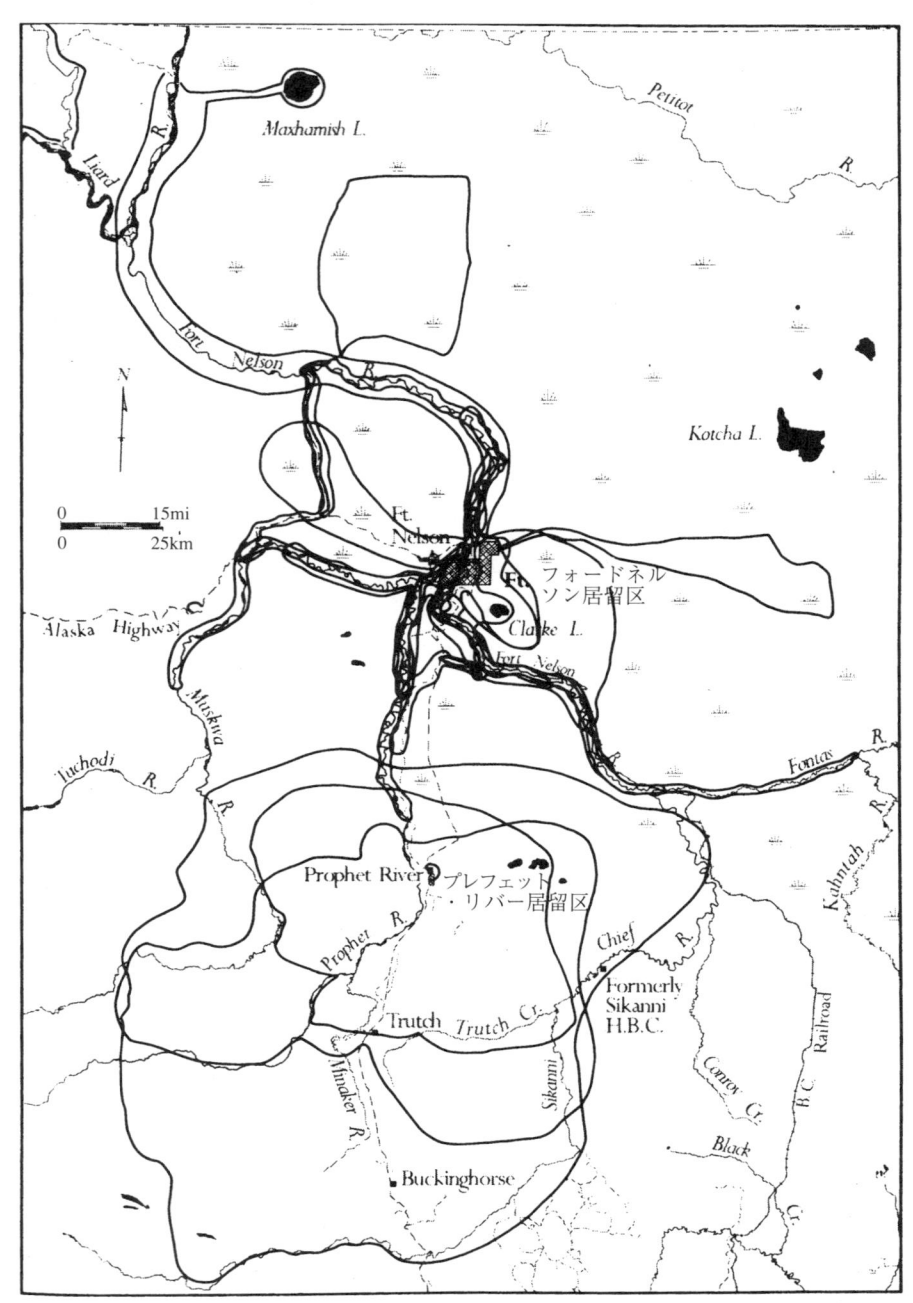

図3.3 カナダ亜北極，フォート・ネルソンおよびプロフェット・リバー居留区におけるハンターによって描かれた，また実際に使われていた道と径　プロフェット・リバーの住民は地勢の制約をあまり考慮せず広い範囲をハンティングのエリアとして描いている。このエリア内に諸個人の使用する径が縦横に走っている。これに対して，フォート・ネルソンの道は幾筋かの谷の森に沿い，北側は歩行できない湿原によって遮断されている。

第3章　旧石器時代の枠組：場，リズムそして域　77

の（*in absentia*），だが親密で日常的なネットワークを発展させてきたのであり，また同時に考古学的な記録をもつくり出してきた。

　ギャザリングに際して起こされる行動は，単独狩猟者によるトナカイ猟のように単独行の場合もあるし，住居の構築とか儀礼や有毛サイの解体のように複合的な場合もある。われわれは，ギャザリング行動に対応する人々の相互行動を特定する必要はない。ここでゴフマンの用語（1963）を採用すれば（表2.2），それには対面的な相互行動もあれば，象徴的な代理物もありうるであろう。いずれにせよ，残された相互行動の残滓がわれわれにとって唯一の手がかりである。

　ギャザリングの対象は食料，石材，動物のボディーといったもち運びのできる資源である。これらの資源は，社会的な紐帯をネゴシエートする諸主体間のパフォーマンスの一部分でもある。彼らは相互行動を築き上げるが，これに対応して考古学的記録の空間的な構造も規定される。例えば，炉跡のまわりの残滓から，そこで繰り広げられたギャザリング行動にともなう相互行動が推定される。これらのパターンは，タフォノミー・プロセス（Stapert 1992, Whallon 1984）に制約されつつも，しっかりと遺存する場合がある。

　ギャザリングは諸個人の関わり方を決める能力に左右されるが，それはまた，スケールの小さな分析においては，流動的な，また一時的なイベントでもある。ここからコンテクストという問題が生み出されるが，そうであるがゆえにゴフマンは，相互関係を的確に検討するためには「人間と環境」ではなく「瞬間と関係者」に着目しなければならないと宣言したのである（1967:3）。彼のあげている陪審や饗応，一族の会合などはいずれも瞬間的である。これらは，特定の時期の狩猟・採集民の間で生じる相互依存的な儀礼を左右する構造をもっている。

　人間の身体のサイズと知覚能力は，ギャザリング・レベルでの相互関係の空間的なスケールと環境との関係を規定している。例えば，対面的な相互関係におかれた2人の人間には，最低限，お互いを見，話を聞く能力が必要である。ダンバー（1993:690-1）は人間が代々守ってきたグループ・サイズは4人（話し手が1人，他は聞き手）くらいであると指摘している。この人数形態は排他的であるため，新たな参入者があるとグループは分裂して再び最適化される。この分裂の仕方はさまざまであるが，われわれはその実例を談話室やパブ，劇場のロビー，結婚式のレセプションなどで目にするだろう。2人はカップルであり，3人は群集であり，4人は他の会話へのスタート地点である（Dumber 1993:第3図を見よ）。この理由の一つは，普通の状態で話し手と聞き手とが円滑に会話を維持できる距離がこの程度であることによる。ダンバー（1993）は実際に1.7mという距離をあげている。0.5m間隔で肩と肩とが接する程度の排列では，5人からなる会話圏を形成できる（図3.4）。この場合でも，新たな人間の参入は既存の会話圏の分裂と新しい会話圏の形成をもたらすであろう。

　この会話圏に関するエスノアーケオロジーからの事例としては，ビンフォード（1978a）によるヌナミウト族Nunamiutのハンティング・スタンドの研究があげられる。そこはマスク・サイトMask Siteとして知られたところで，道具の製作が行われる場であった。3日間の調査によって，そこでは睡眠やカードゲーム，標的の見張り行動なども観察された。炉のまわりを取り囲んでいるときには，おもに食事と会話とが行われた（Binford 1983b〔1978〕:表21.6）。仮面の製作やカードゲームは炉の外側の馬蹄型の部分でも行われたが，会話に加わるメンバーは4名〜5名を超えなか

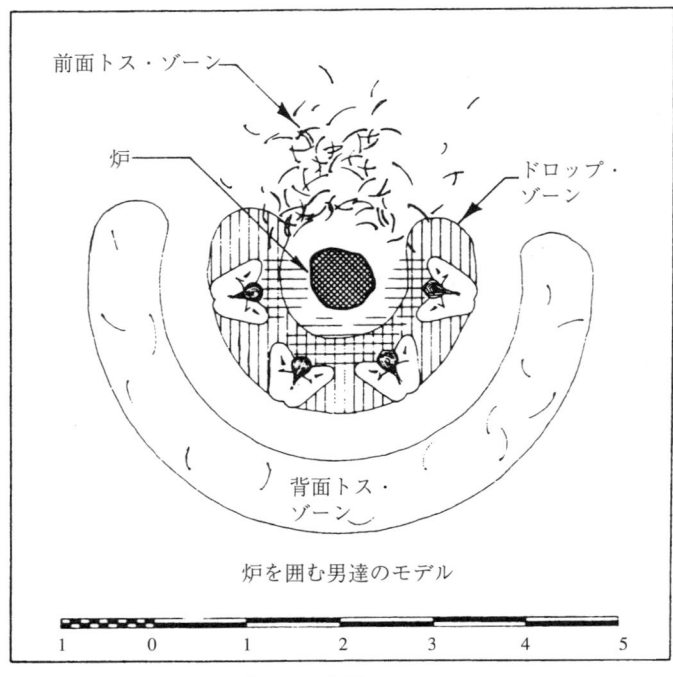

図3.4 炉のまわりに形成された空間パターン　アラスカのアナクトゥヴァク・パスのマスク・サイトにおける観察結果に基づく（Binford 1983a : Fig.89による）。

表3.2　マスク・サイトにおける炉のまわりにおける着座者の計測結果（Binford 1983b:［1978］303による）

馬蹄形着座者の数	着座者の左膝頭から炉の上端までの平均距離	左膝と隣接着座者の右膝との平均距離
3 および 4	62±6.8cm	33±4cm
5	71±8.2cm	24±3cm

った。この活動の計測値を表3.2に掲げた。

　炉の直径は50cm〜75cmであるため（*ibid*.:図21.3），5人が炉に対面してすわると，対面するものの間の距離は190cm〜217cmであり，4人の場合には174cm〜199cmになる。この数字はダンバーによる，すわりながら仕事をするギャザリング者間の距離とよく一致している。マスク・サイトの数字は，5人からなる対面的な相互関係の困難さを示唆している。5人以上の大型グループにおける対話の分裂を示すデータはないが，私は当然それは起こり得るだろうと予測している。

　ビンフォードは，食べ物滓と仮面製作にともなう木屑の散布に関する情報も提示している。廃棄物のサイズはソートされている。小さいものは男たちがすわっているところであるドロップ・ゾーンに廃棄される。大きなものは炉の反対側（そこに人がいない場合）か，肩越しに捨てられるが，そこはドロップ・ゾーンの炉に沿って，幅が50cm〜100cmくらいの環状をしている。このトス・ゾーンの幅は2.25m〜2.75mである（図3.4）。

　だが，パフォーマンスではなく，身体のサイズが，洞穴や開地遺跡などから得られる情報を解釈するための手がかりである限り，ホワイトローWhitelaw（1994）も指摘するように，こうした研究

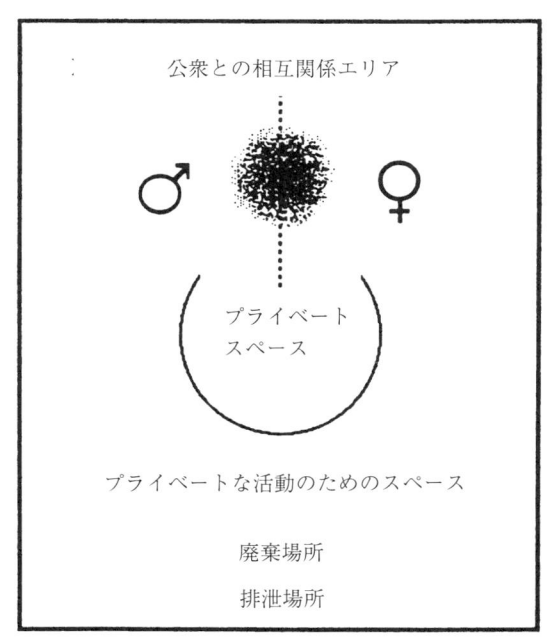

図3.5 クン・サン族の炉辺の空間構造を示すモデル
（Whitelaw 1994：Fig.11.4による）

といえども，機械的かつ記述的なレベルに留まらざるをえないであろう。炉に関しても，図3.5からうかがわれるように，さまざまな社会的機能が想定される（Wilson 1988:36も参照）。

とはいえ，われわれは，あるパターンが特定の文化的な意味と対応していると短絡的に理解することはできない（Whitelaw 1994:229）。このことは，旧石器時代の記録のもつ空間の象徴的な組織化を考察するにあたって基本的な問題となろう。人類の身体とその能力はコミュニケーションの成立条件であり，この能力に基づいた相互関係の内容が空間的なパターンとして顕在化する場合もある。

考古学的な観点からすれば，物質文化は象徴的な空間分割に関しても不可欠である。旧石器時代の記録には，街路や混みあった部屋で起きるような相互関係に相当する記録は含まれていない。われわれは残された残滓を手がかりに，ミドルレンジ・セオリーを駆使することによって，そうしたパターンの生み出された原因を考察しなければならないのである。マスク・サイトの機能は，予想されるような動物の見張りではなく，むしろ，例えばカードゲームを楽しむといった，暇つぶしの場でもあったことが明らかになるだろう（Binford 1983b〔1978〕:291）。ギャザリング活動が大きなウェイトを占めないような場合には，仮面の製作や動物の見張りといった孤独な仕事が行われるが（ibid.:図21.1および21.12），そこでの相互行動の頻度は減少し，製作者の注意力を散漫にする雑音も減少する。ビンフォードも指摘するように（ibid.:315），社会的なコンテクストは一定であっても，相互関係のパターンは確実に変化する。その変化は，予想されるように，マスク・サイトにおける炉の空間的な配置と密接に関係するギャザリング活動の規模と相関している。ギャザリングの規模と炉のような物質的な構築物とは，過去に投錨された斉一説に基づいた手がかりになるのである。

それゆえに，ギャザリングと関連する物質的なモノは，社会的な行為者が延長されたものであり，いいかえれば，ルロワ・グーラン（1993）が論じた身振り，あるいは物質化された行動としての身

振り（White 1993a）が延長されたものと考えられる。道具を含む使用価値あるいはアフォーダンスは，これをもち運びのできる資源の社会的な扱い方という視点から見れば，社会的な紐帯を荷担する身体と密接に関係していることになろう。

これはという資源を活用する相互行動によって，ギャザリングにともなう諸関係は調整されている（表2.8）。これが行われる場とは，パフォーマンスのコンテクストである。このコンテクストは，相互関係に単なる身体資源として参画するメンバーと，ギャザリング行動に新たに外的な資源を導入する技量に長けたメンバーによって構成されている。

社会的場面性，場所と配視の重要性

ここでギャザリングと**社会的な場面性**とを区別しておきたい（表3.1）。後者にはパフォーマンスのコンテクストが含まれるが，それは他者の身体から離脱したモノによってつくりあげられている。通常社会的な場面性にはもち運びのできないものや構築物などが含まれる（表2.2）。

しかしながら，つくり出された環境がいつも社会的な場面性であるとは限らない。たとえば，何らかの意味を与えられた名づけられた場所である場合もあろう。混乱を回避するために，私はこのような社会的な場面性を**場所**と呼ぶことにしよう（表3.1）。これについては，インゴルドIngoldがその特殊性に注目して，次のように規定している。

> そこは，この場所に来るものに特有の体験を与える。見えるもの，聴くもの，そして匂いまでもが名状しがたい雰囲気を醸成する。これは，そこでどのような活動が行われるのか，ということに依存している（Ingold 1993:155）。

古典的な旧石器時代の遺跡である洞穴はこの実例である。そこは人類や他の動物たちのシェルターである。そこにはハイエナの残した骨の堆積やフクロウの糞の中の齧歯類の骨，さらに冬眠中に死亡したクマの遺体などが含まれているかもしれない。また，洞穴には人類のつくり出した石器や化石人骨，炉跡，壁画，食べ滓などが遺存していることもあろう。これらのサイズ，見かけ，頭上高，床面などは，建築のように象徴的に構築されたものとはいえないかもしれないが，その一定のしつらえ方は，建築的な行動といわないわけにはいかない（Gorecki 1991, Nicholson and Cane 1991）。相互関係や相互行動の生み出す空間的パターンは洞穴の建築性を物語っている。パーキントンParkingtonとミルズMillsが示したように（1991），南アフリカ・サン族の小屋掛けと洞穴住居とを比較してみると，後者の利用は社会的なパフォーマンスの場という，一般の小屋掛けとはまったく異なった位置づけが行われていることがわかる。洞穴はプライベートな場なので，恒常的な家畜の共同管理やその分配は困難である。と同時に，そこでは風よけ程度の小屋掛けでは自由自在な，手を伸ばせば届く程度の親密な関係も不可能である。

ドルドーニュのレゼジーにある石灰岩の断崖はこうした社会的なできごとのための場所の実例である。断崖のオーバーハングの下には，旧石器時代を通じて狩人が往還していた。ベゼール川の浅瀬を動物がわたるのを見張りながら石器がつくられ，時代が降ると骨や角の彫刻が行われ，さらに岩壁も刻まれた。その場は迴，季節，狩り，成長，そして岩陰の炉の傍らで繰り広げられた食事や睡眠などといった活動のリズムと深く関連していた。リズムには，時間単位のものもあれば，1日，1年，さらにもっと長期的なものもある。それは活動と適応に形を与え，形は何万年もの間継続さ

れたギャザリングと社会的行動によって維持されていた。われわれは，自身のギャザリングと調査という社会的な投企を通じて，このリズムに立ち向かうのである。また，実験室での分析や学術的な会合，さらに出版物なども使われるが，これによって，今度はわれわれ自身のリズムが形成されることにもなる。形とパターンの形成は，遠い過去をわれわれの議論の俎上に乗せることともいえるが，それは，調査という行動によって，このような社会的な関係を切り結ぶことである。

ギャザリングの場，社会的な場面性や場所といったさまざまな場は，**配視**（*attention*）という重要な問題を提起する。ウイルソンWilson（1988:4）はギャザリングの場における視覚による注意，つまり配視が人類，非人類霊長類にとっていかに重要であるのかを示している。というのも，配視とは自然的な，また社会という世界が立ち現れる際に問われる存在の安全を確かなものにするためには欠くべからざるものであるからである（第2章）[1]。

結局，場とは社会的な生活が行われる所であり，つねに配視が必要とされる所でもある。われわれは，主体のおかれている構造を通して，例えばギャザリングといったような微視的なスケールのコンテクストを特定する必要はない。また巨視的なスケールにおいても，社会が主体に先行するなどと考える必要もない。場についてまず考えなければならないのは資源なのである。ここでいう資源とは行為者の身体であり，また関わりをもっているモノでもあるが，それは時間の流れの中で，また空間的な広がりの中で繰返しつくりかえられていく。

ここで重要なのは，ギャザリングと社会的な場面性の一貫性であり，時間的・空間的な再帰性である。それらには特定の場が割り当てられているのだろうか，それとも各地にもち回られる祝祭なのだろうか。それはどれくらいの周期で起きるのか，1週間おき，1年おき，それとも1世代ごとなのだろうか。社会的紐帯の確保に使われる資源には代用がきくのだろうか。また，限られた身体的・非身体的コミュニケーション手段しかもたない者同士のコミュニケーションにすぎないにも関わらず，それが再帰性をもつのは，どのようなメカニズムによるのだろうか。このようないくたの疑問は前章で論じた，さらに幅広い問題系から派生するものである。つまり，人間はどのようにして特別の技量と情報を活用して，ギャザリングと社会的な場面性の「先をいく（go beyond）」（Quiatt and Reynolds 1993:141）ことが可能なのだろうか，という疑問に還元されるだろう。

ここにネットワークを分析単位とすることの重要性があるのである。ネットワークこそが諸主体を結びつけ，また縛りつけるがゆえに，それは上述の疑問に対する回答の手順を与えてくれるといえるだろう。それは，共にいる，ということがなぜ可能となるのか，この問いに応えるためのコンテクストと同時に，プレテクストを与える，といってもよい。ゴフマンは相互関係の分析の中で，次のように述べている。

> われわれはどのような行動であれ，それに何がしかの他者との関与性を見つけたがるものだ。われわれを拘束している規則をさがしたり，そうした規則にギャザリングとか社会的な場面性のもつ徴候を読みとろうとするものだ（Goffman 1963:247）。

分配，共同作業，そして社会構造

幅広い視野からホワイトロー（1991,1989,1994）は，キャンプのレイアウトとそこに生活する者

の数は，これらのグループの生産に関する社会的諸関係に直接結びついていることを指摘した。このデータは124の狩猟・採集民の文化に属する800の共同体における1,762例もの事例に基づくものである（Whitelaw 1991:141）。このサンプルを対象とした研究では，キャンプ・レイアウトは小屋掛けあるいは家屋の間の距離によって計測され，環状とか列状といったパターンも併せて記録されている（図3.6）。ここでは，キャンプの人口規模の増加にともなって，人口密度（1ヘクタールあたりの人数）が劇的に減少していることがわかる。

　ホワイトローの分析によれば，食糧資源の獲得リスクに対処するために，どれくらい共同作業と分配が行われているのか，という問題は，キャンプの集中度とキャンプ間で相互関係が維持されている距離の大小にも反映されている。地球規模でのサンプルによって三つの対処のしかたが抽出される（図3.7）。まず第一に，極地やオーストラリアの乾燥地帯では，世帯は一般的に自足的であり，

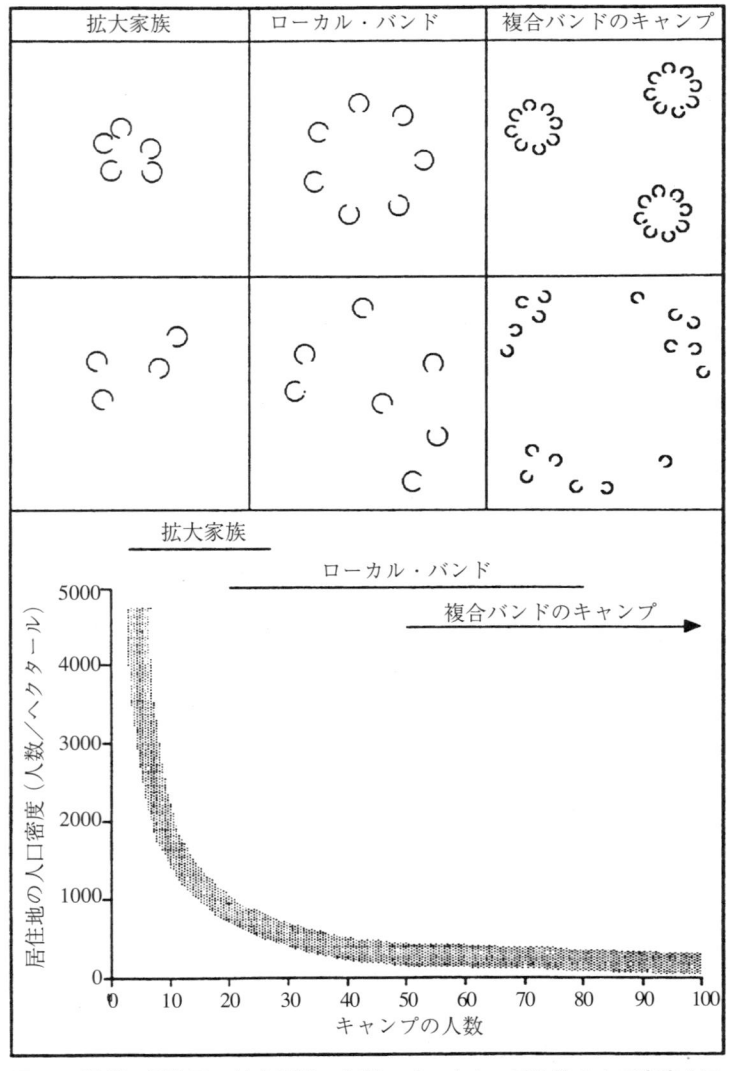

図3.6　狩猟・採集民の社会組織，集落レイアウト，居住地の人口密度を示す一般モデル（Whitelaw 1994：Fig.11.6による）

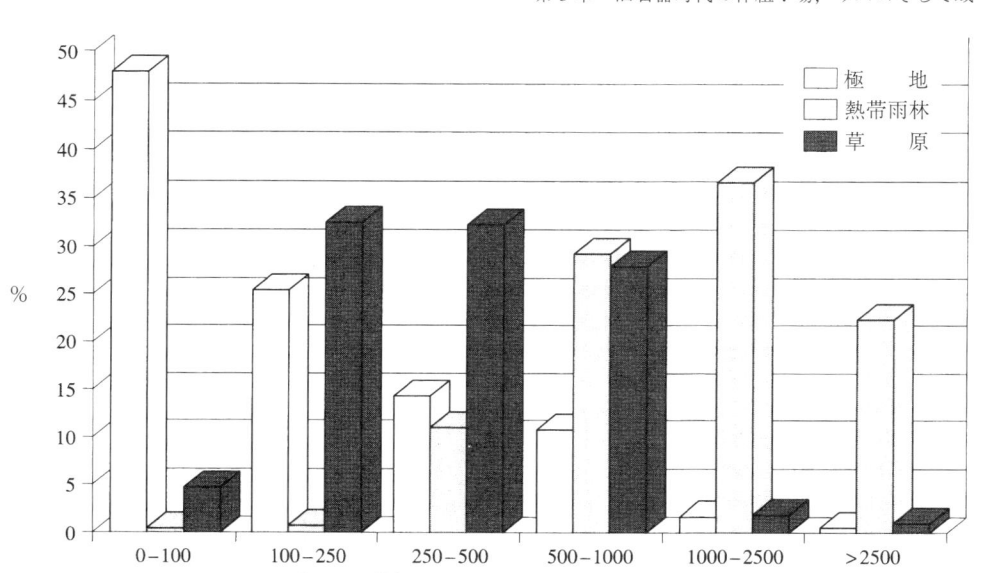

図3.7 主要3生態系における狩猟・採集民のキャンプの比較　一般に高密度のキャンプは世帯間の共同作業を示唆し，低密度のキャンプは世帯の自立性が高い（Whitelaw 1989による）。

世帯間の距離は大きく，キャンプは広い範囲に分散している。第二に，熱帯雨林においては，共同作業はリスク回避にきわめて有効である。ザイールのエフェ・ピグミー族Efe Pygmyでは，小型ながら高密度のキャンプがつくられているが，それは，分散的な小型獣を捕らえるためのネット・ハンティング（網猟）においては大勢の協力が必要とされるためである（Fisher and Strickland 1991）。最後に，サバンナと草原では非常に多様なキャンプの形態が観察される。その変異の幅は低密度のキャンプから高密度のものにまで及ぶが，これは，そのモザイク状の生態系の構造や，リスク低減のための多様な共同作業と分配が行われているためである。このため，こうした社会構造の諸要素は人々とキャンプの空間的な排列に詳しく書き込まれている（Whitelaw 1991）。

ビンフォード（1991）はヌナミウト族のキャンプ・サイトをこれよりもいっそう詳しく研究している。彼は，ヌナミウト族のキャンプのパターンは血縁によるよりも，むしろ労働力と消費者の組織化によって構造化されていると結論づけている（*ibid.*:128）。夏季には，カリブーはやせ細り，密度もうすくなるため，安定性も低下する。かくして，

> ありとあらゆるパートナーの組合わせで，ありとあらゆる場に出かけるとともに，どの狩猟パーティーも，ありったけの同盟関係や情緒的な紐帯，さらには血縁的な義務的な関係を動員する（*ibid.*:126）。

この柔軟なパターンは，春から夏にかけての人口の増大によって生じる。この時期，各世帯は相互依存的な関係におかれるが，それは狩猟の首尾が，青年によって構成された狩猟組がオオツノヒツジやカリブーの小さなムレを探し出すことにかかっているからである。だが，この共同作業体制はホワイトローのモデルに反して，近接して営まれる世帯による，小規模ではあるが高密度のキャンプ・サイトを生み出すことはない。そのかわりに，夏季における世帯間の間隔は（図3.8），他の季節のいかなるキャンプよりも大きなものとなる（テント間の平均距離は69.7mである）。テント

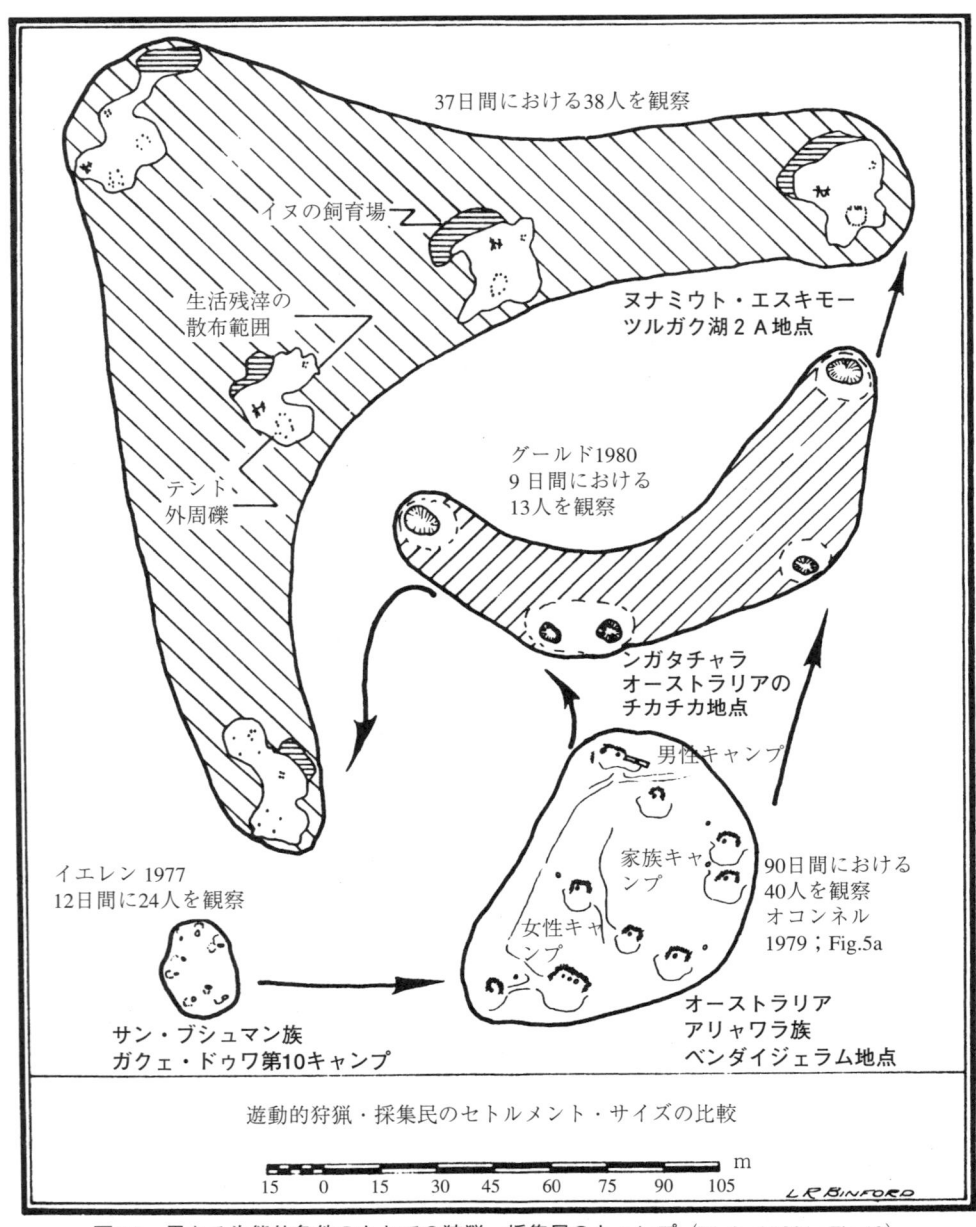

図3.8 異なる生態的条件のもとでの狩猟・採集民のキャンプ（Binford 1991：Fig.19）

間の距離のため，各人は独立しているように見え，実際，捕獲した動物の消費についてはそうなのである。ビンフォードによれば，空間的なレイアウトとして伝承されるのは，血縁的な関係ではなく，仕事と消費に関する組織間の分離であるという。冬季と秋季には，秋の移動期間中にギャザリングした食料を貯蔵するために各人は個別に生活を営み，また，このために世帯の自立化は強化されているにもかかわらず，すべてのキャンプは近接して設営される（テント間の平均距離は26.2m～29.9mである）。そうした結論が得られるにもかかわらず，その要点はWhitelawによって提示された傾向と基本的には一致している。つまり，さまざまなレベルでの相互行動に基づく相互関係とし

第3章　旧石器時代の枠組：場，リズムそして域　85

ての社会構造は，空間的なパターンの中に保存されているのである[2]。

加入のための儀礼と離脱のための儀礼

　今や場における相互関係をトゥールとして，社会的生活におけるパフォーマンスを解凍する段階にさしかかりつつある。その場には，下部旧石器のビルツィングスレーベンBilzinglebenにおける湖沼，樹木，石器，骨製のアンビルや（Mania 1990）（第4章），上部旧石器のドルニ・ヴェストニツェDolní Věstoniceにおける住居跡や墓地，カマドやゴミ捨て場などからなる社会的な場面性（Svoboda 1991）（第7章）までが含まれる。

　この問題にアプローチするための一つの方法は，人々の社会的な場面性やギャザリング行動についても儀礼性が想定できるのかできないのかを検討することである。ゴフマン（1959，1963）にとって，このような構造化された相互関係は必ず儀礼性を帯びるものであった。取決め方や見方，触れ方，そして語り方のパターンが決められていたこともあれば，儀礼ばったことのない場合もあった。たしかに，社会的なふるまいの基盤には，諸個人を社会的な団体にに参加させたり，団体から遠ざけたりする一連のルールが存在するのであろう（Goffman 1963:246）。

　儀礼に参加するかしないかが，高度の社会性をもった哺乳類の濃密な相互関係を規定している。チンパンジーやゾウの非言語的な挨拶などがこれを明示している（Moss 1988, Reynolds 1966）。彼らはリーダーに対して，政党のパーティーそこのけの歓迎ぶりを表現するために立ち上がったりすることもある。

　　そのファミリーの二つのグループは，共に走り回り，大騒ぎし，ラッパのような鳴き声をはりあげ，悲鳴を上げ，頭を立て，牙をぶつけ合い，鼻を巻きつけ合い，耳をびらびらと動かし，お互いに前になり後ろになりし，小便や大便を垂れ流したりと盛んに興奮状態を示した。こうした挨拶は10分以上もの間続けられた。筆者は，出会いの挨拶という儀礼はファミリーの絆を維持し，さらに強化するために行われると確信している（Moss 1988:128）。

　ゾウは，こうした取決めに基づいた関係のネットワークによって自己の社会性を再確認するのであるが（Moss 1988:125），それは儀礼あるいは挨拶への参画によるものと考えることができる。8頭からなるゾウのファミリーや20頭からなるムレは，われわれの親密なネットワーク，あるいは日常的ネットワークの場合とよく似ている（第2章）。これは，この資源的なネットワーク内において，関係を決定するために運用される資源の性格が類似していることに起因するのであろう。

リズムと社会的テクノロジー

　ギャザリングと社会的な場面性に加入するための，あるいは離脱する際の儀礼は，社会的パフォーマンスに関わる二つの事例といえる。それは，歩行，足踏み，消化，睡眠，製作といった身体のリズムであり，社会と技術的な行動とを切り結ぶ人間行動に一定のテンポを加える。

　　もろもろのリズムは，少なくとも主体にとっては，空間と時間の創造者である。経験されたものとしての空間と時間は，リズムに包みこまれて具体化される程度に応じてしか存在しない。リズムはまた，形の創造者である（Leroi-Gourhan 1993:309，強調筆者）。

形態と意識

こうしたリズムの多くは，ゴスデンが指摘したように（1994:188），われわれの行動の大半は，とりたててそのことを意識せずに行われていることからもわかるように，慣習的とはいえ，そこにはある程度複雑な行動も含まれている。なぜならば，ギデンズは別の著書で（1984），これをプラチック的な意識と記し，推論的な問題解決的な意識と区別している（表3.3）。この区別はルロワ・グーランによっても明確に規定されている。

    たしかに，眼が覚めてから寝るまで，われわれがくりひろげる連鎖の大部分は，意識の介入をほとんど必要としない。といっても意識の介入が全然ない，まったくの自動的動作として展開されるのではなく，心理の薄明かりの中でなされるのである。しかも動作主は，連続した動作を展開する中で，予期せぬ事態が生じる場合以外には，その連鎖から脱け出ることはない。洗顔とか，着替えとか，食事とか，ものを書くとか，移動するとか，通勤するとかの際になされる身ぶりの中で，明析な意識にもどることがどんなに例外的であるかは論じるまでもない。それゆえ自動的でも，無意識的でも，本能的でもない〈機械的な動作の連鎖〉という言葉が，私には適当であると思われる（1993:232）。

この引用は，なぜ脳は人類進化の過程で大きくなったのだろう，という考古学者の問題設定とは逆説的に対立するものである。もしも脳がつねに決まり切ったことしか遂行しないとすれば，このようにエネルギーばかり食う非経済的な器官の発達に淘汰圧が作用したのはなぜなのだろうか。だが，このパラドックスは，身体と精神とを分離するデカルト的なモデルに基づいて意識にアプローチすることから発生するのであろう。そうではなく，ハイデッガーとフッサールのように，精神と身体とを統合的に理解する立場に立てば，われわれは世界を解釈するのではなく，むしろ世界・内・存在しているといえるのである（Magee 1987:261）。つまり，われわれは解釈のために，また世界を組織化し理解するために，世界地図や世界のモデルをつくる必要はないのである。プラチックなノウ・ハウは透明である。それは推論的な意識を通過することはない。ドレイファスDreyfusはこのプロセスを次のように述べている。

    運転者はファースト・ギヤからセカンド・ギヤに変速するときに，同じような経験をする。彼は勝手気ままにクラッチを切るが，そのとき同時に，深遠な哲学的な瞑想にふけっているのかもしれない。彼の操作は意識を必要としない（Magee 1987:260に引用，強調筆者）。

ギヤが入らない，ドアの取っ手が動かない，あるいはフライパンが加熱してしまった，こんなときにようやく行為者は伝統的な意味での**意識**（noticing）に立ち戻るのである。かくして，彼もしくは彼女は，問題に立ち向かう理性的な動物と化すが，そのときに世界はプラチックな存在から推

表3.3 個人の関与する社会構造の下支え　このスキームは提示された二つの意識形態の間に引かれた境界線が相互浸透可能であることを示している（Giddens 1984:7）。

反省的な意識	社会的な条件，とりわけ自身に関わる社会的条件について語りうるもの
プラチックな意識	社会的な条件については既知であるが，反省的には表現されないもの　習慣やきまりきったことなどが含まれる
意識下の動機	

論的な意識へと変容することになる[3]。ルロワ・グーランは「機械的な動作の連鎖は，それは人間における生存の本質的要素を意味する」（1993:232）と指摘している。

考古学的な探偵

行動の統合，すなわち主体を世界から切り離し対立させるのではなく，世界に内在化させることは，リズムあるいはプラチックな意識という概念によって明示される。何々をしている，という動作，つまり媒介的な行動は，第2章で論じた社会のボトムアップ・モデルにとっても基本的な概念であり，旧石器社会の研究の前進においても不可欠である。しかしながらそれは，もしもハイデッガーの言葉に留まるならば，難解でわれわれを寄せつけないだろう。私はゴスデンの要約と解釈をよしとしたいが（1994），別な方途も模索しておきたい。

考古学はよく探偵，とくにシャーロック・ホームズの仕事になぞらえられる。すり切れた襟や泥だらけの靴から人物の来歴を推理する能力は，わが学問にとって魅力的ではある。だが，これは典型的なデカルト主義であり，思想を世界に押しつけることである。ところで，私は本章の冒頭を，もう一人の探偵であるフィリップ・マーローの引用からはじめた。この中で彼は，自己の推論的な意識がプラチックな意識によって，時に覆される場合もあることに自覚的であった。君の居間にいる煙の出ている拳銃をもっている人物は，一杯のコーヒーをいれる行為にもまったく新たな意味を与えるのである。ホームズにとって，推論とはあたり前の仕事であった。一方，いつもは人生にとかく流されがちなマーローにとって，それはまったく違う意味をもっていた。彼は世界に内在し，また世界に包囲されているのだが，そのスタンスは，ベイカー・ストリートの書斎で解決すべき事件を待ち受けているホームズとはまったく異なっている。

動作の連鎖（Chaîne opératoire）

リズムと形態は動作の連鎖（Chaîne opératoire, operational sequence）というルロワ・グーランの概念にまとめあげられるが，それは社会と技術的行動とを橋渡しする（Boëda, 1988, Boëda, Geneste and Meignen 1990, Coudret et al. 1994, Dobres and Hoffman 1994, Edmonds 1990, Julien 1992, Karlin and Julien 1994, 1986, Lemmonier 1990, Pigeot 1990, Schlanger 1986, White 1993b, 1993c ）

基本的な技術というレベルにおいて，動作の連鎖は，

> 手元の素材を変形してものをつくり出すことには，一連の行動や身振り，器官，あるいは作動因などといった形をすらとる，さまざまなステップが含まれているが，それら多くは予測することが可能である（Karlin and Julien 1994:164）。

残念なことに，この動作の連鎖は「石材消費過程」と同一視され，主に石器生産という限定された領域に適用されてきた（Hodder 1990b:157）。しかしながら，この動作の連鎖という概念は，こうした応用よりもずっと幅が広いものである。私はシュランガーSchlangerが一番この概念の核心に迫っていると考えている。彼は，動作の連鎖とは「固定されたものとフレキシブルなものとの相互作用」（1994:144）を検討するものであると指摘している。

彼は何をいいたかったのだろうか。物理的な行動あるいは身振りは，一部ではあれ，物理学的な法則に規定される。それゆえに，それはある程度の固定化はまぬがれないだろう。石と骨とは，そ

れぞれ独自の性質をもっているため，それから何がつくられるのか，またどのようにしてそれはつくられるのか，といったことは本来の性質に左右される。だが，こうした技術的な問題にはいくつかの選択肢が存在する。社会的かつ文化的なコンテクストにおいて，フレキシブルな選択が行われるが，社会的なパフォーマンスを演じている者によるギャザリングや社会的な場面性においても同様である。結果として，動作の連鎖に組み込まれている固定的な要素は社会化され文化となり，真に人間的なものになるのである。かくして，ホワイトWhiteも指摘するように（1993: XVIII），動作の連鎖という概念を導入することによって，アメリカの人類学者が30年以上もホットな論争を繰り広げてきた社会的アイデンティティーを表現するスタイルという概念と機能概念との二分法は排除されることになるのである。要するに，ルロワ・グーランのいいたかったのは，技術的な行動とは，同時に社会的な行動でもあるということに尽きるであろう（Schlanger 1990:23）。

　たしかに，こういった動作の連鎖の理解は次のような重要な齟齬を見落としている。

　　技術的な選択に含まれる認識・配置・解釈などは，ある重要な問題設定と対応している。その問題とは，逃れがたい物理法則と自由な文化的投企との間で，いかにして，またどのような点に技術が媒介されるのか（あるいは折り合うのか）という問題である（Lemmonier 1993:10）。

　とはいえ，この理解は，機能とスタイルとが一つの，つまり社会的な行動領域ではなく，まったく異なった行動領域に関連するという考え方をする限り，何事も解決されないということを明示している。

　物理的に生き残るためには数多くの動作の連鎖が求められるということが，ここで述べた二分法の排除の根底にはある。それは，やり方とか行動の仕方といったさまざまな伝統によって織りなされた全体性が担っているリズムからやってくる。しかし，それはがちがちに固められた条件を対象に押しつけるのではなく，場や主体の投企に従って柔軟に変動するものである（Leroi-Gourhan 1993:253）。動作の連鎖はものに適用された社会化された行動とも規定されるが，その実，非常にフレキシブルである（Lemmonier 1980:1, Shlanger 1994:145）。動作の連鎖は，単に無思慮な一連の筋肉的記憶なのではない。それは行動そのものであり，それに関わる時間と空間を横断する連鎖にほかならない。

　グラベスGraves（1994:440）は，そうはいってもルロワ・グーランは社会を十分に統合的に扱い切れていないのではないか，と批判を加えている。ルロワ・グーランは社会の統合化に固執したが，同時に内的環境と外的環境というデカルト的な（主客の）分離を前提として人類の能力を論じたのではないだろうか（Leroi-Gourhan 1993:235）。これが露わになるには，例えば彼が人類の象徴的な表現を論じた箇所である。そこでは，象徴化は一つの手段であり，これによって共同体は支えられ，また記憶の外在化によって，人類の発展の水路は決定された，と指摘されている。事実，彼は象徴化を次のように定義している。

　　頭脳を支えている有機体とその体験との距離を保つという，人間の能力の持前である（Leroi-Gourhan 1993:234-5，強調筆者）。

　この結果，主体の姿は徐々に共同体に飲み込まれてしまうが，その間におけるさまざまな技術的進歩は，われわれの動作の連鎖の外部に身体像，絵画，印刷物，フィルム，電子的コミュニケーシ

ョン，さらにデジタル的記憶装置などといったものを置きみやげにする。ルロワ．グーランは，なぜこうした変化が生じたのかを具体的に説明してはくれないが，自然的なリズムから人工的なリズム，あるいは遊動民の物質的なリズムから都市民の象徴的なリズムへの推転を示唆している。

それゆえ，ルロワ・グーランは行動の構造と社会理論の分野で大きな寄与をしたが[4]，なぜ彼の理論が社会的な行動というよりも石材消費に応用されたのか，今やその理由を理解することは容易であろう。

ギャザリング行動に使われる人工物

ここから，ギャザリングに使われる人工物はどのような特徴をもっているのだろうか，という興味深い問題が派生する。仮に人工物を使用するギャザリングというパフォーマンスが象徴的であると見なされるとすれば，それが関係という概念に立脚しているからである。つまり，こうした関係に使われるモノは象徴的であるということである。それらは社会的な力とパフォーマンスの源としての身体にゆだねられている。テクノロジーと木を切り倒すための石斧をつくることとはまったく違う。石斧をつくり，それを使うこといった身振りは，社会的な表現やさまざまな観念をともなうが，それらはより幅の広い象徴的システムの一部分を構成しているのである（Lemmonier 1993:3）。

身振りの物質化としてのカップや槍先，衣服，絵の具，筆等々は象徴的な力をもっているが，それは運用知である。人工品が製作され，着柄され，どこかに搬出されるとすれば，そこには社会的当事者としての製作者の姿が刻印されている。このことが，われわれが旧石器時代における人工品の機能とスタイルという二項対立的な視点を棄却するもう一つの理由でもある（Sackett 1982）。スタイルとは人工品の部分的要素と見られており，それによって社会的アイデンティティーと価値観とがやりとりされ，また，それは機能的な分類が終わった後につけ加えられる何か，といった見方をされてもきた。ところで，これと同じものを物質的な行動，つまり身振りという観点から見てみよう。するとそこには，反復的な形態と運動，リズムなどから構成された「われわれのやり方」，つまり社会的位相から見た技術という問題が浮上することになるのである。テクノロジーはスタイルという受動的な代弁者というよりも，能動的な役割を担っている。それはネットワークを媒介として諸個人が相互に関係し合い，またパフォーマンスの場としての社会の安定や変動にも参画しているのである。

しかしながら，このようなテクノロジーによって血肉化された社会的な表現は，同時に慣習的な繰返しの結果であり，それゆえに象徴性を欠いているということもできるであろう。このことについては，すでに象徴性の変化として論じたが，これはギャザリングや社会的な場面性に活用されるものについても該当する。例えば，ギャザリング用具が下に置かれ，身振りが中断されたらどうなるだろう。行動と力とを荷担していたものが，ひとたび身体から離脱すると，それには行動の象徴的な領域は残されるのだろうか。直接的な関連性から脱け出すや否や，ハンドアクスは身振りたることをやめ，海辺におかれたまったく別の何ものかになるのである。シュランガーが示唆したように，ルロワ・グーランの無限の可能性を秘めた考え方は，道具が本当に存在するのは，それが実際に使われているときであり，身振りによって力能を賦活されているときである，という点に要約される（Schlanger 1990:20）。ここでは象徴的行動は狭い意味で定義されなければならないだろう。つまり，象徴的行動とは，ギャザリングに際して認められるように，人々全員が「共にいる」とい

う状況におかれていない場合にあっても，人と人との間に生じうる相互関係を念頭においているのである。この意味で，人工品の定義が曖昧にされてしまうのは，スタイルと機能との分離という伝統的で自己撞着した考え方によるというよりも，

> （人工品が）まったく物理的かつ非生命的であることから，本質的にモノであるかのごとく見なされるが，それが社会的な関係の中に組み込まれているときには，人格化されている（Ingold 1994:335）。

という理由によるところが大きい。われわれがモノと分かつことができないような緊密な関係を形成しうるのは，ギャザリングを超えて社会的諸関係を拡張することができるからである。まさに人工品が人格化されるときに，わが類人猿の社会的遺産である近接性からの解放が達成される。

道 と 径

動作の連鎖は，また道と径によって結ばれる場へと誘う（Boëda, Geneste and Meignen 1990,1991, Geneste 1998a,1988b）。遊動民たちは動物や植物資源のギャザリングに際して交叉する地点に格別の関心を寄せている。場と道・径こそは，平面的なテリトリー以上に，遊動民が自分の社会的風景をつくりあげるうえで重要な要素なのである。

この間の事情は森林地帯でも同様である。北方森林帯においては，未知のテリトリーに沿って線状に設けられたワナによって道筋がつくられている（Brody 1981:地図12, Nelson 1973）。熱帯雨林については，バウシュがザイールのムブティ族Mbutiのテリトリーが「連続的に分布するハンティング・キャンプを結ぶ，狭い道によって示されている」と記述している（Bahuchet 1992:214）。これと同様のアフリカ熱帯雨林の道については，ポリティスPolitis（1996）が紹介しているコロンビア領アマゾンのヌカクNukak遊動民の事例がある。

道は中央オーストラリアのようなオープンな風景にあっても重要である。例えば，

> 生活の維持という実際的な目的のために，エステートは，荒地の乏しい水場を結ぶ１本の道に沿って，あるいは何本かの道が合わさる所にだけつくられている（Stanner1965:2）。

遊動民の世界のイメージは，自分たちの巡行とリンクしているが（Leroi-Gourhan 1993:326），それはサイト・キャッチメント分析（Vita-Finzi and Higgs 1970）で採用される同心円状の平面的なものではない。さらに，諸主体の世界についてのイメージは，同じ道であっても個々別々である。これはわれわれの知覚のゆらぎに起因しよう（Gibson 1979）。道と径は諸主体を他者とリンクし，さらに広大な風景と地域とにリンクしている。

動景（taskscape）

リズムについてさらに必要なのは，石器石材の獲得と石器製作とをきわめて頻繁にリンクしている動作の連鎖と運動の線状性という概念を拡張することである。このためにインゴルド（1993:157）の**動景**という概念を導入しておこう。この概念は，社会生活のプロセスを前に進める行動に基づいて設定されたものである。動景とは，景観が相互に関連し合う特徴的事象の排列であったのと同じように，関連しあう合う一連の行動の排列をいう（*ibid.*:158）。それは諸主体を取りまいている主

体との相関的環境である。諸主体が移動するにつれて動景も移動するが，そうであるがゆえに，行動のためのアフォーダンスともいえる（Gibson 1979）。

この概念が重要なのは，諸主体が従事する行動の継起的な性格に着目している点にある。インゴルドは，行動が音を伴うという自明ながら重要な事実に注目している（1993:162）。われわれは歩きながら環境を見，それが与えてくれるものを知覚する。しかしながら，われわれがそれを意識するのは，与えられたものをどうにかしようとする場合に限られている。例えば，石が割られた音や瀕死のシカの悲鳴，小児が聞き入る洞穴の反響，ダンスに際しての踏み音などを想起してみよう。この意味で，労働は言葉よりも雄弁に「語る」のである。われわれの耳は何かできるかどうかの警告を発し，行動の社会的な意味を確信させてくれる。われわれは動景に，歩行や聴音，凝視，製作，実行などの技量によって接近している。こういった技量は学習を通じて身につけられるが，学習は社会生活のコンテクストで行われている。

景観が継起的であるのと同じように，動景も継起的である。景観とはわれわれが見るものであるが，動景はわれわれが聴くものともいえる（ibid.:163）。いずれの場合においても，行動を切り刻むことはできないのであり，また切り刻まれた断片として考察することもできない。

それゆえに，動景は行動のリズムに基づいた固有の時間性をもっている（Ingold 1993:157）。運動のネットワークは形態を生み，それは知覚を介在して解釈される。それらは，弓をつくったり，動物を解体したりする技術と関連する運動であり，対面的に行われるギャザリングや社会的な場面性のリズムへと移行していくであろう。さらに，

> 動景の時間性は社会的なものであるが，（中略）それは社会が，そこでの仕事の個別性を測る物差しとなる骨格を提供するからではなく，仕事というパフォーマンスを執り行う人間が，同時に互いに他を気遣うことに由来する（Ingold 1993:159-60，強調筆者）。

人々が他者を意識するのは，他者の身のこなしを見，その音を耳にすることを通して行われる。こうした配慮によって，諸主体間の行動のパターンや継起性に関する対照軸が形成される。この点をウィルソンWilsonも強調している。

> 他人を見，知覚し，そして理解することは，社会的な布置というコンテクストあるいは枠組さえあれば，すぐにでも可能であるが，そうしたコンテクストがあればこそ，諸個人は生き残ることができ，万事うまくいくのである。まさに，このような枠組の中で注意力が喚起され，同時に，それが構造を下支えするのである（Wilson 1988:15）。

かくして動景とは，ルロワ・グーランの動作の連鎖という概念に接近することになる。次のような指摘がある。

> 人間は，他者の中で，その存在理由の表象を身におびるにつれてのみ人間なのである。（中略）とびぬけて人間的な事実といえば，それはおそらく道具を創造したことよりも，（中略）人間的な時間・空間を創造したことだろう。（Leroi-Gourhan 1993:313）

動景によって集団は，リズムによる時間の形成という問題に関する洞察を手に入れるが，それは人間行動という社会的な世界において諸主体を相対化するのではなく，むしろ再組織化するのである（Gosden 1994:188）。このことが実際に生起するところが場なのであるが，それはまた分析の次

なるレベル，つまり域においても行動と動作の連鎖によって影響を受けることになる。

域

習俗としての景観

　ある個体とその個体が関係を結ぶすべての他者が行き来する広大な地域は，道が交叉し合う空間的なネットワークを形成している。こうしたパターンを表すものとして，私はかつて地域的な人類のネットワークという概念を提示した（Gamble 1993d,1995b,1996a,1998）。それは現在および過去の遊動民の時間的・空間的行動に見られる構造の共通性を抽出したものであった。これには生業行動のみならず，社会的な行動も含まれている。ネットワークには他者と人類以外の競争者，並びに資源などが含まれている。それは特定の主体を中心としており，彼もしくは彼女の意志決定を焦点としている。こうした意味で，それはその場でとり行われるネゴシエーションや社会生活の再生産のためのネットワークといえる。

　しかしながら本書においては，他の研究者によるネットワーク概念との混同を避けるために，このネットワークにゴスデン（1994:182）のいう習俗としての景観（landscape of habit）という用語をあてておきたい。この用語をあえて採用するのは，ある場において日常的に反復される決まりきったことが，いかに相互関係のコンテクストをつくりあげている時間性・継起性に依存しているのか，まさにこの点を強調したいためである。この継起的なプロセスには諸主体間の相互関係が含まれる。この関係のもとで，誇示，身振り，グルーミング，言葉，パフォーマンス，記号と象徴などによってネゴシエーションがとり行われている。換言すれば，習俗としての景観とは，

　　習慣的な行動，あるいは誰も違和感を感じないで毎日毎日繰り返される膨大な社会的行動，広くゆきわたったおなじみのスタイルややり方などを総括したものである（Giddens 1984:376）。

習俗としての景観はどのくらいのスケールをもっているのか

　先史時代の曙以来，人類社会のかたちは可変性に富むと信じられてきた。この理由から，ここでは社会の変化を支えてきたさまざまなネットワークに注目するのである。空間と資源の利用の仕方に応じて局地的なネットワークが形成された。資源については，例えば石材のように，特定資源の流通と利用のされ方に見られる量的かつ質的な検討が可能である。これらの特定資源はネットワークを規定し，それによってある時間と空間における社会的なネゴシエーションが可能となるのである。

　別の著述において（Gamble 1993d,1996a），私は素材資源の移動に基づくデータを駆使して，この概念の空間的側面を考察した。近年におけるヨーロッパ以外の地域やさまざまな時代を対象とする研究は，首尾一貫した結論に到達している[5]。これらの研究は，石器石材が通常どれくらいの距離を移動しているのか，また，このことが諸遺跡における石器の数量や形態にどのような影響を与えたのか，という問題を主題化したものである。

　表3.4にジュネストGenesteによる南西フランス中部旧石器に関する重要な研究から得られた結論

表3.4　南西フランス中部旧石器時代の遺跡で使われた石器石材の割合
（Geneste 1988a,1988b）これと同様の関係は上部旧石器ばかりでなく他の多くの地域で認められる（引用文献の脚注も参照せよ）。

遺跡からのkm圏	遺跡での比率	使用痕付きおよび細部加工のあるものの比率
「在地」＝ 5 km圏	55〜98	1〜 5
地域内＝ 2 〜20km圏	2〜20	1〜 20
「遠隔地」＝30〜80km圏	＜5	74〜100

を示した。

　こうした石器石材の研究から，遊動民による石器石材の利用に関する一般的な原則が得られている。すなわち，**遠隔地石材は石材消費段階の後半のものに顕著であるという原則**がこれである（Gamble 1993d:36）。ジュネストの要約（表3.4）を見ると，石器石材の移動距離は30km〜80km以上にわたっている。より大きな世界各地のデータによれば，習俗としての景観の一般的な大きさは径40kmであり，その上限は100kmである（Gamble 1993d,42）。この範囲の中で，社会や組織に関するあらゆる場をめぐる行動を想定することが可能である。石器石材の原則は，自己の戦略的備給の最適化をめざす遊動民によってつくり出されたものといえる。それは，移動性と資源との距離の間の単純な関係を示している。それはまた動作の連鎖の実例でもあるが，移動に伴うネットワークに組み込まれ，かつネットワークを創出するものといえる。さらに，それは資源をめぐる行動に一定のリズムを与え，地域的なスケールにおいて，われわれにも認識可能な形態的なパターンを蓄積する。ギャザリングと交感などの繰り広げられた空間的なスケールにおかれた，石器製作における動作の連鎖（上述，またBoëda 1988,1990, Lemmonier 1993, Schlanger 1990）もこれに対応している。

習俗としての景観はどのように調査されるのか

　習俗としての景観はわれわれ人類の祖先も共有していた。われわれはそれを考古学的にたどることができるが，その際に利用した石器石材の移動は，道と径で発生するリズムを表現している（上述）。だが，このような移動に関する記録は，諸主体が日常的な決まりきった社会生活を営むことを通じてつくり出された，習俗としての景観を指し示しているということができる。つまり，石器石材の移動は社会的な行動に埋め込まれているのである。

　このような慣習的行動の繰り広げられるスケールと，その変異についての民族誌的な事例として，ヒューレットHewlett他による（1986）アカAkaピグミー族の訪問行動によるものがあげられる。ヒューレットらはエリアについての聞き取り調査を行い，アカ族の訪問範囲が1km〜175kmの範囲内にあり，そのうち96％が100km以下で，さらにあらゆる訪問の半数は50km以下であることを発見した（表3.5）。

　アカ族が居住地から最低 1 回は訪問した場までの平均的な片道距離を計算し，これを踏破範囲（exploration range）と呼んだ。「（そこでは）生業行動が行われ，配偶者を得，地理的な，また社会についての知識が獲得され，また伝えられる」（Hewlett,van de Koppel and Cavalli-Sforza 1986:65）。男性の踏破範囲は58kmで，女性の32kmと比較して大きい。両者の平均は35kmである。

　アカ族においては，人口密度もこの距離と関係している。ヒューレット（他 1986）の指摘によ

表3.5 アカ族がどこかにでかける理由とその
旅程の平均距離 (Hewlett, van de Koppel
and Cavalli-Sforza 1986 : Table 4.5による)

家族の訪問	平均距離	47.6km
狩猟	平均距離	22.8km
舞踏と儀式	平均距離	17.6km
村人のための仕事	平均距離	66.4km

表3.6 婚姻網の範囲および人口密度と19のローカルグループからなる
蜂窩排列内での距離関係

人口密度 (1km²あたり)	エリア km	直径 km	NN km	もっとも遠隔地にある ローカルグループとの 距離, km	中央ともっとも遠隔地に あるグループとの距離, km
0.005	95,000	382	76	303	151
0.008	59,375	302	60	240	120
0.01	47,500	270	54	214	107
0.02	23,750	191	38	152	76
0.05	9,500	120	24	96	48

注：NN＝最近隣グループ（Wobst 1976:table 1 および 2 による）

れば，バガンドゥBagandou地区（1km²あたりの人口密度は0.031と高い）とンデレNdele地区（1km²あたり0.017人と人口密度は低い）という二つの地区を較べてみると，前者では77％の男性と83％の女性が，結婚後も生まれた場所の25km以内に居住していた。一方，ンデレでは72％の男性と77％の女性とが，誕生した場所の75km以内に居住していた。

　この諸個人の踏破範囲についての調査は熱帯雨林地域の事例ではあるが，慣習的行動の範囲について一つの示唆を与えてくれる。ここではさらに，資源の移動という行動面における理論的考察の一事例として，ウォプストによる集団論からする遊動民の婚姻システムの研究（1976）を紹介しておこう。これらのシステムは175人～475人から構成されているが，推測される人口密度ごとのその空間的変異を表3.6に示した。

　ウォプストの推測によれば，最大値は300kmとなる。彼はこの値が婚姻網の閾値であり，これを超えた儀礼，交換，食料分配等による閉鎖的システムの維持に必要な相互関係に係るコストの増加は抑止されるようになる，と指摘している。

　この見解に見られる実際の，また理論的な空間的関係の推測値によれば，各遊動民の踏破範囲，および婚姻後の移動距離は300kmを超えることはなさそうであり，そこには大きな変異幅が見られるにせよ，大部分は最近隣距離である80km以下となる傾向が認められる（表3.6）。この推定は資源の移動に基づいたデータとも矛盾しない（表3.4）。人口密度が相対的に高いバガンドゥの場合，成人男子の平均的な踏破範囲は27.5kmであった（Hewlett, van de Koppel and Cavalli-Sforza 1986）。この範囲は，親密な，また日常的ネットワークがうまく機能する距離でもある。さらに，この値の範囲には拡張されたネットワークも含まれる。ここで留意しておきたいのは，諸個人間に張られたこのネットワークが，諸個人の移動性を反映したネットワークの広大さと対応している点である[6]。

　この踏破範囲の起源はきわめて古いものである可能性がある。習俗としての景観の範囲は繰り返

し決められ，またすべての人類にとっても共通するものであった。この点に関しては，スティールの脳の容積と体の大きさに基づいたホーム・レンジの広さに関する推定によってクロス・チェックすることが可能である。これによれば，大部分の人類に肉食獣のスケール・モデルを適用すると，ホーム・レンジの範囲は32km～102kmとなる（表2.10）。かくして，諸個人の親密な，また日常的なネットワークの周辺につくり出された習俗としての景観は，人類の遺産の核心的な部分を構成していることになるのである。

社会的な景観

社会的な景観とは，ネゴシエーションの行われる範囲によって定義される空間的な概念である。それは諸個人が自分たちのネットワークを拡充することによって，グローバルなネットワークが出現した結果である（表2.8および表2.9）。チンダールのオーストラリア・アボリジニーについての的確な表現を借りれば，こうしたネットワークは「経路，旅行，侵入，そして交易」(1974:75)などに関連しているといえるだろう。その発展によって，諸個人のネットワークは見直され，相互の交流と交渉を通じて，その内部の資源利用の方法は再編成された。社会的な景観は，またグループ相互の表層的構造を規定する。この表層的な構造は諸主体を立脚点としているが，さまざまな地理的な変異をもつ相互関係のネットワークを便宜的に要約するものとして有効である。このグループという呼称は，文化がどのように時間的かつ空間的に形づくられてきたのか，また，どの程度諸個人とそのネットワークの上で文化的諸形態が「活力」をもっているように見えるのか，といった問題に対して注意を喚起するための方便でもある。さらに第2章で議論したように，グループという概念はグローバル・ネットワークを通して他者によって規定されたものであることを再認識しておきたい。

グループが諸個人の上に屹立するにつれて，社会的な景観は数多くの習俗としての景観をその内部に取り込むようになる。それは置き換えではなく，むしろ再布置化といえる。同様に，グローバル・ネットワークへの参入といっても，それはわれわれが霊長類から継承してきた親密な，また日常的なネットワークがそれに置き換えられたわけではない。さきにその有効性を説いたボトムアップ・アプローチを適用すれば，諸個人の相互関係は集団に予期せぬ結果をもたらすこともあるが，その相互関係の形態をも左右することもあろう。

旧石器時代の社会構造と社会の変容

これまで述べてきた社会的諸関係を表3.7にまとめた。また，これを人類と霊長類社会の研究から得られた，より広範な枠組に組み入れた。この枠組は，旧石器時代の社会が，社会的な景観の認定を必要条件としていると主張するものではない。むしろ，もし社会的な景観が存在しなければ，社会の形態も別なものとなったに違いない，ということを表している。

習俗としての景観という概念は，ハインド（1976）のいう意味での社会構造と一致する。というのも，それは親密な，また日常的な，さらに拡張されたネットワークに基づく，完全に主体的なネットワークから成り立っているからである。

表3.7における場と域とのリンクは，このネットワークがどのように発展するのかを示しているが，これは次章以下で具体的に検討される。場と域とのリンクにはつねにリズムが介在している。

表3.7 ヒトと霊長類の社会モデルと進化論的にみた旧石器時代社会の社会構造との比較
これら三者の間には厳密な意味での対応関係はないが，考古学的な議論の枠組を明確にするためには，この比較は有効である。

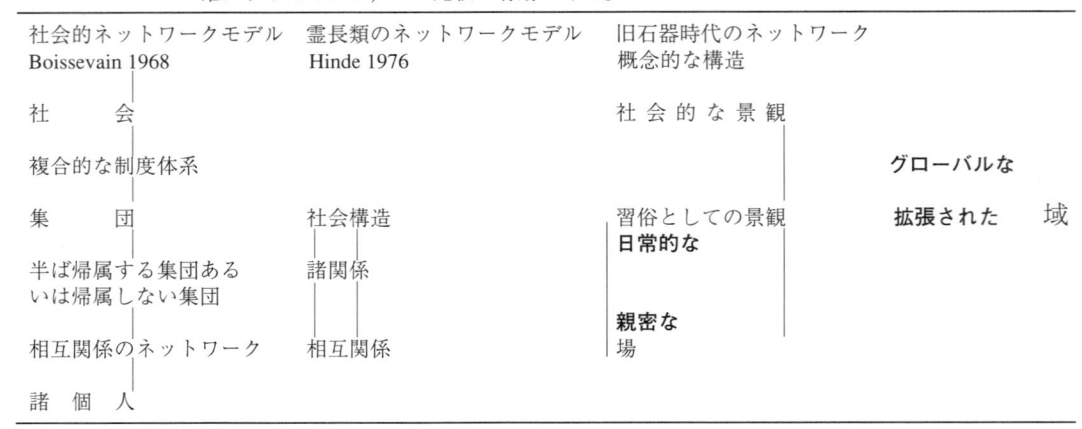

社会的ネットワークモデル Boissevain 1968	霊長類のネットワークモデル Hinde 1976	旧石器時代のネットワーク 概念的な構造	
社　　会		社会的な景観	
複合的な制度体系			グローバルな
集　　団	社会構造	習俗としての景観	拡張された　域
半ば帰属する集団あるいは帰属しない集団	諸関係	**日常的な**	
相互関係のネットワーク	相互関係	**親密な** 場	
諸　個　人			

　旧石器時代において変化したのは，地域的なスケールの性格とスケール自体の大きさであった。私が主張したいのは，拡張されたネットワークがこの変化の鍵を握っているということである。なぜならば，それは諸個人が自己のグローバルなネットワークと折り合うための可能性を秘めているからである。習俗としての景観というよりも，社会的な景観の中で拡張されたネットワークの維持が可能となる条件として（表2.8），諸資源の再構造化と新たな社会的な表現を現実のものにする文化的な洗練化をあげることができる。

包括的な社会システムの発展

　それゆえに，社会的な景観によって，時間と空間を横断する社会システムは遠隔化あるいは拡大化されるであろう。社会的な景観を媒介として，諸個人の行動は近接性からの解放（第2章）を成し遂げ，さらに，そのことによって表3.7が指し示しているような社会的・空間的遠隔化による拡張された，またグローバルなネットワークの構築が試みられることになろう。

　社会的な景観を分化させる要因は，相互関係というよりも，場面場面でのやりとりが固定されたことに求められるが，それが現実のものとなるか否かに関わりなく，ネットワーク内ではさまざまな相互関係が**成り立ちうる**という事実によるものと考えられる。人類の環境は，それゆえに，それまでの遊動のスケールや，また生業のスケールを超えて，実際に拡大を遂げてきたのである。習俗としての景観に含まれているいつもながらの行動や，決まりきった生活上のパターンは次々に乗り越えられていった。とりわけ重要なのは，社会的な景観が複合化した社会生活から，第2章で論じた意味で複雑化した社会への推転を経てきたことである。要するに，それは「やっかいなシフトと，しばしばファジーな，そして連続性をもつ行動，関係，意味等を，単純なまた象徴的な，そして明快なものからなるもつれ合った排列へと置き換えたのである（Strum and Latour 1987:791）。この区分ついてはローウェル（1991:260）がわかりやすく論じている。

　　シンボルと物質的な資源とを活用して，（複雑な社会の）社会的な諸問題は，一連の単純化された仕事へと分節され，このため諸個人はそれまでよりもずっと洗練された社会的な仕組を受容できた。

さらに社会の洗練化と平行して，ネゴシエーションというメカニズムを通じて共時的かつ通時的な変異が派生する。ローウェルが言及している社会的な諸問題の中には，近の可能性の低さや諸主体が既知のネットワークの認識能力などが含まれている（1991:266）。

だが，その構造とネゴシエートするための複合的かつ煩雑な相互関係がなかったとしたら，幅の広い人口構成を擁するシステムを維持することは可能なのだろうか。たしかにそうした関係は，そこでの社会生活が地域に根ざした排外的な習俗としての景観にとっては制約条件となるであろう。この問題への対処の仕方として，排外的なシステムといったものも想定できるかもしれないが，また拡張されたシステムによって，習俗としての景観に他者を繰り込むことも考えられるであろう（Gamble 1993d）。その結果，いくつかの習俗としての景観を組み込んだ，また複雑化したネゴシエーションのためのシステムとも連動した社会的な景観が場として成立すると同時に域としても成立するであろう。それは，境界の維持という側面から見れば閉合的であり，また排他的でもある。こうした結果を誘導するための要点は，社会的な構造を「演じる」対象を活用することであり，遠く離れていても主体の力能を発揮できる可能性を保持することである（Gosden 1994）。このことから，ストラムとラトゥール（1987:796）は，当事者は新たな社会構造を創出するのではなく，象徴的で物質的な紐帯をつくり出すことによって，すでにできあがった社会構造に参入するものという資格で登場するのである，という非常に重要な指摘を行っている。こうした痕跡によって，すでに第2章で議論したように，旧石器時代の社会の性格づけは紛糾させられてきたのである。

人格化されるモノと場

諸個人がギャザリングの場と社会的なさまざまな場面との間に張りめぐらされた道を往還するにつれ，彼らは社会的な景観をつくり出し，同時に習俗としての景観もつくり出される。この道に沿ってモノも移動するであろう。習俗としての景観においては，モノはヒトとともに移動する。つまり原材料であるとか道具といった姿態をとって運ばれるわけであるが，そうしたモノとは可搬的であると同時に，参入のアフォダンスでもあるのだ。そうしたモノの移動は，狩猟や訪問，あるいはギャザリングと社会的な場面性に参入したり，そこから離脱する際の儀礼などといった行動に埋め込まれているといってもよいだろう。マクブライドMacBrydeによるセントラル・オーストラリアにおける緊密な交換システムの研究に次のような指摘がある。

> （分配）システムは経済的な，あるいはそのシステムと関係する生業領域に埋め込まれているのではなく，彼らの社会的な，あるいは儀礼的な生活に埋め込まれているのである。そこにおいては，モノとその交換は大切な役割を演じている。モノの意味と，資源のある場の意義は物語によって繰り返し説明され記憶にとどめられるが，それによって，こうした長距離取引のもつ象徴的かつ地理的な世界が地図上に記録されるのである。（MacBride 印刷中）

社会的な景観との違いがどこにあるかといえば，分配システムにおいては文字どおりモノが人となることである。人工品や素材が諸個人間を移動するにつれて，それらは社会的構造を広範に指示する関係を表示するようになる。交換を媒介に，これらのモノは社会的なアフォーダンスを生み出すといってもいい。なぜならば，こうしたプラチックには素材を集め，モノをつくり出すといった社会的な動作が含まれているからである。その結果，交換に内在する身振りは，モノをつくり素材

を集めるといった身振りと同致されることになる。こうした身ぶりがいずれも動作の連鎖に立脚していることが同致される根拠である。こうして，モノをともなう行動はさまざまな共同体，つまりさきに定義したグループの社会的な表現という性格を帯びるようになる。社会構造を「演じるための」モノが使用され，また社会的な景観が構築されることによって，時間的・空間的な遠隔化がもたらされることになる（Giddens 1984）。社会的システムが拡張されるのはシステム統合のメカニズムによるが，それは**不在の**システムを現前させる手段である（第2章）。

象徴体系，文化そして社会的な景観

システムの拡張はしばしば象徴体系の出現に帰せられている。ルロワ・グーランもそのように指摘しているが，このシフトの原因については語ってくれない。

> この表象による〈馴化〉は，四季や日々や歩行距離などの自然なリズム性から，規則的に暦や時間割や測定単位の表象の網の目の中で条件づけられるリズム性へ移っていくようになる（Leroi-Gourhan 1993:315）

この見解によれば，文化がわれわれの生活を組織化するようになるのは，その集合的な表象によるということになる。それは人類特有の適応手段であり（White 1959:3），進化の過程で諸個人の帰属集団への埋没は漸進的に進行してきた（Leroi-Gourhan 1993:253）。

こうしたおなじみの説明，つまり象徴体系を言語と関連づけ，それを人類の必要条件の最後の切札と見なす説明は，文化によって文化を説明するものであり，はなから疑わしく思われる。それではまったく説明の体をなしていないのではないだろうか。

こうした循環論法に対する私の対案は，主体の切り結ぶネットワークの総和としての社会的な景観という概念である。主体とは能動的な存在であり，リズムや運動，形態などに反応するばかりでなく，それらを創造するがゆえに，こうした象徴体系，つまり専横的な文化に追従するばかりではない。彼らが承継する社会的システムは，彼らによってつくり変えられもする。社会的な演者は抑圧されることもあるかもしれないが，その身体はさまざまな資源を含むネットワークを通して，移動性を確保し，ネゴシエーションをやりおおせ，社会的紐帯を確たるものにするのである（第2章）。彼らは単に文化の参与者なのではなく，固有の時間と空間をもった存在なのである。

このような意味で社会的な景観は，場と場，人と人をつなぐ経路によって構成されている。ここに登場する人はやがて「場所」と命名されることになる。というのも，彼らが社会的なネットワークを形成し，ネットワーク内で関係づけや移動を行うことによって，自己と他者，さらに環境にはさまざまな意味が与えられるからである。さらに，人間と物質的な場所との関係づけは，行動のための社会的コンテクストの基盤ともなる。こうしたコンテクストは，ネットワークを訪問し，相互関係を切り結ぶ人々の数や種類などによって変化させられることになる[7]。社会的な景観がつくりあげられ，場と場を結ぶ経路に沿った移動が可能になるのは，それが宗教的か現世的かを問わず，経路と場についての知のおかげである。こうした場は，ネットワークに組み入れられているがゆえに，景観の中におかれた人ということもできる。簡単にいえば，そこは人格化されるのである。

社会的な景観のスケールと象徴の創出

社会的な景観の空間的な広さには，これといった上限は存在しない。アメリカ国旗は月面にも立

てられたし，銀河の彼方を飛行するボイジャー2号にもつけられている。人類のいるところに関してはそれほどではないにせよ，その可能性はどこまでも想定される。だが，先史時代にあっては，この可能性はすべての人類に開かれていたわけではない。これを制約する要因は，彼らの社会生活における他者とのネゴシエーションの違いに帰着する（Gamble 1993d）。

　社会的な景観に関するスケールの変動は重要である。インゴルド（1993:162-3）は，動景の限界が聴覚的な世界の限界に接続していることを示唆している。すでに論じたように，習俗としての景観の上限は80km～100kmであった。近代の遊動民においては，社会的な景観がどれほど拡張できるのかは資源の移動性によって推測されている[8]。フェブロ・オグスタンFéblot-Augustinsとペルレ Perlès（1992）による石材と他の移動物資に関する民族誌的な検討によれば，それは習俗としての景観の上限である100kmを大きく超えている。遊動民による600km～1,000kmにも及ぶ物資の移動を示す記録には事欠かない。

　最近の遊動民によるこうした拡張されたネットワークについての古典的な事例に，オーストラリアの石斧の交易があげられる（MacBryde 1978, 1988, 印刷中）。この研究の中で，ビクトリア州のグリーン・ストーンの石材は原産地から800kmも移動し，ウィリアム山の産地からの平均距離は228kmであることが指摘されている。この石材が石斧の製作に好適であり，また必要とされるにしても，マクブライドの研究は，われわれを習俗としての景観を越えて，社会的な価値という領域へと踏み込ませてくれくれるだろう。この領域では，モノは拡張されたネットワークの内部でやりとりされ，それに加盟するための道具ともいえるのである。

　これと同じことは威信財やオーカー，磨石，黒曜石といった原材料ばかりではなく，ビーズやジュエリー，装身具などといった世間の相場から見れば見かけ倒しの安物などにもあてはめることができる。遠くまで移動することにより，平凡なものも自ずと特別なものに変容するのである（Gould 1980:142-3）。これとまったく同じような変容現象は，遠くまで旅をしてきた人物や，そうした人物が記憶している異邦の土地などにも起こることがある（Helms 1988）。だが，フェブロ・オグスタンとペルレが指摘しているように（1992:13），こういうことがどこで起きるのかを正確に知ることはできない。いったいどこで石斧が石斧たることをやめ，特別なものに転化するのかを示唆するマジック・ディスタンスなど存在しない。石斧はもはや木を切り倒すものでなく，社会的な諸関係を体現する遠隔地の人間，しかも不在の人間という象徴に転化するのであるが，その距離は5kmかもしれないし，500kmかもしれない。ここで理解しておかなくてはならないのは，むしろ近隣から遠隔地へ，モノから象徴へという変換を必要とする社会的なコンテクストとはどのようなものであるのか，という点である（Gamble 1993d:37）。こうしたコンテクストを理解することは，ネットワークにおけるネゴシエーションというコンテクストに立脚しなければならないだろう。

　包括的なシステムは社会的な景観とネゴシエートしなければならないが，そのためにはシステムはオープンであり，諸個人も移動的であることが多い。ここでは威信財が，資源の枯渇に伴うテリトリーの侵犯を許容する機能をもつ場合がある。ヒルHillが巧みに要約しているように，オーストラリアにおける言語の音声学的な違いに対応して，どのような語彙が重要な役割を担うようになるのかは，

言語学的な部族モデルによって予測されるのではなく，地域的な適応システムによるローカル・システムに内在する諸属性の相互浸透の結果として決められる（Hill 1978:18）。

オーストラリアの社会的システムの変化は，大陸的な規模で包括的／排他的という両極的な社会構造の存在を示している。諸々のネゴシエーションの結果は，ピーターソンPeterson（1986）もオーストラリアの事例で指摘しているように，多彩な生態的環境の違いによるものである。それは，生存のための条件を与え，統合化や土地への紐帯，さらに婚姻の習慣などを左右している。

こうした分析のレベルでは，移動の方法（例えば，交換，訪問，パートナーになること，血縁等々）は社会的な景観がいかに拡張されたか，という問題を論じることに較べればそれほど重要ではない。社会的な景観は道と径によって，その範囲を限定されるが，その範囲は諸個人の歩行範囲より広く，かつ変化に富んでもいる。ここで注意されるのは，習俗や習俗としての景観によって規定された道や径に従った地域的な拡散現象を，物質文化の空間的なパターンの唯一の説明メカニズムとすることはできない点である。

要　　約

旧石器時代の社会生活は，連続する，また相異なった環境構造のもとにおかれた人類を構成員としていた。この対象を研究するために，私は場と域という空間的なスケールを利用した概念的な枠組を提起した。これらは，旧石器時代の人類がたどってきた道や径として説明されるリズムと，道具やそこでお互いが配視し合う動景を現実のものとする動作の連鎖とにリンクしていた。

私はさらに，場を考古学な目的で定義するために，逅とかギャザリング，社会的な場面性，場所などといったなじみの薄い用語も導入したが，それらは以後の分析の土台として活用されるであろう。私はこうした用語をホーム・ベース，サテライト・キャンプ，あるいはビンフォード（1980）の区別したレジデンシャル・キャンプ，ロケーション，キャッシュ，フィールド・ステーションなどといったなじみの用語に代えて使いたいと思う。その理由は簡単である。それがセトルメントを研究するのに有効であるからである。それらは考古学的な分析の求める一連の定義として，随所で活用されることになる。私自身，これらの用語を多くの場面で使用してきた。だが，こうした用語と対応する概念は遊動民研究の両極的アプローチ（表1.3）とあまりにも密接に関連しているため，相当に理論的な負荷がかかっていることも事実である。われわれはこれらの用語を放棄する必要は認めないものの，使用にあたっては，それがもっとも効果を発揮するような理論的アプローチに限定しておく必要があるだろう。

新しい用語法の要点は，それが新しい領域を切り拓きつつあるという宣言にほかならない。いうまでもないが，旧石器時代のセトルメントではなく，旧石器時代の社会という新領域が切り拓かれつつあるのである。これまで，かなり詳しく検討してきたように，このシフトは社会についての概念を一新し，一新された社会観に従って用語や方法が適用されるときにのみ成功するであろう。

この点で，ルロワ・グーランの業績（1993）は，技術的な身振りのもつ社会的本質を提示したという意味できわめて重要である。それはある場での石器製作でもよいし，とある場から次の場へと

移動するギャザリングや資源の搬送でもかまわない。動作の連鎖とはすぐれて社会的な産物である。そこでリズムは進化し，物質的な行動（**身振り**：le geste）に従う身体が形成される。こうした観点に立つことによって，社会考古学は社会的な情報を荷担していると見なされている石鏃や建築などといったもののスタイルの洗練化といった桎梏ともいえる枠組から解き放たれるだろう。そうして，社会的なアプローチは移動性，生産，消費，さらに廃棄などといった全領野に越境するのである。時間的かつ空間的な物質的行動の反復と継起性とは，よく知られた考古学的な文化を実体として生み出す。この実体は主体の反復的な技術的身振りの結果であるが，この身振りは従うべき文化的パターンを生み出す集団的な心性によるのではなく，学習によって獲得されるものである。

地域的なスケールにおいては，さらに二つに概念が提示される。習俗としての景観と社会的な景観がこれである。これらの概念の違いには，複合的な社会と複雑化した社会，また媒介的で抽象的な構造とプラチックで再帰的な意識の役割などが含まれている（表3.3）。習俗としての景観はハインド（1976）により霊長類社会に準拠した社会構造モデルが提示されている。この構造の中で，主体は自己のネットワークを構築するが，その拡張されたネットワークは脆弱であり，またグローバル・ネットワークも存在しない。そこでの社会的原則といえば排除のみである。習俗としての景観に関しては，空間的な特質は考古学的な記録にとどめられた石器石材の分布から認識されているが，それは移動の記録であり，社会的な行動に従う諸個人のリズムと動作の連鎖の具体事例ともいえる。

ここで私が提示したいのは，社会的な景観とは，かくいう人類共通の遺産から歴史的に発達したものであるということである。諸個人は行動と相互関係の空間的・社会的スケールを拡張してきたが，象徴的な資源こそが変化の鍵である。ネットワーク網は拡張され，その維持のためには新たな資源の追加投入が要請される。これはまた新たな動作の連鎖を呼び，社会的表象としての洗練された技術的プロセスの導入がはかられるであろう。それゆえに，社会的な景観は排他的システムと包括的システムとの両者を含んでいるのである。かくして，グループとは諸個人のネットワーク密度，スケール，関係の強弱などによって規定される資源として把握されることになる。このシステムの構成員は他のシステムのそれよりも少ないかもしれないが，社会的な行動を可能にしたり，また制約したりもする紐帯は少なからず存在してる。社会的な景観においては，異族とは必ずしも絶対的なものではなく，返の反応によってはかられる相対的な存在である。これは異族が絶対視される習俗としての景観とは対照的であるが，この違いがどこにあるかといえば，それは時間と空間を横切って延びる社会的諸関係の中に存在している。共にいるということによって規制される行動的な制約が排除されることで，社会がその構成員数を増やし，地理的範囲を拡大するといった発展の可能性はほとんど無限になるだろう。

習俗としての景観と社会的な景観との間に生成される歴史の発展は，記憶や言語，再帰的な意識，あるいは技術の発達といった単一の要因に還元されるものではない。象徴による記憶の外化が漸進的に増加するといった単純進化論も支持することはできない。旧石器時代のヨーロッパでは，革新は長期にわたり，時に人口の置き換えもあったかもしれない。旧石器時代の社会に関する概念やモデルが対象としてきたのは，平衡と変動という問題系であったが，いよいよここからは，私の提案を検証するためにデータについて語ることにしよう。

註

1) こうした身体化という観点についてはチャンスChanceとラーセンLarsen（1976）が検討を加えている。その中で，さまざまな霊長類社会の構造は多彩な配視によって支援されていることが指摘されている。これには，基本的に見て快楽的（何らかの表現に対する同意と返答）・苦悩的（脅威との直面）・中心的（他者に取り囲まれた主体）・脱中心的（自己と自己の環境内の対象との間の目配りをおこたらない集団構成員）などが含まれている。ウィルソンWilson（1988：20）にこの検討がある。

2) ビンフォードは，高緯度になるにつれて必然的に狩猟への依存度が高まることにより，血縁関係による社会組織の空間的パターンに対する影響力が低下することに注目している。リスクというよりも安全性が狩猟を成功に導く組織性やキャンプのパターンを淘汰するという。ここでの対立関係は，若者（耐久力）と高齢者（知識）との間にある。両者が一体となって，実りある成果が生み出されるのである。高齢者は自身の知識をすっかり近親者に伝達してしまっているために，キャンプのアレンジは血縁的なパターンに従うことはなく，冬季にキャンプを同じくする仲間も，これ以外の理由によって選抜されることになる。

3) ギルバート・ライルGilbert Ryleは，これを方法知（ハイデッガーの立場）とよび，デカルト以来の哲学的な伝統と区別する（Magee 1987：258）。

4) ホワイト（1993a：XXI）によれば，デリダが『グラマトロジーについて』において彼を引用しているという。

5) ヨーロッパでは，たとえばビロBíró(1981)，フェブロ・オグスタン(1993,1997)，フェブロ・オグスタンとペルレ(1992)，フロスFloss(1994)，ジュネスト(1991,1988a,1988b)，クーンKuhn(1995,1992)，ルベルLebel(1992)，パスダPasda(1994,1996a,1996b)，ペルレ(1992)，レンシンクRensink(1993)，ロウブレックスRoebroeks・コーレンKolen・レンシンク(1988)，スボボダSvoboda(1994a)，トゥルクTurq(1988,1990,1992a,1993)，ホワイトとプチット(1995)があげられる。南アメリカやアフリカ，オーストリアについては，バー・ヨゼフBar-Yosef(1991)，フェブロ・オグスタン(1990)，フランコFranco（1990,1991,1994），ヒスコックHiscock（1984），マックニブンMcNiven（1990），ポッツPotts（1988,1993）などがある。

6) この距離と移動距離とは何ら関係はないが（Rowley 1985），社会システムを媒介とする諸主体の移動可能性とは関連性があるだろう。

7) しかし，これは人類のみの特徴とはいえない。ロウェルRowell（1991）はその広がりすら把握されていないオープンな社会システムを検討しながら，霊長類学の逢着している困難を論じている。彼女は動物の個体群の大きさに関する，とても十分とはいえない資料を検討しながら，「動物の集団レベルにおける，あるいはそれを超えるレベルでの社会性は場所と関連し，また場所に規制されている」（Rowell 1991:267）という結論を提示している。このような要素を検証することの困難さは，霊長類における社会組織の各レベルは，より下位のレベルから演繹されるものではなく，そのつど必要に応じて形成されるものである，というハインド（1976）の観察記録からも明らかである。

8) 社会的な景観といったよりスケールの大きな社会単位の重要性は，地域レベルでの適応を論じたヒル（1978）によって検討されている。言語的に見た外婚制の研究から明らかにされた地域的な適応は，「長距離に及ぶネットワークの系統的なメンテナンスの存在を示唆する重要な手がかりである。このネットワークの中で生起する退避行動とか侵略行動などを，地域的レベルにおける適応に際しての偶発事であるとか，逸脱であるとかいった見方ではなく，システム上の問題として理解しなければならない」（Hill 1978:9，強調筆者）。

第4章　最初のヨーロッパ社会（50万〜30万年前）

> わがヨーロッパ世界，ことに西ヨーロッパは，未知の推進力によって，何度も西方や南方から人類の波が押し寄せる袋小路（cul-de-suc）であった。その波は堆積層の中に浸入し，累積されていった。
>
> アベ・アンリ・ブロイ，1912

旧石器時代のヨーロッパを定義する

　旧石器時代ヨーロッパの地理的な境界はフレキシブルなものであった。北方では，氷床の連なりが大陸の居住域を変化させたが，西方では間氷期と氷期との反復によって大陸棚が水没したり，露呈したりした。南方に目を転じれば，氷河期を通じてジブラルタル海峡は開口していたが，地中海中央部の島々は低海水面期にはアフリカからの踏み石として利用できた。

　しかし，東方は更新世のヨーロッパではもっとも脆弱な境界であった。ウクライナやロシア，カスピ海沿岸，そして黒海周辺のステップとトルコ高原，コーカサス，さらに中東の高原地帯は，セトルメントの形成やそれに続く他の地域に居住する旧世界の住民たちとの接触にとっては，いずれも決定的な障壁とはなりえなかった。むしろ境界の欠如は，アベ・ブロイ Abbe Breuil が袋小路（cul-de-sac）と呼んだように，ヨーロッパの半島的な性格を際だたせ，そこには人類と動物の移動の波が何回も押し寄せたのである（Breuil 1912）。

　旧石器時代のヨーロッパの大きさや形を定義することは難しいが，それはたいした問題ではない。結局，現代のヨーロッパも同じような問題に直面しているし（Graves-Brown, Jones and Gamble 1995），現代の政治や文化による境界が旧石器時代においても，意味をもつなどという考え方は馬鹿げたものであろう。しかしながら，ここには重大な問題がある。われわれが検討する旧石器時代の地理的なスケールを同定することは，進化論的な視点からも重要であるからである。われわれが回答を求められているのは，人類の行動の変化や変異などに加わる淘汰圧は，このいわばアジアとアフリカの半島部というスケールにおいて作動したものなのか，それとももっと大きな範囲での長期的な，また環境的な条件と連動しているのかという問題である。緯度・経度・高度からなる地域的なモデルは，中央ヨーロッパと西ヨーロッパでの旧石器時代の行動の変化を考察するには十分なものであるが（Gamble 1986a），人類進化の長期的なプロセスを解き明かすには不十分であろう。この不十分性は，例えばヨーロッパへの最初の植民はいつ行われたのか，あるいは，それが社会的なネットワークに対してどのような影を投げかけたのか，という歴史的な問題を考察しはじめるや，露わになるのであろう。

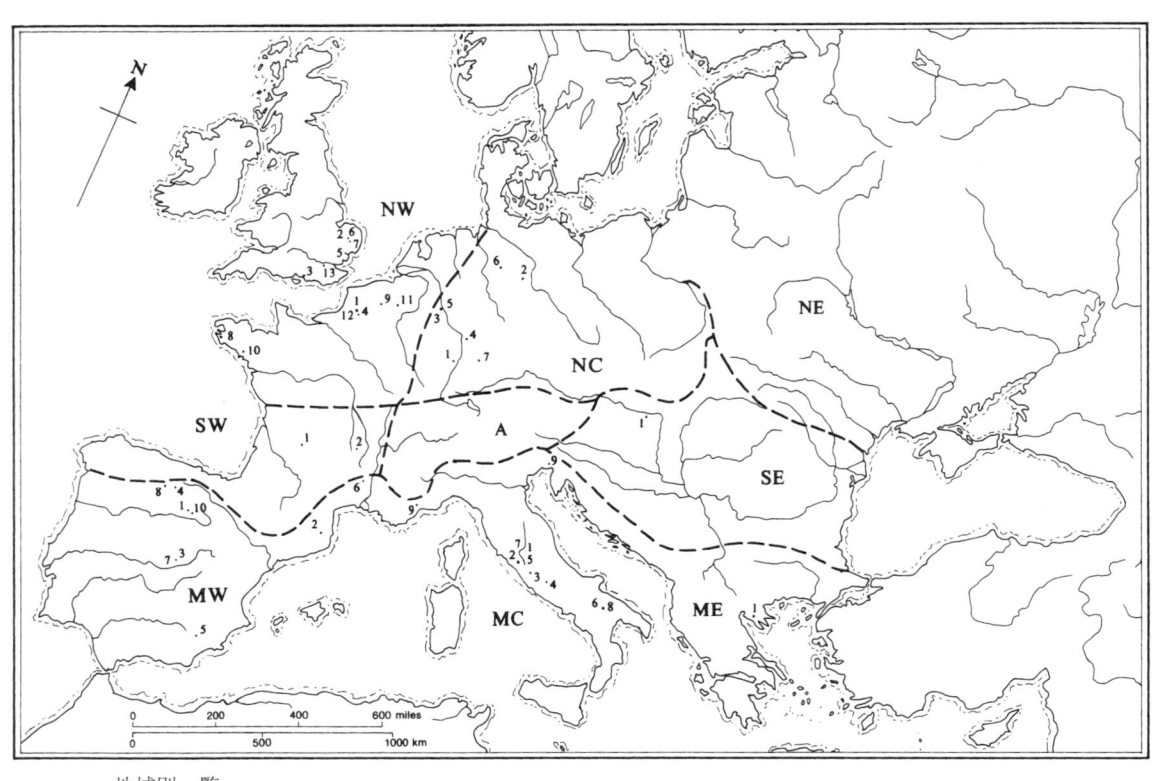

地域別一覧
NW
1 アベビーユ
2 バーナム
3 ボックスグロウブ
4 キャニー
5 クラクトン
6 ハイ・ロッジ
7 ホクスン
8 ムネ・ドレゴン
9 パ・ドラ・リオ
10 サン・コロンバン
11 スプリモン
12 サン・タシュール
13 スウォンズコム

NC
アシェンハイム
ビルツィングスレーベン
ケルリッヒ
マウエル
ミーゼンハイム
ショーニンゲン
シュタインハイム

SW
バルバ
ソレイヤック

SE
ヴェルテシュセレシュ

MW
1 アンブローナ
2 アラゴ
3 アリドス
4 アタプエルカ
5 クラー・ド・バザ
6 オルニャク
7 ピネド
8 サン・クアルセ
9 テラ・アマタ
10 トラルバ

MC
カサル・デ・パッチ
カステル・ディ・グイド
フォンタナ・ラヌッチオ
イルセニア
ラ・ポレドララ
ノタルチリコ
トーレ・イン・ピエトラ
ドーレ・イン・ピエトラ
ヴィソグリアーノ

ME
ペトラロナ

図4.1　本章本文および表4.3ならびに表4.19でふれた主要遺跡分布図

編年，気候そして居住地

　ヨーロッパへの人類の到達を考察するために参照しなければならない更新世の編年観には，いくつかの問題点がある。まず，最初の大規模な氷期の，したがって更新世の開始期は，現在では230万年BP（Zagwijn 1992）とされている。この時期はきわめて寒冷であったが，この事実は陸上の花粉化石と深海底コアの同位体データからも検証される（Ruddiman and Raymo 1988）。このタイムスケールは，これまでの更新世の開始期を70万年もさかのぼらせるものである。というのも，従来は鮮新世と更新世との境界は160〜180万年BPとされていたからである（Aguirre and Pasini 1985）[1]。

　230万年BPの寒冷化は，これ以後長期にわたって続く気候変動上の傾向の幕開けともなった。この要因は，ヒマラヤ山脈やチベット高原など，長期にわたる造山運動による気候変動（Ruddiman and Raymo 1988）とともに，地球の軌道，自転，地軸の傾きなどの変化の結果（Goudie 1977, Imbrie and Imbrie 1979）によるものと説明されている。この両者が組み合わさって，地球の気候の周期的な変動が引き起こされたが，ヨーロッパでは温暖で森林的な植生の発達する間氷期と，寒冷で草原的な植生の広がる氷期とが交互に反復された。これはスカンジナビアやイギリスの氷床や，ピレネー，アルプス，カルパチア，バルカン，コーカサスなどの山岳部での冠氷を拡大させることもあった。だが，第四紀の研究によれば，このような氷期と間氷期との交代は，きわめて大局的なカテゴリーであり，そこには大陸の特定の地域に顕在化する，さまざまな地域的な変化が含まれている。これについては，以下，適宜説明を加えることにしよう。

気候サイクルの長さの変動と増幅

　230万年BPのネーデルランド地方では寒冷化と非森林化という傾向が報告されているが（de Jong 1988），深海底コアにおける初期のサイクルはきわめて微弱なものである。このサイクルは，氷期に低く，間氷期に高い気温・植生・海水面，さらに氷床の発達度などの間の変化の測定結果から想定されている。ツァクヴィンZagwijn（1992:図2）によれば，ネーデルランド地方の花粉分析の結果，230万〜150万年BPにおける8月の気温は10℃から20℃の間を行きつ戻りつしていた。この時期以降，変動幅は増幅し，5℃から20℃になり，これが植生や植物群落に大きな影響を及ぼしたと考えられる。具体例として，100万年BPのネーデルランドのバヴェルBavel間氷期をあげることができる。この時期はヨーロッパではじめて森林の移動・拡大・衰退といった連続性が層位的に確認されている（de Jong 1988）。これ以前の間氷期における花粉ダイアグラムによれば，気候変動は森林相にほとんど影響を与えていないといわれていたが，これは寒冷期における植物の待避地（refuge）が非常に近接していたため，間氷期における再コロニー化が急速に進展したためであろう。ツァクヴィン（1992:587）は，初期の間氷期の土壌条件は特異であり，森林の連続性を認識するための鍵となるヨーロッパモミ（Abies）とトウヒ（Picea）などといった要素の拡散を阻害したと指摘している。

　100万年BP以降，気候の寒冷化が促進され，氷期と間氷期のコントラストはいっそう明確になった。こうした更新世の傾向を知るための編年のうえで特筆されるのは，77.5±10万年BPに正磁帯か

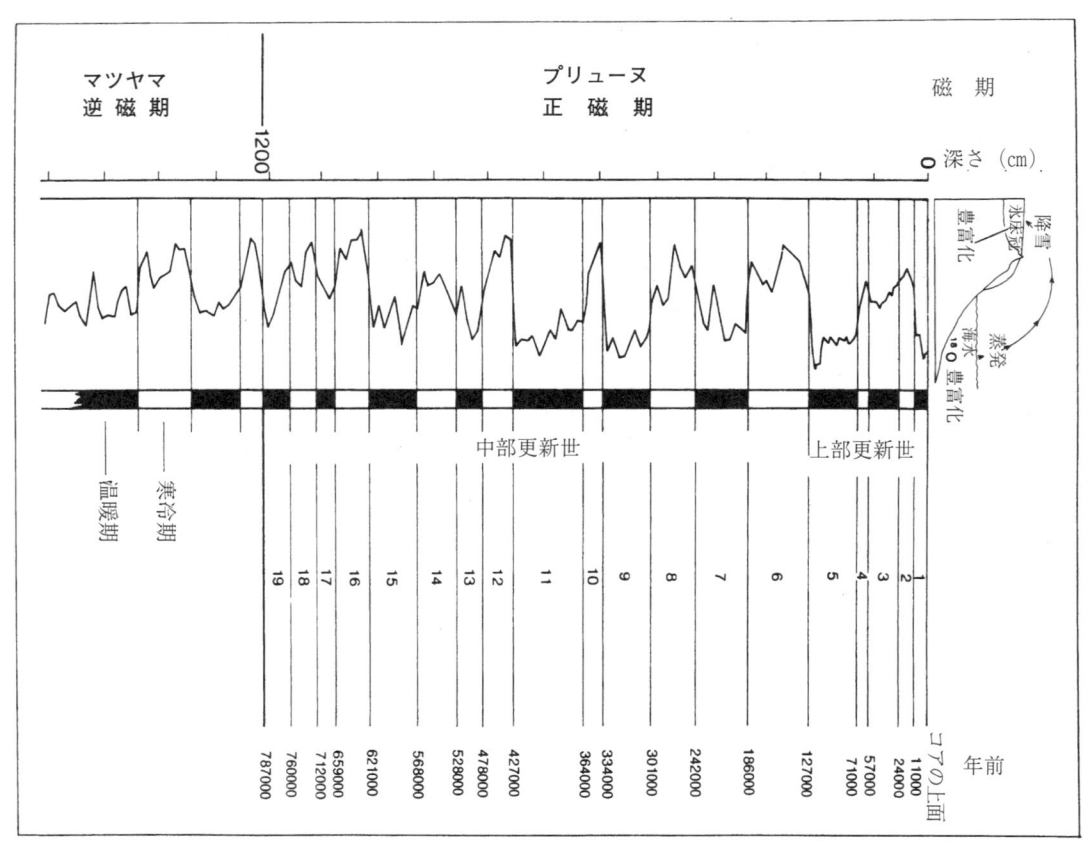

図4.2 太平洋から得られたV28-238コアに認められる中部～上部更新世の連続的データ　偶数は温暖期を,奇数は寒冷期を示す。これをあわせてカウントすることによって,ブリューヌ期とマツヤマ期との境界,つまり中部更新世開始期以降に8サイクル分の間氷期と氷期とのサイクルが存在することがわかる。上部更新世はステージ5からステージ2までの1サイクルであるが,詳細が判明している(次章以下参照)。海洋面積が広く,氷冠の小さい時期から,海洋面積が狭く,氷冠の大きな時期への移行がきわめて急激であることに注意(Gamble 1993a :Fig.3.2 およびBassinot et al. 1994による)。

ら逆磁帯への古地磁気の逆転が起こったことである(Bassinot et al.1994)。この突然の逆転期の年代は,玄武岩などの火成岩を対象とするポタシウム・アルゴン法(K/Ar)などの放射性元素の半減期から想定されたものである(Aitkin 1990)。この汎世界的な現象によって,マツヤマ逆磁極期がブリューヌ正磁極期から分離され,同時にこれが下部更新世と中部更新世との境界ともされている[2]。

こうした古地磁気編年は,深海底コアにも適用されている。このコアは泥と軟泥とから構成されているが,これらはつねに海底に沈殿しつつある。この泥には,層位学的なオーダーであるが,海底に生息していた微生物の遺体も含まれている。こうした微生物のカルシウムと炭酸塩を含む遺体は,生息していた時点での海水中の酸素同位体を吸収している。コアは層位的なコラムであるから,二つの重要な酸素同位体,すなわち^{16}Oと^{18}Oとの時間的な変化を測定するのに利用することができる(図4.2)。こうした同位体の変化は,この微生物が生息していた時代の海洋の大きさを反映している。間氷期のように海洋が大きければ,^{16}Oの量が多い。地球上の水分が氷床に集中し海洋が小型化すると,軽量の^{16}Oは蒸発し,より重い^{18}Oの相対量が増加するからである。

測定によって得られるカーブの形から,われわれは更新世のグローバルな気候変動を読みとるこ

表4.1 ブリューヌおよびマツヤマ両期の気候サイクルの比較
（Gamble 1995c:table 2による）

ブリューヌ期	1.2万年〜77.5万年
OIS開始期	19
氷期・間氷期サイクル数	8
サイクルの長さ	
平均的な年数（千年）	96.88
範囲（千年）	115〜75
標準偏差	13.31
マツヤマ期	77.5万年〜163万年(注)
OIS開始期	63
氷期・間氷期サイクル数	22
サイクルの長さ	
平均的な年数（千年）	40.91
範囲（千年）	45〜38
標準偏差	2.01

注：マツヤマ逆磁極期は77.5〜247万年BPの間継続した。ここに示したデータはオルドゥヴァイ事件（磁極反転期）以後のものである（Bassinot et al.1994, Ruddiman,Raymo and McIntyre 1968:table 3）。OIS:酸素同位体ステージ（Oxygen Isotopie Stage）

表4.2 ブリューヌ期とマツヤマ期における気候変動サイクルの大きさの比較 比較は最終間氷期〈OIS5e〉と最終氷期最寒冷期〈OIS2〉の同位体値による。

時期	サイクル数	高海水面期かつ最終間氷期よりも森林率の低かったサイクル(%)	低海水面期かつ最終間氷期最高冷期よりも森林率の低かったサイクル(%)
ブリューヌ 1.2万年〜77.5万年BP	8	25	75
マツヤマ 77.5万年〜163万年BP	22	23	32

とができる。これを表4.1に示したが，これによれば，77.5万年BPを境とするブリューヌ正磁期のサイクルは大きな変動の幅をもつとともに，サイクルの長さも大きくなることがわかる。

この酸素同位体ステージ（OIS）カーブを見ると（図4.2），時間を追って増幅度（特定のサイクルにおける間氷期と氷期との数値の違い）が顕著になることがわかる。この傾向を説明する一法は，最終間氷期・最終氷期においてもっとも詳しく研究されている二つのステージと同等な，あるいはそれよりも規模の大きなサイクル数を両磁期間で比較することである（表4.2）。最後の間氷期（OIS 5e）は，ほぼ1万年間続いたが（第 5 章），このサイクルは極地の氷床の大量溶融による海水面の上昇に起因する酸素同位体比の数値を示している（Shackleton 1987）。1万8,000〜2万年BPの最終氷期最寒冷期は，表4.2に示したように，海洋の容積はあまり減少しなかったが，それは非常に顕著な氷期であった。

これらのデータによれば，両磁期の間氷期における高海面期の割合は同等であるものの，主だった氷床の割合はブリューヌ正磁期に劇的に増大していることがわかる。われわれはヨーロッパのコロニー化を検討しなければならないが，われわれの視線は長期的かつ変動の幅が大きい，つまり増幅化された気候のサイクルに差し向けられているのである。さらに，長期的な傾向として，寒冷期

OIS 12氷期：42.7〜47.8万年BP

1973年の深海底コアの編年成果の公表（Shackleton and Opdyke 1973）以降，更新世の研究者が直面した課題は，非連続的な地上のデータをこのグローバルな枠組と突き合わせることであった。それまでの北部およびアルパイン・ヨーロッパの4期編年をブリューヌ正磁期に含まれる中部〜上部更新世における8期に及ぶ氷期・間氷期のサイクルと整合させなければならなかった。これにはマツヤマ逆磁期の22に及ぶサイクルは含まれておらず（表4.1），この課題に対する回答は更新世全般にわたってなお十分とはいえない段階にある。

しかしながら，第四紀の地質学者は，更新世において他のいかなる氷期よりも大規模な一つの氷期の存在を公認している[3]。北欧でスカンジナビア氷床からのモレーンがもっとも南まで拡大したこの時期は，ネーデルランドおよびドイツ北部ではエルスターElster氷期に，ロシアではオカOka氷期に，また英国ではアングリアンAnglian氷床拡大期に相当する[4]。これまでの更新世における層序学の共通認識による限り，この中部更新世の大規模な氷期は42.7から47.8万年BPのOIS 12に対比される（Sibrava 1986:表1）[5]。

もしも，アングリアン−エルスター−オカ等からなるOIS 12を基準にして，中部更新世の陸上データと深海底コアの気候変動パターンを手短に対応させてみると，そこには四つの氷期と間氷期の複合が含まれているという作業仮設が提示されるだろう。この最初のものはOIS 12に先行するクロメール期Cromerianであり（表4.3；図4.2），そこには四つの間氷期と，三つの氷期が含まれている（C.Turner 1996）。この複合体は，ブリューヌとマツヤマとの境界以前であり，おそらくOIS 21〜23に相当しよう。また，このサイクルの最後の間氷期であるクローマーCromer ⅣはOIS 13に対応するのであろう[6]。

第二の複合体はホルシュタイン期Holsteinianと呼ばれる。OIS 12の次に位置づけられ，OIS 11〜9を含んでいる。現在，OIS 9から11に対比されている標識地の年代については異論が出されているが（Bowen et al. 1989），その理由はこれに介在する寒冷期であるOIS 10が，わずか3万年間と短期間であったためである（図4.2）。この期間の短さは，疑いなくOIS 11と9の間の動・植物相の変化を減少させたが，同じような特徴種が前後の温暖期にも発見されることは，各時期の対比に大きな問題を惹起することになる。さらに，この二つの間氷期の^{16}Oのピークはきわめて著しく，最終氷期のOIS 5eにのみ対比されるほどである（Shackleton 1987）。この極端なイベントは，北欧でのヨーロッパモミの出現期に相当するが，この種は今日ではアルプスにおいてのみ見ることができる（Zagwijn 1992:図10）[7]。このことは，この時期が極端な海洋性気候をもった間氷期であったことを意味している（ibid.:590）[8]。

これら二つの複合体および主要氷期に編入されるおもな考古学的な遺跡を表4.3に示した。

第三の複合体はザーレ期Sealianといい，1回の小規模な間氷期OIS 7を介在するOIS 8とOIS 6という二つの主要な氷期からなり，3亜期に細分されている（Ninkovitch and Shackleton 1975）。この複合体については第5章で検討される。第四の複合体は最終氷期の間氷期と氷期であり，OIS 5e-2が相当するが，これは第6章と第7章で論じる。

表4.3 クローマー期とホルシュタイン期諸遺跡の編年（太字はヒトの化石出土遺跡）

OIS	Kyr BP	NW	NC	SW	SE	MW	MC	ME
	301	バーナム	アシェンハイム	バルンバ7		アンブローナ	トーレ・イン・ピエトラ	ペトラロナ
		キャヌニー・レビネット				アラゴA-C		
		キャヌニー・ラ・ギャレンス	ビルツィングスレーベン			タラー・ド・ノバザ		
		キャヌニー・シネチエール	カールリヒH			オルニニャク Ⅲ		
		クラクトン	ショーニンゲン12			ビネド		
9〜11		ホクスン	ショーニンゲン13			シマ・ド・ロス・フエソス		
		ムネ・ドレガン	シュタインハイム			テラ・アマタ		
		サン・コロンバン				トラルバ		
		スプリモン						
		スウォンスコム						
	ホルシュタイン期	ボックスグロウブ				アラゴD-G		
		キャヌニー・ラ・ギャレンス						
		キャヌニー・シネチエール						
		バ・ド・ラ・リオ						
		サン・ダシュール・ルー・ド・キャニー						
12	427							
	478							
		アッベビル・カルベンチエル	カールリヒG		ソレイヤック	ヴェルテシュセレシュ	アタプエルカTH-L	セプラノ
	クローマー期	ボックスグロウブ	マウエル				アタプエルカTD6	フォンタナ・ラヌッチオ
13+		ハイ・ロッジ	ミーゼンハイムⅠ				アタプエルカTD3-TD5	イセルニア
		スプリモン						ラ・ボレドララ
								ノタルチリコ
								ヴェノッサ・ロレト

基準としたOIS 12 が重要なのは，アングリアン－エルスター－オカ等の氷期の相対的な規模もさることながら，より重要なのは，その生物層序学的な対応関係にある。大型・小型動物群集の変化は，北欧における最後の氷期を大きく遡行する時期にも認められるのである。

生物層序学上もっとも重要な点は，今やそれが齧歯類の進化に基づくものとなっている点である。この小型哺乳類は生物層序学上いくつかの利点をもっている。というのも，それらはヨーロッパのさまざまな小生態系に普遍的に分布し，しかも人類や他の大型肉食哺乳類にとっては捕食の対象とならなかったからである。さらにその進化の速度も速い（Stuart 1982, Sutcliffe and Kowalski 1976）。ヴァン・コルフショーテンvan Kolfschotenの一連の研究（Koenigswald and Kolfschoten 1996,1993, Roebroeks and Kolfschoten 1995）によって，下部更新世から上部更新世にかけてのミズハタネズミのミモミス*Mimomys*型からアルビコラ*Arvicola*型への進化の意味が検討されている。この進化は臼歯の歯根消失（図4.3）によって明示されるが，これは後続するアルビコラ型のさまざまな亜

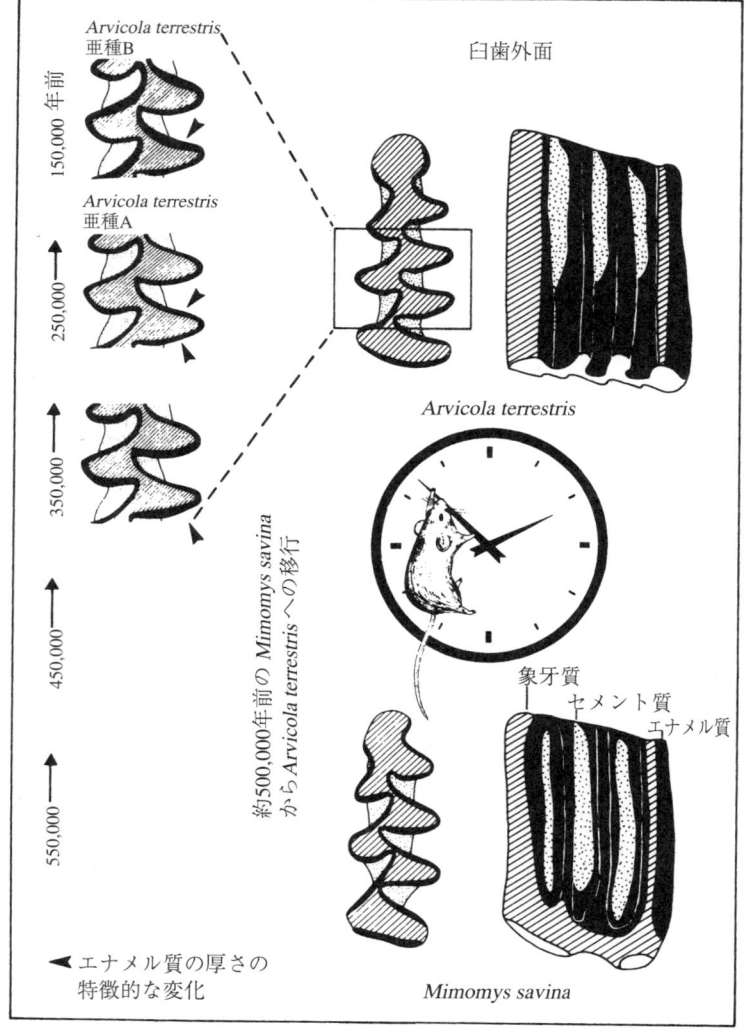

図4.3 ハタネズミの時計によって*Mimomys*型から*Arvicola*型への進化を計れるが，*Arvicola*型の連続的な変化も生物層位学な時計となる。臼歯の歯根消失に注目（van Kolfschotenによるが，Bosinski 1992a : Abb.6から引用）

第4章　最初のヨーロッパ社会（50万〜30万年前）　111

図4.4　グラン・ドリーナ全景　地中海西部地区スペイン，アタプエルカにおける鉄道工事によって露呈した。TD6層は足場下段の人物下部に位置する（著者撮影）。

種間でのエナメル質の増大という現象を引き起こした。層位学的な証拠によって，ミモミス型からアルビコーラ型への移行が起こったのは55万年BP頃であり，これはヨーロッパの大部分でOIS 13以前，クローマーⅣ間氷期に相当する[9]。この移行は臼歯の歯根の欠落したミズハタネズミの数が増加することによって明示されている。例えば，イタリアのイセルニアIsernia（Coltorti et al.1982）では，臼歯の20％に歯根形成が見られたが，残りには歯根は認められなかった（Roebroeks and Kolfschoten 1994:495）[10]。アタプエルカAtapuercaでは（図4.4），TD6層で「*Mimomys*の絶滅」が報告されている（Carbonell and Rodriguez 1994:300）。この層準は，当初，ブリューヌ正磁期とマツヤ

マ逆時期との境界よりもかなり上位に位置づけられ，TD3層相当とされ，OIS 13に対比されていた（ibid.:図8，Carbonell et al.1995:456，および表1）。ところが，堆積層の再検討の結果（Carbonell et al.1995，Parés and Parés-González 1995），古地磁気層位が見直され，これまで発見された石器と人骨とはそれまでの年代の2倍もさかのぼるものであるという見解が提示されている（Carbonell and Rodriguez 1994とCarbonell et al.1995を比較せよ）。この新たな見解の問題点の一つは，これを認めるためには，ここでの生物層位的なデータと汎ヨーロッパ的なレベルでのハタネズミの連続的な進化系列との整合性が求められるという点である（Koenigswald and Kolfschoten 1996）。

　大型哺乳類は編年的な指標としてはあまり敏感ではない。この理由としては，進化速度の遅さ，環境への強い耐性，そして再コロニー化のパターンなどがあげられる。しかし，大形哺乳類を総体として見れば，それらはOIS 12における群集構造の変化，とくに肉食獣と草食獣とのバランスの変動を検討するには重要である。

　OIS 12以前におけるコーディーCordy（1992）による四つの生物帯の各区域における主要種数の変化を表4.4に示した[11]。ここでことに興味深いのは，大型肉食獣数の減少である。とくに，ハイエナ，サーベル種（*Homotherium*）とダーク種（*Megantereon*）の剣歯トラを含む大型のネコ科，さらに大型で顔面の短いハイエナ（*Pachycrocuta brevirostris*）などの数が減少する（A.Turner 1990,1992）。

　一方，草食獣の群集構造にもOIS 12以降重要な変化が生じた。長期にわたる，また寒冷なサイクルはマンモス（*Mammuthus*）や有毛サイ（*Coelodonta*）を支配者に押し上げ（Khalke 1994），それらは西アジアやシベリア，ベーリンジアなどの動物区域とリンクすることになる。この地域的な生態系は，ガスリーGuthrie（1990,1984）によって的確にマンモス・ステップとよばれたが，きわめて生産性に富み，有毛マンモス（*Mammuthus primigenius*）[12]を特徴的に含む多様度の高い群集を支えたのである。

表4.4　ヨーロッパ更新世の動物群の変化　数字は4か所の動物区における平均的な種数（Cordy 1992）。これは，例えば，47.8万年BP以降，サイの数が倍増したことを示す（Gamble 1995cによる）。

	バイオゾーンⅠ～Ⅳ OIS 26～13	バイオゾーンⅤ～Ⅷ OIS 12～2
マンモス	1.25	1.25
サイ	1	2
ウマ	1.75～2	1.5～1.75
オーロックス・バイソン	1.75～2	2.75
ジャコウウシ	1.5～2	1
野生ヒツジ	1.25	2～2.25
レイヨウ	0	1.25
シカ	6.25～7.75	5.5～6.75
オオカミ	1～1.25	1.25
キツネ	1.25	1.5～1.75
アカオオカミ	1.75～2	1
クマ	1.5～1.75	2
ハイエナ	2～2.75	1.25
ヤマネコ	2.5～3	1

この傾向はOIS 12に出現し，次第にその重要性を増すトナカイ（*Rangifer tarandus*）によってもたどることができる（Cordy 1992, Khalke 1994:80）。OIS 12の頃には，例えばドイツのアーレンドルフAriendorf（Kolfschoten and Turner 1996）といった所では，有色レミング属の卓越する極地型の要素をもつ動物群が同定されている。

OIS 12が北欧の風景に与えたインパクトは格別ドラマチックであった。中央ヨーロッパや東ヨーロッパではOIS 12以後の氷期は，氷床から溶け出した水によってゆっくりと浸食された堆積物に由来するレスの堆積量の増大によって特徴づけられる。こうした地域では，氷楔やクリオターベイション，さらに斜面部における堆積物のマスウェスティングなどといった周氷河現象によって支配されていた。OIS 12の氷床はテームズ川（Bridgland 1994）やライン川（Gibbard 1988）の流路を南に改変するなど，河川の流路パターンにも影響を与えた。また，低海水面期にはイギリス海峡に大きな河川が出現したが，これはここに注いでいた英仏の諸河川が延長された結果である（Allen and Gibbard 1994, Antoine 1990）。

気候のサイクルに動・植物はどのように対処したのだろうか

氷期には北ヨーロッパのある地域では植物種が消失した。これは植物帯が南に押し下げられたのではなく，植物種，とりわけ木本が南ヨーロッパや地中海沿岸の地域的レヒュジア（待避所）で生存していたということである。事実，南ヨーロッパでは連続的な花粉帯が確認されている（Tzedakis and Bennett 1995）。これ以後の温暖期において，再コロニー化が開始されるのはこのような南方地域であった。再コロニー化の歴史は北ヨーロッパの間氷期の独特な性格を説明するものであるが（de Jong 1988），同時に木本類の再生過程が足並みをそろえたものであったことも教えてくれる。

動物もまた南方地域のレヒュジアの一員であった（Kolfschoten 1992）。森林がヨーロッパ半島に復帰する温暖期には，マンモスやトナカイといった重要な生物は姿を消し，東部地域に向かって広がる巨大なステップから再コロニー化が進められたのはかなり後のことであった。ステップと森林帯の交代や混淆は，今日の動物群集から見るといささか奇妙な動物群の組合わせを生じた[13]。だが，これは，このような生産性の高い環境を好むジェネラリストとしての捕食者という視点から理解することができるだろう（Geist 1978, Guthrie 1984）。

北ヨーロッパは，新たな種がコロニー化したり，そこにもともと生息していた種がレヒュジアからもどって再コロニー化をはかるといった，長期的なパターンの形成にとって格好の条件を備えた地域であった。北ヨーロッパは南方の変化に富むレヒュジアと地形的にも類似していたからである（Tzedakis 1993）。こうした地域にあっては，再コロニー化に至るみちのりも短く，森林の再生も急速に進んだ。海洋性気候による季節性の不明瞭さも，しっかりとパックされたモザイク状の森林を育んだ。中部更新世の人類の分布域の外側である東部地域においては，この地域と比較して，平原とレヒュジアとの距離ははるかに距たっていたし，気温の周年的な変化によって量られる季節性もはるかに大きかった。西部地区の地域的生態系は，いっそう生態学的に弾力的であった。というのも，そこでは季節性が不明瞭な海洋性気候が支配していたため，動物数が減少するようなダメージを受けることはなかったからである。

マンモス・ステップの構造

マンモス・ステップ（Guthrie 1990,1982,1984, Khalke 1994:abb.13），それはOIS 12以降，ブロイのいう袋小路からベーリンジア古大陸の一部であるアラスカまでを包括して，旧石器時代のヨーロッパの境界をはるかに超えて広がっていた。マンモス・ステップは生態学的に複雑であり，中緯度から高緯度に至るモザイク状の植生をもち，そこではさまざまなジェネラリストとしての草食獣が生活していた。このモザイクは主に成長季節の長さに起因するものであり，地域的に変化していた。ことに緯度・経度・高度を基準に相対的な生産性をはかってみると，予想されるように北方から南方への遷移が確認される（Gathrie 1990:263ff）。この植物群落の生態学的な特徴は，何よりも複数の条件がモザイク状に認められる点である。それは，ガスリー（1984）の用語を使えば，縦縞ではなく格子縞に織られた「織物」に似た構造をしている（図4.5）。こうしたモザイク構造のため，マンモス・ステップは弾力性に富み，また再コロニー化のための移動距離が短いために野火や過食によるダメージからもいち早く回復することができたのである。

間氷期と氷期とのサイクルは植生のパッチ・サイズを変動させたが，現在ではその量的な把握は不可能であるものの，海洋性気候が大きな影響力をもっていたことは想定することができる（Auguste 1995, Gamble 1995c, Koenigswald 1992）。しかしながら，どの氷期と間氷期のサイクルにおいても，環境の変化によって「帯」状の群集が形成されたことはなく，つねに「格子縞」状であった。われわれが取り扱うのは森林とステップという二つの形態からなるモザイクであり，この二つの格子縞はそれぞれ固有の動物群集を含んでいた。

考古学的な痕跡はどのような環境の下で発見されるのだろうか

50万から30万年BPの年代を示す考古学的な資料が発見された遺跡を見ると，八つのエリア内では，どこでも同じような環境のもとで発見されていることがわかる（Villa 1991:193-6を見よ）。遺跡は湖畔や河岸などに圧倒的に多く位置しているのである。例えば，イタリアのヴェノサVenosa川河岸（Mussi 1992,1995），イベリア半島主要河川流域（Raposo and Santonja 1996, Santonja 1992, Santonja and Villa 1990），イギリスとフランスの非氷床エリア（Antoine 1990, Antoine and Taffreau 1993,

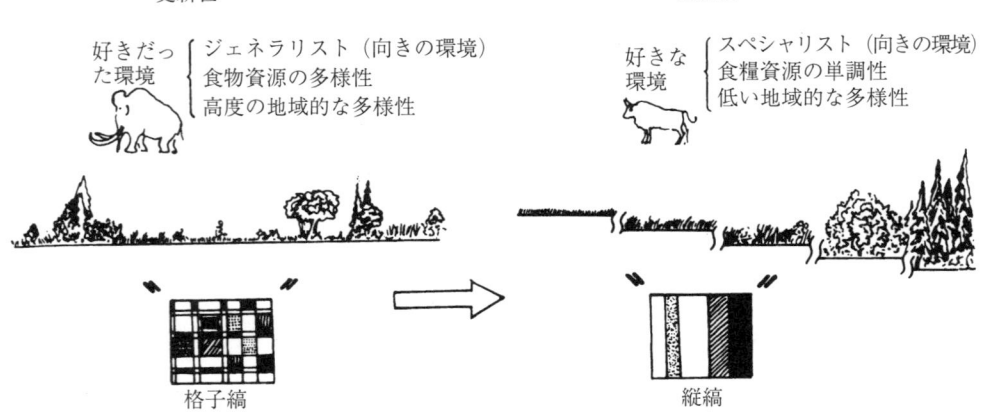

図4.5 格子縞と縦縞：更新世および完新世における二つの生態構造　格子縞型構造をしたモザイク状環境の生産性の高さは，マンモスなど大型動物を含むなど種多様度の高さを反映している（Guthrie 1984 : Fig.13.1による）。

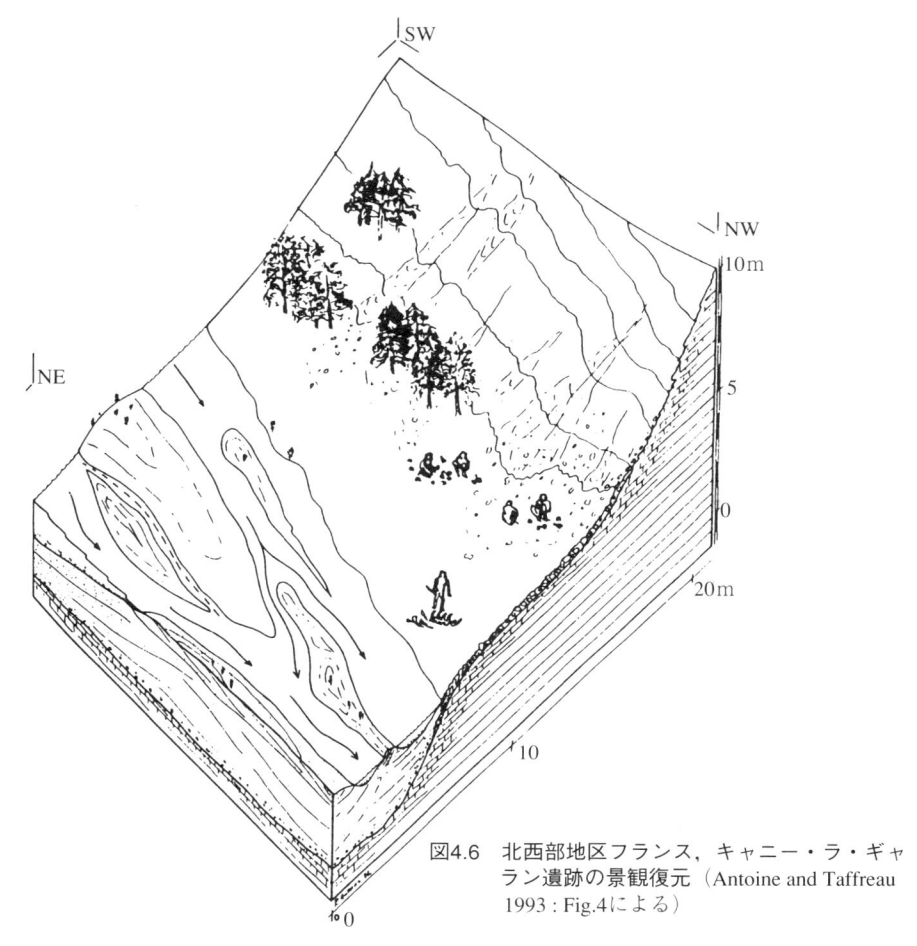

図4.6 北西部地区フランス，キャニー・ラ・ギャラン遺跡の景観復元（Antoine and Taffreau 1993：Fig.4による）

Roberts et al. 1995，Roe 1981，Taffreau and Antoine 1995，Wymer 1968），ドイツのノイウィート Neuwied川沿岸（Bosinski 1992a,1995a，E.Turner 1990）などがあげられる。

OIS 12にはじまるソンムSomme川の27m段丘に位置するアミアンのキャニー・ラ・ギャラン Cagny la Garenneについて具体的に説明しよう。ここでは，人類は河川の南岸に発達する白亜の崩壊土の前面にある，幅約12m程度の狭いが，安全な場所に引きつけられたらしい（図4.6）。水と石器石材に恵まれ，強風から身を護るシェルターもあり，そこは魅力的な場所として（Antoine and Taffreau 1993:246），反復利用されたのである[14]。

考古学的な資料が発見されるのは，おもにおだやかな水流によって形成された水中堆積物の中である。このような場所は，ミーゼンハイムMiesenheim I（Bosinski,Kolfschoten and Turner 1988,1989, E.Turner 1990,1991），ノタルチリコNotarchirico（Belli et al. 1991，Cassoli et al. 1993），ホクスンHoxne（Singer,Gladfelter and Wymer 1993）などの事例からもわかるように，遺跡の保存に最適であり，遠い過去のスナップ写真を提供してくれる。同様の保存状態は，北西部地域のビルツィングスレーベン（Mania 1991a），シュツットガルトStuttgart（Reiff 1986），南東部地域のヴェルテスセレシュ Vértesszöllös（Kretzoi and Dobosi 1990）などトラバーチンの沈殿層にも認められる。小さな湖沼の周囲に沈殿層が形成され，シュツットガルトではネッカーNeckar川にトラバーチンのテラスがつく

られている。

　往時の風景がそっくり保存されていた事例もある。それはイギリス南部のサセックス隆起海岸の43mラインに観察される。この総延長は30kmにも及んでいる（ApSimon,Gamble and Shackley 1977, Roberts, Gamble and Bridgland 1995,Woodcock 1981）15)。隆起海岸の前面に広がる海成堆積層中から多くの遺跡が発見されているが，それにはボックスグロウブBoxgroveやスリンドンSlindonといった著名な遺跡が含まれている。地中海西部のテラ・アマタTerra Amata遺跡（Lumley 1969b,1975）はあまり保存状況はよくないが（Villa 1982），今なお海岸部立地型遺跡の代表として重要である。

　しかしながら，ここであげた遺跡はあたかも旗艦のような著名な遺跡ばかりである（Gamble 1996b）。だが，河川や湖沼，泉池，海岸に立地する遺跡の大半は二次堆積であり，再堆積というコンテクストのもとにおかれている。実際のところ，こうした場所を「遺跡」と書き記すことさえ誤解を招きやすいだろう。せいぜいのところ，それらは発見地点と呼ばれるべきであり，数知れない地表面を転々とし，本来あった場所から遠く距たり，そこで経過した時間もまちまちな遺物からなりたっている。

　北部および西部地域では，遺物が廃棄された地表面は周氷河現象や水流などの作用によって下方へと移動している。遺物がひとたび谷底に堆積するや（埋積作用），それらは沖積層中や基底礫層中に包含され，次いで河川がそれを切り取る（浸食作用）。その結果，多くの石器のローリングの程度はまちまちになり，動物遺体やその他の人工遺物などとの共伴関係は失われてしまう。地中海沿岸地域では，周氷河現象はかなり穏やかなものであったが，乾期で植生があまり発達しない場合には，遺物は河川の中に転落している。八つの地域のすべてにおいて，河川に沿った堤や礫層上にある人類の居住場所は，よく保存された考古学的な記録とはなり得ないことが多い（図4.7）。

　良好な保存状態は，何も穏やかな水流によって形成された水成層中ばかりであるとは限らない。ソンム河谷（Antoine 1990）や西ドイツのケアリッヒKärlich（Bosinski et al. 1986）などのように，レスの風成層中にも遺物が原位置に保存される場合もある。

　この時期の洞穴遺跡は後生の浸食によって堆積層が消失しているため，その数は少ない。しかしながら，トータベルTautavel村のコーヌ・ド・ララゴCaune de l'Alago（Lebel 1992, Lumley 1979），フランスのグロット・ヴォフリーGrotte VaufreyのⅫ層とⅩⅢ層（Rigaud 1988a），スペインのアタプエルカ（Bermúdez 1995, Carbonell and Rodriguez 1994）などでは連続的な遺物包含層が確認されている。アラゴAlago洞穴とアタプエルカ洞穴（シマ・ド・ロス・フエソスSima de los Huesos およびTD6層）では人骨も出土している（Arsuaga,Bermúdez de Castro and Carbonell 1997, Arsuaga et al. 1993, Bermúdez de Castro et al.1997, Carbonell et al.1995, Lumley and Lumley 1979, Lumley 1976）。

ヨーロッパにおける初期の居住者についての長期編年と短期編年

　ヨーロッパに最初に人類が居住した時期については，今のところ二つの考え方がある。長期編年にたつ立場は，ペレットPeretto（1992）の編著，ボニファイBonifayとヴァンデルメルシェVandermeersch（1991），ジベールGibert（1992），さらにボジンスキーBosinski（1992b）とカルボネルCarbonell（et al. 1996）などのわかりやすい概説などがあげられる。彼らはヨーロッパに最初に人類の居住が行われたのは，77.5万年BPというブリューヌ正磁期とマツヤマ逆磁期との境界よりも古く，ある場合

低水面期

ギャザリングによる占地A
初期状態

氾濫期

低水面期

ギャザリングによる占地B
初期状態

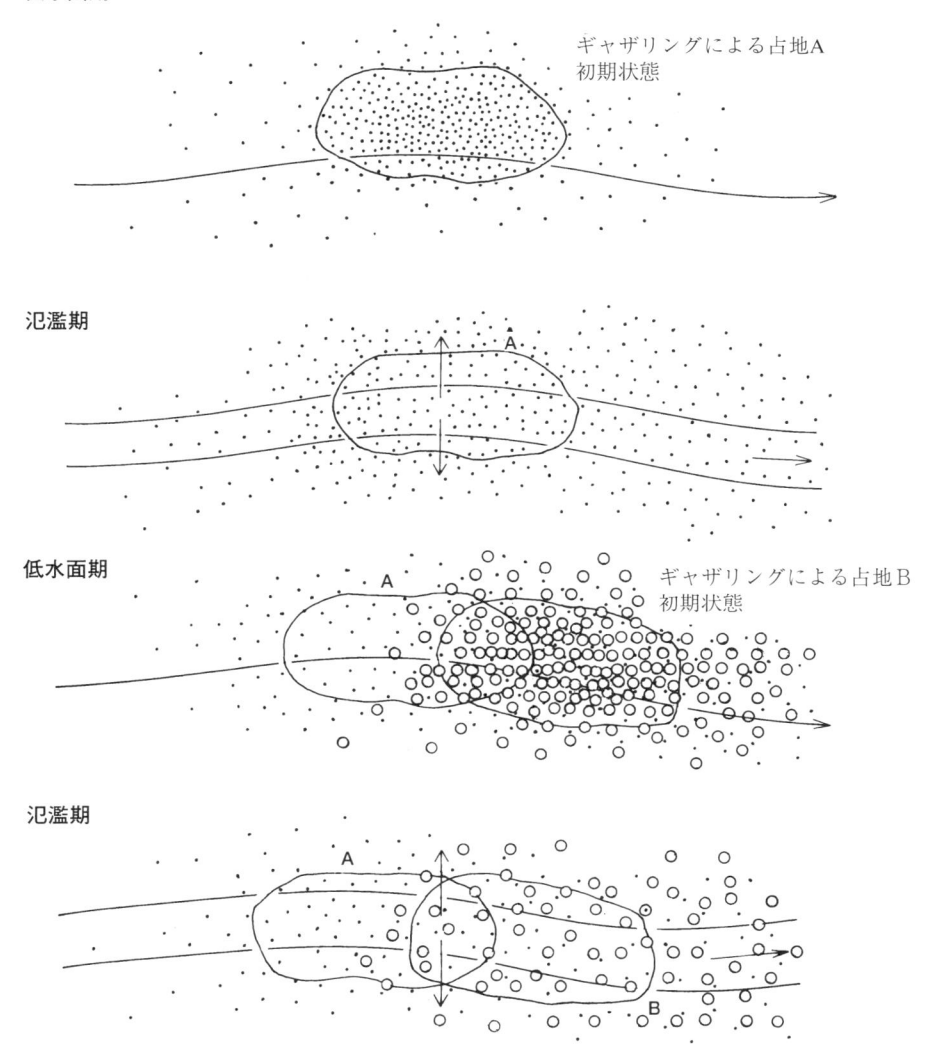

氾濫期

図4.7 河畔での下部旧石器時代の継起的ギャザリングが、いかにしてパリンプセストになるのか（Santonja 1991-2 : Fig.2による）

には150万年BPを超えると主張している。この長期編年を支持するためにに使われるおもな遺跡を表4.5に示した。近年，アタプエルカ TD6層（Bermúdez de Castro et al. 1997, Carbonell et al. 1995）に対して与えられた下部更新世の年代が妥当なものであれば，事実妥当だと思われるのであるが，これは確実な人類化石を伴う長期編年を支持する唯一の遺跡となりうる。

これ以外のコーヌ・ド・ララゴやマウエルMauer，イセニアIsernia，アベビーユAbbevilleなどの遺跡は長期編年を支持するものとしてしばしば引用されるが，表4.5からは除外している。ある場合には，それらは充実した遺跡ではあるが，厳密には0～50万年BPの間に位置づけられるものであり，これについては後述する。また，疑問の余地のない人類遺体をともなう場合もあるが，プシェズレティツェPrezleticeの人類臼歯は再鑑定の結果クマのものとされ（Fridrich 1989:29），ヴェンタ・ミケナVenta Micenaの頭蓋はウマと再同定されるなど（Moyà-Solà and Köhler 1997, Palmqvist 1997），

表4.5 長期編年に使われる主要遺跡（Bonify and Vandemeersch 1991：319から引用） 各遺跡は50万年単位の枠にまとめられている。50万〜100万年BPの範囲内にある遺跡の多くは（例えば，ヴァロネ，プシェズレティツェ，ケアリッヒAなど），この年代枠の初期におかれるが，この時期は約90万年BPのジャラミロ事件（磁極反転期）に相当する。

遺　　跡	国	百万年	人工物	人骨
ドゥエロ川流域	スペイン	1〜1.5	礫器	
クエバ・ヴィクトリア	スペイン	1〜1.5	礫器	?
ヴェンタ・ミセナ	スペイン	1〜1.5	搬入石材	?
オルチェ	スペイン	0.5〜1	剥片類	あり
アタプエルカTD6	スペイン	>0.78	礫器	
シーヤック	フランス	>1.5	礫器	
ソレイヤック	フランス	0.5〜1	礫器・施設？	
エスカール	フランス	0.5〜1	火処・剥片類	
ヴァロネ	フランス	0.5〜1		
モント・ピジョウロ	イタリア	1〜1.5	礫器	
ベレロッシュ	ベルギー	0.5〜1	礫器	
ケアリッヒA	ドイツ	0.5〜1	礫器	
ストランスカ・スカーラ	チェコ共和国	1〜1.5	礫器	
ベロウン	チェコ共和国	>1.5	礫器	
プシェズレティツェ	チェコ共和国	0.5〜1	礫器	?
コロリエボ	ロシア	1〜1.5	礫器	

表4.6 ヨーロッパをめぐる初期の遺跡

遺　　跡	国	百万年	人工物	人骨	
ウベイディア	イスラエル	1〜1.5	礫器		Bar Yosef(1980)
イロン礫層	イスラエル	>2.4	剥片類		Ronen(1991)
ドゥマニシ	ジョルジア	1.6〜1.8？	礫器・剥片類・石核	下顎骨	Dzaparidze et al.(1989)
アチャルカラキ	ジョルジア	0.7	剥片1点		Loubine and Bosinski(1995)
リワット	パキスタン	2	礫器		Dennell et al.(1994)
パッビ丘陵	パキスタン	1〜2	礫器		Dennell et al.(1994)
クルダラ	ロシア	0.8〜1	剥片類		Ranov(1991)
カサブランカ	モロッコ	0.9	礫器・剥片類		Raynal et al.(1995a)

表4.5とはその評価が一致しない。

　表4.5の遺跡はヨーロッパの袋小路に含まれている。将来的にこの古さは隣接する，だが地理的にあまり遠くない場所での発見によって確証されるであろう（Bosinski 1992b）。こうした候補を表4.6に示した[16]。

　短期編年は，ファリジーFarizy（1993），レイナルRaynal，マゴガMagoga ならびにビンドンBindon（1995），ローブレックスRoebroeksおよびコルフショーテン Kolfschoten（1994）などによって強く主張されているが，これは表4.5に掲載した遺跡の石器と年代測定についての見解に立脚するものである[17]。彼らによれば，これらの遺跡の推定年代には疑問が多く，また石器とされているものについても疑わしいものが多いという。しかしながら，アタプエルカの年代の再測定結果は，当初の推定値を大幅に書き換えるものであった（Dunnell and Roebroeks 1966）。

　また，石器が人工遺物（artifacts）であるか否かについての見解に不一致があるとしても驚く必

要はない。岩石は自然に破砕し，そのエッジは踏みつけられて割れることもあるし，堆積層の中でもクリオターベーションによって変形され，人類の手になるもののように見えることもある。これらを地成遺物（geofacts）とよぶ。火山活動によっても見まがうような火成遺物（tephrofacts）を生む（Raynal, Magoga and Bindon 1995）[18]。

さらに，99.99％は未加工のものといってよい礫層構成礫中に剥片や礫器，ときには石核かと見誤るような資料が発見される場合も少なくない。この判別は観察者の経験の長さに負うところが大きい。この事実は，今世紀前半期のイギリス旧石器考古学を席巻したエオリス（eolith：曙石器が字義）問題にもよくあてはまる。エオリス支持者は，東アングリアAngliaのクローマーCromerにある埋没林から出土した資料を鮮新世の人工遺物だと主張した。これらの資料は今日では「偶然の衝撃」によるものと格下げされている（Warren 1914:449）。例えば，押し寄せる波が海岸の礫を破砕し，地成遺物としての剥片や礫器をつくり出すこともある[19]。もっとも著名なエオリスの正体暴露者であるヘイズルダイン・ワーレンHazzledine Warrenは，不注意なコレクターに次のように注意を喚起している。

> 重要なのは（中略）フリントの剥離や，場合によればバルブの出現，さらに細部加工などといった現象は，直接人類が関与しなくても生じる，という点である。自然のつくり出した剥片と人類の介在する生産物との類似性は，人工遺物説を主張するために集められた一包みもあるような証拠の品々を色あせたものにしてしまうが，このためには採集品の入念な選別ではなく，全資料を対象とする調査を実施しなくてはならない（Warren 1920:250，強調筆者）。

この基準を表4.5の遺跡に適用した場合，選択基準に関する同様の問題が浮上する。ローブレックスも指摘するように（1996），現在ではエオリス論争はほとんど忘れ去られたが，それらが非常に古い石器であるという主張に対しては，否定的な評価が与えられている。この論争の渦中で，コレクションは1点1点詳細に検討され，人類活動によるものではないという結論が下されたのである。初期更新世と鮮新世の堆積層には，定期的にイギリス人ばかりではなく，大陸側からもコレクターが訪れていたが，この論争によって人類初期の石器といわれるものの大半が否定された。

この構図は東アフリカ，ことにオルドゥヴァイ渓谷（Leakey 1971）の発見と絶対年代の推定方法の発達によって大きく変貌を遂げた。オルドゥヴァイ・ベッドⅠでは，礫器と剥片とがホモ・ハビリスHomo Habilisとオーストラロピテクス・ボイセイAustralopithecus boiseiの化石に伴出し，その年代はポタシウム・アルゴン法によって180万〜200万年BPと算定された。ローブレックスは，この発見がどれほどヨーロッパの礫器と剥片の評価と年代観に大きな影響を与えたかを指摘している（1996）。世界のごく一部の地域の石器と化石の絶対年代が，他の地域の道路の制限速度を決定したわけである。これはヨーロッパでの途方もない要求を促進し，その結果，この大陸は出現期の「ヒト」のレースに参入することができた。後知恵ではあるが，ここで人工遺物とされているものは人工遺物とはいえないし，百歩譲って人工遺物であったにせよ，それらの年代決定は周期的な火山灰の降下という好条件下におかれている，オルドゥヴァイや他の東アフリカの遺跡におけるような正確さを欠いている。

調査に本来要求されるこうした批判的なアプローチは，表4.6に記載された各遺跡について，そ

れぞれの地域の専門家たちによって採用されなければならないものである。とはいえ，問題となるのは，石器や化石が本物かどうかということではなく，年代観についてではあるが。このことは，正真正銘の人工遺物の出土しているイタリアのイセルニア・ラ・ピネタIsernia la Pinetaについてもあてはまる（Cremaschi and Peretto 1998, Palma di Cesnola 1996, Peretto 1991, Peretto,Terzani and Cremaschi 1983）。古地磁気分析と絶対年代測定の結果，この遺跡の年代はブリューヌとマツヤマの境界よりも下位に，つまり77.5万年BP以前という年代が与えられた（Coltorti et al.1982）。ところが，すでに検討したように，アルビコーラ型ミズハタネズミの存在は，生物層位学的な観点からはOIS 15からOIS 13の間に位置するミモミス型からアルビコーラ型への移行期よりもずっと新しい年代を示唆しているのである（Koenigswald and Kolfschoten 1996）。

　私の支持している短期編年の場合，それはクローマーⅣ間氷期前後に位置づけられる，最古の，また議論の余地のない人類が居住した痕跡に立脚している。52.8万～47.8万年BPの間存続したOIS 13というその年代観を受け容れれば，ここにはケアリッヒGの遺物，ミーゼンハイムⅠの原位置を保っていた地点，またマウエルのホモ・ハイデルベルゲンシスHomo heidelbergensisの下顎骨などが含まれることになるが，これにはすべてアルビコーラ型ミズハタネズミが共伴していた（Kolfschoten and Turner 1994, Roebroeks and Kolfschoten 1994:497, E.Turner 1990）。デネルDennellとローブレックスが指摘するように（1996），アタプエルカや，おそらくオルセーOrce盆地のフエンテ・ヌエバFuente Nueva 3（Roe 1995）のより古い年代は，地中海地域北部がヨーロッパ北部やピレネー，アルプス地域などよりも早く人類によって居住されたことを示すのであろう。石器群が良好な層位的状況で出土したカサブランカCasablancaの80万年BPという最古の年代は，イベリアの諸遺跡と同様に評価されなければならないのではないだろうか（Raynal et al. 1995）。

50万年BP以降，考古学的な記録はどう変わったのか

　読者が短期編年を受け容れないとしても，また地質学的な事実からヴァロネVallonnet洞穴[20]のように著名で「古典的」な初期の遺跡を斥けるとしても，もっとも古い居住の痕跡に対して与えられた50万年BPというおおよその年代は，旧石器時代のさまざまな記録内容を分かつ鋭い境界線となっているように見える。長期編年の支持者は，このことについて何がしか弁明しなければならないであろう（表4.7）。

　50万年BP以降の変化の事例として，南イングランドのボックスグローブにおけるプライマリーなコンテクストをあげることができる（Roberts,Gamble and Bridgland 1995, Stringer and Parfitt 1994）。

表4.7　50万年BPを画期とするヨーロッパ旧石器の記録面での変化

500,000年以前	500,000年以降
採集された少量の遺物	調査された多量の遺物
自然礫を含む層からの出土，接合稀，自然破砕礫の可能性がある	接合資料を含む剥離作業場が認定され，明確な人工品がある
粗区画的なマトリクスでの偽石器（Geofact）	細区画的なマトリクスでの人工品(Artifact)
攪乱された二次堆積	プライマリーな堆積状況
「原始的」形態の剥片と礫器の石器群であり，論争的である	非論争的なアシューレアン石器群と非アシューレアン石器群
人骨なし	少なからぬ人骨共存

第 4 章　最初のヨーロッパ社会（50万〜30万年前）　121

図4.8　北西部地区英国ボックスグロウブにおける50万年前, OIS13段階・間氷期の堆積層　人々が立っているのは、崩落した海岸の崖面に由来するチョークのブロックであり、この層の上に砂層とシルト層が重なっている。写真最上部の土層は隣接する丘陵からもたらされたソリフラクションの影響を受けた礫層であり、OIS 12段階の気候の寒冷化を示す（著者撮影）。

居住が行われたのは、アングリアン氷期相当であるOIS 12以降にイギリスで絶滅した動物種の存在から、OIS 13と想定されている（図4.8）。これには絶滅種のウマ *Stephanorhinus hundsheimensis* と絶滅種のクマ *Ursus deningeri* が含まれる。絶対年代は与えられていないが、その時期はアングリアン氷期から後続する間氷期の開始期に相当する[21]。

間氷期のボックスグロウブは、海沿いの岩壁からチョークの崩落した風景をしており、海岸線の

地形もめまぐるしく変化した。大きく湾入した海辺は再三にわたり崩壊し，大型の鹹湖や波打ち際にはラグーンが形成された。これをスリンドン・シルト層が埋めることによって，この広大で平坦な景観の中を行き来した人類の行動を細部に至るまで保存してくれたのである。

崖の前面で行われた発掘調査の結果，独立した何か所ものフリントを剥離した跡と，動物を解体した跡とが発見された。フリントは崖の崩落土から採取され，試し割りされた後で200m〜300m離れたシルト部分に運ばれ，そこで消費され，また使用された（図4.9）。定型的な剥片石器はほとんど認められない。両面体石器がときおり製作されているが，その形態には楕円形や蝶型あるいは心臓型のものが多い（Bordes 1961a）。両面体石器の製作には10分〜20分を要するが，崖の下で粗割りすればもっと時間が節約できただろう（Bergman et al.1990）。小型のトランシュ・フレイクが本体と接合した事例もある。この剥片はリダクションの最終段階で生産されたものであるが，使用痕分析によれば，すでに切截に使用された後で剥されたものもあるらしい（*ibid.*:図11）。しかしながら，両面体石器の大部分は，ほとんど再加工されることなく廃棄されている。つまり動物の遺体を解体した後すぐに廃棄され，遺体の残りは海辺の泥地に放棄された。両面体加工石器の生産にともなう資料が接合するということは，その地点における集中的な生産を物語るものであり，またそこ

図4.9　北西部地区英国ボックスグロウブにおける両面体石器，製作剥片，動物骨などの発掘状況　動物骨の一部にはカット・マークが観察される（著者撮影）。

がプライマリーな状態であることも示唆している。石器が残された場所は使用者がそれを落とした所である。1993年12月には頑強な頭骨が発見されたが，これは類ホモ・ハイデルベルゲンシス *Homo* cf *heidelbergensis*に比定され（Roberts et al.1994），さらに他の考古学的な資料とともに，OIS 13相当の50万年BPという年代が与えられた。その後別の個体に属する2点の下歯化石が追加された。

ボックスグロウブは例外的に保存状態のよい遺跡であるが，他の遺跡，例えばドイツのミーゼンハイムⅠ，ビルツィングスレーベン，イギリスのスウォンズコームSwanscombeの下部ローム層，ホクスンの湖岸部，クラクトンClactonなども50万年BP前の保存状況の良好な遺跡である。東ドイツのショーニンゲンSchöningenの泥炭層では動物遺体とともに，木器も出土し，それには長さ2.5mの木槍も含まれていた。（Thieme 1997, Thieme and Maier 1995）。北フランスのキャニー・ラ・ガレンヌCagny la Garenneとキャニー・シムチエCagny Cimetièreでは，さまざまな気候条件が読み取れるほど保存状況が良好であった。花粉分析と地質学的な検討によって，ここでの居住はOIS 12にはじまり，OIS 11に及ぶことが判明している（Antoine and Tuffreau 1993:246）。

表4.5に記載された遺跡のうち，イセルニアの年代の再測定は別にしても，一つとしてこうした条件を満たしていない。アンダルシアのヴェンタ・ミケナでは豊富な獣骨が出土したが，それには剣歯トラ（*Homotherium*）とジャイアント・ハイエナ（*P.brevirostris*）が共伴した。この動物群は前期更新世の遺跡であるダマニシDamanisiの動物群といくつかの点で共通性があるが，そこではホモ・エレクトス*Homo erectus*（Gabunia and Vekua 1995）の頑丈な人類の下顎骨がジャイアント・キャット*Megantereon*の頭骨の直下から発見され，160万〜180万年BPという年代が与えられた。だが，ヴェンタ・ミケナから発見された人類のものと報告された頭骨の破片は（Gibert 1992），その後ウマの骨と再鑑定された（Moyà-Solà and Köhler 1997, Palmqvist 1997）。ヴェンタ・ミケナの石器といわれるものについても，それは人工品とはいえないし，調査の結果それを人為的な搬入礫とすることも困難であるという（Roe 1995）[22]。今後期待されるのは，この湖沼の湖岸における連続的な更新世の地層にどのように遺跡を位置づけるのかという点である（Raposo and Santonja 1995, Santonja 1992:56-9）。

ヨーロッパの門が開く

最初にヨーロッパが居住された年代を正確にいいあてることは，それ自体，目標とすべき課題であることは明らかである。だが，年代決定が唯一の，またもっとも重要な問題であるわけではない。私が短期編年を採用するのは，単にこの大陸への人類の登場を想定しなければ，50万年BP以降のドラマティックな変化をうまく説明することができない，という理由からである。この時期以降，保存状況が好転し，それまでとは状況が変わってしまったのではないかという疑念もないわけではないが，これは非常に消極的な反論であろう。例えば，東ドイツのウンテルマスフェルトUntermassferd（Roebroeks and Kolfschoten 1994:500）やイギリス東部のウエスト・ルントンWest Runton（Stuart 1996）といった前期更新世でも保存状態がよく，かつ年代も明確な古生物学的な遺跡が存在することを見ても，この反論は成立しそうもない。

しかしながら，短期編年を受け容れることは，別の解釈上の問題を惹起することになる。なぜ人類は100万年以前にはモロッコやグルジア，あるいはイスラエルなどの「ヨーロッパへの玄関口」

で立ち止まってしまったのだろうか。さらに、ダマニシにおける下層の年代観を是とすれば、160万〜180万年BP以降その場に立ちつくしていたことになってしまうのではないだろうか（Bosinski 1992b）。東部からの移住については格別の障壁はなかったという仮定に立ち戻り、もしも短期編年を採用すれば、人類がヨーロッパへの移住を開始するまでの50万年間、あるいは100万年間もの間、ヒトはキックした踵を上げっぱなしにしていたのだろうか。

この問題に対してターナーTurner（1992）は、大型肉食獣のギルドによる障壁という考え方を対置した[23]。ターナーによれば、このギルドは剣歯トラの仲間のような新鮮な肉を食用にする肉食獣と、ハイエナを中心とする屍肉をあさる獣との間のバランスに左右される。このギルドの成員は150万〜100万年BPの間に変化したが、この間に人類の能力には目立った進化は生じなかった（Turner 1992:121）。ところが、50万年BP頃（表4.4）、ジャイアント・ハイエナ（*Pachycrocuta breviroistris*および*Pachycrocuta perrieri*）とジャイアント・キャット（*Homotherium latidens*および*Megantereon cultridents*）に劇的な衰退が看取されるという。ターナーは多くの肉食獣は50万年BP以降にも生存していたが、この屍肉あさりと新鮮な肉好きのバランスの変動によって、人類史上はじめてヒトに屍肉あさりへの道を拓くことになったというのである。彼の評価によれば、50万年BPという年代は、

> 恒常的に人類の高密度の居住が生じた時代であった。これ以前の、少なくとも150万年BPにまでさかのぼる人類の居住ははなはだ間欠的であった（1992:122）。

この見解は、貧弱な考古学的資料に基づく長期編年支持論には魅力的なものである。しかしながら、われわれが問題とするのは50万年BP以降の遺跡数の増加に留まらず、考古学的な記録に見られる明確な移行プロセスなのである（表4.7）。私見によれば、これは居住がこの時期にはじめて開始されたという事実によってのみ説明される[24]。

ターナーのモデルは、たしかに待望久しい「ヨーロッパの門」開門問題への回答であろう。50万年BPにおけるジャイアント・キャットやジャイアント・ハイエナの衰退は、アフリカ・アジア型ファウナからアジア・ベーリンジア型ファウナへの顕著なシフトであった（Gamble 1995c、表1）。このシフトは、ステップ地帯にマンモス・有毛サイ群集が登場し、やがてその居住域がピレネーからアラスカに及ぶに至り不動のものとなった（Khalke 1994）。興味深いことに、ターナーは地中海北部地区、ことにイベリアでの肉食獣ギルドの構成が他の地域と異なることも指摘している（1992:122）。ヨーロッパ北部と比較すると、この地域には屍肉あさりよりも屍肉生産者が卓越していたのである。彼はこの要因を、地中海地域のすべてとはいえないまでも、特定地域における生態学的先行条件の違いに求めている。

社会的条件によるコロニー化の遅れ

すでに論じたように（Gamble 1995c）、ヨーロッパのコロニー化は気候と生態系の変動によって引き起こされたが、その変動は長期的な進化の過程の内部に位置し、また規模からいっても大陸大のものであった。南方型植生と動物のレフュジアの結びつきや東部からの動物群の移動、海洋性気候の変化、モザイク状の景観の形成などは恒久的なコロニーが形成される前提条件であった。コロニー化には一過的なこともあれば、継起的な場合もあったが、継起的なことが多かったように思われる。ヨーロッパ半島のコロニー化は長期間繰り返され、このため多様度の高いファウナがつくら

れ（表4.4），さらに動物のバイオマスによって示される生産性も向上したのだった。

短期編年によれば，このコロニー化について重要な結論が提起されることになる。つまり，そこにはもっとも北側の地域も含まれていたらしいのである。ヨーロッパのどの地域も，そこがコロニー化されるのは他と足並みをそろえた場合に限られる，という事実が示唆されるのである。この結論によれば，大陸規模での人口を支えるためには，広い範囲が居住されることが条件であったということになるであろう。この検証はすでに考古学的に確認できる範囲を逸脱しているが，この条件の下でのみ，地域的な絶滅を回避するために移動を繰り返すというよりも，むしろ大陸的なスケールで人口の均衡を保つことが保証されたのではないだろうか。

こうした大陸規模でのコロニー化に対する制約条件こそは，人類をヨーロッパの東の閘門で立ち止まらせた条件でもあった。すなわち，北西部や中央北部，あるいは南東部地区の大部分におけるような平原的な環境下での極端な季節性にどう対応するのか，という条件がこれである。人類の行動に引き寄せれば，この季節性は周年的な移動と集団の離合集散によって克服可能である[25]。しかし，平原における植物と動物の「格子縞」状モザイクにおいて，集団間にはこうした距離化あるいは遠隔化が必要とされたにもかかわらず，中部更新世の社会的なシステムの稼働メカニズムによってはそうした必要条件を支えきれなかったに違いない（Gamble 1993a, 1993d, Stringer and Gamble 1993:図82）。その結果，イタリア中央部においてはこうした地域と非常に類似した地形的な条件が整っていたにもかかわらず（Mussi 1995），コーカサスや中近東，北アフリカの諸集団は，ヨーロッパに侵入することができなかったのである。大型肉食獣にとっては不都合な変化としかいいようがないが，中央ヨーロッパと西ヨーロッパにおける季節性に基づいた集団編成への転換が，人類の社会システムのスケールと人類のコロニー化を可能とする環境の資源構造とをうまくマッチさせるものとして登場したのである[26]。

大陸レベル，あるいは汎世界的にコロニー化を考察することは（Gamble 1993a, 1993e），短期編年と長期編年のいずれが妥当であるのかという論争とも連動している。しかし，本当に重要なのは，この論争において問題となるのは環境的な条件ばかりではなく，こうした環境構造に対する人類の組織的な対応がどのようなものであったのかということであろう。人類とは社会的な存在であり，その範囲を拡張するためには，文化的な行動の伝達がサポート役を演じている。彼らは単に旧石器時代のリズムに合わせて舞踊をしているわけではないのである。

リズムと社会的テクノロジー

われわれはようやくヨーロッパ最古の人類の形跡を検討し，さらにそのコンテクストからコロニー化やその変化，適応などといった問題を取り扱う段階に立ち至った。だが，われわれはどのようにして，単なる生存というレベルにとどまらず，彼ら独自の，また多様な社会に接近したらよいのだろうか。さらに，いったいどのように人類行動の決め手となるリズムを考察したらよいのだろうか（表3.1）。

石器こそがこの問題のキーとなる。その理由は，それが耐久性に富むからではなく，それが可変

的であるからである。それは素材の獲得・加工・廃棄といった異なるオーダーの時間性をもっている。それはまた製作場所と素材が獲得される場所とを橋渡しをする。ペルレPerles（1992:224）は，こうした石器の可変性は，もっぱら型式学のみの問題なのではなく，同時に概念的な，また技術的な，そして社会的な問題でもあることを指摘している。要は，われわれが対象としているのは社会的なテクノロジーにほかならない。われわれはこれから行動のリズムに基づいてこの事実を検討するが，そこにおいて場は域に，主体は文化的な伝統に，意志決定は淘汰圧に，そして身振りは素材とリンクされるであろう。ここでは三つのリズムが検討される。

・石器石材の獲得と移動による道と径（paths and tracks）
・動作の連鎖（chaîn opératoir）に包括されるテクノロジーと道具の生産
・人類を囲繞する環境の創出に関与する技量，つまり動景（taskscape）

道と径：石器石材の獲得と移動

どの場にあっても，そこで使われる石器石材の大半は，その場の近傍から得られるものである。ルベルLebel（1992,Svoboda 1987, L.Wilson 1988）による南フランスのコーヌ・ド・ラルゴにおける研究はこの好例である。この研究は4枚の地層（D，E，F層ならびにG層）を対象としているが，これらはいずれもOIS 12，つまり北ヨーロッパのアングリアン－エルスター－オカ氷期に対比される。これらのうち，とくにF層とG層の資料は豊富で11万8,000点に達するが，これには99種の石材が使用されている（Wilson 1988:377）。この石材は8グループに大別されているが，ことにフリント，石英・石英岩，そして石灰岩がもっとも重要な石材である。

ルベルの分析はジュネストの原則（第3章：表3.4）を補強するものであり，石器石材の大半（80%）は洞穴から5km以内の場所からもたらされたものである（1992:63）。もっとも遠隔のものでも35kmであった（図4.10）。原石の外皮である原礫面は石英岩や石灰岩といった近傍産の石材では大きく残されているが，7km～30km離れたフリントではほとんど残されていなかった。細粒の石材は動作の連鎖後半期のもののみが遺存していた（Lebel 1992）。換言すれば，原石から石核・剥片・細部加工に至るリダクションの全過程をとどめていないということになる。

このデータによれば，原石の移動はかなりまちまちであるように見えるが，フェブロ・オグスタン（1977）の最近の検討によっても，南西部地域の石材補給は同じパターンを示している。他の地域では，データははるかに貧弱であるが，このパターンと矛盾するものではない。ヨーロッパ全域にわたる遺跡の33文化層，94例の原産地からの移動距離のうち，30kmを超えるものはわずか15例であった。最大距離はフランスのラバスチッド・ダンジュLabastide d'Anjou（Féblot-Augustins 1997:目録15-18）の例で80kmである。各文化層の平均は28kmとなる。

このことは近傍の石材が使用されていることを明示している。同様の例として，イングランドにおける石英とフリント以外の石材があげられる（MacRae 1988）。この資料はブンターBunter地方の段丘礫層から採集された石器であるが，ここは石英の原産地でもある。南イングランドのフリント産出地域では，石英製石器は知られていない（*ibid.*:図1）。地元の石英は，例えばケアリッヒのように，ラインランドでも普通に使われており，石英製の両面体石器が発見されている（Bosinski 1992a:Abb.17）。

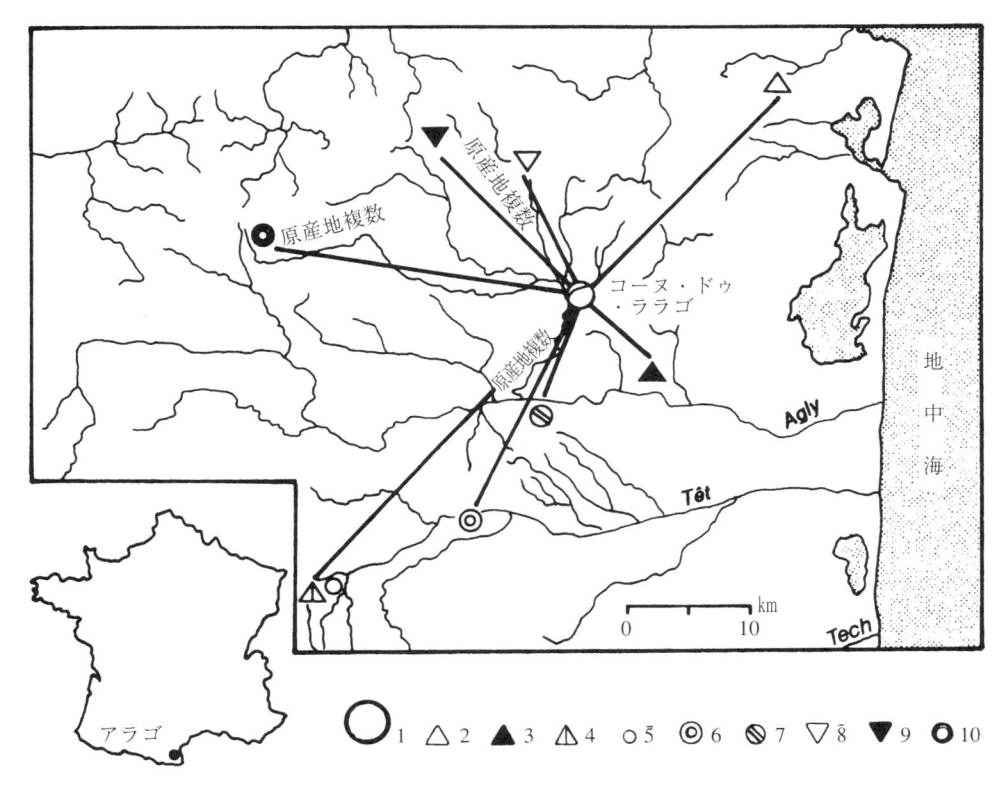

第4章　最初のヨーロッパ社会（50万〜30万年前）　127

凡例
1 石灰岩，砂岩，石英，珪岩
2 フリント，玉髄（ロクフォール・デ・コルビエール）
3 ジュラ紀フリント（ラ・ジョリエット）
4 褐色碧玉（ヴァンサ）
5 青色石英（ヴァンサ）
6 珪岩（ミラス）
7 巨晶花崗岩，曹長石，水晶，片麻岩（ラグリー）
8 玉髄，珪岩（セギュール）
9 チャート（コル・ドゥ・クイス）
10 珪岩，青色珪岩（スラトジュ）

図4.10　地中海西部地区フランス，コーヌ・ドゥ・ララゴにおける石器石材の搬入状況
　　　　（Lebel 1992による）

第3章で注目した，100kmという閾値を超える石材の移動はこの時期にはいまだ認められない。最後になるが，どの地域においても，由来の判明する海産の貝や化石の貝，顔料，象牙などといった素材の発見例はないことも付言しておこう。

動作の連鎖：テクノロジーと石器の生産

この時期のテクノロジーが文化史的な単位としては複雑でもなければ，かつて考えられていたように，人類文化の進化論的なステージを示すものでもないという点については大方の意見は一致を見ている。ただし，イギリスにおける石材消費の段階性を示す事例によって旧説は変更を余儀なくされてはいるが。これは，ある意味では地域的な問題ともいえるが，長い間支持されてきた文化的なグループ分けに対して疑問が呈され，また，石器の分析に近年導入されている海水面の変動との

関連性も問題とされている[27]。

　これまでずっと北西部地区には二つの石器製作技法が並行的に存在していたと考えられてきた。つまり，クラクトニアンとアシューレアンである（Gamble 1968a:141ff）。剥片・石核・打割器という文化的伝統が，両面体石器（ハンド・アックス）・剥片・石核という伝統に対立していたと考えられており，この二つの文化的な実体をめぐって議論が重ねられてきたのである。この違いは機能と関連する変異なのではないか，そうではなく，ある種の集団の違いを表現するものなのではないか，あるいは，環境の変化が文化的な伝播に影響したのではないか（Mithen 1994），さらには急激な気候変動がその場しのぎ（expedient：クラクトニアン）の石器群や計画性の高い（curated：アシューレアン）石器群をもたらしたのではないか，といった意見がたたかわされてきたのであった[28]。しかしながら，近年のバーナムBarnham（Ashton et al. 1994）におけるOIS 11の遺跡や，ハイ・ロッジHigh Lodge（Ashton and McNabb 1992）におけるOIS 13古段階の遺跡の調査によって，クラクトニアンを広範囲に分布するアシューレアンと区別される型式学的・技術的，したがって文化的な実体であると考えることはできなくなった。バーナムでの精密な調査によれば，この二つの伝統は同一の層準に包含されているが，河岸部で地点を変えて分布していることが判明した。鍵となるのは，良質の石器石材が利用できるか否か，および周辺にそれが分布するのか，という2点である。つまり，文化的に規制された選好性によるのではなく，クラクトン的なリダクションを行うのか，アシューレアン的リダクションを選択するのかは，石材消費を必要とする，その場その場での日常的なコンテクストに依存しているものと考えられる（以下参照）。

　われわれがバーナムなどで眼にするのは継起的なプロセスである。つまり，いわゆるクラクトニアンといわれる台石上で原石を破砕し，不定形であるが利用度の高い剥片を生産する石材消費は，両面体石器が生産される継起性をもった身振りの一部分にすぎない。

　これと同様のパターンはボックスグロウブのGTP 17（Pitts and Roberts 1997）でも観察される。ここでは崩落した海岸の崖から数百m離れたウマの遺骸までフリントが運ばれ，最低6か所の石器集中地点が形成されている（図4.11）。フリントからは大型で不整形な剥片が生産されているが，それらはウマの遺骸の解体に使われている。仮にこの地点だけの部分的な発掘調査であれば，間違いなくボックスグロウブはクラクトニアンに分類されることになるであろう。ところが同一層準には，50万年BPの風景の中に散りばめられたように，楕円形の両面体石器を製作した明確な痕跡が豊富に残されていたのである。

　この楕円形両面体石器の出現は伝統的な型式学的な考え方にとっては大きな驚きであった。従来の編年観においては，個々の石器は編年的な枠組の中に位置づけられ，粗雑なものから精細なものへという移り変わりが想定されており，楕円形両面体石器はその終末段階におかれていた。だが，50万年BPという年代の与えられている，ここボックスグロウブでは，両面体石器の初源期に出現しているのである。さらに，ハイ・ロッジの非両面体石器群においては，剥片製の端削器と側削器が数多く検出されているが，それには半侵形あるいは半魚鱗状剥離が用いられており，階段状剥離は使われていなかった。こうした剥離手法は中部旧石器の刻印とされてきたものであるが，ハイ・ロッジの遺物包含層はOIS 12，すなわちアングリアン氷期の氷床直上にブロック状に，また継起的

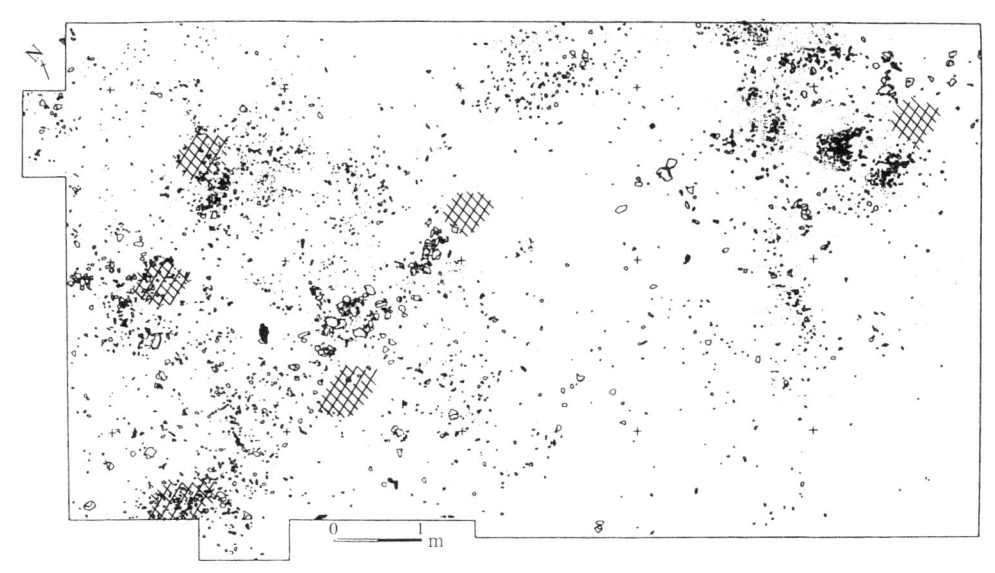

図4.11 北西部地区英国ボックスグロウブ・地質調査用試掘坑（GTP）における石器（白抜きおよびドット）と獣骨（黒塗り）の分布状況　大部分の獣骨は1頭のウマのものである可能性が高い。ハッチの入れてある部分は，ウマの遺体の近傍に搬入された6個体のフリント原石の位置を示す。各個体からは剥片が剥離されている（Pitts and Roberts 1997：Fig.38による）。仮にこの場所で両面体石器が生産されたとしても，それは調査区外へ搬出されている。

に堆積したものであることが判明しており（Ashton et al. 1992），ボックスグロウブと同時期に比定されるものである[29]。

割出し（façonnage）プロセスと割取り（débitage）プロセス

　だが，ここから先が問題である。石器製作技術の地域的な制約条件をより分けることはいつでも可能であろうが，ここから旧石器時代の社会の考察へと進むためにはどうすればよいのだろうか。動作の連鎖という視点から，テクノロジーや型式学の幅を広げることは一つの道であろう（第3章参照）。この手順を踏むことの利点は二つある。第一に，それが技術的な行動は社会的な行動であるという認識に立脚していることである。第二に，それは人工物から景観に，また場から域へと考古学的な分析のスケールをリンクすることをねらっているからである（表3.1）。ここでとくに重視されるのは，原石の獲得と移動と並ぶ生産・消費プロセスである。

　なるほど，プロセスやリズム，その身振りなどを前面に押し出し，考察の主軸に据えることは，これまで行われてきたような石器形態への安直な意味付与にとっては解毒剤となるであろう。こうした頑陋な考え方によれば，旧石器時代の石器製作者の心中には行動を誘導する観念が居座っているとされてきた。この範型論によって，考古学者は石器群の中から未製品を選び出すことができたのである。また，範型論は旧石器時代の文化という概念を下支えするものであった。ハンドアックスや削器の形態は伝統的な文化的なパターンに従わなければならない。このパターンは心の中にある青写真に基づいて石器に翻訳される。今日的にいえば，精神はハードワイヤリングされた認識装置ということもできるだろう。

　デヴィドソンDavidsonとノーブルNobleはこのアプローチを「完成品の錯誤」と的確に評している（1993：365）。彼らによれば，完成された石器といえども，それを企図された形態と見なすこと

はできない。もしそれが仮に意図されたものであったとしても，われわれはこれから製作の具体的な過程も認知的な能力も，さらには人類の問題解決能力をも類推することはできないであろう。シュランガーSchlanger（1996）が論じているように，われわれが追求しなければならないのは，そうした意図をさぐることではなく，1回の剥離ごとの石材消費に伴う身振りであろう。そのような検討を加えることによって，剥離作業においては，身振りと思考とが，実際には区別できないことが明確にされるのである。

だが，形態とともにプロセスを強調することによって，石器研究のバランスをとることは必要ではあるが，より一般性をもった研究の方向性が求められているのである。これがブエダBoëda（et al. 1990）による動作の連鎖であるが，これは二つの原則からなっている。一つは，**割出し**（façonnage）であり，例えば両面体石器（図4.12）のような最終的生産物が原材料の塊から割り出される連続的な方法であり，彫刻家の制作と類似している。もう一つは**割取り**（débitage）[30]であり，さまざまな方法によって原材料の塊を分割する。割取りによっていろいろな形をした，また種々の大きさをした剥片が生産されるが，それらは環境に応じて標準化されたり，反復されたり，系統化されたりもする（ibid.:45）。この二つの相異なるアプローチは，下部旧石器にあっては両面体石器に，中部旧石器にあっては剥片剥離に適用されている。

ブエダ（et al. 1990）はさらに石器素材の塊を基準にして，さらに二つの概念を動作の連鎖に導入している。すなわち，**機能態＝トゥール**（outil）と**待機態＝サポート**（support）がこれである。サポートはさらに剥離されてトゥールにされる。例えば，両面体石器はブランクを素材としてつくられる場合もあるが，ノジュールを消費して製作されることもある。後者は割出しの実例であり，前者は割取りの実例である[31]。

以上のような区別を念頭におけば，表4.8は理解できるだろう。

形態の回帰性，あるいは反復性という概念が動作の連鎖においてはとくに重要である。なぜならば，この概念は旧石器時代の石器製作者が特定の素材から特定の石器を意図的に製作するのではない，ということを明示しているからである[32]。つまり，石器とはそれだけで独立した観念の産物でもないし，石器製作者が心の中でつくりあげるものでもない，ということにほかならない。石器とは素材との自由なたわむれの内にあるのであり，それは既存の範型に衝き動かされるデミウルゴス

表4.8　下部・中部旧石器における主だった動作の連鎖
（Boëda, Geneste and Meignen 1990）

両面体石器の動作の連鎖		
道具としての両面石器体生産		（割出し）
ブランクから生産された両面体石器		（割取り）
三面体石核の動作の連鎖		
三面体調整石核と縁辺切取り剥片		（縁辺除去）
ルヴァロワ技法の動作の連鎖		
単一線条性	選択的な剥片	
反復再帰性	一極的	
	両極的	
	ローテーション	（求心的）

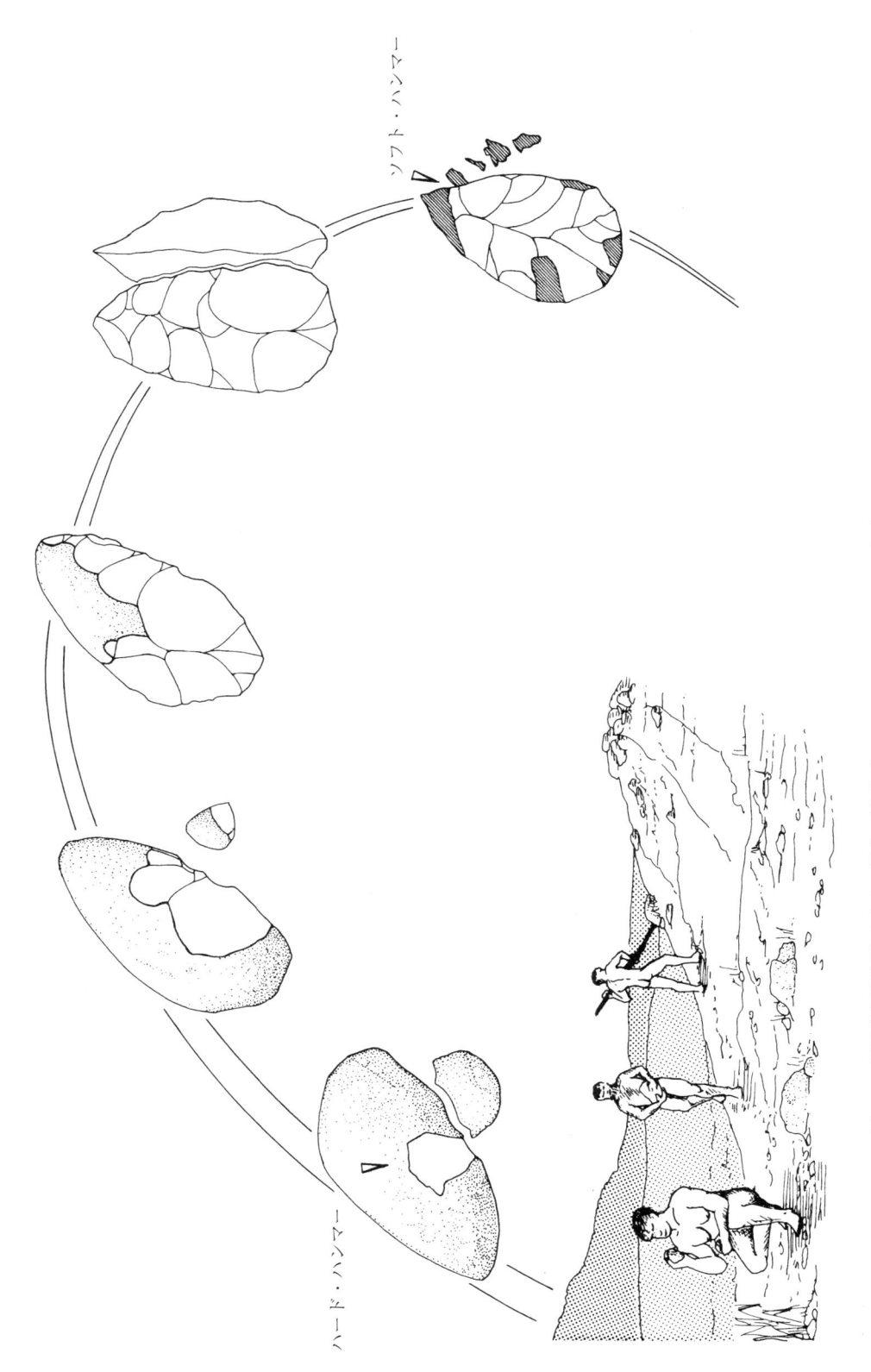

第 4 章　最初のヨーロッパ社会（50万〜30万年前）　131

図4.12　両面体石器制作のための動作の連鎖（シェーン・オペラトワール）（Lhomme and Maury 1990による）

表4.9 さまざまな製作手法を見せる石器製作技法の展開
（ペチットの好意によって提供された概念枠にもとづく）　なお，この概念枠は最終的な生産物を分類するためのものではない。

	面	
	交叉面	移動面
割出し	両面体石器生産	チョッパーの生産
割取り	ルヴァロワ技法	多面体石核技法
	プリズム技法	石核礫器の生産
	盤状（求心）技法	

（古代ギリシャ：執政官）なのではない。そのたわむれの自由度はいうまでもなく，素材と伝統によって規制されてはいるが，それは石器製作者の身振りを組み立て，導きの糸ともなっている。それゆえに，社会化された技量とは身振りを通して調停され，身体の動きとリズムとして刻み込まれることになるのであるが，われわれはこれを石器製作というのである。

こうしたアプローチは近年ホワイトWhiteとペチットPettitt（1995）によって明確にされているが，彼らの提起した割出しと割取りという区別は重要である。割出しとは消費過程であるが，その方法は**交叉面**（*secant plane*）と関係づけられている。この概念的な面は，ノジュールやフリントの塊のような個体を分割するものと定義される（*ibid.*）。こうした塊には必ず分割面が含まれているために，交叉面のある石材を消費するにあたっては，必然的にこの面の周囲から素材の一部分が割り取りされることになる（図5.17）。この交叉面という概念を割出しという概念と結合することによって，両面体石器とルバロワ技法との組織的な類似性を説明しうる統合的な技術的概念が得られるのである（第5章参照）。

ホワイトとペチット（1995:29-30）は割取りに伴う素材の3次元構成を拡張するものとして**移動面技法**（*migrating plane technology*）を提唱している。ここで，動作の連鎖という立場から，イギリスにおけるクラクトニアンの場所的なあり方に伴う問題に立ち返ってみると，ハンドアックスの間欠的な発見事例の示すように，割出しに随伴する面交叉という技法の存在は明白とはいうものの，割取りも技術的組織の内部に位置づけられなければならない（McNash and Ashton 1993）。

ここで石器製作技法に関連する単純な区分を提示したいが（表4.9），この区分はルヴァロワとプリズム状という二つの伝統を統合したものである。いうまでもないが，前者は中部旧石器を，後者は上部旧石器を代表するものである。

これまで提示されてきたさまざまなテクノロジーに関する専門的な評価に関しては，スティール（et al. 1995）らによって行われたクラクトニアンの石核・チョッパーと両面体石器の製作実験を含む運動能力に関するビデオ分析に詳しい。完成された石器という視点から見れば，両者は割出しによる所産ということにもなるが，それぞれの技法は，独自の理念的に設定された平面をめぐるように組織化されている（表4.9）。両面体石器には301回の加撃に24分を要したが，クラクトニアンには78回の加撃にわずか6分を費やしたのみであった。ここでもっとも重要な点は，1コマごとの分析を通して，ハンマーを振る腕と肘の位置の測定，および各加撃に求められる時間が計測され，それらにはさまざまな認知論的な負荷がかかっていることが判明したことである。この研究において

もっとも強い相関性が抽出できたのは，準備のための時間（1秒〜3秒）とそれに続く運動の複雑性との関係である（ibid.:253）。身振りが複雑になればなるほど，そのための準備にも多大の時間が必要とされるという。ことに両面体石器の製作の場合，ハンマーストーンのかわりに鹿角製のソフトハンマーを用いた最後の188回の加撃において，この傾向はいっそう顕著であった。この実験が石器製作に表現される言語的な能力を検討するためのものであるにせよ，それは同時に運動能力や認知能力が，最終的な完成品を頭に描いて稼働されるものではないことも示している。そうではなく，成形や割取りなどによる石器の製作とは文字どおり「今……最中（in hand）」（Schlanger 1996:248）なのである。この結果，一方では石器製作者の精神と身体とは縫い目のない構造であり，また，剥離される対象と一体の構造でもある，ともいうことができる。

完成品の錯誤によって，われわれは何年にもわたって，旧石器時代のテクノロジーのもつ本質的な統合性から眼をそらされてきた。しかしながら，旧石器時代初期のテクノロジーをいかに解釈するのか，という挑発的な研究は，ホワイトとペチット（1995:32）も指摘しているように，今や二つの問題をめぐって展開されている。

- 割出しと割取りに基づくシステム間の変異
- なぜ両面体石器は特定の石器群にのみ存在するのか，また，それがつくられる際の形態的な変化の要因は何なのか，といった割出しに関わる変異

この問題への回答は，旧石器時代初期のテクノロジーの性格をその場その場で究明することと同義である。石器石材の性質や利用可能性，遺跡の機能やその時々の環境等が物質的な表現にとって決定的であり，出来合いの青写真など少しも問題ではない。かくして，「形態によって範型が形成されるのではなく，適応的な技術面のレパートリーこそがリズミカルに反復されるのである」（White and Pettitt 1995:32）。

石器石材の利用可能性については，ホワイト（1995）が多様な技術的な応答を惹起する要因であるという視点から詳細に論じている。ロウRoe（1964）はイギリス下部旧石器時代の両面体石器を計測値に準拠して分類しているが，これらが尖頭部をもつ1群（例えばストーク・ニューウィントンStoke Newington）と，楕円形の1群（例えばホクスン下層石器群）という2群から構成されていることを見出した。ホワイトはこの2群を構成する石器群と石器石材との関係を検討し（図4.13），尖頭部をもつ1群は段丘礫層のフリントを使っているが，そのフリントの質は一般にはあまり良質ではないため，これから楕円形のものをつくり出すのは，不可能とはいえないまでも困難であること，また楕円形の石器群は，スリンドン・パークSlindon Parkやボックスグロウブのように，本来の岩体に接近した大型ノジュールの原産地から発見されることを指摘している。

スウォンズコム（表4.10）の例は，石材の利用可能性の変化が両面体石器の形態に与える影響をよく示している（また，Callow 1986a,1986b，Villa 1991を見よ）。

尖頭部をもつ両面体石器は中部礫層上部に包含され，その素材は下部礫層や現在は河床となっている部分から採取されている。この層準の上部にある上部ローム層には楕円形の両面体石器が多く包含されているが，この段階では礫層は砂で1m以上も埋められていたという（Bridgland 1994）。ホワイト（1995:13）の示唆によれば，近傍の石材産地が失われたため，より良質の原石が至近な

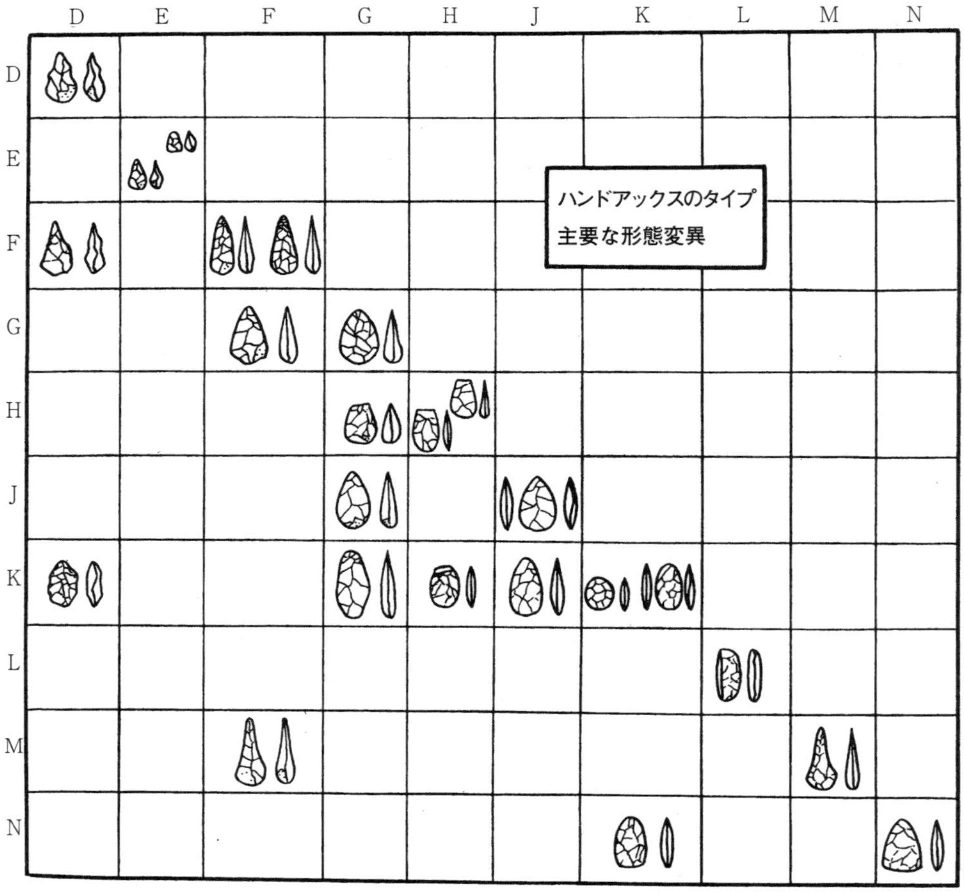

	D	E	F	G	H	J	K	L	M	N
D	▲▲									
E		▲▲				ハンドアックスのタイプ				
						主要な形態変異				
F	▲▲		▲▲							
G			▲▲	▲▲						
H				▲▲	▲▲					
J				▲▲		▲▲				
K	▲▲			▲▲	▲▲	▲▲	▲▲			
L								▲▲		
M			▲▲						▲▲	
N						▲▲				▲▲

凡例
- D　尖頭型　長さ10cm以上で側縁部は不整で粗製のもの
- E　尖頭型　長さ10cm未満で粗製のもの
- F　尖頭型　精製で身は薄手で基部の厚いもの
- G　半心臓型
- H　クリーバー
- J　心臓型
- L　部分加工型
- M　ピック型（フィクロン）
- N　平基心臓型

図4.13　両面体石器分類表（Wymer 1968：Fig.27による）

場所から搬入されたのである[33]。

　ホワイトは器体周縁部の刃部長が石器製作者の関心事であるとすれば，楕円形のものが選好されるはずだと結論づけているが，この見解は，両面体石器の形態には当時の人類の企図性が表現されている，という考え方と真っ向から対立するものといえる（Wynn 1993a:302）。しかしながら，ホワイトの研究によれば，製作者たちの選好した石材入手戦略は最良の石材とはいえないものであっても，至近なものを利用するというものであった。彼らは尖頭部をもつもので満足することもあったに違いない。最後に想起しなければならないのは，スウォンズコムには「クラクトニアン」の剥

第 4 章　最初のヨーロッパ社会（50万〜30万年前）　135

表4.10　スウォンズコムOIS 11段階に比定される土層

堆積環境	ユニット	石器群	両面体石器の形態
陸からの供給による堆積	上部礫層	アシューレアン	
	上部ローム層	アシューレアン	楕円形
河流による堆積層	中部上部礫層	アシューレアン(注)	尖頭形
	中部礫層下部		
氾濫原堆積層	下部ローム層	クラクトニアン	
河流による堆積層	下部礫層	クラクトニアン	

注：人骨産出層準

片と石核を含む文化層が2枚あることである（Conway, McNabb and Ashton 1966）。この2枚の文化層の堆積環境は礫層とロームであり、また、ボックスグロウブやバーナムの事例をも斟酌すると、こうした限定的な連鎖は尖頭部をもつ両面体石器と楕円形の両面体石器と平行していたことが想定される。ということは、剥片と両面体石器という伝統が同じような環境のもとで並存していたことになろう。こうした石器群の変異が差し迫ったアフォーダンスによるものか、それともある程度計画的なものであったのかという問題は、資料的な制約があってにわかには判明しない。

有機質の遺物

　この時期の社会的テクノロジーに関する記録はほとんど石器によって占められている。しかしながら、重要な有機質の遺物がいくつか知られており、これによって動作の連鎖にも照明が投じられている。とくに、有機質の遺物には東ドイツのショーニンゲンから出土した加工された木製の槍は著名である（Thieme 1997, Thieme and Maier 1995）。第12遺跡の例は石器を着柄するためではないかと考えられる重ね継ぎの痕跡が存在する。第13遺跡では、長さ78cmで両端が尖った短い突き槍が発見されている。泥炭層からは、長さ2.5mの長い投槍が出土している（Thieme 1997 : Fig.5）。これらのうち3例は切り倒されたトウヒからつくられており（Thieme 1997:809）、先端部は堅く緻密な木の根に近い部分からつくり出されている。たしかに、この製作には多大な労力と、いわゆる計画性（Dunnell 1997）もこめられているが、将来的計画性の過度の強調は、石ならぬ木における完成品の錯誤を繰り返すことになろう（Davidson and Noble 1993）。ショーニンゲンの例が、まだ使えるにも関わらず廃棄されているように見えることは、多くの両面体石器の発見例と照応するものである。何らかのテクノロジーを駆使してつくられたものは、それがどのようなものであれ、めったにもち運ばれることはなかったのだろうか。また、もち運ばれるにしても、長い距離は移動しなかったのだろうか。このような行動は、道具がどれくらい計画的なものであるのかはエネルギー投企量の大きに反映される、という考え方（Binford 1973, 1977）と矛盾するように見える。こうしたことから、社会的なテクノロジーといっても、それは単にウマを殺戮するといった個別的ことではなく、それにはさまざまな役割が割り振られていたことが想定される。

　これ以外の木製品としては、クラクトンにおける木槍破片（Oakley et al. 1977）、トラルバ（Freeman and Butzer 1966）、ビルツィングスレーベン（Mania 1990）でのさまざまな木器断片などがあるが、これらはみな割出し技法の例である。

　骨器もまた広く受け容れられていたが、ビルツィングスレーベン（Mania 1990）やイセルニア

（Anconetani et al. 1995），フォンタナ・ラヌチオFontana Ranuccio（Segre and Ascenzi 1984:図2），さらにイタリアのラ・ポレドララLa Polledrara（Anzidei and Huyzendveld 1992）などでは台石上でうち割られた剥片が出土している。ヴィラ（1991）はイタリアから出土しているこうした骨器に着目している。とくに，カステル・ディ・ギドCastel di Guido（Villa 1991 : Fig.2）の尖頭部をもつ両面体骨器は重要である。このような有機質の遺物によって，割出しと割取りを駆使した生産の地域的展開を知ることができるだろう。

道具のメンテナンス

道具のメンテナンスに関わる社会的テクノロジーについての証拠は乏しい。ボックスグロウブの多くの両面体石器の尖頭部からは刃部再生剥片（tranchet flake）が剥離されており（Roberts 1986），この種の石器が一過的なものではなかったことを物語っている。だが，接合資料によれば，こうした再利用はその場限りのものであり，継起的活動の一部分であることが示唆されている。いいかえれば，一度地面におかれた石器が再度拾得され「刃付けのための」剥離が行われるまでの時間的な経過は数時間か，せいぜい数日くらいのものであった。この期間の作業が割取りというよりも割出しであることを重視すれば（Boëda, Geneste and Meignen 1990），後代に見られるような石器のリサイクルや再利用，再生（例えばDibble 1987）などを想定することは困難である。このことは骨器のテクノロジーにもあてはまる。いずれにせよ，メンテナンス行動は非常に稀であり，また洗練もされていない。

動景：技量とそれを取りまく環境

動景とは一連の動作の排列であり，社会生活のプロセスとともに前進する（第3章）。これらの行動は技量と見ることもできるが，それは例えば，これは狩り，これは石器づくり，これは腑分けといったように個々別々の機能に分かれるものではなく，不可分・一連のものである。それが連続的な行動であるのは，技量を生み出し，また技量によってつくりあげられる社会生活が日々のリズムによって滞ることなく流れていくからである。さらに，動景は諸主体を包み込んでいる。この概念はギブソンGibsonの視覚的知覚の生態学的な理論（1979）に多くを負っているが，彼が指摘したのは，見るという知覚に関するかぎり，有機体（organism）をその環境と分離することはできない，ということである。人類は自身の環境に包み込まれているが，それはわれわれが環境に文字どおり触れているからであり，環境とは人類と同義であるからである。そうであるがゆえに，あるものについて考えることは，つねに他者の存在を前提にしている。われわれ自身の脳髄のみが，範型などといった共通の分析概念を媒介として，有機体と環境との区別を認識しているのである。

この時期の動景を説明するためには，一般的（generic）な，つまり他に変換されうる技量と，特殊（specific）な技量とを区別しなければならない。これらは社会生活と生存に関する学習規則として伝習される。それゆえにこれはつねに淘汰圧にさらされ，また諸主体から離れることはない。こうした技量を要約すれば，人類の変革能力ということもできるが，われわれにとってその変革は直接考古学的な資料によって推し量ることのできるようなものでなければならない。このため，ここで動景を考察するにあたっては，地域的な生態系への適応と，そこでの食糧資源の獲得という点

に焦点をあてることにしよう。

　このための一つの方法は，いわゆるクラクトニアン問題に立ち返ることであるが，すでに検討を加えてきたように，この用語は廃止されなければならない（Conway,McNabb and Ashton 1966, McNabb and Ashton 1993）。ところが逆説的なことに，下部旧石器時代の石器製作作業をダイナミックな一連の慣習的な作業，あるいはリズムとして把握するために，この用語を廃用することは，アシューレアンとクラクトニアンとを分離し，それらを静態的な伝統と見なしてきたこれまでのやり方よりもずっと複雑な問題に直面してしまうのである。だが，動作の連鎖という方法論的なツールと概念的モデルを駆使することによって，われわれはこの問題にまつわる議論を動景に包み込まれた人類へと馳せ至らせる，より生産的な道を手に入れることができるであろう。例えば，クラクトニアンの動景とは単に道具と人類との関わりに関するものにすぎないのか（Binford 1989b），それとも，現在のヒトと多くと点で関わりをもつ洗練された能力と関わる問題なのだろうか，といった（Thieme 1997）。

　クラクトニアンの問題を検討するために，私は緯度を異にする二つの下部旧石器時代の遺跡のデータを比較してみたい。その場とは赤道上に位置するオルドゥヴァイ渓谷（Leakey and Roe 1994）とイギリス南部，北緯51度にあるスウォンズコム（Conway,McNabb and Ashton 1996）である。この比較によって，生態的生産性に関係する遊動的な生活様式（Kelly 1995）とリンクしたさまざまな行動面での変異が浮上するだろう。さらに，オルドゥヴァイにおけるもっとも新しい層準であるマセク・ベッドMasek Bedは，スウォンズコムの中部更新世の層準とほぼ同時期であり，約40万年BPというOIS 11に相当していることも付言しておこう。

　この比較から得られるもっとも重要な結論は，考古学的に見た両者の類似性である（図4.14）。マセク・ベッドを対象とするFLK調査区の面積は38㎡であったが，調査区からは自然水路が発見され，それには人骨（OH 23）とともに2,465点の石器が含まれていた。また，石器のうち193点がトゥールと認定されている（Leakey and Roe 1994:図6.2）。骨と石器の分布には，人類活動によるものと判断される特別なパターンは認定されていない。また，FLK遺跡からは16種の哺乳類化石が出土している。

　北緯51度にあるスウォンズコムからもまた，自然水路と自然堤防に関係する人類の活動の痕跡が発見されている。調査者によれば，下部ローム層の200㎡の調査区から375点の石器が検出され，また下部礫層の62.6㎡の調査区からも104点の石器が出土した（Waechter,Newcomer and Conway 1970）。下部ローム層と下部礫層からは28種の哺乳類が同定され，中部礫層の上部からは人類化石も出土している（表4.10）。

　それらの遺存状況は良好であり，もしも緯度の違いによる生態的生産性の違いがあれば，当然考古学的記録にも反映すると考えられるにも関わらず，この二つの場から得られる印象は非常に類似したものである。多種にのぼる哺乳類の存在は，両者には50度もの緯度の違いがあるに関わらず，共に豊かな草原に位置していたことを示唆している。種の多様性から判断すると，北方の草原の方が熱帯のそれよりも動物のバイオマスは豊富であった。仮にそうであったとしても，スウォンズコムにおける人類は，間氷期とはいえ，高緯度の厳しい冬をどのように切り抜けるのかという生存を

チャンネル縁辺部

チャンネル縁辺部

（1）マセク層

0 　1 　2m

N

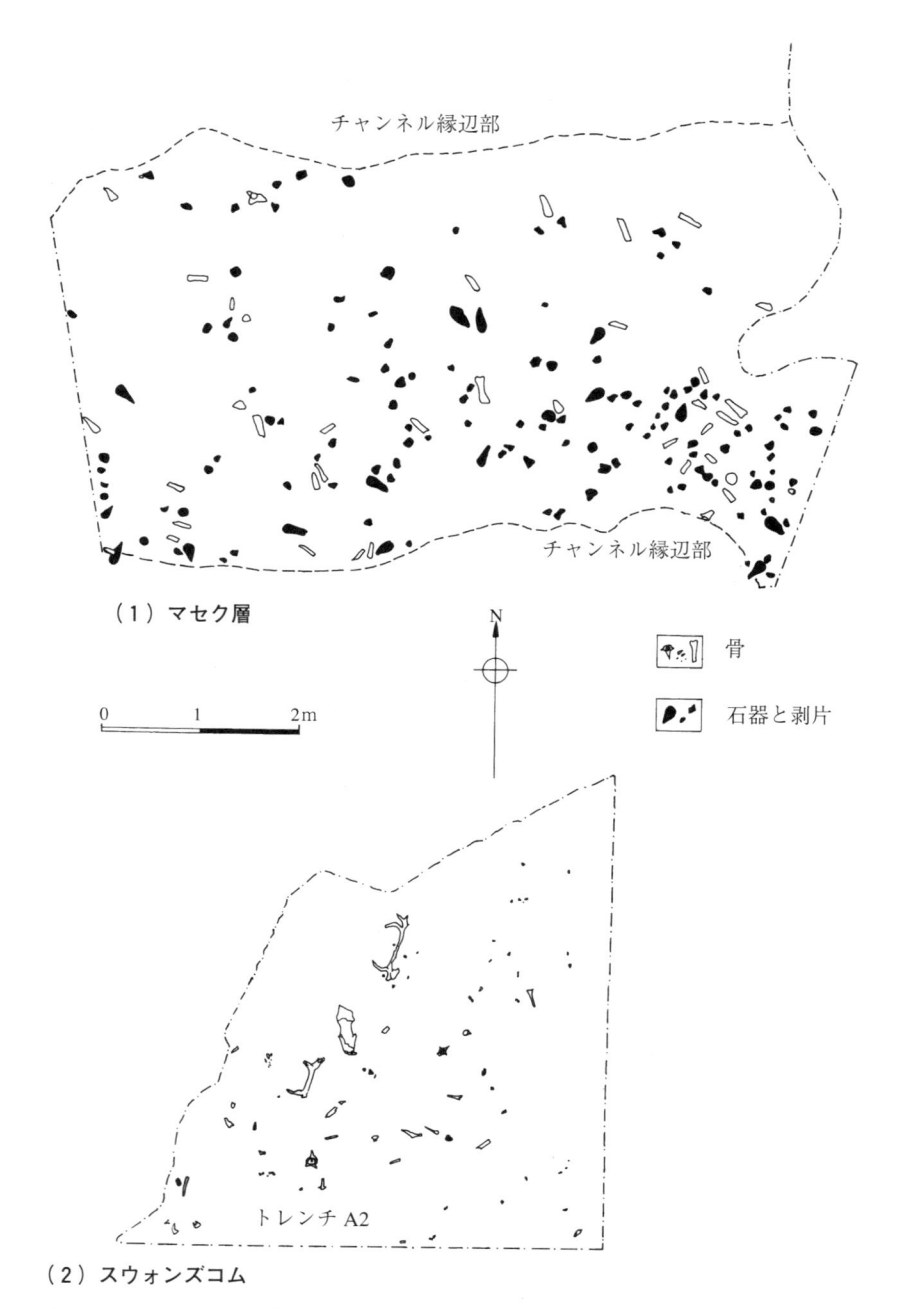

骨

石器と剥片

トレンチA2

（2）スウォンズコム

図4.14　保存状況のよい低密度型「生活面」の比較　上段：オルドゥヴァイFLK遺跡マセク層，下段：スウォンズコム下位ローム層。両遺跡とも水流の影響を受けている。石器と獣骨が含まれているが，分布は散漫で特定のパターンを示さない。これと同様の低密度の事例は，図4.11，4.18，5.7，5.30，5.34などにある。また，高密度型の事例としては，図4.16，4.17，4.20など参照（Leakey and Roe 1994：Fig.6.2，Waechter 1969による）

制約する問題に直面していたはずである。だが，こうした淘汰圧があるとはいっても，それをテクノロジーやキャンプの状況から読みとることは困難である。

　両者に共通するのは，炉や柱穴（これがもしも存在すれば，スウォンズコムのロームにあっては動物の足跡と同じように保存されたはずである）といった構造物をつくる行動が認められないこと

であるが，石器製作や動物の解体跡などは明確に遺存していた（図4.14）。テクノロジーや居住システム，キャンプの組織性などの面で，同緯度にある現代の遊動民との違いは顕著であろう。

私はオルドゥヴァイとスウォンズコムの考古学的な記録から看取されるこうした類似性は，異なる生態系に適用された一般的な，あるいはそれが変換された技量を指し示しているのではないか，と解釈している。もしも一般的技量がこうした初期の人類を特徴づけるものであるとすれば，そこに居住していた人類は，二つのまるで異なる環境のもとで，まったく別の道を歩むことになったのではないだろうか。人類集団はスウォンズコムによって示されるように，北方への進出と後退を繰り返していたが，この過程で，地域的なスケールでの強烈な考古学的な証拠が残された可能性が指摘されるのである。人類は文化的な伝達手段に基づいて，直面する問題を解決するさまざまな技量を磨いてきたのだとすれば，同じような緯度では特定の技量が発達したと考えることもできるだろう。例えば，具体的な資料こそないものの，長い冬に対処するために，貯蔵技術が開発された可能性は高いであろう。

こうした人類を包み込んでいた動景は，人々の最大の関心事であり，つねに彼らとともにあるものであった。彼らの食糧もまた，そのパターンに従っている。アユーリョとフィーラーWheeler（1995）は，組織維持のためのコスト仮説に立脚し，われわれの脳髄は体重のわずかに2％の重さしかないのに，吸収するエネルギーの何と20％も消費するという観察結果を呈示しながら，人類の進化を論じている。さらに，エネルギーを取り込むためには動物性タンパク質のような高品位の食糧が必要であることも指摘されている。彼らのモデルでは，脳の拡大は胃の縮小によって達成された。つまり，胃の消化能力の減退を埋め合わせる新しい行動が選択されたのである。これには，肉の調理という外部的な消化システム（Aiello and Wheeler 1995）がことのほか有効であったと考えられる。

こればかりではない。環境利用という側面から見ると，こうした食糧摂取の変化によって霊長類的な領域利用パターンから肉食獣的なそれへの推転が促進された。その結果，テリトリーが一層拡張された（Steele 1996:表8.8）。こうした土地利用に伴って，成員が別々でいる期間も長期化するため，社会的なコストも大きくなったであろう。社会的なグルーミングなど，伝統的に想定されてきた恒常的な，そうでなくとも頻繁な，そして，そのつどかなりの時間が費やされることになる相互行動を媒介とする社会的な紐帯の維持もまた変わらなければならなかったであろう。

こうした変化にはどのような淘汰圧が作用するのだろうか。さきに示唆したように，脳髄の大型化は社会生活をうまくとり行うための選択淘汰であった。この社会的な知能仮説（Byrne and Whiten 1988, Humphrey 1976）は，これ以外に提起されている技術仮説（Oakley 1949）や食糧仮説（概説としてByrne 1995:第14章，Milton 1988など参照）などよりもここでは重要である。脳髄の大型化はコミュニケーションを促進し，音声によるグルーミングはこれ以外の社会的なグルーミングを凌駕するに至ったのである。この結果，ダンバーDunber（Aiello and Dunbar 1995）が提示しているように，十分な象徴性をおびた言語がなくても，他の霊長類が維持しているよりも大きく，また安定したネットワークの構築が可能となるのである。

そうであるがゆえに，組織維持のためのコスト仮説によれば，ショーニンゲンの木槍は，大きな脳をもつ人類による北方高緯度のコロニーにとって，たいへん効率的な労働手段を提供するものと

評価することができる。このことは，石器石材の移動データによっても支持されている。つまり，もっとも遠隔地から運び込まれた石材の移動距離は28kmであるが，これは霊長類の行動圏よりも肉食獣のそれに近い（Gamble and Steele 1998）。アフリカの下部旧石器時代の数字は，これと比較すると小さく，14.6kmであった（Féblot-Augustins 1997, 付表4-13）。だからといって，アフリカでは動物が捕獲されも，食用にされもしなかったということにはならない。むしろ，距離が倍も違うということは，土地利用と行動圏のサイズを規制する資源に作用する緯度効果を示唆するものなのであろう。先に論じたように，このオーダーでの空間的な変化は，現代の北緯50度以北の狩猟・採集民においても観察されている（Kelly 1995）。ここで触れた石器石材の移動データは，したがって，技術面での特殊的技量というよりも一般的な技量を指し示しており，これがショーニンゲンの木槍やボックスグロウブの両面体石器を形づくったのである。マセク・ベッドのFLK地点には楕円形の両面体石器があるが，そこから6,800kmも離れたボックスグロウブにもそれはたしかに存在する。東アフリカにおいて精製された木槍が発見されていないのは，単に保存状況の問題であろう。結論として，この生態的帯域を横断する社会的な技量とは一般的なものであり，その空間的なスケールも小さかったのである。

域

習俗としての風景

これから論じようとするのは，こうした社会化された技量が親密なネットワークと日常的なネットワークを活用することに，しっかりと根を下ろしているということである（表2.8）。このネットワークのスケールについては，石器石材の移動距離や原石が剥片や石核，あるいは両面体石器などのリダクションから判明するが，それらに関わる行動の時間はいずれも短時間であり，せいぜい数日以内であろうか。移動距離（最大80km，大半が30km未満）と差し迫った必要性に対する対処の仕方から，そのリズムは短く，おそらくは1日程度であるのかもしれない。

諸個人がこうした風景の周辺に張り巡らした道と径には，例えばサセックスの隆起海岸沿い（ApSimon,Gamble and Shackley 1977, Woodcock 1981），ヴィペルタールWippertalのカルスト地形にある小湖沼の周辺（Mania and Dietzel 1980），ソンム川（Antoine and Tuffreau 1993）やアニエネ川沿岸（Anzidei and Huyzendveld 1992, Mussi 1995）の河岸段丘上などがあげられるが，それらは環境に対する相互的な関係によって醸し出されたリズムによって形成されたものである。

こうした場所での保存状況は例外的に良好であり，将来，古期人類を対象とするエスノグラフィーや（Conard 1994）諸個人に焦点をあてた研究の進むべき道を指し示している。地域的な範囲を拡張すると解像度は低下するが，その理由はそこでは周氷河現象や沖積作用によって考古学的な資料は篩い分けされ，破砕され，再堆積されたからである。その結果，コレクションにはいろいろな時代のものが混在し，その年代の幅は更新世のサイクルにも匹敵する5万〜10万年間にも達することがある（表4.1）。だがこうしたデータは，景観が各地域でどのように利用されてきたのかについ

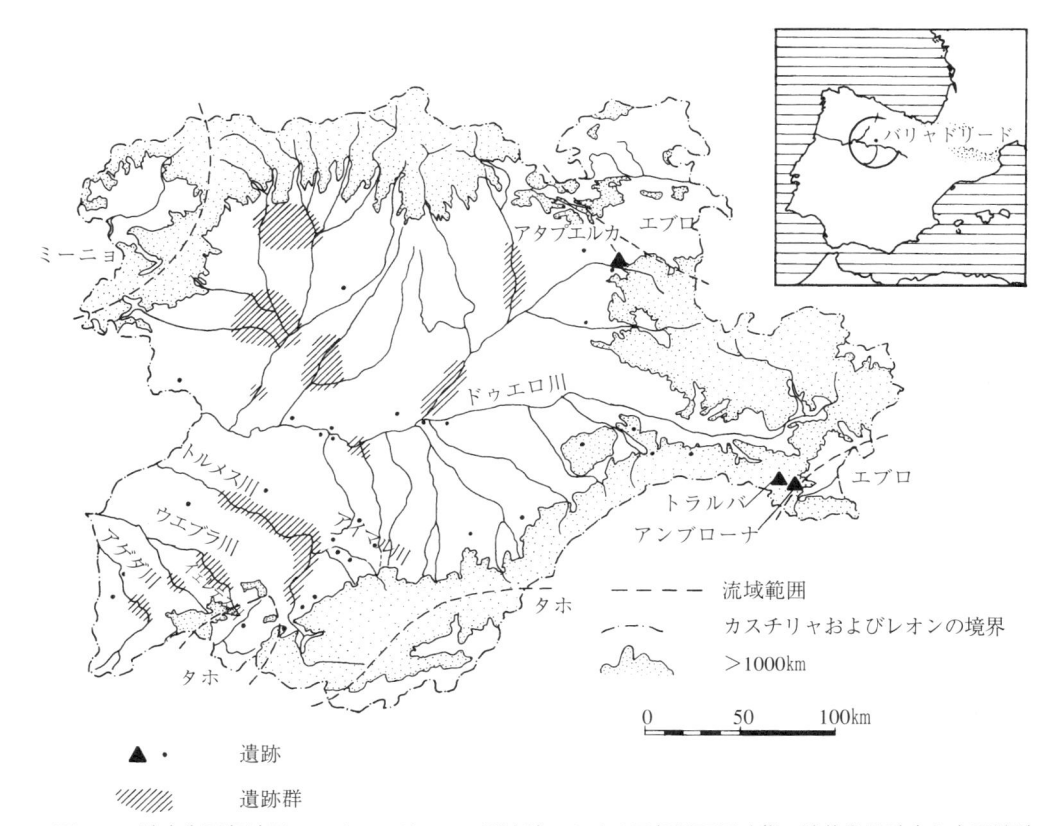

図4.15 地中海西部地区スペインのドゥエロ川流域における下部旧石器時代の遺物発見地点と主要遺跡
(Santonja 1991-2 : Fig.2による)

表4.11 ドゥエロ川南西部流域のアシューレアン遺跡
(Santonja 1991-2)

河 谷	遺物発見箇所	推定される採集遺物数
アグエダ	8	520
イェルテス	7	920
フエブラ	7	890
トルメス	27	1,820
アルマール	3	30
アラゴン	1	10

て有益な情報を与えてくれる。例えば，イギリス南部での河岸における旧石器時代の遺物（Wymer 1996）とドゥエロDuero川流域の研究成果（Santonja 1991-2）とを比較検討すれば，河川流域の地理的単位ごとに遺物集中地点の状況を概観することができる（図4.15）。サントーニャSantonjaはドゥエロ川流域南西部における石器数を見積もっている（表4.11）。

もちろん，こうした遺物散布地はいろいろな時代のものが入り混じったパリンプセスト（Palimpsest：重ね書きされた羊皮紙）であるが，そこが頻繁に居住された場所であるというのは一つの推測にすぎない。われわれには現代の土地利用の歴史やコレクションの由来，さらに地質学的な背景などについての知識が必要とされる。ホスフィールドHosfield（1996）はイギリスの河川についてこうした

要因を検討している。彼のソレントSolent川流域の石器の分析，とくにサザンプトンSouthamptonとフェアムFarehamの市街地における分析によれば，その発見の要因からして，旧石器研究が産業考古学と密接に結びついていることが検証されている。彼は，このような要因があるにせよ，広大な風景の中にあってはアシューレアンの遺物の分布状況には違いが認められ，この違いは人類活動に起因するものである，と結論づけている。このことは，いまだ産業化されておらず，広大な非都市的な景観が広がるスペインのドゥエロ川流域も，数年前にワイマー（1968:図109）も指摘しているように，同様に解釈できることを示唆していよう。彼の指摘によれば，イギリスにおいてもっとも遺物が集中するのは，ウーズOuse川流域，テームズ川流域，並びにソレント川流域などである。OIS 12のアングリアン氷期のテームズ川の流路変更以降というもの，これら3河川の流域はその生産性の高さから人々を引きつけてきた。それゆえに，これらの河川の礫層から高密度で発見される両面体石器や剥片類は，その習俗としての景観を通過する道径が頻繁に往還されたことを反映しているであろう。

　習俗としての景観は，行動を予期し，行動に充満した動景と緊密に結びついている。それは，行動によって考古学的なコンテクストに入るが，その行動に使われるものといえば，その大部分が石や木材，あるいは骨などといった身近な環境の与えてくれるものに限られている。蓄積された行動は地中深く埋没し，人類の居住地以外での行動の痕跡はパッチ状に域内に分布する。いわゆる「遺跡」とは，すでにミーゼンハイムIやビルツィングスレーベンについて見たように，こうした域内の多くのパッチの中にあっても，保存状況の格別にいい例外的なポケットなのであり，また長期にわたって居住に利用された場所なのである。これが，私が域という用語を好んで使う理由である。この時期の習俗としての景観においては，諸個人はいつもの，身近な，そして誰でもが知っている道径で遭遇したと想像される。社会の中で生きるとは，必要であるがゆえに形づくられたなじみの，だが時に改まることもある道径を往還することであった。気候や獲物の雰囲気，そして瀬音，これらは遭遇した諸個人の気持ちと一体になり，さらに彼らの間では社会的な問題を解決するためのネゴシエーションが行われることもあった。このような相互交流を築き上げるために必要な資源はといえば，その多くは精神的なものであるが，また物質的なものもあった。そして，相互交流が反復されることによって，親密なネットワークと日常的なネットワークを特徴づける人口学的かつ技術的な性格が形づくられたのである。

社会としての風景

　こうして見ると，私が第3章において定義した，象徴的な資源を作動することによって達成される，「今」・「ここ」を超える社会的な諸関係を形成する遠隔化としての社会的な風景の存在を示唆する証跡は存在しないことになる。このような社会的な景観の欠落は，これらの人類がいっそう季節性の強い北ヨーロッパのコロニー化を達成するだけの能力を保有していなかったということからもうかがうことができる。というのも，このような環境への適応は，グループの一部が資源と捕食の不十分性に対処するために分散することが必要だからである。グループをまとめ上げるための象徴的な手段がなければ，こうしたスケールをもつ社会的な生活を維持するには大きな困難に直面

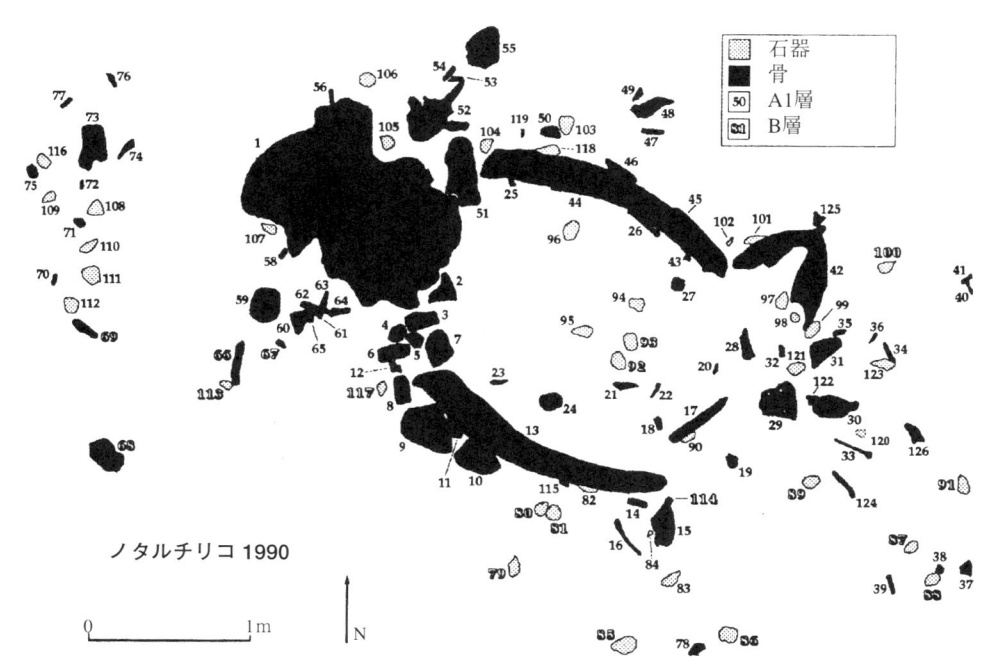

図4.16 地中海中央地区イタリアのノタルチリコにおけるゾウの遺体　頭蓋骨は1号遺体、下顎骨は42号遺体（Cassoli et al. 1993 : Fig.2による）。

してしまうだろう。なぜならば，こうした紐帯は感情的なつながりと日常的な手段に訴えることによってのみ確かなものとなるからである。

場

ここで検討されるのは，そこにテクノロジーや社会的な行動の余韻とが見出される場から再構成される技量である。動景の場合と同じように，ここで問われなければならないのは，ある場での技量がヨーロッパの別の地域にある異なる場での技量へとどれくらい変化するのか，という問題である。この技量は特定の動物とか景観，あるいは地域的な資源構造などに特殊化しているのだろうか，あるいはそれはどの地域でも通用するものなのだろうか。私はこの問題にギャザリングという視点からも，景観を比較することを通じて接近をはかりたい。なぜならば，それはパフォーマンスと技量の伝達というコンテクストを与えてくれるからである。

大型動物のいる河畔でのギャザリング

この時期の考古学的な記録において，もっともありふれたギャザリングとは人工物と動物との関連である。保存状況と回収面での要因によって，つねにとはいえないまでも，しばしばギャザリングと関連する動物は大型のものである。イタリアでの事例はこの環境をよく説明してくれる。

ヴァノサVanosa川流域のノタルチリコNotarchirico（Belli et al.1991, Cassoli et al.1993, Mussi 1992）では24m²の調査が実施され，湖畔の礫層中からゾウ（*Elephas antiquus*）の成獣の頭骨と下顎骨とがひっくり返った状況で発見された[34]。キバはそのまま残されていたが，下顎骨は少し移動し

ていた（図4.16）。全体で85点の骨と41点の石器が検出された。ゾウの遺体の傍らからはアカシカと絶滅種のダマジカ（*Dama clactonian*）の骨も若干出土している。石器には石灰岩製のチョッパーやフリント製の尖頭部のある両面体石器（Cassoli et al.1993図4）のほかに，小型の鋸歯縁削器がある。

振り返ってみれば，調査区があまりにも狭隘であるため，すべての骨格は回収されていないのかもしれない。オコンネルO'Connell（et al.1992）がタンザニアのハザHadza族の民族誌的な研究によって明らかにされているように，大型動物の解体には広いスペースが必要である。彼らの研究によれば，動物のサイズの大小は，動物が解体された場の面積に観察されるさまざまな変化のうち75％に寄与しているという（*ibid.*:330）。彼らの観察した解体対象のうち最大のものはキリンであったが（750kg），その解体エリアは3か所に分かれていた。この3か所のエリアの直径は32m〜68mで，平均は51mであった。解体の進行に伴って移動するエリアは最終的には750㎡と見積もられている（*ibid.*:340）。この面積は，サイとマンモスが良好に保存されていたビルツィングスレーベンにおける精査面積の2倍であり，ノタルチリコの3倍に達する[35]。

だが，ここからさらに進む前に，こうした民族誌的な観察を適用するにあたっての留意事項が検討されなければならないだろう。まず，ハザ族の研究が指し示しているのは，大型動物の解体はすぐれて社会的に構成された行動であるということである。つまり，それは性と年齢によって規制される作業グループの編成，炉の設置，そして解体された肉の運搬などによって構成されている。ノタルキリコでは，こうした編成はまったく確認されていないが，まず，この点の検討が必要であろう。次に注意されるのは，広範囲の解体空間の内部には，さまざまなハザ族の作業グループによる個別的な作業が行われる小空間が存在することである。これらの直径は3m〜7.5mほどであり（O'Connell, Hawkes and Blurton-Jones 1992:図3），これはノタルチリコにおける頭骨と下顎骨の散布範囲と比較されるが，ビルツィングスレーベンの調査区の面積よりは小さい。

いうまでもなくノタルチリコにおいては，動物骨と石器との共伴関係が重要視されている。加撃痕は認められたが，カットマークは残されていなかった（カッソーリCassoliの私信による）。調査者は堆積層の形成過程に細心の注意を払い，この共伴関係は水流による攪乱の結果なのではなく（Issac 1989:143），人類によるキバと頭部の何らかの利用行動に起因するものである，という結論を提示している（Cassoli et al. 1993）。むろん，だからといって，動物が殺戮されたのかあるいは屍肉あさりの対象とされたのか知ることはできない。

このような共伴関係が不明確なゾウ化石の出土地点は他の地域でも知られている。例えば，ドイツのケアリッヒ・ゼウフェルKarlich Seeufer（Bosinski 1995a, Gaudzinski et al. 1996），スペインのアリドスAridos（Santonja 1992, Santonja et al. 1980），トラルバ（Santonja 1992, Shipman and J.Rose 1983）などがあげられよう[36]。トラルバでは，強い水流による篩い分けとローリングの結果，人類と大型動物資源との関連性を明確にすることは困難であった。この遺跡やケアリッヒ・ゼウファーにおいて遺存していた木器と石器の共存関係はおそらく自然作用によるものであろう（Gaudzinski et al. 1996）[37]。アリドスではキバと頭骨の下に，急流によって運ばれた人工物や小型の骨片が堆積していた。イタリアでは，ローマの北西部にあるラ・ポレドラーラ・ディ・チェカニッビオLa Polledrara di Cecanibbioにおいて，石器と動物遺存体とが折り重なって出土している。動物にはとく

表4.12 イセルニアⅠ区3a層の遺物（Giusberti, Ferrari and Peretto 1991）

	N.	㎡あたりの密度
トラバーチンのブロック	1,256	8
礫と板石	292	2
フリント製石器	137	1
骨	722	5

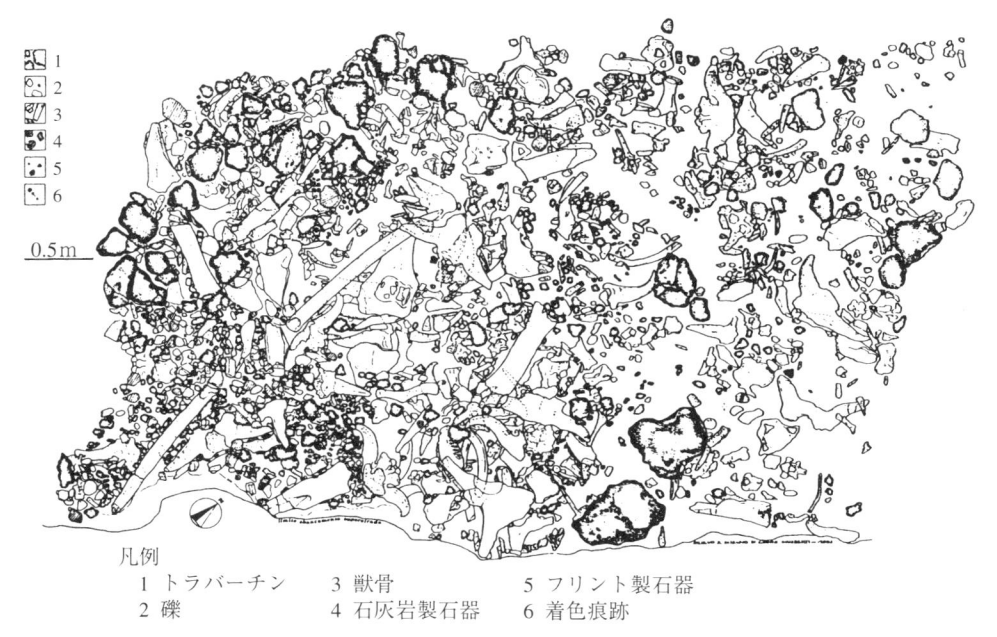

図4.17 地中海中央地区イタリアのイセルニア・ラ・ピネタ t.3a.層平面図　本層はこの遺跡では上層部に位置する（Cremaschi and Peretto 1988：Fig.18による）。

凡例
1 トラバーチン　3 獣骨　　　　　5 フリント製石器
2 礫　　　　　　4 石灰岩製石器　6 着色痕跡

にゾウとオーロックス，つまり原牛（*Bos primigenius*）が目立つ（Anzidei and Huyzendveld 1992, Arnoldus-Huyzendveld and Anzidei 1993）[38]。ここでも大型の骨とキバとが水流の妨げとなって，遺物の稠密な堆積を生成する原因となっている。調査地点の外部にも少なくとも2か所のゾウとオオカミとの遺体埋蔵地点があるが，そこは静かに堆積した細粒堆積物層中であり，原位置を保っていた。5,000点の動物骨と350点の石器が検出されているが，それらは在地の小型石材を素材としており，チョッパー，鋸歯縁石器や削器など粗雑な加工のものが多い（Mussi 1992,1995）。この遺跡とイセルニア・ラ・ピネタやフォンタナ・ラヌッチオFontana Ranuccioでは骨を打ち割って道具を製作している（Giusberti, Ferrari and Peretto 1991, Segre and Ascenzi 1984, Villa 1991:図3）。イセルニアでは骨髄食のために意図的にバイソンの骨が破砕されていることが実験的に示されており，ラ・ポレドラーラに近接するカステル・ディ・ギド（Villa 1991:Fig.2）では両面体骨器が数点検出されている（Anzidei and Huyzendveld 1992:146,Villa 1991）。

　こうした場をいかに解釈するのか，イセルニア（Cremaschi and Peretto 1988, Peretto,Terzani and Cremaschi 1983）について見てみよう。セトレSettoreⅠt.3a地点では130㎡が調査されているが，ここでは骨と石器，そして礫層に部分的に挟在する水平な泥層上に点在する礫とトラバーチン・ブロ

ックなどが発掘されている。遺物包含層（表4.12, 図4.17）は急流による堆積層に覆われている。

動物相はバイソンが卓越し，保存状況のよい頭骨もある。意図的な骨の破砕は観察されたが，カットマークは未確認である。石器は小型不整形のものである（Peretto 1991）。石器群は量的には多くないが，剝片や鋸歯縁石器，単刃削器などから構成されている。ビルツィングスレーベン（Mania 1991a）と同様に，こうした骨と「敷石状の」トラバーチンの集合は意図的な集積であり，シェルターか生活面であると解釈されているが（Cremaschi and Peretto 1988, Peretto, Terzani and Cremaschi 1983:図27），この地点における堆積状況を考えると，そのような解釈は成立しそうにもない。

洞穴でのギャザリング

洞穴や岩陰から得られた情報は散発的である。トータベルのコーヌ・ド・ララゴにおける豊富な遺物を含む多層遺跡の情報は，人類による食糧資源獲得戦略を検討するうえで重要であるが，今のところ断片的な予報しか刊行されていない（表4.13）。動物化石はきわめて豊富で，OIS 13間氷期とOIS 12氷期段階との境界における種の大きな変化が記録されている。肉食獣の個体数が少なく，シカ，ウマ，ムフロン（野生の羊）などがおもな捕食対象と想定されている[39]。H.ド・ルムレとM-A.ド・ルムレ（1979）によれば，OIS 12相当とされるG層からは少なくとも15個体分の人骨が44点出土している。その44％は小児骨で，ほかに四十代の女性が1個体あり，残りは25歳未満の成人骨とされている。

アタプエルカでは考古学的な遺物はガレリア（TG）やドリーネ（TD）といった部分の縦坑や裂け目などから発見されている。近年TD6区のオーロラ層から36点の人骨が発見されたが，人骨には粗雑な石器が伴っていた（Bermúdez de Castro et al. 1997, Carbonell et al. 1995）。アタプエルカばかりではなく，シマ・ド・ロス・フエソスSima de los Huesos（骨穴）という地下深く発達した洞穴の一部からは1,000点以上の標本の中から，少なくとも32個体の人類化石（表4.14）が発見されている（Arsuaga, Bermúdez de Castro and Carbonell 1977, Arsuago et al. 1993, Bermúdez de Castro 1995）。このような大きな標本は，中部更新世の人口構造を検討するうえで非常にまれな機会を与えてくれる。性別の判明したのは18個体で，男性10人，女性が8人であった。ベルムデス・ド・カストロBermudez de Castro（1995）によれば，最高齢者の年齢は35歳と推定されている。ここでの化石人骨の年齢構成は幼児と小児とをほとんど含んでいない点でトータベルの例とは異なっている。

この骨穴と呼ばれる地点からは人工品は発見されていない。ほかに少量のクマの骨が採集されている。こうした堆積層についてはいくつかの異なる評価が提示されている（Santonja 1992:50）。その成因は，1回のカタストロフィーによるものなのだろうか。それとも継起的に，また長期にわたって意図的に洞穴内におかれたものなのだろうか。後世になってシマ・ド・ロス・フエソスに流れ込んだとも考えられるのではないだろうか。なお，人骨の一部には肉食獣の嚙跡が残されていた（Andrews and Fernandez Jalvo 1997）。

トラバーチンにおけるギャザリング

ハンガリーのベルテスセレシュ（Kretzoi and Dobosi 1990）は南東部地域のトラバーチンに形成された場である。この遺跡の年代は，年代決定値が動物群から想定される年代よりも新しすぎるた

表4.13 コーヌ・ド・ララゴ（アラゴ洞穴）の大型動物遺体（Jourdan and Moigne 1981）

OIS層準	13 KL (%)	13 HIJ (%)	12 DEEFG (%)	12 SOLG (%)	12 F2 (%)	12 F1 (%)	12 E (%)
肉食獣							
エトルスク・オオカミ		10	3	2	4	4.3	5
アカオオカミ			1.1	1.5		0.8	
絶滅種キツネ			0.5	0.5	4		
キツネ			0.5			0.8	5
デニンジャー・クマ		7.5	2.5	3.5		1.7	
ヤマネコ		5	0.2	0.5			
オオヤマネコ	+		0.5	0.5		0.8	
レパード			0.5			0.8	5
洞穴ライオン			1.1	1		0.8	5
肉食獣%		22.5	9.9	9.5	8	10	20
草食獣							
森住のもの							
無冠アカシカ		27.5	12.4	14	4	12.1	5
中型シカ		17.5					
オオツノシカ		7.5					
マーク・サイ		5	1.4	2.5			
ヤギュウ			4.4	4.5	4	4.3	5
%		57.5	18.2	21	8	16.4	10
ステップ居住者							
モスバッハ・ウマ	+	5	21.4	30.5	8	10.4	14
ステップ・サイ		2.5	3.2	5	4	0.1	
絶滅種ジャコウウシ			5.2	5.5	12	3.5	5
トナカイ	+	2.5	2.2	2		3.5	
%		10	32	43	24	17.5	19
山住のもの							
絶滅種ムフロン		2.5	31.3	18	48	49.5	38
タール		7.5	7.4	7.5	12	4.3	9
シャモワ			0.2			0.8	
マーモット			0.5	0.5			5
%		10	39.4	26	60	54.6	52
MNI	7	40	364	199	25	115	21

注：MNI＝最低個体数，＋＝きわめて少量あり

表4.14 シマ・ド・ロス・フエソスにおける人類遺体からみた性別年齢構成（Bermudez de Castro and Nicolas 1997 : table 3）

年齢	男性	女性	同定不能	%
0～5			1	3
6～10			2	6
11～15	2	1	5	25
16～20	1	5	3	28
21～25	2	1	1	13
26～30	3	2	1	19
＞30		1	1	6
MNI	32			

め，なお論争中である。動物群にはアルビコーラ型ハタネズミが含まれ，これは35万年BPを示唆し，したがって，中央北部地域のビルツィングスレーベンにおけるホルステニアンと対比することができる[40]。

ベルテスセレシュのトラバーチン鉱山には考古学的に興味深い3か所の遺跡が存在する。第Ⅰ遺跡は居住域と解釈されている。そこからは石器とともに，細かく破砕された獣骨が高密度で検出されている。動物相は絶滅種のウマ（*Equus mosbachensis*）が卓越し（48%），シカ（ダマジカとアカシカ，オオシカ）は27%でこれに次ぐ。クマもあるが（6.3%），肉食獣は少ない。ビルツィングスレーベンで目立つ*Stephanorhinus etruscas*（エトルスクサイ）は5%と僅少である。

第Ⅱ遺跡は鉱山の別の地区にあり，第Ⅰ遺跡とは大きく様相を異にし，肉食獣の棲息場所と解釈されている。

第Ⅱ遺跡の化石骨包含層は密閉された裂け目の中にあり，後になって塹壕の掘削によって開口したものである。そこに棲息していたクマは別にして，絶滅種のオオカミ（*Canis mosbachensis*）（13%）と，やはり絶滅種のライオン（*Leo gombaszogensis*）（14%）が検出された。両者の第Ⅰ遺跡での出現頻度はきわめて低い（表4.15）。

1963年〜1968年にかけて第Ⅰ遺跡の約60㎡が発掘された。獣骨はきわめて細片化し，周辺に飛び散った状態であったが，これはクレツォKretzoiとドボシDobosi（1990）の指摘によれば，大規模な遺跡プランと重複する状況であったという。獣骨の大半が被熱しており，調査者であるベルテシュのフィールド・ノートによれば（Kretzoi and Dobosi 1990），炉の形跡を想起させるような激しく焼けた部分が存在したらしいが，そこからは炭化物は検出されていない。ビルツィングスレーベンとの類似性が指摘されるが（以下参照），1965年には2個体分の人骨が発見された。第一の人骨は，ベルテスセレシュ第Ⅰ遺跡の7歳の小児骨で，調査に際して四点の歯が出土している。第二の人骨は，第Ⅰ遺跡から8m離れたところでのトラバーチンブロックのダイナマイト発破によって発見された若年の後頭骨である。

石器についてはベルテシュが検討を加えているが（Kretzoi and Dobosi 1990, Kretzoi and Vértes, Svoboda 1987），小型の礫器と剥片が多量にあり，在地石材が支配的である。

ベルテスセレシュ第Ⅲ遺跡3層からは，40㎡にわたり動物の足跡が発見されている。そこは深い泥地で，サイやクマ，バイソン，シカなどが足を取られもがいた場所と考えられる。第Ⅰ遺跡から多く発見されたウマの蹄の跡は確認されていない。

ベルテスセレシュによって，われわれはさまざまなタイプの景観を想起することができ，またわ

表4.15 ベルシュセレシュⅠ遺跡とⅡ遺跡との動物構成の比較（Kretzoi and Dobosi 1990:532）

	%	
	Ⅰ遺跡	Ⅱ遺跡
肉食獣	1	27
クマを含む雑食獣	6	69
草食獣	93	4
資料総数	1,916	1,135

れわれが取り組むべき資料の何たるかについても思いをいたすことができた。鉱山にある3か所の遺跡はだいたい同時期であるが，必ずしも同一時期とは断定できない。しかしながら，それらの鉱泉周辺の諸遺跡は，鉱泉に接した類似した場所に残されていたが，そこで起きたことは各遺跡ごとに異なっていたと考えられる。第Ⅱ遺跡と第Ⅲ遺跡は人類活動とはほとんど接点をもたないが，このことは，第Ⅰ遺跡がすべて人類によるギャザリングによって形成されたことを意味するものではない。

保存された岸辺：湖畔と河畔におけるギャザリング

ボックスグロウブは保存状況のよいこの時期の遺跡である。考古学的には，何回かの石器製作と，これに共伴する獣骨によって構成される遺跡である。とくに注目されるのは，GTP 17遺跡における完全な遺体を対象とした一連の解体作業である（図4.11）。人類はこの場に6個体の大型ノジュールを搬入し，そこで必要とされる石器を製作した（Pitts and Roberts 1977）。すでに触れたように，それらは他の地点で発見された両面体石器ではなく，大型のフリント・ブロックから割り取られた剥片であった。ボックスグロウブという景観において解体された，これ以外の動物にはサイとシカが知られている。獣骨の分布は希薄で，ピットや柱穴，炉などといった遺構といえるものは検出されていない。このことから，この場での居住行動は社会的場面性というよりもギャザリングであると解釈することができる。前者にはより洗練された身近な環境の利用が予測されるからである。

イギリス東部のホクスンの湖畔（Singer et al. 1993）からも同じような痕跡が発見されている。ビルツィングスレーベンと同じように（以下参照），河畔という立地が保存のための好条件となったのである。獣骨と尖頭部のある両面体石器が水面下数インチのところに廃棄されていた。このため，ここでは柱穴などの遺構が存在しえないであろう。しかし，ホクスンでは，C層において楕円形両面体石器を伴う12か所の下層石器群のクラスターが検出されている（図4.18）。これには直径が1m程度で，少量の獣骨片と炭化物粒，それに石器が伴うこともある。ワイマーWymerは，これを空になった袋の中身のようだと述べている（1985:171-3）。これよりも上層に位置する5層の剥片石器文化層において，彼は一群のフリント片の廃棄された場所を発見したが，これは軟弱な水成シルトの中にしっかりとした基礎をつくるためのものだと説明している（*ibid.*:173）[41]。

ドイツのミーゼンハイムⅠでは，E.ターナー（1989, 1990）がクローマーⅣ間氷期におけるタフォノミーを検討している。この遺跡の年代はボックスグロウブに対比されている（Bosinski 1995a, Bosinski, Kolfschoten and Turner 1988）。この場からは100点のフリント製の石器と，多数の骨片が検出されている。骨片はウシ科2個体，ウマ4個体，アカシカ6個体，最低9個体のノロジカからなり，ノロジカのうち，6個体は成獣，3個体は若獣であった。なお，ここでは100m^{2}以上の面積が調査されている（E.Turner 1989:530）。このように石器は少量であったが，獣骨に近接して5m^{2}ほどの礫群があり，ボジンスキー（1995a:114）はこれを河畔の泥の堆積層に立ち向かった人類による人為的な対処の痕跡であると見なしている。だが，ターナーが注意を喚起してくれたように，このような相関性は，数年前であれば人類の介入の疑うことのできない証拠と判断されたものであろうが，今日ではもはや十分な証拠とはいえない。もっとも重要な点は，骨にカットマークが残されていないことであり，さらに骨髄食のための意図的な骨の破砕が観察されないことである。もちろん，顕

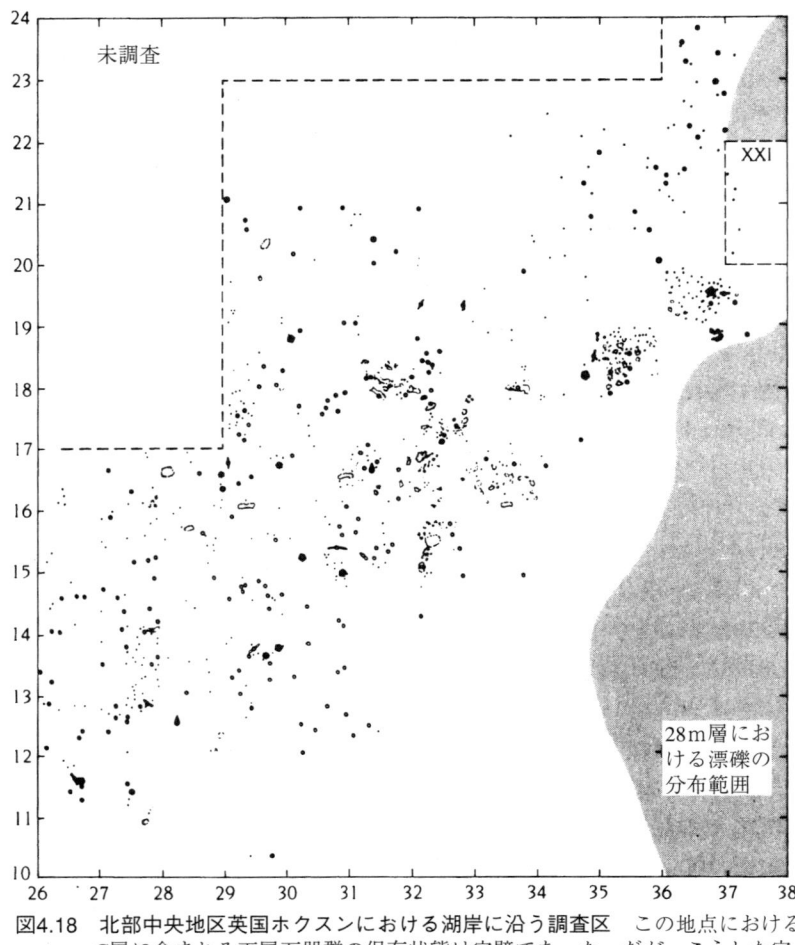

図4.18 北部中央地区英国ホクスンにおける湖岸に沿う調査区　この地点におけるC層に含まれる下層石器群の保存状態は完璧であった。だが，こうした完全に保存された地点であったとしても，獣骨（白抜き）と石器（黒塗りおよびドット）は，いかなるパターンも示していない。火処のないことに注意（Wymer 1985：Fig.58による）。小グリッドは1m間隔で設定

著なカットマークを残すことなく解体される場合もあるし，ことにノロジカのような小型の動物の場合には，カットマークの出現頻度は低いことが知られている（Binford 1981b, von den Driesch and Bossnech 1975）。ミーゼンハイムⅠにおける噛み跡の出現頻度は8％であり，またウシ科の大型の骨は広い範囲に散乱しており，これはオオカミの捕食の特徴と解釈されている。ターナーは，ミーゼンハイムはたしかに原位置をよく保ってはいるが，石器を製作する人類が短期的に利用した場であると結論づけている。彼らはおそらく屍肉をあさったと考えられるが，その根拠も完全とはいえない。

場：ビルツィングスレーベンについての事例研究

ここではビルツィングスレーベンの事例研究を通じて，遺存パターンと場の利用について検討を加える。

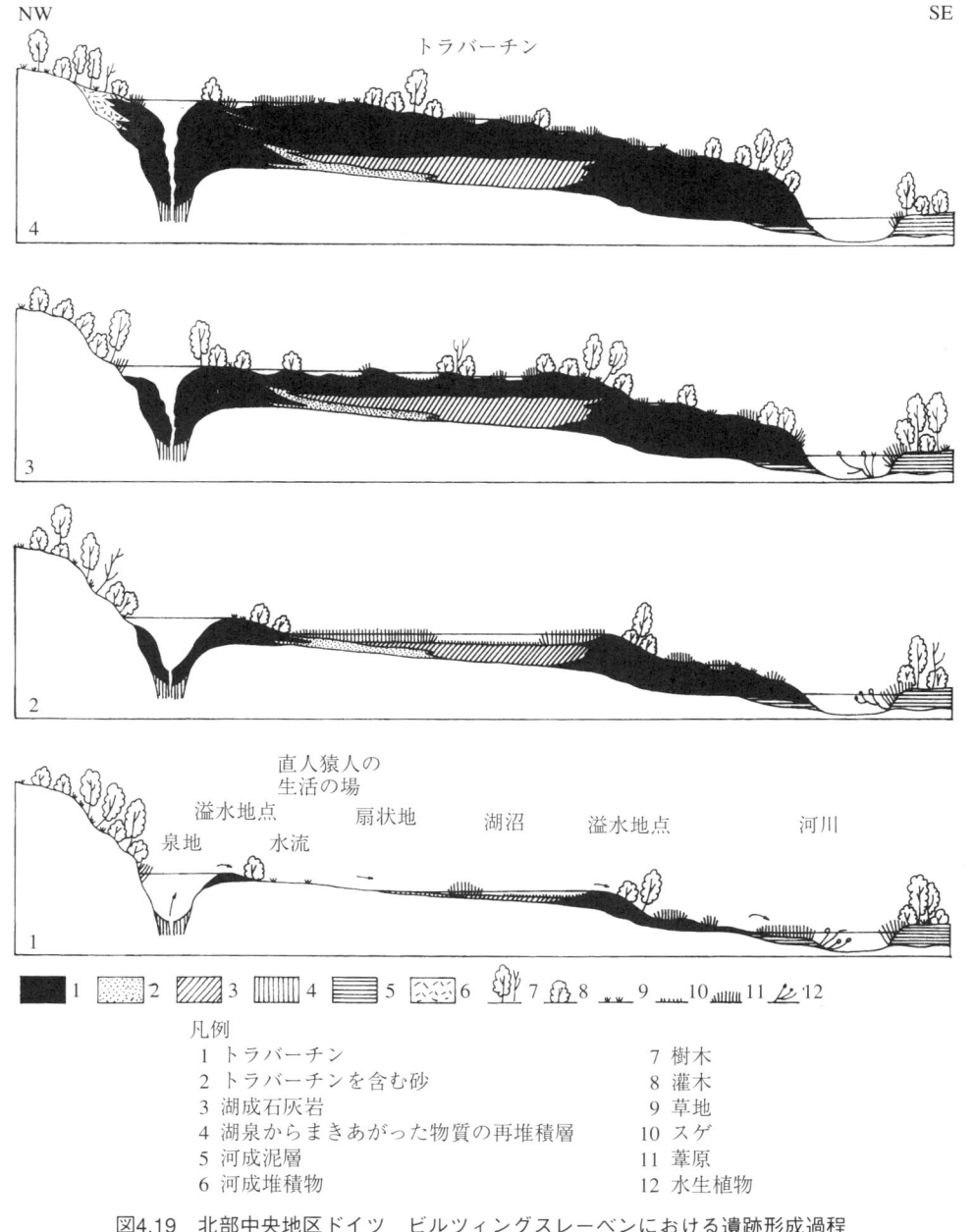

第4章 最初のヨーロッパ社会（50万～30万年前） 151

凡例
1 トラバーチン
2 トラバーチンを含む砂
3 湖成石灰岩
4 湖泉からまきあがった物質の再堆積層
5 河成泥層
6 河成堆積物
7 樹木
8 灌木
9 草地
10 スゲ
11 葦原
12 水生植物

図4.19　北部中央地区ドイツ　ビルツィングスレーベンにおける遺跡形成過程
（Mania 1995 : Fig.4による）

　ビルツィングスレーベンは東ドイツにあり，エルベ川から枝分かれするザール川の支流，ヴィペールWipper川沿いに位置している。この場はトラバーチン鉱泉によって保護されてきたが，考古学的な資料はまず砂と炭酸塩（Seekalk）によって覆われ，次いで硬質のトラバーチンの外皮によってシールされた（図4.19）。建築資材に使うためのトラバーチン採鉱によってこの場が発見され，ディートリッヒ・マーニアDietrich Maniaによる20年にも及ぶ調査の結果，ホルシュタイン間氷期におけるもっとも詳しい場についての知識を得ることが可能になった（Fischer et al. 1991, Mai et al. 1983, Mania 1990, Mania and Dietzel 1980, Mania,Toepfer and Vlcek 1980, Mania and Weber 1986)。

編年と環境

ビルツィングスレーベンの堆積層中には3回の間氷期が保存されているが，考古学的な文化層はこの2番目に相当している。シュバルツSchwarcz（et al.1988, Mania 1995:90）による230TH（トリウム）-234U（ウラニウム）とESRを使った絶対年代の測定によれば，それは35〜32万年BPと41.4万〜28.0万年BPの間のビルツィングスレーベンII間氷期に位置することが判明した。ホルシュタイン・コンプレックスに帰属することは間違いないが，それがOIS 11なのか，それともOIS 9なのかは決定できない。

環境についての情報は豊富にある。地中海および南西ヨーロッパに生息する，淡水産 *Theodoxus serratiliniformis* を含むカタツムリの存在は温暖な気候を示唆するが，これはジャイアント・ビーバー（*Trogontherium cuvieri*）の存在からも支持されよう。同種化石は北ヨーロッパにおけるホルシュタイン・コンプレックスからも抽出されている。また，直線的なキバをもつゾウ（*Palaeoloxodon antiquus*）についても，同様の評価が可能である。他の多くのトラバーチン遺跡と同じように，植物の葉や材も保存されており，豊かなカシの混淆林が復元されている。場の周辺にはエキゾチックな南方の植物もあった。例えば，トショウ（*Juniperus sabina*），野生のブドウ（*Vitis sylvestris*），またツゲ（*Buxus semperviren*）やピラカンサ，セルティス，ハシドイなど多くの灌木が含まれていた（Mania 1995）。これらの樹木は鉱泉の上にある堤防上に繁茂し，密生して湖沼を縁取っていたのであろう（図4.19）。

軟体動物は90種あり，そのうち3分の1は森住の種であった。しかし，軟体動物は量的には開地的な種が多く，マーニアの推定では，この場所は閉鎖的ではなく，むしろ開放的な森林であり，森林ステップ的な景観であった（1995）。植物相と動物相を総合的に考えると，相対的に温暖で乾燥した気候が想定され，年平均気温は10度〜11度で，1月の推定気温は−0.5度〜3度で，7月は20度〜25度くらいであったらしい（Mania 1995）。

人類遺体

この場からは，1972〜1989年までの間に少なくとも3個体分の人類化石が産出している[42]。これらは頭骨の破片と遊離した歯の化石から構成されている（表4.16）。後頭骨は未発見である。

人類化石第1号と第2号は成人骨で，かつてフルチェクVlcek（1978）によって直立猿人と規定されたが，そうではなくハイデルベルク人（*Homo heidelbergensis*）という最古のヨーロッパ人に対する総称的な名称を採用する研究者もいる（Roberts,Stringer and Parfitt 1994）[43]。第3号人骨は下顎の乳歯であることから小児骨と見られる。

遺物分布状況

表4.16　ビルツィングスレーベンの人類遺体（Mania 1991a : 22-3）

	人骨破片の総数	歯とその破片の総数
1号人骨	6	1
2号人骨	4	5
3号人骨		1

これまでに全体で約600㎡ほどが調査されているが（Mania 1986,1991a），問題となるのはこのうち355㎡の部分である。この場は大きく二つのエリアに分けられるが，両エリアはかつての小さな湖の湖畔によって明瞭に区分されている。ここにはかつて，石灰岩の深い裂け目から湧出する水をたたえた泉池があったが，人類が居住していた頃には泉池の流出部付近は扇状地の堆積物（Schwemmfächerfazies）によって埋められていた。この扇状地に交叉する小川は，当時まだ残されていた小さな湖水に注いでいた。この結果，堆積層中には人類化石第1号をはじめとする多量の遺物が再堆積した。また，人類が居住していた後に，一連の小規模な断層（Salten）が遺跡を横断している。

調査によって明らかにされた第二のエリアは，砂質土（Üferfazies）からなる広範囲に広がる乾燥した陸上堆積物からなっている。そこは浅い湖の縁辺部に発達するテラスに相当し（Mania 1995:91），泉の流出部に近接していた。ここでの発見物も再堆積によるものと見られるが，原位置をあまり動いていないと判断された（Mania 1991a:17）。この堆積物には第2号人骨が含まれていたが，3か所のシェルターからなるキャンプサイトが復元されている（図4.20）。

大型動物遺体

獣骨は扇状地部分と湖畔部分の両方から検出されている。クマ以外には肉食獣は含まれていない。また，明確な噛み跡も確認されていない。256点の獣骨について種が同定されているが（Mania 1991a,:表4），もっとも一般的なのはサイ（27％），ビーバー（14％），アカシカ（13％），ゾウ（12％），クマ（11％）などである。これらの資料はあまり多いとはいえないが，いずれも355㎡の調査区から検出されたものである。

600㎡全体では，627点のゾウの歯および骨と同定される資料が出土しているが，未同定の歯骨は1,578点にのぼる（Mania 1991a:表4）。全身の各部位がそろっているが，とくに頭骨と歯が顕著である。歯のうち118点について年齢査定が行われているが（Guenther 1991），全体の65％以上が14歳未満であった。この年齢群について見ると，その多くは2歳から6歳の間にある（47％）。また，2歳未満の幼獣も含まれているが，これは若年群の30％以上を占める（図4.21）。

ゾウの歯は若年獣に偏っているが，骨については異なるストーリーが描かれる。肩胛骨や肋骨，脊椎骨などと同様，四肢骨には老獣のものが多い。マーニア（1991a）は破砕の程度についても言及している。48点の上腕骨，撓骨，大腿骨，脛骨などが同定されているが，これらのうち，11点はほぼ完形であった。しかしながら，これ以外に665点の破砕骨と，252点の剥離骨片が存在する。さらにマーニアは119点の人為的な加工骨を指摘している。彼の解釈によれば，こうした不均衡な遺存状況は，ゾウの厚手で緻密な骨が，剥片や他の人工物の素材として選択された結果であるという。

比較検討によって，サイの遺存状況は目的的な狩猟の結果であると説明されている（ibid.:21）。その50％は若年のものであり，また骨は素材として利用されていない。サイの遺体のうちごく限定された部位のみがキャンプにもち帰られていた。これはバイソンやウマにもあてはまる。相対的に遺存度の高い骨が多いのは，アカシカなど小型獣のものであった。

作業領域・シェルター・遺物

ビルツィングスレーベンの調査区は，そのコンテクストから6か所の行動ゾーンに分けられてい

154

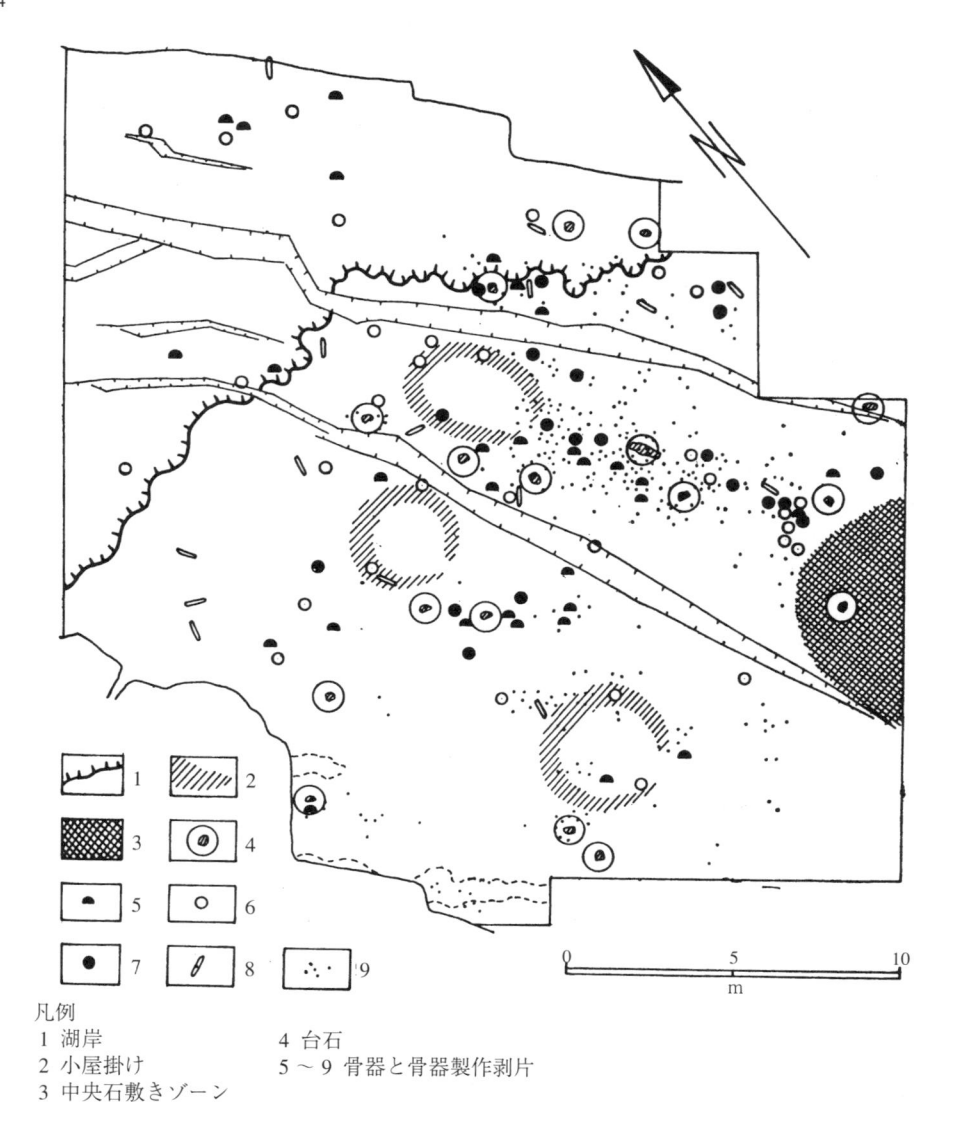

凡例
1 湖岸　　　　　　　4 台石
2 小屋掛け　　　　　5～9 骨器と骨器製作剥片
3 中央石敷きゾーン

図4.20　北部中央地区ドイツのビルツィングスレーベンにおける遺物分布から復元された
　　　　「キャンプサイト」（Mania 1991a : Fig.2による）

る（表4.17, 図4.20）。

　湖岸の堆積層中から，3か所の半円形の構築物が発見されている（図4.20）。構築物はトラバーチンの大型のブロックと獣骨などの存在によって識別されているが，これらは風よけの重石であると考えられている（Mania 1990:83）。マーニア（1986,1990:Abb.58,59，ならびに60）によるプランに基づいて，シェルターと遺物との関連性を示すために表4.18を作成した。

　この表の示すところによれば，ここにはさまざまな構成要素が認められるものの，その密度は相対的に低く，各シェルター間にはかなり違いがあることがわかる。詳しく調査された355m²についても，分布密度は低く，同定可能な獣骨は1m²あたり0.7点であった。

　骨および石の接合頻度についてはここでは検討できない。さらに，シェルターのプランや遺物の大（10cm以上）小（10cm未満）についても検討を加えることができない。換言すれば，このデー

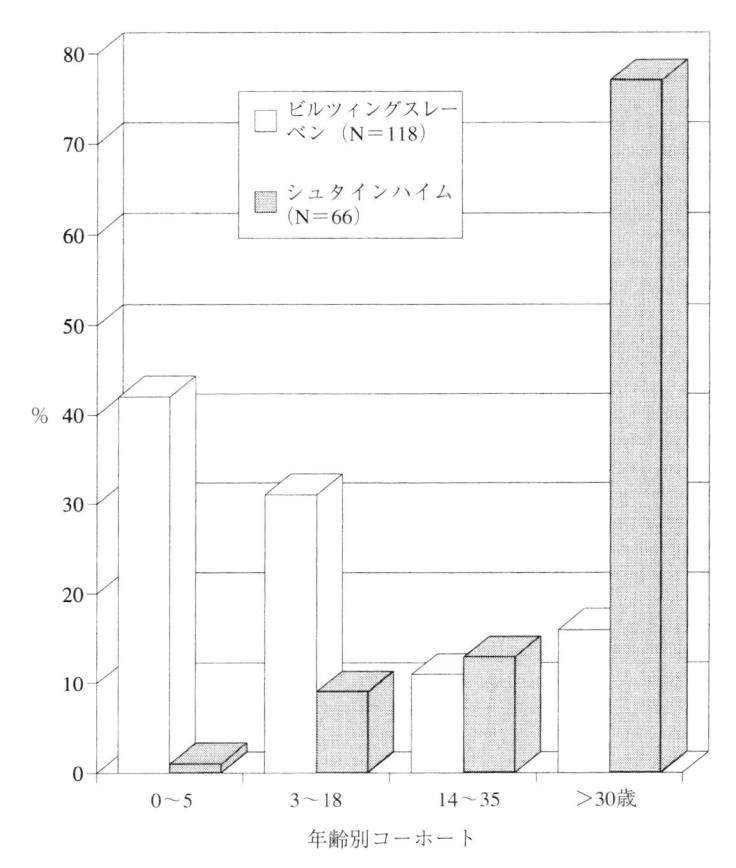

第4章 最初のヨーロッパ社会（50万～30万年前） 155

図4.21 北部中央地区ドイツのビルツィングスレーベンおよびシュタインハイムにおけるゾウ（*Palaeoloxodon antiquus*）の年齢プロフィール 遺存状況がよく，また回収状況もよいビルティングスレーベンのプロフィールはカタストロフィー型のプロフィールを示している（図5.27Aを参照せよ）。一方，シュタインハイムではより高齢のものが多く，選択された結果である可能性がある。いずれのプロフィールも人類による狩猟を示唆するものではない。図5.22に示した人類の狩猟による成獣型のプロフィール（Guenther 1991による）と比較せよ。

表4.17 ビルツィングスレーベンの行動ゾーン（Mania 1986, 1991a）

ゾーン	人骨	台石	焼け礫と炭化物	10cm未満の遺物（％）	m²あたりの枝角	解 釈
I・Ia	+			88	0.34	ゴミ捨て場
II		+		55	0.5	湖岸の活動域
III	?		+		0.14	小屋掛け
IV	+	+		70	0.14	仕事場
V	+	+		83		中央石敷き
VI						列石

表4.18 ビルティングスレーベンにおける3基の構築物の内容（Mai et al.1983, Mania 1986, 1990, 1991a）

シェルター	文献	形態	直径	面積 m²	人骨	獣骨・歯	骨器	加工された骨角器	加工角	木製品	ゾウの牙	礫・板石	台石	焼礫	ハンマート	ピット	炭化物
1	Abb.58	楕円	4.5×3	13.5	0	95	4	1	3	2	0	76	3	39	21	0	+
2	Abb.59	円形	3.5	10	0	64	7	1	4	1	1	70	3	7	26	0	+
3	Abb.62	円形	5	20	1	152	14	0	2	49	1	97	3	16	19	2	+

タによる限り，調査者がいかなる観点からこうした楕円形や円形のプランを認定したのかを知ることができないのである。接合の重要性は，ヴィラVilla（1976-7）がかつての海岸線に位置していたテラ・アマタ（Lumley 1969b, 1975:761-70）における遺物の研究で示している。そこには，同じような形態をした大型の骨と石の分布する範囲があり，内側に炉をもつ8m～4mの大きさをした大型シェルターが想定されている（Lumley 1975:図4）。だが，ヴィラによれば，323点のフリントの接合資料のうち40％が異なる地層にまたがって分布しており，垂直方向の平均接合距離は20cmであった。彼女の発見は，テラ・アマタの遺物が原位置を保っており，したがって一時的なシェルターをもつ継起的な「生活面」が存在する，という考え方に疑問を突きつけるものといえよう。

ビルツィングスレーベンもまた原位置を保っているといわれており，また事実そうなのかもしれない。しかしながら，各地点における砕かれた骨片の異常な多さは（表4.17），石器の接合によって遺跡がどれくらい原位置を保っているのかを検討する必要性を示唆しているのではないだろうか。

マーニアの復元によれば，各々のシェルターは焼土の散布と作業場を伴っているが，そこには大きめのゾウの骨，およびトラバーチン・ブロックも使われることがある台石などを含んでいる。さらに，ゾーンⅤでは中央石敷き遺構といわれるものが発見されている（図4.22）。ここでは板状の石と礫とが軟弱な堆積層の上におかれていた。この部分は1986年に調査されたが，調査面積は約3㎡～4㎡である[44]。この「石敷き」に使われている板石の原産地は1か所ではなく，200mほど離れたところにある古いトラバーチン集中部分から運ばれたものと推定されている。地元でとれる貝殻石灰岩Muschelkalkや石英岩，結晶岩類，フリントなども使われている。化石人類第2号の頭骨破片が2点堆積層内から発見されている。これらの前頭部と頭頂部の骨片は接合したが，両者間の距離は3.3mであった。「石敷き」の中央部には角の一部をとどめた保存状況のよいバイソンの頭骨があり，その位置は大型の石英岩の前面であった。顕微鏡観察によって，この表面には骨の破砕片が付着していたので，台石として使われたものではないかと推定されている。ところが，その周囲からはハンマー・ストーンも破砕された骨片も検出されていない（Mania 1991a:23）。ゾーンⅥでは，長さ5mくらいの中型礫が帯状に分布し，南西方向から「石敷」遺構へと延びている（Mania 1991a:23）。

「石敷き」遺構の場合と同様に，この地点での石器石材も多様ではあるが，地元で利用できる石材が使用されている。石器には大型の礫器と石英岩と貝殻石灰岩でつくられたハンマーストーンがある（Mania 1978:Abb.10）。2,486点の石器に関する最初の研究では，その93％がフリント製で，10km以内で入手可能である（Weber 1986）。また，87％が長さ1cm未満であった。細部加工のある石器は全体の12.5％であり，その長さは1cm～6cmの範囲に収まる。形態はナイフ，有背刃器（Keilmesser），削器，ハンドアックス形の尖頭器，タヤクTayac型およびカンソンQuinson型尖頭器（Brézillon 1968, Debénath and Dibble 1994, Hahn 1991など参照）などのほか，鋸歯縁石器とノッチがある（Mania 1995）[45]。

すでに指摘したように，骨の一部，とくにゾウの骨は意図的に剥離されているが，木器とされているものは棒状，鉤状，スコップ形など定型性に欠けている。

ビルツィングスレーベンを一躍有名にした「彫刻された」骨について最後に触れておきたい。こ

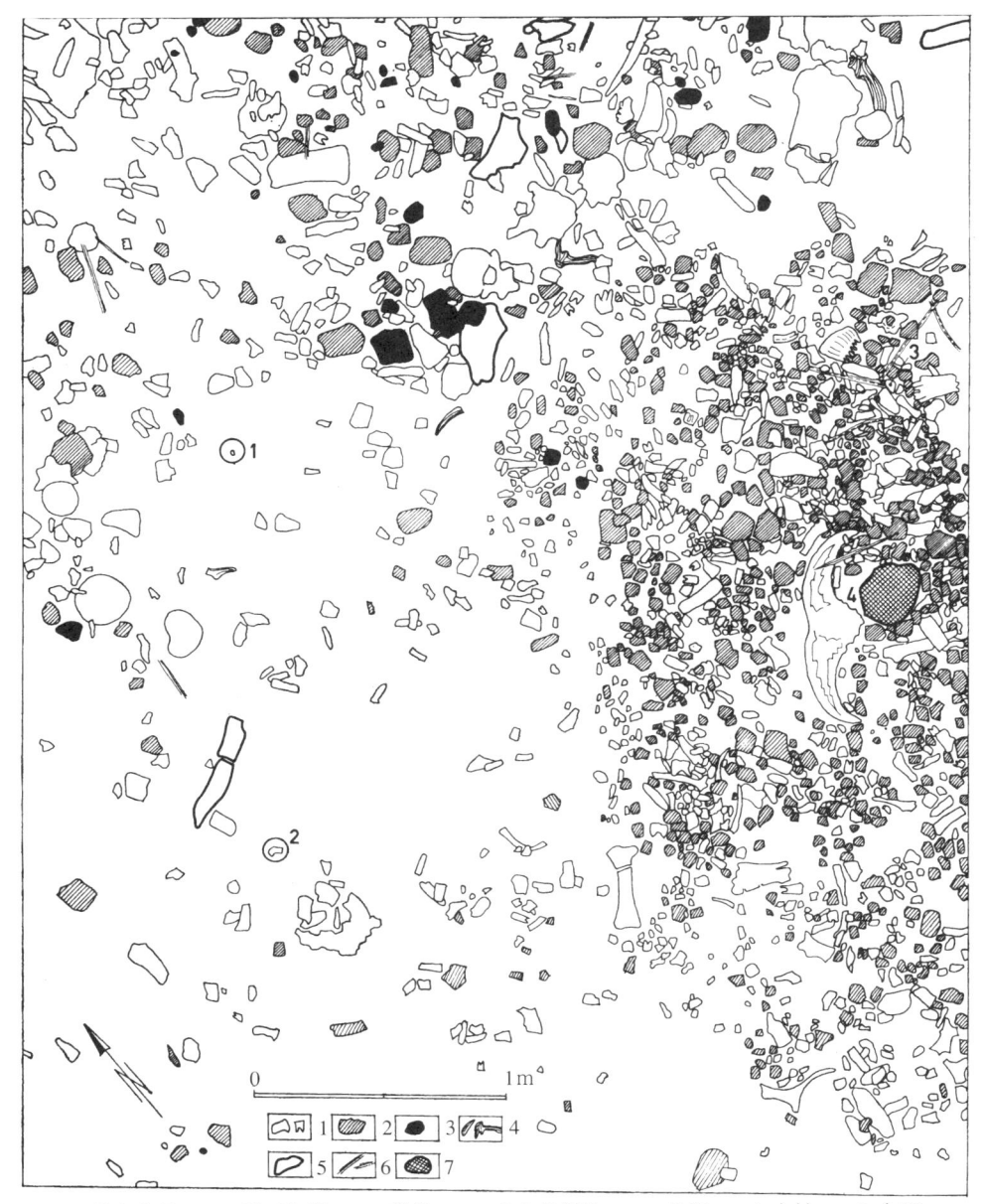

1 骨と歯牙　　2 板石と礫　　3 礫器　　4 角と角製品　　5 骨器　　6 木材　　7 台石
1，2ならびに3は人工品であるが，4はバイソンの頭蓋骨で石英の台石に隣接

図4.22　北部中央地区ドイツのビルツィングスレーベンの中央石敷きエリア　1986年の調査成果に基づく（Mania 1991a : Fig.6による）。

れについては，マーニアの記載があるが，それはリズミカルな印刻で，すべて哺乳類，多くはゾウの骨によってつくられている。平らな板状をしたゾウの足の骨の両面に，石器によるひっかき傷が残されているが，これをマーニアは象徴的な幾何学的図形と解釈している（図4.23）。

旧石器時代初期の社会的情報

マーニアお気に入りのビルツィングスレーベンの再構成案は，一般に社会分析のために必要とさ

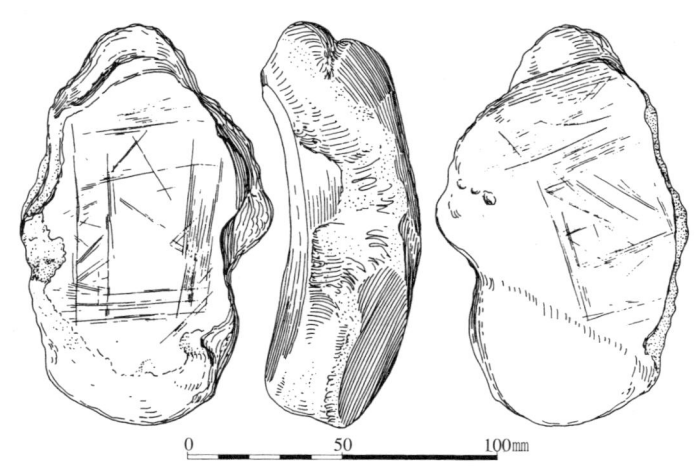

図4.23　北部中央地区ドイツのビルツィングスレーベンのカットマーク付きのゾウの肢骨
（Mania 1990 : Abb.232による）

れる事実の統合化のされ方としては，極端すぎる一例といえるだろう。つまりこうである。シェルターがあり，組織化されたキャンプがあり，石や骨でつくられた台石があり，木器や骨器があり，さらにいろいろな石器づくりの手法があり，炉があり，象徴的な線刻された骨があり，サイを対象とする狩猟が行われ，人骨もあるが，他方，ハイエナやライオン，オオカミなど骨をもてあそぶ肉食獣は比較的少ないといった。

　正確な事実の認定が前提とはなるが，この場は私が第1章で触れた社会考古学のための豊かな解釈学的な源泉となるであろう。シェルターは同一の場に生活する社会的なグループの頻繁な訪問を表現するものであり，中央石敷き遺構はいうまでもなく，シェルターの内部や作業空間は，その集団の儀礼や経済的かつ社会的組織を表現している。なるほど，こうした証拠を突きつけられると，ビルツィングスレーベンと3.5万年BPの場（第7章）との間には技術的にも環境的にも何ら異なるところはないように見える。上部旧石器時代のホモ・サピエンスによるキャンプサイトもこれと同じように再構成されているからである。

　以下，マーニアによるビルツィングスレーベンの解釈を批判することになるが，それはこうした解釈が，これまでのヨーロッパの旧石器時代の社会構造の変遷観と相容れないものである，という理由によるからではない。私の解釈のよって立つところには，本章でもすでに触れたように，この場はたいへんユニークであり，したがって，この場に接近することは容易ではないという事実のみである。私は自身の解釈を対案として提示することになるが，それは第2章および第3章で導入した用語を活用したものであり，ヨーロッパ最古の人類の社会に関するより一般的な議論となるであろう。

逅

　あらゆる社会がそうであるように，50万～30万年BPの時期の人類といえども，いくたびも，しかし何らの痕跡をとどめることのない逅をもっていた。しかしながら，この20万年間の最大の特徴といえば，何といっても逅の多様度がきわめて限定されたものであったという点があげられるだろう。考古学的な記録類をざっと眺めてみればわかるように，そこにあるのはヒトとヒトとの逅ではなく，圧倒的に資源との逅である。これらの逅には，生死を問わない動物の奪取や生活物資の取得，

洞穴や岩陰などといった固定的なシェルターの確保などがある。この時代にあっては，われわれの検討の対象となるのは人々の注意を喚起する音や行動などからなる動景であり，社会的な景観ではない。後者にあっては，象徴や意味と場との融合，あるいは構造物の構築やモノの社会的対象への変換等といったことを媒介として，他者との世界が拡張されるのである。

しかし，それでもなお人類が社会的であったとすれば，その社会性はどの程度制限されていたのであろうか。ミズン（1996）は，こうした初期の人類の認知能力が分割されていてまとまりを欠いていたことをこの理由と考えている。彼の提起はこうだ。1本の木は1本の木である。それは木陰を与えてくれるし，薪にもなるし，槍の材料にも使えるし，ハイエナからの逃げ場にもなるし，葉はベッドになり，リスのような小動物を捕らえるための猟場にもなるだろう。だが，この進化段階の人類にとって，木をこれ以外の認識領域に変換することは不可能であった。つまり，それは継起性をもち，かつ相互依存的な社会的な価値をもつことはないし，またその内部に霊魂が住まうとも考えられなかったのである。まったく同様に，逅におかれた動物は食糧になり，毛皮や骨，腱などといったその他の資源ともなったであろう。ここで重要なのは，狩人の心をとらえるのは動物の属性なのではないという点である。動物は群れ集うことに対する象徴にはなり得ないし，ネットワークや安定した集団関係や，ましてクランとかグループを表象するものともなり得なかったのである。要するに，われわれのよく知っている文化という万華鏡から生まれる，さまざまな認識論的な領域の間を行き来することを認めることは困難であるのだ。こんなことはありえないだろうが，仮にビルツィングスレーベンの人類1号が自分たちはサイであると考えたとすれば，その理由はそれが自分のよく眼にする生き物であり，かつ彼らが自己とはなにがしである，といった想念をいだいていたからにほかならない。だが，彼らは，ネットワークの構成員にとってはあたりまえな社会的な紐帯をつくりあげ，また拡大するためにこうした認識を活用することはけっしてないのである。彼らの相互関係はけっして人格化されることはなかったであろう。

ギャザリング

この結論はいささか極論めいて聞こえるかもしれない。そこで，次にギャザリングに関する考古学的な資料を検討して，私の資料解釈を自己弁護することにしよう。ただし，私の資料解釈は，誰かとの，あるいは何かとの逅に際して生起される社会的な資源という観点に限定しておきたい。ここで決定的な点は，われわれが考察しているのは社会的な生活であるが，それは複雑化したものというよりも，複合的なものであった（第2章）。それは，習俗としての景観，あるいは社会的な景観に関する議論において示唆したように，諸個人が自己の親密かつ日常的なネットワークに関わる場であり，これによって限りある資源が次々に投企された場でもあった。

旧石器時代初期のギャザリングに関するこれまでの議論は，骨と石の間の関連性をいかに解釈するのかという点に重きが置かれていた。それはまた，シェルターや炉跡などといった複雑な構造物は，それらが存在すれば，当然そのまま保存されているような遺存状況のよい遺跡にあっても，発見事例のないことを示してきた[46]。残された証拠はといえば，石であれ骨であれ，圧倒的にその場しのぎのものばかりであった。多くの研究者がコメントを加えているのは，せいぜいじめじめして軟弱な地盤を強化するために石や骨を使うことくらいのものであろう（ホクスン，ミーゼンハイⅠ，

イセルニア，ビルツィングスレーベン）。

表4.19および図4.24に，ホルシュタイン期とクローマー期における遺跡の発掘調査面積と，そこから出土した石器数および分布密度を示した。散布図によれば，調査区の大半が300㎡未満であることがわかる（平均＝225，ただし標準偏差は非常に大きく298である）。ここから二つの結論が得られる。まず，程度の差はあれ，沖積作用によって形成された場（アンブローナ，カサル・ド・パッチCasal de Pazzi，スウォンズコム中部礫層上部，イセルニア）には低密度のものと高密度のものがある。第二に，ボックスグロウブA区やキャニー・レピネットCagny l'Epinetteなど原位置を保っている遺跡にあっては，調査面積ははるかに狭隘であり，それほど多くの石器は出土していない。資料数が飛び抜けて多いのはサン・キルスSan QuirceⅡ（Santonja 1992）で，調査面積が5.5㎡と狭いにも関わらず，1㎡あたり448点の石器が出土している。調査面積に対する石器密度をプロットしてみると，原位置を保っている遺跡における石器数の少なさ，石器密度の低さを明確に読みとる

表4.19 クロメリアン〜ホルシュタイン期における露天遺跡石器群（Anzidei and Gioia 1992, Anzidei and Huyzendveld 1992, Ashton et al. 1994, Bergman et al. 1990, Gassoli et al. 1993, Freeman 1975, Howell 1966, Mussi 1995, Oakley and Leakey 1937, Peretto,Terzani and Cremaschi 1983, Piperno and Biddittu 1978, Santonja 1992, Santonja , Lopez-Martinez and Perez-Gonzalez 1980, Singer et al. 1973, Thieme and Maier 1995, Tuffreau et al. 1986, Turner 1989, Waechter and Conway 1970, Weber 1986, Wymer 1968）

遺跡	層準	地域	年代	調査面積(m^2)	石器総数	m^2あたりの密度
クラクトン	マール層	NW	ホルシュタイン	375	136	0.4
ラ・ポレドララ		MC	ホルシュタイン	350	250	0.7
カステル・ディ・グイド		MC	ホルシュタイン	350	300	0.9
アンブローナ	下層	MW	ホルシュタイン	1,047	1,020	1.0
ミーゼンハイム	I	NC	クローマー	100	100	1.0
カサル・ド・パッチ		MC	ホルシュタイン	1,200	1,700	1.4
スウォンズコム	LG7c層	NW	ホルシュタイン	62.5	104	1.7
ノタルチリコ	ゾウの地点	MC	クローマー	24	41	1.7
ショーニンゲン13		NC	ホルシュタイン	95	170	1.8
スウォンズコム	LL全層	NW	ホルシュタイン	200	375	1.9
トーレ・イン・ピエトラ	m	MC	ホルシュタイン	200	378	1.9
トラルバ	B4a	MW	ホルシュタイン	300	761	2.5
クラクトン	第4礫層	NW	ホルシュタイン	375	1,088	2.9
クラクトン	第3礫層	NW	ホルシュタイン	25	76	3.0
クラクトン		NW	ホルシュタイン	47.7	190	4.0
アリドス	2	MW	ホルシュタイン	7.5	34	4.5
アリドス	1	MW	ホルシュタイン	30	333	11.1
ボックスグロウブ	A区	NW	クローマー	84	1,029	12.3
キャニー・レピネット	I-J	NW	ホルシュタイン	44	720	16.4
ビルツィングスレーベン	堤防地区	NC	ホルシュタイン	230	4,965	21.6
スウォンズコム	UMG E層	NW	ホルシュタイン	346	8,638	25.0
サン・クアルセ	S.I.1	MW	ホルシュタイン	24	759	31.6
ビルツィングスレーベン	全エリア	NC	ホルシュタイン	355	11,385	32.1
イセルニア	Ⅰt-3a	MC	クローマー	130	5,000	38.5
ビルツィングスレーベン	扇状地堆積物	NC	ホルシュタイン	125	6,420	51.4
バーナム	エリアⅠ	NW	ホルシュタイン	40	2,500	62.5
イセルニア	Ⅱt.3a	MC	クローマー	68	4,589	67.5
サン・キルス	S.Ⅱ	MW	ホルシュタイン	5.5	2,464	448.0

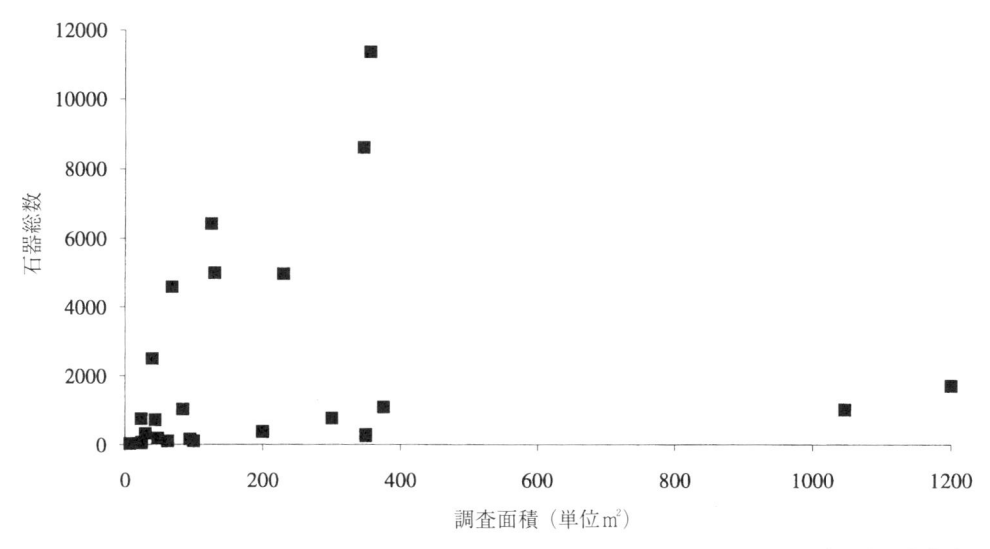

図4.24 クローマー、ホルシュタイン両期における露天遺跡における人工物の調査区内分布密度
（表4.19と連動）

ことができるだろう。石器の出土状況による限り，ヨーロッパ全域におけるこの時期の考古学的な特徴は，場の使用頻度の低さということになるかもしれない。表4.19におけるビルツィングスレーベンの値は高いが，他の場と際だった違いがあるわけではない。

ビルツィングスレーベン：同心円による分析

ここでの，より幅広い視野にたった旧石器時代初期の描写は，3か所の住居跡とこれに関連する作業場や炉跡などから構成されるとされているビルツィングスレーベンという遺跡を見直し，またそこでの社会的な場面性がいかなるものであったのかについても再検討を加えるものである。

ここで導入されるのはシュティペルStapertの同心円分析（1992）であり，ここでは円形のシェルターを対象とする（Mania 1990:Abb.59）[47]が，それは北側の住居跡とは断層によって区分されている（図4.20）。調査者は，その空間分析に際して，つねにこの自然地形を排除し地表面を一連のものと再構成している（Mania and Weber 1986 Abb.3とAbb.4を比較せよ）。

シュティペルの分析の基礎は民族誌的に観察されたトス・ゾーンとドロップ・ゾーンであるが（Binford 1978a），これについては第3章ですでに触れた。彼の方法は，テントといった構造物の内部における，炉のような遺構からの同心円的なパターンを基軸に据えている。同心円は幅50cmで設定され，その帯域での遺物数が計測される。帯域数は2〜6区に分けられるが，それは遺物数に左右され，また遺物の散布状況を測る物差しでもある。

このテクニックを使って，シュティペルは旧石器時代の場におけるテントやシェルターの分析に着手する。彼の分析によれば，居住関連遺構とされるプランにおいては，一山型あるいは二山型の遺物分布が観察される。ところが，一山型のパターンはシェルターやテントの存在を何一つ示唆しないのだという（1992:196）。二山型こそがこうした構造物と対応し，第二のピークが障壁としての壁面の位置と一致する。

シュティペルの同心円分析はわれわれに空間的なモデルを提供してくれるが，それによってシェ

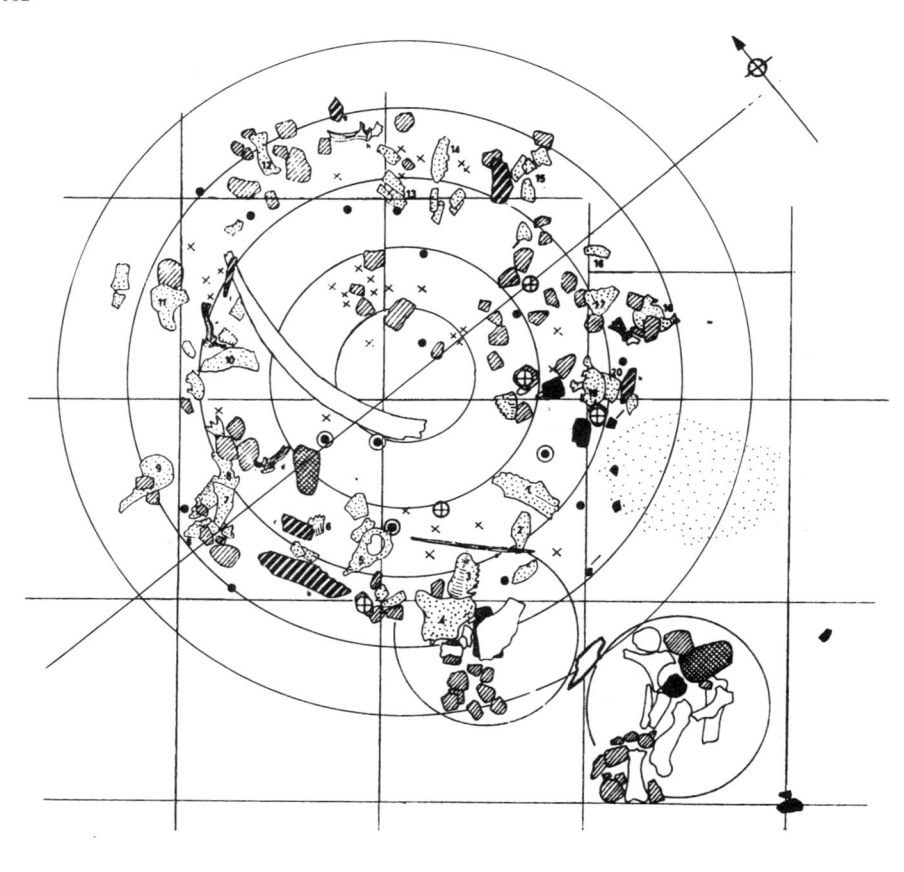

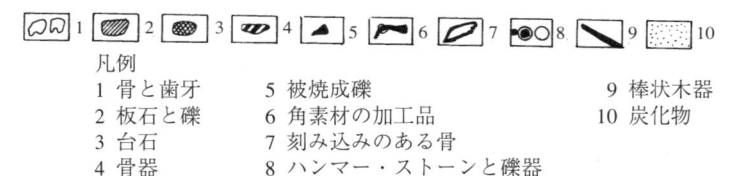

凡例
1 骨と歯牙　　　5 被焼成礫　　　　　　9 棒状木器
2 板石と礫　　　6 角素材の加工品　　　10 炭化物
3 台石　　　　　7 刻み込みのある骨
4 骨器　　　　　8 ハンマー・ストーンと礫器

図4.25　北部中央地区ドイツのビルツィングスレーベン・第2シェルター
（Mania 1990：Abb.232による）に適用された同心円分析

ルターの存否にも接近することができるのである。シェルターの存在を指し示すことが重要なのは，一連のギャザリングを解釈するためというよりも，社会的な場としてのビルツィングスレーベン（表3.1）を解釈するために必要だからである。

　私のビルツィングスレーベンの円形シェルター分析（図4.25）においては，遺構の中心部から同心円を作成した。図4.25から算出された184点の遺物は一山型の分布を示し，そのピークは遺構内に仮想された中心点から測定して1.5m〜2mの間に位置している（図4.26）。ここで，北側と南側という二つの区域を設定すると，作業場の存在する南側の一部における二山目を無視すれば，その一山性はいっそう際だつことになろう。2m地点のピークは平面立地の場合に予測されるパターンに一致する（第3章参照）。それは炉の周辺におけるドロップ・ゾーンの縁辺に一致し，必ずしも構築物の存在を示唆するものではない。

　ところで，本章においては，この時期においては炉や火処は存在しないと再三指摘してきたとこ

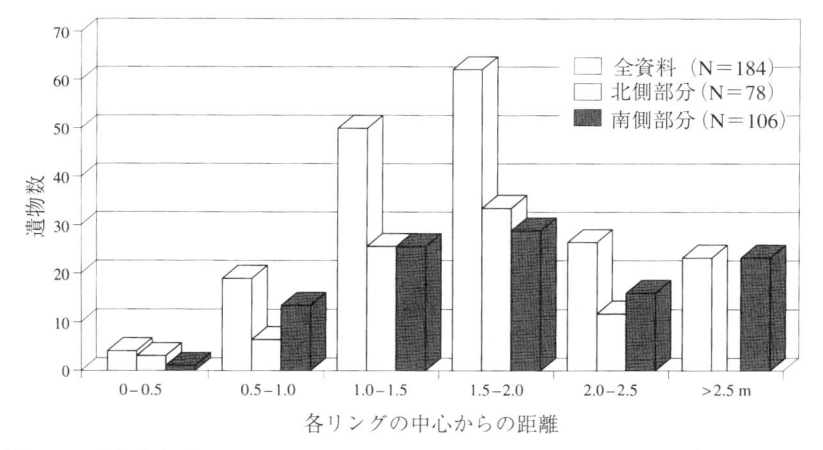

図4.26　北部中央地区ドイツのビルツィングスレーベン各セクターにおける遺物分布

ろである。それでは，円形の「テント状の」パターンはどう説明したらよいのだろうか。シュティペルは183点の遺物からなる，これと同じような低密度の散布域を分析している。これはラインダーレンの中部旧石器時代の遺跡であり，やはり構造物の存在が主張されていた事例である（Thieme 1983, 1990）。単純な同心円分析によれば，一山型の分布になったが，シュティペルは，ラインダーレンの場合は平面立地であり，空白部には樹木が存在していた可能性を指摘している（*ibid*.:203）。彼は自分の提案は証明されたわけではない，というかもしれないが，同じ散布状況から小屋掛けをつくりあげるよりは，むしろ現実的な解釈であるように見える。

これはビルツィングスレーベンにもあてはまるのだろうか。おそらく周辺の状況から見て，こうした見解が支持されるであろう。木の葉やビーバー，マカクサル（*Macacca sylvana*）などの遺体の存在は，近傍に樹木があった証左である。実際，樹木も遺存しており（Mania 1991a:表4），それはハンノキ（*Alnus*）が優先するが，現生のものでは，その直径は60cm，樹高は20mほどにもなる。ツゲ（*Buxus*）の木ですら高さ10m，直径25cmくらいにはなるだろう。

もともとのマーニアの解釈ほど無邪気なものにはならないと思うが，ここでさらに推論を重ねよう。同心円の3番目の区域には，材が多く遺存していたが（表4.18），そこには大型の炭化物もあり，倒木がその場で燃焼されたものと考えられている。「住居跡」の出入口がすべて南向きであったという事実は，例えば，嵐の際の強風を避けるためとか，その場で木がビーバーによって食い倒された方向を反映しているとか解釈されるのかもしれない。

シュティペル同様，私もこのようなシナリオをとることはしないが，その代案として，ヨーロッパ最古の住民の社会生活という方向に沿って議論を進めてみよう。この道を選ぶことによって，われわれは場における社会分析のアプローチの方法を逆にたどることになるが，実りある成果が期待されるであろう。もしもわれわれの目標が，シェルターを発見し，それが旧石器時代初期の社会生活を要約するものであるとすれば，疑いもなくわれわれの分析手段は限られており，その発見はあげて想像力にかかっているといえる（例えば，Bosinski 1983, Lumley 1969a, 1969b）。問題は，すでに前章までに述べたように，社会的な場につきまとうもの，つまり炉や家屋や墳墓といった，われわれの社会的な場の道具立てを唯一の手がかりとして，社会生活が認識されるのだとすれば，わ

れわれはビルツィングスレーベンといった場からそれらを発見しなければならないし，もし見つけられなければ，当時の人類はいかなる社会ももっていなかったということになってしまうだろう。したがって，われわれとしては旧石器時代の記録としていっそう見やすい所へと調査の場を移動しなければならなくなるのである。結局のところ，ここでは考古学的なデータの解釈と，よりよいデータを提供してくれる調査候補との間のバランスのみが問題となっているのである。

そうであるがゆえに，シェルターからはじめるのではなく，この場の与えるモノとの関連性のうえで，そこに搬入され据え置かれた石や骨の，そしてきわめて興味深い台石などから分析に着手したい。これらは諸個体によってそこに搬入されたものであるから，そして，遺棄されたものであるから，ビルツィングスレーベンにおけるギャザリング分析の始点となりうるのである。

ここで，台石を位置をプロットしてみると（図4.27），それらは直径8mほどの三つの環状分布をしていることがわかる。北側の2か所は近接して，一部は湖岸に重複する。また，1か所は木もしくはシェルターを取り囲んでいる。南側では，2か所の木もしくはシェルターが台石によって定められる環の外部に位置する。バイソンの遺体のある「石敷」部分におそらく第四の環が想定されるであろう。

ここから先は，ギャザリングに用いられた台石によって定義される，このような場についての想像的なシナリオになる。これはビルツィングスレーベンばかりではなく，ボックスグロウブやミー

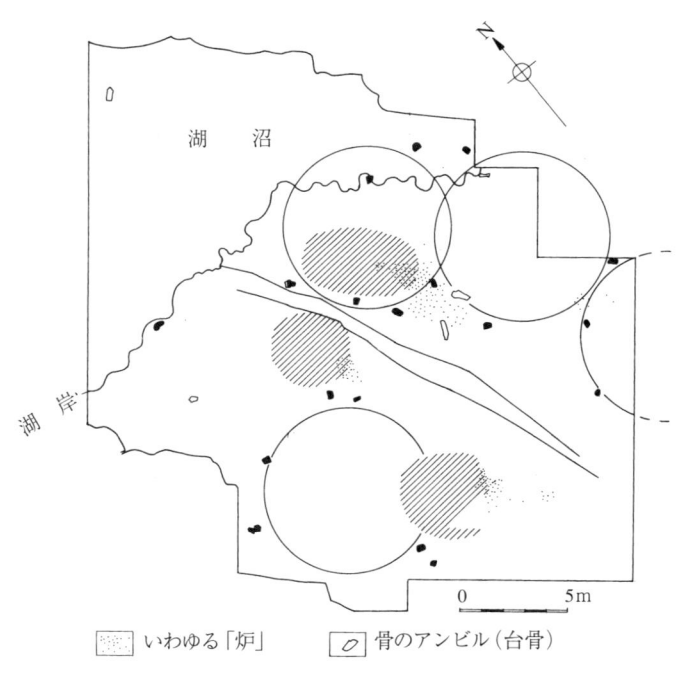

図4.27　小屋掛けや炉を備えたキャンプサイト説の対案としてのビルツィングスレーベン解釈　一連のギャザリングとしてのビルツィングスレーベン。台石の分布状況から直径約4mくらいの相互交流のための場が復元される。ここに復元されたパフォーマンスのためのエリアにおいて人々はお互いに交流しあい，また資源との関係が形成された（データはMania 1990：Abb.83,1991：Fig.1 などによる）。

第4章　最初のヨーロッパ社会（50万〜30万年前）　165

ゼンハイムⅠ，ホクスン，アラゴ，テラ・アマタそしてベルテスセレシュなどにもあてはまるものである。私の提案は，シェルターに関する再構成や，人工物（アーティファクト）と自然物（エコファクト）との関連性などが不確定であるという懐疑論的な現状を認めつつも，この時期の社会分析の不可避の道程を指し示すことを意図するものである。

パフォーマンスとしてのビルツィングスレーベン

　社会生活の焦点となるのは，炉やシェルターを中心とする組織化された社会的な場なのではなく，捕捉や逅，さらに継起的なネゴシエーションなどに差し向けられた諸契機によって結ばれている。

　泉池と湖沼の周辺の林地は，何年にもわたり繰返し訪問するにふさわしい場所であった。ヒトの道と獣道が湖岸や扇状地を横切って湖沼や河川に注ぐ細流沿いに交錯していた。

　これを生態学的に見ると，場の与えるものは変化に富み，集中し，信頼のおけるものであった。肉食獣がこの場をあまりかえりみなかったことは僥倖であった。この場から人類が一時的に立ち去った後にそこには大きな骨が残され，また再度立ち戻るまでに，さらに多くの骨が累積していったが，肉食獣はそれにもあまり関心を示さなかった。実際の居住期間を想定することはできないにせよ，こうした安心感がギャザリングと逅との格好の条件となったのである。

　儀礼的な行為を随伴する，大切な社会的行為が台石に向けられていた。それは，諸個人とギャザリングとの関わり，他者との関わり，また場との関わり，こうした一切の関わり方にほかならない。台石をわずか数メートルもち歩くこと，また何百回かもち回ること，こうした行動が構造化された行動のはじまりを告げ，身振りのリズムを生成し，考古学者には今日まで残されたパターンを認識する縁を与えてくれるのである。今やギャザリングは社会的行動の空間的かつ時間的な結果を産み落とす物質的行動となるのである。木陰にすわること，燃えた倒木の傍らに座を占めること，そこでは技量が伝達され，台石の上で骨は破砕され，石がうち割られ，肉が裂かれ分配され，食事が行われ，骨がリズミカルにたたかれ，やがて一定のリズムがつくられ，時にはその表面に意図的な線刻が施された。

　諸個人は自分だけの区画をもっていた。彼らは，こうした区画に座り込み，あるいは立ちつくし，お互いに顔を合わせることによって，この場に社会的な意味を与えた。配視が固定され，行動が開始された。

　こうした8mを距てたおつき合い（図4.27）によって，この場の利用は促進され，場も固定されることになった。というのも，そこは石や骨をうち割り，形を整えるといったものづくりのリズムに従うパフォーマンスのための場であったからである。と同時に，諸主体はこの場に回帰したが，その際には食糧や骨，石，木，火，貝，植物，さらには音や匂い，手に触れグルーミングする機会などももち帰られたであろう。彼らがこの場に立ち戻るときには，かれらをより幅広い社会的なネットワークに結びつける紐帯を確認する演技が必要とされたに違いない。あらゆる世代と両性がその場にはいたが，現代まで残されたのは3人だけであった。子供たちは大人と張り合って石を運び，バイソンの遺体を取り囲んだ。ものづくりのリズムとものづかいのリズムに促されて，彼らは石を使って自分たちの道をつくり，その道を伝って他者の踏みならした場へと向かった。彼らは社会的

な世界に参画することを通じて学習した。だが、それがどんなに創造的であっても、ひとたび離ればなれになり、この場がうち棄てられるや、かれらがつくりあげたものも、それ以上維持されることはなかった。こうした場こそが、ギャザリングによって複合的なドラマが生み出される所であった。

ビルツィングスレーベンにおける社会的行動を証するものは、非常に限られているといってよいだろう。だが私の結論は、この場の複雑さに関する解明はようやくその緒に就いたばかりである、というものである。われわれが旧石器時代の社会の一つの具体例としてグループを追い求めるとしても、中部更新世の記録によって常に裏をかかれることになるであろう。われわれが失望し苛立つのは、われわれが社会のモデルを組み立てるために必要な共同作業のための組織や集団編成といったものの物質的な痕跡を見出すことができないからである。しかしながら、われわれがこれと同じ記録であっても、それをネットワークや構造とネゴシエートしなければならない諸個人に関する細区画的な表現であると見なせば、そこから将来的な分析の展望が拓かれるであろう。この表現といえども、後世の再居住や動物の踏みつけや倒木やトラバーチン、地質学的な断層などによる包含層の破壊などによって攪乱されることになるかもしれない。だが、考古学的な記録に基づくいかなる社会の研究といえども、こうしたハードルを避けて通ることはできないだろう。

要　　約

旧石器時代初期の考古学を理解するためには、分析のスケールと保存状態や解像度のレベルとの間を上手回しに進む戦略が求められる（第3章）。われわれは、粗区画的で地域的なスケールから方向を転ずることができる。ただし、このスケールも本来は細区画的でプライマリーな資料から構成されていたという背景をもっているのだが。つまり、われわれは一貫性や解像度の強弱を基準にして、浚渫船と旗艦とを考古学的に比較してきたともいえるだろう（Gamble 1996b）。浚渫船の代表として、豊富な剥片と両面体石器を包蔵する、ドゥエロ川沿岸やソンム川の河岸段丘、あるいはイギリスの河谷沿いの遺跡をあげることができる。これらの遺跡は、初期の人類による域の広がりを指し示している。多くの遺跡が二次的な水成層中から発見されているが、当時の風景の利用のされ方や石材の移動、さらに人工物の多様度などを分析するには重要である。旗艦としての遺跡には、ミーゼンハイムⅠ、ノタルチリコ、そしてビルツィングスレーベンなどの諸遺跡がある。分析的には、われわれは5～10万年もの時間幅（表4.1）をもつ浚渫船から、旗艦へと方向を転じることも可能である。旗艦にあっては、15分もあれば、良質のフリントをボックスグロウブの崖で見つけ出し、試し割をし、それを岸辺の平坦面に運び、最終的な剥離を施して両面体石器を仕上げるには十分である。

この二つのタイプの資料は、ともに初期の人類がもっていた社会的な能力を検討するためには欠くことができないものである。両者を総合することによって、この時代の社会生活は決まりきったことの繰返しであると結論づけることもできる。人類がほんのわずかだけ、それまでのギャザリングを超える共同性をつくりあげることによって、社会は複合化への道を歩みはじめたのであった。ヨーロッパ全体の8地域にわたる考古学的な資料はどこでも非常に類似している。原位置を保つ場

において得られる絵柄はといえば，分布密度の低い石器と骨器の散布である。石器石材は近傍産で，たいてい30km以内，多くはそれよりもずっと近いところから入手できるものによって占められている。石器の形態と石材と品質との間に強い相関性がある場合もある。左右対称の両面体石器や，僅少ではあるが線刻された骨の存在は，近とギャザリングのリズムから生まれたものである。そこでは，視線を交わし合い，また共にいるということが自己表現や身体表現の要となっている。

　このことは，ある個人が親密な，また日常的なネットワークに関与するのと同義である。ネットワークへの結びつきと，ネットワークによる拘束は共に過ごす時間と共同の作業を必要とする身近な資源のギャザリングと深く結びついている。このような決定的ともいえる社会的な諸行動に関する直接的な証拠が，考古学的な記録に残されていないという事実にたじろぐ必要は少しもない。日常的なネットワークに関する限り，その記録はきわめて明確であるからである。資源の利用は，象徴的な資源に基づく共同行動に対応するものではない。諸個人はゾウの遺体のおかれた場で，あるいは溺死したバイソンの群の傍らでギャザリングするかもしれない。彼らはこうした獲物を統制された労働によって獲得したのかもしれない。ただし，こうした労働が明確にされるのは30万年BP以降のことではあるが。とはいえ，仮にそうしたことがあったとしても，驚くほどのことはあるまい。なぜならば，哺乳類は本来的に社会的であり，ライオンやハイエナ，さらにチンパンジーなどでも共同狩猟は知られているからである。そうした動物も人類における親密なネットワークや，親密なネットワークほどではないにせよ，日常的なネットワークに対応する独自のネットワークにおかれた資源は，こうした社会的な表現に転形されるであろう。人類との相違はといえば，動物たちのギャザリングにおいては，消費のプロセスがネゴシエーションの核心部分を構成していることであろう。結果として，その日常的なネットワークは集中的かつ限定的なものにならざるを得なかったのである。拡張されたネットワークは，それに投企される時間があまりにも僅少であったために，ついに形成されることはなかったと考えられる。

　このようにネットワークが頒行的に発展したことの影響は，中部更新世の人類のコロニー形成能力からも強く感じられる。親密な，また日常的なネットワークが，共同作業のための社会的なユニットとして枢要な位置を占めていたが，同時に，その範囲を拡張するためには環境による強力な淘汰に直面したであろう。他の大型肉食獣との競争はこの実例であるが（A.Turner 1992），より一般的には，50万年BP以前の環境構造は，地域ごとにあるまとまりを形成しながら生活していた人口が相互に緊密に結びつき合うことを妨げ，したがって大陸規模での恒常的な拡張が阻害されたのであった。このことから，中部更新世における居住可能な地域への人口の進出と後退という問題が提起されることになるが，これについては次章で検討しよう。

註

1）これは166万年前のオルドゥヴァイ逆磁期の終末と一致する。
2）下部（Lower）更新世と中部（Middle）更新世は特定の露頭において区分可能であり，また国際的な地質学上の区分でもある。前期（early）更新世と中期（middle）更新世との境界線に関しては露頭での線引きはできないが，付帯する事実からの推測は可能である。したがって，本書においては，下部更新世と中部

更新世についてはブリューヌ・マツヤマを絶対的な境界とし，この標準的な境界線に基づいて，その位置を割り振ることにする。

3）ペンクPenckとブルックナーBrücknerによる古典的なアルプス編年（1909）が提示された50年後に，ジウナーZeuner（1959：80）は，場合によればそれほどでもないが，ミンデル氷期が地域的にはリス氷期よりも大規模なものであったことを指摘した。今日では，ギュンツ，ミンデル，リス，ウルムという古典的な4氷期・3亜間氷期スキームは放棄され，更新世におけるより多くの氷期の存在を指示する深海底コアの連続的なデータが採用されるようになっている。

4）ところが，ロウブレックスとコルフショーテン（1994：492）は最大海進期がこのパターンと矛盾することを指摘している。ネーデルランドの一部ではザーレ期のモレーンがより大規模であり，ロシアでもドニエプル氷期のモレーンはオカ氷期のそれをしのぐ。これはジウナーによるリス氷期とミンデル氷期との規模に関するコメントとも一致し，氷床の大きさにはさまざまな要因が関与していることを想起させる。

5）ペンクとブルックナーによる古典的なアルプス編年においては，これはミンデル氷期の礫層に相当する（Sibrava 1986:地図1）。シャクルトンShackleton（1987：187）はOIS 12について「例外的なほど大規模な氷期であった」と指摘するが，その酸素同位体比に比肩するのはOIS 16のみである。

6）クローマーⅣはザグウィン（1992：図9）によってOIS 11と対比させられている。大方が信じているように，後続するエルステリアンがOIS 12と対比されるとしても，この年代はあまりにも新しすぎるであろう。私は，ボックスグロブの事例に照らしても，クローマーⅣはOIS 13に対比されると考えている。

7）モミ属（*Abies*）は極度の低温への耐性はなく，夏の低温・多湿を好む（Zagwijn 1992：590）。

8）シャクルトンは同位対比を使って，OIS 11を過去100万年間ではもっとも温暖な時期とし，これに引き続く時期に多くの種が絶滅したことを指摘している。

9）*Mimomys*型から*Arvicola*型への進化はビハリアンBiharianとトーリンギアンToringian動物群との境界を画する。最古の*Arvicola*型の資料はクローマーⅣ平行期であるドイツのケアリッヒG層から出土している（Roebroeks and Kolfschoten 1996:494）。

10）これらは初期*Arvicola*型である*Arvicola terrestris cantiana*と同定される。歯根消失の個体は，歯の萌出が加速される結果，歯を摩耗させるような食糧資源にも適応できるという進化論的な有利さをもっていた（Roebroeks and Kolfschoten 1996:214）。

11）広い意味でコーディーCodyの区分はビハリアン後期動物群からトーリンギアン動物群への移行を反映している。前者においては，*Arvicola terrestris cantiana*は*Talpa minor*（モグラ）は*Trogontherium cuvieri*ジャイアント・ビーバー）とともに発見される。これには，ミーゼンハイムⅠ，ケアリッヒG層，マウエル，ボックスグロブ，ウェストベリー・サブ・メンディプWestbury sub Mendip，それにスプリモントSprimontなどの動物群が含まれる。進化した*Arvicola*型（*Arvicola* ssp A and B）はスウォンズコムやビルツィングスレーベンなどで，より新しい特徴の動物群と共存している（Koenigswald and Kolfschoten 1996）。

12）上部更新世の有毛のマンモスやサイの地理学的な起源は，R-DカールケKhalke（1994：表1）によって検討されているが，それによれば，新北区（Nearctic）（ウマとオオカミ）やエチオピア区（Aethiopian）（ゾウとハイエナ）等の要素が加わったアジア的な種から構成されている。

13）例えば，フランス地中海岸のコーヌ・ド・ララゴ G層（Lumley 1979:39）におけるジャコウウシ，レパード，ビーバー，トナカイなどがあげられる。

14）これはキャニーにおける第6断面CXCA層が相当する（Antoine and Tuffreau 1993:図3）。

15）崖の前面の幅300mの保存状況から，可能性としては9km²にわたり中部更新世の景観が保存されている。

16）視野を拡げてみれば，最近ジャワ原人の化石の年代が180万年以上前のものであることが指摘されてい

る（Swisher et al. 1994）。この年代からすると，東アフリカのホモ・エレクトゥスと比較されることになる。この結果，グロウスGroves（1989）やクラーク（1990）などによって，最初にアフリカから旅立ったのは，ホモ・エレクトゥスではなくホモハビルスであったという議論がまじめに取り沙汰されている。

17）この資料については批判的に検討されているが，1993年10月にトータベルで行われたヨーロッパ科学基金のワークショップでも議論された。

18）地中海西部地区のソレイヤック・センターSoleihac-Centerの遺物については，ラナルRanal，マゴガMagoga，ビンドンBindon（1995：141）によって人工品であると認定されている。この遺跡の古地磁気学的な推定年代をとれば，堆積層は50〜60万年という年代になる。

19）私はヘイズルダイン・ワーレンが1914年にF.E.ジウナーに送付したみごとな論文を複写する機会を得たが，その中で彼は「この論文は，言葉遣いの面で見直しが必要だが，内容的には誤りはなく，私はこの結論を確信している」と注記している。

20）概説書にしばしば引用されている。

21）ボックスグロウブの年代がOIS 13であることについては，必ずしも意見は一致していない。相対年代推定の決め手となる非海産軟体動物のイソロイシンのエピ異性体化に基づき，その年代をもっと引き下げようという意見もある。

22）私は，J.ジベールGibert博士とM.ウォーカーWalker教授のご厚意によって，これらの遺物を実見することができた。私の意見では，これを人工物と見なすいかなる根拠もないようである（Roe 1995参照）。

23）ギルドとはそれが活用する資源によって定義されるのであって，生産方法によるものではない。したがって人類もハイエナも，その主たる食糧資源が有蹄類であるならば，同一のギルドに帰属することになる。

24）長期編年支持者は，彼らが50万年よりも古いとする人工物が，どうしてこれほどまでに考古学的な明瞭さを欠いているのか，その理由を明らかにしなければならないだろう。

25）貯蔵とか技術面での飛躍的な進歩による捕獲率の向上といった，これに変わるような変化を示す証拠はない。

26）中部更新世における環境研究のうえでの焦眉の課題は，地域，地区，さらに全ヨーロッパを含めた，景観の空間構造の数量化をいかに行うかということであろう。さらに，こうした空間的な枠組に立って，植民する動物としての人類というアプローチに着手することを等しく理解しなければならない。

27）フランスでは編年的指標としてのアベビリアンが廃用され（Tuffreau and Antoine 1995），イベリア半島ではそれまで石器とされてきた自然物が一掃される（Raposo and Santonja 1995）など，用語法の整備がすすめられている。

28）オーエルOhel（1979）はクラクトニアンはアシューレアンの石器製作工程における初期段階のものであると主張したが，この論文のコメンタールでも指摘されているように，この見解はほとんど信ずるに足りない。

29）ハイ・ロッジの報告書刊行が数年も遅延したのは，地質学者と考古学者との年代観が食い違っていたためであった。その石器は与えられた地質年代からすると，あまりにも進歩しすぎていたというわけである。

30）*Débitage*という用語は「撥ねもの」（waste）と翻訳されているが，よい訳語ではない。フランス語の本来の意味は，剥片剥離テクニックと密接に関連した「から割り取る」ということであって，ある剥片が道具であり，別の剥片は撥ねものであるといった弁別的な判断を含むものではない。クーンKuhn（1995：81）は「石材の切り分け（stone butchery）」という適切な用語を採用している。

31）ジュネスト（1991：図1）は石材消費過程を分岐型（ramifying）と段階型（scalariform）とに区分し，こうした差異をさらに巧みに分析している。

32) 回帰性・反復性はルヴァロワ技法に限られるものではない。例えば，クーン（1995：169）はイタリアのポンティニアン（Pontinian）石器群における回帰性・反復性を指摘しているが，そこでは石器石材が小型であるため，古典的なルバロワ技法は希である（ibid.47）。

33) ホワイト（私信による）によるホクスンの石器素材の研究によれば，下層（楕円形両面体石器の層）では剥片の67％が新鮮なノジュールによってつくられているが，上層（尖頭型両面体石器の層）では剥片の69％がフリントの転礫を素材とするものであるという。

34) A1層でゾウの頭骨が発見されている。この最上層であるアルファAlpha層では約2,000点の石器と800点ほどのゾウやダマジカ，ウシ科などの骨が出土している。また，アルファ層に覆われるように原位置を保った人類の大腿骨も発見されている。

35) ハザ族の集落規模と動物遺体のサイズとの回帰曲線をあてはめると，ビルツィングスレーベンにおけるサイとマンモスの遺体は，それらの体重が1,000kgを超えているため，大部分の調査区で動かされていないと思われる。

36) ゴジンスキー（et al.：1996）によれば，ケアリッヒ・ゼウフェルにおける多量の木材や獣骨，石器などの共伴関係は疑わしいという。8頭のゾウは長期間に蓄積されたものであろう。

37) トラルバの木材の一部は焼かれているという指摘がある（James 1989参照）。

38) ラ・ポレドラーラLa Polledraraの年代測定は予備段階であるが，だいたいOIS 12（47.8～30.3万年BP）を含むホルステニアン相当と見られる。したがって，ノタルキリコやフォンタナ・ラヌッチオFontana RanuccioあるいはピエトラのトーレTorreなどといった河川沿岸に立地する他のイタリアの遺跡と比較される。

39) フランスの地中海沿岸部におけるワイルド・キャットやレパードとジャコウウシ，トナカイなどとの共伴関係は（表4.13）異例であると同時に，きわめて興味深い。

40) シュバルツSchwarcz（et al.：1988）が公表しているこの文化層に対する推定年代は，18.5万年BPおよび21.0万年BPである。

41) ボックスグロウブでの礫の集積は，海草を使った筏状の組物が一般化的に使われていたことを示唆する（Roberts 私信による）。

42) 第四の資料として，最近成人骨が報告された（Mania 1995:92）。

43) かつてハイデルベルグ人（*Homo heiderbergensis*）は原始的なホモ・サピエンスと考えられていたが（Stringer 1981），さまざまな地域的なグループを形成している。これには，アタプエルカ，シュタインハイム，スウォンズコム，ビルツィングスレーベン，アラゴ，ペトラローナなどの遺体が含まれる。ストリンガー（1981：12, 1984）はヨーロッパではホモ・エレクトゥス相当の化石は発見されていないと指摘している。

44) 最近マーニア（1995：92）はV区について「直径9mの楕円形の石敷がある。そこには礫とナッツ大から拳大の獣骨が含まれている。敷石上面からは何も発見されていない」と記載している。1986年に着手された調査はこのエリアを拡張したものである。

45) スボボダ（1987）はビルツィングスレーベンとアラゴ，ヴェルテシュセレシュなどの小型石器主体で両面体石器を含まない石器群を対応させている。

46) 近年，ジェームスJamesとリゴー（et al.1995）は多くの遺跡において，たしかに火は各所で使われていたが，管理はされていなかったと主張している。ESR法で35.0～50.0万年BPとされているブルターニュのムネ・ドレガンMenez-Dréganから石囲炉と被熱した岩石が検出されたと報じられているが（Monnier 1994），正式報告が出されるまでは言及を慎みたい。

47) このシェルターは，少なくとも見た目は説得力のある形をしているため提示した。

第5章　ネアンデルタール人の社会（30万〜6万年前）

　　　　だが，ヨーロッパの風景を想起してみよ
　　　　遙か南方の地，いかに寒さ厳しくとも
　　　　防寒の衣をまとい，寒気に慣れ親しむをうるも
　　　　世過ぎの糧存分にあればなり
　　　　かの地には身を剛毛につつみしマンモスあり
　　　　いかなる寒さもかの歩みを押しとどめるをえず
　　　　また，羊毛のごとき毛衣をまといたるサイもあり
　　　　しばしながの歩みをとどめつつ
　　　　そして，かの大地を見捨てることなき人類も屹立せり
　　　　その衣食たる獲物たちおればなり
　　　　　　　　ヘンリー・ナイプ　1905『星雲から人類へ』より

ネアンデルタール人の生活の多様性

　ネアンデルタール人の社会については，答えなければならない三つの問いがある。彼らの格闘した環境はどのようなものだったのだろう。彼らの社会は大陸ではどこでも同じだったのだろうか。そして，彼らの社会は話し言葉に基づいていたのだろうか。これがその問いである。

　彼らに関する25万年以上にわたる考古学的なデータは非常に豊富である。それ以前の20万年間に較べて遺跡の数も格段に増加している。露天の遺跡にも保存状況が良好なものがあり，遺物包含層をもつ洞穴遺跡がこれまで以上にたくさん知られている。こうした状況から，フランソワ・ボルドの『二つの洞穴の物語』（1972）のような，石器の分析と解釈に立脚した物語も生み出されたのである。

　現在，この時代には何通りかの絶対年代測定法が適用されており，化石人類としては，ハイデルベルク人（*Homo heidelbergensis*1）の地域的な後継者であるネアンデルタール人（*Homo neanderthalensis*）が登場する[1]。ネアンデルタール人は，独特の頭骨と四肢骨をもつが，その分布はヨーロッパと中近東の一部に限られている（Stringer and Gamble 1993:図1）。彼らの登場時期は30万年BPから25万年BPまでの間であり，中部旧石器時代の人類としてムステリアン石器群の製作者と見なされてきた。

　このような紋切型の説明にも近年疑問が提示されている。まず，イスラエルのカフゼーQuafzeh洞穴における9万年以上も前の解剖学的には現代人と変わらない人骨の発見があげられる（Valladas et al.1988）。これにはムステリアン石器群が伴っていたのである。さらに，この時代の北ヨーロッパにおいては，型式学的には上部旧石器のものと変わらない石刃が存在することが明らかになった

(Conard 1992, Révillion and Tuffreau 1994a)。ところが、今のところ、このような石刃石器群には人類化石が共伴していないが、ヨーロッパのどの地域においても3.5万年以上前のホモ・サピエンスは発見されていないことから、この石刃石器群もネアンデルタール人が生産したものと考えられている。

これまでの古典的な見取り図に対する挑戦として、ネアンデルタール人が予測されてきた以上に多様なあり方をしたのではないかという疑念が生じ、本章冒頭に掲げた三つの設問が提示されることになるのである。本章においては、こうした問題点を社会的な視座から考察したいが、とりあえず議論の枠組が必要であろう。

編年・古気候・環境

旧石器時代の層位学的な研究に対して最も貢献した分野は、絶対年代の導入であった。焼けたフリントや土に対する熱ルミネセンス（TL）法、動物の歯に対する電子スピン共鳴法（ESR）、洞穴の石筍やトラバーチン鉱泉の堆積物に対するウラン系列年代法などによって、過去40年間にこの時代の編年は一新された（Aitken 1990）。こうしたテクニックの適用範囲は、理論的には更新世初期にまで及ぶが、年代決定に従事する科学者の見解では、現段階での上限は30万年BPを超えるものではないと考えられている。もっとも、この範囲内にあるといっても、資料によっては細心の注意が必要な場合もある。例えば、スウォンズコムにおける連続的な堆積層については、生物層位学的にはOIS 11（36.2万～42.3万年BP）、TL法では上部ロームが20.2±1.52万年BP、下部ロームが22.88±2.33万年BPという年代が与えられている（Bridgland 1985,1994：図4.12）。この年代はOIS 7に相当するものであるが、こうした年代観は地質学的にも、また動物学的にも支持できるものではない（Bowen et.al.1989, Bridgland 1994, Currant 1989）。たしかに、この年代値は棄却されなければならないにしても、それぞれの年代決定法の内部では一貫性が認められることは、スウォンズコムにおいては単一の温暖期における堆積層の堆積速度が急激であったことを示唆しているのではないだろうか[2]。問題となるのは、少数の絶対年代しかない地層の対比をどうするのか、またTL法やESR法の測定範囲がその許容範囲の一部にとどまっていることからもわかるように[3]、いくつかの分析手順の周辺になお存在する不確実性とどう対処するのか、という点にあろう。

だが、過去30万年間において、正確に年代が決定されていると見なされている場についても注意する必要がある。マーストリヒト・ベルヴェデールMaastricht-Belvédère（Roebroeks 1988）に所在するネアンデルタール人の遺跡は、焼けたフリントを試料としたTL法によって25.0±2万年BPという年代が与えられているが（Huxtable 1993）、それはOIS 7に相当する。間氷期の温暖な気候のもとで形成された堆積層（サブユニットIVC）中に人工物が包含されているが、これには軟体動物が伴い、その年代はESR法によって22.0±4万年BPという年代が与えられている。ところが、この軟体動物は海洋性気候と関連するものであり、先のOIS 7といった間氷期における相対的低海水面期におけるより大陸的な気候予測とは矛盾することになる（Zagwijn 1992）。コルフショーテンKolfschoten（et al. 1993:89）は、OIS 7が今のところもっとも妥当であるとしているが、層序学と生

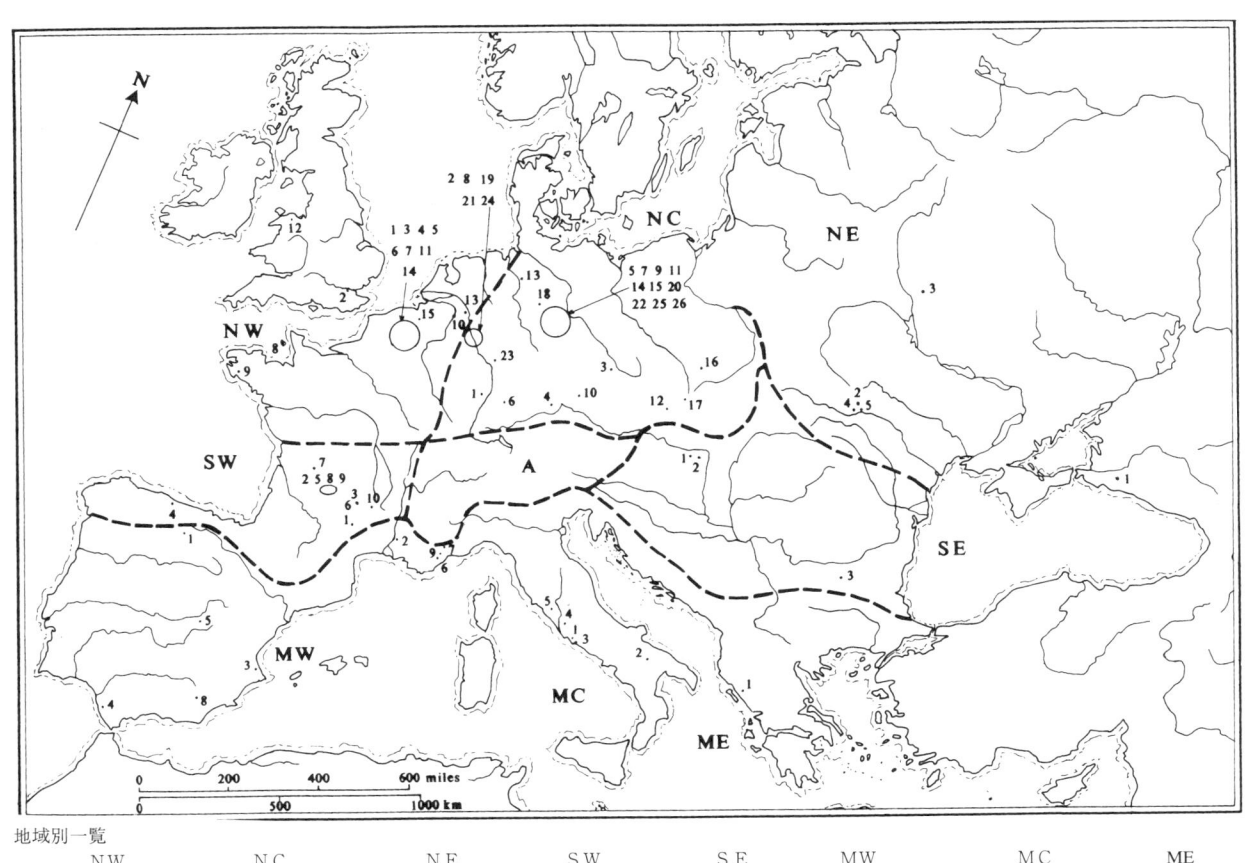

第 5 章　ネアンデルタール人の社会（30万～6万年前）　173

地域別一覧								
	NW	NC	NE	SW	SE	MW	MC	ME
1	アトリエ・コモン	アシェンハイム	イリスカヤ	アブリ・デ・カナレット	エルド	アタプエルカ	グァターリ	アスプロチャリコ
2	ベイカーズ・ホール	アリエンドルフ	ケトロシ	コンブ・グルナル	タタ	ベリグール	モンティチオ	
3	バボーム	ベチョフ	ホトゥリェヴォ	クドゥル	テムナタ	コヴァ・ド・ボロモール	モッセリーニ	
4	ボーヴェ	ボックシュタイン	コルマン	エル・カスティージョ		エル・アキュラデロ	サッコパストーレ	
5	ビアシュ・サン・バースト	ブルゴナ	モロドヴァ	グロット・ヴォフレイ		エル・ピナール	トーレ・イン・ピエトラ	
6	グゾクール	カンスタット		ラ・ボルド		ラザレ		
7	エルミ	エーリングスドルフ		ラ・シェーズ		ピエ・ロンバール		
8	ラ・コット	アイフェル・ボルカノ		ラ・ミコック		ソルナ・ディ・ザンボリーノ		
9	ル・モン・ドル	グレーベルン		ペック・ド・ラゼ		テラ・アマタ		
10	マーストリヒト・ベルヴェデール	ヒューナス		レスクンドゥドゥ				
11	メルビンIV	ケーニッヒザウアー						
12	ポントニューウィッド	クルナ						
13	ラインダーレン	レーリンゲン						
14	レンクール	マークレーブルク						
15	セクリン	ノイマーク・ノルト						
16		ピーカレイ						
17		プシェドモスチ						
18		ザルツギッター・レーベンシュタット						
19		シュバインスコプフ						
20		タウバッハ						
21		トンシェスベルク						
22		ヴェルトハイム						
23		ヴァラーテイム						
24		ヴァンネン						
25		ヴァイマル						
26		ツボショウ						

図5.1　本章本文および表5.1，5.2，5.12ならびに5.18で触れた主要遺跡分布図

表5.1 ザーレアン，エーミアンならびにヴァ

OIS	Kyr BP	NW	NC	NE
4 最終氷期最寒冷期	58〜71	ボーヴェ / レンクールC・B	クルナ9-7a / **ザルツギッター** / トンシェスベルクⅠB	イリスカヤⅡ/2-3
5a オデラーデ	71〜85		アリエンドルフ3 / ケーニッヒ / ザウアー	イリスカヤⅠ / ケトロシー / コルマンⅣ / モロドヴァⅠ/4-8 / モロドヴァⅤ/Ⅱb-12
	85〜95	ル・モン・ドル		
5c ブレルップ		レンクールCA / セクリン	ボックシュタインⅢa / クルナ11 / ヴァラーテイムD-F	
5d	95〜105		トンシェスベルク2B / ヴァラーテイムC	
5e	105〜118		ブルックトーナ / グレーベルン / レーリンゲン / ノイマーク・ノルト / **タウバッハ** / ヴェルトハイム / ヴァラーテイムA・B / ヴァイマール	イリスカヤⅡ/7 / ホトゥリェヴォ
6	128〜186	<u>ビアシュ・サン・ヴァーストⅡA</u> / **ラ・コットA・B, 3-6** / <u>ラインダーレンW・B3</u>	アシェンハイム sol74 / アリエンドルフ2 / ベチョフⅠ / クルナ14 / ピエカリーⅡ / プシェドモスチ / シュバインスコプフ / トンシェスベルク1A・2A / ヴァーネン	
7	186〜242	ベイカーズ・ホール / バボーム / **ラ・コットC-D, H** / マーストリヒト・ベルヴェデール / ポントニューイッド	カンスタット / **エーリングスドルフ** / ヒューナス	
8	242〜301		アリエンドルフⅠ / マルクレーベルク	

氷河期前半期エーミアン

凡例：太字は化石人類出土，下線は絶対年代の測定されているもの

イシュゼリアン前半期における主要遺跡編年表

SW	SE	MW	MC	ME
コンブ・グルナル49	テムナタTD16	ピエ・ロンバルド		
アブリ・デ・カナレット/2 グロット・ヴォフレイⅡ ペック・ド・ラゼⅡ/4			グアタリ4・5 モッセリーニ25・26	
グロット・ヴォフレイⅢ エル・カスティージョ23		エル・ピナール		
ラ・シェーズ7 ペック・ド・ラゼⅡ/3	テムナタTD17		モッセリーニ38・39	アスプロチャリコ
レスクンドゥドゥC1				
		エル・ピナール		
グロット・ヴォフレイⅣ ラ・シェーズ11	タタ	コヴァ・ド・ボロモールⅡ アタプエルカTG		
クドゥドゥ4層 グロット・ヴォフレイⅦ-Ⅷ ラ・ボルド ラ・ミコクN/M ペック・ド・ラゼⅡ/6-9 レスクンドゥドゥE3,E2		コヴァ・ド・ボロモールⅩⅢ **ラザレ**		
グロット・ヴォフレイ Ⅹ-Ⅸ		アタプエルカ TD-TG10-11, TN-2〜6 コヴァ・ド・ボロモールⅩⅣ ソラナ・ディ・ザンボリーノ テラ・アマタ	サッコパストーレ トーレ・イン・ピエトラd	
グロット・ヴォフレイ Ⅺ-Ⅻ ペック・ド・ラゼ				

物学的な古気候の想定と絶対年代との間には必ずしも満足のいく一致を見出すことはできない。

これと同じような不確実さは，ドイツ東部のトラバーチン地域にあるブルクトーナBurgtonnaやワイマールWeimar，タウバッハTaubachなどでも指摘される。自然環境から想定される年代はOIS 5eであるのに（表5.1），絶対年代（表5.2）はことごとくこれよりも若い。

そうであるから，この時期の絶対年代はまことに歓迎されるのだが，表5.2に掲げた年代がつねに妥当であるとは限らないのである。これらはC14年代のように正確な年代なのではなく，むしろ推定値と見なさねばならない。このことは，ネアンデルタール人の環境内でのパフォーマンスを考察する際に重要な意味をもつことになる。

このような理由によって，筆者は第4章で採用したような大枠としての編年網を採用したい。年代の幅としては，ザーレ・コンプレックス（OIS 8〜6）と最後の間氷期と氷期とのサイクルの半ば以上（OIS 5e / 5d〜4）にわたっている。これには三つの寒冷・氷河期（OIS 8,6および5d〜4）と2回の間氷期（OIS 7と5e）とが含まれる。深海底コアV19-30は（図5.2），この時期の全地球的な規模での一般的な傾向を示している。

寒冷期の比較

2回にわたるザーレ寒冷期は海水面の低下を伴ったが（OIS8,6），その詳細はアウトライン程度しかわかっていない。最初の寒冷期には極地的な哺乳類が増加した。とくにレミング（*Dicrostonyx*）とトナカイが著しい。この時期から，植生としてはマンモス・ステップ（Guthrie 1990）が，動物相にはマンモス・毛サイ（*Mammuthus / Coelodonta*）動物群が卓越するようになる。また，すでに第4章で触れたように，この独自の生物学的地域性は北アジアの広い範囲に拡大する。

後半のザーレ寒冷期はOIS 6に該当するが，南極大陸東部にあるボストーク基地での，氷冠に穿たれたアイス・コアのダスト分析から最終間氷期に対比されている。ダストの増加は南半球における砂漠の拡大を示唆し，また風が強まり，浸食が拡大したことを意味している。ジョウゼルJouzelらは（1993:411），このコアを使ってOIS 6寒冷期が20万年BPから14万年BPまで存続したことを示した。この寒冷期は最終氷期最寒冷期の期間よりも長く続いた。この期間，気温は一様に低く，またザーレ・リス地域のモレーンの規模はきわめて大規模な氷期の存在を示唆しているが，グリーンランドのアイス・コアのデータによると，OIS 6の寒冷度と変化の大きさは最終氷期最寒冷期ほどではなかったといわれている（Dansgaard et al. 1993）。ヴァン・アンデルVan AndelとツェダキスTzedakis（van Andel 1996, van Andel and Tzedakis 1996）は，OIS 6における最寒冷期の条件を再構成している（図5.3）。これによれば，ヨーロッパの南部と地中海沿岸には寒冷ステップが広がり，アルプスとスカンジナビアの氷冠の間の回廊地域はツンドラとステップであった。これはヤマヨモギやアカザ，スゲなどの草本から構成されていたが，現在これと同じ植生は存在しない。OIS 8とOIS 6の特徴は，図5.2からうかがわれるように，こうした寒冷期の終末に伴って，急速に海洋性の条件に変化することである。

最終氷期（OIS 5D〜2）についてはさらに詳しくわかっている。これらは北ヨーロッパではダイフェンス・ワイクセル・ヴァルダイ，アルプス氷期と南ヨーロッパではウルム氷期として周知されているものである。

表5.2 ザーレアン，エーミアンならびにヴァイシュゼリアン前半期（24.2～6万年BP）における主要遺跡の絶対年代　比較のために中東の年代も掲載した。この絶対年代と生物層位学的年代観の間には多くの矛盾があるため，年代解釈には慎重さが要求される。例えば，ブルクトナ，タウバッハ並びにヴァイマールの年代は生物層序学的にOIS5eに編入されるが（表5.1），絶対年代からは5dになっている（Stringer and Gamble 1993付表を増補，ステージの区分はBassinot et al.1994による）。

場	層　準	地域	年代測定法	人　類	考古学	千年BP	±
ステージ3/4境界5.8万年BP							
ケバラ	ユニットXⅡ-Ⅵ, 38データ	中東	TL	ネアンデルタール人	ムステリアン	～60	
ケバラ	ユニットXi-Xⅱ	中東	ESR	ネアンデルタール人	ムステリアン	60	6
ペック・ド・ラゼ	3層	欧州SW	ESR		ムステリアン	60～72	
コンブ・グルナル	55層	欧州SW	TL		ムステリアン（典型）	61	7
コンブ・グルナル	50層	欧州SW	TL		ムステリアン（典型）	62	7
ブルガ	4層	欧州SW	TL		ムステリアン（キナ）	63	5.8
ケバラ	ユニットXi-Xⅱ	中東	ESR	ネアンデルタール人	ムステリアン	64	6
テムナタ	6層	欧州SW	TL		中部旧石器	67	11
コンブ・グルナル	49層	欧州SW	TL		ムステリアン（典型）	68	7
ドゥアラ	ⅢB	中東	Fission Track		ムステリアン	70	
アブリ・ピエ・ロンバール		欧州MW	TL		ムステリアン（典型）	70	7.7
ラ・シェーズ	7層（ブルジョワ・ドゥローネ）	欧州SW	U series	ネアンデルタール人	中部旧石器	71	6
グアタリ	4層	欧州MC	ESR		ムステリアン（ポンティニアン）	71	27
ステージ4/5a境界7.1万年BP							
ペック・ド・ラゼⅡ	4層	欧州SW	ESR		ムステリアン	71～87	
アブリ・ド・カナレット	2層	欧州SW	TL		ムステリアン（典型）	73.5	6
モッセリーニ	層群3，26層	欧州MC	ESR		ムステリアン（ポンティニアン）	74	
グロット・ヴォフレイ	Ⅱ層	欧州SW	U series		中部旧石器	74	18
ドゥアラ	ⅣB	中東	Fission Track		ムステリアン	75	
エル・カウム	Oumm 4	中東	U series		ヤブルディアン－ムステリアン	76	16
グアタリ	5層	欧州MC	ESR		ムステリアン（ポンティニアン）	77.5	9.5
アブリ・ラボルド	29-32層	欧州SW	TL		ムステリアン（フェラシ）	78.5	7.5
モッセリーニ	層群3，25層	欧州ME	ESR		ムステリアン（ポンティニアン）	79	
スフール	B層	中東	ESR		中部旧石器	81	15
ステージ5a/b境界8.5万年BP							
ゾビスト	下層	欧州NC	TL		中部旧石器	85.5	8.5
タブン	B層	中東	ESR		ムステリアン	86～103	
クゥドゥルⅡ	面4-5	欧州SW	U/Th		ムステリアン	87.8～135.6	
エル・カスティージョ	23層漂石層	欧州SW	U series		下部・中部旧石器	89	1
ラ・シェーズ	7層（ブルジョワ・ドゥローネ）	欧州SW	U series	ネアンデルタール人	中部旧石器	89.5	5
セクリン	D4	欧州NW	TL		中部旧石器 石刃石器群	91	11
グロット・ヴォフレイ	Ⅲ層	欧州SW	U series		中部旧石器	91	51
カフゼー	ⅩⅩⅢ～ⅩⅦ層	中東	TL	初期新人	ムステリアン	92	5
ラ・シェーズ	石筍層上部（アブリ・シュアード）	欧州SW	U series	ネアンデルタール人	中部旧石器	94	22
セクリン	D7	欧州NW	TL		中部旧石器 石刃石器群	95	10
ズティイエー	76ZU1	中東	U series		ヤブルディアン－ムステリアン	95	10
ステージ5b/c境界9.5万年BP							
モッセリーニ	層群4，39層	欧州MC	ESR		ムステリアン（ポンティニアン）	96	

場	層準	地域	年代測定法	人類	考古学	千年BP	±
ズティイエー	76ZU6	中東	U series		ヤブルディアン−ムステリアン	97	13
ゾビステ	下層	欧州NC	TL		中部旧石器	97.5	7
タタ		欧州SE	U series		ムステリアン	98	8
アスプロチャリコ	18層	欧州ME	TL		ムステリアン	98.5	12
エル・コウム	テル6	中東	U series		ヤブルディアン	99	16
タタ		欧州SE	U series		中部旧石器	106	10
カフゼー	ⅩⅤ〜ⅩⅩⅠ層	中東	ESR	初期新人	中部旧石器	100	10
モッセリーニ	層群4，38層	欧州ME	ESR		ムステリアン（ポンティニアン）	101	
ブルトナ		欧州NC	U series		タウバッヒアン	101	
ラ・シェーズ	石筍層上部（アブリ・シュアード）	欧州SW	U series	ネアンデルタール人	中部旧石器	101	7
ラ・シェーズ	7層（ブルジョワ・ドゥローネ）	欧州SW	U series	ネアンデルタール人	中部旧石器	101	12
スフール	B層	中東	ESR	初期新人	中部旧石器	101	12
タブン	C層	中東	ESR	ネアンデルタール人	ムステリアン	102〜109	
エーリングスドルフ		欧州NC	U series	初期ネアンデルタール人？	中部旧石器	102〜244	
ペック・ド・ラゼⅡ	3層	欧州SW	U series		ムステリアン	103	27
ブルゴナ		欧州NC	U series		タウバッヒアン	104	
ヒューマル・ウェル，エル・コウム	6b層	中東	TL		ムステリアン	104	9
コンブ・グルナル	60層	欧州SW	TL		アシューレアン	105	14
コンブ・グルナル	60層	欧州SW	TL		アシューレアン	105	14
テムナタ	7層	欧州SE	TL		中部旧石器	105	35
ステージ5c/d境界10.5万年BP							
モッセリーニ	層群3，33層	欧州ME	ESR		ムステリアン（ポンティニアン）	106	
アブリ・ピエ・ロンバール		欧州MW	TL		ムステリアン（典型）	108.4	9.8
タウバッハ		欧州NC	U series		タウバッヒアン	110	
ブルクトーナ		欧州NC	U series		タウバッヒアン	111	
ラ・シェーズ	11層上部（ブルジョワ・ドゥローネ）	欧州SW	U series	ネアンデルタール人	中部旧石器	112	5
コンブ・グルナル	60層	欧州SW	TL		アシューレアン	113	13
ラ・シェーズ	7層（ブルジョワ・ドゥローネ）	欧州SW	U series	ネアンデルタール人	中部旧石器	114	7
ヴァイマール		欧州NC	U series		タウバッヒアン	115	
レスクンドゥドゥ	下部石筍床	欧州SW	U/Th		ムステリアン	115〜123	
タウバッハ		欧州NC	U series		タウバッヒアン	116	
ラ・シェーズ	11層上部（ブルジョワ・ドゥローネ）	欧州SW	U series	ネアンデルタール人	中部旧石器	117	8
ステージ5d/e境界11.8万年BP							
ヴァイマール		欧州NC	U series		タウバッヒアン	118	
スフール	B層	中東	TL	初期新人	ムステリアン	119	18
グロット・ヴォフレイ	Ⅳ層	欧州SW	TL		ムステリアン	123	20
カフゼー		中東	ESR	初期新人	中部旧石器	120	8
コヴァ・ド・ボロモール	Ⅱ層	欧州MW	TL		ムステリアン	121	18
タブン	D層	中東	ESR		ムステリアン	122〜166	
ラ・シェーズ	11層上部（ブルジョワ・ドゥローネ）	欧州SW	U series	ネアンデルタール人	中部旧石器	123	17
ラ・シェーズ	51層上部（アブリ・シュワード）	欧州SW	TL	ネアンデルタール人	中部旧石器	126	15
ステージ5e/6境界12.8万年BP							
スクレイン洞穴	5b層	欧州NW	TL		中部旧石器	130	20
ペック・ド・ラゼⅡ	6〜9層	欧州SW	ESR		アシューレアン	130〜162	
エル・ノウム	Oumm3	中東	U series		ヤブルディアン	139	16

第5章　ネアンデルタール人の社会（30万～6万年前）

場	層　準	地域	年代測定法	人　類	考古学	千年BP	±
グロット・ヴォフレイ	VIII層	欧州SW	U series		中部旧石器	142	130～68
ラ・シェーズ	11層（ブルジョワ・ドゥローネ）	欧州SW	U series	ネアンデルタール人	中部旧石器	146	16
ズティイエー	76ZU4	中東	U series	後期ハイデルベルク人	プレ・ヤブルディアン	148	6
エーリングスドルフ		欧州NC	U series	初期ネアンデルタール人？	中部旧石器	150～250	
ラ・シェーズ	11層下部（ブルジョワ・ドゥローネ）	欧州SW	U series	初期ネアンデルタール人？	中部旧石器	151	15
タブン	Eb層	中東	ESR		ムステリアン	151～168	
ヴァイマール		欧州NC	U series		タウバッヒアン	151	
コヴァ・ド・ボロモール	XIII層	欧州MW	TL		中部旧石器	152	23
タブン	Ea層	中東	ESR		ムステリアン	154～188	
エル・ノウム	Humm 2	中東	U series		ヤブルディアン	156	16
グロット・ヴォフレイ	VII層	欧州SW	U series		中部旧石器	158	10
ヒューマル・ウェル，エル・ノウム	Ib層	中東	TL		ヤブルディアン	160	22
ズティイエー	76ZU Ia	中東	U series	後期ハイデルベルク人	プレ・ヤブルディアン	164	21
ラインダーレン	粘土層	欧州NW	TL		中部旧石器	167	15
ビアシュ・サン・ヴァースト	IIA	欧州NW	TL	初期ネアンデルタール人？	中部旧石器	175	13
タブン	Ec層	中東	ESR		ムステリアン	176～199	
タブン	Ed層	中東	ESR		ムステリアン	182～213	
ヴェルテシュセレシュ		欧州SE	U series	ハイデルベルク人？	礫器・細小石器	185	25

ステージ6/7境界18.6万年BP

場	層　準	地域	年代測定法	人　類	考古学	千年BP	±
ポントニューウィッド洞穴		欧州NW	TL	初期ネアンデルタール人？	アシューレアン	200	25
グロット・ヴォフレイ	IX層	欧州SW	U series		中部旧石器	208	8
マーストリヒト・ベルヴェデール		欧州NW	ESR		中部旧石器	220	40
バド・カンスタット	ユニットIV	欧州NC	U series		礫器・細小石器	225	
コヴァ・ド・ボロモール	XIVa・b層, ブレッチャー	欧州MW	TL		上部は中部旧石器	225	34
エーリングスドルフ		欧州NC	U series	初期ネアンデルタール人？	中部旧石器	230	
テラ・アマタ		欧州MW	TL		中部旧石器	230	40
コヴァ・ド・ボロモール	XIVa・b層, ブレッチャー	欧州MW	TL		上部は中部旧石器	233	35
ラ・コット	C-D層	欧州NW	TL		中部旧石器	238	35
アラゴ		欧州MW	TL	ハイデルベルク人	中部旧石器	240	74
エル・ノウム	Oumm5	中東	U series		先ヤブルディアン	245	16
グロット・ヴォフレイ	X層	欧州SW	U series		中部旧石器	246	76
マーストリヒト・ベルヴェデール	ユニットIV	欧州NW	TL		中部旧石器	250	20
ヒューナス	P1	欧州NC	Th/U	ハイデルベルク人	上部は中部旧石器	260	40～60

ステージ7/8境界24.2万年BP

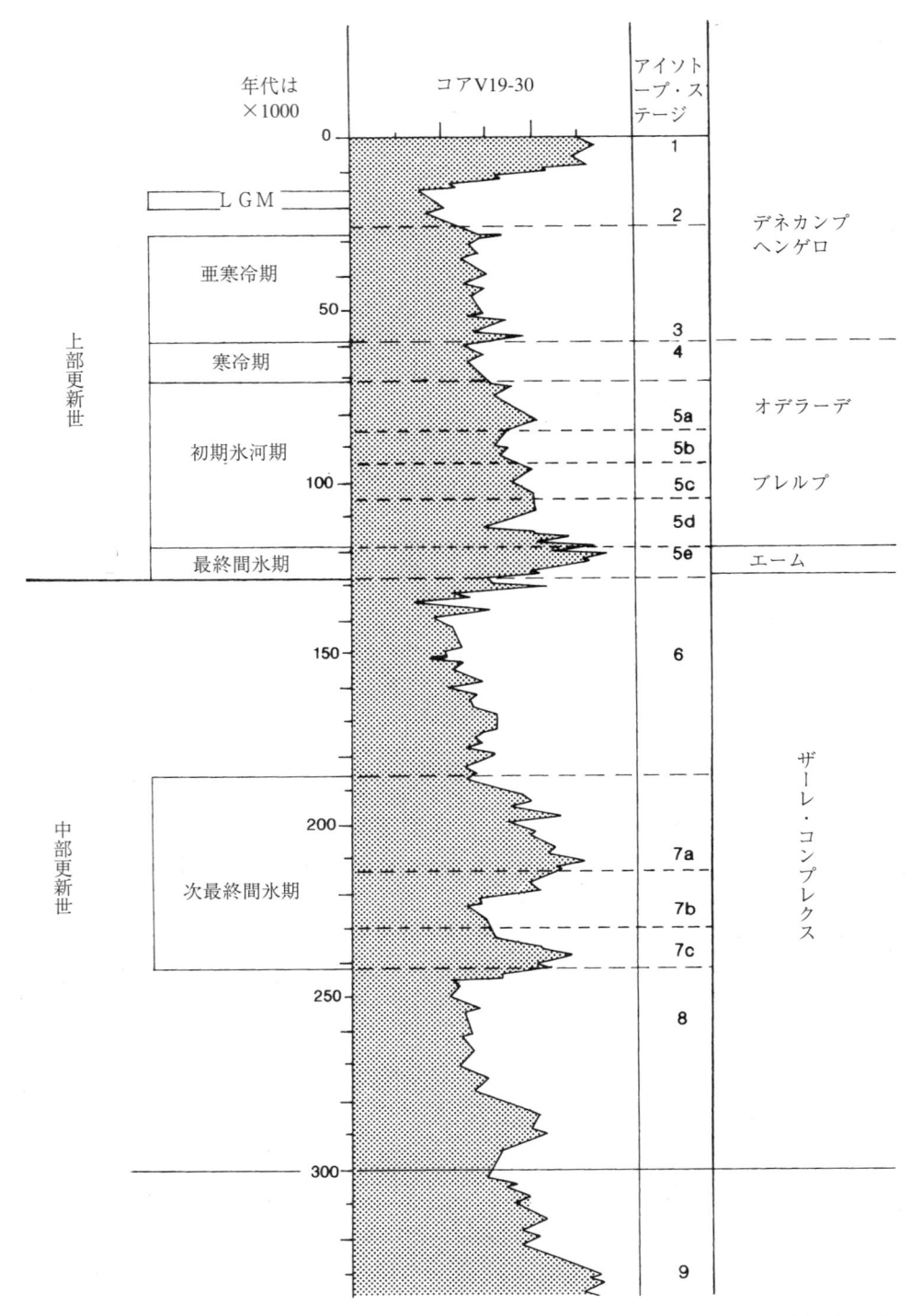

図5.2 深海底コアV19-30による過去30万年間の酸素同位対比によって示される氷冠（白地）と海水面高（網伏せ）の変動（LGM＝最終氷期産寒冷期。van Kolfschoten et al.1993:Fig.7;Bassinot et al.1994による）

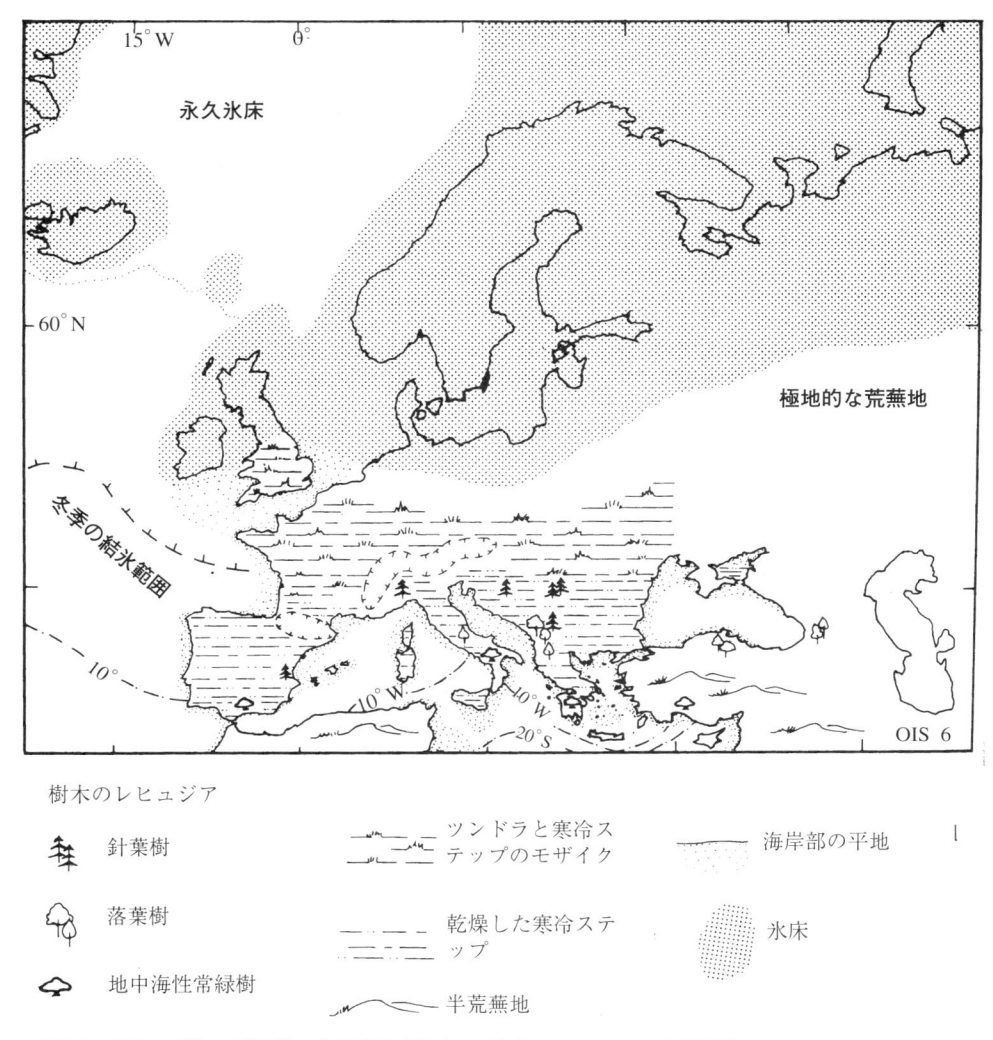

図5.3 OIS 6（約15万年前・次最終氷期）におけるヨーロッパの自然環境（van Andel and Tzedakis 1996 : Fig.6による）

　最近まで，この時期の植生の変遷を再構成するためには，北ヨーロッパで採取されているコアを織り込むのが普通であった。しかしながら現在では，この時期と先行する時期の連続的なデータがギリシャ（Tzedakis 1993,1995）やイタリア（Watts,Allen and Huntley 1996）からも得られている。南イタリアの標高656mのラゴ・グランデ・ディ・モンティチオLago Grandi di Monticchioでの詳しい研究によって，OIS 5eから現在までの状況が明らかにされている。年代決定はコアの1年ごとの薄層を数えているため，きわめて正確である。この結果，7.63万年前までの絶対的な目盛りが与えられたのである。

　モンティチオのコアによれば，この時期の花粉は，喬木，低木，ツル性の植物から草本に至るまで非常に変化に富んでいた（図5.4）。オープンで，より寒冷な条件は草本の花粉によって示されるが，これらは7.5万年BP〜5.0万年BPよりも3.6万年BP〜1.4万年BPに一般的であった。これは海洋規模に達する氷冠の発達を示唆するものであるが，その規模は最終氷期最寒冷期のOIS 2よりもOIS 4

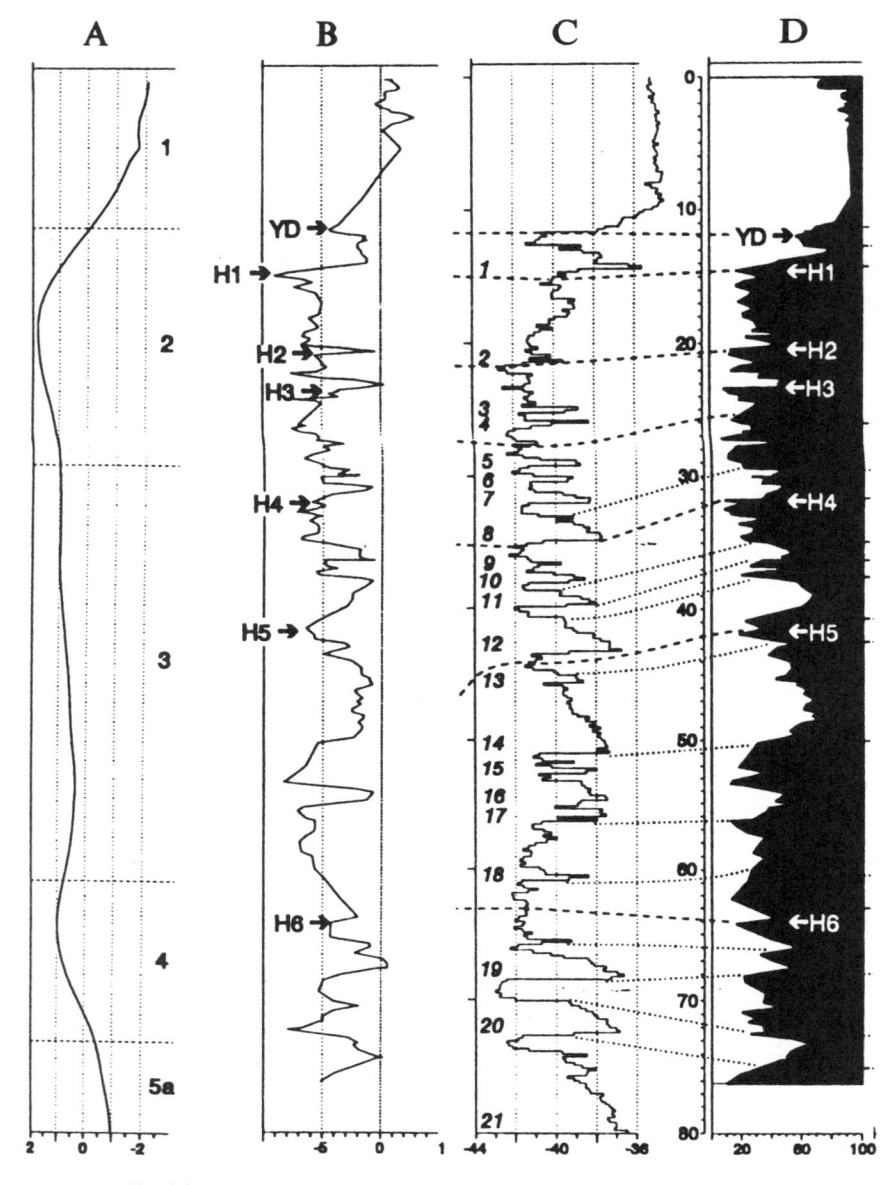

凡　例
A　SPECMACによる海洋と氷床の面積比
B　モンティチオの花粉分析による最寒冷月の平均気温
C　GRIPの氷床　数字は亜間氷期
D　累積花粉グラフ（％）　白は木本，灌木，ツル植物　黒は草本
YD＝ヤンガー・ドリアス期
H1〜H6氷山の流出によるハインリッヒ・イベント

図5.4　地中海中央地区イタリア・モンティチオにおける花粉分析結果　一部を示す。グリーンランド・アイス・コア・プロジェクトの結果と比較せよ。D列に示した年代単位は千年（Watts et al.1996:Fig.6による）

表5.3 氷期前半期の亜間氷期サブ・ステージの対比（Behre 1989：Fig.8）

ネーデルランド	ドイツ	デンマーク	ポーランド	フランス	ギリシャ	OIS
ブレルプ	オデラーデ		ルドゥンキ	サン・ジェルマンⅡ	エレクテロ・ポリス ドラマ	5a
アメルスフォールト	ブレルプ	ブレルプ	アメルスフォールト	サン・ジェルマンⅠ	ドクサトン	5c
エーミアン	エーミアン	エーミアン	エーミアン	エーミアン	エーミアン	5e

の方がかなり小さかったと考えられている。なお，このコアの詳細は第6章で検討する。

こうした氷河に直接影響を受ける地域の外側における詳しいデータは，従来から詳細の判明している北方地域にとっても必要な情報を与えてくれる。ベーレBehre（1989：fig.7）は，北ヨーロッパと中央ヨーロッパにおける花粉化石から詳細な再構成を試みている。現在明らかなのは，最終間氷期（エーミアン：OIS 5e）とOIS 2における最終氷期最寒冷期の間には，およそ7回ほどの温暖な亜間氷期が介在していることである。それらのうち二つはアメルスフォールト・ブレルプ期およびオデラーデ期であり，その年代は図5.2に示したように，6万年BP以前である[4]。

最終氷期は多数の小期に分けられているが，初期氷河期，寒冷期，亜寒冷期，最寒冷期，晩氷期等の分け方は一般的であろう。ただし，こうした分け方も第四紀研究者の間で足並みがそろわず，また深海底のデータとの照応関係もいまだ世界的には合意されているわけではない。

初期氷河期（11.8万年BP～7.1万年BP）

初期の継続期間はサブステージでいうと5d～5aである。きわめて短期間であるが，OIS 5d期と5b期に形成された巨大は氷河は，長期に及ぶOIS 5cと5a期の森林的・温暖な亜間氷期のために分断されている[5]。酸素同位体のピークは海洋体積の増大を示唆するが，それは北部，南部，さらに地中海地域などの多数の花粉分析結果とよく一致している。地域ごとのステージ名を表5.3に示した。

ここにあげた初期の亜間氷期は，フランスのヴォージュVoges山脈におけるグランド・パイル（大堆積露頭）Grande Pille や（Guiot et al. 1989, Woillard 1978），ギリシャ北西部のイオアニナIoannjna湖（Tzedakis 1993,1995）などの花粉の特徴によく示されている。北方地域の花粉ダイアグラムによれば，カバからマツへという変遷が明瞭である[6]。ギオGuiot（et al. 1989）によれば，5cと5aは亜間氷期というよりも間氷期であり，その気温は現在とよく近似していたという。たしかに，そういうこともいえるかもしれないが，OIS 5dとOIS 5bにおける氷河体積と気温との急激な変動は，落葉性の森林的要素の移住が行われたとしても，それは非常に限定的なものであったろう。このような植生パターンは，北方から見れば，間氷期ではなく亜間氷期的であるということができる[7]。

北方の花粉に落葉樹のものが欠如している一つの理由は，5d期と5b期における寒気が非常に厳しかったため，西ヨーロッパに永久凍結帯が広がっていたからであろう。この1万年間に及ぶ氷床体積の拡大期は（表5.1,5.2），短い温暖期であるOIS 5cとOIS 5aにおける植物群の再移住によって中断された。

ドイツ東部のケーニッヒザウアKönigsaue（Mania 1991b,Mania and Toepfer 1973）における土層断面は，この急激な気候の変遷を説明してくれる。ここの25mに及ぶ土層断面は砂層と礫層とからなるが，泥炭層を介在している。この断面から，この地域の気候の歴史が再構成されているが，それ

はアッシェルスレーベナー・ゼーAscherslebener See（図6.4）という小さな湖の拡大と縮小とによって示されていた。最終間氷期の地層はⅠa1層とされているが，この層では泥炭と有機物を含むシルトとが混在している。この層の上部に，7枚の亜間氷期の泥炭層が重なり，段階Ⅵとされる最終氷期最寒冷期以前の湖面の拡大を示唆している。永久凍土の存在を示す氷楔の痕跡は，これらの亜間氷期の地層の間に確認されている。

ケーニッヒザウアでは，段階Ⅰbに3枚の文化層が存在する。これはかつてブレラップ亜間氷期に対比されていたが，現在では先行するアメルスフォルトの位置づけに関する評価が低下したため（Behre 1989），オデレード期に比較されている。ブレラップ期がOIS 5c（表5.3）およびケーニッヒザウアにおける段階Ⅰa2と対応すれば，これはOIS 5aと並ぼう。AMSと伝統的なC14による年代決定が実施されているが（表5.2および図6.4），それらはもっとも少なく見積もられた年代と見るべきであり，必ずしも地域的な年代観を反映するものではない。これによれば，7.1万年BP～8.5万年BPとされている。

ファンツェルFenzel（1973:図100）は亜間氷期初期の一般的な植生を復元している。この復元案は主だった植生の分布ゾーンに従うものであるが，このゾーンでは木本の分布は西に厚く東に薄い。トウヒ，マツ，カバ，モミなどの森林がヨーロッパの西部と中央部を覆っており，中央部から南西ヨーロッパでは，マツ・トウヒ・カバなどの疎林を伴うステップの広がる，より大陸的な状態であった。イベリア半島北部は落葉広葉樹を交えるトウヒとモミが生育していた。メセタ中央部は草原ステップであったが，南部から半島の中央部に貫入するような形で，マツを伴うオークの森林であった。オーク（Quercus）はギリシャ北部のイオーニナIonnina249のコアでは，最終氷期寒冷期を通じて重要な要素として残存している（Tzedakis 1993:図3）。たしかに，この山並みに囲まれた標高470mの湖畔において，木本の花粉の記録が4.3万年間にも及ぶ草原的な景観の時代を通じて残されていることは注目に値する（ibid.:438）。この発見は，樹木とヨーロッパ地中海産の植物が，この地をレフュジアとしていたことを物語っているが，この点についてはモンティチィオのデータによっても示されている（Watts, Allen and Huntley 1996）。

最終氷期寒冷期（7.1万年BP～5.8万年BP）

最終氷期初期は寒冷期，あるいはOIS 4相当の完氷期へと移行する。ケーニッヒザウアの露頭では，この時期は氷楔の形成と永久凍土化の進行によって特徴づけられている。北ヨーロッパでは，永久凍土は現在でも大西洋沿岸に部分的に広がっている。最終氷期寒冷期にはとくに亜間氷期は認められず，氷床体積の増加，つまり海水面の低下が深海底コアによく示されている。このことから，最終氷期寒冷期は長期に及ぶ寒冷な気候が続き，北ヨーロッパには木本がほとんど存在していなかったことがわかる。その性格から，この時期はサブステージ5bと5dに相当する規模であったと考えられるが，その植生変化はきわめて著しいもので，地中海沿岸では木本が激減する（Watts, Allen and Huntley 1996）。北ヨーロッパでは，OIS 4の花粉に関する記録はほとんど知られていないが，それは植生の種類を反映するものであり，古い泥炭層からも花粉の産出はきわめて少なく，このために記録には登場しないのであろう（Zagwijn 1992）。OIS 4の植生分布の復元によれば（van Andel and Tzedakis 1996），氷期としてはより大規模であったOIS 6よりもステップとツンドラの分布は広

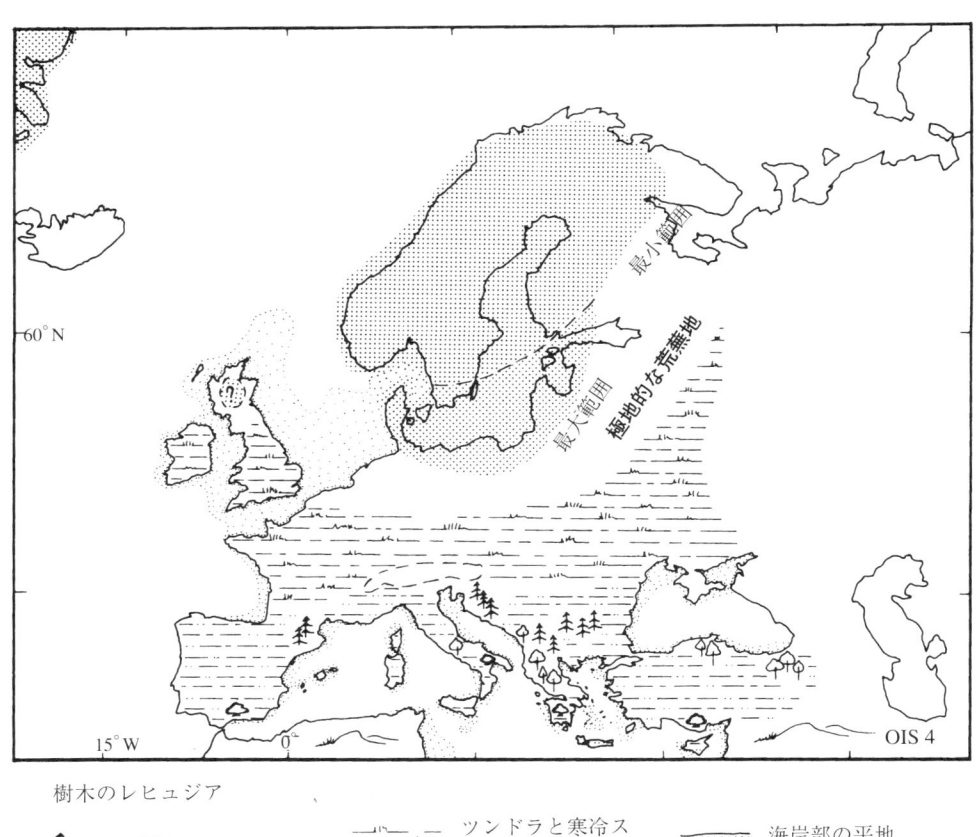

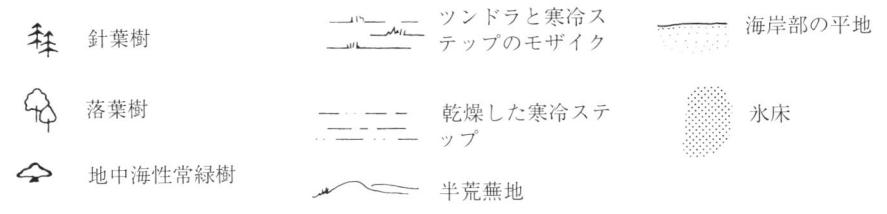

第 5 章　ネアンデルタール人の社会（30万〜6万年前）　185

図5.5　OIS 4（約6.5万年前・寒冷期）におけるヨーロッパの自然環境
（van Andel and Tzedakis 1996：Fig.13による）

樹木のレヒュジア
- 針葉樹
- 落葉樹
- 地中海性常緑樹
- ツンドラと寒冷ステップのモザイク
- 乾燥した寒冷ステップ
- 半荒蕪地
- 海岸部の平地
- 氷床

域化しており（図5.5），後続する最終氷期間寒冷期と較べると（第6章），この時期の北方における環境は変化に乏しかったが，南方や地中海沿岸地域では，樹木のレヒュジアに沿う生産力に富むステップが形成されていた（Suc and Zagwijn 1983）。

　OIS 6 と OIS 8 の理解が深まるにつれて，最終サイクルの最終氷期初期および寒冷期の区分も明確になるであろう。それのみでなく，この時期の区分基準も明らかになるかもしれない。例えば，OIS 5a と OIS 4 の境界については，インド洋のトバToba火山の噴火が引き金になり，火山灰による寒冷化が寒冷期の開始時期を早めたといわれている（Ramaswamy 1992）。このようなイベントが，ミランコヴィチMilankovitchiの天文学的原因説による更新世の気候予測における矛盾を解き明かしてくれるのかもしれない（Imbrie and Imbrie 1979）。

　結論として，われわれは最終氷期初期と寒冷期とは，ヨーロッパの植生ばかりではなく，その存続期間が1万年間と短期であることからも，つまり内部的な変化の面からも，モザイク状の環境を

特徴とする時代であった，ということができよう。OIS 6がより寒冷で，また期間的にも長期に及んでいるとしても，ザーレ・リス氷床がもっとも拡大したのは，この6万年間の間では比較的短い期間であった可能性が高い。

温暖期の比較

　OIS 7およびOIS 5eという二つの間氷期によって最終氷期を区分することができる。前者は低海水面の間氷期であるが，後者は中部更新世ではもっとも海水面の高い時期である（Shackleton 1987）。例えば，ヴァン・アンデルとツェダキス（1996）によるOIS 5eの復元によれば，エーム海とバルト海が拡大されている。このため，スカンジナビアは孤立化し，結果として長く，かつ生産性の高い海岸線が形成された（図5.6）。一方，高海水面による海域の拡大はヨーロッパモミ（*Abies*）の通常生育域を超えた北方限界の拡大をもたらした。

最後から二番目の間氷期（24.2万年BP～18.6万年BP）

　OIS 7は三つの部分に分けられるが，7b亜期は短期的な氷期であり（Andrews 1983），23.0万年BP

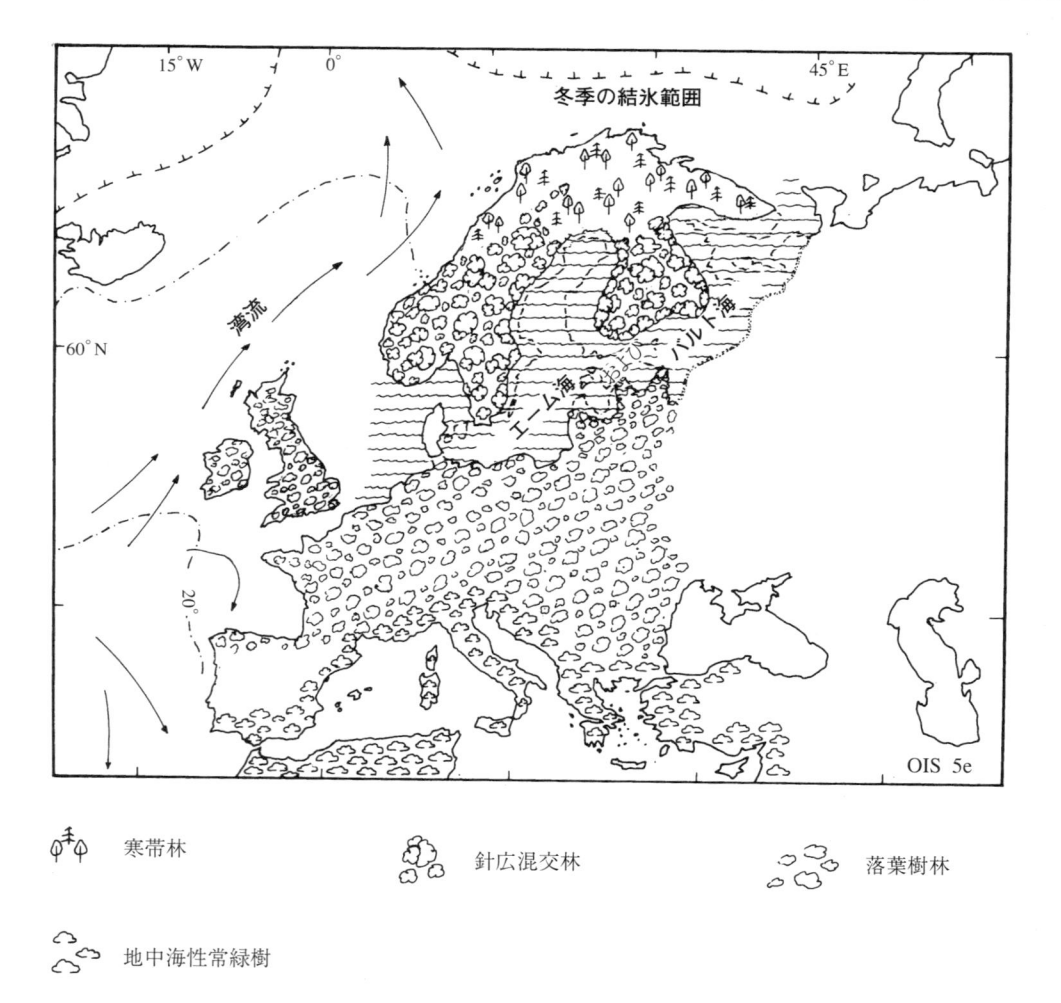

図5.6　OIS 5e（約12.5万年前・最終間氷期）におけるヨーロッパの自然環境
　　　（van Andel and Tzedakis 1996：Fig.9による）

にはじまり 1 〜1.5万年間続いた。氷床容積は最終氷期初期のOIS5dやOIS5bよりも寒冷期のOIS 4に匹敵する。現在のところ，OIS 7aとOIS 7cの間の気候の違いを指摘することはできない。

OIS 7b亜期の終末期の年代は，シングルグレーン40Ar/39Ar法によって正確に推定されている（Van den Boggard et al.1998）。この方法はラインランドの東エイフェル高原の火山灰地帯，とくにアリエアンドルフAriendorf 8遺跡に適用された。すなわち，ヒュッテンベルクHüttenberg（H）テフラの年代測定に採用されたが，このテフラはレスと埋没古土壌との，したがってまた，寒冷期から温暖期への移行期に相当する。テフロクロノロジーはこの移行が21.5万年±0.4万年BPであることを示している。

この3亜期と考古学的な遺跡とを関係づけることは簡単ではない。大部分の遺跡は植物相や動物相からは，単に間氷期の所産であるという程度しかわからず，こうした事態は，すでに検討したビルツィングスレーベンを思い起こさせるだろう。だが驚くべきことに，この同位体年代が明確ではない間氷期における（Shackleton 1987）動物相と植物相とは，より同位体年代が明確な最終間氷期と同等か，あるいはそれ以上の温暖化に対する適応能力を示している。

例えば，ドイツ東部の湖畔の遺跡であるノイマルク・ノルトNeumark-Nordにおいては，その植物相にはオーク，ハシバミ，シデ，ヤナギ，ライム，ツゲ，セイヨウヒイラギなどが卓越している。間氷期の指標と見なされるヌマガメ（Emys orbicularis）も存在するが（Mania 1991b, Mania et al.1990），このカメの存在から遺跡の年代はOIS 5eに対比されがちである（Vandenberghe, Roebroeks and Kolfschoten 1993）。だが，ヌマガメはマーストリヒト・ベルヴェデールなどOIS 7に対比される場所からも発見されることがある。もしも，このカメが孵化したとすれば，7月の気温は17度から18度必要であり，さらに晴天・曇天を問わず，日射が十分であることも要求される。なお，この気温は現在よりも高温である（Stuart 1982）。シュトゥットガルト・バート・カーンシュタットStuttgart-Bad Cannstatt（Reiff 1986）のトラバーチンにおいても，カメにツゲ（Buxus sempervirens）の葉と実やオークの混淆林に生育する植物も共伴した。この木本種は，エーリンクスドルフEhringsdorf（Steiner and Wagenbreth 1971）の下部トラバーチンにもある。森林的な景観に棲息するマカクサル（Macaca sp）の遺体は，ビルツィングスレーベンやスウォンズコムといった北方の遺跡では海洋的なOIS 11にもOIS 9にも存在する。しかしこの種は，ババリアにある崩壊した洞穴であるフナシュHunasではより大陸的なOIS 7間氷期から検出されているが，そこでは，トリウム・ウラニウム法で26.0万年BPという年代の石筍層の上部にある層から，マカクサルMacaca cf florentinaの上顎臼歯が出土している（Carls et al. 1988, Groiss, Kaulich and Reisch 1995）。クーラントCurrant（1989）はイギリスでのマカクサル化石の集成を行っているが，それらの年代はフナシュに近似するものである。

最終間氷期，すなわちエーミアン（12.8万〜11.8万年前）

OIS 7についての最終的な分析がどれほどこんがらがったものであるのか，このことはエーミアン，すなわちOIS 5eに対応する最終間氷期に関する議論からもうかがうことができる。この間氷期は1.0万年間から1.5万年間存続した。この時期のグリーンランドのアイス・コアの^{18}Oの比率によっ

て，清楚に理解することができる。二つの研究が利用可能である。まず，グリーンランド・アイス・コア・プロジェクト（GRIP）のメンバー（1993）はサミット・コアを検討して，OIS 5eを5細分している。これは，エーミアンとは氷床体積が頻繁に変動した不安定な時代であったことを示している。OIS 5e1というイベントを例にとれば，存続時間はわずか70年間であったが，その酸素同位体の値は完全な氷河期の値へと突入している（*ibid.*:206）。この発見は，ダンスガールDansgaard et al.（1993）による同一コアを対象とする研究結果を支持するものであるが，彼らはOIS 5e2とOIS 5e4の存続年代を0.2万年から0.6万年と見積もっている。この期間は，最終氷期の前半期にあたるOIS 5aおよびOIS 5cと同じくらい寒冷であった。全体として見れば，OIS 5eはOIS 7よりも不安定な気候であったといえよう（*ibid.*:220）。ホワイトWhite（1993:186）は，こうしたデータは間氷期にあっては10℃以上の変化は20年，あるいは10年くらいの間でも起こりうるということを雄弁に物語るものである，というコメントを添えている[8]。

こうしたことがわれわれに教えてくれるのは，間氷期の気候は気温の急速な変化を伴う，はなはだ変化に富むものであった，という事実である。こうした変化は人の一生のうちでも起こりうるものであったのだ。気候や海水面，さらに植生などが数千年間もの間安定しており，さらにそうした安定的な環境に人類が適応するなどといった事態が，30万年BP～6万年BPの間には望むべくもなかったし，またありえないシナリオでもあった。

深海底コアやアイス・コアなどに見る，こうした急速なシフトは，植物や動物の分布の解釈にも影響を及ぼすことになる。現状によれば，海洋と氷冠の急速な波動状の変動に対応する反応時間はあまりにも緩慢であったため，GRIPのメンバーが示唆したようなタイムスケールにおいては，変化らしい変化は認められないように思われる。それだけではなく，表5.1に提示した間氷期の遺跡に，こうした精密な細分時期を割り振るには，なお時間が必要である。目下のところ可能なのは，例えばイギリスにおいてはカバ*Hippopotamus amphibius*があれば，それはOIS 5eに比定され，ヴィクトリアVictoria洞穴（Gascoyne,Currant and Lord 1981）の絶対年代に対応するといった程度のことであろう。だが，この種がいつ登場したのか，またどれくらい生存していたのか，といった問題は新たなOIS 5e細分案に照らして答えなければならない大切な問題である。

考古学的な資料は普通どのようなところから出土するのだろう

洞穴や露天の遺跡の調査によって，この時期には九つの地域に人類が居住していたことが判明する（図3.1）。河畔，湖畔，レス，洞穴という四つの環境は，考古学的な場としてとくに注意されなければならない。

河畔と崩積地という環境

河川の堆積層中の場はすべての地域から発見されている。それらの場は第4章の当該箇所で検討したように，その保存条件にはかなりの幅がが認められる。まずネーデルランドのマーストリヒト・ベルヴェデールや，ドイツ北部のザルツギッター・レーベンシュテットなどのように遺存状況のよい旗艦にふさわしい遺跡があげられる。一方，テームズ川（Bridgland 1994, Gibbard 1988, Wymer 1968, Wymer 1996）やドゥエロDuero川（Santonja 1991-2），アニエネAniene川（Mussi 1992,1995）など，主だった川の流域からは，例外なく再堆積した遺物が採集されている。

地域モデルで区別した東北部の遺跡はきわめて重要である。というのも，それは人類史上はじめて，この地域に形成された遺跡であるからである。これらの遺跡はロシア西部，モラビアやウクライナなどの河川流域に分布している。この地域において，河畔に位置する場としては，ケトロシKetrosy（Praslov 1981），コルマンKorman Ⅳ（Goretsky and Tseitlin 1977），モロドヴァMolodova Ⅰ（Goretsky and Ivanova 1982），モロドヴァ Ⅴ（Chernysh 1961, Ivanova and Chernysh 1965, Ivanova and Tseitlin 1987）などがあげられるが，これらはドニエステル川流域の狭い渓谷沿いに立地している（Boriskovsky 1984, Soffer 1989も参照せよ）。ホーフェカーHoffecker（1987）はドニエステル川の遺跡群の地理的な条件を検討しているが，それらは第2段丘を構成する沖積層上に位置している。これらの場は，レスの再堆積層や崩積に由来するローム層中に包含されている。それらはまた，ところどころに堆積している古土壌中にも包含されているが，この層の厚さはまちまちである。

ただし，最終間氷期に帰属する遺跡は知られていない（Hoffecker 1987:270）。コルマンⅣにおけるドニエステル川の段丘上の中部旧石器時代の居住地は古土壌中に包含されていたが，それは最終氷期初期後半の亜間氷期に形成されたものである。だが，モロドヴァⅠとⅤにおける最終氷期寒冷期の居住跡はグライ土壌中にあり，わずかながら土壌化作用を受けていた。

デスナ川では，コチレボKhotylevoⅠ（Zavernyaev 1978）が重要であり，その中部旧石器時代の石器群は淡水産の*Unio pictorum*を共伴していた。この種は間氷期の地域的特徴と見なされている（Hoffecker 1987:272）。また，古土壌が観察されないことから，石器群の年代は氷期初頭となり，ドニエステル川の諸遺跡と比較される[9]。

北方のコーカサスの山麓には，クバニKuban'川流域にイリスカヤIl'skayaⅠおよびⅡが知られている（Hoffecker, Baryshikov and Potapova 1991）。考古学的な包含層は，低位段丘面上の崩積土壌中にある。イリスカヤⅠの古土壌最下層は暫定的に氷期初期に比定されているが，中層については初期後葉もしくはOIS 3段階という二説がある（*ibid.*:117）[10]。

細粒で，カルシウム分に富む崩積土堆積層には，諸処に古土壌が遺存し，動物遺体の遺存条件としては申し分がない。こうした土層はドニエステル川やデスナ川中流域，さらにイリスカヤ地域などに分布している。これらの場は古くから調査されており，とくに空間的構成に関するすぐれた情報を提供してくれる。

湖畔と泉池という環境

ハンガリーのトラバーチン鉱泉遺跡であるタータTataは南東部地区にあるが，トリウム・ウラニウム法によって約10万年BPという年代が与えられている（Schwarcz and Skoflek 1982, Svoboda 1989,1994b, Vertes 1964）。この年代は中央部地区のガノーブスGanovce，ボイニッツェBojnice，ヴァイマールWeimar，タウバッハTaubach，ブルトナBourgtonna，エーリングスドルフEhringsdorf上部トラバーチン地点などの遺跡と比較される（Svoboda, Lozek and Vlček 1996）。葉，幹，果実といった大型植物遺体と動物遺体の遺存状況はきわめてよい。スタイナーとヴァーゲンブレスWagenbreth（1971:Abb.9）は，エーリングスドルフのトラバーチン下層部の景観を再構成し，そこがカルスト地形を十字に侵食する緩やかな流れに沿った湿地や葦原によって区切られた樹林であったことを指摘している。この地域へ立ち入るためには，古いトラーバーチン帯が格好の場所を提供

したであろう。

あらゆる地域で湖畔という風景は魅力的であり続けた。今なお活動を続けるグラディス・バイヤGradix-Baja構造盆地の堆積物（Santonja and Villa 1990, Vega Toscano 1989）は長さ100km，幅60kmほどあり，ソラーナ・デル・ザンボリーノSolana del Zamborinoが示したように（Botella,Vera and Porta 1976），その古い湖沼の湖畔に残されている堆積物の保存条件は良好であり，ザーレ・コンプレックスに対比されている。

現代の鉱物採取にともなって，ドイツ東部や北部・中央部における湖沼の調査が可能になったが，これにはかなり大規模なものも含まれている。例えば，レーニンゲン（Thieme and Veil 1985），グレーベルンGröbern（Erfurt and Mania 1990, Heussner and Weber 1990），ケーニッヒザウアーKönigsaue（Mania and Toepfer 1973）などが知られている。

北部中央地区におけるもっとも大規模な調査が，ハッレHalleに近いガイゼルGeisel河谷に位置するノイマルク・ノルト（Mania et al. 1990）で行われている。ここでは，褐炭を採掘するための巨大な露天掘りが行われており，採掘にともなってザーレ期の分厚い堆積層が露出した。マーニア（1991b,et al. 1990）は，4層および6層とされた2枚の保存状況が良好な湖畔堆積層をOIS 7に対比しているが，すでに見たように，他の多くの研究者はOIS 5eと考えている。8層とされた細粒の泥層にも遺物が含まれており，1985年以来行われている緊急発掘調査によって，およそ4 haの面積から獣骨と石器が発見されている（表5.4）（Mania 1991b:Abb.8）。

5層と8層とからは，25点の完形もしくは破片化したダマジカが検出されている。これらは人工遺物を伴出していないばかりか，解体痕も肉食獣の噛み跡も認められなかった。動物たちは湖に足を取られたのかもしれない。そして急速に埋没したため，骨格はばらばらにならなかったのだろう。一方，4層と6層の湖岸の堆積物中からはダマジカ，アカシカ，ジャイアントシカなどが出土しているが，それらは破片化していた（Mania et al. 1990:表1）。ただし，これらの層の人工遺物はとくに多いというわけではない（表5.4）。

下層から検出された旧湖岸からは数点の人工遺物が出土している。そこからはオーロックス（*Bos primigenius*）の若獣も出土しているが，マーニアはこれは解体されたものであると主張している。この遺体は湖沼中の粗粒の泥土と湖畔の砂層との中間部に位置していた。湖畔に沿って直径が20cmから30cmの木の根が4点あり，その周辺には大型の流木や破損した台石などが散布していた。

このほとんど完全なオーロックスの遺体は，3mほど離れた二つのクラスターから発見されてい

表5.4 ノイマルク・ノルトの石器と獣骨の出土状況

	層準	石器	獣骨
細粒デトリタス泥層	8	少量	ダマジカ6個体
上部埋没汀線	6	654	解体された獣骨，森林サイの解体場所
砂質・粗粒デトリタス泥層	5	少量	ダマジカ19個体，メスのオーロックス，オオツノシカ
下部埋没汀線	4	250	解体された獣骨，オーロックスの解体場所

	使用痕付き剥片	未加工の剥片	石核・石器・ハンマーストーン	合計
上部埋没汀線	105	336	213	654
下部埋没汀線	30	94	126	250

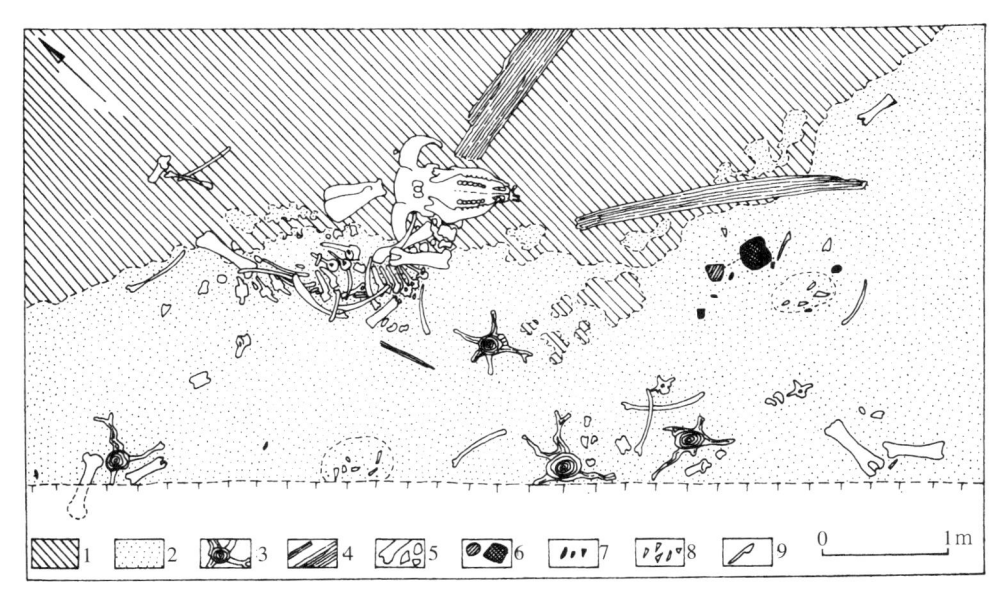

凡　例
1　砂質で淘汰の悪い湖泥
2　湖岸の砂
3　根株
4　木の枝
5　オーロックス遺体
6　接合する台石（結晶性の岩石）
7　フリント製石器
8　骨の破片
9　牙の破片

図5.7　北部中央地区ドイツのノイマルク・ノルト下部埋没汀線層発見のオーロックス（Bos primigenius）の部分遺体（Mania 1991b : Abb.11による）

る（図5.7）。頭部と頸部，さらに脊椎の大部分が遺存していた。四肢骨としては骨盤，左の肩胛骨および撓骨，右の掌骨および大腿骨が遺存せず，さらに肋骨は一部のみが失われた状況であった。おそらくオオカミによるものと考えられる噛み跡が脊椎骨を横に走る隆起部に残されていた（Mania et al. 1990:Abb.23）。人類によるギャザリングが木材やその利用と関係していたことは考えられるが，オーロックスの遺体については別問題であり，無関係であった可能性がある。この解釈は，ノイマルク・ノルトにおける上部旧湖岸から検出された森林サイ（Dicerorhinus kirchbergensis）の，不完全な遺体についてもあてはまるであろう（Mania et al.1990:45-7,Abb.19）。それには動物の噛み跡もカット・マークも報告されていない。ただし，1点のフリントが遺体から1m離れたところから検出されている。

レスの堆積層とクレーターの充填層

　風成のレス中にも多くの遺跡が保存されている。これには，マーストリヒト・ベルヴェデールのJ地点（Roebroeks 1988），ビアシュ・サン・ヴァーストBiache-St-Vaast上層（Tuffreau 1988），ラインダーレンRheindahlen（Bosinski 1966），さらに北部中央地区のチェコスロバキアのボフニッツェBohuniceとプシェドモスチPředmostiなどがあげられる（Svoboda,Lozek and Vlček 1966）。

　北西部地区のボーヴェBeauvaisのラ・ジュスティスLa Justiceのように，こうした風成堆積物にはカルシウムが多く含まれており，骨の保存にはうってつけである。ここでの動物相はトナカイが優占し，これに有毛サイ，マンモス，ウマ，バイソンなどが加わる。最終氷期寒冷期への対比がもっ

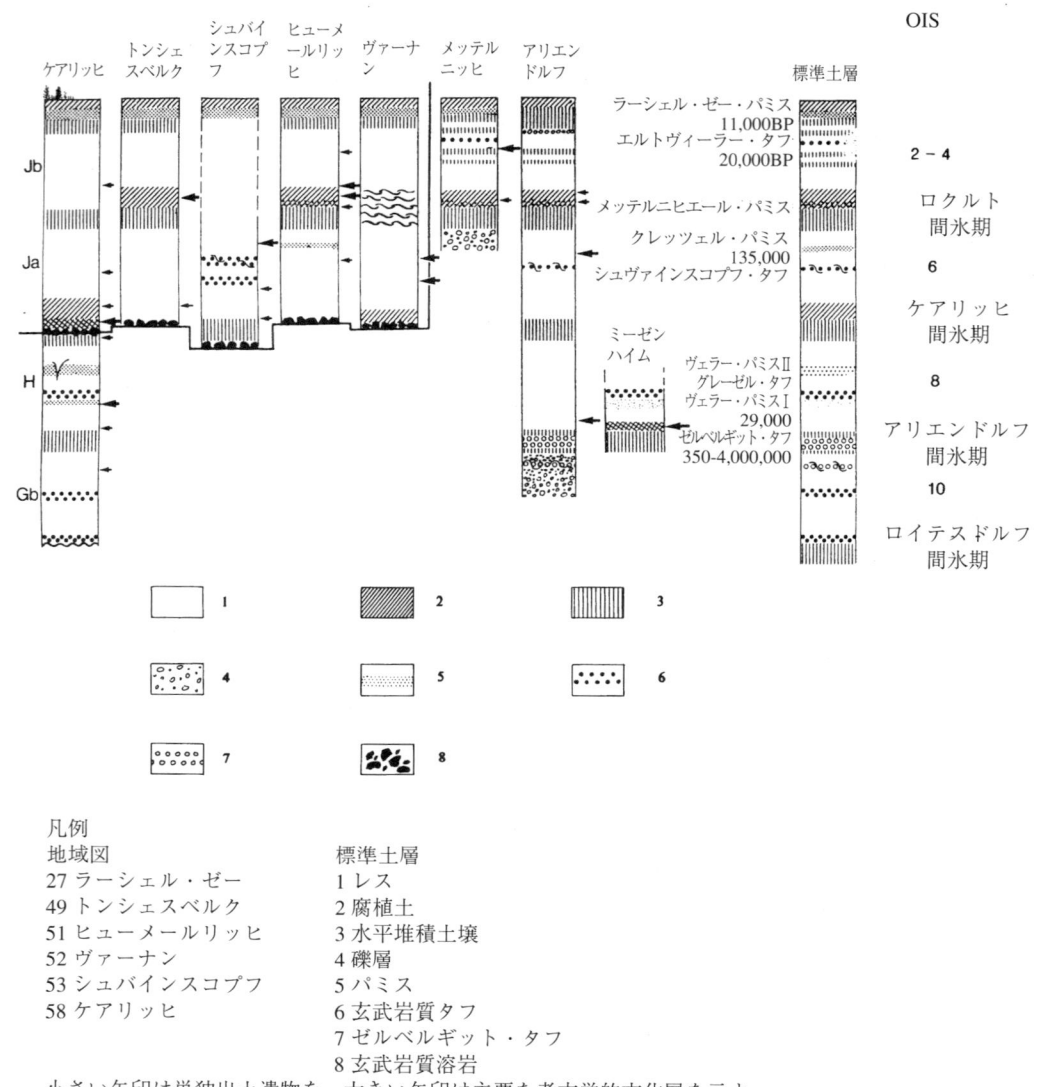

図5.8 北部中央地区西部ドイツの東アイフェル地域・火山灰堆積地帯における
主要遺跡の位置と層序（Bosinski et al. 1986 : Abb.4 and 5）

とも妥当であろう（Locht et al.1994）[11]。同じ地域にあるセクリンSeclinもレス中の遺跡であると見なされている（Tuffreau et al. 1994）。D4層およびD7層の遺物はOIS 5cのブレラップ亜間氷期に対比されている（表5.1）。さらに，D7層の花粉の特徴は，花粉の60％から97％が針葉樹のものによって占められていることから，森林的な景観の卓越が想定され，また亜間氷期としての特徴を示している。堆積層中に含まれる粘土鉱物の顕微鏡的な分析によれば，より下層にあるD7層は，比較的温暖で湿潤なプレーリー的であったという（Tuffreau et al. 1994:30）。D4層では木本花粉が減少に転じ，よりステップ的な気候が想定される。動物の骨は残されていなかった。

　一連のレス中の遺跡はザーレ・コンプレックスの全期間にわたり，また最終氷期寒冷期にも及ぶが，こうした遺跡は北部中央地区のアイフェル高原東部の火山地帯において詳細に調査されている

図5.8（続き）

（Bosinski et al. 1986）。死火山の火口錐はレスを蓄え，堆積後の浸食を妨げた。

実際に居住が行われたの遺跡には，レス中のケアリッヒ Jb地点，シュバインスコッフ Schweinskopf，ヴァーネンWannen，古土壌中のテンシェスベルクTönchesberg，ヒューメルリッヒ Hummerichなどがあげられる（図5.8）。非火山地帯の遺跡であるアリエンドルフAriendorf（E.Turner 1991）の第1文化層と第2文化層はレス中にあり，OIS 8およびOIS 6に比定されている。

テンシェスベルク（以下Töと略記される）の火山灰は20.2±1.4万年BPに噴出したもので，この年代はOIS 6段階，氷期の初期に相当する（Conard 1992:15）。小規模な居住地であるTö 1AとTö 2Aもレス中にあり，この段階の中期と末期という年代観が与えられている。

文化層としてはもっとも充実しているTö 2Bでは，文化層は暗色の崩積土中にあるが，それは古い文化層であるレス上に堆積していた。この形成期は疎林を交える草原的な景観の時期であった。獣骨の遺存はよくないが，これは風化が顕著であったこと，また堆積層からのカルシウムの溶脱に

起因するものと考えられている。ダマジカとともに，ウマ，ステップロバ，オーロックス，サイ（*Dicerorhinus hemitoechus*）など草原に住む種が同定されている。レスに基づく層位学的な，またTL法による推定年代は，エーミアン間氷期直後とされているが，コナードConardはOIS 5dに比定し，11.5万年BPという年代を与えている（*ibid.*:23）。レスが堆積するためには特別の条件が必要とされるが，OIS 5e4およびOIS 5e2という間氷期の短期的なサブ・ステージに，こうした条件は形成されにくかったのかもしれない。

この後，Tö 2Dに短期的な居住が行われたが，これはレス中にあり，氷期の初期か寒冷期に相当する可能性がある。Tö 1Bもまたレス中にあり，TL法による6.6±0.6万年BPという年代の層準に対比されている。

アイフェル高原東部の火山地帯は，この時代における居住行動の形跡をとどめている唯一の地域である。なぜ人類がこのように狭隘で，険阻なクレーター地帯を選好したのかは必ずしも明確ではないが，人工遺物と共存する獣骨の存在から，少なくとも資源が欠如してはいなかったことを物語っている。

洞穴と岩陰

このような火山地帯の利用と洞穴の利用には共通点がある。つまり，小さいがよく保護されたポケットが存在する一方，その周辺に広がる環境では，この時代の考古学的な資料は壊滅しているという共通性があるのである。

例えば，ウェールズ北部のポントニューウィッドPontnewydd洞穴では，OIS 7期の堆積物はOIS 6段階における周氷河現象によって洞内に流れ込んでいた。その後，OIS 2段階の氷期には，洞穴は氷床によって完全に覆われてしまったが，その堆積物は流出することなく保存されていた。堆積物中には火山岩製の両面体石器やルヴァロワ剥片，獣骨，人骨などが含まれていた。人骨は少なくとも4個体，おそらくは8個体分あり，そのうち5個体は若年のものであった（Adhouse-Green 1995）。

だが，ポントニューウィッド洞穴の遺物の遺存状況はきわめて例外的であるとはいえ，一般的にいっても，この時期は考古学的な遺物を含む洞穴や岩陰数の増加は顕著である（Bosinski 1967, Gabori 1976, Laville,Rigaud and Sackett 1980, Mussi 1992, Svoboda,Lozek and Vlček 1996）。当然のこととはいえ，これらはクリミアやコーカサスを含むヨーロッパの石灰岩地帯に集中している（Boriskovski 1984,Ljubin amd Bosinski 1995）。北部中央地区では，クルナKuluna（Valoch 1988），ゼッセルスフェルスグロットSesselsfelsgrotte（Weißmüller 1995），ボックシュタインBockstein（Wetzel and Bosinski 1969）などで長期間にわたる堆積層が詳しく検討されている。北西部地区や北部中央地区などでも豊富な資料が得られているが，これにはチャンネル諸島のジャージー島にある海岸を臨むラ・コットLa Cotte（Callow and Cornford 1986）が含まれている。だが，豊富な遺物を含む遺跡は南西部地区よりもずっと少ない。南西部地区では長期にわたる堆積層が残され，遺物を多量に包含する文化層も数多く認められる。

この時期の洞穴や岩陰の考古学的な調査は，フランス南西部地区で伝統的に蓄積されてきた。これには，グロット・ヴォフレイGrotte Vaufrey（Rigaud 1988a），ラ・ミコクLa Micoque（Laville, Rigaud and Sackett 1980），ペック・ドゥ・ラゼPech de l'Azé IIおよびコンブ・グルナルCombe

Grenal（Bordes 1972），さらにラ・シェーズLa Chaise遺跡群やラ・キナLa Quina岩陰などシャラント県の諸遺跡（Debenath 1976,1992）があげられる。さらに近年では，このような著名な遺跡に，クドゥルCoudoulous（Jaubert, Brugal and Quinif 1993）やラ・ボルドLa Borde（Jaubert et al. 1990）など，ドリーネ状地形（フランス語でaven）に立地する遺跡が加えられた。これらに遺跡の獣骨の遺存状況はきわめて良好であり，バイソンが卓越するが，クドゥルでは98％，ラ・ボルドでは93％に達する。

　北西部地区では，スペインのカンタブリア地方のエル・カスティージョEl Castilló洞穴（Bischoff, Garcia and Straus 1992, Cabrera-Valdes 1984, Straus 1992）がある。ここではTL法で8.9±1.1万年とされる石筍層である23層の下部から，4枚の文化層が検出されている。この石筍層の上には，さらに3枚のムステリアン文化層が重複している（図5.9）。これらの7枚の文化層からは多量の遺物が出土しているが，カブレラCabrrera（1984）は，かつてのブロイとオーベルマイヤーObermaierらによる発掘調査に際して多くの遺物が失われた可能性を指摘している。この洞穴と他の北部地区での遺跡との違いは，約100点という型式学的研究に必要な最低の資料数（Sonneville-Borde 1974-5:17）をもつ包含層が何枚もある点である。包含層が複数ある遺跡は地中海地域にもある。スペインではコバ・ド・ボロモルCova de Bolomor（Peris,Calatayud and Valle 1997, Peris,Calatayud and Valle 1994 ），イタリアではリパロ・タグリエントRiparo Tagliente（Mussi 1992），グロッタ・フォッセローネGrotta Fosseloneおよびグロッタ・モッセリーニGrotta Moscerini（Caloi et al. 1988)，ギリシャ北西部ではアスプロチャリコAsprochaliko（Bailey,Papaconstantinou and Sturdy 1992）などがこうした多層遺跡である。

　これまで触れた旧石器時代の記録を数量化することは，記録の質が不揃いであるため困難である。遺物を数量化するためのきちんと区割りされた調査区に基づく資料など望むべくもない。このため，人工遺物の密度を比較することはできない。しかし，ヨーロッパ全域の洞穴遺跡を見て回った私の印象では，一般に北部地域の洞穴の内容は乏しい。例えば，ニェトペルゾワNietoperzowa（図5.11）（Chmielewski 1961），ケント・カヴァン（Campbell and Sampson 1971），ホーレンシュタイン・シュタデルHohlenstein-Stadel（Beck 準備中, Gamble 1979,1995d），シェマCiemna（Svoboda 1994b）などがこの例である。つまり，広い面積を発掘しても，そこから得られる遺物の量は多くないということである。だが，3,000㎡以上の面積が発掘されたクルナKulna（Valoch 1988），ラ・コット（図5.10）といった著名な遺跡では，その労は多量の遺物によって酬われたのである（表5.6）。

　南部地域や地中海沿岸部では洞穴の全貌をうかがうことも困難である。比較的多くのエリアが未調査のまま残されているからである（図5.9）。洞穴や岩陰に多くの包含層が残された原因は，往年の調査者が型式学的研究に必要な遺物を回収した時点で発掘を中断したためである（Gamble 1986a:357-9）。北部地区では，定型的な石器類を100点確保するのは容易ではなかったため，いきおい多くの面積が発掘されることになった。

　数量的なデータを得ることは難しいが，洞穴遺跡の調査に関わる三つの要素を図5.12に示した。この関係を基準にすれば，洞穴遺跡の遺物は大陸的な規模で，ある方向性をもった変化をたどる

図5.9 南西部地区スペインのエル・カスティージョ洞穴ムステリアン層準の調査状況 この遺跡の長期にわたる連続的な地層からは，中部旧石器から上部旧石器への移行の時期とその性格を物語る重要な情報が得られている。

ことが予測される。それは北方地域と南方地域および地中海地域との長期にわたる，土地利用の集約度を示すものと考えられよう。

リズムと社会的テクノロジー

ここでのアプローチは，第4章で提起したように，旧石器時代社会の研究に要求され，また，さ

第5章 ネアンデルタール人の社会（30万～6万年前） 197

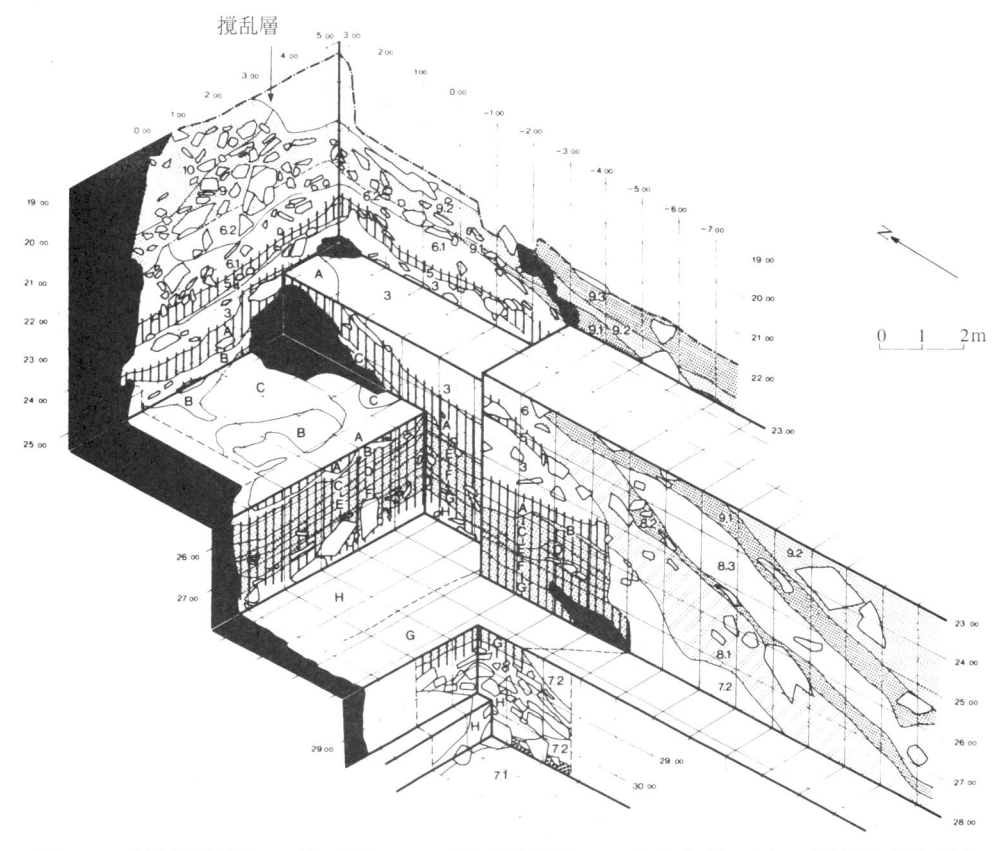

撹乱層

図5.10 北西部地区ジャージー島ラ・コットにおけるザーレアンからヴァイシュゼリアンにかけての立体セクション図　谷の北側から除去された部分に石器群が含まれていた。表5.6参照（Callow 1986c:Fig.6.4による）。

図5.11 北部中央地区ポーランドのジェルズマノーヴィッチ・ニートペルゾーワ洞穴の内部　今世紀はじめに調査が開始された当初，堆積物はほとんど天井部にまで達していた。多量の土砂が排土されたが，回収された遺物は表6.10のように少量であった（著者撮影）。

北部

調査区から回収される資料
および石器群数は少ない

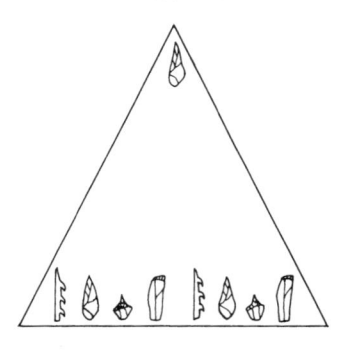

大規模調査

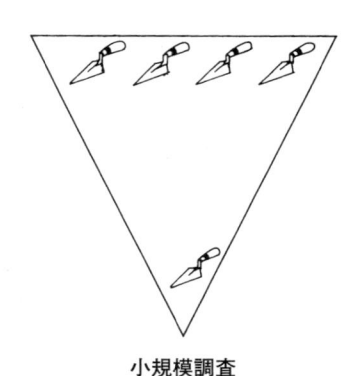

調査区から回収される資料
および石器群数は多い

小規模調査

南部

図5.12 ヨーロッパの南北での発掘調査戦略の違い　この違いは洞内堆積物中の人工遺物量の違いによるものである。フリント製石器の型式学的な分析が調査の主目的であったとすれば，両者の関連性が明確になるだろう。調査の目的がこれと異なり，例えば空間的な情報の回収といった目的が設定されると，両者の位置関係も変化する（Gamble 1986a:Fig.8.8参照）。

まざまな分析上の領域を関係づけている三つのリズムを検討することである。これらのリズムは，本章冒頭でネアンデルタール人の社会についての一つの疑問，つまり彼らが格闘を繰り広げた環境はどのようなものだったのだろうか，という問題を中心に律動している。技術的な行動は不可避に社会的であるという考え方に従えば，このアプローチは社会生活におけるネアンデルタール人の技量を検討することにほかならない。ここでもまた，石器がこの問題に対する最大の資料として活用される。私は場を横断する道と径を通してスケールの変化を示す資料を検討し，また石器生産とメンテナンスにおける変化を考察する。ネアンデルタール人と関わりをもった資源と，彼らの社会的な技量をより大きなコンテクストにおきなおさなければならないが，このためには動景やその技量によって生き抜くために形づくられ，また逆にそれに制約され淘汰されもする環境に注意を払うことが必要である。

道と径：石器石材の獲得と移動

　更新世のヨーロッパの大地を横断していたネアンデルタール人の道と径は，緯度・経度・高度などによって，また，それによる資源の分布やその量などによって変動していたのだろうか（図3.1）。
　すべての場におけるデータによれば，石器石材の使用は地元産が卓越することを示している（在地産の定義は第3章参照）。ジュネストの南西フランスのグロット・ヴォフレイの研究（1988b）によれば，またキャロウCallowによるラ・コットにおける石材原産地の研究（1986a,1986b）などに

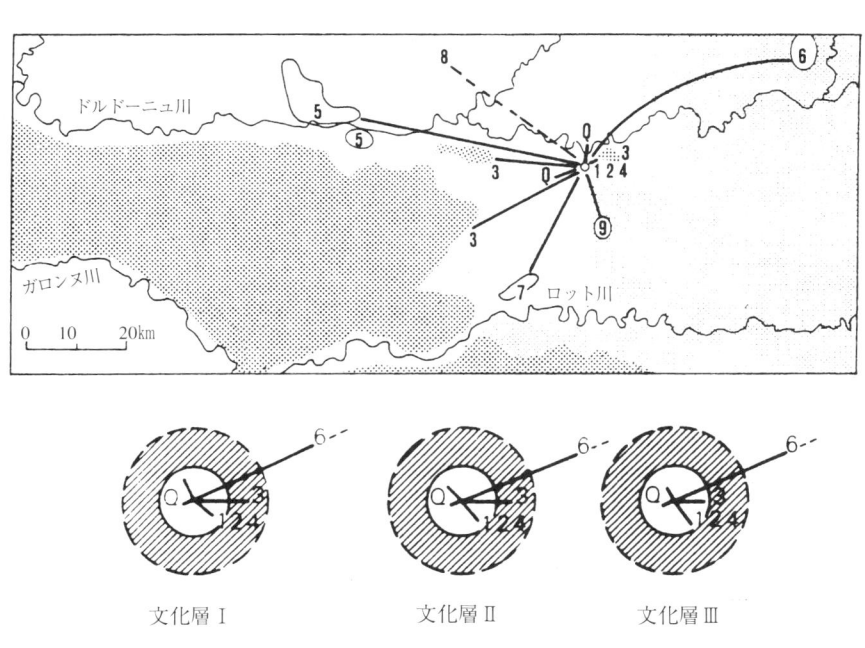

第 5 章　ネアンデルタール人の社会（30万〜6万年前）　199

図5.13　南西部地区フランスのグロット・ヴォフレイにおける 8 文化層で使われている
　　　　石器石材原産地（Geneste 1988b,Mellars 1996:Fig.5.8による）

よっても，この一般的傾向をうかがうことができる。

　グロット・ヴォフレイにおける洞穴内11の文化層の石器石材に観察されるフリント原産地は 9 か所であった（図5.13）。石英や他の石材は大きく 2 群に分けられた。

　最大の石器群は文化層Ⅷのものである（表5.5）。主要原産地は産地 1 および産地 2 であり，これらが全体の42％を占めていた。この傾向は他の文化層でも同様であった。産地 5 〜産地 9 は洞穴から80km以上離れているが，これらの出現頻度は 2 ％未満であり，また例外なく細部加工のある石器であった（Geneste 1988b）。

　ジャージー諸島の海岸沿いの洞穴であるラ・コットでは，フリントと石英ならびに火成岩などと

表5.5　グロット・ヴォフレイにおける石器石材の様相（Geneste 1988b : Fig.2）

層準	原産地数	10km以上	資料数	支配的原石（％）	最遠隔地距離（km）
I	4	0	112	60	6
II	7	1	531	49	30
III	4	1	100	71	30
IV	9	3	461	41	70
V	7	1	121	50	30
VI	6	1	190	42	55
VII	9	4	558	39	80
VIII	9	5	2,075	48	60
IX	4	0	36	72	6
X	5	0	84	52.5	6
XI	4	0	97	49	6

表5.6　ラ・コットの石器石材（Callow1986b,Tables 24.1,24.2および Hivernel 1986 : Table 27.1）

	細部加工ある石器	細部加工ある破片	石核	未加工の剥片,砕片,チャンク
フリント	8,953	6,904	1,495	49,214
％	13	10	3	74
石塊	489	677	69	6,332
％	6	9	1	84
珪化岩	904	0	296	10,729
％	8	0	2	90

いったその他の石材の数量と重量との変化がプロットされている。島内にフリント産地はなく，もっとも近い北方の産地までの距離は約20kmであり，海水面が25m以上低下しないと採取することは不可能である（ibid.:205）。別のフリント産地までは40kmある。原礫面の状況からすると，遺跡で使われているフリントはノジュールではなく，海浜礫であることがわかる。海水面の変動につれて，別のフリント産地が使われた可能性があり，キャロウも論じているように，その産地は洞穴に近接しており，おそらく3km以内であったろう。石核から剥離された剥片と細部加工された石器の比率に関するジュネストによるアキテーヌ盆地のモデルを援用すれば，こうした近傍産のフリントや他の石材が使われている可能性が示唆される（表5.6）。

　剥片の卓越するカテゴリーの圧倒的な比率の高さから，使用された石器石材には10km以内のものが多かったと考えられる。

　フェブロ・オグスタン（1993,1997）はOIS 7段階から4段階に至る578例の石器石材の移動を観察して，80kmを超えるものはきわめて少なく，多くのものもジュネストによる20km圏という閾値を下回っていると指摘している（表5.7）。

　移動距離のもっとも大きな例の一つとして，ヨーロッパ中央部モラビアにあるクルナKulna洞穴（Valoch 1988）があげられる。ここでは，11層出土の1,713点の資料のうち12点（0.7％）が，北西に230km離れた南ポーランドのクラクフ産のジュラ紀のフリントであった。これらの資料は細部加工された石器としてではなく，サポートあるいは粗割りされた石核として搬入されており（Féblo-

表5.7 下部・中部旧石器時代における石器石材の移動距離
(Féblot-Augustins 1997：Figure 24,28 および31による)

	% <20km	% 20～80km	% >80km	N
下部旧石器時代	75	24	1	76
中部旧石器時代前期	65	31	4	80
中部旧石器時代後期				
西ヨーロッパ	83	16	1	322
中央ヨーロッパ	48	33	19	100

Augstins 1993:表4)，移動距離に関するジュネストの法則（第3章）に矛盾する例として興味深い。これと同様の事実は，アイフェル高原東部にあるシュバインスコプフSchweinskophでも確認されるが，ここでの最大移動距離は120kmに達している（Floss 1994）。しかしながら，この場に残された石器の96％は4km以内の場所から搬入されたものであった（Féblo-Augustins 1997:付表20）。

こうしたデータによれば，石器石材の移動は南西部地区よりも北部中央地区の方がかなり大きいように見える。この点についてはすでにロウブレックス（et al.1988:図4）の指摘があるが，ほかにフェブロ・オグスタンの詳細な総合的考察（1993:図3,5），フロスによるライン川中流域の石器石材に関する詳しい研究（1994）などがある。ここに指摘された長距離移動（表5.7,図5.14）は，遊動領域が一層の拡大した結果であると解釈されるが，この拡大は大陸性気候の到来と格子縞状に資源が切り離された結果によるものであろう（第6章で詳述）。

人類の遊動領域のサイズと環境圧との関係は南西部地区におけるウルムⅠ（氷期初期）とウルムⅡ（氷期寒冷期）における南西フランスにおける石器石材の移動からもうかがうことができる。石器石材の絶対的移動距離および平均的移動距離の増大は，オープンな環境と寒冷な気候へのシフトと一致している。アキテーヌ盆地では，石器石材の変化は洞穴や岩陰から出土する動物遺存体がアカシカからトナカイへ変化する傾向と対応している（Bordes and Prat 1965, Delpech 1976, Dennell 1983）。

マーストリヒト・ベルベデールにおける少量のオーカーは別として（Roebroeks 1988:39），石器石材以外の素材の移動は知られていない。マースMaas渓谷では赤鉄鉱が採取されていた可能性が想定されている[12]。

この時期にはまた，比較的粗粒の在地石材を消費する石器製作跡あるいは石材採掘跡が存在していた可能性がある。ドイツでは，ロイタースルーReutersruh（Luttopp and Bosinski 1971）やレンダーシャイドLenderscheid，マークリーベルクMarkkleeberg，ラーティンゲンRatingen（Bosinski 1994）など石英岩の「石器製作跡」が指摘されている。マークリーベルクの多量に資料は，フリント原産地の状況を彷彿とさせる（Baumann et al. 1983）。フランスの北部には，エトヴィEtouviesやオルトニヴァールAult-Onival，スランナミノワSaoul-en-Amienois（Roebroeks and Tuffreau 1994）などの石材採掘・石器製作跡があり，ロシアのホトウリエヴォⅠ（Zavernyaev 1978）などといった石器製作跡と比較される。南フランスには，年代のよくわからないムステリアンの「村跡」として知られるカンジュウルCanjuersが存在するが（Lumley 1969c:231），ここでは石材原産地上に数ヘクタールにわたって石片が散乱している。こうした石材採掘跡や石器製作跡の年代決定は難しいが，ザーレ期

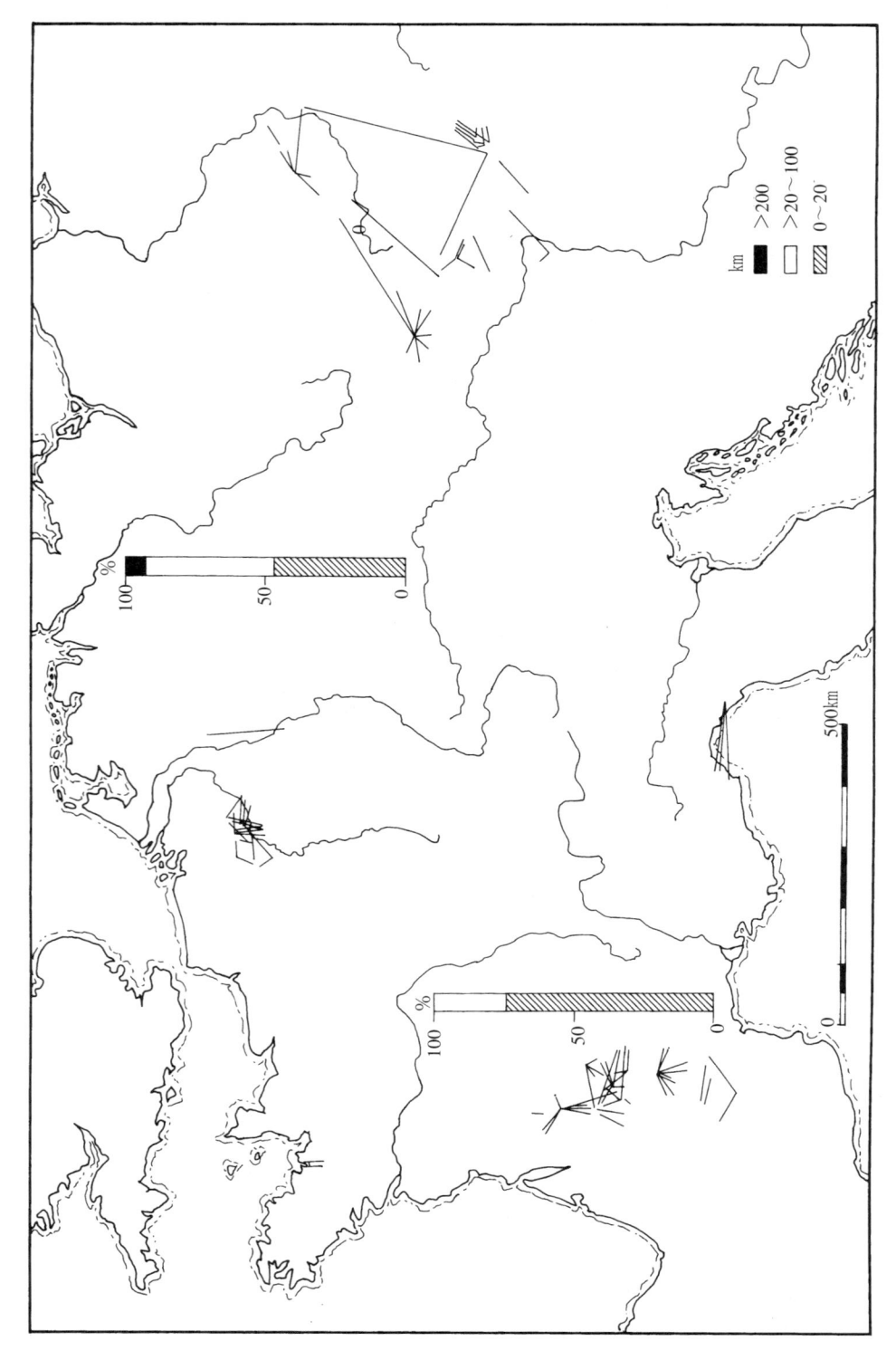

図5.14 中部旧石器時代における大陸規模での石器石材移動の比較 南東部地区と北部中央地区の移動距離を記入した。棒グラフは二つの地域における距離別出現頻度を示す (Féblot-Augustins 1993：Fig.8, 1997による)。

から最終氷期寒冷期終末期の間に編入されるものと考えられている。マークリーベルクはOIS 8に比定されている（Mania 1995）。

動作の連鎖：テクノロジーと石器の生産

この時期，石器製作技術には重要な発達があった。伝統的ないい方をすれば，剥片と石刃は，それらが石核から剥離されるに先だって，その形態が頭の中に描かれ，入念な下拵えがされた。こうしてルヴァロワ剥片とルヴァロワ石刃が作出されたといわれてきた。伝統的な考え方にとって一つの驚きは，ソフトハンマーとか多面体石核といった4万年BP以降の上部旧石器時代に用いられていたとされていた道具類や石器が，すでに少なくとも10万年BPには出現していたということであろう。このことはさらに初期の旧石器技術の統合的な性格を強く印象づけるものであった。つまり，ここに看取される技術的傾向は，分割面技法による割取りに留まらず，むしろ剥片剥離システムの洗練化を指向するものだったのではないだろうか（表4.9, White and Pettitt 1995:33）。

型式学と石器群間変異

ルヴァロワ技法の運用の仕方は多様であり（Bordes 1968a,1972,1980），側縁部に細部加工の加えられた剥片の形態も多彩であり，またどのような技法によってノジュールから剥片が剥離されるにせよ，中部旧石器時代における石刃の広範囲の使用[13]によって（Révillion and Taffreau 1994a），石器群間変異の幅が拡大されたことは事実である。だが，この時期には，上部旧石器の多くの石器群を特徴づけるような時間的・空間的な指標となる独自の示準化石は欠落していた。そのかわり，前章において検討したような両面体石器と剥片から構成されていた石器群は複雑な技法的展開を見せ，それに対応するように多種多彩な解釈が提示され，読者を圧倒してきたのである。とくに石器素材の役割については，研究が集中している（Barton 1988, Dibble 1987, Dibble and Rolland 1992,1990,1991, Geneste 1988a, Rolland and Dibble 1990, Tavoso 1984, Turq 1992b）。さらに，動作の連鎖モデルが資料に適用されている（Boëda 1988, Boëda,Geneste and Meignen 1990, Geneste 1988b, Schlanger 1990,1996, Turq 1989）。この幕開けとなったムステリアン石器群の変異に関するボルド・ビンフォード論争（Binfod 1972,1973,1983a, Binford and Binford 1966,1969, Bordes 1972,1973, Bordes and de Sonneville-Bordes 1970, Guichard 1976, Mellars 1969,1970, Rolland 1981）に関しては，メラーズMellars（1996）による定評のある紹介と論評がある。メラーズも指摘するように，この論争は今日では，石器の型式や剥片剥離に影響を及ぼす居住システムや移動パターンをも含めて，一段と洗練された議論へと拡張されている（Kuhn 1991,1992,1995）。と同時に，ボルドの提起した五つのネアンデルタール種族が五つの相異なる石器群（表5.8）を生産したという仮説に対しても，いっそう洗練された対案が対置されている。例えば，トゥルクTurq（1989,1992b:80）は，そのキナ型ムステリアンの研究において，それがボルドのいう意味での文化ではなかったことを主張している。

それは文化というよりも，むしろ時間を経済的に活用するための手続きの一種なのであり，良質で身近にある石器石材の有効活用の形態であり，何であるかはよくわからない，特別のパフォーマンスを演じることでもあった。また，その変異は文化的な伝達と認知の問題（Mithen 1993b,1996）

表5.8 南西フランスにおけるムステリアン石器群における石器群間変異（Bordes 1953,1972,1981）

石器群間変異	ルヴァロワ指数IL ％	側削器指数IR ％	キナ指数IQ ％	両面体指数IB ％	上部旧石器タイプグループⅣ ％	鋸歯縁グループⅣ ％
シャランティアン						
1 キナ・サブタイプ	<10	50〜80	14〜30	少・無		低率
2 フェラシ・サブタイプ	14〜30	50〜80	6〜14	少・無		低率
3 典型	変化に富む	>50	0〜3	少・無		中位
4 鋸歯縁	変化に富む	4〜20	0	低		60
5 アシューレアン系統（MTA）						
サブタイプA	変化に富む	25〜45	極低	8〜40	稀>4	普通
サブタイプB	最も一般的	4〜20	極低	少・無	顕著	60

としても解釈可能である。さらに，一部については編年的な再構成も行われている（Mellars 1996, Turq 1992b:77）。だが，変化と発展過程については明確な方向性を認めることは困難であり，ボルドのいう「多系的な進化（évolution buisonnante）」（1950）という状況こそがふさわしいように見える。

ボルドによる分析

ボルドは，その真に賞賛すべきタイプ・リストを駆使して石器群の分類と分析をシステマチックに推進した（Bordes 1953, 1961a, 1981, Bordes and Bourgon 1951）。彼の記念碑的な分析によれば，剥片と両面体石器とはまったく別個に処理されていた。剥片類は36種ほどの型式に識別され，これに21種からなる両面体石器が加えられた（Gamble 1986a: 付表3）。削器（型式番号9〜29）と尖頭器（型式番号3〜7）はとくに重要な分類要素であった。ノッチと鋸歯縁石器とは非常に多く遺存している器種であるが（型式番号42・43），入念な細部加工は認められない。

ボルドの分類システムでは，剥片のカウントの仕方には二通りある。**リアル・カウント**には型式番号1〜3の未加工のルヴァロワ剥片が含まれるが，これには細部加工は認められない。**エッセンシャル・カウント**はこれらを捨象し，わずかな加工の施されたものを型式番号46〜50とした。カウントの結果，出土した剥片石器の比率は累積グラフで表現された。多くの石器群が比較され，5種類の特徴あるプロフィールが繰返し出現することが明示された（Gamble 1986a: 図4.5）。また，多くの指数も導入されている。これには，ルヴァロワ指数（IL），石刃指数（ILam），さらに一連の型式学的な指数が工夫された。例えば，削器指数（IR）があげられる。こうした計算結果とその分析への応用はボルドにより記述されている（1972）。

1950年代から1960年代にかけて発展させられたこのボルドの比較方法は，今なおフランスの考古学者ばかりでなく，多くのヨーロッパの研究者によって採用されている。だが，これが唯一の分類システムであるというわけではけっしてなく，ボジンスキーBosinski（1967）やガボリGabori（1976）はヨーロッパの中央・東部地区のより小型の中部旧石器の分類に示準化石を多用したシステムを採用しているし，カルボネル（et al. 1995）とヴァイシュミューラーWeißmüller（1995）はすべての石器の分類に統一的な方法を提示している。さまざまな石器型式の記述はブレジヨンBrézillon（1968）とハーンHahn（1991）にある。

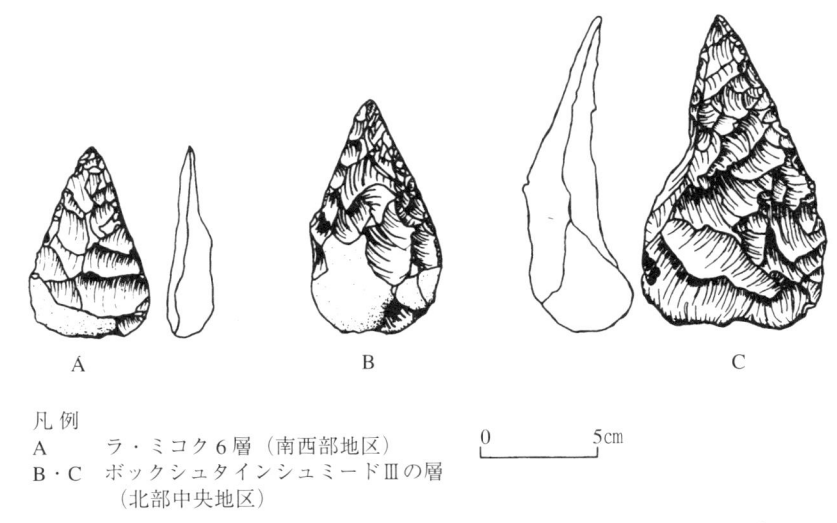

凡例
A　　ラ・ミコク6層（南西部地区）
B・C　ボックシュタインシュミードⅢの層
　　　（北部中央地区）

図5.15　最終氷期ミコキアンの両面体石器（Gamble 1986a:Fig.5.1による）

両面体石器群

　両面体石器はこの時期を通じてつくられ続けたが，その製作には割出しによるものと割取りによるものの両者があった。サイズと形の変化が大きい。例えば，イギリスのスタントン・ハーコートStanton HarcourtのOIS 7段階の礫層からは，例外的とはいえ，長さ27cmという超大型品が出土している（Bridgland 1994:図2.17）。ザルツギッター・レーベンシュテット（Tode 1982）のアシューレアン後期の尖頭部をもつ類品は，現在では最終氷期寒冷期に対比されているが，いずれも大型で，道具として使うために製作されたものである。一方，ミコキアンmicoquianのハンドアックス・両面体石器は小型品が多い。具体例としては，ドイツ南部ボックシュタインBocksteinⅢa層の左右対称の両面体石器（Wetzel and Bosinski 1969）があげられる（図5.15）。これら多くのミコキアンの両面体石器は，図5.15に示したラ・ミコクLa Micoque出土例からもわかるように，剥片サポートから製作されている。

　必ずしもすべてのものが尖頭部をもつ系列に帰属するわけではない。イギリスとフランスにおいては，この時期に楕円形のものがあり（Roe 1981:表14），ソンム河谷のアトリエ・コモンAtelier Commonの非ルヴァロワ石器群の例では独特のねじれをもつ形態が注意されている（Antoine 1990）。

ミコキアン

　ボックシュタインの石器群はミコキアンの系列に属する変異体であるとされているが，この系列にはベルギーやドイツ，ポーランド，チェコスロバキア，クリミアとコーカサスを含むロシア西部などが含まれている（Bosinski 1967, Gabori 1976, Mania and Toepfer 1973, Svoboda 1994a, Ulrix-Closset 1975, Valoch 1988）。

　多くの場合，これらの石器群の両面体石器は的確にナイフとよばれている。ヴェツェルWetzelによって，自身の発掘品に対して導入された「ボックシュタインメッサーBocksteinmesser」という用語がこれに相当し，湾曲した両面加工の石器のことをいう。「プラトニクpradnik」という独特の刃部作出のための横方向の剥離面をもつ石器は，この両面加工ナイフの変異と見られる。プラトニク

両面体石器はヨーロッパの中部旧石器には広い範囲に分布している。

ルヴァロワ・リダクションの諸段階

これまで，とりわけ多くの関心が寄せられてきたのは，ルヴァロワ技法[14]と動作の連鎖という観点であった。ボルドは，その最晩年の著作の中で，この技法についての自身の見方を開示している。彼の関心の核心は，剥片が作出される前に，あらかじめ剥片・石刃の形態が決定されており，そのために注意深い準備が行われるというアイディアであった（図5.16）。これには打面の準備も含まれるが，つねにそうであるとは限らない。また，作出される剥片がそのような企図的なものだけであるわけでもない。ボルドと研究をともにしていたブラドレイBradley（1977）は，厚さ4cm，径15cmの盤状のブロック20個を素材に剥離実験を行っている。彼はルヴァロワ剥片生産のためのサイズ面での閾値を径6cmとしている。この値を下回るものは廃棄され，次の素材に取りかかることになる。彼が作出したルヴァロワ剥片は石核1点あたり4.35個であり（3点から8点の間），同時に，平均して120点の非ルヴァロワ剥片が生産されたが，これには削器などのサポートとして好適なものが多く含まれていた。石核の消費には交叉面技法が使われているが，これは割出しの実例である。このことから動作の連鎖初期段階の身振り（図5.16）のもつ重要性を再認識させられるが，これがなければ，後に続く多様な剥片剥離も不可能なのである。

ノジュール消費に対するこうしたアプローチは，ブエダ（1988,1994）によって循環的な方法であるとよばれたが，彼はビアシュ・サン・ヴァーストBiache St VaastⅡA層のOIS 7～OIS 6初頭段階の石器群について詳細な研究を行っている。彼はこの技法を次のように要約している。

　　ルヴァロワ（技法）という概念は，本質的に石核の立体構成に関わる概念であり，これに（両

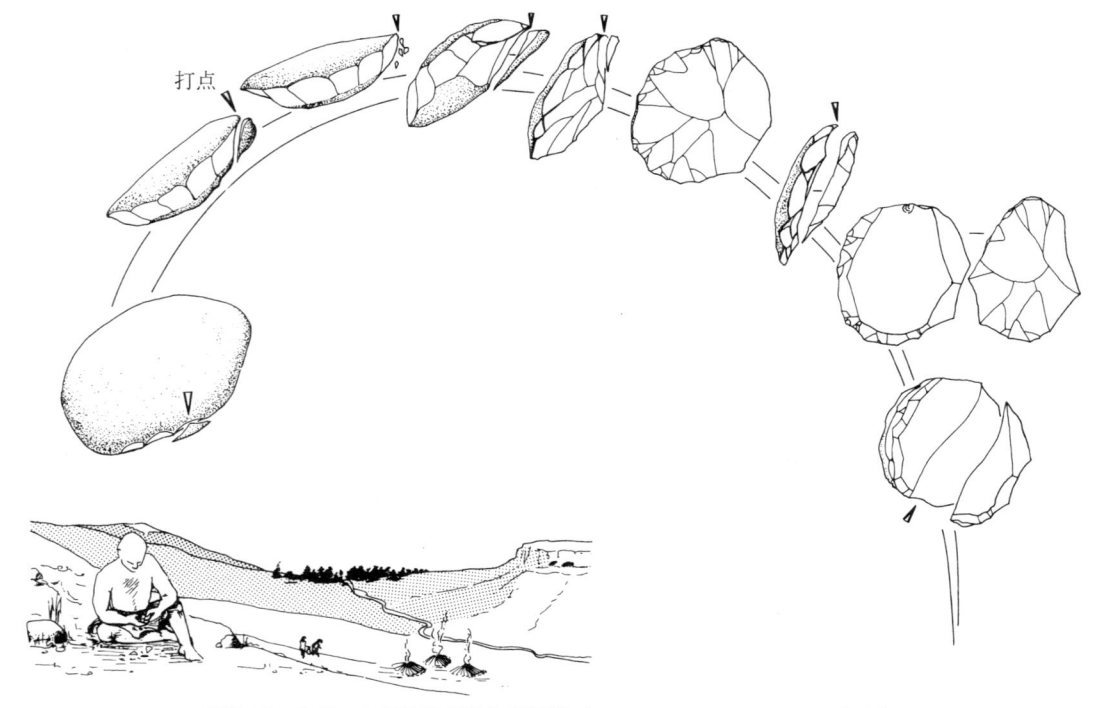

図5.16　ルヴァロワ技法の動作の連鎖（Lhomme and Maury 1990による）

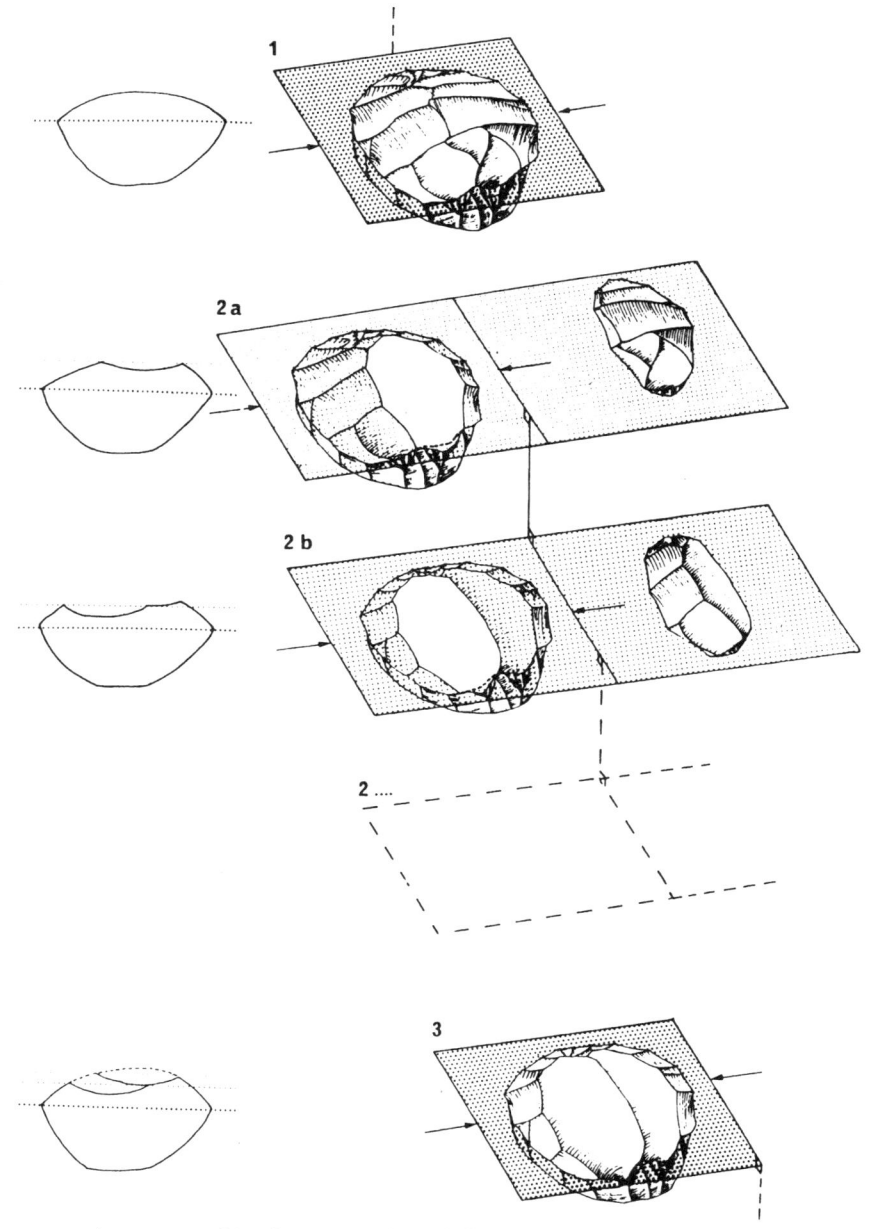

第 5 章　ネアンデルタール人の社会（30万〜6万年前）　207

図5.17　ブエダによる「単一打面からの連続剥離」を示すルヴァロワ技法に基づいて模式化された交叉面技法　石核の上側の面は 2 枚の，相互に切り合うルヴァロワ剥片生産のために整えられている。各フェーズの詳細は本文参照（Boëda 1988:Fig.18.2による）。

側縁と両端を凸形にするといったような）前もって企図された，といった技術的な基準がつけ加わる。次に，この概念は石核の面的構成に関する概念であり（2a,2b），この面はつねに交叉する二面から構成されている。前もって予定される剥片生産の可能性（3）は，ルヴァロワ（技法）特有の調整剥離面と交叉する剥離面との関係から，立体構成面から見て限定されたものとならざるをえない（1988:188，数字は図5.17と対応する）。

面移動（White and Pettitt 1995）に関する図解（図5.17）は，ルヴァロワ技法が割取りと規定され

る理由を如実に示している（表4.9）。ブエダのねらいは，ルロワ・グーランの身振りと物質的な行動という概念（第3章）に比較される，テクノロジーの動態的な把握に基づいて石器群を理解しようとするものであり，彼のいう最終的な目的物の形態分類に基づくボルドの静態的なアプローチとは異なっている（Boëda 1988:211）。この結果，ルヴァロワ技法という概念には，先に引用したように，多くの規定が内包されることになる（表4.8）。例えば，ビアシュ・サン・ヴァーストⅡA層では，両設打面のものや単設打面のものなどいろいろな石核が認められる。だが，ここで注意したいのは，ブエダも強調するように，石器群レベルで見れば意図的な選択が行われていることである。彼は，ルヴァロワ技法が次のように文化に刻まれているという。

> さまざまな知識は世代から世代へと伝えられる知識や経験の自由なたわむれの中に宿っている。こうした知識は織りなされた可能性の中に位置する一つの選択肢ということができる（Boëda 1988:213）。

そうすると，身振りの選択とは単に石材の形態や品位によって決定されるのではなく，文化的に獲得された知識によって規制されており，この知識によって石器製作者は自身の方途を見出すことを得，身振りが構造化されていく。ビアシュの石器製作者は，将来の石器の形態とうまくフィットするサポートを製作したが，この場合，彼の能力は物質的な行動という連鎖に統合されていた。ブエダの分析においては，石器製作者の生産物とは適応的な反応というよりも，むしろ文化としての技術の中にどっぷりと浸かっていることが明示されている。これには，動作の連鎖や身振り，物質的な行動などが含まれている。人工物の形態を学び，それを目標とするのではなく，むしろ石器製作者は製作動作を身につけるのである。この意味でルヴァロワ技法は，しばしば主張されているように，剥片のサイズや形態をあらかじめ想い描くことではない。そうではなく，一連の身のこなしを体が覚え込むのであって，その成果がたまたまルヴァロワ剥片とよばれるにすぎないのである。

こここそが将来の文化の伝達や文化の学習に向けられた豊穣な領野といえるだろう（Shennan 1996）。だが，現時点で欠けているのは，こうした分析をさらに幅広く応用することであろう。例えば，ルヴァロワであろうと否とにかかわらず，あらゆる石器群において，選択の幅がどれくらい限定されているのかをいいあてることができるだろうか。もしもいいあてることができるとしても，われわれはごく限定されたネアンデルタール人の文化の伝達に関与する方式を取り扱っているにすぎないのではないだろうか。さまざまな場やギャザリング，あるいは社会的な場といった，彼らの運用するさまざまな技法によって，社会的生活と社会的なネゴシエーション，物質的な行動などを切り結ぶことは可能なのだろうか。

まことに残念ながら目下のところ，この興味深い問題に応えることはできない。だが，ルヴァロワ技法を完成品のセットとして把握するのではなく，概念的に脱構築することによって，それを一連の技法と把握するとすれば，先の問題にアプローチするうえで有望なスタートラインに立つことができるだろう。かくして，もっとも耐久性に富む資料である石器を武器に，諸主体を研究する端緒が拓かれることになるのである。

石器石材はどれくらい重要なのだろう

これまで長い間，旧石器時代の石器製作者が，どのような条件のもとでルヴァロワ技法を行使し

表5.9 ルヴァロワ技法の動作の連鎖と生産物（Geneste 1988b）

カテゴリー	技術的特性	様相（フェーズ）		
0	原石塊	0	獲得	
1	礫面付き剥片（＞50％）			
2	その他の礫面付き剥片（＜50％）	1	成形	**割出し** 面交叉 **割取り** 面移動
3	礫面をバックとするナイフ			
4	剥片（先細り多い），整形剥片			
5	石刃			
6	非典型的なルヴァロワ剥離		ブ	
7	ルヴァロワ剥片	2a	ラ	
8	ルヴァロワ類石刃剥離		ン	
9	ルヴァロワ・ポイント		ク	
10	擬ルヴァロワ・ポイント			
11	円盤状石核		（	割
12	他のタイプの石核		サ	
13	ルヴァロワ・ポイントおよび剥片用石核	2b	ポ	取
14	ルヴァロワ石刃石核		ー	
15	トリミング剥片（デボルダン）		ト	り
16	稜付き剥片と石刃		）	
17	石核破片		の	
18	コンビワ・タイプ（Kombiwa）の剥片用石核		生	
19	切り取りされた，あるいは厚さを薄くされた剥片	2c	産	
20	コンビワ・タイプの剥片			
21	礫面付きの分類できない剥片			
22	両面体形成剥片		ブランク	
23	細部調整あるいは仕上げ用剥片（ラヴィヴァージュ）		あるいは	
24	副産物＞29mm，礫面なし	3	副産物等	
25	副産物＜30mm，礫面付き・なし双方含む		の変形	
26	小型剥片＜30mm，完形，破損品双方含む			

ようという意志を固めるのか，という問題については，一つの仮定が立てられていた。つまり，よく引き合いに出されるテームズ川下流，エブスフリートEbbsfleet河谷にあるベイカー・ホールBakers Hole（Bridgland 1994）の例のように（Roe 1981），大型で良質の原石の存在が必要であるという仮定がこれである。だが同時に，自身練達の石器製作者であったボルドは，ルヴァロワ技法は石英や他のフリントよりも質の劣る石材にも適用されていると，指摘するのを忘れなかった。北部・中央地区にある石材採取・石器製作遺跡であるロイタースルー（Luttropp and Bosinski 1971）はこの実例であり，ウェールズのポントニューウィドPontnewydd洞穴などでは火山岩が使用されている（Aldhouse-Green 1995）。

　動作の連鎖において原石の果たす役割の大きさは，南西フランスのグロット・ヴォフレイの例について，ジュネスト（1985,1988a,1988b）が検討を加えている。彼の分析は，フリントの剥離実験と，周囲の景観に含まれている石材原産地の究明による地域的なスケールを統合することによって，動作の連鎖を検討するものである。彼は石器製作に関わる動作の連鎖に26種のカテゴリーを設定し

ているが，このうち最後の3種は剥片サイズのカテゴリーである（表5.9）。

これ以外の24種は大きく四つのフェーズにまとめられるが，これはルヴァロワ技法という概念にしたがって，企図的な剥片を生産するための動作の連鎖を構成している（Geneste 1988b:443）。

　　フェーズ0　　素材の選択
　　フェーズ1　　剥片生産を可能とするブロック（石核）の初期調整
　　フェーズ2　　剥片の生産であり，もっとも長期にわたり，24カテゴリーのうち8カテゴリーを
　　　　　　　　含む。三つに細分される（表5.9）。
　　フェーズ3　　最終段階で，細部加工のための剥離が加えられる。

グロット・ヴォフレイのⅧ層では，85㎡の調査区から2,075点の遺物が回収されている。これらのうち，673点が動作の連鎖にしたがって分析された。ほかに520点の破損品（仏：bruts），183点の細部加工ある石器がある。遺跡内に認められた12種の石器石材のうち9種が使用されており，ほとんどすべてのカテゴリーが存在する。接合によって，動作の連鎖には，サポートや細部加工を施された石器の搬出を示す部分的なものではなく，その全工程が含まれていることが明らかにされている。例えば，石核番号K14-363は地元産のフリントであるが，剥離の結果，径2.5m，垂直方向の拡散距離0.5mのクラスターを形成していることが判明した[15]。ここで強調しておかなくてはならないのは，この分析がボルドによるテクノロジー的・形態学的記述といかに距たっているのかということである。リゴーRigaud（1988a）は形態学的な分析によってⅧ層石器群を側削器が多く，ルヴァロワ指数も高いことから，典型的ムステリアンに対比している。だが，それが広域的に他の石器群とリンクされるのは，石器石材と技術の継起性という概念によってなのであり，最終的な剥片や石器の形態などによるものではないことに注意したい。ここに，同じ素材を使っても，ジュネストの研究との違いが認められる。かくして，石器群の型式学的・テクノロジー的比較は，かの石器群間変異をめぐるボルド－ビンフォード論争を生み，今や選択・淘汰・移動などといった動態的なレベルでの争点となっているのである。このことは石器群という仮装をこらした集団的な行動というよりも，諸個体の行動こそが問題であることを示唆しているのではないだろうか。具体的には，接合や石材移動といった研究が必要となるだろう。それゆえに，諸個人は文化的な伝達システムに刻み込まれているのであり，そこにおいて場のもつスタイルが生み出されることになる。この伝統の内部での柔軟な選択可能性は，側削器のサポートの選別やあまり形の整っていないノッチや鋸歯縁石器などによく示されている。グロット・ヴォフレイにおける中部旧石器時代の8枚の文化層中5枚から，側削器はルヴァロワ・サポートによってつくられたものが多いという傾向が抽出される。ブエダも指摘するように，こうしたパターンをことごとく機能的応答と見なすことは困難であろう。

キナ型ムステリアンは非ルヴァロワ的である

先の事例を，その多くが最終氷期寒冷期，OIS 4に比定されるキナ型ムステリアン（Mellars 1996:188,353，Turq 1992b:77）と比較してみよう。この石器群は横刃型の側削器を多く含み，典型的な例では，そのルヴァロワ指数は10％未満である。

トゥルク（1992b:77）は，このムステリアン後期における動作の連鎖の変異性を石器群の具体的な観察から導き出している。つまり，疑いもなく企画的である生産物（サポートと道具）の形態的

表5.10 キナ型ムステリアンに適用された動作の連鎖 (Turq 1992b:77)

キナ型ムステリアンの動作の連鎖
・遺跡内には吟味された原石ブロックが搬入される。
・ノジュールからは1枚～2枚の「試し割り」のための剥片が剥離される。この剥離は一方向あるいは直交方向で行われる。
・原礫面をバックとするナイフが生産される。この段階でのいかなる「副産物」も偶発的なものではない。これには抜端（outrepasse）によるいわゆる「シレト川（Siret）」状に割れたものを含む。
・この結果ノジュールの中心部あるいは外縁部は石核に変形されるが，この過程で，いくつかの打面がつくられたり，原礫面が残置されたりする。
・サポートの生産は割り取りによる。これには礫面付ナイフ，クラクトン型剥片，左右非対称の剥片なども含まれる。また，分類の困難な剥片や破片化した資料なども生じる。
・剥片剥離の最終段階は，それが剥片素材であるか，ノジュール素材であるかを問わず，石核の石器化であろう。
・サポート（剥片）の大半は細部加工を媒介にして，道具につくりかえられるが，これには鋸歯縁石器や削器，ノッチなどが含まれる。

な変化は，簡単ではあるが互換性をもった一連の剥離手法によって生み出されることが指摘されている。キナ型ムステリアンは割取り手法の一つの洗練されたあり方といえる。それは，中部旧石器石器群の変異の特徴を過不足なく備えているが，石器原石は継起性をもったさまざまな面移動を繰り返しながら分割されている。この消費過程を表5.10に示した。

キナ型に見られるサポートを削器に変形するフレキシブルなアプローチは，割出しによる両面体石器の生産とも（第4章），割取りによる連続的なルヴァロワ剥片の生産とも異なっている（上述）。この二つは，実際上，交叉面技法が採用されている（White and Pettitt 1995）。キナ型のルヴァロワ頻度の低さは，これ以外の削器の卓越する石器群と対照的に（表5.8），石刃あるいは剥片製サポートの生産をともに可能にする選択過程の重要性を物語るものである。

しかしながら，そこにもパターン化を見なければならない。トゥルク（1992aおよび1992b）はこの変異をさらに詳細に検討し，洞穴や岩陰の他からはほとんキナ型ムステリアンが発見されないことを見出した。この洞穴という場におけるテリトリーは非常に狭く5km～10km程度であり（Turq 1990:417），近傍の石材が選好されることになる。キナ型の石器は，ルヴァロワ技法による石器群に含まれている石器と異なり，景観の中をもち運ばれることはない（Geneste 1989）。この点は，OIS 3におけるアシュール系ムステリアンとは対照的であろう。そこでは石器石材圏は径15km～20kmと広大であった。

トゥルクの発見は，ローランドとディブルによる石器群の変異と石器石材に関するモデル（表5.11）と矛盾することになる。彼らのモデルでは，キナ型石器群の石器石材は遠隔地産が多いと予測されているのである。

この矛盾はディブルとローランドのモデルの問題点を浮彫りにするものである。すなわち，この矛盾は彼らの在地・遠隔地という分断に起因し，また，この分断を研究目標であるムステリアンの変異の解釈にもち込んだことから生じたと考えられる。問題なのは，彼らが解釈したいと思うパターンを解説するために，こうした二つの距離概念を導入したことにある。その結果，彼らの連続的リダクションモデルは，行動の変異を説明するための一般的なモデル，またムステリアンのデータ

表5.11 中部旧石器石器群における石材原産地との距離と良質な石器石材の関係予測（Dibble and Rolland 1992, Rolland and Dibble 1990による）

```
                    石器石材が豊富で，
                    大型かつ良質である場合

在　地 ──────── あるいは ──────── 遠隔地
          それぞれの場合形成される石器群

豊富なブランク，石核，両面体                    細部加工石器数の増加
ノッチ，単刃側削器などといった
        剥片石器は少ない
        大型の石器が多い
     ブランク成形技法の特化
     （例えばルヴァロワばかり）

鋸歯縁石器やノッチなどは                    側削器は搬入石材でつくられる
在地の不良石材でつくられる

            どのようなムステリアン石器群が生成されるか

     典型的                                  キナ
     鋸歯縁                                  フェラシ
     ＭＴＡ
```

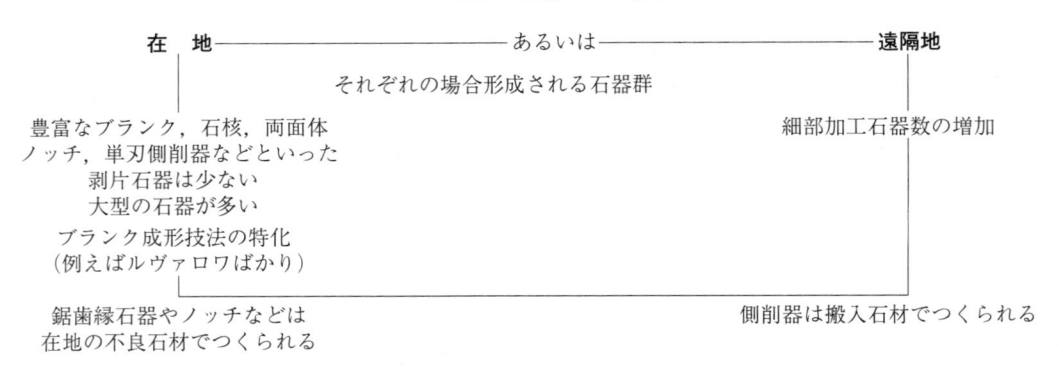

を検証事例とする仮説というよりも，むしろ自分たちが変化すべきであると仮託するものについての単なる記述となってしまっている。しかし，彼らのモデルからスケールや距離に関する数量的な意味合いを抜いてしまえば，在地と遠隔地という単なる質的な記述しか残らないのであり，表5.11のように，パターンとの整合性を表明するものにすぎず，それはもはや仮説の検証とはいえないであろう。トゥルクが示唆しているように，ある距離を具体的に導入することによって，ローランドとディブルの石器群間変異に関するモデルは効力を失うことになる。例えば，キナ型石器群は遠隔地のフリントではなく在地のそれを使っているのである。

ルヴァロワ技法はいつ登場したのだろう

ルヴァロワ技法の出現時期がいつ頃なのか，いいあてることは可能なのだろうかだろうか。テームズ川下流の段丘での検討に基づいて，ブリッジランドBridgland（1994:26）はこの技法の出現期がおよそOIS 8頃であるとした。それは，コルベッツ・テイCorbet's Teyの最上層，マッキングMucking層群の基盤層に相当している。これと同時期のソンム川の中位段丘面の遺跡（Tuffreau 1982:146）ではこの技法は稀であり，また現在では，その褐色砂層がOIS 8に対比されているルー・ド・キャニーRue de Cagnyのアトリエ・コモンでも同様である（Antoine 1990）。ところが，OIS 11およびOIS12に対比されている，より古期のキャニー・ラ・ギャレンヌCagny la Garenneでは，両面体石器の生産に関連して，形態上はルヴァロワ型といえる技法が存在している。タフローとアントワーヌAntoine（1995）は両面体石器形態はルヴァロワ型石核と比較可能であると指摘している[16]。ことに剥離途中での破損品の形態は近似している。彼らは，両面体石器の製作とルヴァロワ技法との間には概念的なリンクが明らかに存在すると結論づけているが，割出しと面転位とは（第

4章），ルヴァロワ技法の生成される筋道であったのかもしれない。もしそうであれば，ホワイトとペチット（1995:33）によるルヴァロワ技法の出現は50万年BP～20万年BPにおける唯一の技術革新に他ならず，それゆえに下部旧石器時代と中部旧石器時代という時期区分を正当化するものである，という評価は，正鵠を射ているといえるであろう。

　この年代はいまだ漠然としたものではあるが，すでにサン・ヴァーストやグロット・ヴォフレイで提示したように，ルヴァロワ技法が一般化するのは，30万年BP以降のザーレ・コンプレックスにおいてである。もしもそうであるならば，これに適した石器石材の利用可能性という問題は，ルヴァロワ技法の発展にはあまり関係がないのであり，むしろ移動性の変化が新たな技法の採用と関わっていた可能性が高いのではないだろうか。アキテーヌ盆地におけるジュネストの石器石材の研究（1989:83）によれば，遠隔地石材の利用状況から判断すれば，ムステリアンのテクノロジーにおけるもっとも移動性と関わりの深い要素の一つとして，ルヴァロワ技法があげられている。ルヴァロワ剥片を携帯することは，フレキシブルな行動に起因する予測困難な状況に立ち至った人類にとってははなはだ有効であった。ホワイトとペチット（1995:34）は両面体石器も近距離には携帯されたが，不測の事態への臨機応変な適用には不向きであったのではないかと指摘している。将来を見越した石器製作者の企図性を重視する立場から（Noble and Davidson 1996:200-1），ルヴァロワ技法の重要性は，それが言語能力を指示している点にあるという意見もあるが，主体の移動性による戦術として考察することのほうが，より実り多い成果を得ることができると考えられる(Kuhn 1955)。

非ルヴァロワ石器群について

　中部旧石器に関する文献を一瞥すれば，「剥片をベースにする石器群」と記述された多くの遺跡があることがわかる。これらは南西フランスを本拠とするボルドの五つの部族の埒外におかれている。私がミコキアンに着目したのは，それが広範囲に分布しているからである。北部・中央地区では，タウバッハ文化Taubachian（Schafer 1981, Svoboda 1989,1994a,1994b）という不定形剥片による石器群が広く分布するが，これについてはかつて概観したことがある（1986a: 5章）。中部旧石器時代の石器群間変異という問題は，煎じ詰めれば割出しと割取りの問題であり，面交叉と面移動がどのように技術的に適用されているのか，という問題でもある（表4.9）。

石刃石器群について

　交叉面技法というテクノロジーについてさらに考察してみよう。コナードConard（1992:88）が中部旧石器初期石刃石器群と呼称した，北方地区の石刃石器群がわかりやすい（図5.18）。この典型には，クレイフォードCrayford（Cook 1986），セクラン（Révillion and Tuffreau 1994c），ヴァラーテイム（Conard et al. 1995a,1995b），テンシェスベルク（Conard 1992）など最終氷期初期の諸遺跡や最終氷期寒冷期にかけてのリアンクール・レ・バポームRiencourt-les-Bapaum（Tuffreau 1993）などがあげられる。現在のところ，北西部地区と北部・中央地区に7か所の遺跡がクラスター状に分布している。これ以外に，北東部地区のモロドヴァV，クリミア半島西部のカバジKabaziなど数遺跡（Cabaj and Sitlivyl 1994）があげられる。

　北西部地区と北部・中央地区のこれらの遺跡の石器群の特徴は，リダクションの二重性にある。まず第一に，これらの石器群においては，ブランクはルヴァロワ技法によって生産される。他方，

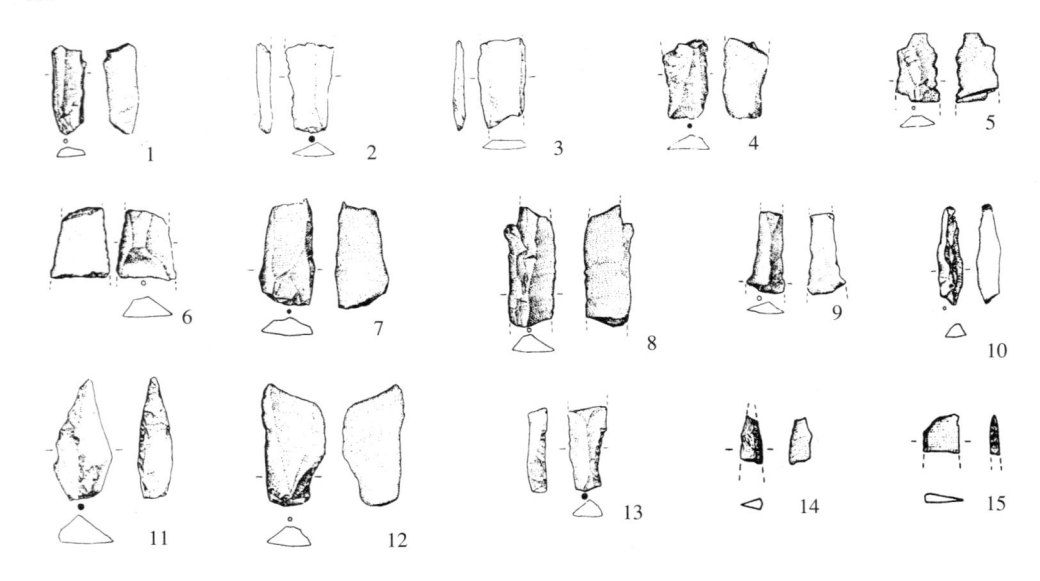

1〜9 未加工の石刃あるいは小型石刃　　10 稜付き石刃
11・14 有背尖頭器，同尖頭部破片　　12・13・15 有背刃器，有背小刃器

図5.18　北部中央地区ドイツのトンシェスベルク出土の中部旧石器時代の石刃　石材は灰色の第三紀珪化岩であり，いくつかのものは破損している（Conard 1992:Fig.43による。縮尺は2/3）。

非ルヴァロワ技法によるブランクは上部旧石器のリダクション過程に酷似している（Révillion and Tuffreau 1994b:12）。だが，この石刃生産と上部旧石器のそれとの違いは，標準的な例がきわめて少ないことである。もしお好みならば，この石器群は上部旧石器的な諸型式なきテクノロジーということもできるだろう。さらにレヴィリオンRevillionとタフロー（1994a）によれば，石刃技法は石器群全体のほんの一部分を構成するにすぎない。ヴァンヌフVinneufでは，石器群を特徴づけるのは石刃ではなくて，両面体石器とプラトニクを含むミコキアン風の石器であった（Gouédo 1994）。リアンクール・レ・バポーム（Tuffreau 1993）も同様であり，CA層の石器群における動作の連鎖フェーズ3（表5.9）の石器は削器と彫器，鋸歯縁石器によって占められていた（Ameloot-van der Heijden 1994:表1）。細部加工のある石器は118点と僅少であり，彫器を除けば上部旧石器的な石器は含まれていない。トンシェスベルク2B層（Conard 1992）では，石器石材はフランスとは違い石英主体であった。石材の制約のため，ブランクの長さは限定されていたが，石刃は組織的に生産されていた。ただし，細部加工されたものは少ない。

南フランスでは，アルデシュArdecheのアブリ・デュ・マラスAbri du Maras（Moncel 1994）で石刃指向の強い石器群が発見されているが，これもルヴァロワ型のリダクション過程の一部分にすぎない。たしかに，ジュネスト（1988b）とブエダ（1988）が指摘するように，石刃は少なからず生産されている。北方グループについて興味深いのは，石刃用ブランクの並外れた長さであろう。ロクールRocourt（Otte 1994）では，複数の石核は真正のプリズム状で，しかも上部旧石器的な技法が採用されている。

有機質の遺物

石器以外のテクノロジーについてはよくわからない。ヒューナスHunas（Groiss,Kaulich and

Reisch 1995) では規則的に割られた角が報告されているが，コナード（1992）はテンシェスベルクの同様の破砕が土圧によって生じることを示している。しかし，ザルツギッター・レーベンシュテットでは，落角ではないトナカイの角が石器でピック状に加工されていた（Tode 1982:Abb.123）。

　レーニンゲンのセイヨウイチイの槍（Thieme and Veil 1985）は，ザルツギッターの角製ピックと同様，短期的な動作の連鎖による割出しによるものである。これよりも古いショーニンゲンの槍の予備的な研究（Thiem 1977,Thiem and Maier 1995）によれば，この資料も同様の方法で製作されているという。

　散発的に発見された，さまざまな「象徴的な」遺物やひっかき傷のある骨が検討されているが（Marshack 1990），その機能や意味については意見が一致しない（Chase and Dibble 1987, Davidson and Noble 1988:127, Noble and Davidson 1966）。最近の詳しい顕微鏡観察によれば，しばしば引用される線刻のある製品はすべて自然の営力によるものであるという（D'Errico and Villa 1997）。こうした異形の遺物の中でも，もっとも多くの注目を浴びているのはタタTata出土のマンモスの臼歯製の磨製品（Marshack 1990:図17.11）であるが，類例を欠き，私はその人為性を疑問視している。

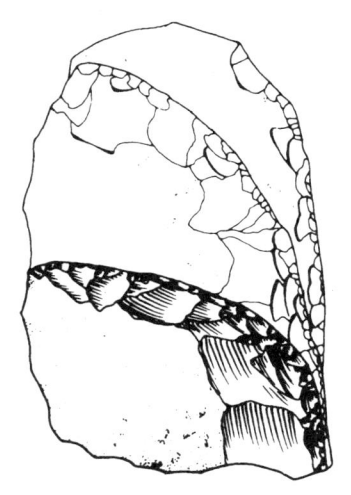

図5.19　石器の履歴書（ⅰ）：リダクションによる石器のかたちの変化　単刃削器から横断型削器への変化を示す（Dibble 1987による）。

道具のメンテナンスとビッグ・パズル

　移動性と将来に備えたテクノロジーの内部でどれくらい人工物がリサイクルされるのか，この二つの点は石器群間変異の検討素材として，この間議論されてきたところである（Binford 1973,1977, Conard and Adler 1997, Kuhn 1995, Torrence 1983,1989）。

　ビンフォードのモデルは，巡行的な狩猟・採集民（foragers）と兵站的な狩猟・採集民（collectors）という狩猟・採集民の二つの戦略を提示している（1980）。巡行的な狩猟・採集民が道具を廃棄するのは，それが消耗したときである。一方，兵站的な狩猟・採集民は不具合が生じる可能性があれば廃棄される（Kuhn 1989:42）。後者にあっては，個々の道具はリニューアルや刃付け・補修などの痕跡に乏しい。なぜならば，それらは道具の不具合による失敗を回避するために，そのライフサイクルの初期段階で置き換えられてしまうからである（Kuhn 1989:43）。クーンの指摘によれば，その結果，道具が再利用されているか否かは，それが管理されているのか，あるいは将来に備えたものであるのかということの尺度とはなり得ず，むしろ移動や土地利用のパターンを反映しているのである。

　キナ型ムステリアン（Turq 1989,1992）はこの実例であろう。それは二次加工のある石器を大量に保有し，高品位の地元の石材を使用している。ディブル（1987）にとって，キナ型の横刃型式の側削器は細部加工ある石器の最終章をなすものであった（図5.19）。彼の予測では（表5.11），こうした刃の付直しは貴重な石器石材の維持を企図したものとなるが，すでに見たように，これらの石器は地元の石材でつくられることが多い（Turq 1992b）。

そうすると，刃の付直しの頻度の高さと巡行的な狩猟・採集民の道具の置き換えとを関係づける前に，石器の二次加工頻度に影響を及ぼす複合的な要因を考察しなければならないことになろう（Kuhn 1995:159）。これには，手もち石材の確保があげられるが，それはそこで行われる行動の性格と持続時間に条件づけられている。石器製作用石材の確保に含まれるコストと，道具類がもち運ばれるか否か，この2点が問題であろう。こうした議論が重要なのは，それが動作の連鎖に関連するからである。この動作の連鎖は，ほんのわずかな調整剥離から景観の中の道に沿った人類の移動に至るまで，さまざまなスケールと身振りをその射程におさめている。

この統合的なアプローチにおける一つの導きの糸として，近年広範な関心の寄せられている石器の接合があげられる。これには，『ビッグ・パズル』（Cziesla et al.1990）というすばらしい書名をもつ好著と，チェスラCziesla（1987）による接合と接合率に関する詳細な研究がある[17]。彼は接合に3種あることを指摘している（図5.20）。なお，ドイツ語の単語を1語の英単語でいい直すことはできないことをお断りしておく。

- **生産過程における接合**（Aufeinanderpassungen）。これは動作の連鎖・石核消費の再構成である（例えば，図5.31）。これはマーストリヒト・ベルベデールやグロット・ヴォフレイ，ビアシュ・サン・ヴァーストなどで一般的に行われている接合である。
- **破損品の接合**（Aneinanderpassungen）。これには意図的でない破損が含まれる（例えば図5.18）。中部旧石器時代においては，異なる場の間での接合関係は知られてないが，剥離作業のクラスター間・内の接合関係は認められる（Cziesla et al.1990）。
- **石器の変形における接合**（Anpassungen）。刃の付直しのように，石器とそこから剥離されたものとの接合である。これにはトランシュ・フレイクや彫器削片などが含まれる。ラ・コット（Cornford 1986:図29.1）の2,195点という多量の特殊化した長めの刃付け剥片はこの例である。ただし，接合したものは1例しかない（ibid.:図29.3）

石器の接合に関する研究は歴史も浅いし，第6章と第7章で見るように，この分野の研究は主としてもっと新しい時代を対象としていた。だが，興味ある結果がすでに得られている。具体的には，ヴァラーテイムD地点における石刃生産テクノロジーに関する接合によって，先々を読む兵站的に組織されたシステムにおいても，複雑な再加工が行われていることが判明した（Conard and Adler 1997）。ロウブレックス（et al. 1993:78）は，高密度に遺物が散布し，接合資料が豊富にあるような場は石核生産やブランクの作出，さらにその細部加工による道具の製作などといったメンテナンス行動を反映していることを指摘している。こうした場においては，石器生産過程と変形過程の存在を予測することができる。接合資料の少ない，道具に乏しい場は特定の行動の行われた所であり，そこでは刃の付直しによる接合や，破損品の接合が一般的に観察される。この点が，ボックスグロウブなど先行する時代の場との違いなのであろう。そこでは先の3者の接合パターンがすべて見出される。

動景：技量とそれを取りまく環境

石器石材の移動やテクノロジーの組織化などといった面に観察される変化は，どのくらい環境の

第5章　ネアンデルタール人の社会（30万〜6万年前）　217

接合過程

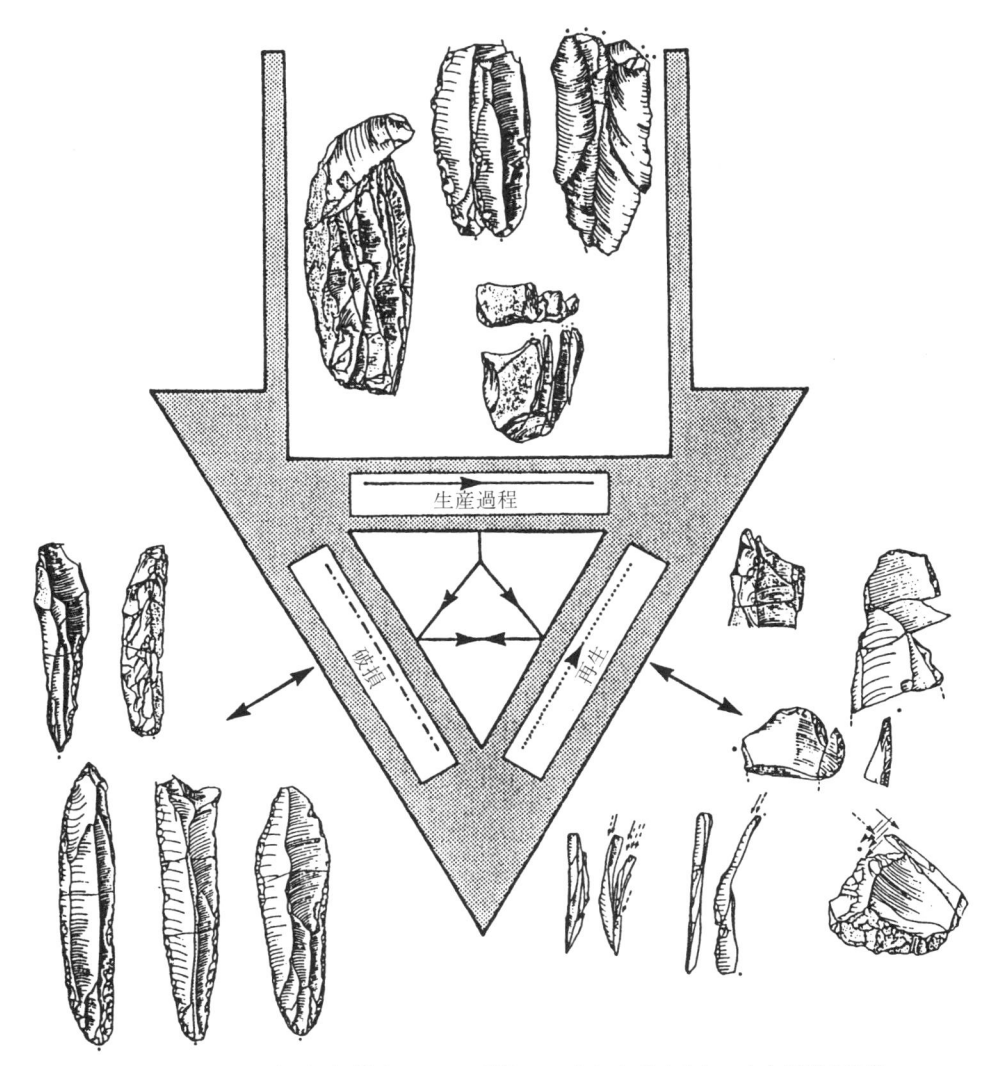

図5.20　石器の履歴書（ii）接合によって明らかにされたダイナミックな石器の変化
（Cziesla 1990:Fig.6による）

開発と関わりをもっていたのだろうか。とくに新たな領域への進出や広範囲にわたる居住エリアのコロニー化は，こうした技術革新の結果なのだろうか。これは動景に向けられた問題である。そこでは人々が相互交流を繰り返しながら，さまざまな労働に従っていた。動景という概念は，外在的なエコシステムなるものを，旧石器時代の人類が受け容れなければならない支配因と見る立場に真っ向から対立するものである。それは，外部的な環境の淘汰圧を否定するものではないが，社会的生活を単に従属的な行動と見なす見解に与するものではない。

動景のさなかで

　この時期にロシア平原とウクライナへ人類の移動が開始された。北部・東地区（図3.1）への移民は時間的に遅れたが，利用できる限られた資料による限り，そこへの最初の人類の移動はザーレ・

コンプレックス初期ではなく，エーミアンの時期であった（Hoffecker 1987）[18]。

ゾファーSoffer（1989:724,1994）は最終間氷期・氷期のサイクルにおいて，ネアンデルタール人にとってもっとも好適な条件は，地形的に変化に富む地域にこそ存在した，と指摘している。彼女はドネストル川とデスナ川中流域とを比較検討しているが，ドネストル川は凹凸の激しい地形を流れており，その流域は生物にとっても複雑で変化に富む資源を提供する条件を備えていた（Soffer 1989）。マンモスステップにおけるような濃密な格子縞状のモザイクをしていたのである。これに対して，デスナ川中流域では，オープンな環境に位置する重要な遺跡であるボトウリエヴォⅠ（Zavernyaev 1978）によって代表されるように，平坦で標高の低い場所に遺跡が残されており，ルヴァロワ技法とともに，両面体尖頭器もふんだんに出土している。この流域はモザイク的な景観のゾーン化はごくかぎられた地域に観察されるにすぎず，むしろ裸地的な景観が展開していたのであろう（Guthrie 1984）。

ゾファーはこうした環境の違いや考古学的な資料を比較検討し，ロシア西部やウクライナの高原地帯には恒常的に人類が居住していたのに対して，デスナ川中流域（Soffer 1989:図34.5）のような地域では相対的に間欠的な居住しか行われていなかったのではないかと結論づけている。ここから次のような仮説が提起される。

> ロシア平原ではゾーン状の環境が著しく，また，これに続いて初期および中期バルダイ氷期（ウルム/ヴァイシェル）における複数の亜間氷期において，資源の多様度が低下したため，そこでの資源はドネストル川やプルート川流域，あるいはクリミア半島と比較してその予測可能性は低下した（Soffer 1989:724）。

コーカサス（Baryshnikov and Hoffecker 1994, Liubin 1989）やクリミア（Boriskovsky 1984, Klein 1965）などの凹凸の激しい地形にあっては，ゾファーのモデルによれば，資源は偏在的であり，これが居住の継起性に影響を与えることが予測される。なお資源は，平原では北に向かって分散化する傾向がある。プラスロフPraslov（私信による）によれば，ウラル山地での居住開始時期は早く，ロシア平原での東の境界を形成していたという。だが，こうした環境には高度による制限がつきまとう。バリシニコフBaryshnikovとホーフェカーHoffecker（印刷中:11）は，コーカサス山地の標高1,000mの場所で居住跡を発見しているが，その時代は6万年BPよりも新しいという（第7章）。しかしながら，オセチア地方のウィーズルWeasel（イタチ）洞穴では，厚さ24mにも及ぶムステリアンの包含層が発見されており，その年代は中部更新世にまで遡行する。この遺跡は広大な平原の端部にあり，標高は1,125mもある（Hidjrati 1995：図2）。

ロシアとウクライナの資料は，地域的なスケールでの人口の干満モデルに合致している。このことはある程度予測可能であり，またあらゆる北方地域にもあてはまるだろう（Gamble 1983a,1986a, Müller-Beck 1988）。イギリスでも，ラ・コット（Callow and Cornford 1986）の立地条件に代表されるように，中部旧石器時代の遺跡は変化に富む地形から多く発見されているが，平板な景観の広がるイギリス南部の非氷河地域で遺跡を発見することは容易ではない（Roe 1981）。また，イギリスではOIS 5e段階の人類の居住痕跡は発見されていない。ただし，ずっと北方にあるヨークシャーからは*Hippopotamus*（カバ）の化石は発見されているが（Gamble 1986a, Stuart 1982）。

北部・中央地区に目を転ずると，ドイツでは最終氷期寒冷期の遺跡は氷期の初期やエーミアンに比較してはるかに散発的にしか発見されていない。年代決定に不安を残すが，寒冷期のOIS 4段階には，オーギュストAugusteがフランス北部について指摘したように（1995），人口は多いとはいえず，むしろ減少に転じている。この減少化は，この地域での恒久的な居住遺跡数の減少によるものと考えることもできるが，人類による北ヨーロッパ平原の利用頻度によるものとも推定することができる。ただし，どちらのシナリオが妥当であるのかを決定するのは不可能である。

最適居住空間

すでに触れたように（Gamble 1984,1986a,1986c），気候的に見てエーミアンの居住最適期（OIS 5e）においてもイギリスに人類が棲息した形跡がないという事実は，彼らが好んだ環境構造がどのようなものであったのかを間接的に示唆している。北ヨーロッパの一部では海洋性気候が卓越し，落葉広葉樹が繁茂したが，この結果，アカシカやノロジカなどの棲息密度は低下した。オーロックスや森林バイソンといったより大型の動物も少なく，また，こうした森林的な景観にあっては，動物は分散的であった。大型のムレの形成も稀であった。キバのまっすぐなゾウや森住のサイなどといった大型動物のムレのパターンも，このような一般的資源構造に左右されていた。森林の影響は予測可能性を低下させ，また，モザイク状環境によってバイオマスが減少した。この結果，どのようなものであれ，何らかの労働の集中化を行わなければ，人類がその生死を問わずに動物性資源と遭遇する可能性は減少し，必要な食糧を手に入れることができないレベルにまで押し下げられたと考えられる[19]。

われわれは人類行動の組織化，とくに社会生活における変化（Gamble 1993a, Whallon 1989）に着目しなければならないことを再三指摘してきたが，それが資源獲得のための労働の集中化の要因でもあるからである。だが，この集中化は，未知のコロニーへの移住とか，すでに別の人口が居住している地域への，いわば異なる居住史への参入などの場合には，思いも寄らぬ結果をもたらすこともあったであろう。

森の生活

上で論じた点についての対案にはロウブレックス（et al. 1992），オーギュスト（1995），コナード（1992）などの見解がある。だが彼らにはコロニー化に対するグローバルな視点が欠落しており，対象を狭くヨーロッパに限定している。この誤りのために，彼らはザーレ期の人類はどこにでも居住できたし，どんなことでもすることができたという見解を吐露するに至ったのである。彼らにとって人類とは，こうした力能に恵まれていたがゆえに，旧大陸のごくごく限られたところに長期間居続けることもできたというのである。こうした評価は生活の範囲を拡大しようという進化論的な淘汰圧へのあからさまな挑戦であり，常識的な考え方からは大きく逸脱したものである。

同時に，ロウブレックス（et al.1992）はイギリスには人類ではなくサイが棲息していた，と正しい指摘もしている。また，人類はヴァイマールのトラバーチン鉱泉の周辺に居住し，レーリンゲン（Thieme and Veil 1985）の湖畔で槍で殺戮したゾウの遺体を回収しようとした，ともいっている。ただし，ここでの回収という用語の使用はいささか不注意であるのだが。しかしながら，彼らはヨーロッパの気候という単純な事実をも忘れているのではないだろうか。今日の亜間氷期的な気候の

もとでは，7月の等温線は帯状に描かれるが，1月には子午線に沿った分布になる。0℃の等温線は現在の海洋と大陸部とでは異なっているが（Lockwood 1974:図9.2），これは北西部地区と北部・中央地区の実質的な境界線となっている（図3.1）。この境界の位置は海洋性気候の影響によって，西や東へと押し引きされており，OIS 5eやOIS 9，OIS 11などの高海水面期においては（Shackleton 1987）東に移動した。OIS 13やOIS 7の低海水面期においては，サブ・ステージ5c，5aとも同様に，西へ移動した。

このような移動の結果を予測することは困難であるが，甚大な影響を被ったであろう領域が2点ある。まず更新世全般，つまり間氷期，氷期初期，氷期寒冷期，完氷期といったサイクルを通して，冬季に利用可能な資源こそが最大の制約条件であった。長期にわたる休眠期の環境を制御するためには，貯蔵穴といったシステマチックな食糧備蓄によらなくてはならないが，そのような証拠は存在しない。第二に，そしてこれがいっそう重要なのであるが，等温線によるモザイク状の環境構造への影響があげられる。大陸性気候は濃密な森林ではなく，モザイク状の環境を形成し，均質で帯状の極相林の生成を阻害した。このことによって，ヴァンデンベルゲVandenberghe（et al. 1993）の地域的な解釈では解くことのできない，なぜマーストリヒト・ベルヴェデールの居住最適期がTL法やESR法によって想定されたOIS 7ではなく，OIS 5eに位置づけられるのかという問題へも接近することができるのである。

しかしながら，中部旧石器時代のわずか8％にしかすぎないOIS 11，9，5eといった間氷期に注目するのは，こうしたデータからうかがわれる人類の活動領域の選好性という問題を提起したいがためである。まず，われわれは極相林という環境をいい表すための語彙をもっている。他方，裸地をもち，格子状をしたモザイク状の生息環境といった生態学的な記述も知っている。両者は容易には両立し得ないし，花粉分析の結果から植物の生産性に言及することは困難であろう。われわれにできることはといえば，エーミアンといった特定の時期の大陸における植生図を参考にして（Roebroeks, Conard and Kolfschoten 1992:図3, van Andel 1996），アルプス山脈以北の遺跡は樹林帯におおわれていたはずだ，といった予測を述べることくらいのものだろう（図5.6）。

生態系の構造がどのように変化していたのか，という問題を明確にしない限り，万人を満足させるような回答を提示することはできない（Gamble 1992c）。しかしながら，私がいいたいのは，われわれが見出し，また資料から説明できるのは，たしかにザーレ期の人類は，ある特定の資源や環境と別のそれへと技量を使い分けることはできたが，決まりきってはいるがその場その場で必要とされる身振りや，モノの移動によって明示されるような社会的なファクターは限定的であったということである。

そうであるとしても，私はこうした広大なモザイク状の環境のもとでの，人口の干満に関する考古学的な資料を見つけ出したいと思う。だが，われわれが検討しているデータのスケールでは，北部と南部・地中海沿岸地域との間に認められる，人口分布のシフトくらいしか読みとることはできないであろう。これには，ロシアとウクライナという両平原がコロニー化された時期の遅さから，西から東へというもっとも人口に膾炙した基本的な移動観も含まれている。

肉食獣のギルドでの生活

　このような幅の広い環境のパターンが重要なのは，主体が自身の動景をつくり上げるのは，ほかでもないこの内部においてであるからである。さらに，主体の周囲を取り囲む環境は，行動とパフォーマンスに対する淘汰圧ともなるからである。この議論をさらに深化するためには，視点を肉食獣の地理的な分布に転じ，ネアンデルタール人の動景に作用したであろう淘汰圧を規定する必要があろう。

　肉食獣の行動は，その破壊的な性格から，考古学者にとってありがたくない，むしろネガティブな特徴と見なされることが多い。しかしながら，その存在は対立的な生態学的枠組におかれた人類に作用する淘汰圧を理解するための手がかりともなるのである（Binford 1981b, Gamble 1983b, 1984, 1995e）。とくに，ここでは中部旧石器時代の肉食獣のギルド内の人類のニッチという問題を考察する。このためには，種の分布と出現頻度とを広範囲に調査しなければならない。

　私は別稿において（Gamble 1995e），大雑把にではあるが，自身のデータを検討することによって肉食獣の群集の豊富度を測る物差しを提示したことがある。図5.21は，ヨーロッパの北部・中央地区（図3.1）の中部旧石器時代に対比される126の動物群における大型哺乳類の頻度分布を示したものである。これを見ると，ライオン，ハイエナ，オオカミなどが多いが，これ以外にも多くの肉食獣が存在する。このデータはある・なしという単純なものであるが，あらためて北ヨーロッパには多くの肉食獣が棲息していたことに驚かされる。この表にある126か所の遺跡における資料には，平均して5種の草食獣と3.4種の肉食獣が含まれている。これを178か所の明確な石器をともなわない動物群と比較すると，興味深い事実が浮上する（図5.21）。ここでは草食獣の平均は2.72にまで低下する一方，肉食獣は2.5と相対的にわずかな減少にとどまっているのである。

　これらのサンプルは，約70万年BPのOIS 5dからOIS 4にわたる広範囲に及ぶもので，大雑把なものであることは事実である。だがこのデータによるかぎり，われわれがモニターしているのは明らかに相対的な豊富度であることを示唆している。一方，人類の動景においては，人類の競争相手は肉食獣の中でも主だったものであり，また，もっとも多く捕食対象のいるところで繰り広げられていた。この領域は，景観の中に広範囲に遍在しているのではなく，モザイク状の環境内における決定的な要素として遍在していた。とすれば，このような環境によって，社会的な生業活動の中におかれた特定の技量が淘汰されることもありうるであろう。

　スタイナー（1993）は，進化論的に見て成功したと判断されている肉食獣のギルドの構成員は，成獣をより多く捕食することによって淘汰圧に応えてきたことを示唆している。人類はこの淘汰圧に対して，その社会的なテクノロジーを変化させることによって対処したが，それは人類と動景との関わり方に端的に示されている。肉食獣のギルドのすべての構成員は，特殊化した食糧獲得技量を身につけているが，それはある棲息場所から別の棲息場所へと転移されていく。しかしながら，ネアンデルタール人のみが物質的な行動を通して，このような技量を具体化し拡張する機会を保有していたのである。だが，ここでの物質的な行動には，長い行動の連鎖と時間と空間の遠隔化が必要であった（第2章）。これからしばらく，中部旧石器時代人の動景を形づくった，このような特殊化と技量の行使の一例としての成獣の捕食について瞥見してみよう。

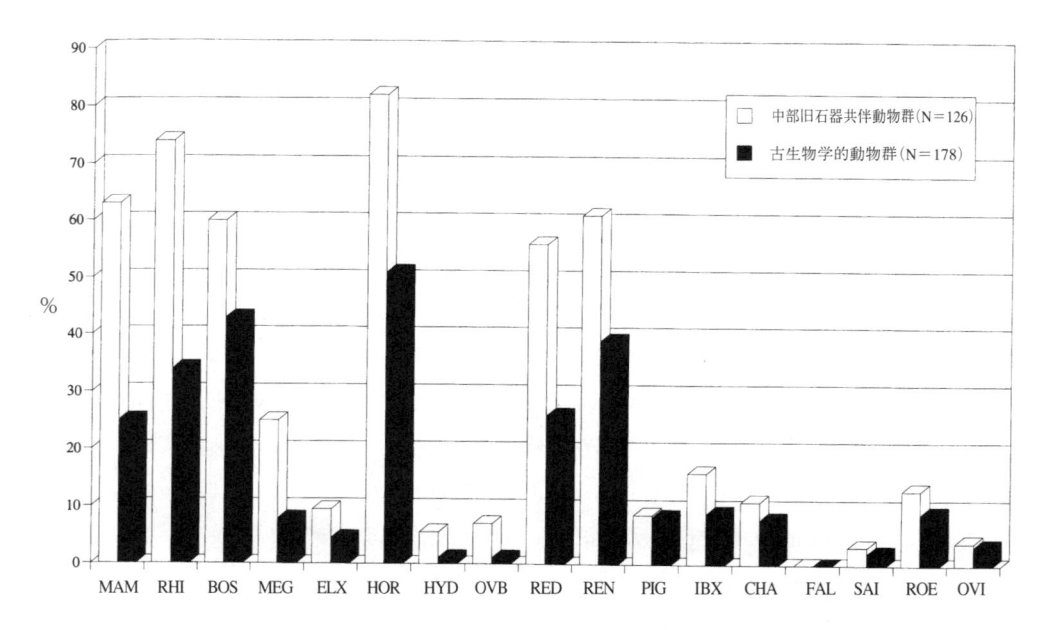

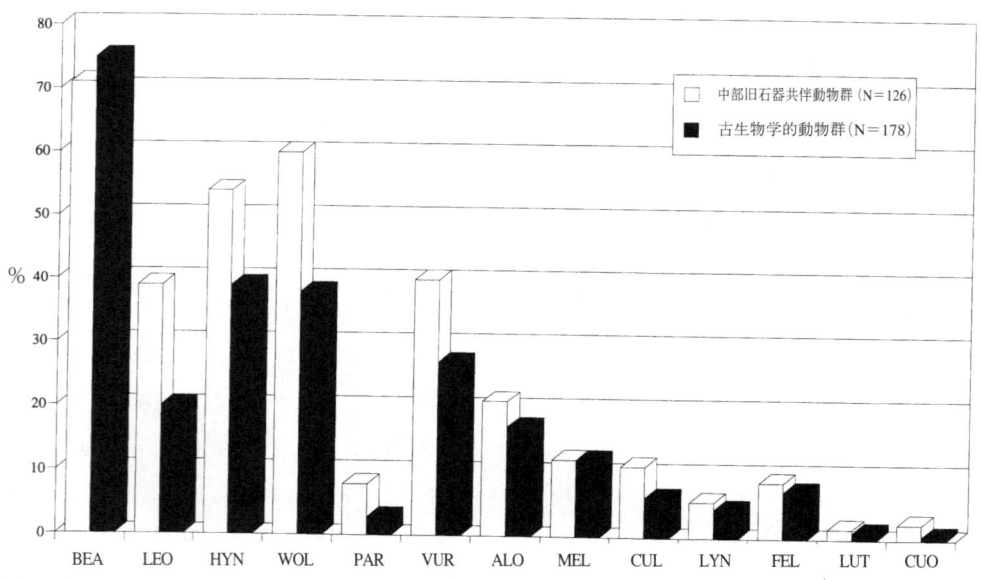

凡例
草食獣 MAM:有毛マンモス，RHI:有毛サイ，BOS:オーロックスあるいはバイソン，MEG:オオツノシカ，ELK:ヘラジカ，HOR:ウマ，HYD:ステップ・ロバ，OVB:ムスク（ジャコウシカ），RED:アカシカ，REN:トナカイ，PIG:イノシシ，IBX:アイベックス，CHA:シャモワ，FAL:ダマシカ，SAI:サイガ，ROE:ノロジカ，OVI:野生ヒツジ
肉食獣 BEA:クマ，LEO:ライオン，WOL:オオカミ，PAR:レパード，VUL:キツネ，ALO:ホッキョクキツネ，MEL:アナグマ，GUL:クズリ，LYN:オオヤマネコ，FEL:ヤマネコ，LUT:カワウソ，CUO:ドール（アカオオカミ）

図5.21 北部中央地区の洞穴遺跡における動物遺存体による草食獣(A)と肉食獣(B)との出現頻度の比較　このヒストグラムでは，中部旧石器の人工遺物が共伴する動物群と（10〜4万年BP），共伴しない古生物学的なコンテクストにおかれる動物群（10〜1万年BP）とを対照している。人類の活動は種の出現頻度によって測られるより豊富な資源と相関関係におかれている（Gamble 1995e:Fig.2,5,8および9による）。

表5.12 ザーレアン，エーミアンならびにヴァイシュゼリアン前半期における特殊化した動物遺存体
(Auguste 1992, Gabori-Csank 1968, Gaudzinski 1992, 1995, Baryshnikov and Potapova 1991, Jaubert et al. 1990, Patou-Mathis 1993, Conard 1995, Delpech 1988, Gamble 1995d, Jaubert 1994, Klein and Cruz-Uribe 1994, Kleinschmidt 1953)

遺跡	層準	考古学	地域	OIS年代	同定点数	肉食動物種/骨	草食動物種/骨	主要な種	同定率	MNI
クドゥルI	4	ムステリアン	SW	6				バイソン	98	94
ラ・ボルド		ムステリアン	SW	6	440	1/10	4/430	オーロックス	93	
イリスカヤ		ムステリアン	NE	5d〜4	1,446	5/35	7/1,411	バイソン	92	51
エル・カスティージョ	19〜22	ムステリアン	SW	4	1,222	0/0	3/1,222	ウマ	91	60
エルド		ムステリアン	SE	4	14,862	9/13,699	12/1,163	クマ	89	約480
ヴァラーテイム	E	ムステリアン	NC	5c	>190	2/?	2/?	ウシ	約85	
ヴァラーテイム	F	ムステリアン	NC	5c	>467	2/?	4/?	ウマ	約78	
ヴァラーテイム	B1	ムステリアン	NC	5d	1,131	3/3	5/1,128	バイソン	76	52
グロット・ヴォフレイ	VIII	ムステリアン	SW	6	1,009	6/109*	5/894	アカシカ	74	
ザルツギッター・レーベンシュタット		上部アシューレアン	NC	5d〜4		1/?	5/?	トナカイ	72	約80
ヴァラーテイム	All	ムステリアン	NC	5d	2,436	3/86	7/2,350	バイソン	67	
シュタデル	VIII	ムステリアン	NC	5	1,608	11/1,200	9/468	ウマ	56	
アブリ・デ・カナレット	3	ムステリアン	SW	5a	1,222	7/38	9/1,184	アカシカ	53	19
ビアシュ・サン・ヴァースト	II基底部	ムステリアン	NW	7〜6	435	2/92	8/343	ウシ	48	8
アブリ・デ・カナレット	2	ムステリアン	SW	5a	382	2/6	9/376	アカシカ	47	11
エル・カスティージョ	24〜26	アシューレアン	SW	6?	579	2/150	7/429	アカシカ	36	33

注：*クマは含まない。 MNI＝最小個体数

獣骨組成の特殊化と技量の特殊化は関連するのだろうか

　ザーレ期における獣骨組成の著しい変化は特筆される（Mellars 1996）。それまで明確ではなかった，獣骨と人間行動との関連性が顕在化するからである。これに関連しては，以下の3点が考慮されるべきである（Gaudzinski 1995に完全な議論がある）。

- 露天の遺跡やフィシャー（岩の裂け目）では豊富な獣骨が残され，保存状況もよいことが多い。また，動物の多様度は高くなく，単一種が卓越する場合がある（表5.12）。
- ノイマルク・ノルト（Mania et al. 1990）のような露天遺跡では，1体分の獣骨と石器とが密接に関連している（上述）。
- 洞穴遺跡に典型的な包含層の重複（palimpsest）する遺跡では，肉食獣と人類によるさまざまな活動が認められる（以下で論じるが，とくに場の項参照）。

　カットマークや加撃痕をもつ意図的な骨の破砕などといったかたちでの直接的な人類の関与の形跡は，きわめてひんぱんに認められる。さらに，露天遺跡に大量に集積された獣骨は，その年齢査定から捕食対象と推定されている。このような事実と，骨格の遺存部位の出現頻度や肉食獣の噛み跡のあり方などを総合してみると，人類と他の動物との関わり方を，とくに移動性や獲物の搬送といった観点から考察することが可能となるだろう（Stiner 1994）。こうした面でのさまざまな変動から，特定の食糧を獲得するための技量を別の資源環境や異なる種に対しても適用できるかどうか，という問題が提起されることになる。ここで問わねばならないのは，この生存競争の渦中にある人類の認知能力がどの程度のものであり，また，それはいかにして個体から個体へと伝達されたのか，

という2点である。

狩猟と屍肉あさりは技量のレベルの違いである

ここで狩猟という用語を定義すれば，それは単に動物を殺戮する能力なのではなく，人々のプランづくりと組織化，さらに時間と空間に関わるテクノロジーに依存するものということができよう（Gamble 1993a:117-23）。どれほど先を読むのか，そしてプラン策定の射程の深さなどは計画性・貯蔵・施設などを含む人類行動の諸様相によって知ることができるであろう（Binford 1980, 1989b, Kelly 1983, Torrence 1983, 1989）。こうした技量は特殊化された技能であると見なされるが，それは計画性を高めるためには，特定の獲物の行動に対する知識を蓄積しなければならないからである。このような知識の段階的な増加は狩猟の安全性を増し（Binford 1991），リスクを低減し（Torrence 1983），テクノロジーのデザインと戦術的な組上げによって表現される（Kuhn 1989の議論参考）。こうした行動知は探索時間を短縮するが，それはハンターが猟場を熟知し，そのテクノロジーによって成功度が向上し，探索のための時間を短縮しうるからである。

一方，屍肉あさりは探索的な戦略と見なされるが，テクノロジーの投入度は低く（Gamble 1987），こうした狩猟行動における「資源の分布図づくり（mapping on）」というビンフォード（1980）の用語は，植物性資源の捕食行動とも類似している。ここでは資源の密度と利用可能性が問題となる。

しかしながら，狩猟と屍肉あさりという二つの用語が，過去の人類の適応性を規定する対立的な行動と対応していると見なすことには，不都合な場合もある（Brugal and Jaubert 1991）。それらは一つのシステムの構成要素であり，相互に変換されもする。また，それらの習得に要する時間は同じではない。屍肉を探索する巡行的な狩猟・採集民は，同時に狩猟対象を探索するかもしれない。資源は，生きていようと死んでいようと，探索路に沿って見出されるであろう。ひとたび資源に遭遇するや，次に行われる判断はそれを捕獲するか否かであり，この判断は巡行的な狩猟・採集民のおかれた幅広い条件によって規定されている。獲物を屠っているライオンもいれば，身のこなしも鮮やかに逃げ去るシカもいるからである。

熟達したハンターとフルタイムの屍肉あさりやがいたとしよう。もちろんこのようなカテゴリーがあるかどうかはわからないが，両者の違いは空間的なものであるということはできる。この風景のどこかに，いつもは生きた獲物がいるのだろうか。もしもそれを取り逃がしたら，次の猟場への道はどこに向かって延びているのだろうか。こうした意味で，ビンフォード（1980）による兵站的な狩猟・採集民のピンポイントな資源と，巡行的な狩猟・採集民の一様に分布する資源との区別は，的確な区別であろう。というのも，この区分は進化論的な段階性を示すものではなく，単に多様な地域的な環境への組織的な応答を示すものだからである。

露天での成獣捕獲者

スタイナーは最近の研究において，「実際すべての巡行的な狩猟・採集民は，利用可能な資源に対して，季節的にも場所（つまり，短期的ということである）的にも適応している」（Stiner 1992:447）ことを再確認しているが，これに特定の種が含まれれば，そこには自ずと特殊化が生じることになろう。

この狭義の特殊化が，ネアンデルタール人のごく一般的な食料調達戦略であったことは明らかで

表5.13 ビアシュ・サン・ヴァースト（Auguste 1992:Table 2），タウバッハ（Bratlund 私信）ならびにグロット・ラザレ（Valensi 1991）における人為的破砕骨の比率

	同定された総点数	破砕の報告された資料（％）
ビアシュ		
オーロックス	9,771	31
クマ	7,013	35
サイ	3,151	19
タウバッハ		
クマ	1,557	19
サイ	1,224	8
ラザレ		
アカシカ	2,855	9

ある（Auguste 1993:表1，Chase 1989,1995，Gaudzinski 1992，Mellars 1996）。しかしながら，すでに，スタイナーも論じているように，更新世における大型肉食獣のギルドにおいては，人類のニッチの進化とは，成獣の待ち伏せ捕獲法と同義であった。多くの大型肉食獣の中で，ライオンのみが成獣を捕獲する（ibid.表11.3）。ハイエナとオオカミは幼獣と老獣を捕獲する（Stiner 1994）。

　ネアンデルタール人が特定の種を集中的に捕食し（表5.12），かつ通常は成獣を捕食していた証拠は増加の一途をたどっている。ゴジンスキーGaudzinski（1995,1992）はこの点について，ヴァラーテイムB1，ラ・ボルド（Jaubert et al. 1990），イリスカヤ（Hoffecker, Baryshnikov and Potapova 1991）という3つの遺跡を比較しながら検討を加えている。ヴァラーテイムにおいては，出現頻度第2位のウマの存在は，人為的な行動の結果ではないことが示されている。年齢査定と人為的な損傷の有無を検討した結果，*Equus*（ウマ）の骨にはライオンやオオカミといった肉食獣の関与があったことが示唆されている（Gaudzinski 1995:62）。この重要な発見は，厳密なタフォノミーを考慮しない動物遺存体の分析には十分な注意が必要であることを示している。

　表5.12からわかるように，一つの種が卓越する場はほかにも数多く知られている。南西部地区にあるエルドErdにおいては，多くの洞穴グマの遺体が発見されているが，ここからは新生児の遺体が多数発見されていることから，冬眠中のものであったと考えられる。草食獣ではウマが多く，クマ以外の獣骨の44％を占めていた。ところが，タウバッハ（ブラットルントBratlund私信による）およびビアシュ（Augste 1988）ではクマが多いばかりでなく，それにはカットマークとともに企図的な破砕痕跡も認められている（表5.13）。エルドの動物遺存体についても，同様の検討が必要であろう。

　ビアシュ（表5.13）での解体された骨の出現比率は高い。ところが，グロット・ヴァレンシGrotte Valensiでは，ヴァレンシVelensih（1991）によって解体されたアカシカの比率は低いと解釈されている（表5.13）。とはいえ，この数字を，例えば前章で検討したミーゼンハイムⅠといったより古い時期の遺跡のカットマークの出現頻度と較べてみると，けっして低いとはいえない。将来的な検討事項としてあげられるのは，保存状況のよい場において，人類による解体痕が成獣の出現頻度と一致するのかどうかという点であろう。

ラ・ボルドでは，オーロックス（*Bos premigenius*）が動物遺存体の93％を占めるが，そこで種が同定された資料は440点であるのに対して，これ以外の種はわずかに4点であった[20]。オーロックスの遺体の最小個体数（MNI）は，歯の検討によって40個体と推定されている。骨のサイズによれば成獣には雌のものが多い。年齢査定からは（図5.22），成獣中心の死亡率のパターンが得られているが（Stiner 1994:図10.2），これは，ゴジンスキーが指摘するように，ヴァラーテイムB1やイリスカヤでも同様である（Gaudzinski 1992,1995）[21]。彼女はこうした場での肉食獣の活動は微弱であると指摘している。ビアシュ（Augsre 1992:61）では肉食獣の噛み跡はなく，オーロックス（n＝9,711）のうち90％以上が成獣であった（*ibid.*:図4）。

こうした場のすべてで，1種あるいは2種の獲物をねらった人類によるギャザリングが反復されていた。また，性と年齢のクラスが選択された結果，成獣を主とする動物遺存体が形成されたと考えられる。

ネアンデルタール人の技量

今やわれわれは第一の問題，すなわち「彼らの格闘した環境はどんなだったのだろう」という問題に答えることができる。すなわち，この時期における移動と，道具の製作と資源の獲得というリズムの変化を検討することによって回答は得られるであろう。とくに重要なのは，周囲を取り囲む環境の物理的な性格であり，また新しく改まった行動形態に対する淘汰圧の2点である。この淘汰圧によって人類はその動景をつくりあげてきたからである。結論を先に呈示すれば，先に設定した9か所の地区における人類の活動領域は，新しい時代の，また保存状況の良好な遺跡に基づいて想定されていた範囲を大きく超えるほど拡大するものであった。われわれは以下の場に関する項にお

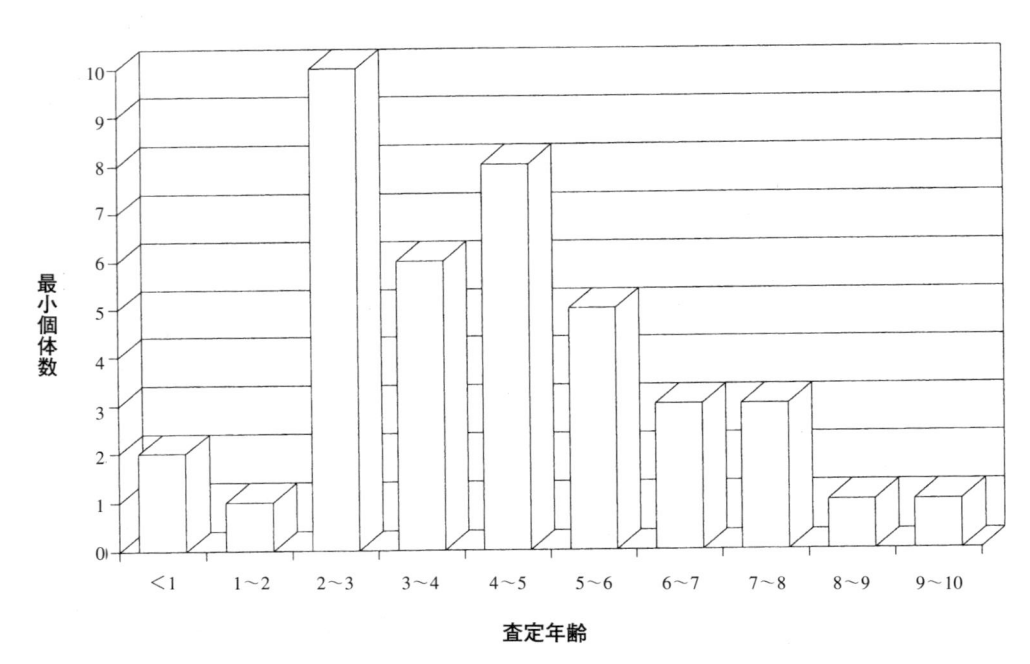

図5.22　南西部地区フランス　ラ・ボルド出土オーロックス（*Bos primigenius*）成獣の年齢査定
　　　　（Jaubert et al.1990:Fig.46による）

いて，この拡大が特定の社会的技量を含むか否かを検討することになる。だが，ここで注意しておきたいのは，社会的なテクノロジーという面から見て，ネアンデルタール人は成獣のハンターにはなり得たが，象徴的な体系を外在化することはなかった，ということである。この体系は，社会的なネゴシエーションやギャザリングに含まれるモノなどを形づくるために，風景の中に刻み込まれるはずなのであるが。

この結論は，成獣ハンターが社会的ではなかった，ということを意味するものではない。事実，社会的な行動は身振りとネゴシエーションに埋め込まれており，この基本的な条件づけなくしては動景において身動きすることすらできなかったはずである。しかし食料調達戦略は，石器石材の補給と同じように，コストと利益，需要と供給によって条件づけられている単なる経済的な行動なのではない。また，飢えをしのぎ，飢餓を回避するための単なる一連の技術の行使なのでもない。

最初のヨーロッパ人（第4章）と比較すると，ネアンデルタール人の生活リズムは，動作の連鎖（Geneste 1990, 1991）をいっそう拡大し，また豊富化した。また，物資の移動距離は増大し，動物遺存体の示唆するように，食糧資源の獲得方法も多様化した。かくして，中部旧石器時代の食糧とニッチに関して目下描かれつつある素描は，単純な戦略ではなく，多彩で洗練された技量による環境への応答という構図となるであろう。

だが，技量の多様化が社会的であるわけではない。社会的であることとは，道具をつくることでもないし，待ち伏せ猟でも先々を見据えた計画性でもない。また四季の巡りや資源に関する知識でもない。技量とは，主体が生活を営む世界の分析なのではなく，それへの関わり方そのものである。こうした技量は，中部旧石器時代のヨーロッパにおいて，また，ネアンデルタール人のすべての生息域（Stringer and Gamble 1993 図1）へと拡大される中で，多様な種の捕食へと多面的に適用され（表5.12），さらに，さまざまな気候区や居住領域や域へも形を変えて適用されたのであった。以下で，われわれが検討を加えるのは，彼らが新しい技量を導入したのか，変化に富む社会（地域）をつくり出したのか，さらに社会的なネゴシエーションと場の形成等はいかにして達成されたのか，といった問題である。

域

ネアンデルタール人の社会は，その生業と同じように，生態的な条件への適応を大きく逸脱しない程度に標準化された一つのパターンに従っていたと考えられている。石器生産技術や石器型式学の面での地域的なパターン化は，文化的な規制であると見なされてきた。例えば，ペリゴール地方では，キナ型ムステリアンと鋸歯縁ムステリアンとは岩陰の領有をめぐる文化的な対立を具現化するものである，といったシナリオが描かれてきた（Bordes 1973）。その前提には，表面的な違いはあるとはいえ，その基本において社会は大同小異であったという共通理解が存在したのである。われわれは地域的なスケールでのネットワークモデル（表2.8）を駆使して，この問題を考察することにしよう。

習俗としての風景

　技量の多様化によってネアンデルタール人はさまざまな大陸で長期にわたる成功を収めることができたのであるが，この多様化は，諸主体が日常的なネットワークを稠密に張り巡らすことによって達成された。それは彼らの情緒的資源と物質的資源とを的確に活用するところからはじまる。そして，これは時間的なリズムに刻み込まれた身振りを通して表現される。このリズムは，主体を取り囲み，主体と行を共にする環境との相互関係，つまり動景の一部である他者への配視からあふれ出るのである。こうした社会的なテクノロジーを指示するものとは，多様なエピソードから織りなされる道具の製作やメンテナンス（Conard and Adler 1997），そして広い範囲にわたる循環的な関係を含む石材や動物といった資源の獲得（Féblot-Augstins 1997, Floss 1994, Kuhn 1995）などからなる複合的パターンなのである。

　これらのうちあるもの，とくに石材移動については生態学的な説明も可能であろう（上述）。だが，これ以上に，物質的資源の地域的なパターン化（表2.8）が明らかに存在し，このことからネアンデルタール人の社会は，ヨーロッパ各地で異なるものとなった可能性が推定される。フェブロ・オグスタン（1993:239）は南部・西部地区の移動パターンが星形であるのに対して，北部・中央地区では線形であることを指摘している。ハンガリー北東部においてはとくに線形パターンが顕著で，その延長は100kmに及んでいる。彼女はまた，カルパチア山脈の分水界を超えた100km以上の石材移動を，少数ではあるが確認している（Féblot-Augustins 1997:図56）。分水界下部の移動範囲はつねに閉鎖的な地理的単位となっていた（Féblot-Augustins 1993:240, Kozlowski 1994）。フェブロ・オグスタンはネアンデルタール人の集団が南北に移動してしていたことを想定しているが，彼らはさまざまな資源を求めて各地を移動するというよりも，平原や高原といった一定の領域を反復移動していたのではないかとも指摘している（1993:249）。しかしながら，6万年BPから4万年BPにおける移動距離もまたこうした長距離に及んでおり，これについては第6章で検討する。

　ジュネストはアキテーヌ盆地における星形パターンについてさらに詳しい研究を行っている（図5.23）。グロット・ヴォフレイⅧ層の資料に基づいて，洞穴の周辺3,000m²にわたる石材供給圏が再構成されている（1988b:464）。Ⅷ層出土資料によって示された，原産地への反復的な採集活動に関する彼の総括は，ネアンデルタール人の習俗としての風景がどのようなものであるのかを教えてくれる。

　　ある集団が規則的に周回していたという仮説は，遠古の旧石器時代の集団像をどのように描こうとも，ここでの自発的な遊動行動にはあてはまらないように思われる。Ⅷ層から検出された石器群によれば，そこでの居住は，小集団による空間的にも時間的にも限定されたものであり，生業の合間に行われたものであったことは明らかである。また，石器石材の備給といえども彼らの最大の関心事ではなかったようである。というのも，石材消費に使われる技術は非常に限定的であり，ブランクは多くの中から周到に選択されており，さらに洞内には石器製作の産物や副産物がふんだんに廃棄されているからである（1988:464）。

　イタリアの数多くの洞穴遺跡から出土したムステリアンの石器群を対象としたクーンの研究もま

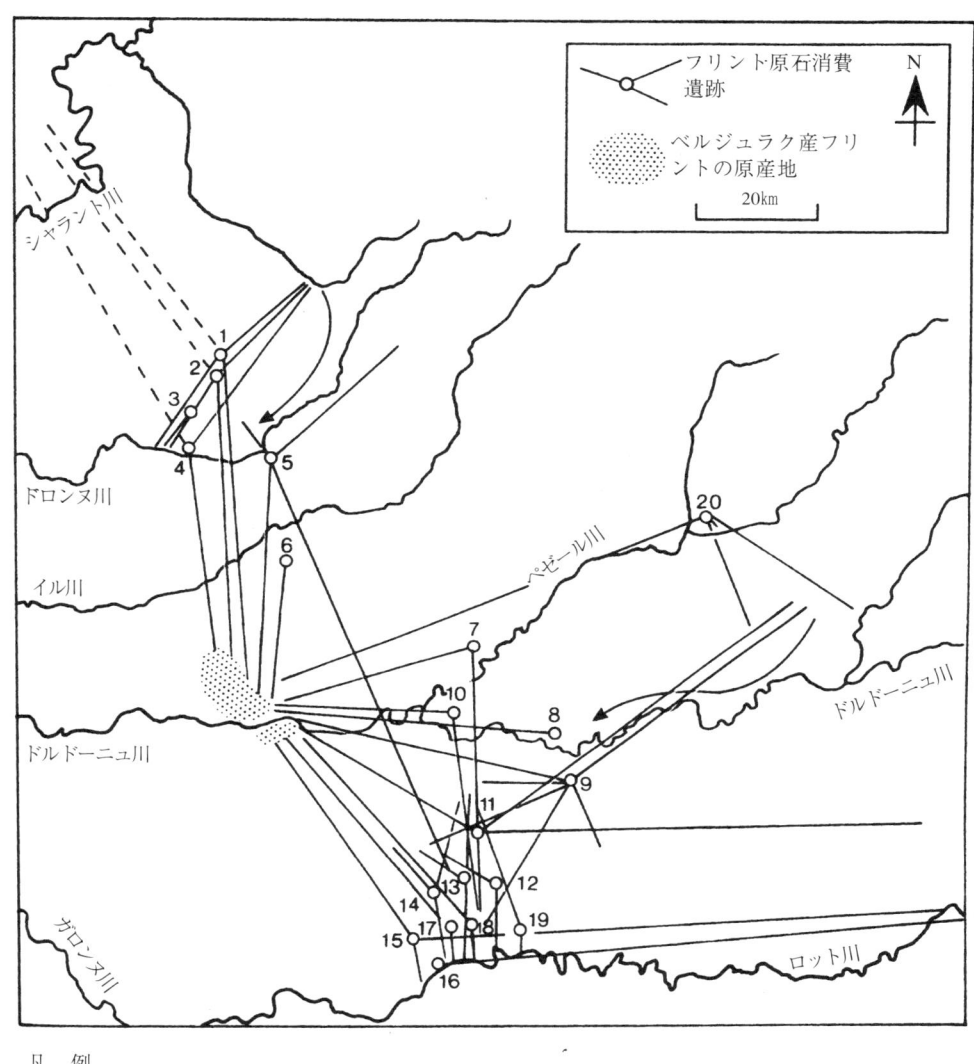

図5.23　南西部地区フランスのアキテーヌ盆地における石器石材の移動パターン
（Geneste 1989, Mellars 1996:Fig.5.5による）

凡例
1 サンドゥーニュ　　　8 ル・ド　　　　　　　15 プラトー・カブロル
2 アブリ・ブルイーヨ　9 グロット・ヴォフレイ　16 ムーラン・ド・ミリュ
3 ル・ロク　　　　　　10 ロック・ド・マルサル　17 ラース・ペレノ
4 フォンセニェ　　　　11 ラ・プラン　　　　　　18 レ・アルダイユ
5 レ・フェストン　　　12 ラ・リゾンヌ　　　　　19 ラ・グラヴ
6 クールサック　　　　13 セガーラ　　　　　　　20 ラ・シャペル・オー・サン
7 ル・ムスティエ　　　14 ラ・ブルラード

た（1995, 1991, 1992），私のいう習俗としての風景に照明を点ずるものである。彼の分析では短距離移動という概念が提示されている。この場合，石器石材の利用可能性と適格性とが，石核の消費とまだ利用できる石核の廃棄率とに反映されるという。クーンは集団に対する石材供給と，場に対する石材供給という，研究面で有効性の高い石材供給の区別を提案している（Kuhn 1992:191）。彼の予測によれば，集団の移動頻度と良質の石材の利用可能性とは，石器の加工頻度よりもむしろ，石器の携帯頻度と石核の消費率に影響を与えるという。

長い時間の経過にあっては，変化も生じた。ジュネスト（1990）はエーミアンが重要な境界となることを指摘している。これ以前には，地元産の石材が卓越し，石器もほとんどもち運ばれていない。最終間氷期以後では，ある種の空間的な拡大が生じたが，彼の見解では，それは手に入れたいという欲求の高まりに基づくものであった。石器石材ははるか遠くから搬入され，それは生業範囲の拡大をも意味していた。しかし，私はクーンの以下の結論に同調したい。

　　ヨーロッパのデータが（中略）明らかに示しているのは，ネアンデルタール人が（中略）未知の，だがつねに想定される必要に備えて石器を携帯していたということである。居住場所に石核やら石器石材やらを備給しておくといった，いっそう複雑で，先を見越した行動は理解しがたいところである（Kuhn 1992: 206）。

　私はこうしたネアンデルタール人のダイナミックな動景との関わりを説く見解を支持したい。ジュネストは，石材獲得という身振りを含む動作の連鎖が繰り広げられる空間的なスケールと石器生産という同様のスケールとの結合というきわめて重要な，しかし，これまであまり触れられてこなかった問題は，周囲を取り囲む環境内での身体運動として密接不離のものであると指摘している。ネアンデルタール人のテクノロジーは，社会的な行動として，さらに複雑な動作の連鎖として，また反復的なルヴァロワ技法という洗練された身振りとしても表現される。石器石材はいっそう多くの産地から搬入され，さらに遠くの産地からも将来された。その結果，石器の製作行動はより広範囲のネットワークを反映するものとなった。このネットワークは特定の場におけるギャザリングに従う主体の行動を媒介として，ネアンデルタール人社会を組み上げたのである。この視点から，ジュネスト（1989:83）によって提起されたルヴァロワ剥片の多くは，それ以外のものよりも遠方の石材から製作されることが多いという指摘は重要であろう。ザーレ期におけるルヴァロワ技法の広範な出現は，先行するクローマー期やホルスタイン期よりも，諸個人の移動性がいっそう活発化したことを示している（第4章）。

　しかしそうであったとしても，ネアンデルタール人の習俗としての風景の広がりは，また石材補給と石器生産とから再構成される動作の連鎖の持続性はけっして大きいものではない。この好例として，ヨーロッパ中部旧石器時代初期における石材消費方法の研究（表5.14）をあげることができる（図5.24）。

　ここに示されたモードは，動作の連鎖における距離効果を示している。原産地から8 km以遠で発見されるのは，モード8の生産物，つまり初期段階における副生産物を含まないブランクと道具のみである。モード8の要素の多くはルヴァロワ技法による生産物である。

　習俗としての風景によって示される，あるいは石器石材の移動によってはかられる域的なスケールの範囲内においては，諸主体による日常的なネットワークこそが，どれほど社会生活を広げることが可能であるのかを規定していた。それゆえに，生活はあいかわらず場にしばられ，場当たり的なことも少なからずあったと結論せざるをえないのである。こうしたことは，行動のスケール（図5.23）やグレーベルン（以下参照）におけるギャザリングに基づく動景のスケールなどからもうかがうことができる。習俗としての風景の広がりは，すでに第3章で検討したように，一定の距離以上に移動した資源が石材以外には見あたらないことからも，大きなものではなかったと推定されよう（図5.14）。

表5.14　8種の石材消費モード（Féblot-Augustins 1997: 24-5およびTable 1）

定性分類	定量分類		
	本来のストック	欠乏状況のストック	潤沢状況のストック
完全な動作の連鎖	モード1 石器製作の全過程	モード2 石器製作の全過程は認められるが，ブランクと道具（トゥール）は欠落	モード3 ブランクと道具がふんだんに含まれる石器製作過程
ほぼ完全な動作の連鎖	モード4 ラフ・アウト，今後の使用に振り向けられるブランクの存在		
不完全な動作の連鎖	モード5 ブランク生産の副産物（ウェイスト）とブランクの存在	モード6 ブランク生産の副産物はあるが，ブランク欠落	モード7 ブランク生産の副産物が豊富なブランクと道具に共伴
割取りによる石器（デビタージュ）のみを生産するような動作の連鎖	モード8 非生産的で，ブランクや道具だけが存在		

社会的な景観

これ以前の社会的な景観以上の景観をここで議論の俎上に載せることは不可能である（第4章）。たしかに石器素材の移動距離の著しい事例はあるかもしれないが，ルーチン化された行動以上の拡大の徴候を見出すことはできない。習慣化された行動からなる景観の中で，おなじみの身振りによって生活の大半が進められていったのであろう。象徴体系によってルーチン化された行動が開花したという痕跡はないし，場と景観，したがって周囲を取りまく環境への刻印によって彼らが動きまわり，ものをつくり，そして自己を形成したといった形跡もない。彼らのネットワークは拡張されはしたが，その多くとのやりとりは不完全であり，また未開発であった。社会生活は，日常的ネットワークが関わりうる資源によって階層化されていた（表2.8）。ネアンデルタール人の社会において，このような資源がどれくらい使い分けられていたのか，この問いかけから，先に提示した第二の疑問，つまり，「彼らの社会は大陸ではどこでも同じだったのだろうか」という疑問への回答を見つけなければならいが，それは彼らの社会は予想以上に複雑な様相であったことを示唆するであろう。

場

だが，場というレベルでのネアンデルタール人の社会生活の具体的な姿とはどのようなものだったのだろう。もしも違いがあればの話だが，前章でビルツィングスレーベンを素材に詳細を検討した先行する時期との違いはどれほどのものであったのだろうか。私はまず，残された死骸と肉食獣の

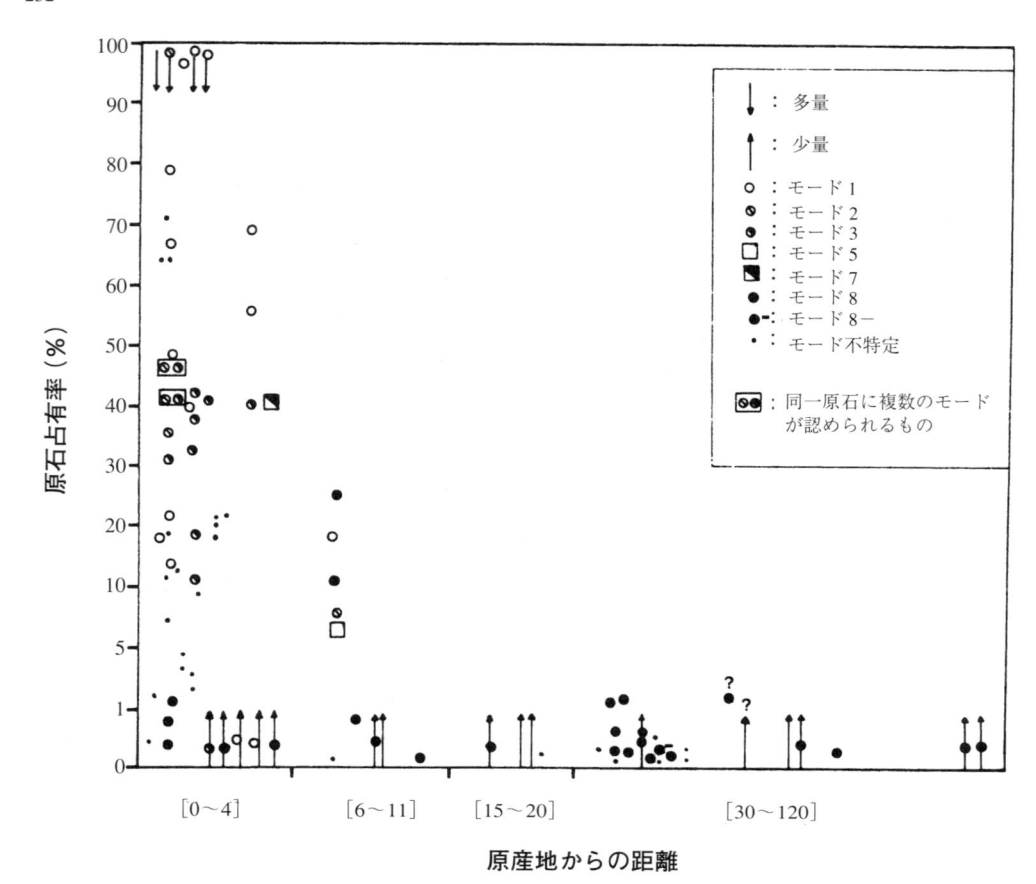

図5.24 中部旧石器時代前期における石材消費モードと使用石材，原産地距離の関係
石材消費モードについては表5.14参照（Féblot-Augustin 1997：Fig.37による）

いる洞穴におけるギャザリングを記述することによってこの問題を考察し，次いでマーストリヒト・ベルヴェデール（Roebroeks 1988,1993）のOIS 7期の場や，グロット・ヴォフレイ（Rigaud and Geneste 1988）における空間的なデータと比較検討してみよう。われわれはこうした具体的なレベルに立ち，ネアンデルタール人の社会生活の複合的な性格を明確にすることによって，第三の「彼らの社会は話し言葉に基づいていたのだろうか」という問題への回答を準備したい。

死骸のギャザリング

われわれは動物遺存体の第二のタイプについては，すでにより古い段階のノタルチリコ（第4章）などについて検討を加えた。また，ネアンデルタール人のこうした単独的なギャザリングとしては，ノイマーク・ノルトを例として取り上げたが，これはすでに瞥見した反復的な訪問の対極におかれるものである。さらに，ドイツ東部には，レーリンゲン（Thieme and Veil 1985）やグレーベルン（Erfurt and Mania 1990,Heussner and Weber 1990）など，これと比較される諸遺跡がある。両遺跡はOIS 5eに対比され，湖畔に立地している。レーリンゲンの獣骨の記録は簡略なものである。1948年に実施された緊急調査時の獣骨と木槍の平面図は存在しないが，木槍の上部からゾウの骨が出土したと伝えられている[22]。しかし，これは流木とゾウの遺体が湖畔の泥層上に横たわっていたため，本来無関係な両者が水流で寄せ集まったと考えるべきである。

第 5 章　ネアンデルタール人の社会（30万〜6万年前）　233

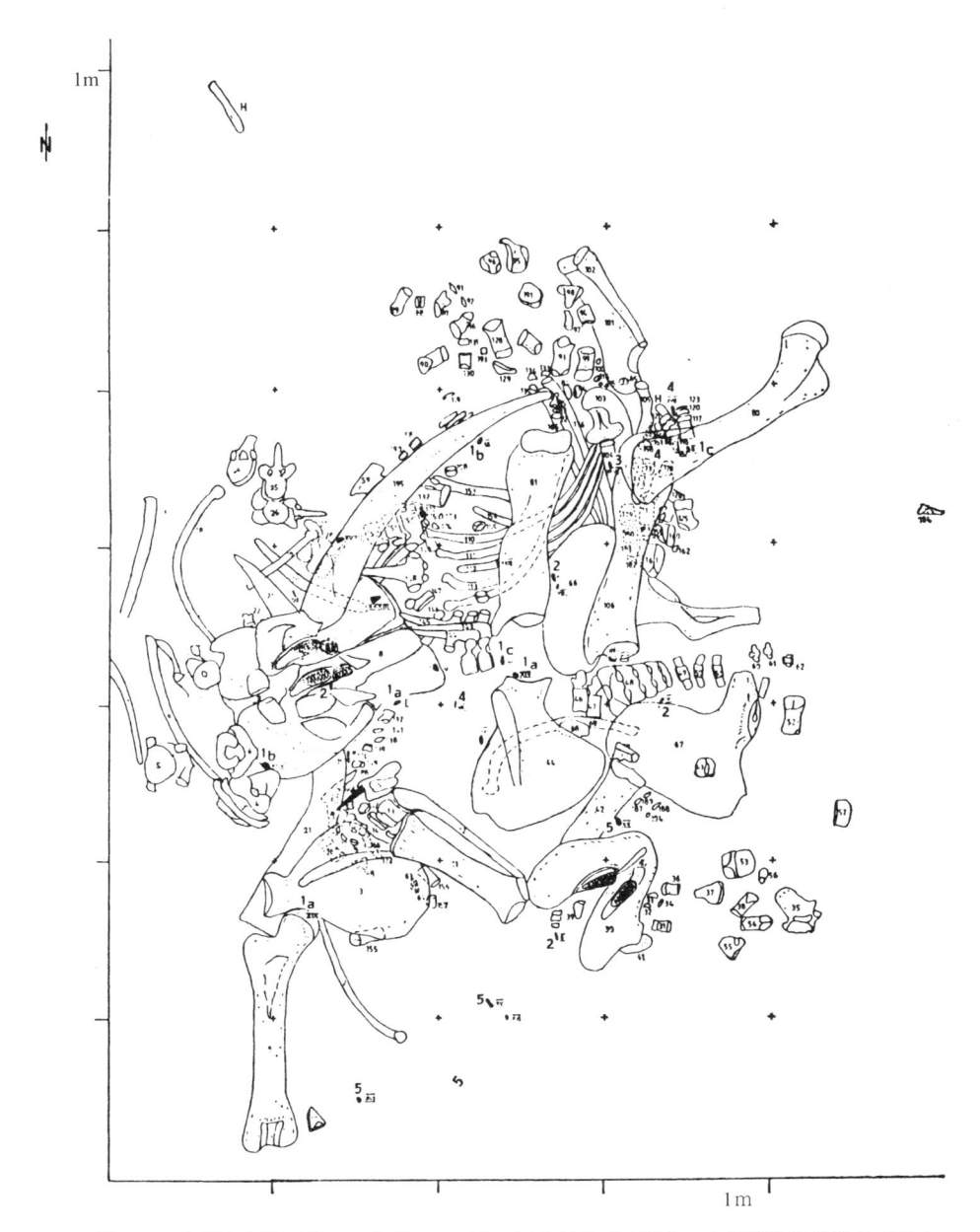

図5.25　北部中央地区ドイツのグレーベルンにおけるゾウ遺体　人工遺物は黒塗りで示す。
　　　　石器には 5 種の原石が使われている（Heussner and Weber 1990 : Abb.1による）。

　レーリンゲンとグレーベルンの調査によって，それぞれ25点と27点の石器が出土した。レーリンゲンでは，その大半がルヴァロワ剥片であり，1 点のみハンドアックスの端部破片であろうと想定されるものがある（Thieme and Veil 1985:Abb.12）。接合するものはない。石材もまちまちであった。
　グレーベルンでは，石器の検出範囲はゾウの遺体に近接していた（図5.25）。少なくとも 5 種の母岩が識別された（Heussner and Weber 1990）。これとゾウの遺体との位置関係を見ると，母岩 1 と 5

とは排他的に分布するが，母岩2，3ならびに4は相互に重複し，近接して分布していた。これらには二次加工痕はなく，報告によれば接合もしない。

ラ・コットでは，3層と6層の2か所の獣骨集積から微量の石器が検出されている（Scott 1986a）。これらは渓谷に沿った岩壁の突出部に保護され，レス中に埋没していた。獣骨の保存状況はきわめて悪い。2か所の集積中（図5.26）から検出された獣骨のうち，種の同定されたものを表5.15に示

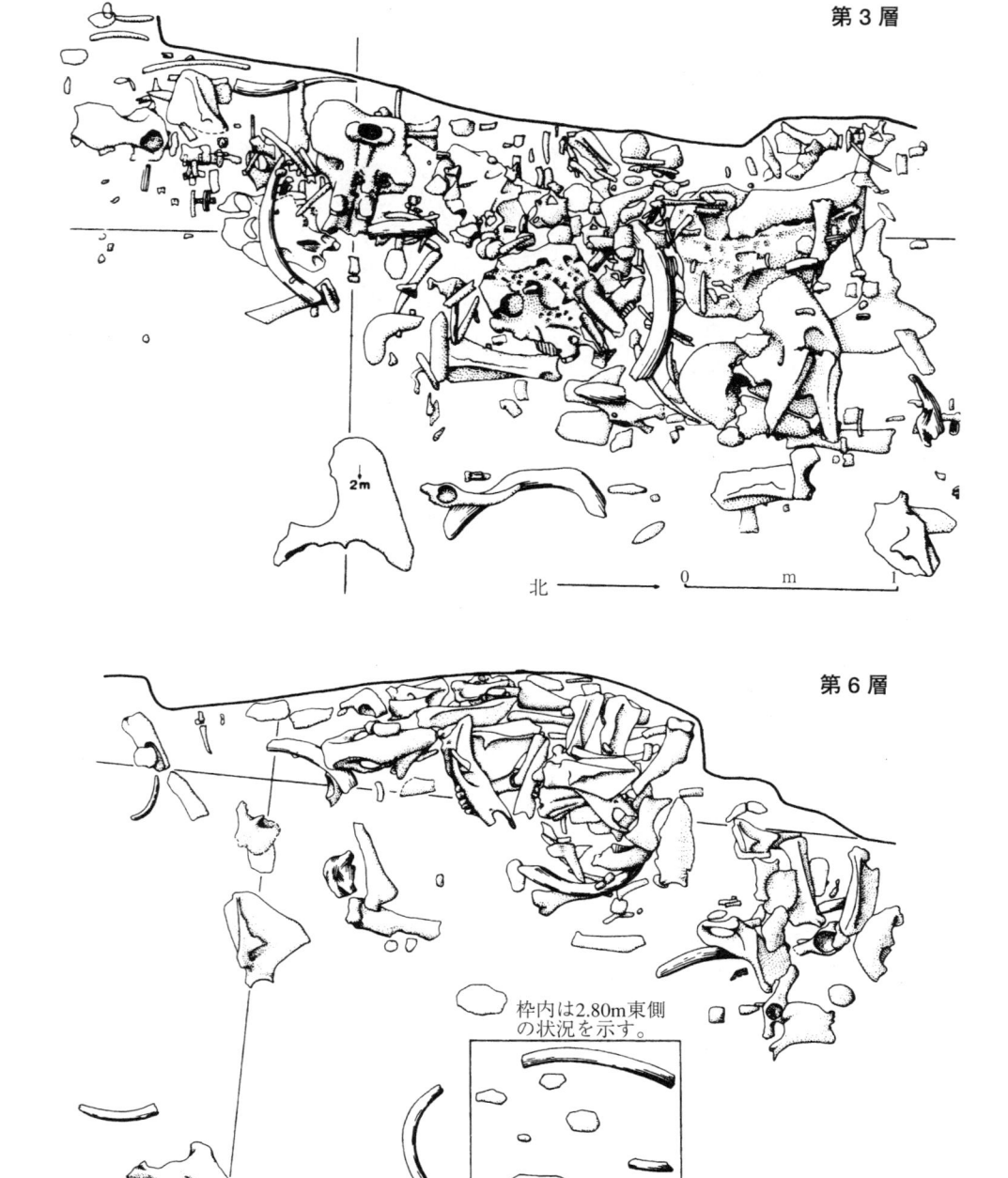

第3層

第6層

枠内は2.80m東側の状況を示す。

図5.26　北西部地区ジャージー島ラ・コットにおける花崗岩の岩壁下の骨の集積2例（Scott 1986a：Figs.18.2,18.3による）　内容は表5.15参照，土層については図5.10を見よ。

表5.15 ラ・コットの獣骨集積（Scott 1986a, 1986b）

	マンモス		有毛サイ	
	同定資料	MNI	同定資料	MNI
3層	115	7 （頭蓋骨）	18	2 （尺骨・大腿骨）
6層	84	11 （肩胛骨）	7	3 （頭蓋骨）

した。

5個体のサイは幼獣であり，マンモスの年齢幅は大きいが，極端な幼獣と老齢の個体は含まれていない（Scott 1986b,図13.18）。スコットScott（1986a:183）はラ・コット（Callow and Cornford 1986:Fig.1.5）上部の台地から，少数のサイを伴ったマンモスの成獣が崖から追い落とされた際に，2回にわたる別個のギャザリングが行われたのではないか，と推定している。その後で骨が選別されて，崖の突出部の下部に集積されたのであろう。

肉食獣のいる洞穴

石灰岩の洞穴や岩陰には，単独の，あるいは反復的なギャザリングの痕跡が残されている。しかしながら，そこには，また肉食獣の行動の痕跡もたっぷりとあり，両者は重なり合って，その分離は非常に難しい（Brugal and Jaubert 1991）。石器を豊富に含む層であっても，人類と動物との関連となると，それは困難な問題である。例えば，クロット・ヴォフレイではカットマークが存在しない反面，噛み跡はたくさんあった（Binford 1988）。

こうした問題については，スタイナー（1994）が地中海中央部地区，ラティウム地方の中部旧石器時代の洞穴遺跡を素材に研究している。彼女は一連のデータを示しながら，人類もしくはハイエナとかオオカミを主とする肉食獣が排他的に形成した動物遺存体と，いずれかが主たる要因であることが出現頻度からは想定されるものの，確定の困難な場合とを区別している（Stiner 1994:図5.32）。4遺跡から得られた19の動物遺存体サンプルにおいては，排他的に肉食獣によって形成された層準は，肉食獣の噛み跡だけが残されていたモセリニ1層，同5層，グアタリ0層，同1層，ならびにサンタゴスチノX層である。出現頻度から判断された両者の混在する事例は四例あり，これ以外はすべて排他的に人類の形成したものとされた。

スタイナーが用いた肉食獣居住を示唆する特徴は，U字型をした若い個体の多い年齢分布曲線である（図5.27）。若い個体の多さは営巣行為を示している。だが，さまざまな検討から排他的に肉食獣によるものとされた層準においても，そこでの肉食獣の骨の数はあまり多くないことが多い（表5.16）。

これを，北部・中央地区のローヌ河谷沿いにある一連の小さな洞穴群の一つであるホーレンシュタイン・スタデルHohlenstein-Stadelと比較してみると（Gamble 1979,1995d），ここでは肉食獣の比率は小さい。ところが，これはクマがこの洞穴を冬眠のために利用していたためであると考えられている（Gamble 1984, Gargett 1994, Musil 1980-1）。そこでクマを除外してみると（表5-17），スタデルの肉食獣の数はラティウム地方の諸例と非常に類似したものとなる。さらに，両者の類似性はこれで終わるものではない。スタデルの動物遺存体の年齢構成はU字型の成獣主導型であり，ここ

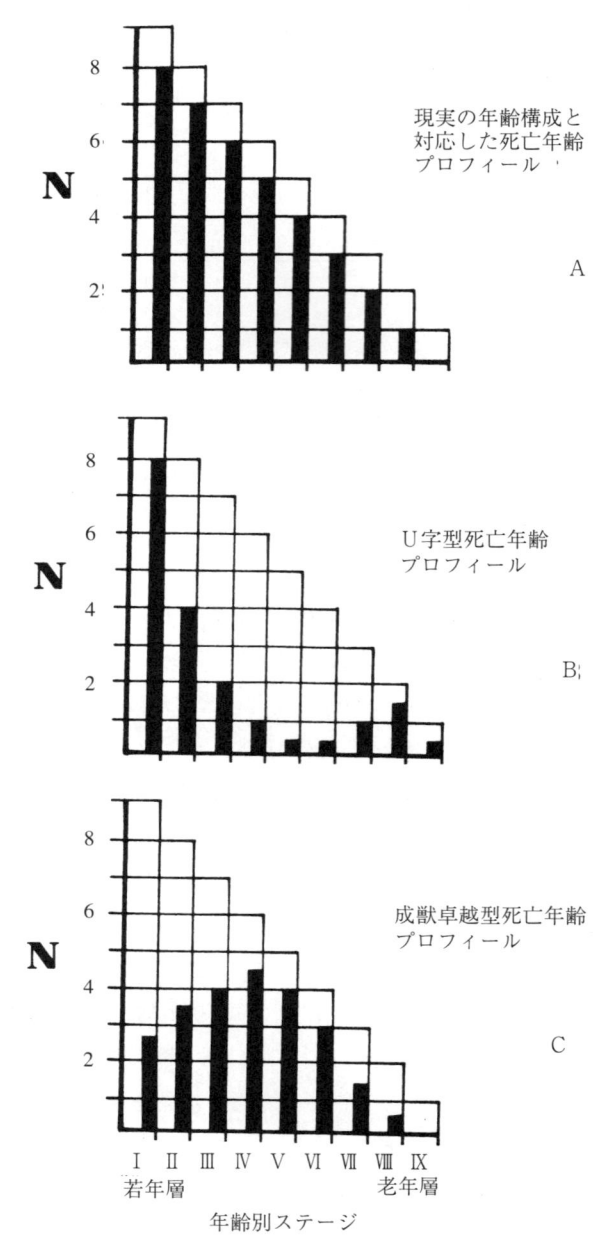

図3.27 動物遺存体評価のための三つの異なる死亡年齢プロフィール　各年齢集団におけるランダムな死亡は（A）によって示されるが，このようなプロフィールは火山の噴火とか人類による大量殺戮といった同時大量死亡によってのみ生じる。動物遺存体はたいていU字型のプロフィールをしているが（B），この場合には若年層と老年層が卓越する。成獣卓越型プロフィールは（C）で，これは，例えばヴァラーテイム（Gaudzinski 1992）に見られるように，捕食者あるいは最高位に君臨するまで進化したヒトのニッチを示唆する。U字型のプロフィールは，もっとも攻撃されやすい動物が冬季に死亡した場合に見られるが，これには人類が関与する場合と，そうでない場合がある（Stiner 1994：Fig.10.2による）。

第 5 章　ネアンデルタール人の社会（30万〜6万年前）　237

表5.16　ラティウム地方の中部旧石器時代 3 遺跡（Stiner 1994:Table 4.6,4.7ならびに4.8）および南ドイツの 1 遺跡（Gamble 1995d）における肉食獣出現頻度（NISP=同定された種数）

	NISPトータル	肉食獣のNISP	肉食獣の相対比（%）	クマのNISP相対比（%）
モッセリーニ 5	616	186	30	12
グアタリ 0	957	108	11	1
グアタリ 1	695	80	12	0.1
サン・タゴスチーノ X	588	115	26	1
シュタデル B				
レッド・ムステリアン	4,539	3,349	74	59
シュタデル A				
ブラック・ムステリアン	1,739	1,200	69	52

表5.17　肉食獣の年齢査定結果（Gamble 1995d, Stiner 1994）
ラティウム洞穴群の標本数はMNI，シュタデルはNISPにもとづく。

%		若年	成年	老年	N
サン・タゴスチーノ	オオカミ	73	27		5.5
グアタリ	ハイエナ	73	27		5.5
	ハイエナ	58	42		6
ブカ・デル・イエナ	ハイエナ	71	29		12
シュタデル	オオカミ	3	91	6	70
ユニット V-IX	ハイエナ	11	80	10	290
ブラックおよびレッドムステリアン					

が幼獣の養育以外のさまざまな目的で使用されていた可能性を示唆している。

　北方地区と地中海地区の洞穴の動物遺存体の比較してみると，たしかに人類と肉食獣の共存は生物群集の豊富さを示唆するとはいえ（上述），これら二つの地区の人類は何らかの特別な技量を行使していたと判断せざるを得ない。イタリアでは，景観内に配された場における，密度の濃い獲物に対していかに最適な接近をはかるのか，というレベルでの淘汰が働いた。一方ドイツでは，場をめぐる競争は，多様な獲物の中でもっとも生産性の高いムレ（つまり成獣）への接近可能性に基づいていた（Gamble 1995b）。こうした背景からすると，それぞれの地区での特別な技量がどのようなものであったのかをいいあてることができるであろう。これは，場で演じられる多様性に富むリズムであり，そこから社会的な分化もまた形づくられるのである。

場：マーストリヒト・ベルヴェデールについての事例研究

　ここでは，マーストリヒト・ベルヴェデールMaastricht-Belvédèreという露天の遺跡を素材に，こうした特別な技量が旧石器時代社会にどれほどの照明を点ずるのかを検討しよう。ネーデルランドの南部に立地するマーストリヒト・ベルヴェデールの砂層と礫層に穿たれた採掘坑は，1980年以来集中的に調査されてきた（De Loecker 1994, Kolfschoten and Roebroeks 1985, Roebroeks 1988, Roebroeks et al. 1992）。OIS 7期に比定されるユニットIVにある 7 か所の地点（B,C,F,G,H,K,N）が調査されている（Roebroeks 1988 : Fig.5）。年代や古気候についてはすでに言及したが，軟体動物化石

に基づいた当時の環境については，次のように要約される。

　遺跡群は河川本流から保護された水生植物の密生する低地に位置していた。川に沿う植生は（中略）湿地を好む種類からなるが，水深はせいぜい20cmほどであった。やや高い場所には（中略）セイヨウトネリコをまじえるハンノキが疎林を形成し，また，境界をつくっていた。さらに高所では，ハンノキは減少し，より乾燥した環境を好む落葉樹林帯となり，そこでは草本の密生したオープンなエリアを含む，開けた森林になっていた（Roebroeks et al.1993:74）。

この間氷期における恵まれた時期に形成された遺跡の調査エリアと石器密度を表5.18に掲げた。

遺跡の構造，空間的な分布，そしてギャザリング

マーストリヒト・ヴェルベデールにおいて調査された7か所の地点においては，同時期の地表面上の遺物にはさまざまなパターンが確認されている[23]。G地点では，動物遺存体が発見されたが，その遺存状況は不良で，歯などもっとも遺存しやすい部位のみが検出されている。K地点（表5.18）は調査面積も大きく，1万1,000点もの石器が出土しているが，その密度は1㎡あたり29.5点であった。この地点からは，二次加工のある石器も多く出土し，総数137点，1㎡あたり0.37点であった（Roebroeks et al.1993:図5）。ここは多くの接合関係の存在からプライマリーな状況を保っていると考えられるが，それが1回の居住によるものなのか，それとも複数回なのか，さらに，どれくらいの集団規模であったのか，という難しい問題が提示されることになる。ロウブレックス（et al.1993）は遺物の豊富なK地点と，この100m南方に位置する貧弱なN地点とを比較している。N地点は最大の調査区で（765㎡），高密度の集中という「ピーク」の「背景にあるノイズ」を検討するために選択された地点である。石器に密度は1㎡あたり0.6点と低い。調査者はテクノロジーの分析から，石器の豊富な地点は剥片と道具としての石器の生産に焦点をあてたテクノロジーの行使の場であり，貧弱な地点はさまざまな仕事にテクノロジーが行使された場であると結論づけている（ibid.:78）。マーストリヒト・ベルヴェデールにおける動景でとくに興味深いのは，このように狭いところで，どれくらいの行動が行われたのか，という点であろう（De Loecker 1994:図6）。

表5.18に各調査地点の石器密度を示した。これをビルツィングスレーベンにおける石器生産地点と比較してみよう。ビルツィングスレーベンにおける調査面積は355㎡で，これはK地点の調査面積よりも少ない。全体の石器の密度は1㎡あたり32点であり，この数字はマーストリヒト・ベルヴェデールにおいてはもっとも高密度なK地点とF地点に匹敵している。ロウブレックス（et al.1992）は，場に形成された希薄な石器散布域を「ベールに覆い隠された石器群」と呼んでいるが，この石器群はG地点やN地点などに取り囲まれた，つまりベールをまとわされたという意味と（De Loecker 1994:116, Roebroeks et al. 1993），こうした地点の空間的な占拠が時に中断され，何世紀もの間放置された可能性はあるが，繰り返し幕が開き，また幕が閉じられるように反復利用されたことをも暗示している。

表4.19と5.18に見られる露天遺跡の石器密度を比較してみると，まず一般的に初期段階の遺跡の調査面積が大きいことに気づく。第二に，後半期になると石器総量が増加する遺跡が出現するものの（表5.18），いずれの時期も大部分は密度が1㎡あたり10点未満のものが多いことがわかる。しかしながら，表5.19が示しているように，個々に選択した諸遺跡間の標準偏差は非常に大きく，両

表5.18 ザーレアン，エーミアン並びにヴァイシュゼリアンにおける露天遺跡の石器分布密度
(Conard 1992,1996,Conard et al.1995,Gabori-Csank 1968,Jaubert 1994,Masson and Vallin 1996,Pasda 1996a,1996b,Raposo and Santonja 1995,Roebroeks et al・1993,Thieme 1990,Tode 1953,Tuffreau 1993,Tuffreau and Sommé 1988)

遺跡	層準	地区	OISステージ	調査面積（m²）	石器総数	分布密度（m²）
ヴァラーテイム	E	NC	5c	138	23	0.2
マーストリヒト・ベルヴェデール	B	NW	7	20	5	0.3
エルド	下層	SE	4	214	57	0.3
ヴァラーテイム	F	NC	5c	282	101	0.4
マーストリヒト・ベルヴェデール	N	NW	7	765	450	0.6
エルド	d	SE	4	214	201	0.9
マーストリヒト・ベルヴェデール	G	NW	7	50	51	1.0
ヴァラーテイム	C	NC	5a	148	190	1.3
ヴァラーテイム	O.S	NC	5	375	542	1.4
トンシェスベルク	2A	NC	6	224	423	1.9
ヴァラーテイム	B	NC	5e	54	109	2.0
ビアシュ・サン・ヴァースト	基底面	NW	7～6	340	698	2.1
トンシェスベルク	ⅠB	NC	4	55	120	2.2
エルド	e	SE	4	214	529	2.5
トンシェスベルク	2B	NC	5d	224	557	2.5
エルド	c	SE	4	214	634	3.0
エルド	b	SE	4	214	658	3.1
ビアシュ・サン・ヴァースト	D	NW	7～6	120	470	3.9
エルド	a	SE	4	214	922	4.3
マーストリヒト・ベルヴェデール	H	NW	7	54	266	4.9
ラインダーレン	西区	NW	6	250	1,474	5.9
ツボショウ	Ⅲ	NC		14	155	11.1
マーストリヒト・ベルヴェデール	C	NW	7	264	3,067	11.6
ツボショウ	全区	NC		56	727	13.0
ザルツギッター・レーベンシュタット		NC	4	150	約2,000	13.3
ヴァラーテイム	D	NC	5c	139	2,321	16.7
トーレ・イン・ピエタ	d	MC	7	40	744	18.6
ツボショウ	Ⅳ	NC		17	359	21.1
ビアシュ・サン・ヴァースト	ⅡA	NW	7～6	150	3,231	21.5
ビアシュ・サン・ヴァースト	D1	NW	7～6	115	2,842	24.7
マーストリヒト・ベルヴェデール	F	NW	7	42	1,215	28.9
マーストリヒト・ベルヴェデール	K	NW	7	370	10,912	29.5
レンクール	C	NW	5a	600	50,000	83.3
エル・アキュラデロ		MW		100	22,000	220.0
エルミー，ル・シャン・ブルケット	石器製作地点	NW		9	2,500	277.8
レスクンドゥドゥ		SW		250	100,000	400.0
ベリグール	1	MW		30	30,000	1,000.0

者が大筋では一致していることを示唆している。

　マーストリヒト・ベルヴェデール各地点共通していえることは，石器群のうち二次加工のあるもの，換言すれば，ジュネストの段階3（表5.9）相当のものが非常に少ない点である。ルヴァロワ剥片は，単打・複打双方の生産手法によって得られているが，これに細部加工を行うことは非常に

表5.19　露天遺跡の石器分布密度の比較

	クローマー・ホルシュタイン (表4.19) n=29		ザーレアン・エーミアン・ヴァイシュゼル (表5.18) n=37	
	平均	標準偏差	平均	標準偏差
調査面積（m²）	216	283.4	182	160.4
石器総数	1,940	2,855.8	6,626	18,875.9
石器の分布密度（m²）	30	82.7	60	179.6

表5.20　マーストリヒト・ベルヴェデール(Roebroeks et al.1993,Fig.5)，ビアシュⅡA(Tuffreau 1988: 171)，トンシェスベルク（Conard 1992:Table 10）およびヴォフレイⅧ層（Geneste 1988b: Tableau 19）各遺跡における道具（トゥール），石核並びに副産物（デビタージュ）の比較 （ヴォフレイは主要なもののみ）

遺　　跡	道具と破片	石核	剥片と砕片	道具：副産物	石核：副産物	二次加工（％）
ベルヴェデール						
B	5					
C	3	4	3,060	1:1,020	1:765	0.1
F	1	1	1,213	1:1,213	1;1,213	0.1
G	3	48		1:16		6
H	12	254		1:21		5
K	137	91	10,684	1:78	1:117	1.2
N	26	1	423	1:16	1:423	6
ビアシュ・サン・ヴァースト						
ベースⅡA	342	336	2,553	1:7	1:8	13
トンシェスベルク						
2A	14	16	527	1:37	1:35	3
グロット・ヴォフレイ						
Ⅷ層	157	55	1,817	1:12	1:33	8

少なく，稀に削器がある程度である（表5.20）。

　これを，ルヴァロワ技法が卓越し，また剥片剥離初期段階のものが多いビアシュ・サン・ヴァースト（Tuffreau 1988）と比較してみても，マーストリヒト・ベルヴェデールの二次加工石器の数は少ない[24]。前者の二次加工石器の密度は1m²あたり2.28であり，マーストリヒト・ベルヴェデールではK地点で0.37であった。最終間氷期に比定されるテンシェスブルク2Bでの二次加工石器の密度は1m²あたり0.06であり（Conard 1992），この数字はマーストリヒト・ベルヴェデールのG地点に近い。

マーストリヒト・ベルヴェデールC地点における石器の接合

　マーストリヒト・ベルヴェデールC地点（Roebroeks 1988）を詳しく検討することによって，264m²の調査区内でのさまざまな短期間内でのエピソードを明らかにすることができる。3,067点の石器は6種の母岩にまとめられた（図5.28，表5.21）。これらのうち，点数別では22％が接合したが，これを重量に換算すると，接合したものは6母岩の70％に相当する。重量別接合率の高さは，大型（30mm以上）のものが小型品よりも接合しやすかったという単純な理由によるものである。

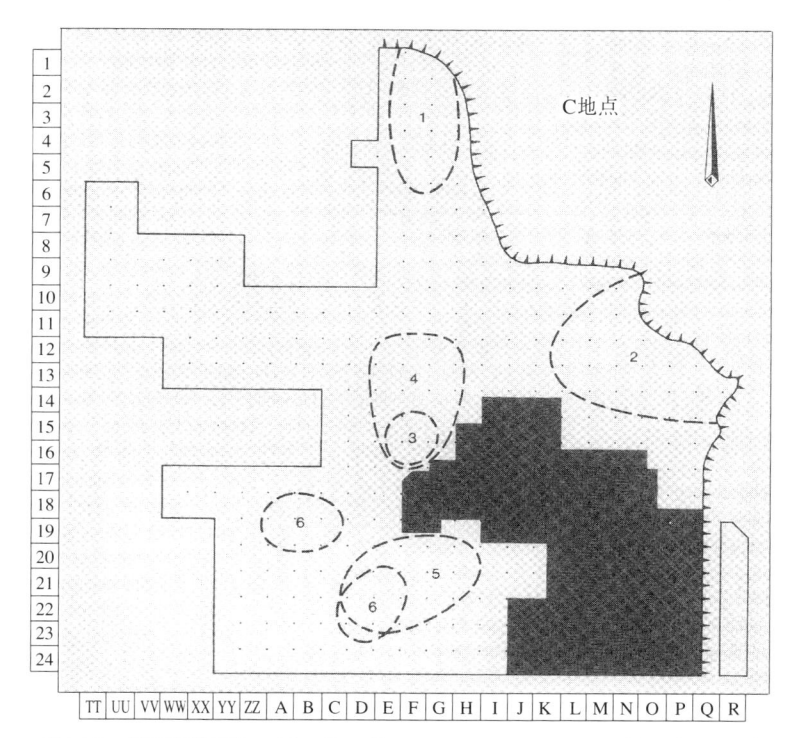

第5章　ネアンデルタール人の社会（30万～6万年前）　241

図5.28　北西部地区ネーデルランドのマーストリヒト・ベルヴェデールC地点（Roebroeks 1988：Fig.30による）　グリッドは1m，黒い部分はカルストによる攪乱部分。

表5.21　マーストリヒト・ベルヴェデールにおける母岩別資料と接合資料一覧（Roebroeks 1988による）

C遺跡

母岩ユニット(RMU)	推定重量	接合重量	原石の特徴	原礫面	サポート	細部加工	備考
1	6,759	60	細粒・青白色フリント	中位～良く円磨	剥片，粗製の剥片		一部分のみ回収
2	3,000	83	粗粒・黄灰色フリント	円磨なし	剥片，礫面付剥片，ルヴァロワ剥片，同破片		数回にわたる剥片生産
3	800	75	細粒・青白色フリント	わずかに円磨	礫面付剥片		石核成形後に搬出　RMU4と重複分布
4	1,300	50	細粒・青白色フリント	風化するが円磨なし	大型剥片，石核		一連の剥片生産　ブロック状フリントを効率的に使用したルヴァロワ石核（マージョリーの石核）
5	470	85	きわめて細粒・暗灰色フリント	円磨なし	扁平な盤状石核	削器1？	RMUは剥離後に焼成を受けている。原礫面をほとんど留めず，かなり剥片剥離が進展してから搬入
6	nd	70	細粒・灰色フリント	極度の円磨	礫面付剥片	側削器2	RMUは部分的に剥離後に搬入

C地点における接合例の大半は剥片生産過程に帰属する（図5.20）。接合の結果，個体別資料3と5ならびに6からは，生産物の一部が搬出されていることが明らかにされた。そうでなければ，調査区内に搬入された個体は，剥離前のノジュールではなく，部分的に剥離されたものとも考えられる（表5.21）。「マジョリーの石核」として著名な個体別資料4の接合例は（図5.29，図5.30およびRoebroeks 1988 : Fig.57），シュランガーによって詳しく研究されている（1996）。

シュテイペル（1992：201-2）は，彼の同心円分析をC地点南側の集中域に適用し，小屋掛けや炉の存在の有無を検証している。その結果，焼けた石器や礫を中心とする一山型の分布型が得られている。しかしながら，密度分布は漸減的である。これから，露天での炉を中心とする分布パターンが抽出される。小屋掛けの存在を示す遺構は検出されていない。

グロット・ヴォフレイⅧ層における石器の接合

それでは，このような低密度の露天遺跡は洞穴遺跡とどの程度関係をもっているのだろうか。グロット・ヴォフレイⅧ層は，この地域ではもっとも豊富な石器群を保有している。50cmから70cmの厚さをもつ層から出土した接合資料は，この層中に集中していた（Rigau and Geneste 1988,図5および6）。石器群の集中密度は1m^{2}あたり85点であり，この数字は露天の遺跡としては際だって高い（表5.18）。また，二次加工石器は1m^{2}あたり1.6点である。獣骨にも接合する例があり（Rigau and Geneste 1988,図14），実質4個体のフリントも接合している（ibid.図17）。主立った接合資料は2個体分あり，いずれも剥片生産に関わるものであり，最大接合距離は5mであった。マーストリヒト・ベルヴェデールC地点では，個体別資料2に接合距離13mに達する例がある（Roebroeks 1988:図51）。

火と炉跡

マーストリヒト・ベルヴェデールC地点はゆっくりと堆積した砂層に覆われていた。オーカーが疎らに散布しているが（Roebroeks 1988:図44），石器以外の遺物としては，獣骨と数千点の小炭化物があるにすぎない。炭化物は調査区の北西コーナーに集中していた（ibid.:図27）。炭化物片については細心の注意が払われたが，それというのも，炭化物の散布範囲内から礫群が検出されたからであった（ibid.:図43）。しかし，ロウブレックスは礫群も炭化物片の集中も人為的なものではないと結論している。炭化物片集中範囲から検出された礫のうち，焼けたものは2点のみであり，また礫の散布範囲も広域にわたっていたため，それらは自然の作用によるものであると判断されている。

仮に炭化物片集中が火の使用された結果であるとすれば，この火処はフリントと獣骨の分布が記録された範囲外に位置することになる（ibid.:37）。

炉跡の存在については，焼けた形跡が少なからず認められたラ・コットにおいて精力的に探されたが，発見には至っていない（Callow, Walton and Shell 1986）。テンシェスベルクにおいては，コナードによって炭化物と焼け

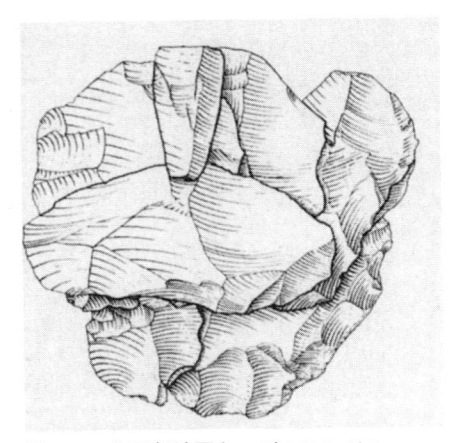

図5.29　北西部地区ネーデルランドのマーストリヒト・ベルヴェデールC地点における母岩4　マージョリーの石核。石核Bv-1527に剥片の接合した状況を示す。

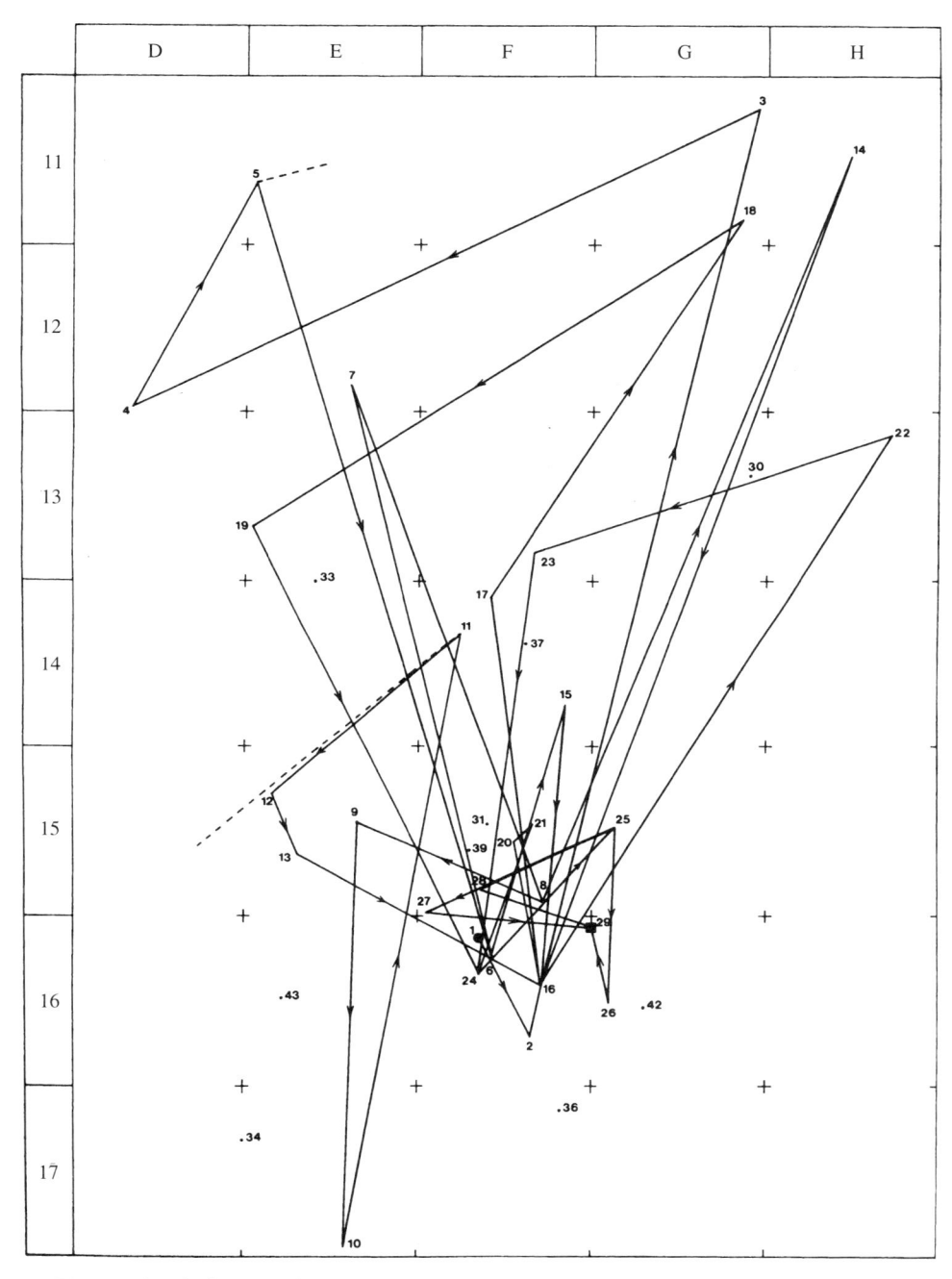

図5.30 北西部地区ネーデルランド マーストリヒト・ベルヴェデールC地点における母岩4・マージョリーの石核（石核Bv-1527）と剥片の接合状況を示す平面分布図（Roebroeks 1988：Fig.58による） グリッド・スケールは1 m

たフリントから炉跡と「想定されるもの」（Conard 1992:36）が発見されたが，必ずしも説得力はない。エルドにも同様のものがある（Cabori-Csank 1968:図6）。

　炉跡としてもっとも確実性の高いものは洞穴や岩陰から発見されている。ザーレアン後期に比定されるOIS 7c期のペシュ・ド・ラゼPech de l'Azé 7c層からは，小さなくぼみの周辺にさまざまな礫

244

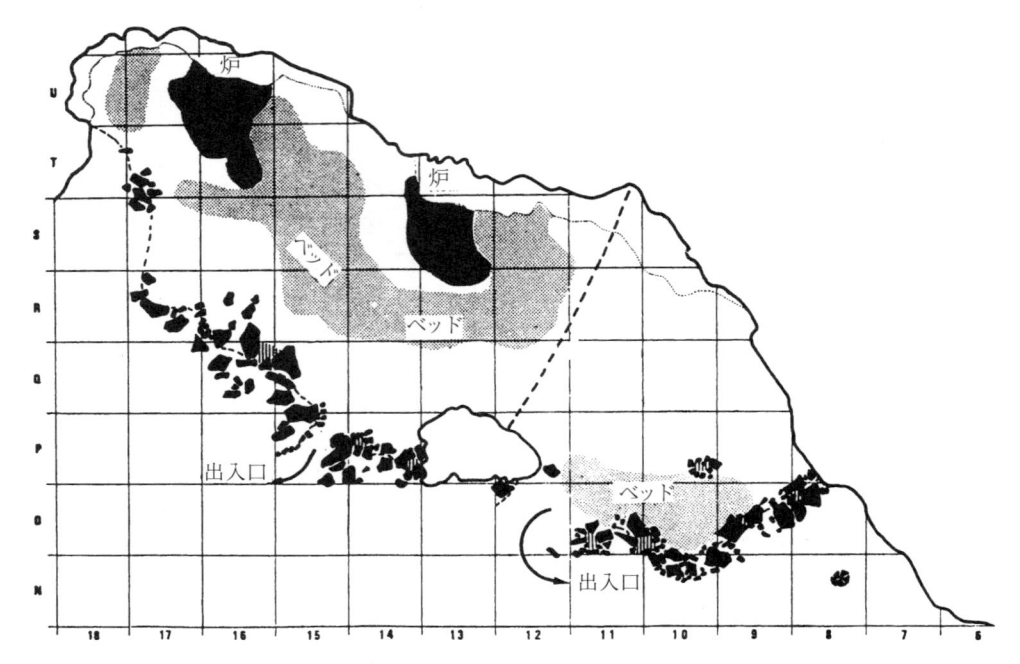

図5.31 北西部地区フランスのラザレ洞穴において復元されたテント状遺構 2基の炉跡を取り囲むように半円形に遺物が分布する。黒塗りで示したのは配石で，テントの裾をおさえる重石と考えられている。この対案として，炉跡周辺の遺物分布は通常炉の周囲に観察されるトス・ゾーンと想定することもできる（Lumley 1969a, Mellars 1966：Fig.9.16）。

を配したものが検出されている（de Sonneville-Bordes 1989:230）。また，シャラント県のオートロシュHautorocheでも類例の報告がある（Debenath 1973,1976:1074）。全般的に概説したものとしては，ペルレ（1976：681），ジェイムス（1989），メラーズ（1996:295-301），オリーブOliveとタボリンTaborin（1989）などがある。グロット・ヴォフレイでは，炭化物片集中があり炉跡の可能性が高いと推定されたが，明確な炉跡は検出されていない（Rigaud and Geneste 1988:図13, Binford 1988:図14）。ニース近郊のグロット・ラザレGrotte Lazeretも同様である（Lumeley 1969a）。

空間と言語

例外的な事例が1例あるとはいえ，炉跡あるいは火処が存在するとされたいずれの場においても，欠けている要素があるとすれば，それは第3章で検討した炉の周辺での着座モデルであろう。保存条件のよい遺跡においてすら，馬蹄形の分別的な遺物分布は確認されていない。その例外はグロット・ラザレであり（図5.31），ここでは洞穴の壁面に接した2か所の炭化物片集中の周辺から，こうしたパターンが抽出されている（Lumley 1969a）[25]。さらに，これらは分別的な分布傾向を示し，炉跡の中心から3mのところに大型のブロックが形成されているが，この距離はシュテイペルの同心円モデルにおけるトスゾーンの内側の限界に一致している。

このような集中的な空間パターンが興味深いのは，それが生み出されたコンテクスト，つまり炉のまわりの団欒が問題となるからである。炉のまわりに着座し，背後に残滓を残さなくても会話が成立することは改めていうもでもないが，炉跡の存在は，このような営みの反復を一点の曇りなく指し示している（第3章）。さらに，小屋掛けやピット，柱の穴などを見つけ出すことができない

以上，社会的なネゴシエーションやそのための場（表3.1）も欠如していたといわざるを得ないであろう。露天のみならず洞穴や岩陰などでのギャザリングのための施設は，言語に依存しているわけでもないし，モノと場の擬人化に依存しているわけでもない。そうではなく，このような景観が一過的であるのは，それが，ネアンデルタール人が帰属している動景における日々の差し迫った，しかしルーチン化された身振りによって規制され，また日常的なネットワークに基盤をおく，さまざまなスケールの習俗としての景観によって定められるものであるからである。そのネットワークの拡大は，仮に拡大したにしても，軽微なものであったろう。

炉跡の存在を明示する考古学的な証拠が欠如しているということは，アユーリョとダンバー（1993,Dunber 1996）による，25万年BPまでに新皮質が発達した結果，150人からなるグループを維持できるまでになったという仮説からも興味深いものがある。この程度のグループ・サイズにおいては，人々の跡を追ったり，社会的なグルーミングを行うためには，完全に象徴的な言語というよりも，ゴシップ程度で十分であろう。彼らによれば，この身体的なグルーミングから音声言語によるグルーミングへの変化に伴って，グループ・サイズも拡大したという。フォレイとリー（1996）は，この時期に生命維持戦略にも大きな変化が生じたと予測している。つまり，このような脳の発達した人類の中には，寿命の長いものが現れた。大きな脳にはそれ相応の良質の食糧が必要なのである（Aiello and Wheeler 1995）。

本章で触れた変化のうちに，先に呈示した問いに対する何がしかの手がかりがあるように考えるのは無理からぬことではあろう。石器石材は遠隔地から搬入され，食料調達戦略はさらに確たるものになり，ルヴァロワ技法は身振りと行動，さらには移動などに新しいテンポをもったパターンが導入された。だが，われわれは，ボックスグロウブやビルツィングスレーベンなどといったより古い時代に認められたものから劇的に変化したという記録を，こうした空間的なデータから読みとることができるのだろうか。さらに，ヨーロッパにおける9か所の地域間の記録に，顕著な違いを見出すことができるのだろうか。これまで述べてきた手がかりから，ネアンデルタール人のコミュニケーション能力が進歩したと考えるのは結構だが，それは親密な，また日常的なネットワークにおけるやりとりといった面に限定されていたのではないだろうか。こうしたネットワークは，ダンバーのいうゴシップ言葉（1996）の発達には文句なく寄与するものであった。こうした話し言葉に対する淘汰圧は，グループ・サイズではなく，むしろ社会的な相互関係の密度や広がりからもたらされるであろう。しかし，こうしたネットワークは，意味をつくり出す外在的な参照点としての物質文化に仮託された再帰的かつ象徴的な言語のために淘汰されたものではない（Noble and Davidson 1996）。

共同作業と主体

この時期には，言語のもつ象徴的な能力を活用して，時間と空間の制約を押し広げるような共同作業が行われた形跡も非常に乏しい。ビアシュⅡ層基底部（図5.32）における340㎡の遺物分布状況（表5.18）は，テンシェスベルク2B層の224㎡（Conard 1992:図55）やエルドの214㎡（Cabori-Csank 1968:図6）など，石器と獣骨の重複分布する事例と近似している。グロット・ヴォフレイでは，リゴーとジュネスト（1988：610）はそこは獣骨の破砕と石器の製作，さらに火処が複合した

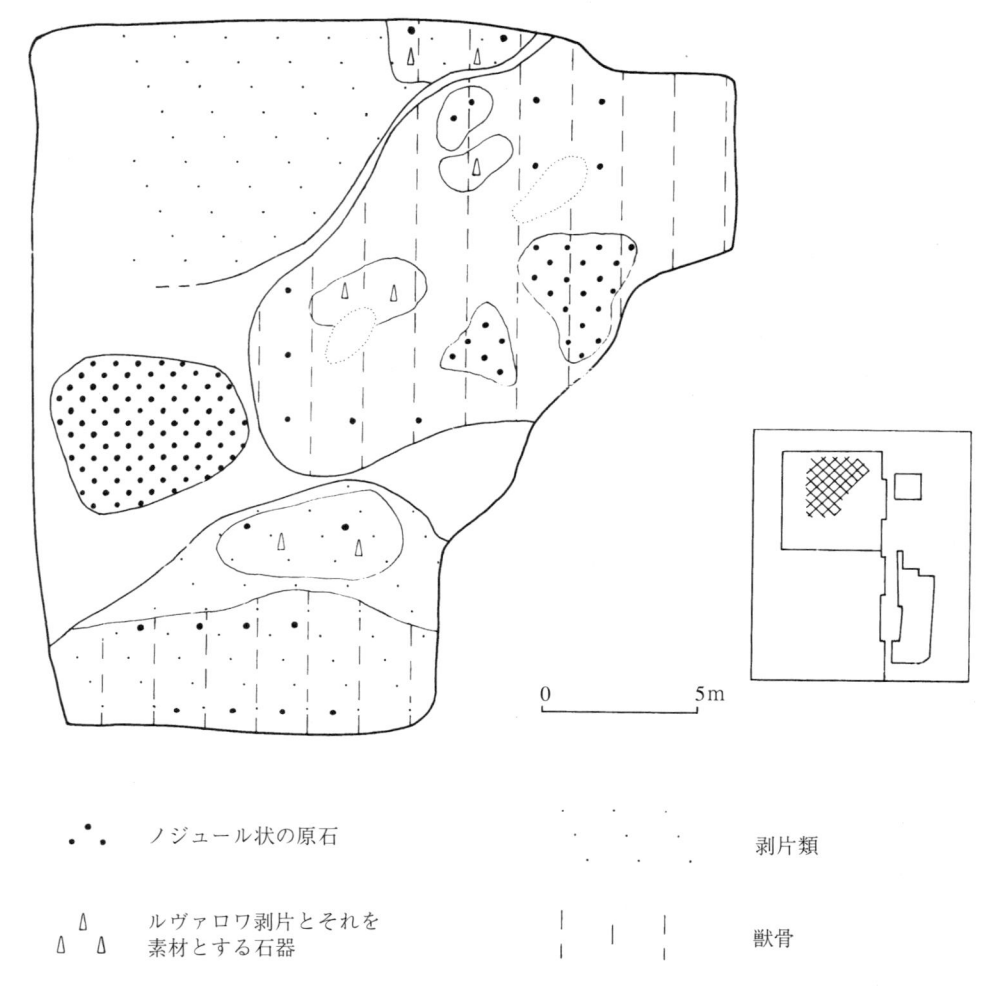

| ・・ | ノジュール状の原石 | ・ ・ ・ | 剥片類 |
| △ △ | ルヴァロワ剥片とそれを素材とする石器 | | | | | 獣骨 |

図5.32 ビアシュ・サン・ヴァーストⅡ層基底部におけるギャザリングによる遺物の広がり
（Tuffreau 1988：Fig.20.25による）

ものであると性格づけている。ビンフォード（1988）は，そのタフォノミーの研究の中で，人類よりも肉食獣の洞穴の利用に多くのページを割いている。彼の結論によれば，このことこそが，われわれとの相違を雄弁に物語っているのだという。構築物や場の構造的な使い方といった共同作業の痕跡は残されていない。遺物の豊富な場（表5.18）の解釈は難しいが，それは，われわれが適用しようとする民族誌的なモデルが象徴的な言語による相互のやりとりを前提としているからであろう。

これと比較して，例えばグレーベルンのゾウなどの短期的なギャザリングははるかにわかりやすい。そこでは，ゾウの遺体を取りまく個体は，石器石材の個体別資料によって識別することができる。共同作業の形跡はラ・コットでも認められ，マンモスと有毛サイとを追い込み，崖下に遺体の一部が集積されている。

この時期に遺跡構造に顕著な変化が認められないからといって，それを象徴的な言語能力の欠如のみに帰すのは，あまりにも短絡的な見解であろう。しかしながら，ヴォフレイやベルヴェデールなどでは，多くの物質的な行動は看取できても，象徴的な表現を示唆する物質的な証拠が何も残さ

れていないという事実は動かすことはできない。旧石器時代の記録にとどめられた行動は，つねに言葉よりも雄弁ではあるが，会話となると，これを見つけることはとうてい不可能である。とすれば，共同作業はルーチン化された行動であり，親密なまた日常的なネットワークに働きかける個体間のやりとりの結果とも考えられる[26]。ネアンデルタール人の社会をつくるための骨組とは，個体の外にある原理なのではない。

マーストリヒト・ベルヴェデールの動景

　流れに沿ったじめじめとした自然堤防，ここがあるまとまりある社会の舞台となった。この場で人々は共に何をしたのだろう。そこには湖畔や洞穴・岩陰などの近傍に見られるような規則的な，またいつもきまってたどられるような道は横切っていない。そこで出会うものといえば，樹木や動物，草本，石材，そしてヒトなどであったが，出会いは多くなかった。骨や有機質の保存条件はたしかによくはなかったとはいえ，そこで繰り広げられた多くのギャザリングの形跡をたどることは容易ではない。

　場への参入のための儀式にはモノづくりも含まれていた。マーストリヒト・ベルヴェデールにおいて，私に強い疑念を抱かせるのは，そこで再三繰り返された石器製作が孤立した個人の行為であり，そこにはつねに製作者とともにある他者へのまなざしや情報の流れといったものが捨象されていたのではないかという点である。だが，実際はといえば，彼らはけっして孤立した存在なのではなかった。彼らはおなじみの石材にルーチン化された身振りで立ち向かうのだが，そのとき彼らは，安心してその地域に蓄積されてきた伝統的な行動の中に足を踏み入れているのである。マージョリーの接合資料が示すような，資源の獲得からメンテナンスに至る長期的なリズムは，製作者の動景に蓄えられた今ならぬ情況からやってくるに違いない。加工されたものはこの周辺にも散在していたであろう。だが，それらは周到な計画に基づくものではなく，折々の種々の身振りに従って消耗されたものなのである。

　社会生活の不断の流れは，こうした慣習化された身振りによってそのつど想起され，再生産された。かくして，学習された身振りを石材に適用することによって，諸主体は自己をその場に参入させ，さらに幅広い日常的な社会的ネットワークへと加わっていくが，このネットワークは物質的な素材に対する行動のリズムによって規定されることになるのだ。

　社会生活には移動やさまざまなスケールをもつ行動が含まれている。記憶は脳にも筋肉にも蓄積される。つくることと歩くことは学習されたリズムの卑近な例であり，これが記憶の源にあり，場と域におけるさらなる行動を促進する。

　彼らの，例えば，マーストリヒト・ベルヴェデールといった場の記憶とはどのようなものなのか，といえば，それはそこに残してきた道具などではなく，1人で歩き，あるいは誰かといっしょに歩いた道の記憶である。場には，削器をつくったとか，石のかたまりを何メートルか運んだとか，原礫面を除去した剥片を捨てたといった，数多くの諸個人の記憶が付着しているが，それ自体が記憶されているわけではない。だが，これらはその場限りの，単なる無意識の行動などでもない（第2章）。というのも，日常的なネットワークは彼らを結びつけ，より豊かな意味を与えてくれるから

である。これらは，主体にアイデンティティーを付与する技量ともいえる。こうしたことが可能になるのは，一つの技量が結びつきあって，精妙なパフォーマンスを可能にするからである。

マーストリヒト・ベルヴェデールにおける共伴関係は，こうした技量の発動を示唆している。C地点の石器製作による接合資料は，私的な空間を代表している。仮に主だった接合資料のうち3グループが同時に形成されたものとすれば，パフォーマンスのスペースはいたって狭いものであり，最大接合距離10mを超えることは稀であった（Roebroeks 1988:54）。この距離は対面的な関係を強く印象づけるものといえよう。1人でいようと大勢であろうと，周囲を取り囲む動景からのまなざしと音声によって他者との交感が行われた。この遺跡の調査者が考古学的なパターンの機能的な説明に使用した「ベールに覆い隠された石器群」という隠喩的な表現は（Roebroeks et al. 1992），継起的な（域），また分節的な（場）社会生活にもあてはまる。

マーストリヒト・ベルヴェデールの社会的なギャザリングにおいて継起したことは，システム論的に統合されるものではない。そうではなく，「とともにある」という事態によって，どのように社会的なパターンが形成されたのか，という問題なのであるが，これは象徴的な意味を媒介とする「とともにない」という事態よって，いっそう大きな問題となるであろう。むしろ，この問題は，人類の社会生活なるものが特定の社会的なネゴシエーションによって生み出されたというよりも，それをつねに過程として抱え込んできたということの一例としてあげられるであろう。諸主体は本質的に社会的であるがゆえに，社会生活から逃れることはできない。社会的な行動とは，婚姻や葬送といった，おきまりの事件によって規定される制度的な応答などではない。旧石器時代に限っていえば，通常，こうした応答は環境に対する進化論的なゲームの勝ち負けではかられてきたのであろう。狩りでの成否が人々の生死を分かつ。この見解に従えば，ヒトではなくエコシステムが行動を淘汰し，物質的な表現としての応答を形づくる。しかし，私はここで，エコシステムはマーストリヒト・ベルヴェデールという場はつくったが，社会生活の形はつくりあげなかった，と指摘したいのである。社会生活の形とは，動景からつくり上げられる。それによって，四囲を取りまく環境には世界・内存在たる主体が加わることになるのである。彼らはマーストリヒト・ベルヴェデールという世界に住みつくが，通常旧石器考古学においていわれているような特殊な意味で適応しているわけではけっしてない。

要　　約

ネアンデルタール人の社会といえば，親密な，また日常的なネットワークに組み込まれており，そこで，諸個人は放浪生活を送っていたという紋切り型のいわれ方をしてきた。ここで，本章冒頭の三つの問いに答えておこう。そのとおり，彼らはさまざまな環境と格闘したが，必ずしもすべての環境というわけではない。そのとおり，ネアンデルタール人の社会生活は大陸の各地域で同じというわけでもない。そうではない。このような社会的な相互関係は必ずしも話し言葉に依存する必要はないが，何らかのコミュニケーション・システムを社会的な諸関係に振り向けなければならなかったのである。

この時期には，長期的な製作工程であるとか，石器石材の長距離移動といったことに表現される，新しい行動のテンポが出現した。アラゴ（図4.10）とグロット・ヴォフレイ（図5.13）における石器石材の循環過程およびこれら二つの洞穴における動作の連鎖を比較検討してみると（Geneste 1988b, Svoboda 1987），景観のスケールと場というスケールでの身振りのテンポの間には，重要なコントラストが存在することがわかる。この二つのスケールにおける相違は，循環と動作の連鎖とが別個のものではなく，いかに一体化されたものであるのかを，さらに両者のリンクが社会に胚胎する主体的な行動に深く埋め込まれたものであることを指し示している。それゆえに，ネアンデルタール人のテクノロジーを語ることは，ネアンデルタール人の社会を語ることと同義である。

　先行する時期（第4章）との違いはといえば，割出しによる両面体石器の製作と，ネアンデルタール人による割取り技法の幅広い応用が提起される。割取りにあっては，ブランク（サポート）はルヴァロワ剥片あるいはプリズム状石核による石刃から生産される。この二つの生産技術が，ある地域内で，あるいは地域間でどの程度使用されていたのかという点が，洗練された身振りと行動の継起性，さらには相互のやりとりなどを媒介に，ネアンデルタール人がつくりあげた社会において，その身振りがどれほどの時間的な射程をもっていたのかを測る基準となろう。さらに，濃密に遺物が残されている規模の大きな遺跡においても，こうした変化を観察することは可能である（表5.18）。この時期に成獣の狩猟が開始されたことも，また同様に，考古学者にとっては身振りと場や域におけるリズムの間の動作の連鎖におけるリンクを考察する手がかりとなろう。ルヴァロワ技法とより遠隔地の石器石材の使用との相関性は，諸主体の遠距離移動に関する別な検討材料となる。

　多様な社会において焦点となるのは，親密なネットワークと日常的なネットワークである。そこでは性と世代とを問わず，人々はお互いに折り合わなければならない。パターン化された物質文化は，ネアンデルタール人の社会におけるネットワークの強度によるものであるが，象徴体系を媒介とする社会的生活の拡大をも含む，より洗練された時間と空間の広がりが欠如していたとも評価することができるだろう。こうした社会は「とともにあること」および日常生活の慣習的な行動の中から徐々にしみこんだ恒常的なコンタクトによって強化された紐帯のうえにつくりあげられていた。こうした特徴はシステムの統合というよりも，むしろ社会そのものを指向している（第2章）。つまり，ばらばらの諸個人をどのようにつなぎ合わせるのか，ではなく，彼らは一緒になって何をやっているのか，という問題なのである。

　結果的にいえば，これまでネアンデルタール人の社会的なネゴシエーションの様相の検討を試みてきた場からは，手がかりらしいものは何も得られていない。また，何かを与え，何かをつくるテクニックとしての社会的な行動のパフォーマンスがルーチン化された身振りから析出し，次いで，新しい考え方が古い考えに取って代えられる場所，そのような場所を生み出す，いわば場が刻みこまれた景観など，どこにも見出すことはできないのである。骨，肉，皮，木，オーカー，牙，石，角などといった物質的な対象物は，外部にある資源が姿を変えたものである。その相互関係はギャザリングにおいて，ある一貫した形態を生み出しはしたが，そこでの眼差しと資源の消費は，「とともにあること」という水準からの離脱を制約するものであった。

　こうした制約と第3章で検討した社会的なネゴシエーションの欠如は，ヨーロッパ全域における

ネアンデルタール人社会の表面的な類似性の要因であろう。ネアンデルタール人社会は，本書で触れたあらゆる社会と同じように，諸主体のつくりあげたネットワークを媒介とした身振りの共通性に根ざしていた。これは，何かを得るためのリズムや生産の身振りに，文字どおり埋め込まれた社会的テクノロジーの文化的な伝達という側面に顕著である。

私の見解では，この時期の社会は，たしかに主体の行動を支配する親密なネットワークから移行するための力点移動を経過していた。日常的なネットワークにおける資源をめぐるやりとりは（第2章），新しいネットワークを生み出した。こうした力点移動は，ネアンデルタール人による成獣狩猟によく表現されている。彼らはさまざまな動物群を捕獲したのみならず，同時に特定の種，雌雄，年齢などに的を絞った狩猟も行っていた。これは，共同作業による季節的な大規模なギャザリングからうかがうことができる。動物や石器石材を問わず，あらゆる局面で最上の品質が求められたのだ。すでに第2章で見たように，物質的な資源は日常的なネットワークを定義するための主要な手がかりであり，それゆえに，この力点移動は当然予想されるところであろう。この資源には人間，動物，植物，要するにネアンデルタール人を取りまく，また関わりをもったありとあらゆる環境要素が含まれていた。さらに，ネアンデルタール人によっては活用されなかったとはいえ，本来これには象徴的な資源も含まれている。石器とは単に割るための身振りの結果なのではなく，個人的な関係でもある。動物遺体とは単なる食用資源なのではなく，象徴化された社会的技量であり，価値でもあるのだ（Hahn 1986, Mithen 1996）。

私が本章で提示したのは，ネアンデルタール人が社会生活を維持するために，こうした環境を数多くつくりあげてきたということである。そこには多くの変異があることが理解されるだろう。例えば，ヨーロッパの9か所の地域では，土地利用の様相は同じではない。ネアンデルタール人が生を営んだのは社会的な景観なのではなく，むしろ習俗としての景観である。だからこそ，生活は場にしばりつけられていた。たしかに石器石材の長距離移動は認められるが，それは依然として習俗としての景観の中にあり，ここの場から歩いてせいぜい2〜3日程度の範囲に限られていた。社会的な景観の存在を明示する形跡はない。数片の赤鉄鉱やタタの事例のような不思議な骨角製品はある。だが，それらはネアンデルタール人の親密な，あるいは日常的なネットワークによっては手に入れることのできない資源をフルに活用した，「とともにあること」という限界を超え出るための，やりとり・ネゴシエーションの出現を告げるものとは評価できないだろう。

だが，伝統的な考古学の枠内での社会的な証拠は見あたらないにせよ，ネアンデルタール人が社会生活を一層強化した，とはいいうるであろう。彼らは完全に象徴化されてはいないものの，身振りと物質的な資源の利用を洗練させた。その親密なネットワークは拡張され，ネットワークの増加による半日常化を帰結した。しかし，この拡張は，親密なネットワークにおける，親愛に基づいた支援に依存した資源利用の水準におかれていた。それゆえに，ネアンデルタール人が言語能力をもっていたとしても，考古学的な記録による限り，彼らは言語を情緒的な資源（第2章）をいっそう高次化するために使用し，この結果として，独自の社会的な実体がつくりあげられたと考えることは許されるであろう。もしお好みならば，彼らの社会を，源初的とはいえ，気づかいのある社会と呼んでもいいが，そうした社会が成立するのは，言語が支配的で自律的な領域として成立する段階

註

1) 「原始的な」ホモ・サピエンス（*Homo heiderbergensis*）からホモ・ネアンデルタール人（*Homo neanderthalensis*）への地域的，つまりヨーロッパ内での進化については，アタプエルカやシマ・ド・ロス・フエソス Sima de los Huesos（Arsuaga et al. 1993：536）の完全な頭骨の発見によって，これを支持する十分な根拠が得られた。

2) この解釈によれば，スウォンズコムの連続的な層序に2〜3回の気候変動サイクルを認めるという解釈をとる必要はなくなる。

3) ビルツィングスレーベン（Harmon, Glazek, Nowak 1980）とヴェルテシュセレシュ（Schwarcz et al. 1988）から得られている「若い」年代も排除しなければならない。さらにいえば，ドイツ東部のトラバーチン遺跡であるエーリングスドルフの年代についても，OIS 5eなのか7なのか，それとも9なのかといった喧しい議論があったが，ウラン系列法による年代測定によって満足のいく結果が得られるようになっている。この遺跡の下部トラバーチン層はOIS 7に相当する（Blackwell and Schwarcz 1986）。

4) ダンスガール（et al. 1993：図1）はOIS 2の最終氷期盛期からOIS 5e終末の間に24回の亜間氷期を認定している。ベーレ（1989）による7回の亜間氷期はもっとも長期的なものであり，花粉帯のデータとも合致する。

5) 亜間氷期は気候温暖化に対応する木本，とくに落葉樹の反応が微弱であることによって間氷期とは区別される。

6) アメルスフォールト亜間氷期はブレラップ（OIS 5c）亜間氷期の一部分と見なす方がすっきりするように思われる。

7) ギオGuiot（et al. 1989:313）は，氷床の形成がOIS 5aやOIS 5cといった寒冷・湿潤な森林的な景観の広がっていた時期に後続したことを指摘している。

8) 第四紀研究者はこの亜間氷期がOIS 5eと比較して，あまりにも安定していることに驚きの声をあげている。

9) ドネスト川北方下流域にあるミハイロフスコエMikhajlovskoeはホーフェッカー（1987：277）によって少なくとも間氷期の所産という慎重な評価が下されている。

10) ホーフェッカー（et al.1991：117）は，この遺跡の絶対年代が首尾一貫せず，問題解決の素材としては使えないと指摘している。

11) ロシュトLocht（et al. 1994）は，絶対年代が正しく評価されるまではOIS 6段階を保留している。ロウブレックスとタフロー（1994）はOIS 6に比定している。

12) チェコのバチョフBacovとスペインのアンブローナからもオーカーが検出されている（Roebroeks 1988：40）。

13) 石刃とは長さが幅の2倍以上の剥片と定義されている。

14) 最初に生産技法が認識されたパリ近郊の地名に基づいて命名された。

15) Ⅷ層の層厚は20cm〜80cmと一定しない。

16) 「中央部が盛り上がった縦横2面が交差するが，そのうち1面は打面として使われ，他の1面からは目的的な剥片（eclat preferentiel）が剥離される」（Tuffreau and Antoine 1995）。

17) 接合についての研究はアルツとチェスラ（1990）収録の書誌を参照せよ。

18) コロリエボの年代を大幅に引き上げ，クロメリアン期に比定する見解については，多くの疑念が表明

19）このような集約化は中石器時代の特徴である。この時代の集団は動物性バイオマスの減少と森林的な景観の拡大に対処しなければならなかった（Gamble 1986c）。このモデルは全地球的な規模でのコロニー化にも適用される（Gamble 1993a）。

20）アカシカ，ウマ，ステップ・ロバ，オオカミなどが相当する。

21）ヴァラーテイムはOIS 5dに比定されているが，これは目下の調査におけるC層に対応している（Conard et al. 1995a）。ゴジンスキー（1992）の分析はシュミットゲンSchmidtgenによって1928年に実施されたヴァラーテイムB1の調査資料に基づいている。コナードConard（et al. 1995a, et al. 1995b）による最近の発掘調査では新たな文化層が追加され，これに見合った遺跡形成過程や動物遺存体に関する情報が得られている。

22）ゾウの肋骨の下から発見された槍の写真は，多くの考古学者にとってお気に入りのゾウ狩りというシナリオの根拠となっているが，すでに公表されたものしか知られていない（Thieme and Veil 1985:図3）。そこで提案だが，君たちは長さ281cmのスティックによって，体重4トン，厚さ2.5cmの獲物の皮を，見事一発で貫通させる実験をしてみたらどうだろうか（ロバーツM.Robertsの私信による）。フリソン（1989）による，クロービス型尖頭器を装着した槍によるゾウの皮の投射実験によれば，「ビッグ・ゲーム」ハンターにとって決定的な問題は，投射システムの一部に石製の尖頭器を組み込むことであるという。いうまでもないが，その場合，ハンターはうまく立ち回りを演じなければならないし，獲物が失血死するまで忍耐強く待つことも肝要である。

23）同時とはいっても，必ずしも同日・同年というわけではない。そうではなく，ある場を訪れたものに同じような影響を与える気候条件の継続期間内に埋没した人工品を念頭においている。

24）ビアシュのOIS 7後葉・OIS 6前葉という年代観は，TL法と環境情報に基づいている（Tuffreau and Sommé 1988:118-19）。

25）ラザレの年代決定はとうてい確定したものとはいえない。堆積ユニットcⅢ層は海岸上に位置するが，その絶対年代は20～30万年BPであり，上部の石筍層の年代は11.4～6万年BP，あるいはザーレアンである（Valensi 1991）。

26）共同行動は程度の差はあれ，あらゆる社会的な哺乳類にも認められる。チンパンジーやライオンの狩りがこれであるが，通常は親密なネットワークに対応するような仕組がつくられている。

第6章　社会生活のリズム（6万〜2万1,000年前）
——ヨーロッパにおける中部旧石器から上部旧石器への移行——

　　　スピー洞穴からやってきた老いたる穴居人
　　　膝を曲げての歩きぶり
　　　そいつは進化の
　　　お陰と問えば
　　　いやいや，長のおつとめさ
　　　　　　　　　　　　　　　　アノン

何のための社会生活なのか

　解剖学的に見たネアンデルタール人からクロマニヨン人への移行は，人間行動の側面からは原始的パターンから現代的パターンへの，また文化的には中部旧石器から上部旧石器への，進化論的には他者（Others）からわれわれ（Us）への移行となる。この人類進化の諸要素に関しては，世界各地で論争の渦中にある（Aitkin,Stringer and Mellars 1989, Cabrera-Valdés 1993, Mellars 1990,1996, Mellars and Stringer 1989, Nitecki and Nitecki 1987, Stringer and Gamble 1993, Trinkaus 1989, Trinkaus and Shipman 1993）。この論争はいまだ終息していないが，大勢は，解剖学的かつ遺伝学的な論拠から，現代のヒトの起源はアフリカであろうということになっている（Stringer and Mackie 1996,Tattersall 1995）[1]。明らかに現代的とされる行動的な変化を語る考古学的な証拠もたっぷりある（Mellars 1996）。だが，こうした変化がいったいどこで生じたのか，また，そのための淘汰圧はどのようなものであったのかについては，必ずしも明確ではない（Gamble 1993a）。

　しかしながら明らかなのは，ヨーロッパでの他者からわれわれへの移行が，唯一の人類進化の道筋ではないということである。それは他の地域でも起きていたのである。現代のヒトの起源は本書で取り扱う地理的な範囲を逸脱している。本章ではヨーロッパについてのみ考察するが，そこではネアンデルタール人が解剖学にも文化的・行動的にも，彼らの対抗馬によって取って代わられることになる。ヨーロッパにおける証拠によれば，この移行は緩慢に進められ，およそ2万年間にもわたっている。旧石器時代の先史学的な記録に従えば，この移行は旧世界の他の地域と同様ではなく，またヨーロッパ各地域で同一歩調でもなかった。

　旧石器時代の社会を説明しようという挑戦は，こうした変化を主体に根ざした相互関係とネットワークの発達として説明しようとすることである。この具体的な説明は第7章で展開されるが，本章では移行期の記録を検討することにしよう。すでに第1章で論じたように，相互関係に基づいた社会的なアプローチは，バンド社会とか男女分業や家族といった制度的な面での起源論を主軸に据えて進められてきた（Gilman 1984, Johnson and Earle 1987, Knight 1991a）。「現代のヒト」の到来

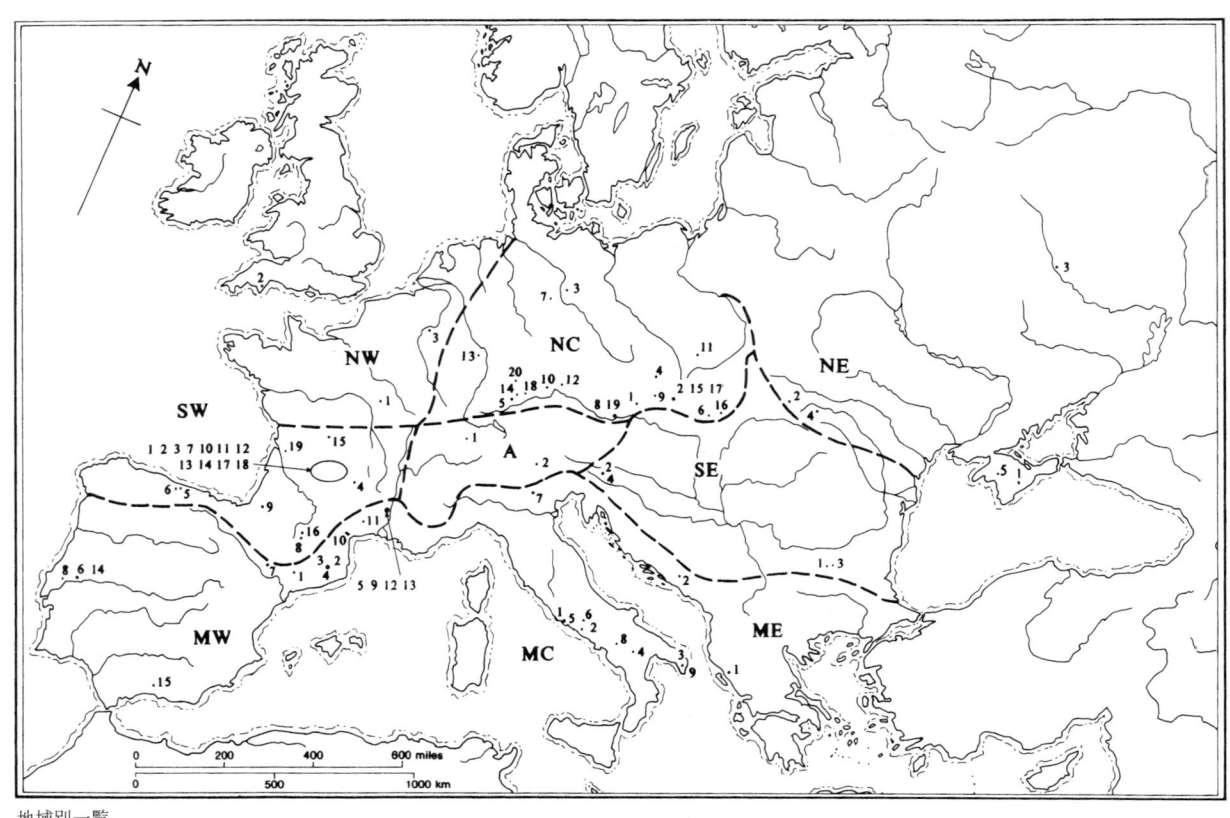

地域別一覧

NW	NC	NE	SW	ALP	SE	MW
1 アルシー・シュール・キュール	アルベルンドルフ	キイク・コバ	アブリ・パトウ	コテンシェール	バチョ・キロ	アブリ・ロマーニ
2 ケント・カヴァーン	ボウニッツェ	コロリエフ2	カステルメール	アヴェナ	クラピナ	アルブレダ
3 スクライン・ケイヴ	ブライテンバッハ	コスチェンキ	コンブ・グルナル		テムナタ	バニョーラス
4 チェルトヴァ・ペック	リピセニー・イズヴォア	クドゥル		ヴィンディア	エルミトン
5	ガイセンクレシュテル	スタロセリエ	クエバ・モリン			エスキッチョ・グラパオ
6	イスタロスコ		エル・カスティージョ			フォス・ド・エンザリーク
7	ケーニッヒザウアー		フォンセニェー			ガバサ
8	クレム		フレシェット			ガト・プレト
9	クルナ		イストゥリッツ			グロット・ショー
10	マウエルン		ラ・シャペル			グロット・トゥルナル
11	ニートペルゾーワ		ラ・フェラシー			オルチュス
12	ザルチンク		ラ・キナ			イオトン
13	シュプレンドリンゲン		ル・フラジョーレ			サルペトリエール
14	シュタデル		ル・ムスティエ			ヴィラ・ルイヴァ
15	ストランスカ・スカラ		レ・コッテ			サファラヤ
16	セレタ		モーラン			
17	ヴェドロヴィッツェ		ペック・ド・ラゼ			
18	フォーゲルヘルト		ロクエット			
19	ヴィレンドルフ		サン・セゼール			
20	ヴィットリンゲン					

MC
1 カナル・デル・アクエ・アルタ
2 グロッタ・ブロイ
3 グロッタ・デル・カヴァージョ
4 グロッタ・ディ・カステルチヴィタ
5 グロッタ・ディ・サン・アゴスティーノ
6 グアタリ
7 リパロ・フマーネ
8 セリノ
8 ウルッツォ

ME
アスプロチャリコ
クルヴェナ・スチエナ

図6.1　本文および表6.1および6.27でふれた主要遺跡分布図

は，解剖学に，あるいは遺伝学的・文化的に定義されたものであろうと，こうした制度とは別問題である。制度にまつわる問題が奈辺にあるのかといえば，しばしば分析の便利のためにいろいろなレッテルが貼られてきたが，ネアンデルタール人のようにこうした能力を欠く存在を，社会的に無力なものと決めつけることにある。農耕に由来する社会的な制度が登場するまでの，あらゆる地域の先史時代初期においては，このような観点と環境決定論との距離はほんの一歩しかないであろう。

そうであるから，私はこれに続く2章を割いて，新旧人口の置き換わりがヨーロッパにおける社会変動と同一視できないことを論じるつもりである。この置き換わりが婚姻関係という祝福すべき偶然であろうと，ネアンデルタール人による「最初の部族」形成に向けられた低劣な技術的行使であろうと，それはどうでもよいことだ。こうしたシナリオにおいて，旧石器時代の社会における新たな制度の登場という面のみが強調されているならば，それは旧石器時代社会の理解にとっては致命的な事態となろう。グラブス（1991）が想起させてくれたように，クロマニヨン人とネアンデルタール人との遭遇を，かつてのヨーロッパ人と在来人との遭遇と同一視することはできない。どこにも上部旧石器帝国など存在しないし，火器兵力のぞっとするような不均衡も見あたらない。とすれば，そもそもこのような競争を必要とする制度など存在しないのではないだろうか。

私の視点では，中部旧石器，上部旧石器という考古学的に育まれてきた二つの時間的な単位の間の移行とは，「とともにあること」という定められた限界を突破する創造的な主体としての諸個人の登場にほかならない。これには進化論的な相続遺産がどうしても必要とされる。とくに，ヨーロッパ最初の住人であるハイデルベルク人 *Homo heidelbergensis* 以来われわれを結びつけ，またわれわれを制約し続けてきた親密なネットワークと日常的なネットワークとは，いぜんとして機能していたはずである。こうしたネットワークは相互関係のルールとネゴシエーションとに必要とされる資源を活用してきたが，その相互関係が出現して以来このかた，社会はそれに包括され，それをつくりあげながら，媒介的な相互関係によって活力を与えられる諸主体によって構成されてきたのである。

人間的であるとは，こうした社会的な統合化を，システムとして拡張できる能力を手に入れることである（第2章）。こうした点で，社会を変革するとは，旧石器時代に限っていえばだが，それを主体的な行動のための枠組として拡張することであった。すでに，第4章と第5章で触れたが，このような拡張が引き起こされるのはシステムが統合される場合であるが，それは人類が地域的なネットワークを活用する際のスケールの大きさにも影響を与えるであろう。「とともにないこと」という拡張は，触覚や嗅覚，聴覚などに訴える，あるいは物質的な身振りに埋め込まれたパフォーマンスのための資源によって維持されうるものではない。そうしたパフォーマンスにあっては，石器や木器は文字どおり拡張された手であり，切ったりたたいたり削ったりする身振りであり，そこでは環境はあたかもエネルギーを与えてくれる海のように四囲を取り囲み，行動の源であり，行動はそこに何がしかの痕跡を刻み込むのである。

一般に中部旧石器から上部旧石器への移行は，社会的にも技術的にも，また文化的にも身振りが身体から離脱する過程といえる。そのとき，対象には社会的な生命が宿される。それはルールになり，資源にもなるが，われわれを社会的なネゴシエーションへと導き，パフォーマンスと生産のさ

まざまなルールへと誘う。これから考察するように，言語とは身体からの行動の分離を指し示す，もう一つの視点であるが，もしもお望みなら，社会的な統合であるとか技量を示す身振りというよりも，むしろ自在な四肢としての社会をつくり上げるといってもよい。こうした発展の核心部には，行動を媒介し行動に意味を与えるリズムが存在するのである。これこそが本章のテーマとなる。

　だが，こうしたヨーロッパの多面的な変化を考察するためには，編年的な，古気候学的な，そして文化的な枠組がとりあえず必要となろう。

編年・古気候・環境

　5.8万年BPから2.8万年BPまでの時期は最終氷期亜寒冷期とされている。深海底のデータではOIS 3を完全にカバーし，OIS 2初頭にまで及ぶ（図6.2）。この時期に引き続いて気候は寒冷化し，2.8万年BP〜2.1万年BPの最寒冷期（LGM）となり，2.0〜1.8万年bpには氷床はもっとも拡大する。

　この時期には以下のような年代決定法が適用可能である。すなわち，伝統的なC14法，少量のサンプルでより正確な年代が求められる（Gowlett and Hedges 1986）加速器質量分析法（AMS），TL法，ウラン系列法ESR（Aitkin 1990）などである。この6.0万年BPから3.2万年BPまでの年代測定結果の一部を表6.1に掲げた。ここには比較のためにネアンデルタール人の人骨と，中東の移行期石器群の年代についても加えてある[2]。

どれくらい古いのか，という問いは古すぎるのか

　AMS法には，C14法に必要とされるほどの多くのサンプル量を必要としない。後者に求められる多量の試料は，つねにコンタミネーション（土層の攪乱）の危険性にさらされており，その結果，必然的に年代は「若すぎる」傾向を生むことになる。例えば，ビショフBischoff（et al. 1989:572）によれば，実際6.7万年BPの試料に，わずか1％の現代のカーボンが混入しただけで，その年代は3.7万年BPになってしまうという。さらに，骨のコラーゲンに顕著なように，試料の化学的な前処

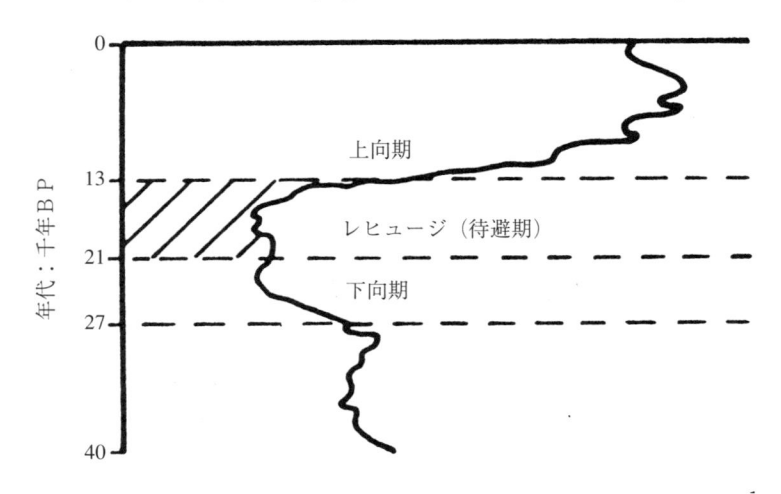

図6.2　ヨーロッパ上部旧石器時代の気候変動概念図　大きく3期に分かれるが，これは深海底コアV-19-30によって明らかにされた傾向である（Gamble 1991b:Fig.2による）。

表6.1 5.8〜2.9万年BPにおける考古学的年代と絶対年代　比較のために中東の年代も掲載した。この絶対年代と生物層位学的年代観の間には多くの矛盾があるため，年代解釈には慎重さが要求される。例えば，ケーニッヒザウアーのAMS年代は，生物層位学の側からは確実性の高い解釈とされているオデレード亜間氷期〈図5.1〉説をとると，あまりにも若い年代となってしまう。さらに，初期段階の年代補正の不十分性を考慮すると，さらなる検討が要求されることになろう（Stringer and Gamble 1993の付表を増補）。

場	層準	地域	年代測定法	人類	考古学	千年BP	±
ステージ2/3境界2.4万年BP							
デネカンプ							
バチョ・キロ	6a・7層	欧州 SE	14C		上部旧石器初頭	29.1	
サファラヤ	I [3-7] 層	欧州 MW	14C		ムステリアン	29.8	0.6
グロット・ショーベ		欧州 MW	14C[AMS]		洞穴壁画	30.3	0.5
グロット・ショーベ		欧州 MW	14C[AMS]		洞穴壁画	30.7	0.6
グロット・ショーベ		欧州 MW	14C[AMS]		洞穴壁画	30.9	0.6
グロッタ・デル・カバロ	E層　層準II-1	欧州 MC	14C		EUP（ウルッツィアン）	>31	
セリノ		欧州 MC	14C		EUP（オーリニャシアン）	31.2	0.6
サファラヤ	I [8] 層	欧州 MW	14C		ムステリアン	31.8	0.55
サファラヤ	I [8] 層	欧州 MW	TL		ムステリアン	31.7	3.6
ホーレンシュタイン・シュタデル	IV	欧州 NC	14C		EUP（オーリニャシアン）	31.7	1.1
ガイセンクレシュテル洞穴	IIb	欧州 NC	14C		EUP（オーリニャシアン）	31.8	1
サン・セゼール	6層	欧州 SW	TL		上部旧石器初頭	32.1	3
サン・セゼール	6層Ejo	欧州 SW	TL		EUP（プロト・オーリニャシアン）	32.1	3
シャニダール	C層基底部	中東	14C		上部旧石器初頭	32.3	3
グロッタ・ディ・カステルチヴィタ	rsa層	欧州 MC	14C		EUP（ウルッツィアン）	32.4	0.6
グロット・ショーベ		欧州 MW	14C[AMS]		洞穴壁画	32.4	0.7
ガイセンクレシュテル洞穴	IIb層	欧州 NC	14C		EUP（オーリニャシアン）	32.6	0.4
バチョ・キロ	6b層	欧州 SE	14C	新人	上部旧石器初頭	32.7	0.3
グロッタ・ディ・カステルチヴィタ	rsa層	欧州 MC	14C		EUP（ウルッツィアン）	32.9	0.7
エルミトン	IV	欧州 MW	14C[AMS]		ムステリアン	33.1	0.66
ラ・フェラシ	K6層	欧州 SW	14C		EUP（オーリニャシアン）	33.2	0.57
グロッタ・ディ・カステルチヴィタ	pie層	欧州 MC	14C		EUP（ウルッツィアン）	33.2	0.7
シャニダール	C層下部	中東	14C		上部旧石器初頭	33.3	1
アブリ・パトウ	14層	欧州 SW	14C		EUP（オーリニャシアン）	33.3	0.4
アブリ・パトウ	14層	欧州 SW	14C		EUP（オーリニャシアン）	33.3	0.7
レ・コッテ	G層	欧州 SW	14C		EUP（シャテルペロニアン）	33.3	0.5
サファラヤ	D層	欧州 MW	TL	ネアンデルタール人	ムステリアン	33.4	2
ボーカーA		中東	14C		上部旧石器初頭	>33.4	
グロット・デュ・レーヌ（アルシー）	VIII層	欧州 NW	14C		EUP（シャテルペロニアン）	33.5	0.4
ボーカーA		中東	14C		上部旧石器初頭	>33.6	
ガイセンクレシュテル洞穴	IIb層	欧州 NC	14C		EUP（オーリニャシアン）	33.7	0.8
ル・フラジュール	XI層	欧州 SW	14C[AMS]		EUP（オーリニャシアン）	33.8	1.8
グロット・デュ・レーヌ（アルシー）	VIII層	欧州 NW	14C		EUP（シャテルペロニアン）	33.8	0.25
シャニダール	C層中部	中東	14C		上部旧石器初頭	33.9	0.9
シャニダール	C層中部	中東	14C		上部旧石器初頭	34	0.4
グロッタ・ディ・カステルチヴィタ	rpi層	欧州 MC	14C		EUP（ウルッツィアン）	>34	
フォス・ド・エンシャリク		欧州 MW	Useries		中部旧石器	34.1	0.8
フォス・ド・エンシャリク		欧州 MW	Useries		中部旧石器	34.1	0.9
ラルブレダ	E2BE116-2層	欧州 MW	14C[AMS]		ムステリアン	34.1	0.75
ガイセンクレシュテル洞穴	III層	欧州 NC	14C		EUP（オーリニャシアン）	34.1	1
アブリ・パトウ	14層	欧州 SW	14C		EUP（オーリニャシアン）	34.2	0.6

場	層準	地域	年代測定法	人類	考古学	千年BP	±
シャニダール	C層下部	中東	14C		上部旧石器初頭	34.5	0.5
エスキッチョ・グラパオ	SLC1b層	欧州 MW	14C		EUP(オーリニャシアン)	34.5	2
ボーカー・タクティト	4層	中東	14C		上部旧石器初頭	>35	
シャニダール	C層下部	中東	14C		上部旧石器初頭	35.4	0.6
スタロセリエ	小児埋葬近傍	欧州 NE	14C[AMS]	ネアンデルタール人?	ムステリアン	35.5	1.1
ヘンゲロ							
ガイセンクレシュテル洞穴	Ⅱb層	欧州 NC	14C		EUP(オーリニャシアン)	36	3.6
サン・セゼール	8層, Ejop	欧州 SW	TL	ネアンデルタール人	EUP(シャテルペロニアン)	36.3	2.7
コスチェンキ17	2層	欧州 NC	14C		EUP(スピツィニアン)	36.4	1.7
スタロセリエ	小児埋葬近傍	欧州 NE	14C[AMS]		ムステリアン	36.1	1.2
ガイセンクレシュテル洞穴	Ⅲ層	欧州 NC	14C		EUP(オーリニャシアン)	36.5	1.5
ヴェドロヴィッチⅤ		欧州 NC	14C		EUP(セレティアン)	37.6	0.5
エル・カスティージョ	18b2層	欧州 SW	14C[AMS]		EUP(オーリニャシアン)	37.7	1.8
ラルブレダ	E2BE 111-1層	欧州 MW	14C[AMS]		EUP(オーリニャシアン)	37.7	1
ラルブレダ	E2BE 111-2層	欧州 MW	14C[AMS]		EUP(オーリニャシアン)	37.7	1
ボーカーA		中東	14C		上部旧石器初頭	37.9	
ガト・プレト	平均データ	欧州 MW	TL		EUP(オーリニャシアン)	38.1	3
サン・セゼール	11層, Egp	欧州 SW	TL		ムステリアン(鋸歯縁)	38.2	3.3
ストランスカ・スカラⅢ	5層	欧州 NC	14C		EUP(ボウニシアン)	38.2	1.1
ケンツ・カヴェルン	A2層	欧州 NW	14C		EUP(リンコンビアン)	38.2	1.4
チェルトヴァ・ペック		欧州 NC	14C		EUP(セレティアン)	38.4	2.8
ストランスカ・スカラⅢ	5層	欧州 NC	14C		EUP(ボウニシアン)	38.5	1.4
エル・カスティージョ	18b1層	欧州 SW	14C[AMS]		EUP(オーリニャシアン)	38.5	1.8
コロリエフ2	2層	欧州 NE	14C		上部旧石器初頭	38.5	1
ニートペルゾーワ	6層	欧州 NC	14C		EUP(木葉形尖頭器)	38.5	1.2
スクライン・ケイヴ	1A層	欧州 NW	14C		ムステリアン	38.6	1.5
クルナ	7a層	欧州 NC	14C		ミコキアン	38.6	0.95
ラルブレダ	E2BE 111-4層	欧州 MW	14C[AMS]		EUP(オーリニャシアン)	38.7	1.2
テムナタ	TDⅡ, Ⅵ層	欧州 SE	14C		上部旧石器初頭	>38.7	
ドゥアラ	ⅣB層トップ	中東	14C		ムステリアン	38.9	1.7
コンブ・グルナル	12層	欧州 SW	14C		ムステリアン(鋸歯縁)	39	1.5
ラルブレダ	E2BE116-1層	欧州 MW	14C[AMS]		ムステリアン	39.4	1.4
クゥドゥルⅡ	石筍層2	欧州 SW	U/Th		ムステリアン	39.4	0.5
ヴィレンドルフⅡ	2層	欧州 NC	14C		EUP(オーリニャシアン)	39.5	1.5
ヴェドロヴィッチⅤ		欧州 NC	C14		EUP(セレティアン)	39.5	1.1
イスタロスコ		欧州 NC	14C		EUP(オーリニャシアン)	39.7	0.9
コテンシェール	Ⅴ層	欧州 ALP	14C		ムステリアン	39.7	1.2
ラルブレダ	E2BE116-1層	欧州 MW	14C[AMS]		EUP(オーリニャシアン)	39.9	1.3
アブリ・ロマーニ		欧州 MW	Useries		ムステリアン	39〜60	
エル・カスティージョ	18c層	欧州 SW	14C[AMS]		EUP(オーリニャシアン)	40	2.1
リパロ・フマーネ	A2層?	欧州 MC	14C		EUP(オーリニャシアン)	40	0.4
ボフニッツェ	4層	欧州 NC	14C		EUP(ボウニシアン)	40.1	1.2
リピセニー・イズヴォア	Ⅳ・Ⅴ層(最小値)	欧州 SE	14C		ムステリアン	40.2	1.1
ル・ムスティエ	J層	欧州 SW	TL	ネアンデルタール人	ムステリアン(典型)	40.3	2.6
コテンシェール	Ⅴ層	欧州 ALP	14C		ムステリアン	40.9	1.1
ル・ムスティエ	I層	欧州 SW	TL		無遺物	40.9	5
サン・セゼール	10層, Egpf	欧州 SW	TL		ムステリアン(鋸歯縁)	40.9	2.5
ストランスカ・スカラⅢa	4層	欧州 NC	14C		EUP(ボウニシアン)	41.3	3.1
ラルブレダ	E2BE116-3層	欧州 MW	14C[AMS]		ムステリアン	41.4	1.6
ボウニッツェ	4層	欧州 NC	14C		EUP(ボウニシアン)	41.4	1.4
アムッド	B層	中東	ESR	ネアンデルタール人	ムステリアン?	41.5	3
ヴィレンドルフⅡ	2層	欧州 NC	14C		EUP(オーリニャシアン)	41.7	3.7
セレタ	B層	欧州 NC	14C		EUP(セレティアン)	>41.7	

第6章　社会生活のリズム（6万～2万1,000年前）　259

場	層　準	地　域	年代測定法	人　類	考古学	千年BP	±
フレシュ・グロット・ド・ペイエールI	上層	欧州 SW	14C		ムステリアン	42	3.1
サン・セゼール	12層, Egf	欧州 SW	TL		ムステリアン（鋸歯縁）	42.4	4.8
リピセニー・イズヴォア	IV層（最小値）	欧州 SE	14C		ムステリアン	42.5	1.3
ル・ムスティエ	H2～H9層	欧州 SW	TL		ムステリアン（MTAB）	42.5	2
ル・ムスティエ	K層	欧州 SW	TL		ムステリアン	42.6	3.7
ボウニッツェ	4層	欧州 NC	14C		EUP（ボウニシアン）	42.9	1.7
ラ・キナ	6a層	欧州 SW	TL		ムステリアン（キナ）	43	3.6
サン・タゴスチーノ	1層	欧州 MC	ESR		ムステリアン（ポンティニアン）	43	9
バチョ・キロ	11層	欧州 SE	14C	新人？	上部旧石器初頭	>43	
ドゥアラ	IVB層中部	中東	14C		ムステリアン	>43	
コンテンシェール	VI層	欧州 ALP	14C		ムステリアン	43.2	1
ドゥアラ	IVB層中部	中東	14C		ムステリアン	>43.2	
ドゥアラ	IVB層下部	中東	14C		ムステリアン	>43.2	
クサル・アキル		中東	14C		ムステリアン	43.3	1.2
クサル・アキル	B層？	中東	14C		ムステリアン	43.7	1.5
リピセニー・イズヴォア	IV層（最小値）	欧州 SE	14C		ムステリアン	43.8	1.1
ケーニッヒザウアー	Ib層（最小値）	欧州 NC	14C[AMS]		ミコキアン	43.8	2.1
ムールショーフト							
コンブ・グルナル	20層	欧州 SW	TL		ムステリアン（鋸歯縁）	44	4
スクライン・ケイヴ	1A層	欧州 NW	TL		ムステリアン	44	5.5
イスタロスコ		欧州 NC	14C		EUP（オーリニャシアン）	44.3	1.9
リピセニー・イズヴォア	IV層（最小値）	欧州 SE	14C		ムステリアン	44.8	1.3
リピセニー・イズヴォア	III層（最小値）	欧州 SE	14C		ムステリアン	45	1.4
バニョーラス	マトリックス	欧州 MW	Useries	ネアンデルタール人	？	45	4
テムナタ	TD1, 4層	欧州 SE	TL		上部旧石器初頭	45	7
ボーカー・タクティト	1層	中東	14C		上部旧石器初頭	≥45.5	
クルナ	7a層	欧州 NC	C14		ミコキアン	45.6	2.9
テムナタ	TD1,4層	欧州 SE	TL		EUP（オーリニャシアン）	46	8
ル・ムスティエ	H1層	欧州 SW	TL		ムステリアン（MTAB）	46.3	3
リピセニー・イズヴォア	III層（最小値）	欧州 SE	14C		ムステリアン	46.4	4.7
ガバサI	e層	欧州 MW	14C		ムステリアン（典型）	46.5	4.4
ボーカー・タクティト	1層	中東	14C		上部旧石器初頭	46.9	2.4
シャニダール	D層	中東	14C	ネアンデルタール人？	ムステリアン	46.9	1.5
ル・ムスティエ	H層	欧州 SW	ESR		ムステリアン（MTAB）	39.7～41	
グアタリ	G1層	欧州 MC	ESR		EUP（ボウニシアン）	44～54	
グアタリ	人骨を含む表土層	欧州 MC	ESR	ネアンデルタール人	ムステリアン（ポンティニアン）	44.5～62	
ボーカー・タクティト	1層	中東	C14		上部旧石器初頭	47.2	9
ラ・シャペル	1層	欧州 SW	ESR	ネアンデルタール人	ムステリアン（キナ）	47～56	
バチョ・キロ	13層	欧州 SE	14C		ムステリアン（典型）	>47.5	
グリンデ							
イオトン		欧州 MW	TL		ムステリアン（キナ）	48	3
ケーニッヒザウアー	Ib層（最小値）	欧州 NC	14C[AMS]		ミコキアン	48.4	3.7
ラ・キナ	8層	欧州 SW	TL		ムステリアン（キナ）	48.7	6
アムッド	B層	中東	ESR	ネアンデルタール人	ムステリアン？	49.5	4
フォンセニェー	D層上部	欧州 SW	TL		ムステリアン（MTA）	50.2	5.3
ル・ムスティエ	G4層	欧州 SW	TL		ムステリアン（MTAA）	50.3	5.5
ル・ムスティエ	G層	欧州 SW	ESR		ムステリアン（MTAA）	43～47	
シャニダール	D層	中東	14C	ネアンデルタール人？	ムステリアン	50.6	3
グアタリ	G0層	欧州 MC	Useries	ネアンデルタール人	ムステリアン（ポンティニアン）	51	3
ドゥアラ	IVB層	中東	14C		ムステリアン	>52	
ラス・エル・ケルブ	B層	中東	14C		ムステリアン	>52	
フォンセニェー	D層中部	欧州 SW	TL		ムステリアン（典型）	52.8	5.5

場	層準	地域	年代測定法	人類	考古学	千年BP	±
サンタゴスチノ	2層	欧州 MC	ESR		ムステリアン（ポンティニアン）	53	7
ドゥアラ	ⅢB層	中東	14C		ムステリアン	>53.8	
エーレル							
サンタゴスチノ	3層	欧州 MC	ESR		ムステリアン（ポンティニアン）	54	11
ヴィラ・ルイヴァ	平均データ	欧州 MW	TL		中部旧石器	54	12
グアタリ	1層	欧州 MC	ESR		ムステリアン（ポンティニアン）	54.2	4.1
ペック・ド・ラゼⅡ	2層	欧州 SW	ESR		ムステリアン	54〜59	
ル・ムスティエ	G1層	欧州 SW	TL		ムステリアン(MTAA)	55.8	5
フォンセニェー	E層	欧州 SW	TL		ムステリアン（典型）	56.4	6.8
グアタリ	1層	欧州 MC	ESR	ネアンデルタール人	ムステリアン（ポンティニアン）	57	8
ロクエットⅡ	2・3層	欧州 SW	TL		ムステリアン（キナ）	57.2	4.3
カナル・デル・アク・アルタ	基底層	欧州 MC	14C		ムステリアン（ポンティニアン）	58	0.5

ステージ3/4境界5.8万年BP

理法が進歩した結果，カットマークつきの骨や，加工されたり焼かれたりといった人為的な加工骨についても，直接年代を測定することが可能になった。AMS法による年代測定は4.5万年BPくらいまで遡行できるようになった。

コンタミネーションという問題はさておき，試料埋没後のC14生産量の波動性に対処するために，こうした方法で得られた年代に対する補正が必要とされる。このためには，ヒッコリーマツといった長命な木本を用いた年輪補正が行われる。しかしながら，こうした補正が可能なのはせいぜい最終氷期後半期までである（Street, Baales and Weninger 1994）。この問題に言及した初期の文献で，フォーゲルVogel（1983）は，4万年BPのAMS年代は0.25万年は若すぎると指摘している。伝統的なC14年代はさらに若い年代を示していよう。どれくらい若い年代であるのかは，地磁気強度による補正曲線から読みとることができる（Laj, Mazaud and Duplessy 1996）。それによれば，2〜4万年BPの間の放射年代は，0.2万年〜0.35万年若くなるという。

スペインのカタルーニア地方にある二つの洞穴遺跡の年代測定結果は，この点をよく示している。ラルブレダL'Arbreda（Bischoff et al. 1989）においては，AMS法によって支持された層位的出土状況から，ムステリアンから上部旧石器初頭（オーリニャシアン）へは急激に移行していた。この結果は表6.2に示してある。

この南方100kmにあるアブリク・ロマーニAbric Romaniでは，オーリニャシアン基底部のAMS年代の平均は3.7±0.2万年BPであったが，同一試料を対象とするウラン系列法の年代は4.3±0.1万年BPであった（Bischoff et al. 1994）。こうしたデータからビショフは，3.8〜4.0万年BPにおける信頼限界を66％とした場合，放射年代とウラン系列年代との間の相違を0.56〜0.15万年と見積もっている（ibid.:550）。それゆえに，スペインにおける最古の上部旧石器であるオーリニャシアンの年代は，カンタブリアのラルブレダおよびアブリク・ロマーニでのAMS法によれば（Cabrera-Valdes and Bischoff 1989），4.3万年BPということになろう。

こうした理由から，本章では未補正の年代についてはより古い値を採用している。

表6.2 カタロニアのラルブレダ洞穴出土試料のアリゾナ研究施設加速器による年代（Bischoff et al.1989）

試料	研究施設試料番号	年代（千年BP）
オーリニャシアン基底層（550cm〜555cm）		
E2BE 111-1	AA3779	37.7±1.0
E2BE 111-2	AA3780	37.7±1.0
E2BE 111-3	AA3281	39.9±1.3
E2BE 111-4	AA3782	38.7±1.2
ムステリアン上面（575cm〜580cm）		
E2BE 116-1	AA3776	39.4±1.4
E2BE 116-2	AA3777	34.1±0.75
E2BE 116-3	AA3778	41.4±1.6

表6.3 OIS13亜寒冷期における亜間氷期（Behre 1989）

亜間氷期	年代（千年BP）
エーレル	58〜54
グリンデ	51〜48
ムールショーフト	46〜44
ヘンゲロ	39〜36
デネカンプ	32〜28

　年代測定の困難さは，移行期の問題をさらに難しいものにしている。いずれにせよ，放射年代は実年代ではないし，TL法やESR法，ウラン系列法の測定事例は多いとはいえない（表6.1）。こうしたテクニックには方法論的な問題点もある。まず，アブリク・ロマーニのように，層位的な遺物の出土が確認できれば，まずは一安心である。そこではオーリニャシアンがムステリアンを直接被覆し急速な移行関係を示唆しており，実年代とまではいかないが，応分なデータによって支持されるからである。問題は，場と域における移行の比較検討であり，また絶対年代による変化のテンポをどう評価するのか，という点にかかっている。

亜寒冷期（5.8〜2.8万年BP）

　亜寒冷期は5期の亜間氷期によって特徴づけられ，それは大陸北部の花粉化石群集に記録されている（表6.3）。

　これらの主要亜間氷期はそれぞれ2,000〜4,000年間継続したが，グリーンランド中部のサミット・アイス・コアでも確認されている（Dansgaard et al. 1993:図1）。ここに認められる気候温暖化の出現とその波動的推移は，花粉化石からうかがわれるように，亜間氷期を欠く先行盛期（OIS 4）とは対照的である。3.9万年BPのヘンゲロ亜間氷期の環境復元図を図6.3に掲げた（van Andel and Tzedakis 1996:図14）。

　南イタリアのモンティチオにおける，毎年形成されるラミナ中の花粉数をカウントすることによって得られる花粉ダイヤグラムに基づく絶対編年によって（Watts,Allen and Huntley 1996），深海底コアと氷冠コアとの対比が可能になった（図5.4）。とくにワットWatt（et al. 1996:149-51）によれば，深海底コアに記録されている，6回のいわゆるハインリッヒHeinrichイベントの年代を正確におさえることが可能になった。このイベントは短期間のものだが，北アメリカのローレンタイド氷床からの巨大な氷山の分離・漂流をいう。これが起きたのは，1.45万年（H1），2.05万年（H2），2.34万年（H3），3.18万年（H4），4.19万年（H5）であった。このイベントのもつ意味は，このために海水温度が急激に低下し，ヨーロッパ大陸の気候にも変化がもたらされた点にある。モンティチオでは，このイベントのために草本類が増加し，いっそうオープンな景観となった。

　ツァークヴィンZagwijn（1992:図2）はヨーロッパの南北にわたる亜寒冷期における亜間氷期を

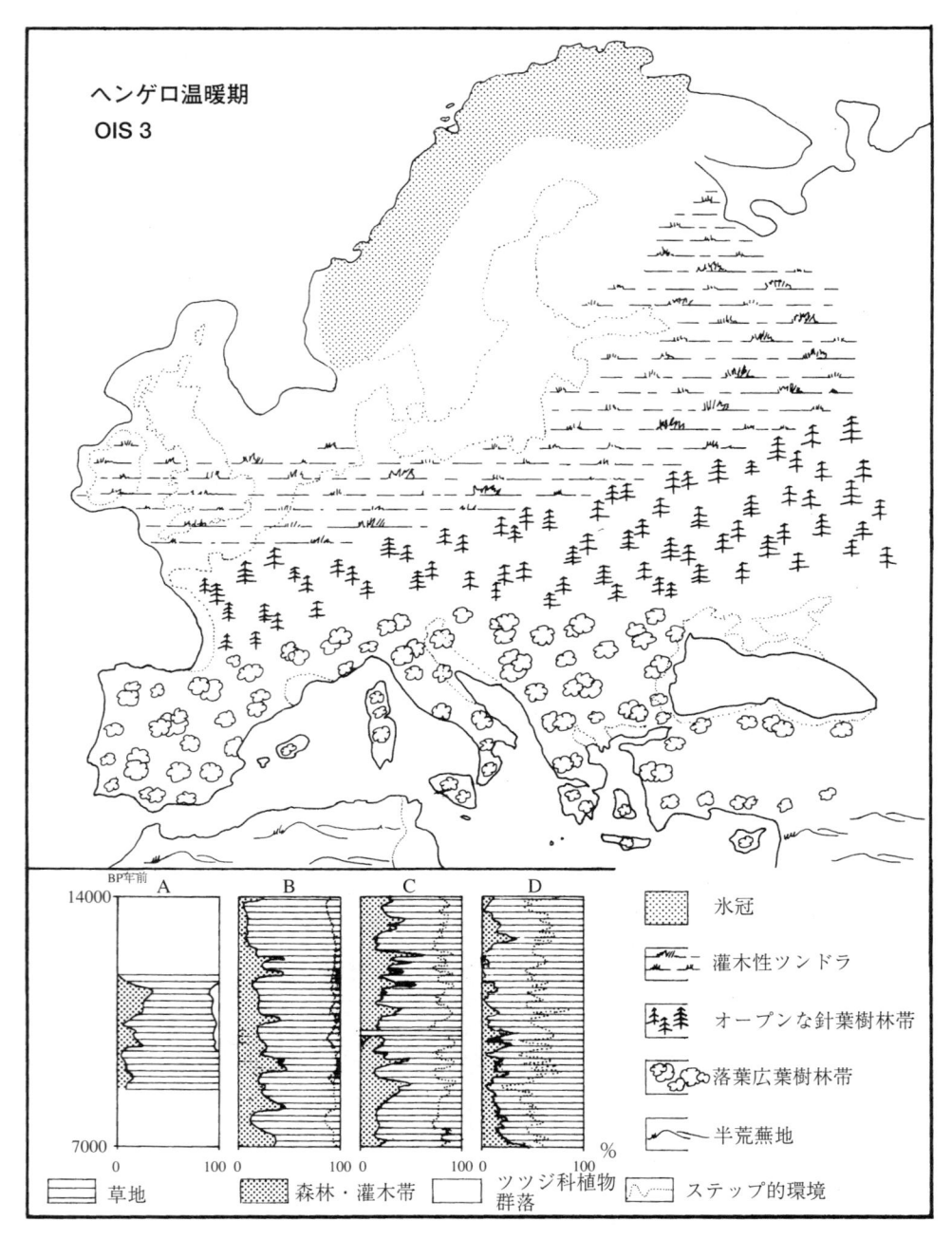

凡 例
A 北西部地区ネーデルランド　ヘンゲロ
B 北部中央地区フランス　ラ・グランド・パイル
C 南西部地区フランス　レ・ゼシェット
D 地中海東部地区ギリシャ　フィリッピ

図6.3　OIS 3：ヘンゲロ亜間氷期（3.9－3.6万年BP）におけるヨーロッパの環境（van Andel and Tzedakis 1996：Fig.3, Zagwijn 1992：Fig.2による）

比較検討している（図6.3）。それによれば，ネーデルランドの植生は地衣類主体のツンドラと灌木主体のツンドラ，それに草本主体のツンドラから構成されていた。例えば，エーレルOerel亜間氷期の風景は，ハンブルク近郊の標式地におけるベーレ（1989:33）の記載によれば，変化に富む草本を含むツンドラ的な草原が広がっていた。この時期に繁茂していた背丈の低い草本には，*Empetrum*（ガンコウラン）と*Calluna*（ギョリュウモドキ）などがあるが，木本はカバ（*Betula nana*），ヤナギ（*Salix*），ネズ（*Juniperus*）などの小型で背丈の低いものが小群落を形成していた。エーレル亜間氷期のヨーロッパ北部には木本は生育していなかった（Behre 1989）。また，後続するグリンデGlinde亜間氷期においても同様であった。

これらの亜間氷期に挟まれた時期に花粉化石が存在しないことは注目に値する。このことは，この時期の大陸北部が極地的な荒蕪地であり，いわば極寒のサハラ砂漠といった，まったく無植生の状況であったことを意味するものではない。とはいえ，一般的にいって，そこが植物群落の乏しい環境であったことはたしかである。亜寒冷期には*Artemisia*（ヨモギ）といった草原や草本が増大し，ステップ・ツンドラが形成され，多くの大型草食獣を育んだ（Stanley 1980:664）。ガスリー（1990）は毎年の積雪は少なく，また早く消失したと指摘している。その結果，生育期間が延長され，草食獣も高蛋白の餌のめぐみにあずかったはずである（Bell 1971参照）。

ヨーロッパ南部では，ローヌ河谷のヴォージュVosgesとレゼシェトles Echetsにおける分厚い堆積層中の花粉によれば，ステップ的な特徴が目立つ。マツや灌木類は最終氷期盛期，亜寒冷期，さらに最寒冷期全般を通して見られ，ツァークヴィン（1992:12）は当時の植生は一般にオープンで，草原的ではなかったかと予測している。モンティチオにおいては，5～4.25万年BPに湖岸に木本が発達しており，4.07～3.76万年BPにも木本が復活している（Watts, Allen and Huntley 1996）。最後になるが，地中海沿岸地域の西部では真正のステップが支配的であり，木本の花粉化石は大陸のこれ以外の地域よりも少なかった（Suc and Zagwijn 1983）。

最終氷期最寒冷期：寒冷化の時期（2.8～2.1万年BP）

サミット・コアの分析によって，2.8～2.1万年BPの間には最低でも3回の亜間氷期が存在することが確かめられている（Dansgaard et al. 1933）[3]。^{18}Oの比率は，これが周縁的な現象であったことを物語っている。

こうした兆候はあまりにも微弱であるため，広い範囲にわたって土壌化が促進された大陸のデータとは整合しない。ドイツ東部ケーニッヒザウアでは（Mania and Toepfer 1973），比較的温暖な環境のもとで形成された泥炭層に2.56万年BPという年代が与えられており（図6.4），これはロシア平原に広範囲に分布し，3.0～2.5万年BPのブリアンスクBriansk土壌に対比される（Desbrosse and Kozlowski 1988:17, Hoffecker 1987:図5）。

モンティチオ・コア（Watts, Allen and Huntley 1996）は3.0～2.0万年BPの間に，木本・ツル性の植物・灌木から草本に至る急速な花粉化石の変動を記録している。2.6～1.43万年BPの間，つまりおおむねOIS 2平行期には，この地域では季節的に乾燥したステップ状の植生が発達した。例外的に木本類の少ない状況であった（*ibid*.145）。3.18万年BPのハインリッヒ・サイクル4の後になると，花粉化石による限り，最寒冷月の平均気温は著しく低下するようになる（図5.4）。

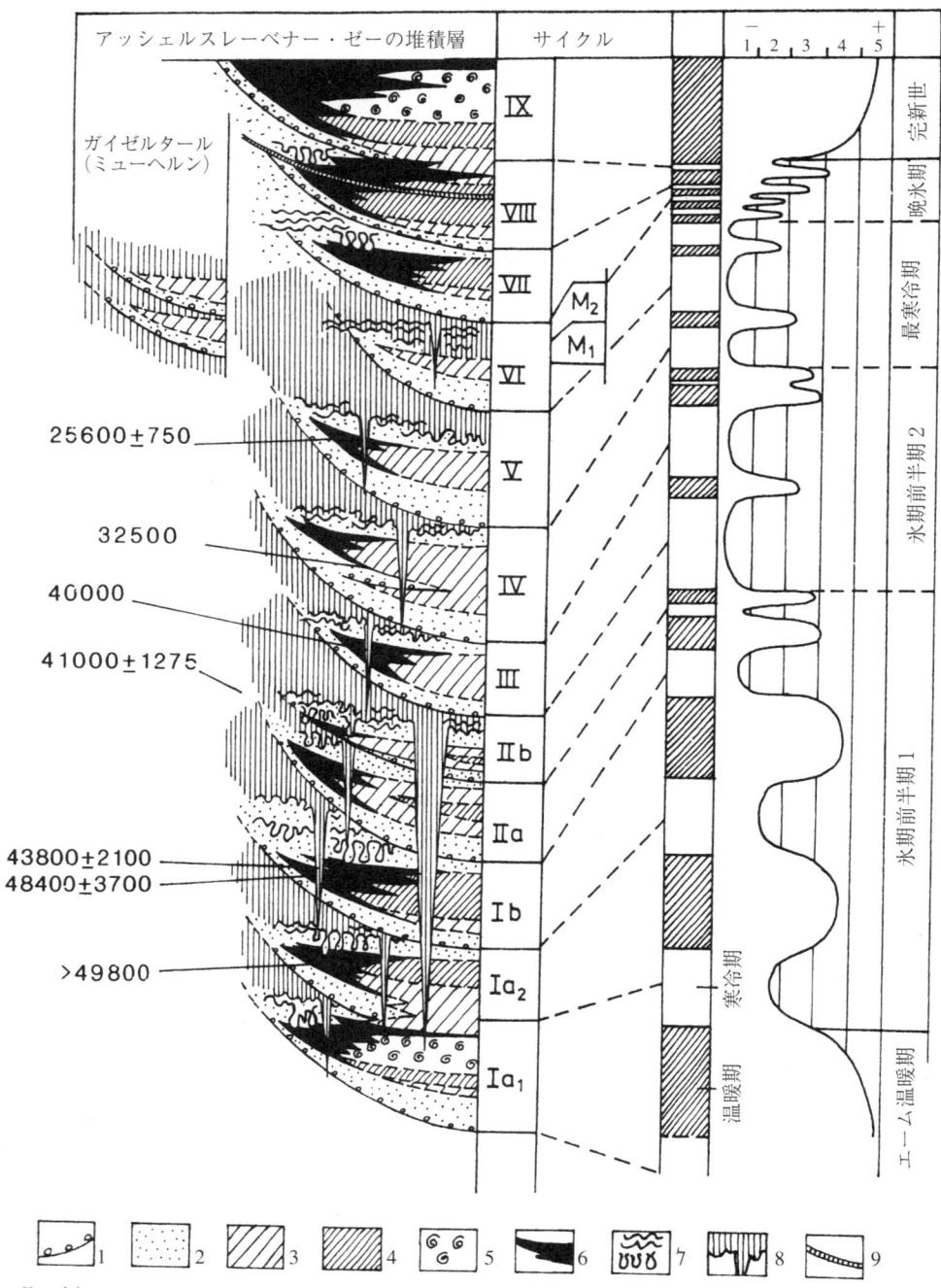

図6.4 北部中央地区ドイツ ケーニッヒザウアー・アッシェルスレーベナー・ゼーにおける連続的な湖成層断面図（Mania and Toepfer 1973：Abb.7による） サイクル Ia1, Ia2, ならびに Ib はエーム，ブレルプ，オデレードに対比される（図5.1）。サイクルⅣは最終氷期最寒冷期に相当する。文化層が3枚重複するⅠb層に対するAMS年代は最小値と評価されるべきでる。オデレード亜間氷期の年代は7.1～8.5万年BPとされているからである。

凡 例
1 浸食面　　5 有機物を多く含むシルト
2 砂質堆積物　6 泥炭
3 砂とシルト　7 クリオターベイションと凍結土壌構造
4 粘質シルト　8 ソリフラクションと氷楔
9 東部アイフェルのラッヒャー・ゼーにおける火山灰サイクルⅧ（図5.8参照）

3.0〜2.0万年BPの時期は，レスの堆積によって示されるように，北方の平原では風積土の堆積がすすんだ。例えば，ブリアンスク土壌は分厚いレスによって覆われている（Hoffecker 1987:269）。コルストラプKolstrup（1995:図2）は北ヨーロッパ平原に関する総括的な論文において，2.5万年前以降，楔状構造土やフロスト・マウンド，斜面堆積層，寒冷地土壌などの形成が促進されたことを指摘している。こうした現象はすべて地表面の浸食と不安定化を指し示しており，また植生の攪乱要因でもあった。だが，2.5〜2.3万年BPの間，モラビアやロシア平原では，土壌が生成されていた（Hoffecker 1987:269, Kozlowski 1986:図13.2）。

南西部地区においては，海洋性気候の影響が弱まったとはいえ，なお余波が続いていた。洞穴内の堆積層からは，花粉化石の波動的な変遷が数多く報告されているが（Leroi-Gourhan 1980），中でもツルサックTursac亜間氷期は，2.2〜2.3万年BPにおける小規模ではあるが温暖な時期と認められている[4]。

ヨーロッパ大陸における時間的・空間的なモザイク構造は，モラビア，ウクライナ，ロシアなどのレスの堆積状況の分析に基づくコズロウスキーKozlowskiによるデータの要約によって説明することができる（表6.4）。もっとも生産性が高く，草食獣のための草本に富むステップとツンドラの間では植生タイプは異なっている。降水量や積雪量も地域ごとに異なり，その結果，急激なレスの降下を伴う土壌の発達も，地域と時代によって大きな較差をもっていた。コズロウスキー（1986：136）は，ロシア平原中央部では気温の年較差が著しかったことを指摘している。この結果，永久凍土の年ごとの融解量を増大させ，生産性の高い北東部地区のステップが生み出された。北部中央地区では，気温の年較差はそれほどでもなく，ことに2.3万年BP以降は縮小し，結果的に，これら両地域の生産性には較差を生じることになった。

こうしたこんがらがったモザイク構造の形成は氷床の前進によって操られており，2.5万年BP以降，黒海とバルト海，カスピ海などの大きさの変化によっても形成速度が加速された。クロアチアとイタリアとの間に横たわるアドリア海の縮小は，ギリシャやバルカン全土（Tzedákis 1993），イタリア半島部などの地中海沿岸レフュジアを条件づけるものであった（Mussi 1990）。

上部旧石器初頭（EUP）の単純化した編年

移行期に登場する地名表記は，中部旧石器の末期と上部旧石器の初期とが交錯するために，非常に煩雑になっている。以下，これを単純化するために，これ以降考察する主要遺跡に基づく一般的な編年を表6.5に掲げた。

デイビスとプチットによって提示されている4.4〜2.1万年BPにおける入り組んだ放射年代は，大陸における居住パターンの俯瞰には有効である。図6.5には，区間ごとの累計によってこのデータをプロットしたものを示したが（Holdaway and Porch 1995, Housley et al. 1997, Rick 1987），ここでの数値は，一般論として遺跡密度と地域内の居住頻度を反映していると見なされる。このように数値を居住データとしてプロットすると，3.8，3.2，2.7，2.15万年BPに4か所のピークがあることがわかる。ヴァン・アンデルVan Andelとツェダキス（1998:図6.2）は，これらの値を古地磁気曲線によって補正している（Laj, Mazaud and Duplessy 1996）。この結果，4.0〜4.4万年BPと3.1〜3.6万年BPという二つのピークが見出されることになるが，これはグリーンランドのGRIPサミット

表6.5 3〜1.7万年BPにおけるヨーロッパ中央部および東部の自然環境の変化 (Kozlowski 1986 Table 3.1)

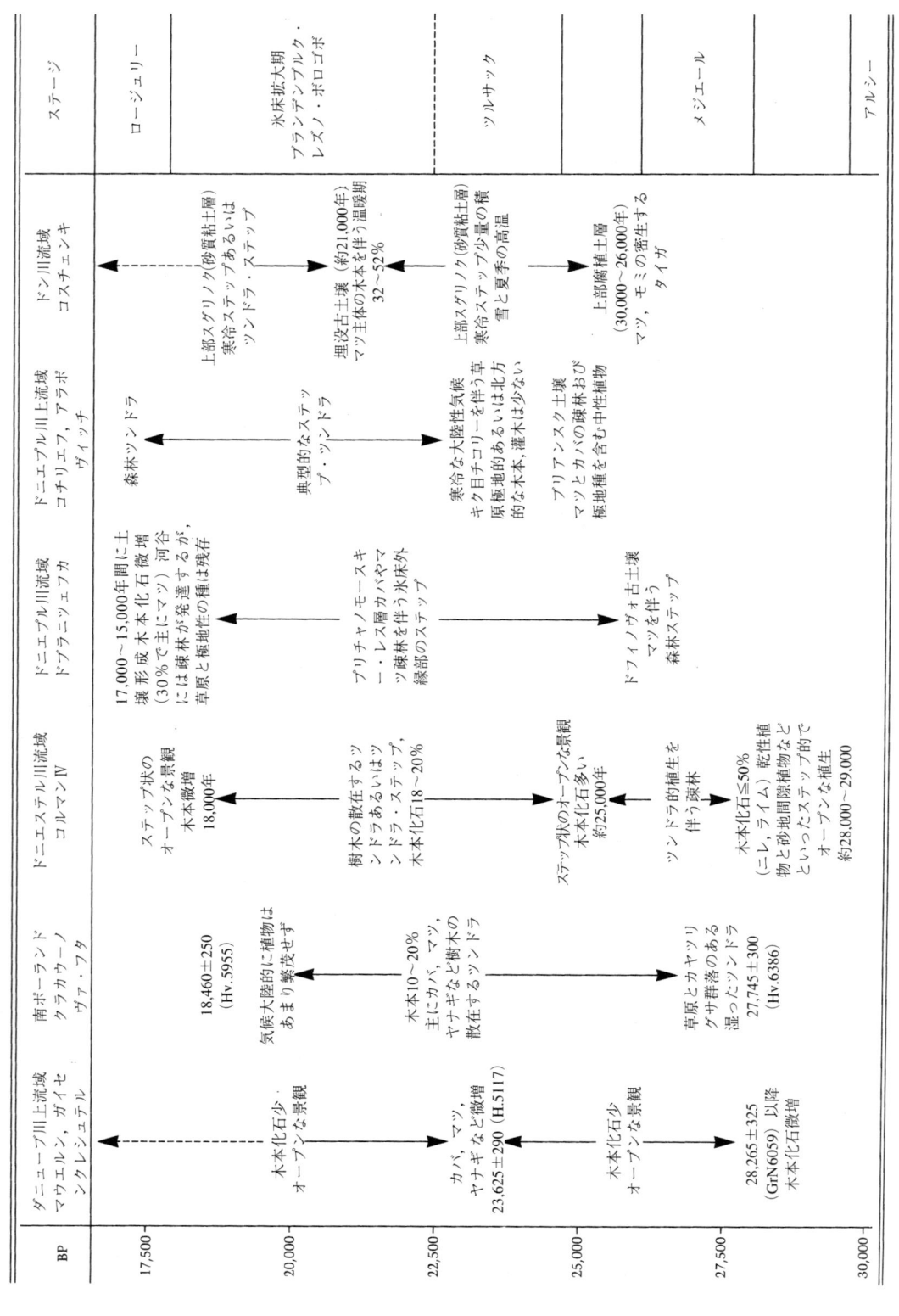

BP	ダニューブ川上流域 マウエルン、ガイセンクレステール	南ポーランド クラカウ・スクレシュチェル ヴュルム	ドニエステル川流域 コルマン IV	ドニエプル川流域 ドブラニーチェフカ	ドニエプル川上流域 コニリエフ、プラドヴィッチ	ドン川流域 コステェンキ	ステージ
17,500	木化石少オープンな景観 ←----			17,000〜15,000年間に土壌形成木化石微増 (30%で主にマツ)河谷には疎林が発達するが,草原と極地性の種は残存	森林ツンドラ	上部スグリンク(砂質粘土層)寒冷ステップあるいはツンドラ・ステップ	ロージュリー
20,000	←---	18,460±250 (Hv.5955)	ステップ状のオープンな景観木本微増18,000年	←	典型的なステップ・ツンドラ	埋没古土壌マツ主体の木本を伴う温暖期 約21,000年 32〜52%	氷床拡大期ブランデンブルク、レスノ・ボロゴボ
22,500	カバ、マツ、ヤナギなど微増 23,625±290 (H.5117)	木本10〜20%主にカバ、マツ、ヤナギなど樹木の散在するツンドラ	樹木の散在するツンドラあるいはツンドラ・ステップ、木本化石18〜20%	←	ブリチャッキーモーズン・レス層カバやマツ層を伴う疎林縁部のステップ		ツルザック
25,000		草原とカバッリゲ群落のある湿ったツンドラ 27,745±300 (Hv.6386)	ステップ状のオープンな景観木本化石多い 約25,000年	→	ドブィノヴォ古土壌マツを伴う森林ステップ	上部腐植土層 (30,000〜26,000年)マツ,モミの密生するタイガ	メジェール
27,500	木本化石少オープンな景観 28,265±325 (GrN6059)以降木本化石微増	←	ツンドラ的植生を伴う疎林 木本化石≦50% 乾性植物(ニレ、ライム)砂地間隙植物などといったステップ的でオープンな植生 約28,000〜29,000				
30,000							アルシー

表6.5 6万〜2.1万年BPにおける考古学的に設定された文化群の概略的な編年
（Allsworth-Jones 1986,1990, Anikovich 1992, Kozlowski 1986, Oliva 1984, Rigaud 1988b, Svezhentsev 1993, Svoboda 1994c, Svoboda and Simán 1989, Vega Toscano 1993。3.3万年BPにおける分期はDesbrosse and Kozlowski 1988による）

	地区	年代
中部旧石器後半期		
アシューレアン系統ムステリアン	SW	60〜35
ムステリアン	MW	60〜28
上部旧石器開始期　4.5〜3.3万年		
ボウニシアン	NC	44〜38
セレティアン	NC,SE	43〜35
プロト・オーリニャシアン（バチョキリアン）	SE	43
オーリニャシアン草創期	MW	43〜33
ウルツィアン	MC	>33
シャテルペロニアン	SW,NW	37〜33
木葉形尖頭器石器群		
アルトミューリアン	NC	38
リンコンビアン・ラニス・ジェルツマノーヴィシアン	NW	39〜36
上部旧石器前期（EUP）　3.2〜2.1万年		
オーリニャシアン後期	全地域	33〜25
ペリゴーディアンⅤ〜Ⅵ（グラヴェティアン）	SW	27〜21
コスチェンキ・ストレレツカーヤン，スンギリアン	NE	33〜24
グラヴェティアン（テクノコンプレクス）	SWおよびALPを除く全域	30〜21
パヴロヴィアン前期	NC,NE	30〜27
パヴロヴィアン発達期	NC,NE	27〜24
ヴィレンドルフ，コスチェンキ	NC,NE	24〜20

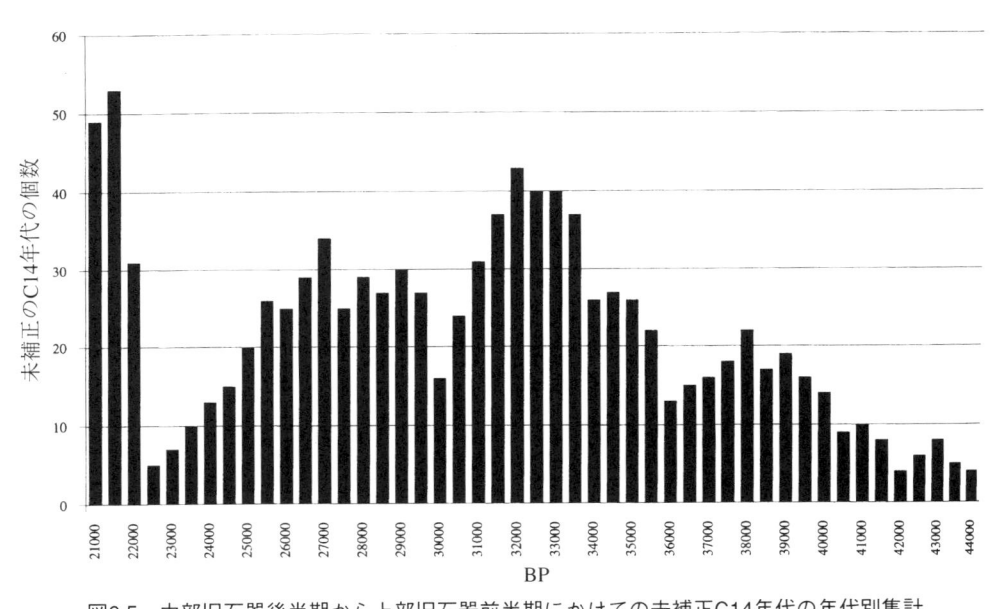

図6.5 中部旧石器後半期から上部旧石器前半期にかけての未補正C14年代の年代別集計
1,000年単位で一括りにしたデータを500年きざみで図示した（データはW.ディヴィーズおよびP.プチットのご好意によるものであるが，これを増補している）。

(Dansgaard et al. 1993:図1) によって定義されたヘンゲロおよびデネカンプ亜間氷期に対するより古い年代に対比される。未補正年代（図6.5）はデネカンプ亜間氷期に対する対比可能性を示しているにすぎない。

年代的集計グラフを計算するのに使った放射年代のサンプルは，ヨーロッパの三つの主要地域間（図3.1）で同様の分布を示している（表6.6）。3.0〜2.3万年BPでは，中央北部という一つの地域のみが卓越している。時期別に集計されたデータは，また，遺跡数の波動変化を示しており，したがって，大陸的規模での人口の変化をも表示するものとなっている。2.15万年BPにおけるピークは，最寒冷期（2.0〜1.8万年BP）に先立つレヒュジア相を示しているが，この時期には限定された3地域に人口が集中することがわかる（表6.7）。

このデータの基礎となっている遺跡数を検討すると，南方地区には初期を除いてあらゆる時期に多くの遺跡が集中している。これは，中部旧石器よりも上部旧石器初頭の石器群をともなう遺跡における年代測定により多くの関心が寄せられていることを反映していよう。

3.3万年BPにおけるデータの断絶[5]

表6.5の文化的なグループ分けと，亜寒冷期およびLGMに向かう寒冷化を示す気候的傾向の間には，おあつらえ向きの整合性は認められない。だが，ここには一つの顕著な編年学的結節点が存在する。つまり，3.3万年BPを境に考古学的な記録に変化が生じるのである。これには，地域的なスケールでの時間的・空間的なまとまりとともに，これに相応する社会的ネゴシエーション（第3章）という場のもつ構造上の変化が含まれている。

6.0〜3.3万年という期間は，複雑かつ息の長い移行期であった。それは「人類の進化」といった紋切り型の表現ではいい尽くすことができない。だが，この移行は置き換わりか連続か，といったように単純化された枠組で理解されることもあるが，ヨーロッパにおける9か所の地域における，

表6.6 ヨーロッパ3地区における放射年代の時期別集計結果（図6.5）にもとづいた年代データ数の比較（N=446）

	北部地区(%)	南部地区(%)	地中海地区(%)	N
4.0〜3.6万年BP	36	32	32	60
3.6〜3.0万年BP	32	37	31	174
3.0〜2.3万年BP	43	36	21	157
2.2〜2.1万年BP	36	34	30	55

表6.7 ヨーロッパ3地区における放射年代の時期別集計結果（図6.5）にもとづいた遺跡数の比較（N=202）

	北部地区(%)	南部地区(%)	地中海地区(%)	N
4.0〜3.6万年BP	43	33	23	30
3.6〜3.0万年BP	25	40	35	67
3.0〜2.3万年BP	32	40	28	68
2.2〜2.1万年BP	30	38	32	37

表6.8 中部旧石器から上部旧石器への移行を多角的に検討したモデル（Kozlowski 1990:t表15.1）

L.R.J.：リンコンビアン・ラニス・ジェルツマノーヴィシアン

年代 BP	60,000	40,000	35,000	30,000	
技術的側面	ムステリアン ・厳密な意味でのルヴァロワ 　　　　ジャンコヴィシアン ・プロト上部旧石器 石刃技法 ・中部旧石器剥片生産技術 ムステリアン石器群	ボウニシアン 　　　上部旧石器石刃技法 オーリニャシアンおよび北方木葉形尖頭器石器群 ・石刃技法・剥片生産技術併用技術体系 （セレティアン，シャテルペロニアン，スンギリアンなど）			
石器群	・削器と鋸歯縁石器が支配的な石器群 　ムステリアン	・特徴の分明でない上部旧石器石器群 　ボウニシアン，東欧上部旧石器前期石器群 ・木葉形尖頭器石器群（セレティアン，L.R.J.,スンギリアン） 　　・上部旧石器前期西部地区有背刃器石器群 　　　シャテルペロニアン，ウルツィアン 　　・オーリニャシアン石器群		・上部旧石器前期東部地区石器群 　　　　有背刃器 コスチェンキ17/1, モロドヴィアン前期	
骨角器	・ムステリアンの未整形 　あるいは粗製骨角器		・オーリニャシアン尖頭器	・グラヴェティアン大型 　　　　骨角器	
石器石材の消費	・在地石材の一般的消費 （ムステリアン）	・特別な搬入石材 （オーリニャシアン前期） ・木葉形尖頭器集中生産地点 （バルカン・ルヴァロワ・ムステリアン，セレティアン）	・在地石材の一般的消費 （オーリニャシアン）	・高品位石材の系統的な 　消費（グラヴェティアン）	
生業パターン	・大型獣に特化した狩猟 （ポスト・アシューレアン）	・上部旧石器初頭における一般化した狩猟 （木葉形尖頭器石器群，オーリニャシアン）		・きわめて専業化した 　　　マンモス猟	
居住施設	・住居の建設に獣骨を使用 （ムステリアン，ルヴァロワ・ムステリアン）	（シャテルペロニアン） ・木を部材とする竪穴式住居 （オーリニャシアン）		・獣骨でつくられた住居 （グラヴェティアン）	
工芸と象徴システム		・装身具と彫刻（ムステリアン，上部旧石器前期）	・偶像（オーリニャシアン，グラヴェティアン）		

技術的な変化や型式学的な変化を示すデータによれば、それが多面的なプロセスであったことを物語っている（Clarke 1968, Stringer and Gamble 1993:図74）。こうした複雑微妙な状況は、表6.8に示したコズロウスキーによる多角的モデル（1990）によってよく理解することができるだろう。彼は7つの基準を設定しているが、これには、この時期における前代からの連続性とともに、新しい特徴の出現についても同時に提示されている。彼の分析でもっとも目を引くのは、3.0万年BP以降には、記録のうえで決定的ともいえる断絶があることである。この時期をまたぐ特徴から4点を抜き出してみよう。

- 上部旧石器の石刃技法
- オーリニャシアンの道具箱
- 在地石材の一般的な使用
- 造形芸術

コズロウスキーの基準によれば、4万年BPのラインをまたぐ要素は九つあるが、3.5万年BPのラインをまたぐものは少なくとも10要素ある。このことは、テクノロジーと生業活動に埋め込まれた社会的技量の変化を如実に物語っている。これに対して、3.3万年BP以降、とくに重要な構造変化と見なされるのは、階層的な居住地の登場および物質文化の域内・域間の変化の顕在化、という2点である。詳しくは次章で述べるが、習俗としての景観と社会的な景観とが概念的に分離されることと対応するものであろう。本章では、社会的な技量の連続性・革新性両面について簡潔にまとめておきたい。

域内・域間の文化的変化

ヨーロッパ旧石器時代の地域性がこの時期に顕在化することになる。ムステリアン後半期は、地域内・地域間の独自性はきわめて鞏固であった。中部旧石器と上部旧石器の特徴がミックスされた木葉形尖頭器は、こうしたパターンのもつ一つの表現形であろう。物質文化の分布からするこうした地域性には、厳密な年代決定と資料的検討がなお欠落している。

表6.9に緯度・経度・高度（図3.1）による地域的モデルを示したが、これからいくつかの地域差を読みとることができよう。これは、この時期の複雑な文化地理についてのごく単純化されたスナップショットにすぎないが、以降の参照点にはなろう。第7章では、各地域での一連のケース・スタディーを行って、こうしたデータに対する文化的なアプローチと社会的なアプローチの相違を際だたせたい。

考古学的な遺跡はどのような環境のもとで発見されるのだろうか

これまで検討してきたのは、3.3万年BPに先立つ時期のこんがらがった考古学的なイメージが（表6.5）、中部旧石器から上部旧石器への移行の性格を反映しているのか、それともそうしたデータが多く回収される環境自体の変化を反映するものなのか、という点であった。例えば、これ以前の時期には、旗艦ともいうべき著名な遺跡が数多く知られていた。そこには多量の遺物を包含している2種類の遺跡があったが、もはやそのような種類の遺跡は存在しないのだろうか。ここでいう二つの種類とは、湖畔と河畔にある遺跡であるが、ホクスンやノイマーク・ノルトなどに比肩すべき遺跡は存在しないし、ボックスグロウブやブリタニーの隆起海岸、さらに地中海沿岸のテラ・ア

表6.9　9か所の地区割り（図3.1）に準拠した上部旧石器前半期の単純化した文化地理

6.0〜3.3万年BP

ムステリアン 木葉形尖頭器・オーリニャシアン 垂飾品	ムステリアン 木葉形尖頭器・ボウニシアン セレティアン・オーリニャシアン 可搬性工芸品，音楽（ガイセンクレシュテル）	ムステリアン 木葉形尖頭器・オーリニャシアン
ムステリアン シャテルペロニアン オーリニャシアン 墳墓（ル・ムスティエ）	ムステリアン オーリニャシアン	ムステリアン 木葉形尖頭器・オーリニャシアン 上部旧石器初頭石器群
ムステリアン オーリニャシアン シャテルペロニアン 洞穴壁画（ショーベ）	ムステリアン オーリニャシアン ウルツィアン	ムステリアン 木葉形尖頭器・オーリニャシアン

3.3〜2.4万年BP

グラヴェティアン フォン・ロベール型投射具	グラヴェティアン 墳墓，集落，住居，カマド 地中海との交通関係 （ドルニ・ヴェストニツェ-パブロフ）	グラヴェティアン 墳墓 （スンギル）
ペリゴーディアン・グラベッティアン 岩陰の集中的な利用 洞穴壁画	居住放棄	グラベッティアン
ペリゴーディアン・グラベッティアン ムステリアン ネアンデルタール人最後のレヒュジア（サファラヤ） 洞穴壁画	ペリゴーディアン・グラベッティアン 埋葬 （バルツィ・ロッシ）	グラベッティアン

2.4〜2.1万年BP

居住放棄	グラベッティアン 女性像 有肩尖頭器・ナイフ （ヴィレンドルフ）	グラベッティアン 埋葬，住居，土坑，集落 （コスチェンキ，アブディエボ）
ペリゴーディアン・グラベッティアン 岩陰の集中的な利用 洞穴壁画	居住放棄	グラベッティアン
ペリゴーディアン・グラベッティアン 洞穴壁画	ペリゴーディアン・グラベッティアン	グラベッティアン

マタなどに比較される遺跡も認められない。

　湖畔立地型の遺跡が欠如している理由を説明することは難しい。低温下での蒸発量の減少によっても，湖は確実に存在していたからである。先行する時期のこうした場は，亜間氷期や氷期的な環境というよりも，間氷期に多く使われていたという事実を想起する必要もあるだろう[6]。海岸部立地型の遺跡が少ないのは，海水面の低下によって形成された場の多くが，その後水没したためである。だが，そうした場が使われていた証拠もある。タボラン（1993）は，南西フランスの内陸部にある上部旧石器の遺跡から出土した多数の貝殻を報告しているが，それらはビスケー湾に露出した大陸棚で採集されたものと考えられている。

河川堆積物：レスと崩積土

　河畔にある遺跡はもっとも一般的である。また，北部中央地区と北部東地区においては顕著な堆積相の変化があったが，遺跡はレスあるいは崩積土層によって覆われている。こうした傾向は先行する時期にも多く認められているが，この時期には礫層中の遺物包含層が発見されることは稀である。このような変化は，非常に遺存状況のよい遺跡を多く生み出すことになる。

　ロシアのドン川西岸のコスチェンキ村やボルシェボBorshevo村の周辺では，一連の段丘が白亜紀の基盤岩に沿って発達している（Anikovich 1992, Praslov and Rogachev 1982）。この段丘上には，コスチェンキ1/1，コスチェンキ4，コスチェンキ11（＝アノソフカAnosovka 2）（Praslov 1981），ボルシェボ2（Klein 1969）といった数多くの遺跡が発見されている。全体では25か所の主だった遺跡が，6kmにわたり3か所のクラスターを形成している。大部分の遺跡が多層遺跡で，そこでは崩積土やレス中に包含層があり，第2段丘では一連の腐植土層と火山灰層が重複している。

　とくに二つの場所が重要である。まず，現在のドン川の流路に接する低位段丘上に遺跡が存在する。これには，ボルシェボの4地点，コスチェンキ4，コスチェンキ3，コスチェンキ19および21など現在の集落の北側に分布する遺跡が含まれる。第二の場所は，河谷の側面を刻む小さいが急峻な白亜紀層の谷間にある遺跡である（図6.6）。現在，コスチェンキ村が立地する谷間には，もっともよくその複合性が明らかにされているコスチェンキ1があり，その南方に位置するアノソフ谷にはコスチェンキ11が存在する。さらにその南2kmの所にはアレクサンドロフカ谷があって，ステレツカヤSteletskayaおよびテリマンスカヤTel'manskayaが立地しているが，この谷の開口部にあるのがコスチェンキ4である（図6.7）。

　谷と段丘という，いずれの場所においても，ピットやマンモスの骨でつくられた構造物，多くの柱穴などが発見され，竪穴式住居の存在も想定されている。こうした遺構はカルシウム分に富む崩積土に覆われているが，これは旧地表面やそれを切る遺構中の骨の保存にとって最適の条件であった。

　これと同じ条件はウクライナやモルダビア，ルーマニアのドネストル川やプルート川沿いにも知られている。多層遺跡としては，リピチェニ・イズヴォアRipiceni Izvor（Paunescu 1965），モロドヴァ（Chernysh 1961），クリマウツィKlimautsy（Anikovich 1992）などが著名である。

　遺跡の保存と調査の発端は，コスチェンキのように，いずれも農耕に負うところが大きい。またレンガ製造用のレスの採掘による場合もあるが，いずれにせよ，居住パターンの研究に関してはめざましい成果を上げている。コスチェンキ遺跡群の周辺では意識的な探索が行われているが，遺跡

図6.6A

図6.6B

図6.6　A：コスチェンキ遺跡群全景　遺跡群はいくつかの遺跡から構成されているが，とりわけコスチェンキ1/1遺跡は著名である。**B：竪穴式住居の調査状況**（A,Bとも著者撮影）

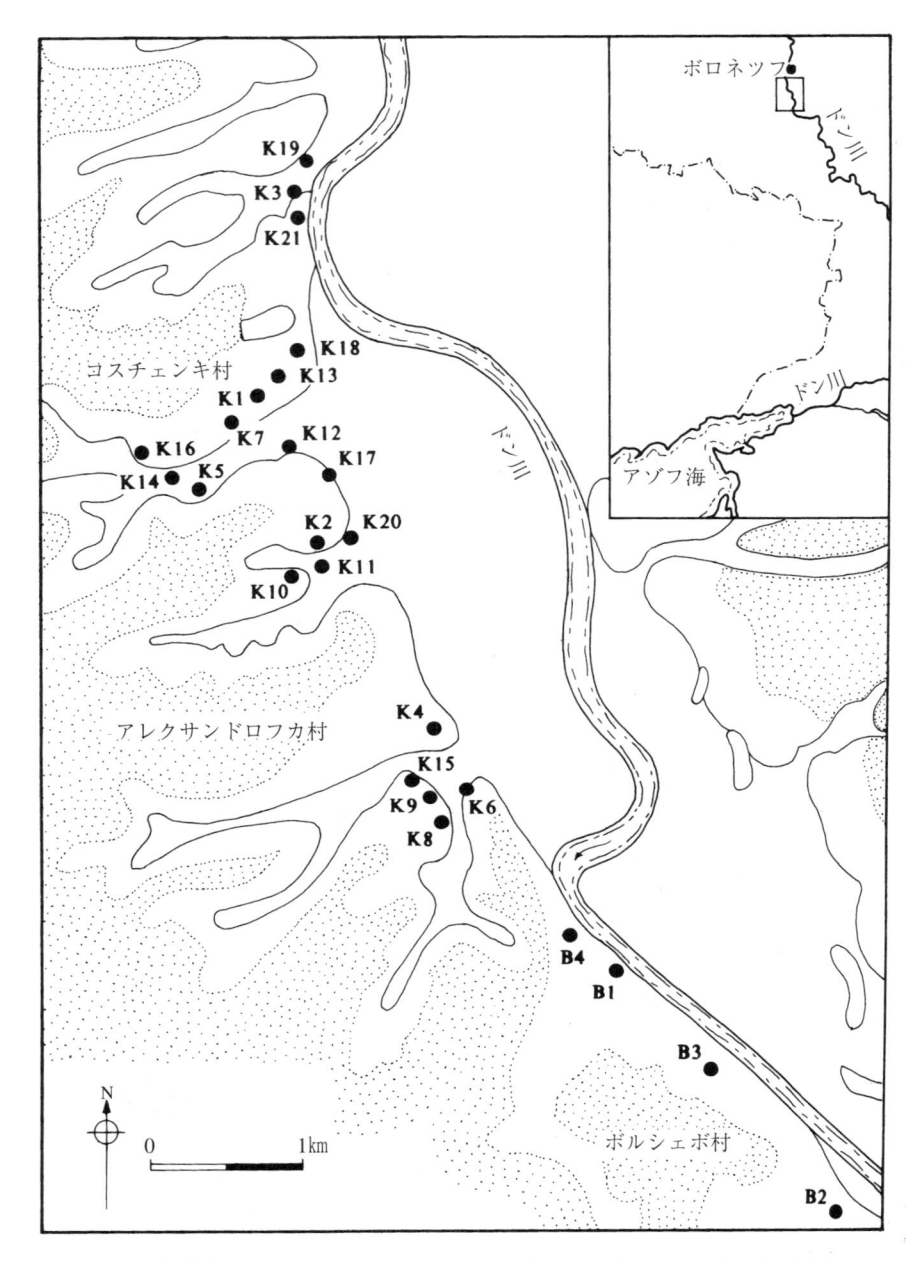

図6.7 北東部地区ロシアのコスチェンキ村，アレクサンドロフカ村ならびにボルシェボ村を流れるドン川沿いに展開するコスチェンキ遺跡群各遺跡の位置（Valoch 1995：Abb.3による）

はおろかフリントの散布すら確認されていないという（プラスロフ私信による）。もっとも近接した遺跡はアブディエボAbdeevoであるが，それは西に300kmも離れている（Grigor'ev 1993）。遺跡は河川に沿って分布しているため，居住システムは自ずと線形になる。これはモラヴィアでも同様である（Svoboda 1994a:図59）。そこでは多数の，また重要な多層遺跡が河川沿いに分布するが，それらの河川はカルパチア山脈を経由してポーランド南部へのルートの関門ともなっているモラビア峠へと遡行している。もっとも集中的な調査が実施されたのはプシェドモスチで，ベスヴァ川流域の

大型のレンガ用の穴から発見されたものである（Absolon and Klíma 1977, Svoboda 1994a, Svoboda et al. 1994）。ここでは，300m離れた石灰岩の崖の間に分厚くレスが堆積していた。こうした場所はOIS 15に比定される中部旧石器以来連綿と居住されてきた。主要な包含層は上部旧石器初頭のグラベッティアン期のものであり，2.63～2.68万年BPという放射年代が得られている（Absolon and Klíma 1977, Svoboda, Lozek and Vlček 1996）。ここで重要なのは，この遺跡では中部旧石器時代と上部旧石器時代とでは地層の堆積状況は非常に異なっているが（Svoboda et al. 1994），そのことによって，両者の考古学的な記録の著しい相違を説明し尽くすことはできない，という点である。

この多層遺跡の巨大なレスの断面は19世紀以来研究されてきたが，残念ながら記録が十分ではない。また，少なくとも12体分の人骨を含む上部旧石器時代の集団墓地（Svoboda et al. 1994:459）を含む豊富な遺物も，第二次世界大戦末期に戦禍で焼失してしまった。

プシェドモスチとコスチェンキは，平面的な発掘調査によって，単に層位的ではなく水平的に旧石器時代の情報が記録されたという意味で重要である。だが，プシェドモスチでの調査は前世紀の終末期に実施されたため，こうした複雑な遺跡を再構成するにはデータが十分ではない[7]。幸いなことに，コスチェンキの場合はそうではなく，1930年代に行われたエフィメンコEfimenko（1958）による調査，ことにコスチェンキ1文化層1の調査は，まことに古典的ともいえるすぐれた業績であった。その成果の一つとして，それまで考えられていた旧石器時代の集落のスケールを一新したことがあげられる。ロガチェフRogachev（1957:図3）が提示した平面図によれば，発掘されたメインエリアの面積は760m²であった。その後の調査では，この倍の面積が発掘されている（Praslov and Rogachev 1982:図10）。

洞穴と岩陰

この時期の洞穴遺跡は，アルプス地域をも含めてヨーロッパの全域に及んでいる。確実な間氷期の遺跡とは，その性格を大きく異にしている。

北部地区とアルプス地域　アルプス地域はこの時期になってはじめて居住が開始された（図3.1）。スイスのヌシャテル近郊，標高660mのコンテンチェルContencher洞穴では4.32万年BPのムステリアン石器群が400点発見されている（Le Tensorer 1993:138）[8]。アルプス地域の東端部のスロベニアには，標高1,700mのポトカ・ジアルカPotocka Zijalkaがあり，上部旧石器初頭の遺物が検出されている（Allsworth-Jones 1990）。

この遺跡は，北西部地区と北部中央地区にある多くの洞穴の一つであるが，その石器群は移行期を考えるうえで層位学的かつ型式学的に重要である（Allsworth-Jones 1986,1990）。各地域の洞穴遺跡としては，イギリス南部のケンツKents洞穴，ドイツ南部のアルトミュールAltmühl河谷にあるマウエルンレンのヴァインベルゲーレンWeinberghöhlen洞穴，ドイツ東部ラーニスのイルゼンヘーレIlsenhöhle洞穴，ポーランド南部ジェルスマノヴィーツェのニートペルゾーワNietoperzowa洞穴，ハンガリー・ブク山地のセレタSzeletaとイシュタローシュクェIstállósko洞穴，南東部地区になるが，ハンガリーのトランス・ダニューブ地域のジャンコヴィッチJankovich洞穴などがある。

しかしながら，それらの遺跡は，中部旧石器と上部旧石器の移行期の遺跡という令名は馳せてい

るものの，細心の注意が払われた調査が実施されているにも関わらず，その遺物の量はどこでも多くはないようである（表6.10）。

この点については，オールスワース・ジョーンズAllsworth-Jonesが，そのわかりやすい総括的な論文の中で明確に述べている（1990:192-4）。例えば，プトカ・ジャルカ洞穴は長さ115mもあるが，完掘されている。少量の遺物（表6.10）が洞穴の入口や奥から検出されているが，それらは炭化物の充満した大型の炉の周辺に集中分布していた（Brodar and Brodar 1983）。

トランス・ダニューブ地域のジャンコヴィッチ洞穴から出土した微量の遺物は，この地域の文化的な標識資料となっている。オールスワース・ジョーンズ（1990:190）は，それがもっとも「豊富な」ジャンコヴィッチ文化の石器群であると同時に，それが深さ5mから原位置で発掘されたものであることを指摘している[9]。要するに，オールスワース・ジョーンズは表6.10に掲げた9か所の移行期の遺跡はどれも，

> 特殊化しており，間欠的に使われ，また，大部分は短期的な居住によるものであるという印象は拭いがたい（Allsworth-Jones 1990:196）。

と指摘している。フロイントFreund（1987）も，アルトムュール河谷のオーベルネダーOberneder洞穴の木葉形尖頭器を含む少量の資料に関する詳しい研究の中で，同様の結論に到達している。

表6.10 中部旧石器から上部旧石器への移行期を研究する上で重要なヨーロッパ中央部に位置する9か所の洞穴遺跡の石器群（Allsworth-Jones 1990:Table 7.6, Freund 1987により増補。南東部地区のバチョ・キロは比較のために追加）

遺跡	道具総数	石核	剥片・石刃砕片	石器総数	骨角器	道具・石核と石核比(%)	石器総数と道具・石核比(%)
ムステリアン							
マウエルンG	94	56	463	613		38	25
木葉形尖頭器							
マウエルンF	114	17	269	400		13	33
オーベルネーダー3gen	62	3	143	205		5	32
ラニス2	60		3	63			95
ラニス3	91	9	40	140		9	71
ニートペルゾーワ6,5,4層	132	5	116	253	1?	4	54
クリゾヴァ 7,8,9層	10	1	19	30		9	37
イヤンコヴィシアン							
イヤンコヴィチ	102		14	116	21		88
セレティアン							
セレタ3,4層	259	9	635	903	2	3	30
セレタ5〜7層	216	5	479	700		2	32
オーリニャシアン							
イスタロスコ(1950-1)9層	17	2	27	46	114	11	41
イスタロスコ7,8層	54	2	53	109	31	4	51
ポトチュカ・ジアツカ	70	6	229	305	130	8	25
バチョキリアン・オーリニャシアン草創期							
バチョ・キロ11層	667	18	19,149	19,834		2.6	3.5

それゆえに，こうした洞穴の石器群がこの地域の中部旧石器から上部旧石器への移行期の基礎資料とされてきたのは不幸なことであった。こうなったのも，発見の経緯や調査の状況，あるいは博物館資料としての保存などが絡み合った結果であるが（Allsworth-Jones 1986,1990），このために，こうした遺跡とコレクションには，もつれ合った経緯は無視されたまま，レッテルが貼られることになったのである。われわれはこうした資料のもつ情報を無視するのではなく，南部地区のブルガリアにあるバチョ・キロBacho Kiro（表6.10）やテムナタTemnata洞穴など他の大規模で良好な資料（Kozlowski, Laville and Ginter 1992,Kozlowski 1982）と比較することによって，新たな視点から見直さなければならないのである。

こうした洞穴のコレクションが，移行期というスポットライトの下に押しとどめられてきた理由は二つあろう。一つは，4.0万年以上の年代が与えられているC14年代であるが，すでに指摘したコンタミネーションという問題を考慮すると，実際それは古すぎるのではないだろうか。第二は，これらの石器群には木葉形尖頭器とか骨槍といった特有の示準化石的石器を含んでいることである。それらは形態から見て着柄され投槍として使われていたと見られる。

もちろん唯一の基準とはいえないものの，木葉形尖頭器はヨーロッパ中央部や東部においては，移行期を語る鍵と見なされている（Desbrosse and Kozlowski 1988）。この石器は変化が大きいが，アルトミューレアン（アルトミュール文化）Altmuleanのタイプサイトであるマウエルンでは，つねに中部旧石器石器群に独特の型式の類例が共伴している（Müller-Beck 1973）。セレティアン（セレタ文化）のタイプサイトであるセレタでは上部旧石器的なテクノロジーと型式を具備した石器が共伴し，また，リンコンビアン（リンコンブ文化）Lincombianのタイプサイトであるケント・カヴァーン（ケント大洞穴）も同様である（Campbell 1977）。骨角槍といえば，疑問の余地のない上部旧石器とされているオーリニャシアンのトレードマークであるが，イシュタローシュクェ9層では石器の数を上回っていた。セレタ洞穴ではセレティアンの層準に2点あるが，ここでの層位は擾乱が著しい（Svoboda and Simán 1989:299）。また，木葉形尖頭器の層準にはなく（表6.10），ムステリアンとも共伴しない。さらに，バチョ・キロ11層にもないが，そこではオーリニャシアン的な上部旧石器が豊富に出土している。これはバチョキリアン（バチョ・キロ文化）Bachokirianとよばれている（Kozlowski 1982:141）。

こうした状況からもうかがわれるように遺物の出土状況は，中部旧石器から上部旧石器への移行の問題にはいささかも寄与するところはない。ドイツ南部のガイセンクレシュテルにおける調査経験を踏まえ，ハーン（1987）は，クリオターベーションによる遺物の地層間の移動は予想以上に大きかったのではないかと指摘している。この問題については石器の接合が鍵となろう。彼はまた，こうした少量の資料に立脚した木葉形尖頭器の発達過程の想定にも疑問を投じている。セレタでは，クリオターベーションによる擾乱効果に惑わされた型式学者によって，その石器群は初源的であると判断されたのである（Allsworth-Jones 1986）。したがって，このような資料に頼る限り，よくてもこの移行が多面的なものであり，また最悪の場合には，このデータによっては移行過程をたどることは不可能であるといった結論に到達せざるを得ないのである。それよりも，デスブロスDesbrosseとコズロウスキー（1988,Kozlowski 1988）が，またスヴォボダとシマン（1989）がすでに

実践しているように，モラビアの露天遺跡において，より集中度が高く，量的にも恵まれた4.0万年BPを超える遺跡の石器群を研究する方が賢明であろう。こうした資料としては，モラビアの上部旧石器時代初頭の石器群であるボウニシアン（ボウニッツェ文化）Bohunicianや，この地域のセレティアンとオーリニャシアンの多量の表面採集資料や調査資料をあげることができる（表6.11）。

両者を並べてみると，洞穴遺跡の資料的な貧弱さがすぐにわかる。ここから オールスワース・ジョーンズは，それを特殊化した石器群であると結論づけている。

北部中央地区の他の地方では状況はまったく違っている。ドイツ南部では，上部旧石器はオーリニャシアンをもって開始され，この石器群はヘンゲロ亜間氷期以来はじめて登場した石器群でもあった。スワビアンSwabianの石灰岩の高原地帯には多くの遺跡が分布している（表6.12）。フォーゲルヘルトVogelherdはリークRieck（1934）によってほとんど全掘されているが，ガイセンクレシュテルにはかなり未掘部分が残されているという（Hahn 1988）。

こうした資料とモラビアの露天遺跡，ヨーロッパ東部の小規模な洞穴遺跡を対照してみると（表6.11および6.12），ドイツ南部では，今までのところ，これはという露天遺跡の相互距離は200km以上離れている。ダニューブ川とライン川の最上流域にもこの時期の露天遺跡はなく，上部旧石器時代初頭から2.1万年BPにかけての遺跡が欠落している。この地域から一番近い遺跡は，ケルン盆地のロンメルジュームLommersumやエルベ川中流域のブライトンバッハBreitenbach，オーストリアン・ヴァハウにあるクレムス・フントシュタックKrems- Hundssteigなどである。これと同様のパターンは2.9～2.1万年BPのグラベッティアン期の遺跡にも認められる。

一般的に，この時期の北方地域での洞穴遺跡の石器群は乏しいが，こうした傾向は中部旧石器時代や上部旧石器時代の資料についても認められるところである。第5章で見たように，豊富なミコ

表6.11 モラヴィア地方における上部旧石器時代初頭における表面採集および調査資料数（Allsworth- Jones 1990, Desbrosse and Kozlowslc:1988,Svoboda 1994a）

	道　具	打製石器総数
セレティアン		
イェツェラニー1	737	4,527
イェツェラニー2	524	4,139
ネスロヴィッツェ	507	3,913
オレチョフ1	651	4,073
オレチョフ2	198	877
ヴェドロヴィッツェⅤ	161	4,946
ボウニシアン		
ボウニッツェ	233	
リーゼン	1,391	
オンドラティツェ	946	
オーリニャシアン		
ヴェドロヴィッツェ2	262	2,130
クパロヴィッツェ1	270	5,396

表6.12 南ドイツ上部旧石器時代初頭の洞穴遺跡（2か所）と露天遺跡（3か所）の発掘調査によって出土した遺物数量（Hahn 1977,1988）

	道　具	打製石器総　数	骨角製尖頭器
オーリニャシアン：洞穴遺跡			
フォーゲルヘルトⅤ	909	2,132	40
フォーゲルヘルトⅣ	1,729	3,387	13
ガイセンクレシュテルⅡ	233	1,594	33
ガイセンクレシュテルⅢ	96	1,413	3
オーリニャシアン：露天遺跡			
ブライテンバッハ	675	5,123	0
クレムス・フンドシュ	3,379	データなし	0
ロンメルズーム	158	1,228	0

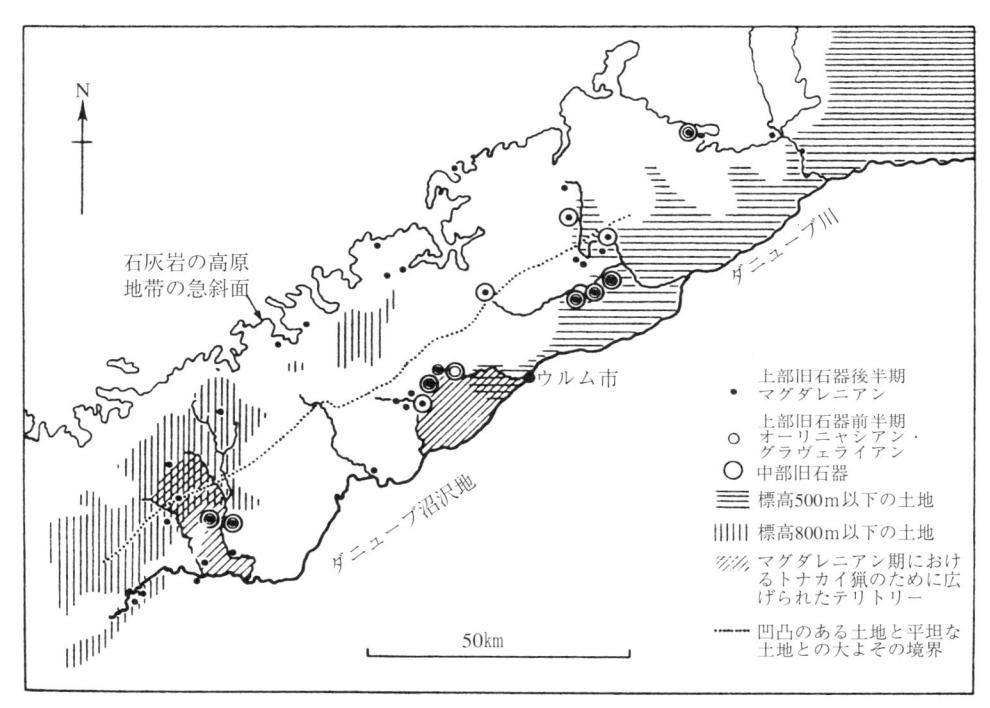

第6章 社会生活のリズム（6万〜2万1,000年前） 279

図6.8 北部中央地区ドイツのシュヴァービアン・アルプにおける旧石器時代遺跡分布図　アシュ川沿岸の遺跡群は（図6.18参照）ウルム市の西方に展開する（Gamble 1986a : Fig.5.12による）。

キアンの遺物を含むクルナKulna 7a層（Valoch 1988）は例外的な存在であろう。しかしながら、大半の石器群は小規模であり、マウエルン G層に比較される（表6.10）。

　旧石器時代の洞穴から出土する少量の遺物を評価するためには、北部中央地区のドイツ南部の調査成果を参照しなければならない。この地域には、ダニューブ川上流域北側にはスワビアンやフランコニアンFrankonian アルプといった石灰岩の高原がある。石灰岩は、アシュ・ブラウAch/Blau川やローヌ川、アルトミュール川などによって深く刻まれているが、それらの流路の一部はかつてのダニューブ川の流路に相当している。

　洞穴遺跡は1世紀以上にもわたって集中的に調査が繰り返されてきた。だが、アルトミュール河谷における近年の調査によれば、流路に接した浅い岩陰に、かつて浸食され失われていると考えられていた中部旧石器時代後半期の包含層が残されていたことが明らかにされている。ジューラーロッホSchulerloch岩陰はこの好例である（ウルツ・ボーネルUtz Bohnerの私信による）。中部旧石器という年代観には疑問もあるが、ミューラー・ベック（1988:図14.1）は6.0〜3.5万年BPに帰属する多量の資料を提示している[10]。

　しかし、全体としては遺跡数は少ない（図6.8）。かつて私は（Gamble 1968a:表6.14）、約1万5,600km²の範囲内に、42か所の中部旧石器時代の遺跡[11]と21か所の上部旧石器時代の遺跡（オーリニャシアンとグラベッティアン）が散在していることを示した。これによれば、1km²あたり0.0028および0.0014という分布密度になる。以後、この数字に大きな変化は認められない。この理由は、すぐに目につき、反復利用されるようなオープンな環境がなかったからであろう。1986年には、アルトミュール河谷の東側でスペックベルクSpeckbergというオープンな地形に立地するよく知られた遺跡

が調査された。この遺跡は小さな段丘崖の背後にある台地上にあり，中部旧石器時代から上部旧石器時代にかけての多量の資料が検出されている（Hahn 1982, Müller-Beck1973）。しかし，そこでの遺物はクリオターベーションによって攪乱された土層から検出されているため，遺跡の意味を検討することは困難である。もう一つの重要な遺跡は，スワビアン・アルプにあるヴィットリンゲンWittlingen（Burkert, et al. 1992）である。ここでは表面採集によって1,322点の遺物が採集され，そのうち254点に二次加工が認められた石核は62点あり，これにはルヴァロワ型が若干含まれていた。ヴィットリンゲンの中部旧石器時代の遺物はOIS 4に対比されている。

とはいえ，この高原地帯における旧石器時代の洞穴遺跡の居住には連続性が認められる。中部旧石器から上部旧石器時代の洞穴遺跡は，ダニューブ川に近接した平坦な石灰岩の高原に継起的に営まれており，北側の急斜面にせり上がる急峻な高地には分布していない（Gamble 1978, 1979, 1986a:図5.12）。こうした場所が繰り返し利用されたのは，そこが多彩な土壌条件を備えた低地にある生産性の高い場所であり，したがって，草食獣にとっても好適な土地であったからである。こうした生産性の高い場所では，洞穴は人類ばかりではなく，肉食獣によっても利用されたが，サイト・キャッチメント分析によって遺跡間最適距離が予測されている（Vita-Finzi and Higgs 1970）。

ところが，ミューラー・ベック（1988）は別な結論に立ち至っている（図6.9）。彼によれば，もっとも生産性が高かったのは石灰岩の高原地帯ではなく，ダニューブ川の低地であった。彼は低地部に2か所の仮説的なベースキャンプを想定している。ただし，これは実際には発見されていないのだが。こうしたベースキャンプがこれまでに発見されていたら，ホーレンシュタイン・シュタデルやボックシュタイン，フォーゲルフェルトといったロネタルLonetalの洞穴，あるいはガイセンクレシュテル，ジルゲンシュタインやグローセGroseなどアシュタルAchtalの洞穴などとの関係についても別な見方が可能となっていただろう。これらは，きわめて変化に富んだダニューブ河谷における，多種多様な資源を開発するための地域的なセトルメント・パターンの一部に組み込まれていたのであろうか（表6.13）。

私が，さまざまな草食獣が季節的な生活基盤としている，もっとも生産性に富んだ領域と認定した平坦な高原地帯は，ミューラー・ベックの見解では，逆にもっとも生産性の低い領域になってしまう。だが，私はダニューブ河谷は，草食獣も忌避する低湿な環境にあったと推定されるので（Sturdy 1975），やはり生産性の点では難点があると考えている。

このように，数千年間にも及ぶ期間に形成された遺跡の同時性や未知のホーム・ベースの存在の可否などに関して，さまざまな意見や希望的な観測が提示されているのが現状であるが，それはこの時期と，すでに第4章および5章で触れた先行する時期との資料解釈の違いが如実に反映されているように見えるのが現状である。

南部地区　南部地区の特徴は，北東部地区，クリミアの洞穴と同様に（Boriskovski 1984, Klein 1965），オープンな景観が知られていないか，あるいは洞穴や岩陰に比較して調査の手が及んでいないことである。

　ストラウスStraus（1992）は，南西部地区のスペイン・カンタブリア地方においては，この時期

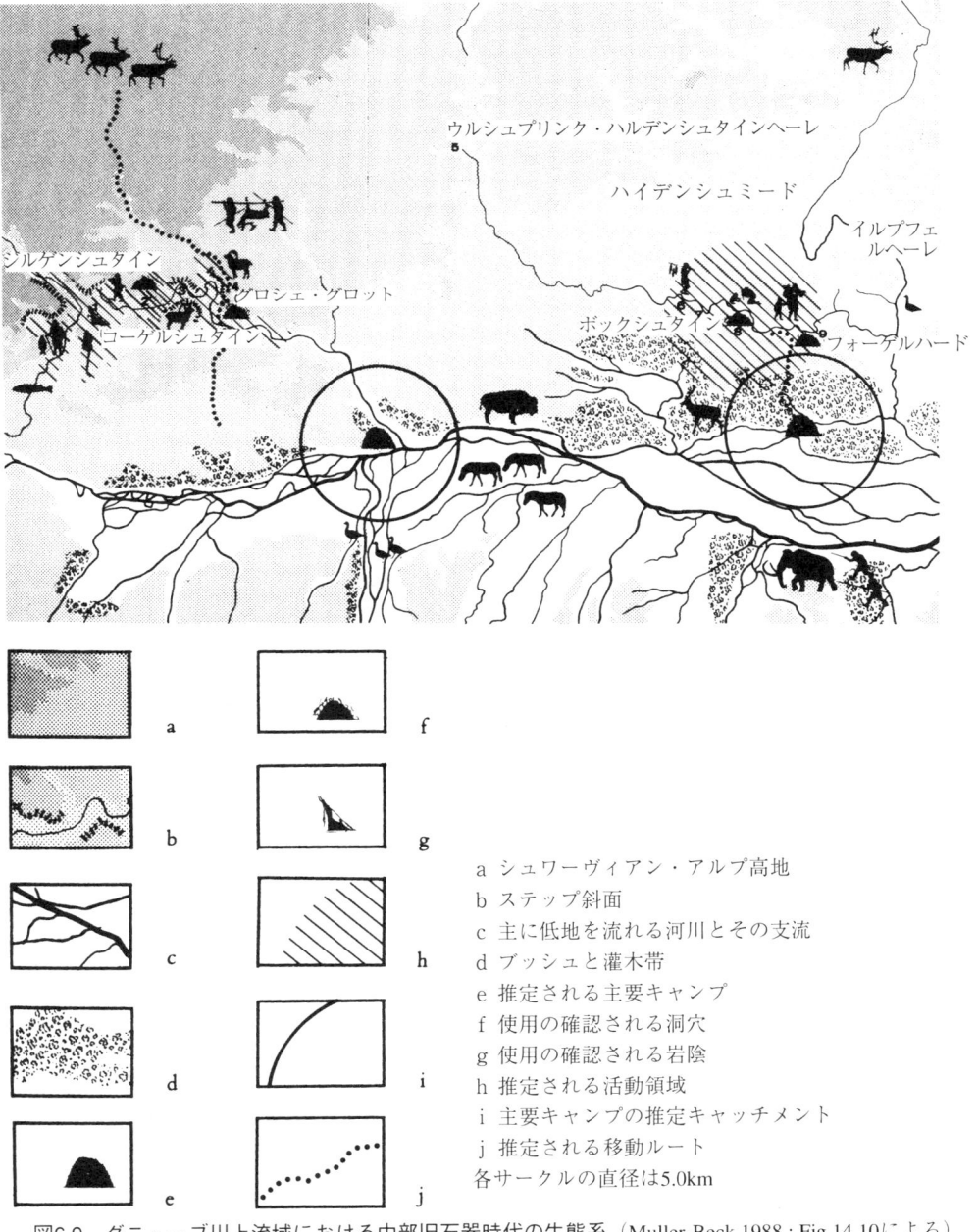

第6章　社会生活のリズム（6万～2万1,000年前）　281

a シュワーヴィアン・アルプ高地
b ステップ斜面
c 主に低地を流れる河川とその支流
d ブッシュと灌木帯
e 推定される主要キャンプ
f 使用の確認される洞穴
g 使用の確認される岩陰
h 推定される活動領域
i 主要キャンプの推定キャッチメント
j 推定される移動ルート
各サークルの直径は5.0km

図6.9　ダニューブ川上流域における中部旧石器時代の生態系（Muller-Beck 1988：Fig.14.10による）

表6.13　ダニューブ河谷およびその支流の環境と草食獣の選択的な利用（Müller-Beck 1998:表14.1）

種	乾いた谷底	湿潤な谷底	斜　面	台地上
マンモス	ブッシュ	草地・スゲ	スゲ・疎林	草本（少）
ウマ	草地	草地・スゲ	スゲ	
バイソン	草地	草地・スゲ	スゲ	草本（少）
アカシカ	疎林	草地	疎林	
トナカイ	疎林・草地	草地・スゲ	スゲ・疎林	草本・地衣

の露天遺跡は知られていないと指摘している。ペリゴールとシャラント地方では，中部旧石器時代の遺跡としてはバルバBarbasやトウチフォToutifautなどアシューレアン系ムステリアンの露天遺跡があり（Guichard 1976），上部旧石器時代初頭の露天遺跡としてはタンブレットTambourrets（Bricker and Laville 1977），コルビアックCorbiac（Bordes 1968b）が知られている。しかしながら，ムステリアン後期（Turq 1992b），上部旧石器時代初頭を通して，洞穴が一般的な遺跡であった。例えば，サン・セゼールSt Césaire（Leveque,Backer and Gilbaud 1993），アブリ・パトウAbri Pataud（Movius 1975,1977），ラ・フェラシ（Delporte and Maziere 1977）などが著名である。南東部地区も同様で，バチョ・キロやテムナタ洞穴（Kozlowski,Laville and Ginter 1992, Kozlowski 1982）などが，その石器群の連続性と移行性からすれば，ルーマニアの小規模な露天遺跡であるバナトよりも重要であろう（Allsworth-Jones 1986, Mogosanu 1976,1978）。

　ラヴィーユLavilleは，ペリゴール地方の洞穴と岩陰の詳細な調査を行っている（Laville,Rigaud and Sackett 1980）。堆積層の古気候学的な解釈に基づいた，入り組んだ層位学的な編年枠はC14やTL法によって再検討され，グランド・パイルやレ・ゼシェットなどの花粉帯とも対比されている（Laville,Raynal and Texier 1986）。

　このスキームの問題点は，完全な連続性をもつ遺跡が一つもないことである。この非連続性は6.0～2.1万年の間にことに顕著であるが，この時期は，ラヴィーユの層位学的な編年区分ではウルムⅡ（OIS 3），ウルムⅢ（OIS 2）およびウルムⅡ/Ⅲの亜寒冷期の亜間氷期に相当している。洞穴にはどこでも突然堆積が中断する時期が認められる（Laville,Rigaud and Sackett 1980:135,図6.1）。コンブ・グルナルとペック・ド・ラゼではウルムⅡ/Ⅲの境界で堆積の連続性が中断し，アブリ・パトウとロック・ド・コンブRoc de Combeでは，逆にその面から堆積が開始される。この事実は，あらゆる洞穴堆積物は寒冷期の所産であり，亜間氷期は堆積層の浸食によって示されるというラヴィーユの予測とうまく調和するものではある。だが，この温暖期に浸食が行われるという見解に，ペリゴールにおける共同研究者であるファランドは納得していないし，ドイツ南部の洞穴堆積物を研究しているブルネッカーも同調していない（1982:128,Brunnacker and Streit 1966）。スペインのカンタブリアにおける洞穴堆積物を研究したブツィアーButzerも反対派で，洞内堆積物を間氷期（OIS 5e）や亜間氷期にのみ対比することの難点を指摘している。それゆえに，ペリゴール地方の層位学的な編年は，洞穴相互の比較ではなく，これから独立した年代決定法による検討が必要である。

　たしかにこのような方法論的な難点はあるとはいえ，この層位学的編年観は広く採用されている。ローランド（1990:図13.2）はラヴィーユのスキームを採用し，五つのムステリアン石器群類型のうち四つを古気候と対応させている。彼は古気候の範囲が広すぎることを認めているが，鋸歯縁ムステリアンがマイルドな，あるいはより温暖な気候下に形成された堆積物と対応することが多い（70％，n=46）ことを指摘してる。これに対して，シャランティアン・ムステリアンのキナ型とフェラシ型は，より寒冷な気候下に形成された堆積層に対応している（80％以上，n=70）。これは，寒冷・湿潤から寒冷・乾燥へ，また非常に寒冷から非常に乾燥へという幅をもっている[12]。

　メラーズは編年学的な新旧関係を提示しながら（1992,1996,1999），ローランドの見解を支持している。彼の層位学的な所見に立脚した主張によれば，トゥルクによって6万年BPよりも古いOIS 4

に対比されている（1992b:77）キナ型ムステリアン石器群は（表5.8），つねにフェラシ型ムステリアンの上層から発見されているという。さらに，三角形の両面体石器を伴うアシューレアン系統ムステリアン（MTA）タイプAの文化層が存在する場合，また，そうした器種を含まず自然面を背部とするナイフを共伴する同タイプBが認められる場合も，いつもそうした石器群は一連の堆積サイクルの最終局面に登場している（図6.10）。こうしたメラーズの提示した編年的な新旧関係が認められるとすれば（1996），古気候と資源の状況，そして石器群との相互関係は，よりわかりやすいものとなるだろう。

ここで注意しておきたいのは，南西部地区においては中部旧石器から上部旧石器への移行期にあっても，遺跡の発見される状況はそれまでとあまり変化していないことである。とくに注意されるのは，3.7〜3.3万年BPに見られるシャテルペロニアンChâtelperronian石器群の僅少性であろう（Harrold 1989,表33.2）。サン・セゼール8層（Leveque,Backer and Gilbaud 1993）におけるネアンデルタール人化石には，背部の曲がった有背尖頭刃器（blunted backed points）あるいはナイフ（図6.11）を含むシャテルペロニアンが共伴した。それはTL法によって3.63万年BPという年代が与えられている。地理的に見ると，シャテルペロニアンはグロット・デュ・レンヌGrott du Renne（北西部地区ヨンヌ川流域，アルシー・シュール・キュールArcy sur Cureにある）からカンタブリアのエル・ペンドEl Pendoやクエバ・モリンCueva Morin（Straus 1992:73）にまで分布している。

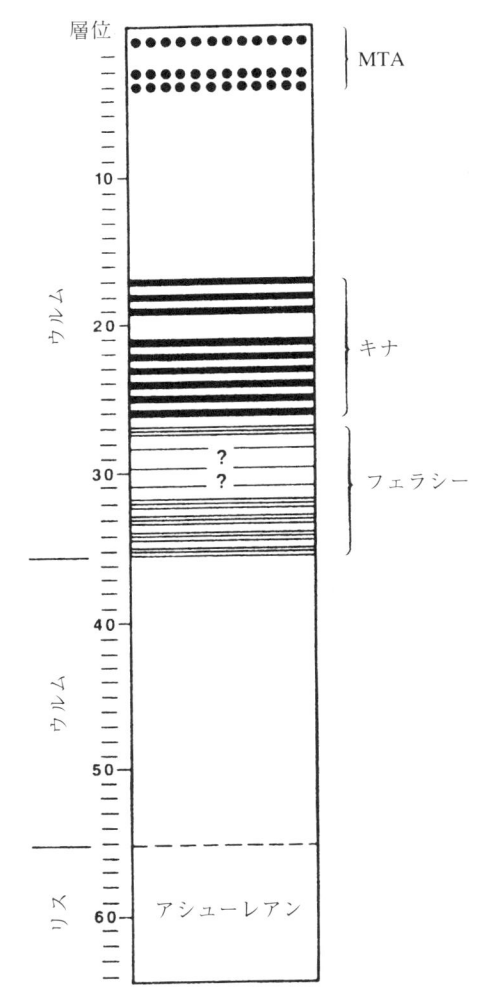

図6.10 南西部地区フランスのコンブ・グルナルにおけるムステリアン包含層に観察されるフェラシー型・キナ型ならびにＭＴＡの層位的出土状況（Mellars 1996：Fig.6.16による）

その独特な尖頭器の形態は別にして，シャテルペロニアンを特徴づけることは難しい。ハロルドHarrold（1989）が指摘しているように，そのおもな特徴は石器群のサイズが小さいことである（表6.14）。

さらに，ムステリアンとシャテルペロニアンとの間には，剥片生産技法上の連続性が認められるが，後者ではより頻繁に石刃生産が行われている（ibid.:691）。この問題は，ハロルドも注意しているように，中部旧石器と上部旧石器とを分断する石器型式学とテクノロジー上の基準が存在するということにある。例えば，それはBordes（1961b）による中部旧石器の型式学（第5章）と，ドゥ・ソンヌヴィユ・ボルドde Sonneville-BordesとペロPerrotによる上部旧石器の『型式学用語集

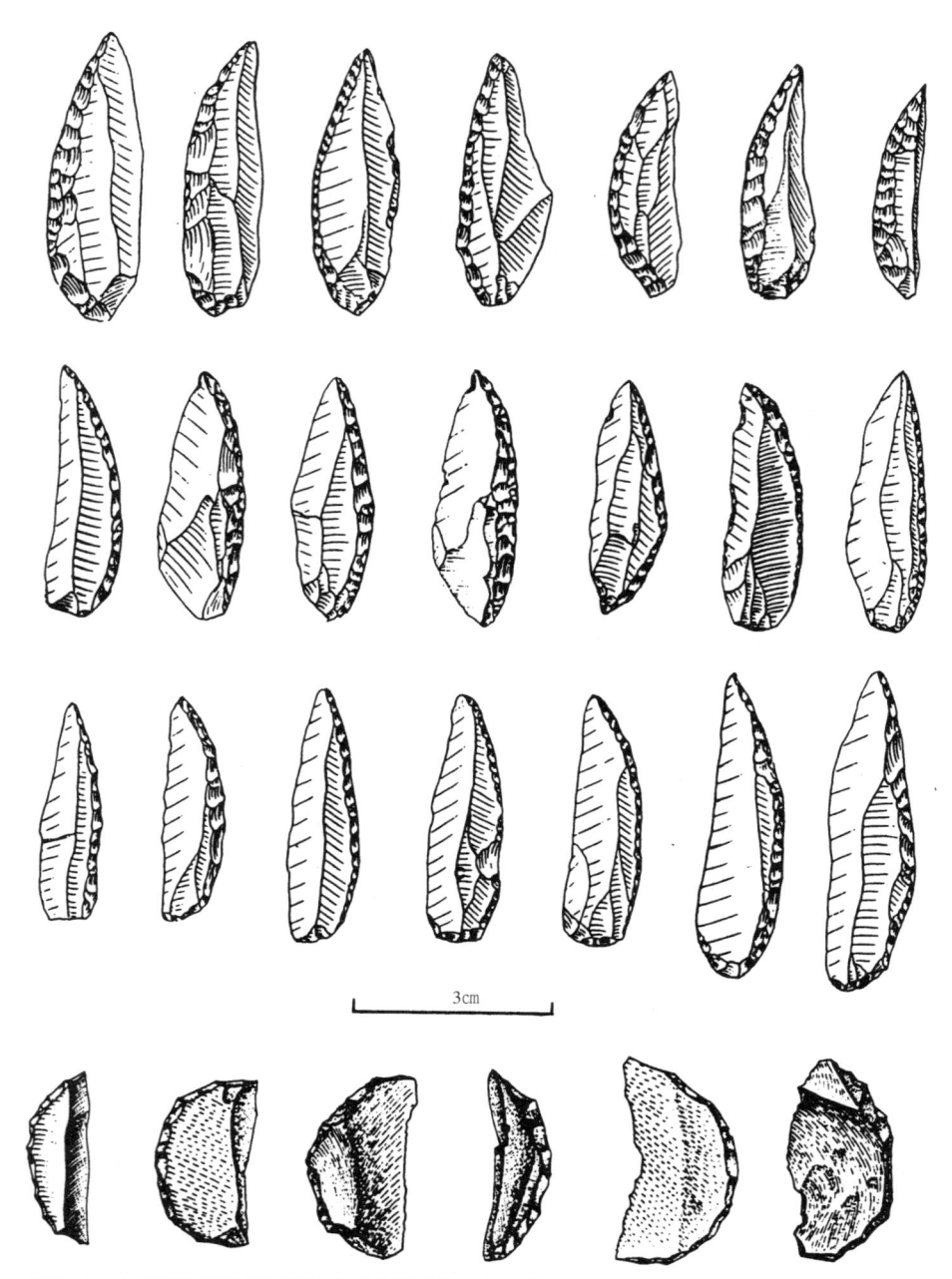

図6.11　上部旧石器時代初頭の有背尖頭刃器　上3段：フランスの上部旧石器初頭各遺跡出土のシャテルペロン型，下段：イタリア上部旧石器初頭各遺跡出土のウルツィアン半月形石器（Mellars 1989:Fig.20.3による）。

(*lexique typologie*)』（de Sonneville-Bordes 1960,1954-6も併せて参照）の違いである。別な基準を適用してみれば，この移行はずっと穏やかなものになるだろう。例えば，シメクSimekとプライスPrice（1990）は，上部旧石器がムステリアンよりも多様度が高く，また根本的に異なったタイプの技術的なシステムを保有していた，という通念を検証している[13]。彼らの統計学的な分析によれば，ムステリアンと上部旧石器初頭石器群の間にはいかなる分明な違いも存在しない。興味深いこ

表6.14 ドゥ・ソンヌヴィユ・ボルドとペレの型式および石器数の平均（Harrold 1989:Table 33.3）によって測られた石器群多様度（タイプ・リスト登載型式は92種）

	平均型式数	型式数の範囲	石器群の保有トゥール平均値
シャテルペロニアン n=14	33.6	23～42	281.8
初期オーリニャシアン n=13	42.1	32～54	617.6

とに，石器群の器種（richness）については，それはサンプルサイズに依存することが多いのであるが，表6.14からも予想されるように，シャテルペロニアンとオーリニャシアンとの間に断絶が認められる。だが，石器群の多様度（evenness）の変化が生じるのは，もっと後のことで，上部ペリゴーディアン・グラベッティアンの頃からである。

これらの移行期の研究に使われる石器群は，洞穴や岩陰から発見されたものである。凍結と融解の反復される環境のもとで，洞穴内には急速に堆積土が形成され，それによって骨が保存され，また，かつてのように浸食によって失われることもなかった。このため，南西部地区の洞穴は考古学者に豊富なサンプルと時間が封じ込められたパッケージを提供してくれるが，これによって層位学的な検討はいうまでもなく，古環境に関する分析も可能になるのである。北部中央地区におけるように，大規模な調査を行っても貧弱な資料しか回収できない状況を見れば，露天遺跡よりも洞穴に多大の注意が注がれてきたといっても，少しも不思議ではないであろう。

地中海地域 地中海地域には露天遺跡は多く知られているが，いずれも小規模なものである。エピルスEpirusの赤色層やモルフィMorfiやコッキノピロスKokkinopilosといったギリシャ北西部からは木葉形尖頭器が散発的に発見されている。これらは浸食によって露呈したものであり，努力のかいもなく正確な帰属年代はよくわかっていない（Bailey,Papaconstantinou and Sturdy 1992）。地中海中央地区では，ナポリ南郊，セリノSerinoで大規模なオーリニャシアンの露天遺跡が調査され，C14法では3.12万年BPという年代の居住跡が発見された（Accorsi et al. 1979）。イベリアでは，カンタブリアと同じように，目立った露天遺跡は発見されていない。

すべての地域で，遺跡の多くは洞穴や岩陰から発見されている。これには，東部地方のクルヴェナ・スティエナCrvena Stijena（Brodar 1958-9）やアスプロチャリコ（Bailey,Papaconstantinou and Sturdy 1992），西部地方のフランス領には，ムステリアンの多層遺跡であるオルチュスHortus（Lumley 1972）や，上部旧石器初頭の石器群が連続性をもって検出されているガルドンGardon河谷のラ・サルペトリエールLa Salpêtriere（Bazile 1976,Escalon de Fonton 1966）などがある。

南部地区での石器群の比較はしばしば込み入っているが，それはアプローチの仕方によるものである。イベリア，イタリア，それに地中海沿岸フランスの型式学は，ラプラスによる（1961,1964,1966）『型式学的分析』を使うか，参考にすることが多い。これは初等的な形態学的概念に基づいており[14]，ドゥ・ソンヌヴィユ・ボルドの『型式学用語集（*lexique typologie*）』とは異なっている。ラプラスは14種類の型式学的なグループを区別し，次いで石器群相互の比較にすすむのではなく，

一群の指数によって相互の比較を行っている。ラプラスのモデルによれば，細長石器（*leptolithic*）[15]は有機的な全体性の一部分であり，多形的な共通基盤の一つの表現形態である。その変化は，触媒作用と変換作用が石器に作用することによって生じる。それは目的論的な進化力であり，その中で石器は進化に向かう内在的なダイナミズムに浸されているとされる。

だが，ラプラス的なアプローチにも取り柄はある。つまり，型式学的な大枠，対象が中部旧石器であろうと上部旧石器であろうと不変であることである。それゆえに，移行期への適用に際しても先の困難は原理的に回避されることになる。例えば，カンタブリアのカペラデスCapellades近郊，アブリク・ロマーニから出土した石器群に関するヴァケロVaqueroの研究（1992）は，とくに生産過程に力点をおいている。その結果は表6.15に示したが，表を作成するにあたっては，馴染み深い用語に翻訳し直している[16]。

この枠組は，形態学的な研究とこれに基づいた三次元的な概念を通して，認知論的な変化を見出そうとする目的をもっている（Vaquero 1992:54）。これによれば，ロマーニのオーリニャシアン石器群は，生産過程ではなく細部加工に多くの変異を指摘できるが，ムステリアンはこの逆であることが明らかにされている（*ibid.*:89）[17]。

長期的な連続性や豊富な遺物からなる石器群はさておき，すでに論じた理由から（図6.11），地中海中央地区は非常に独特な移行期の石器群，すなわちウルツィアン（ウルツァ文化）Uluzzian（Palma di Cesnola 1976,1981）を生み出した。この石器群は，半月型の有背刃器・ナイフ（図6.11）をもっている点で，シャテルペロニアンとある程度類似している。しかし，石材消費はきわめて中部旧石器的で，多くの剥片があり，ルヴァロワ技法が駆使されている。グロッタ・ディ・カステルチヴィタGrotta di Castelcivita（Mussi 1992図Ⅳ.4）には骨角器もある。

ウルツィアンの分布はイタリア南部に限定され（Mussi 1992:図Ⅳ.1），その範囲はシャテルペロニアンよりも狭い（Harrold 1989:図33.1および33.2）。代表的な洞穴遺跡は，イタリア半島の踵の部分，レッチェ近郊のウルツォ湾周辺に立地している。グロッタ・ディ・カステルチヴィタ（Cioni,

表6.15 アブリ・ロマーニにおける中部旧石器から上部旧石器への移行（Carbonell 1992）

年代（千年BP）	2層 オーリニャシアン 39.2〜43.8 %	4層 ムステリアン 43.4〜45.6 %
生産のネガティブ・ベース BNP（石核・ノジュール）	0	1
ポジティブ・ベース BP（剥片・石刃）	52	68
ポジティブ・ベース破片 FBP（砕片・チャンク）	24	14
ネガティブ・コンフィギュレイション・ベース BPF（細部加工ある石器）	17	7
ポジティブ・ベース破片 BPF（剥片・石刃の破片）	7	10
N	154	846

Gambassini and Torre 1979）は，ウルツィアンに対する疑問の余地のないC14年代が測定されている唯一の遺跡である（表6.1）。また，カヴァロ洞穴では（Palma di Cesnola 1976），石器群は3段階に分けられるが，時期を追うごとに中部旧石器的な色彩は希薄になる。

オーリニャシアンはラチウムLatiumやバルバラBarbara，フォッセローネFosselone（Zampetti and Mussi 1988），モレットMollet Ⅰ，アルブレダArbreda，カタロニアの二つのレクロReclau川洞穴（Maroto and Soler 1990，Maroto, Soler and Mir 1987，Soler and Maroto 1987）といった洞穴遺跡からわかるように，イタリアやイベリアでは広範囲に分布している。両地域ともに，グラベッティアン石器群は多いとはいえないが，2.8万年BP頃には確実に存在する（Fullola 1983:342）。

地中海地方の洞穴について最後に触れておかなければならないのは，壁画芸術の出現という注目すべき問題である。ショーベChaubet洞穴の絵画に含まれていた有機物を対象としたAMS年代は3.03～3.24万年BPの範囲であり，燭台から得られた2点の炭化物については2.69万年BPという年代であった（Chaubet, Brunel Deschamps and Hillaire 1995）。ライオンやウマ，サイなどの動物画の描かれた洞穴壁画は，1995年に地中海西部地区にあるアルデシュ渓谷に所在するポン・ダルクPont d'Arcでも発見されている。この発見によって，ヨーロッパの洞穴壁画の出現期は一挙に1万6,000年も古くなる一方，この地域こそがその最初の開花地と見なされるに至った[18]。ニース近郊コスカーCosquerの壁画は，現在その一部が水没しているが，AMS法によって直接2.7万年BPという年代が与えられている。こうした発見によって，イベリアやペリゴール地方の壁画は，せいぜい2.0万年程度の古さしかない後出的なものであるのか，あるいは，その遺存状況や年代観の再検討を迫られているのか，いずれかということになろう。

埋葬と肉食獣

最後にこの時期の完全な，あるいは完全に近い人骨の出土例について触れておかなくてはならないだろう。とくに，ネアンデルタール人については問題となるが，これに関しては，近年多くの包括的な試論が提示されている（Defleur 1993, Gargett 1989, Smirnov 1991）。

資料が限られているとはいえ，完全な人骨の集中する地域が2か所ある。それは，南西フランスとイスラエルである。北西部地区には，ベルギーにスピー洞穴があり，北東部地区でもクリミアのキイク・コバKiik Kobaが知られており[19]，そうした可能性をもっている。ヨーロッパのこれ以外の地区では，人骨は細片化している（Oakley, Campbell and Molleson 1971）[20]。また，その年代も明確ではない。イスラエルのケバラKebaraは例外であり，資料は最終氷期初期あるいは寒冷期に対比されている。フランスの一群のうち4遺跡は亜寒冷期であり，クリミアのスタロセリエStaroseleの小児墓は論争の渦中にあるが，同様の年代が想定されている（Gvozdover et al. 1996, Marks et al. 1997）[21]。

これらが埋葬骨であるか否かはしばらくおくとして（以下を見よ），明白な事実として，フランスの事例は，その時代といい，また場所といい，ネアンデルタール人が居住した洞穴においては，肉食獣の遺存体はきわめて稀であるという点である（Gamble 1986a）。イスラエルの資料もまったく同様である（Marshall 1993）。もちろん，大型肉食獣はいるにはいたが，それらの洞窟内から出土する動物群に占める割合は軽微である。

一方，南東部地区のような他の地域ではこうした傾向は認められない。地中海東部地区では，ヴ

ィンディアVindijaやクラピナKrapinaなどから大量のネアンデルタール人化石が出土しているが，それらはいずれも細片化している（Smith 1984, Wolpoff et al. 1980）。こうした洞穴では，肉食獣，とくにハイエナとクマの遺体数は顕著であるが，それらの遺体はこの地域のいずれの洞穴においても多量に認められる。さらに，人類によって利用された洞穴においても卓越する場合がある（Gargett 1994）。

かくして，フランスやイスラエルにおいて完全なネアンデルタール人の遺体が数多く発見される理由として，肉食獣の行動の違いが想定されることになる。仮に，肉食獣が洞穴を営巣や子育てのために利用しなかったならば（第5章），土坑中にあろうと地表面にあろうと，そこに残されていた人類遺体は攪乱されなかったであろう。われわれが指摘したいのは，ライオンやハイエナといった肉食獣がネアンデルタール人を狩り，洞穴に引きずり込んだというのではなく，それらによって人類のギャザリングにかかる考古学的な記録が攪乱された，ということである。

ネアンデルタール人の遺体は多く発見されているが，断片化している地中海西部と中央地区との比較は興味深い。スタイナー（1994）は，グロッタ・グアタリの人骨はハイエナの巣窟に形成された動物遺存体の一部である，と自信をもって語っている。オルチュス洞穴では，少なく見積もっても20個体の人骨が発見されているが，それらは人骨でも耐久性の高い部位ばかりであった（Lumkey 1976:569）。人骨は洞穴のフィッシャーから検出され，そこでの動物骨にはレパードとクマがふんだんに含まれていた（Pillard 1972）。

デフルールDefleur（1993）は分断された部位と解剖学的に関節している部位とを比較している（図6.12）。前者は262個体あり，これには歯や頭骨の一部，それに四肢骨の断片が多く含まれている。これに対して，埋葬されたと見なされる22個体の成人骨と12個体の小児骨は，相対的に脆弱な部位も遺存していた。

上部旧石器時代には，埋葬された人骨とともに，大量の破砕骨も出土する。実例としては，地中海中央地区のリグリアン海岸にあるバルツィ・ロッシBalzi Rossiが上げられる。だが，この時期に新たに登場するのは，スンギルSunghir，コスチェンキ，ドルニ・ヴェストニツェーパブロフなど北東部地区や北部中央地区などといった露天の埋葬遺構である。これは，保存状況や回収状況の相違などではなく，文化的な発展の所産であると見られる（第7章に完全な議論がある）。

表6.16　ネアンデルタール人の埋葬跡
（Defleur 1993:tableau 1による）

地区	遺跡数	埋葬 確実	可能性高い	可能性あり
ヨーロッパ				
南西部地区	7	11	3	1
北西部地区	2	1	1	1
北東部地区	2		2	
イスラエル	5	12	4	2
西アジア	2	6	1	3

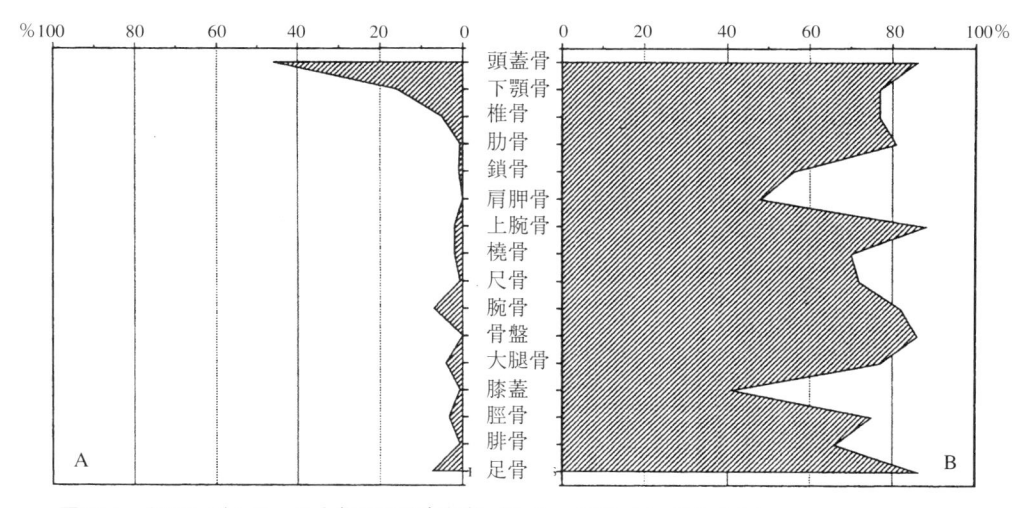

図6.12 ネアンデルタール人化石の遺存部位（Defleur 1993：Fig.69による）
　A　断片的な資料：これには耐久性の高い歯や頭蓋骨が多い。
　B　関節部分を含む資料：肩胛骨や鎖骨，膝蓋などを除いては保存は良く，発見例も多い。

リズムと社会的テクノロジー

　すでに多くの議論があるように，中部旧石器から上部旧石器への移行期には石器が重要な役割を演じていた。サポートが一般的な剥片ではなく，石刃へシフトしたこと，このことは着柄された複合石器とも関連し，さらに狩猟行動に及ぶ生産的な議論が蓄積されている（Mellars and Stringer 1989, Nitecki and Nitecki 1987）。加えて，この問題には，ムステリアンの石器群間変異や石器群に適用されている文化という概念も内包されている。メラーズは，最近の中部旧石器の石器群間変異に関する総括的な論文で次のように結論づけている。

　こうしたパターンについてのもっとも妥当な説明は，明確に分離される技術的な伝統が存在した，ということに尽きるであろう。つまりそこには，人々の間で維持されていた社会的な距離のとり方に応じて育まれてきた諸々の技術面での発達が，弁別可能なパターンとして含まれているのである。こうした意味で，中部旧石器における技術的な変異に看取される「文化」的なパターンに，何らかの実体的な要素が対応していることを否定することは，不可能とはいえないまでも，やはり困難である（1996:355）。

　テクノロジーのもつ社会的な性格を重視する立場からは，私の展望はこれを超えていく。とくに私が強調したいのは，このような変異の分析単位として，グループあるいは集団を想定するのではなく，あくまでも個人を措定することである。私がつけ加えたいと思うのは，ネゴシエーションの技量と，主体間の相互関係であり，さらに社会生活がつくられ，たしかなものとなるモノと景観との関わりである。人間行動のリズムに力点をおくことは（表3.1），このような技量を検討するための一つの手段である。この問題は，主体相互が織りなし，四囲を取りまく環境へとわれわれを導くことになるが，それは主体がつくりあげ，同時に主体を束縛するものでもある。社会的なテクノロ

ジーのもつリズム，それは第4章と第5章で考古学的に規定された文化の変化に関する検討を通して，われわれにはすでになじみのものとなっているが，このリズムは本章においてはもう一つの根本的な疑問，すなわち，なぜ文化は変化するのか，という問題へのアプローチの手がかりになるだろう。この問題は引き続き第7章でも考察したい。

道と径：石器石材の獲得と移動

素材の移動によって示される道と径は，移行期とそれに続く上部旧石器の発達を考察するうえでも重要な観点を与えてくれる。フェブロ・オグスタン（1993:図9）は，中央ヨーロッパの亜寒冷期段階における中部旧石器後半期の石材移動距離は[22]，いぜんとして地域的なレベルにとどまっており，せいぜい100km以内であったが，100kmから300kmという長距離移動の事例が中部旧石器後半期では1例にすぎなかったのに対して，後続する時期では6例にも増加していることを示している。中部旧石器の1例とは，北部中央地区のスワディアン・アルプにあるヴィトリンゲンWittlingen（Burkert et al. 1992）の表面採集資料である（表6.17）。

第5章において触れたように，中部旧石器石刃石器群の石器石材は，常同的に生産場所の近傍から採取されていた。北部中央地区のモラビアにおける上部旧石器初頭，ボウニシアンはほとんど例外なく在地の石材を使っていた。事実，ボウニシアン石器群の分布は，ストランスカ・スカーラStranska skala産チャートの分布域に限定されており，ボヘミア山塊に沿って最大径40kmの範囲を占めている（Svoboda and Simán 1989:293）。両例ともに，テクノロジー面では異なるものの，ヴィトリンゲンを代表とする，中部旧石器時代後半期の剥片ベースの石器群と同じような石材移動パターンをもっている（Féblot-Augstins 1993）。

しかし，広域的な比較によって（表6.18），二つの傾向が浮上する。第一の傾向は，いずれの地域でも移動距離は時間の推移とともに増加することである。どこでも，中部旧石器初頭と上部旧石器後半期との間にはほとんど2倍もの開きがある。第二の傾向は地理的なものである。第5章で指摘したように，ヨーロッパ大陸の海洋部（南西部地区）と大陸部（北部中央地区）との間の地域に

表6.17　北部中央地区ヴィトリンゲン表面採集石器の石材（Burkert et al. 1992:Table 35）
剥離の適否については+/−表記で示す。

石器石材	N	%	搬入距離km	石器石材 量	石器石材 質	石核	未加工の剥片	加工された剥片
褐色系								
ジュラ・角岩	1,241	94	0	+	+	61	977	203
赤色系								
ジュラ・角岩	33	3	1～10	+	+	1	19	13
角岩？	1	0.1	＞20	−	−			1
ラジオライト	6	0.5	＞30	+/−	+/−			6
貝殻石灰岩	29	2.5	＞40	+	+	1	6	22
珪化粘板岩？	1	0.1	＞120	+/−	+/−			1
不明	11	0.8	？	？	+		4	7
合計	1,322					63	1,006	253

表6.18　3地区の石器石材を時期別に見た最大搬入距離の平均値の比較　n＝各地区の遺跡・文化層数（データはFéblo-Augstins 1997による）

地区	SW km	NW km	NC km
下部旧石器	32.7 n＝25	17.5 n＝2	
中部旧石器前半期	35.0 n＝18	25.3 n＝3	120.0 n＝2
中部旧石器後半期	40.0 n＝61	56.2 n＝16	119.1 n＝23
上部旧石器前半期	51.6 n＝66	82.2 n＝20	157.3 n＝112
上部旧石器後半期	61.0	80.6	202.6

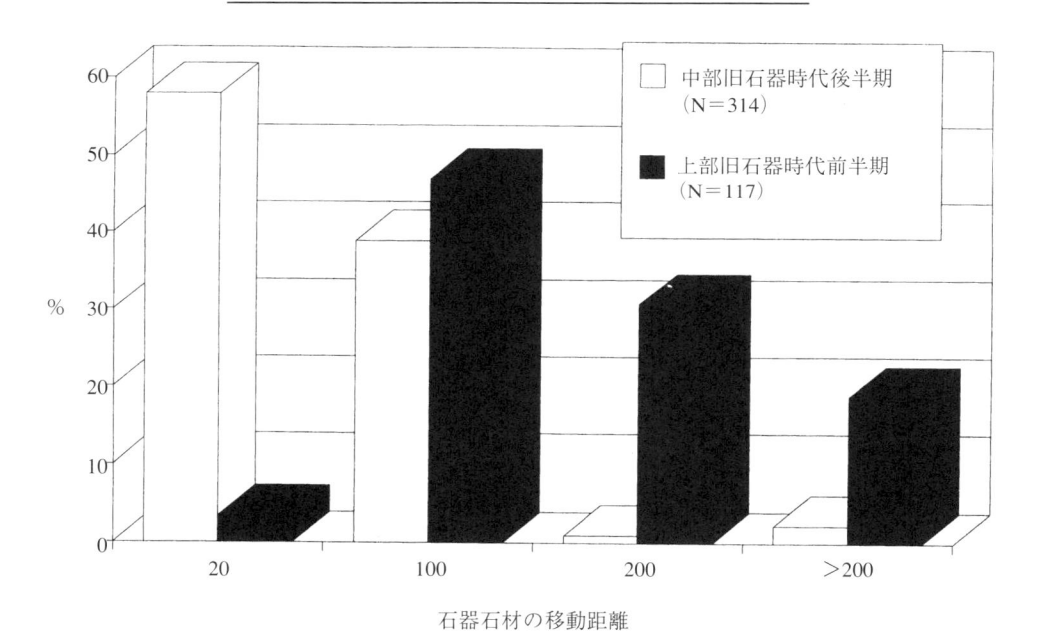

図6.13　南西部地区，南東部地区，北西部地区ならびに北部中央地区における中部旧石器時代後半期から上部旧石器時代前半期にかけての石器石材が通常移動される距離の変化　図5.14も参照（データはFéblot-Augustins 1997, Floss 1994, Roebroeks, Kolen and Rensink 1988による）

おいては，移動距離の増加が認められる。多くの場合，ここでの最大距離はジュネストの法則（第3章）に支配されている。つまり，距離の増加にともなって石材量は減少する反面，道具としての石器の量は増加するのである。たしかに量的な減少は不可避であるとはいえ，表6.18からは移動距離の顕著な増加傾向をうかがうことができる。だが，これを単なる生態学的な理由から説明することは困難であろう。

図6.13は，中部旧石器後半期から上部旧石器初頭までの北部中央地区の石材移動距離を比較したものである。300kmを超える移動は上部旧石器初頭までは知られていない（Féblot-Augustins 1993, Floss 1994, Roebroeks, Kolen and Rensink 1988）。また，そのような長距離移動があったとしても，それは石器石材ではなかった。このパターンは上部旧石器初頭に開始される貝類の移動によっても

検証される。

石器石材の質

　上部旧石器時代初頭における顕著な特徴として，いくつかの地域で細粒の石器石材，とくにフリントを使う傾向へのシフトが認められることがあげられる。そこでは，（在地産チャートを使う）ボウニシアンとは異なり，ギャザリングによって遠隔地から素材を獲得しなければならなかった。ムステリアンの上層にオーリニャシアン初頭の文化層が重複するラルブレダにおいては，この突然の変化は著しいものである。北西部地区のアルシー・シュール・キュールにおけるファリジーの分析によれば（1990:図11.10），ムステリアンのⅪ層とⅫ層とシャテルペロニアンのⅩc層とⅩb層との間で，グロット・デュ・レーヌ（トナカイの洞穴）産のフリントが10％から70％に増加している。これは，この間における上部旧石器時代的な石器型式の増加，およびそれほどではないにしても，石刃要素の増加とも軌を一にしている。

　すでに第5章で見たように，中部旧石器にも石器生産地点が知られているが，特定の石材が消費される場が形成されるのは上部旧石器時代初頭になってからである。アルプス地方のドロマイト鉱山にあるモンテ・アヴェナMonte Avenaはこの好例である。この遺跡は標高1,450mの露天にあり，最初にフリントが採掘されたのはオーリニャシアンであった。ここでは試し割と搬出用の粗割とが認められる（Lanzinger and Cremaschi 1988）。

　こうした特殊な場は，石材が搬入される遺跡が組み込まれている空間的なネットワークの存在を反映している。例えば，ストランスカ・スカーラⅢにおけるオーリニャシアンの地点には，遠隔地から搬入された2か所の石器石材の集中地点があった（Weißmüller 1987:図58）。バーバリアのグラベッティアンの遺跡であるザルチングSalchingでは（Weißmüller 1987:図2），調査区内から150km離れたところで産出する角質斑岩（keratophyre）の搬入場所が検出されている。

石器石材の量

　しかしながら，南西部地区でのトゥルク（1993）の石器石材に関する研究によれば，石器石材のこのような変化には，一部で唱えられているような単なる嗜好といった以上の戦略性が認められそうである。彼は，ムステリアンの28石器群とシャテルペロニアンの4石器群を対象として，遺跡から離れた産地の原石比率が急速に減衰することを確認した。これらの場においては，16km以上離れた産地から搬入された石材のうちには6％を超えるものはなかった（ibid.:図1）。これと比較して，アキテーヌ盆地北東部という狭い範囲におけるオーリニャシアン初期の人類は，さらに遠隔の地から，より多くの石器石材を搬入していた（ibid.図2）。フリントの潤沢な地域にある12か所のオーリニャシアンの遺跡のサンプルでは[23]，20km～30km遠方の石材が全体の10％～20％という比率を占めていた。また，この地域のフリントが乏しいところでは，50km～80km遠方の石材が30％以上を占めていた。

　コズロウスキー（1990:430）によれば，オーリニャシアンの石材利用は非常に変化に富んでいるという。彼はこの現象を，遺跡の機能と遺跡の利用時期の違いが複合した結果であると考えている。モラビアとブルガリアでは，オーリニャシアン初頭に遺跡には非常に大きな変化が観察される。モラビアのヴェドロヴィツェVedroviceでは，近傍にある角岩の堆積層からフリントを抜き出してい

る。これに対して，南西部にあるバチョ・キロでは，オーリニャシアンの文化層に含まれていたフリントのうち53％は120km以上離れた原産地から搬入されたものであった（Kozlowski 1990:430および図15.5）。ところが，同遺跡13層のムステリアンのレベルでは，このフリントの比率は13％にすぎない（Gamble 1986a:表6.4,Kozlowski 1982）。アキテーヌ盆地の状況と比較してみれば明らかなように（Turq 1993），この地域における移動距離の大きさは，表6.18からも明らかなように，より大陸的な条件を反映したものである（図5.14も参照せよ）。

3.3万年BP以降の変化と地域的な変異

上部旧石器時代初頭および中部旧石器時代末期においては，20km圏という原産地までの距離，特定石材の利用あるいは非利用といった面に反映される移動パターンには顕著な違いは認められなかった。目立った変化が起きるのは3.3万年BP以降であり，とくにグラベッティアンと，フランスでこれと平行関係におかれるペリゴーディアン（Rigaud 1988b）の時期以降である。コズロウスキーは次のように指摘している。

> 遠隔地から高品位の石材が安定的に供給されるという，石器石材をめぐる上部旧石器時代的な一連の特殊化が開始されるのは，上部旧石器時代中段階のグラベッティアン・テクノコンプレクスになってからである（Kozlowski 1990:432-3）。

このパターンはスヴォボダ（1994:図89）によって，モラビアでも確認されている。4.0～3.0万年BPの期間は，単一原産地が卓越することはなく，いくつかの原産地が利用されていた。ところが，3.0～2.0万年BPではポーランド南部のフリント原産地が多く使われるようになり，一方で複数原産地の石材を利用する傾向は潜在化する。この変化の生じた時期は，プレドモスチやドルニ・ヴェストニツェ－パブロフ，さらにミロヴィツェなどといったモラビアの河川沿いに大規模な居住遺跡が形成される時期と重なっている。

北部中央地区では，こうした大規模な居住遺跡は知られていないが，より大規模に遠隔地石材へ移行する一般的な傾向が認められる。ババリアのダニューブ川南岸に立地するザルチンクSalchingでは，一般調査と発掘調査によって（Weißmüller 1987），グラベッティアンの遺跡が発見されている。石器群は小規模なものであるが（n=254），その51％は角質斑岩であった。これに表面採集資料（n=949）を加えると，資料全体の42％になる（Weißmüller 1987）。ザルチンクに一番近い角質斑岩の原産地は，北方150kmにあるフィヒテル山脈Fichtelgebirge（Scheer 1993:200）である。ザルチンクには非常に良質の石英岩製のフォン・ロベールFont Robert型尖頭器が含まれている。ベルギーのメジエールMaisieres運河では，この特徴ある尖頭器は2.8万年BPという年代が与えられている。この石器は，ペリゴーディアンⅤ，あるいはグラベッティアンの南西フランスにおける示準化石とされている（Rigaud 1988b）。ザルチンクでは，石器石材は未加工の状態で搬入され，遺跡内で加工されたと見られる。

ラリックLarickによるル・フラジュールLe Flageolet岩陰F層の石器石材の研究（1984）が示しているように，これと同様の状況は南西部地区においても確認されている。この層にはAMS法によって，2.57万年BPという年代が与えられている。この層の石器の大部分は，上部白亜紀の石灰岩層であるセノニアン累層中のノジュール状チャートからつくられているが，それは遺跡の近傍で採集

可能である。これ以外の石材は，すべて遺跡から80km以内で入手できる（表6.19）。

しかしながら，こうした非在地産のチャートがつねに，すでに加工された状態で岩陰に搬入されたとするラリックの見解（ibid.:33）に同意することはできない。多量の未加工の小型剥片の存在は，非在地産石材もどこかよそで消費されたのではなく，ル・フラジュールにおいて系統的に消費されたことを示している（表6.20）。

ザルチンクと比較してみると，ル・フラジュールの非在地石材は全体の15％未満しかなく，また，そのすべては習俗としての景観にうまく収まっている点で異なっている。この場合，移動距離と二次加工頻度に関するジェネストの原則（第3章）の運用は，きわめて選択的に行われている。例えば，非在地産石材によってバサラーBassaler型彫器といった特定器種が生産されている（表6.20）。

軟体動物門：貝類の場合

上部旧石器時代初頭になると，貝類は石材以上に長距離を移動するようになる（Floss 1994, Roebroeks, Kolen and Rensink 1988, Taborin 1993）。ライン川中流域のマインツ・リンゼンベルクMainz-LinsenbergとシュプレンドリンゲンSprendlingenにおけるグラベッティアンの遺跡では，地中海産の貝類が発見されている（Floss 1994:376）。この移動に要する直線距離は700kmである。検出された貝

表6.19　ル・フラジュールにおける非在地産チャートの搬入距離
　　　　Ｖ層検出の非在地産チャート数にもとづく（Larick 1984: Table2,3による）。

石材の特徴	形態	原産地	距離	N	％
玉髄状	ブロック	ペリゴール南部	5〜20	225	53
含化石	ノジュール	ベルジュラク	40〜60	173	40
表面鱗状	ノジュール	ヒュムロワ	30〜40	24	6
珪化粘板岩状	板状	バサン・ド・レスト	50〜80	6	1

図6.20　ラリックによるル・フラジュールⅠ，Ⅴ層の石材別消費状況の比較（1984:Table2および3）

	在地石材	％	非在地石材	％
未加工の副産物	11,919	48.3	1,995	47.6
剥片とその破片	1,167	4.7	139	3.3
石刃とその破片	492	2.0	62	1.5
小石刃とその破片	318	1.3	80	1.9
小型剥片・砕片類	9,502	38.5	1,529	36.5
礫面付き剥片・砕片類	172	0.7	12	0.3
彫器削片	268	1.1	173	4.1
合計	23,838		3,990	
細部加工ある石器	418	1.7	99	2.4
端部加工ある石器	73	0.3	12	0.3
彫器	226	0.9	30	0.7
バサラー彫器	15	0.1	18	0.4
縁辺加工石器	63	0.3	24	0.6
細小石器	41	0.2	15	0.4
合計	836		198	
総計	24,674	100.0	4,188	100.0

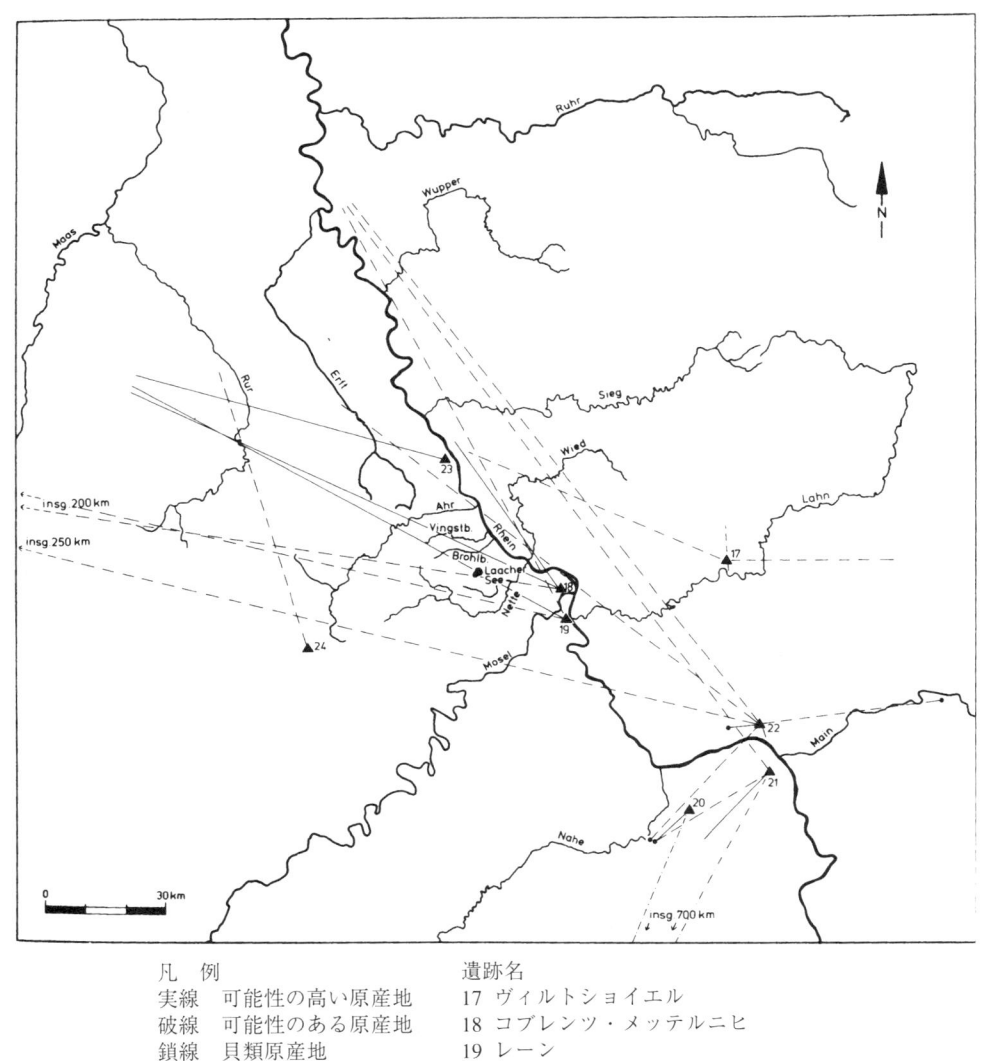

図6.14 北部中央地区ドイツ ライン川中流域におけるグラベッティアン期の石器石材と貝類の原産地
（Floss 1994：Abb.211による）

凡 例
実線　可能性の高い原産地
破線　可能性のある原産地
鎖線　貝類原産地

遺跡名
17 ヴィルトショイエル
18 コブレンツ・メッテルニヒ
19 レーン
21 マインツ・リンゼンベルク
22 ヴィーズバーデン・アードラーケール
23 ボン・ミュフェンドルフ
24 マグダレーナヘーレ

類は多くない。マインツ・リンゼンベルクでは17点3種，シュプレンドリンゲンでは9点3種である。この2遺跡は露天遺跡で30km離れている。また，石材や貝類を南へと運搬してくれるライン川中流域において（図6.14），上部旧石器時代初頭の遺跡はここしか知られていない（Floss 1994:図210, 211）。この地域の石器石材はライン川の流路に沿って，北西のマース川流域方向へと移動しているが，両遺跡の資料を比較検討した結果によれば（Floss 1994:図108, 112），石器素材の大半は在地産のものであったが，マイニン・リンゼンベルクの2点のバルチック産フリントのみが，貝類以外で20kmという移動圏を超えるものであることが判明している。

　移動された貝類の総数は少ない。フロス（1994:337）はヨーロッパ上部旧石器全体でも72例であ

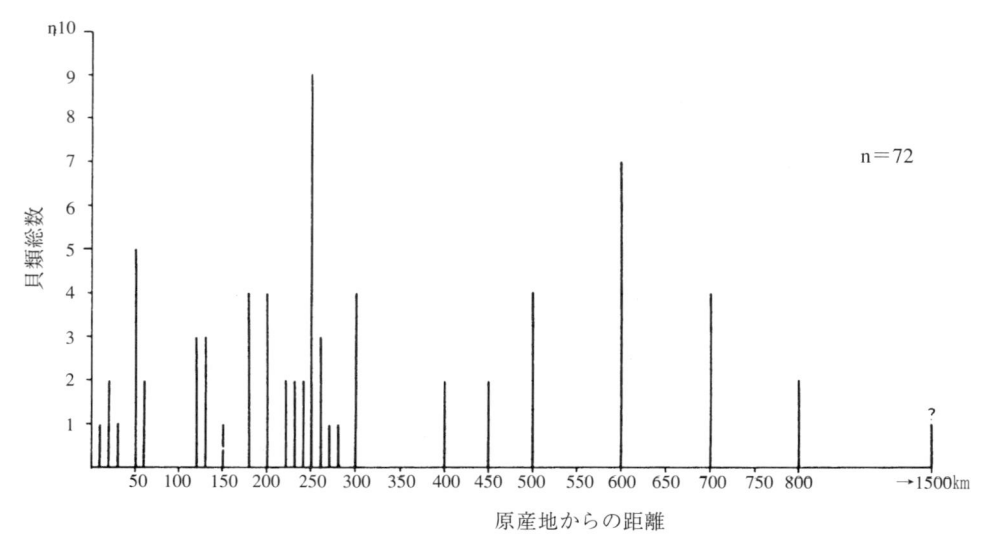

図6.15　ヨーロッパ上部旧石器の「文化」を超えて移動している貝類（Floss 1994 : Abb.207による）

ると報告している。だが，これにはマグダレニアン後期の例が含まれており，この時期の習俗としての風景は通常100km圏を超えている（図6.15）。これには，コスチェンキのオーリニャシアンの場合のように，黒海から500kmの距離を超えて貝類が搬入されている（Hahn 1977:図5）。

　フランス南部での貝類の移動は，タボリン（1993）によって精力的に研究されている。貝類は主にペリゴールやロト，ジロンドなどといった地方から発見されている。イスツリッツIsturitzの洞穴は別にして（de Saint-Périer 1930,1936,1952），ピレネーに貝類が搬入されるようになるのはマグダレニアン以降である。

　タボリンは主要原産地を6か所同定しているが，それには第三紀始新世，中新世，鮮新世の貝類化石，最終氷期低海面期の大西洋よ地中海の海岸などが含まれている。ドルドーニュのベゼール川流域にあるアブリ・パトウといった中央部に立地する遺跡と，鮮新世における両地域の海岸までの距離は400km台であったと推定される。

　タボリンの研究が明らかにしたのは，上部旧石器時代前半期と後半期における三つの重要な原産地をめぐる貝類移動の変化である（図6.16）。前半期には，起源の判明する貝類（表6.21）の大部分は大西洋産であった。後半期になるとこうした傾向は衰退し，すべての海岸部から搬入されるとともに，第三紀中新世の貝類化石もわずかに増加する。ただし，それには大西洋産と地中海産も含まれている。

動作の連鎖：テクノロジーと石器の生産

　6.0〜2.1万年BPの間のテクノロジー研究には，さまざまなアプローチの方法がある。先に紹介したが，アブリク・ロマーニ（Carbonell 1992）ではムステリアンとオーリニャシアン石器群とが一体化した方法で研究された。ラプラスによる型式学的有機体説（*synthetotype*）を援用した同様の分析が，フランスのシャラント・マリティームのサン・セゼールにおけるネアンデルタール人化石に共伴した石器群を対象として，ギルボウGuilbaud（1993）によって行われている。このフランス

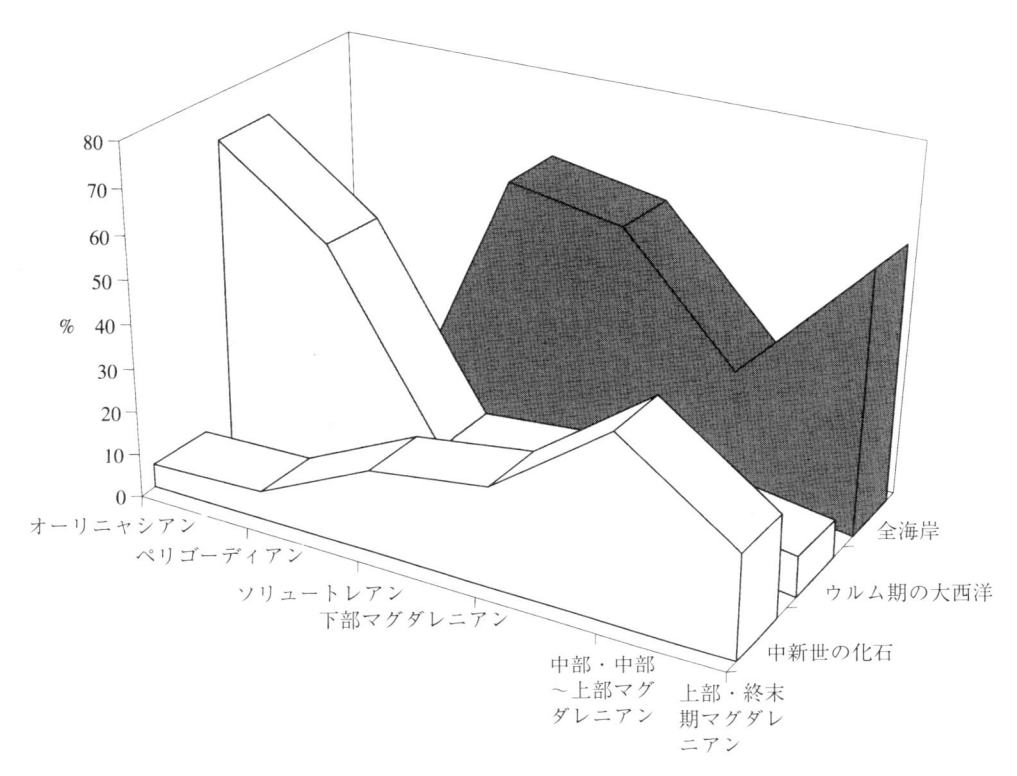

図6.16 南西部地区における上部旧石器時代前半期（オーリニャシアンとペリゴーディアン）と後半期（ソリュートレアンとマグダレニアン）における貝類原産地の変化（Taborin 1993による）

表6.21 南フランスペリゴール，ロットならびにジロンド地域において発掘された貝類の数（Taborin 1993:tab. II ～ IX による） ツノガイの数も示されているが，合計には含めていない。NISP＝個別標本数

	オーリニャシアン	ペリゴーディアン	ソリュートレアン	下部マグダレニアン	中部，中部～上部マグダレニアン	上部・終末期マダレニアン
原産地						
始新世	3	4	3	17	67	0
中新世	37	19	53	185	321	100
ビュルム期の大西洋	481	166	35	122	92	37
鮮新世	34	6	5	11	13	18
ビュルム期地中海	19	6	11	16	36	22
いずれかの海岸	110	117	178	485	240	259
ツノガイ			100		900	118
合計NISP	684	318	285	836	769	436

最後のネアンデルタール人（ApSimon 1980）には，TL法によって3.63万年BPという年代が与えられている（Mercier et al. 1991）。問題の石器群には，ムステリアンの「テーマ」と上部旧石器の「テーマ」との交雑によるものである，というモデルが提示されている。このモデルは遺伝学的用語を借用してつくりあげられたものであるが，その借用の仕方は適切ではない（Guilbaud 1993:51-2を見よ）。動作の連鎖のみならず，その他のリダクション過程の検討は，これよりも説得的な石器群変異の道筋を与えてくれるので（Jaubert 1993），ここでは二つの広範囲に分布する上部旧石器時

代初頭の石器群をこの手法に従って検討することにしよう。この手法は中部旧石器時代の石器群，例えば，第5章で触れたキナ型ムステリアンの分析とまったく同じ手順を踏むものである。

オーリニャシアン

ハーン（1998,1991,Hahn and Owen 1985,Owen 1988）は，ガイセンクレシュテルから出土したオーリニャシアン石器群を分析し，多くの段階からなるリダクションの過程を設定している（図6.17）。ルヴァロワ技法に適用されている動作の連鎖よりも形式的とはいえないが（第5章），在地石材と遠隔地石材に対応した石刃製サポートの生産システムが提示されている。

上部旧石器の調整石核のエッセンスは，割取り（表4.9）によってノジュールの表面に樋状の溝をつくり，企図的なサイズをもった石刃を連続的に剥離することである。これには，ノジュールの頂部を切り取ることによる打面の作出，角度を補修するための縁辺の剥離，補修部分の除去のための稜付き石刃（*crested blade*）の剥離，そして石刃の生産といった諸工程が含まれている。石刃の

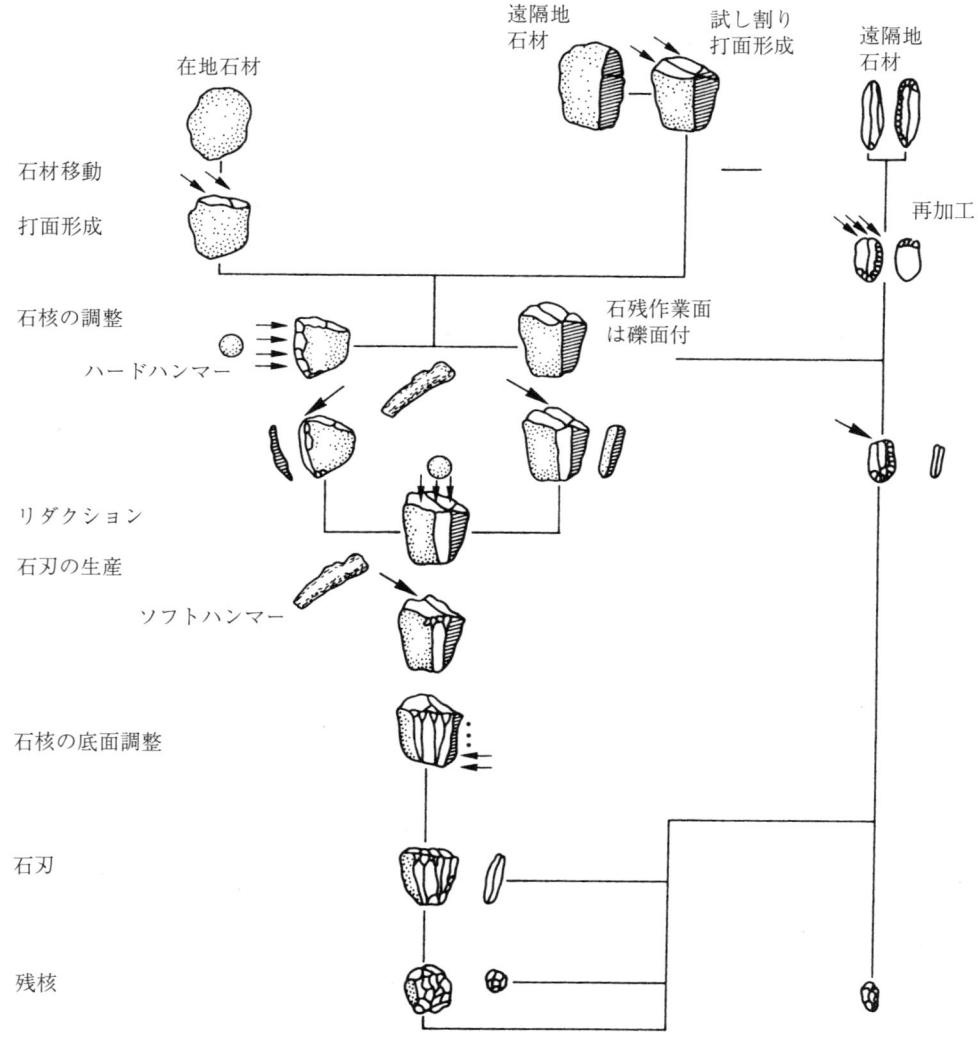

図6.17 **上部旧石器の動作の連鎖** 石材原産地に近接した生産地，諸地点への生産物の搬出，各地点における連続的なリダクションなどが読みとられる（Hahn 1991：Fig.36による）。

剥離は単設（unipolar）石核による場合と両設（bipolar）の場合がある。石刃剥離は放射状に進行するため，やがて打面と作業面との交角の補正が必要になる。これに引き続いて打面の再生や，ガイセンクレシュテルの場合，石刃の湾曲を補正するための石核底面の再成形などが行われている。

ガイセンクレシュテルにおけるオーリニャシアン文化層においては，6種の母岩タイプが識別されている。全体のわずか1％が20km以上離れたところからの搬入石材であるほかは，95％がアシュタールで採取された在地の角岩であった。ノジュールのサイズは小型のもので，場あたり的に消費されているが，手でもてる程度，つまり長さ30mm～40mmくらいの石刃が生産される程度の大きさになるまで消費されている。

グラベッティアン

ガイセンクレシュテルにおけるグラベッティアンには，15km遠方から採取されたラジオライトが使われている（Hahn and Owens 1985:72）。この石材からつくられた石刃は多く残されていたが，この石刃を生産した石核は残されていなかった。一般に，石核の扱い方は場あたり的というよりも，いっそう標準化している。また，入念に下準備が行われている。石核底面に縁辺を残すか否かといった個々の石核の特徴を検討してみると，それには複数の製作者が関与していたことが想定されるという。

さらに一般的なレベルで，ハーン（1991:119）はオーリニャシアンとグラベッティアンの動作の連鎖を次のように要約している。

- 石刃の厚みが一般に薄くなる。
- オーリニャシアンでは，剥片生産のための打面は普通最初に設定される。ノジュールの剥離に際しては，原石の稜がガイドとして利用される。グラベッティアンでは，この稜の形成は打面形成よりも前の段階で準備される。
- オーリニャシアンの石核は一般に単設であり，作業面も一面である。グラベッティアンでは，対向打面とともに両極打面石核が普通である。
- グラベッティアンの両極打面石核は，急傾斜なブランティングを一側縁に施すための石刃や小型石刃の生産には最適であった。この有背刃器のサポートは連続的で，集中力を要する作業によって生産された。
- オーリニャシアンでは直接加撃が支配的であったが，グラベッティアンでは，骨や角でつくられたパンチによる間接加撃が頻繁に用いられるようになる（Owen 1988:186）。

オーエンOwenは，その上部旧石器時代初頭の石刃生産に関する研究において（表6.22），石刃生産の基本的な枠組にはほとんど変化がなかった，という点を指摘している。オーリニャシアンからグラベッティアンにいたる間，石刃長が減少するが，同時にその幅と厚さも減少する。しかしながら，グラベッティアンにおいてはラジオライトが石材に用いられるようになったり，すでに指摘したように（Hahn and Owen 1985に完全な議論がある），石核の調整や石刃の生産などの面には，いくつかの変化が認められるのは事実であるが，ここにあるものといえば，きわめて規格化された生産物，すなわち石刃製サポートを生産するための，代替可能な1組の手順であるといえよう。それだけではない。表6.22に示したように，ガイセンクレシュテルにおいてグラベッティアンの居住が

表6.22 北部中央地区南ドイツのアシュタルにおける時期別石刃属性の変化（Owen 1988）

			N	平均	範囲	標準偏差
長さ						
	ガイセンクレシュテル	オーリニャシアン	892	31.9	7.2～121.2	15.6
	ガイセンクレシュテル	オーリニャシアン	356	31.8	7.4～121.2	17.77
	ガイセンクレシュテル	オーリニャシアン	494	32.2	7.2～93.5	14.13
	ホフラー・フェルス	グラベッティアン	1,113	27.8	4.7～88.9	13.89
	ホフラー・フェルス	グラベッティアン	133	30.8	7.2～83.4	17.74
	ホフラー・フェルス	前期マグダレニアン	145	28.8	6.6～86.5	15.1
幅						
	ガイセンクレシュテル	オーリニャシアン	890	16.3	3.1～37	6.18
	ガイセンクレシュテル	オーリニャシアン	356	16.69	3.1～37	7.07
	ガイセンクレシュテル	オーリニャシアン	492	16.14	4.5～34.5	5.46
	ガイセンクレシュテル	グラベッティアン	1,113	12.72	1.7～40.5	5.18
	ホフラー・フェルス	グラベッティアン	133	12.86	2.3～36.2	6.19
	ホフラー・フェルス	前期マグダレニアン	145	13.2	4.1～29	5.85
厚さ						
	ガイセンクレシュテル	オーリニャシアン	886	5.3	0.7～25.4	2.54
	ガイセンクレシュテル	オーリニャシアン	356	5.4	0.7～15.3	2.64
	ガイセンクレシュテル	オーリニャシアン	488	5.3	1.3～25.4	2.51
	ガイセンクレシュテル	グラベッティアン	1,113	4.47	1.1～23.8	2.43
	ホフラー・フェルス	グラベッティアン	133	4.42	0.7～24.2	3.43
	ホフラー・フェルス	前期マグダレニアン	145	4.34	1.2～9.8	2.06

表6.23 母岩消費モデル（Sheer 1993:195による）

母岩消費
・あらかじめテスト，あるいは下準備をせずに，近傍で採集した原石を搬入した場合，用をなさない石核がみつかるだろう。
・あらかじめ原礫面を除去してテストしたり，下割りされたばあい，搬入される原石重量は減少する。
・遠隔地産の石材が石刃や道具といったかたちで搬入されるのは，一つには，それらが遠隔地への遠出に際して入手されたからであり，また，他者との交換によって入手されたものである場合もある。
・石材産地の遠近を問わず，部分的に消費されたノジュールが搬入されることがある。搬入先においては，ノジュールは石刃生産に使われたり，ブランクや，石核あるいは道具として別な場所にもちさられたりする。

行われた後，上部旧石器時代後半期のマグダレニアン前半期まで，じつに1万年間にもわたってこうした規格性が同一の河谷の中で守られ続けたのであった。

石核の移動

　アシュタールの綿密な研究においては，場と場の関連性についても検討されている。とくに，シアScheerはノジュールの消費モデルを作成して，ガイセンクレシュテルのデータによってこれを検証している（Scheer 1990,1993）。要約すると，彼女は動作の連鎖を応用して，技術的な身振りを関連づけることによって，さまざまな空間的なスケールをもつ行動をリンクしようと試みている。

　シアはアシュタールのグラベッティアンの詳しい検討によって，このモデル（表6.23）のもつ可能性を検証している。この地域内には，ジルゲンシュタイン，ガイセンクレシュテル，ブリレンホーレBrillenhohle，ホーラー・フェルス（洞穴）Hohler Felsという四つの洞穴遺跡があるが，石核消

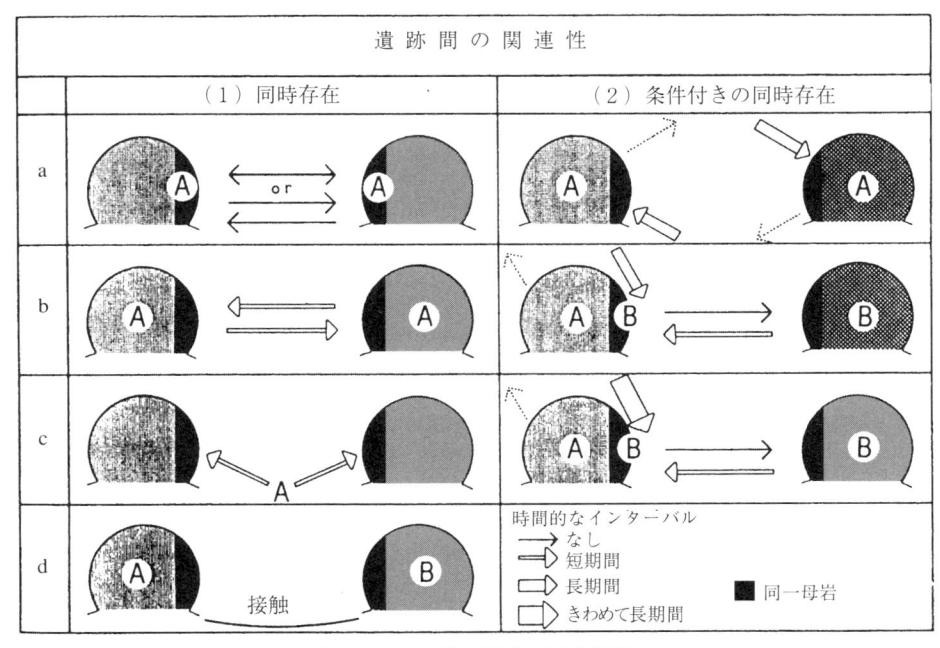

	遺 跡 間 の 関 連 性	
	（1）同時存在	（2）条件付きの同時存在
a		
b		
c		
d		

時間的なインターバル
→ なし
⇒ 短期間
⇨ 長期間
⇨ きわめて長期間
■ 同一母岩

1a 小規模集団による2あるいは3か所の洞穴の同時使用
1b 大規模集団による分散居住
1c 単一集団が低地にキャンプを設営し，洞穴を交互に利用
1d 別々の集団による相互利用
2a 大規模集団が交互に，また相当期間をおいて複数の洞穴に居住
2b 時期を異にして，別々の集団が洞穴を使用した際に，遺存していた石器を再利用
2c きわめて長期間をおいて，ある集団が洞穴内で石器を採掘し，別な洞穴で使用

図6.18　北部中央地区ドイツのアシュタル遺跡群ガイセンクレシュテル，ブリレンホーレならびにホーラーフェルス各遺跡における居住パターン　図6.8および6.9参照。石材消費過程と石器の大きさなどから1a, b, cの妥当性が検討されているが，解釈としてもっとも妥当なのは，低地部に，今や沖積層深く埋没したキャンプが存在し，このキャンプの居住者たちが洞穴を繰り返し訪問していたと考えることであろう（Sheer 1993:Fig5, 205-6による）。

費パターンにはガイセンクレシュテルにおけるオーリニャシアンのモデルが採用されている。また石材には在地産のものが多いが，シアは8組の洞穴間接合に成功している。このうちガイセンクレシュテルとホーラー・フェルスとの間は3km離れている（図6.18）。

8組の接合資料はすべてチェスラによる三つのカテゴリーに合致している。このうち4例はガイセンクレシュテルからブリレンホーレへの搬出であり，この逆が1例ある。最大の遺物量をもつブリレンホーレとホーラー・フェルスとの間の接合もある。彫器の接合例も1例あり，これは再生によるものである（図5.20参照）。この石器はブリレンホーレにおいて数回再生され，次いでガイシェンクレシュテルへと搬出され，最終的な刃部再生が行われている（Scheer 1993:203）。これらの石器群は，ガイシェンクレシュテルⅠaにおいて2.36 ± 0.03万年BP，ホーラー・フェルスⅡbで2.11 ± 0.05万年BPおよび2.31 ± 0.007万年BPという年代が与えられている（ibid.:197）。また，象牙のペンダントが共伴している（Scheer 1985）。この渓谷の研究によって，石核がこの景観の中を頻繁に移動したことが明示されたが，この移動が終わるや一連の接合も終わることになる（Scheer 1993:209）。これは，例えば第5章で検討したマーストリヒト・ベルヴェデールという中部旧石器

時代の場とは大いに異なる事態といわざるを得ない。アシュタールでは，場の同時性が確定し，また地域的に繰り返された道具と素材の移動の様相も明示されたのである（図6.19）。

中部旧石器から上部旧石器への技術的な移行

アブリク・ロマーニ（Carbonell 1992）の石器群の研究において，ヴァケロVaqueroはオーリニャシアンにおいては，剥片生産過程よりも，二次加工に大きなバラエティーが認められるが，ムステリアンではその逆であると総括している。ところが，先に提示した諸事例や，第5章で触れた動作の連鎖と石材消費過程に基づいた技術的な意志決定の考察によれば，これとまったく逆の結論が導かれることになる。アシュタール渓谷にある諸遺跡の上部旧石器時代の石器生産過程はきわめて変化に富むが，生産される石刃は標準化されていた（表6.22）。この傾向は，ルヴァロワ技法があまり使われていないキナ型ムステリアン石器群に関するトゥルク（1992a,1992b）の広範な研究によっても指摘されている。

ある場から別の場への石器石材の移動によって，こうした生産過程に看取される技術的互換性を説明することは困難である。われわれはムステリアンの石器がさまざまな場に搬入されたことを認めるに吝かではないが（Conard and Adler 1997），このような理解が成り立つのも，この時期の場と場との間での石器の接合が成功するまでの話であろう。割出し（第4章参照）によるさまざまなサポートの生産は，動作の連鎖と石器の製作という社会的な行為における学習され伝達された一連の身振りと密接に関連するものである。何をするのかという石器製作者の思考ではなく，つくるという身振りこそが問われているのである。つまり，ここでは剥片や石刃のサポート生産にまつわる身振りが重要でなのである。こうしたサポートを加工して道具につくりかえることは，行為とリンク

図6.19　北部中央地区南部ドイツのジルゲンシュタイン洞穴から南西向きに俯瞰したアシュ渓谷
　　　　この洞穴からやや離れたところにあるホーラー・フェルスから出土した剥片と石刃2点
　　　　が，3km北東に隔たった所にあるブリレンヘーレ洞穴の資料と接合した（著者撮影）。

された動作の連鎖の拡張と見なされる。したがって，石器の分析においては，最終的な形態ではなく，何よりもプロセスが重視されなければならないであろう。文化と社会が生み出すのは，こうした学習されたプロセスであり，また，生産されるものではなく，どのように生産するのかというプロセスにほかならない。

有機物でつくられた道具

石器以外の道具に関するテクノロジーも社会的な，また社会に埋め込まれたテクノロジーを検討するための素材となる。現在では，繊維による編み物の存在も，パブロフ（Adovasio,Soffer and Klima 1996）における粘土への圧痕から知られるようになったが，これについては第7章で触れる。ここではビーズと角製の尖頭器について検討する。両例とも考古学的には不可視ではあるが，こうした複合的な道具を使うための糸や木製の柄を必要とする。これについては石器もまったく同様であるが，本章では，着柄と木器についても簡単に触れたい。

ビーズ

ペンダントやネックレスの懸垂や衣服への装着のための意図的な穿孔の最古の事例は，バチョ・キロ（Kozlowski 1982:141）11層から出土している。このオーリニャシアン・バチョキリアンの層準から出土した資料は，動物の歯牙と紡錘形の骨でつくられたペンダントである。いうまでもなく，これらの資料は，ホワイト（1993b:279）も指摘しているように，アルシー・シュール・キュール（Farizy 1990,Leroi-Gourhan and Leroi-Gourhan 1964）におけるシャテルペロニアンの層準から検出された同種の穿孔品よりもはるかに古い。オーリニャシアンの穿孔品の素材の種類は注目される。ホワイト（1993b:279-80）は次のようなリストを提示している。

・石灰岩，結晶片岩，滑石片岩，ステアタイト，哺乳類の歯，骨，角，象牙，化石，現存種の海水産・淡水産貝，サンゴ，矢石（軟体動物化石），黒玉（石炭の一種），亜炭，赤鉄鉱，黄鉄鉱

こうした素材の選択には二つの地理的なパターンが認められる。まず，キツネの剣歯の利用である。これらはフランスやベルギー，ドイツ，ロシアなど南西部地区と北部中央，北部東の各区におけるオーリニャシアンの層準に普遍的に認められる（Hahn 1977）。シカの剣歯も同じようによく使われる。しかしながら，南西部地区のカンタブリア（Straus 1992）と地中海西部・中央地区では（Mussi 1992），キツネの剣歯は使われず，シカの剣歯が一般的である。

第二のパターンは貝の分布である。これは，上で見たように（Taborin 1993），フランスに多いが，ヨーロッパにおける他のオーリニャシアン期の遺跡では非常に稀である。

きらめき

ホワイト（1997）は，象牙の肌理の細かさ，表面の光沢，なめらかな質感などに注目している。しかし，こうした性質を引き出すためには，表面は研磨されなければならない。この研磨という行為は，歯のエナメル質やキツネの剣歯，パールやステアタイトの母材などといった装飾品素材の触覚的な品位を高めるために応用される（*ibid.*:95）。ホワイト（1997）によれば，「象牙の研磨はそれ自体自然界の別のところで経験された肌理を再現することである」。

彼の議論はさらに拡張することができる。モルフィーMorphy（1989）は，美的なきらめきのクオリティーに注目している（Gamble 1991c,1995a）。彼は美的という用語を，感覚に訴える力であ

ると定義している（ibid.:21）。アーネム・ランド東部のヨルングYolnguの芸術を素材に，彼が示したのは，霊魂の力がいかに美的な表現を通じて芸術的に表現されるのかということであった。これはオーカーや石といった自然物によって表現され，同時に，芸術というきらめきにとらえられる。血液にも霊力という同様の重要な力が与えられている（Knight 1983,1991a）。人間は光り輝くためにつくられたものであり（wangaar），そのために脂肪やオーカー，血液などを塗りたくるのである。樹皮に描かれた絵は，ブリジット・ライリーBridget Rileyのオプ・アート（1960年代の前衛芸術）のように，美しい線とベーシックな色彩によってきらめいているのである。この輝きによって，人間は刺激を受け，何かを訴えようとする。モルフィーは，輝きとは文化を超えても，その効果は変らないと主張している。

それゆえに，モルフィーの議論においては，目にとまるものこそが美的なのである。彼の引用では，あるものが霊的な力を振るうとすれば，その意味はコンテクスト依存的であり，きらめきをおびたメッセージがこれと結びついているのである。だが霊の力は，モルフィーも指摘するように，それ自体に美的な効果はない（ibid.:28）。それが美的となるのは，祖霊であるヨルングへの信仰に依存している。しかしながら，パフォーマンスが儀式として成就されるためには，輝ききらめくものとして，自然なものと人工的なものの美的な性格は高められなければならないのである[24]。

ここで簡単にヨーロッパ旧石器時代の光芒について瞥見しておこう。もしもわれわれが，美しく剥離された石器をも含めて，これをテーマ化するとすれば，レ・メルヴェイユLes Merveillesの水晶製の石器（McCurdy 1931）やフォンモール・アン・ヴェレシュFontmaure-en-Vellèchesの美しい色彩の碧玉製ハンド・アックス（Gruet 1976:1092）などがすぐに想起される。しかしながら，こうしたムステリアンのきらめきについての地域的な事例は，ネアンデルタール人の美的な特性を示すものではなく，それは風景の中での地域的な産物にほかならない。だが，こうした表現は洗練化には欠くことのできないものであり，それは，後代の象牙の利用や研磨技術，そして，知覚や触覚といった感覚的なカテゴリーの拡張によってうかがうことができる。

だが，このような分野は象牙細工によって，また，その他の同種遺物によっていっそう明確になろう。貝は洗い清められ，ステアタイトは掘り出さなければならないし，さらにキツネの歯は目に見えるように露出しなければならない。さらに注目されるのは，キツネの剣歯を使った装飾品の分布が，*Mammuthus-Coelodonta*動物群の中でも，北極キツネ（*Alopex lagopus*）の棲息域と重複していることである（Khalke 1994:図4）。*Alopex*はカンタブリアでも，また地中海沿岸でも未発見である。北方地域では，その純白の毛皮は特別視されていたが，剣歯は噛みきり，そぎ取る行為を通して，血にまみれた獲物に対しては毛皮以上のきらめきをもった鋭さを露わにするのである。

ビーズの生産

オーリニャシアンにおけるビーズの製作に関する研究は，ホワイト（1989,1993a,1993b）とタボラン（1993:169以下）によって，動作の連鎖という視座から行われている（図6.24）。

一番普通に使われている素材は象牙であり，その製作工程は五つに分けられている。この工程は，製作に伴う副産物と生産物に基づいて組み立てられているが，とくにヴァロン・ド・カステルメルルVallon de Castelmerleの隣接する三つの岩陰（アブリ・ブランシャールAbri Blanchard,アブリ・カ

表6.24　オーリニャシアン（あるいは別な時期）における個人もち装身具にまつわる動作の連鎖（White 1997）
　　　　これに若干の手を加えれば，石器や住居の生産・構築などにも適用することができる。

1　個性を文化はどのように評価するのか。
2　信念とは，モノ，何かを表現する行動，何かを表現する作り物，そしてそれらの社会的働き・効能などの間の関係のことである。
3　これにもとづいて原材料が選択される（これには直接採取と交換など社会的メカニズムによるものとがある）
4　選択項目は，かたち，肌合い，色，その他従属的な要因などである。
5　生産の組織性（社会的な，一時的な，空間的な）
6　身振りと道具（トゥール）とが結びついて装身具生産のための技術が形成されるが，それは作り手を包み込む地域的な技術的システムと両立しなければならない。
7　このような条件によって，社会的なアイデンティティーや年齢，両性間での立場，現実を超えた観念の飛翔などを表現したいという，モノに込められた思いが成就される。
8　装身具という何事かを表現するモノは，意味のある行動に使われる（社会的，審美的）。
9　装身具はある目的をもった（それが秘めた力や効き目などについての思い入れ，将来的な活用，わが身への回帰願望などにもとづいている），あるいは偶然的な（人間行動の副産物として），場面性をもつ。

スタネットAbri Castanet，ラ・スケットla Souquette）と，ピレネーの洞穴遺跡であるイストゥリッツ，サン・ジャン・ド・ヴェルジュSaint Jean de VergesおよびブラセンプイBrassempouyなどの資料に立脚している（White 1993c:336）。ホワイトの精緻な研究によれば，これらのビーズはきれいに穿孔されているというよりも，入念にえぐりとられた後で磨き出され，研磨されたものである。赤鉄鉱と赤色オーカーなどの痕跡が条溝に残されているので，これらが研磨材として用いられていたと推定されている（*ibid.*:338）。

　最終生産物は独特なバスケット型のビーズで，ガイセンクレシュテルのオーリニャシアンの居住跡（Sheer 1985）から出土した象牙製の二穴型のビーズとは異なっている。しかしながら，竿状の素材から連接してビーズをつくり出す点は共通している（図6.20）。これは，石器に関して言及した動作の連鎖と同様の，標準化された成果品の生産に多様な技法が運用される実例といえる。ビーズに関していえば，どこでも類似した過程によってサポートが生産されるが，そのサポートはさまざまな形態に変形されるため，いずれの形態になるのかをサポートから判断することはできない。

　このホワイトの結論は，われわれの理解する動作の連鎖という概念と合致している。まず，彼の妥当な見解によれば（White 1989:376），南西部地区の動物群にはマンモスは稀であるが，ヴァロン・ド・カステルメルルの象牙は，長さ10cm，直径0.5cm程度の小型の竿の形態で，他の未知の遠隔地から搬入されたものである。これに対して，ドイツのオーリニャシアンでは，フランスの遺跡ではまったくないか，あるいはきわめて稀なマンモスの骨角をともなう豊富な作業場跡が存在する（Hahn 1986）。第二に，実験結果によれば，オーリニャシアンのバスケット型のビーズの製作には3時間を要する。ラ・スケットでは，オーリニャシアンの基底部から400点ものビーズが検出されており，これには延べ1,200時間を要することになる。この場合，素材の移動距離と生産に要する労力との間に想定される関係は重要である。この小さなモノの素材の獲得と生産に要する労力は，技量に恵まれた製作者であれば，ものの20分もあればつくることのできるポケット一杯のオーリニャシアン石器群のサポートの製作時間に較べて，あまりにも過分であろう。

I ―

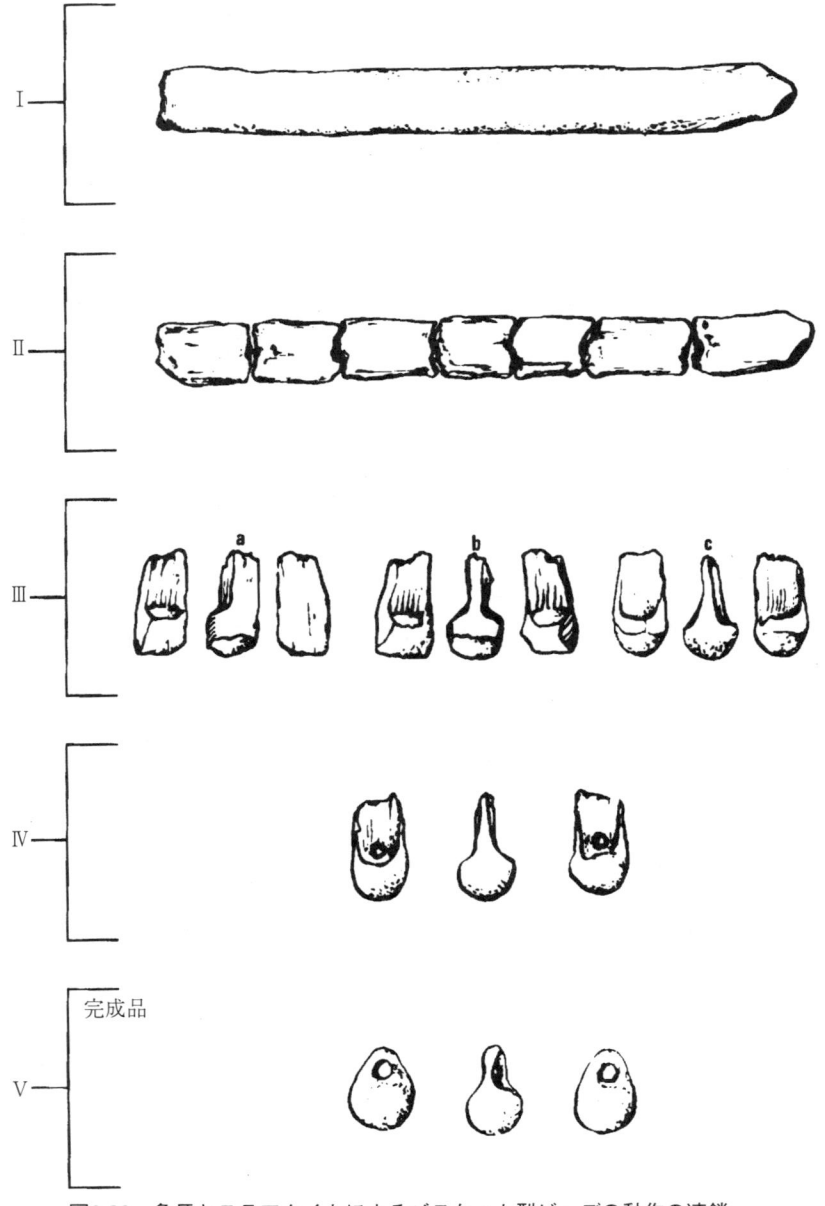

II ―

III ―

IV ―

完成品
V ―

図6.20　象牙とステアタイトによるバスケット型ビーズの動作の連鎖
　　　　（White 1993：Fig.3による）

　最後に，オーリニャシアンとグラベッティアンを比較してみると，ビーズや穿孔品には大きな違いがある。タボラン（1993:304-5）は，フランスや他のヨーロッパ地域の上部旧石器時代の埋葬跡から出土した装身具や他の工芸品を集成している。埋葬跡は3.0万年BPを遡行するものであるが，そこから出土したビーズや貝は必ずしも多くない。オーリニャシアンに墳墓跡が少ないというパターンは興味深い現象であるが，これについては第7章で触れたい。北部中央地区のグラベッティアン・ペリゴーディアン（ドルニ・ヴェストニツェDolní Věstonice）（Svoboda and Dvorsky 1994），北部東地区（スンギルSunghir）（Bader 1978），地中海中央地区（バルツィ・ロシBalzi Rossi）（Mussi

1986a) などの各地域における象牙製のビーズと貝の豊富さは，埋葬跡の存在によるところがきわめて大きい。

角製の道具

骨や象牙，そして角などでつくられた道具が石器に加わることは，ヨーロッパ上部旧石器の特色である（Albrecht, Hahn and Torke 1972, Camps-Fabrer 1974）。上部旧石器時代前半期にもさまざまなものがつくられている。すなわち，いろいろな形態，サイズ，製作法の着柄用の尖頭器，穿孔用の道具，孔のあけられた棒状製品（独：*Lochstab*），削られたり彫刻された製品などがあるが，これらの生産には割取りではなく，割出しが使われることが多い[25]。

クネヒトKnechtのオーリニャシアンの角製の尖頭器に関する研究（1993a, 1993b）によって，その実例を知ることができる。上部旧石器時代前半期の骨製の道具はほとんど特定の素材との結びつきは認められない。ただし，

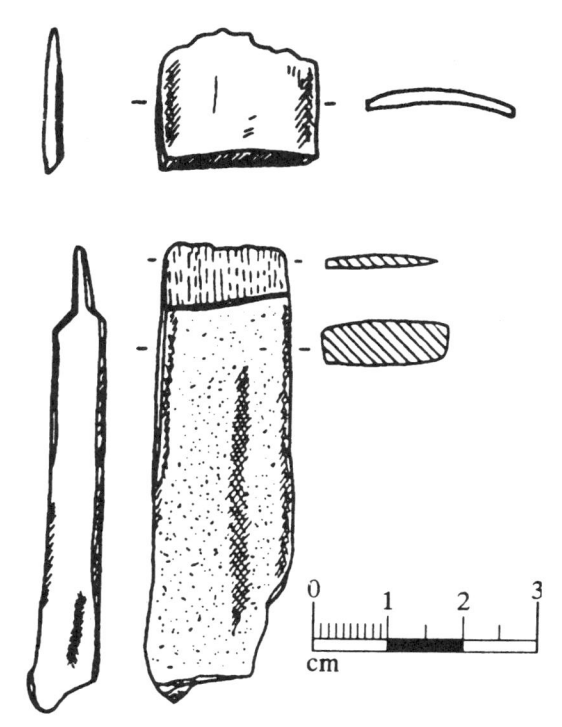

図6.21 南西部地区フランスのアブリ・セリエ出土の舌状骨角器とアブリ・カスタネト出土の楔形骨角器 これらは基部に切り込みの刻まれた尖頭器を着柄するために製作されたものと考えられる。図6.22を参照。両例とも枝角を素材とする（Knecht 1993b : Fig.3.5による）。

オーリニャシアンの特徴である基部の割れた骨製の尖頭器は例外である（de Sonneville-Bordes 1960）。クネヒトは，フランス，ベルギー，ドイツなどの381点の資料のうち，97％が角製であることを指摘している（表6.26）。さらに，着柄するための部品である舌部のある製品（図6.21）は，例外なく角製，しかもその大半はトナカイの角製であった。

この基部の割れた尖頭器の製作過程を図6.22（Knecht 1993a:図6）に示した。舌部のある製品は，かつては尖頭器の基部にある割目をつくり出すためのものと考えられていたが，クネヒトによれば，それは割目を押し広げるためのクサビであり，着柄を容易にするためのものであると考えられている。実験によれば，このように着柄すると尖頭器は破損しにくく，柄から離脱しやすい（Knecht 1993a:155）。樹脂によって接着しなくてもしばるだけで十分であるという。

それゆえに，クサビ技法はこの種の尖頭器の生産に統合されている。石のクサビも使われたと考えられるが，それは尖頭器に噛ませることによってそれを支え，角のメカニカルな性質を引き出すものであった。クサビは尖頭器の基部の割目をつくるときにも利用された。さらに，角製のクサビは割目を広げ，着柄に必要な要素に数えられた。クネヒト（1993a:157）が指摘するように，擦切りと折取りは角や象牙を細長く分割し，ビーズや尖頭器用の竿状の素材を生産するために用いられている。このある共通の素材から別々のものをつくり出す互換的な技量は，一連の慣習化した身振りであり，動作の連鎖の一環である。

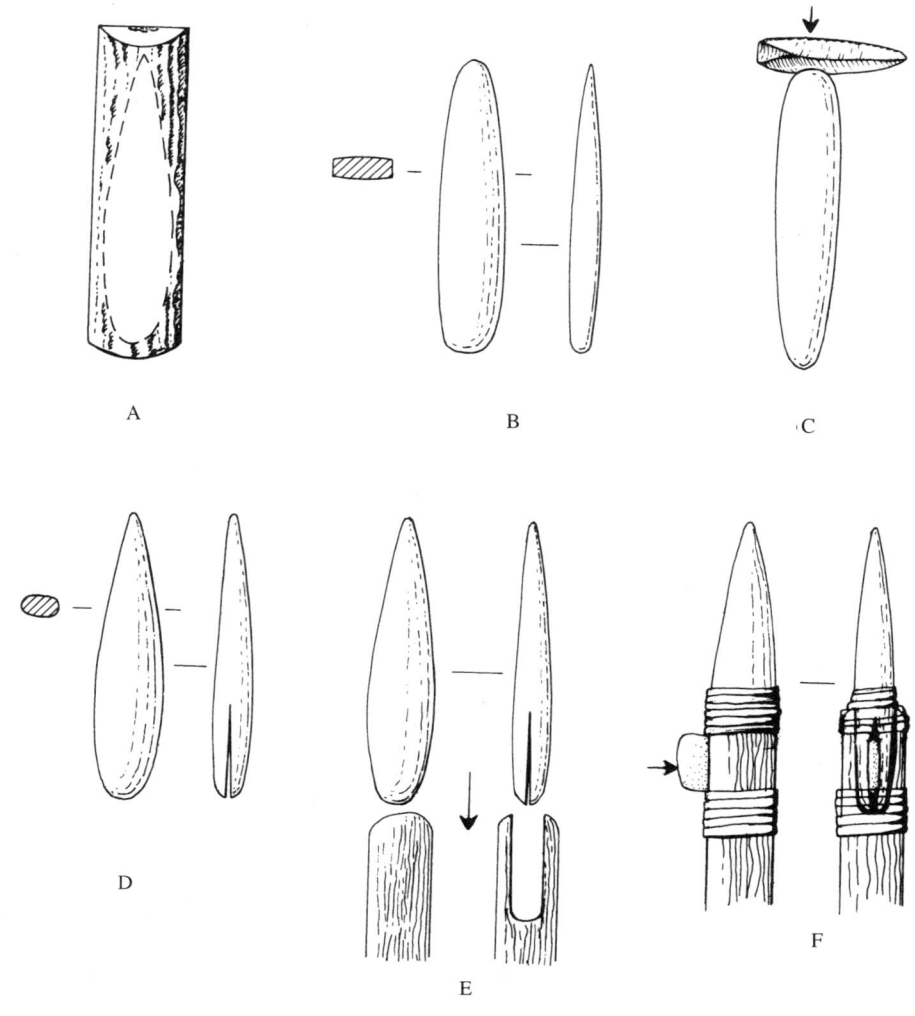

凡　例
A・B　シカの枝角からの尖頭器の**割出し**
C　　　基部の楔割り
D　　　完成品
E　　　柄へのはめ込み
F　　　楔による切り込みの拡張

図6.22　基部に切り込みのある角製尖頭器の製作と着柄に関する動作の連鎖
（Knecht 1993b : Fig.3.3および3.7による）

　こうした反復性を示す実例はほかにもある。アルブレヒトAlbrechtら（et al. 1972）は，北部中央地区と北東部地区，さらに南東部地区のおもに上部旧石器時代前半期の68例に及ぶ骨製尖頭器を検討している。彼らによれば，基部に割目のある尖頭器はすべて洞穴と岩陰から出土しているのに対して，これ以外の尖頭器の3分の1もこうした遺跡から検出されているという。破損率は高い（表6.25）。

　ところが南西部地区では，ルロイ・プロストLeroy-Prost（1974）によれば，検討された111例の基部に割目のある尖頭器は，破損していない状況で発見されている。菱形の形態をした尖頭器の場

表6.25 中央・東部ヨーロッパ上部旧石器前半期における68か所の石器群に含まれる骨角製尖頭器の遺存状態（Albrecht, Hahn and Torke 1972）

	%
完形・未破損	17.3
わずかな損傷	14.8
破片・破損品	67.8
N	277

表6.26 上部旧石器時代の投射具の材質と形態的特徴（Knecht 1993a, 1993bによる）　片側切り落としの斜断型尖頭器はロージュリー・オート1遺跡からのみ出土している。

	オーリニャシアン			ペリゴーディアン・グラベッティアン
	切り込み基部	菱形基部	紡錘形基部	片側斜断
枝角	371	101	35	2
枝角？		2	0	1
骨あるいは角		0	2	1
象牙		1	0	
骨	1			57
骨？				4
不明	9			

合，破損率は高く64％であった。

このように，使われ方や棄て方，また補填のされ方にはいくつかの違いが指摘されるが（Gamble 1986a:286），オーリニャシアンの角製の尖頭器は広い地域で同じようなつくられ方をしていたらしい（Knecht 1993b:45）。だが，グラベッティアンの場合はそうではない。片側を斜めにそぎ落とした型式の尖頭器は，長い骨を割った素材から製作され（*ibid.*40），素材としては骨が選好されている（表6.26）。

グラベッティアンの骨角製尖頭器は流線型のものであるが（Knecht 1993b:45），それは柄と投射部との接合部に膨らみを欠いている。片側を斜めにそぎ落とすか，それとも両側をそぎ落とすかによって外形が決まるが，その選択は地域ごとの変化が認められる。

木製の道具と着柄の証拠

フランスのアシューレアン系統ムステリアンの削器を主体とする石器に関する顕微鏡を使った研究によって，それらが着柄されていたという証拠が提示されている（Anderson-Gerfaud 1990, Beyries 1988）[26]。この証拠とは，フリントの表面に残された柄による擦り跡によって形成された光沢である。この痕跡は厳密にいうと，瀝青といった接着剤によって生じたものかもしれない。実際，接着剤の痕跡は中東の石器には残されているが，フランスでは未発見である。接着剤の付着部分は摩擦を受けず，したがって擦り跡も残らないであろう。かくして，使用痕から投げ槍，つまり槍の先端部につける穂先への着柄を証明することは困難であり，ホルダウェイHoldaway（1989）のように，型式学的にムステリアン尖頭器と呼ばれるものは，機能的には削器であるという見解が生まれることにもなる。この見解は，しかし，支持できるものではない。ヨーロッパにおいても，北部中央地区にあるケーニヒザウア AおよびBから検出された2点の樹脂は，AMS法で43,800±2100および48,400±3,700年BPという年代が測定されている（Hedges et al. 1998:229）[27]。このうち1点には道具の片面が圧痕として残されており，木製の柄と指紋である可能性が指摘されている。もちろんこの指紋はネアンデルタール人のものである（Mania and Toepfer 1973:図版11）。

使用痕の研究には，解釈の手がかりとなる実験に基づいた，長い時間と大きな労力が必要とされ

る（Beyries 1987, Keeley 1980,1982）。こうした研究に求められる膨大な領域はいまだ未着手のまま残されており，したがって着柄がどれくらい広範囲に，またどれくらいの頻度で行われていたのかはよくわからない。柄が木製であったという意見ですら，十分に説得力はあるものの，確定できないのである。オーリニャシアンの基部の割れた，あるいは円錐形の端部をもった尖頭器や，グラベッティアンの基部が斜めにそぎ落とされた尖頭器は，接着剤を使わずに着柄されたと考えられるが（Knecht 1993a,1993b），柄の素材が木であった可能性は高いであろう。

石器に残された使用痕の研究によれば，中部旧石器時代も上部旧石器時代もともに，木は加工対象とされている（Anderson-Gerfaud 1990）。しかし，最終氷期亜寒冷期における遺存例はほとんど知られていない。ただし，地中海西部地区のアブリク・ロマーニ H層の事例は例外的である（Carbonell 1992, Carbonell and Castro-Curel 1992）。ここでは発掘調査によって，保存状況のよくない4例の木製品が出土したが，着柄を示唆するものはない。一例はトショウの板状品である。22cm×32cmのサイズで，くりぬかれて「皿状」の製品にされたものである可能性もある。だが，それら4点は炉に近接して発見されているので（Carbonell and Castro-Curel 1992:図7），また保存状態が悪いこともあって，それらが木でつくられた道具なのか，それとも燃料用の薪なのかはっきりとわからないらしい[28]。

音楽的なリズム

上部旧石器時代には新しいサウンドが伴っていた。ガイセンクレシュテルⅡab層（Hahn and Münzel 1995）からは，骨でつくられたフルート破片が接合されている。このオーリニャシアンの層準はAMS法で3.68万年BPという年代が与えられていることから，これがヨーロッパ最古の楽器である可能性が高い。もっとも保存状況のよい資料はハクチョウの橈骨製であり（図6.23），これには3孔が穿孔されている。また，背面には横走する溝が7条リズミカルに刻まれている。これは墓地とか小屋掛けといった特別の施設から検出されたものではないが，平らな岩の前に石器や獣骨とともに並べられていた（Hahn and Münzel 1995:図2）。ピレネーのイストゥリッツ洞穴では，オーリニャシアンの層準から1点のフルートが出土している。また，グラベッティアンの層準からは9点，ペリゴーディアンⅤの層準からは6点出土している（Buisson 1990）。

音楽の演奏は動作の連鎖の好例である。そこには楽器をつくる身振りと，それを演奏する身振りとが含まれている。また，単独行動か共同行動かといったパフォーマンスのコンテクストも問題である。それは社会的な，また技術的な行為であり，個人の創造力が発揮されたが，また慣習によってもしばられていただろう。リズミカルなサウンドとフレーズは，情緒的な資本に訴えて特有のム

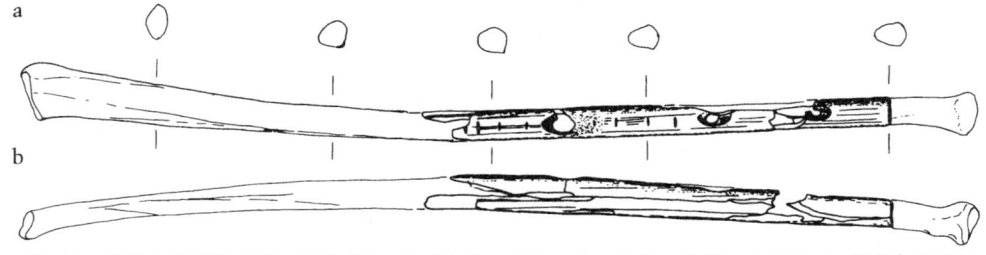

図6.23 北部中央地区南ドイツのガイセンクレシュテル・オーリニャシアンAHⅡab層出土のハクチョウの橈骨でつくられた1号フルート（Hahn and Münzel 1995：Abb.3 縮尺3/4）

ードを醸し出した。ところで，この情緒的資本とは，親密なそして日常的なネットワーク内の諸関係をつくり出す眼差しと身振りというパフォーマンスとコンテクストに胚胎するものである。芸術の開示という眼差しの構成と同じように，音楽というサウンドを創造することは動景の一部分を構成し，音とリズム，そしてアクションという四囲を取りまく景観をつくりあげ，その中で人々はお互いを再認し，生を謳歌するのである。

しかしながら，何かしら同じようなことは石器の製作や，その使用に伴うサウンドや眼差しによっても引き起こされることを忘れてはならない。ここに見られる社会的・技術的行動は最古のヨーロッパ人（第4章）とともに開始された。彼らは自己の社会生活をつくりあげ，形づくるに際して，こうした情緒的な資本を物質的な資源とともに駆使したのである（表2.8）。これに対して，形として定着した音楽の演奏や世界の描写は，これにつけ加えられた象徴的な資源に由来するがゆえに，このような社会的なテクノロジーが人類史の遅い段階で発生したといっても，とくに驚くに値しない。この形態は，社会生活を時間的にも空間的にも拡張することによって織りなされた動作の連鎖をつくりあげ，そこに習慣として定着した。こうした素朴なフルートといえども，その素材を提供したハクチョウとともに，日常的に組み上げられた社会の枠組を超えて，より豊かな世界へと誘惑したのである。

動景：技量とそれを取りまく環境

第5章で私が動景を考察するために選んだ一本の道は，動物遺存体の地域的なパターンを通過していた。そこでの結論は，地域内の肉食獣に関する共時的かつ通時的にはかられた増加傾向は，肉食獣の餌の多さを，したがってそのような豊かな資源のある場を指し示している，というものであった。こうした豊かなコミュニティーに棲息するということは，それが自身の動景を彷徨するネアンデルタール人にとって，特定の技量を習得するための背景となっていたのである。こうした技量の発達を示唆する証拠はないとはいわないが，その技量は社会的な，あるいは技術的な組織性を形成するための過渡的なものであった，という印象は拭いがたい。このことは，ネットワークの輪が広がり，行動に地域性が萌しはじめたとはいえ，それが親密なネットワークと日常的なネットワークの水準に留まっていたことからも見て取ることができるだろう。

道とものづくりの動作の連鎖に関連するリズムについてはすでに述べた。これに続いて提示されなければならない問題は，特定の技量の発達を指し示す証拠ははたして存在するのか，というものである。この移行期にあって，場と特定の動物についての知に深く結びついた技量を個別的に語ることはできるのだろうか。

私はこの問題について，特殊化という視点（第5章参照）に立ち戻って論じたいと思う。ここでは，資源の潤沢な地域における，また乏しい地域における資源獲得能力を主題化することにしよう。また，ここでは一般的な動物のムレとともに，とくに専門的な見地から幅広い研究が行われているマンモスとイベックスという二つの種について，とくに注目したい。

獲物の特殊化：特殊な技量

すでに第5章で見たように成獣を対象とする狩猟は，長い時間をかけてヨーロッパにおける中部

旧石器から上部旧石器への移行を促進するものであった（Gaudzinski 1995）。スタイナーは両者の立場を次のように要約している。

> ユーラシア旧石器の新たなデータによれば，ムステリアンの資源利用は，これまで考えられていたよりもずっと複雑で，地理的にも分化していた。同時にこのデータは，一見すると進歩していないように見えても，人類の行動は総体的に複雑に構成されていたということも示唆している。それでは，旧人と新人とはどのくらい違っていたのだろう。おそらく両者の相違は，資源の多様度に対応した複合的戦略と土地利用に関するルールの違いに求めることができるであろう（1993:74）。

彼女のいう多様度は表6.27によって評価することが可能であるが，この表からわかるように，狩猟対象が特殊化されているのは，主に洞穴遺跡や岩陰遺跡においてであった。これは第5章で規定した意味での特殊化であり，単一種の卓越をいう。同定された獣骨によって，遺跡や文化層を分類することができよう。

ムステリアンの動物群は，このリストに万遍なく存在し，あまりまとまりを示さない。また，表6.27に含まれているいくつかの動物群については，タフォノミーによって評価することもできる。例えば，シュタデルとガイセンクレシュデルにおけるムステリアンとオーリニャシアンの層準は，洞穴グマの冬眠の場所として頻繁に利用されている（Gamble 1979, Münzel, Morel and Hahn 1994）。だが，このリストから中部旧石器から上部旧石器への行動面での移行を物語ることは困難であるように見える。

ムレの待伏せ

資源の利用可能性に関するスタイナーの論点に照らして，中部旧石器と上部旧石器の対応の仕方にはどれくらい違いがあるのだろうか。オート・ガロンヌの石灰岩地帯にあるモーランにおける調査によって（Farizy, David and Jaubert 1994），バイソンの骨の集積された場所が発見されている。表6.27に掲げたものは最大のコレクションであるが，その99％はバイソンである。この場所から15km以内からは鋸歯縁ムステリアンの素材となる石材が入手可能であり，その大半はガロンヌ川の石英の円礫である（図6.24)[29]。チョッパーのような大型石器も石器群の重要な要素であり，また石器群のうち二次加工のあるものの比率は7.5％，161点であった（Jaubert 1993）。

モーランという場所からは，崖や起伏に富む地形をした小ピレネー山塊を刻む窪地を見渡すことができる。わずか25㎡の小範囲の調査区から検出されたバイソンのMNIは83個体という数で，遺跡の面積が1,000㎡であるから，分布密度が一様であれば，ここにはじつに4,000頭もの動物が眠っている勘定になる。

歯の萌出状況によれば，バイソンが捕獲されたのは夏の終わりから秋にかけてであったことが示唆されている。このうち80％がメスの成獣とその仔であり，残りがオスの成獣であった。年齢構成は若年層が多いカタストロフィー型と記述されている。だが，別の遺跡においては，同種の年齢構成は肉食獣の関与によるものとも解釈されている（Stiner 1994:第4章）。しかしながら，モーランでは，肉食獣はクマが1個体あるのみであり，また肉食獣による噛み跡もない。

骨層にはいかなる空間的なパターンも認められない（David and Farizy 1994:図120〜123を見よ）。

表6.27 6.0～2.1万年BPの特殊化した動物遺存体(Blasco Sancho 1995,Bouchud 1975,Cassoli and Tagliacozzo 1994, Delpech 1984, Enloe 1993, Estévez 1987, Farizy,David and Jaubert 1994, Fladerer 1994, Gamble 1979,1995d, Gvozdover et al. 1996,Hahn 1989,Klein and Cruz-Uribe 1994,Münzel,Morel and Hahn 1994,Patou-Mithis 1993, 1994,Pillard 1972,Stiner 1994,Straus 1992)

遺跡	層準	考古学	地区	OISステージ	資料数	肉食獣数種数/資料数	草食獣数種数/資料数	支配的な種	同定された資料数	MNI
マウエルン		ムステリアン	SW	3	4,193	1/1	3/4,192	バイソン	99	83
アブリ・パトウ	13	オーリニャシアン	SW	3	224	0/0	2/224	トナカイ	99	
アブリ・パトウ	14	オーリニャシアン	SW	3	1,499	1/4	5/1,495	トナカイ	99	
アブリ・フラジョーレV	V層	ペリゴーディアンV	SW	2	1,900	0/0	7/1900	トナカイ	95	
スタロセリエ		ムステリアン	NE	3	18,363	5/74	10/18,289	ステップロバ	95	240
アブリ・パトウ	3	ペリゴーディアンVI	SW	2	2,431	3/14	7/2,417	トナカイ	86	
エル・カスティージョ	11～18	上部旧石器前期	SW	3	407	0/0	4/407	ウマ	86	22
ガイセンクレシュテル	IV	オーリニャシアン	NC	3	189	5/168	6/21	クマ	85	
ロンメルズーム		オーリニャシアン	NC	3	3,202	4/9	3/3,193	トナカイ	85	36
ガイセンクレシュテル	I	グラベッティアン	NC	3	1,648	5/1,563	6/85	クマ	81	
シュタデル	IV・IVA	オーリニャシアン	NC	3	2,422	6/2,264	5/158	クマ	80	
ラ・フェラシ	K4・K層基底	オーリニャシアンI・II	SW	3	225	6/221	2/4	トナカイ	77	
ガイセンクレシュテル	III	オーリニャシアン	NC	3	995	4/820	7/175	クマ	76	
ラ・フェラシ	D2・D3, D2～E4	ペリゴーディアンV	SW	2	1,041	9/990	3/51	アカシカ	76	
オルチュス	全層準	ムステリアン	MW	3	2,332	6/392	7/1,940	アイベックス	75	106
ラ・フェラシ	F・Go	オーリニャシアンIV	SW	3	155	7/154	1/1	トナカイ	73	
アブリ・パトウ	12	オーリニャシアン	SW	3	183	2/6	4/177	トナカイ	70	
ガイセンクレシュテル	II	オーリニャシアン	NC	3	1,774	4/1,252	6/522	クマ	66	
シュタデル	V～VII	ムステリアン	NC	3	4,524	8/3,349	8/1,175	クマ	59	
アルブレダ(アルファー・セクター)	E	オーリニャシアン	MW	3	380	4/7	7/373	ウマ	59	
アルベルンドルフ	露天遺跡	オーリニャシアン	NC	3	191	2/12	5/179	トナカイ	57	9
アブリ・パトウ	11	オーリニャシアン	SW	3	1,036	3/70	6/966	トナカイ	57	
アルブレダ(アルファー・セクター)	F, Ga, Gbc	ムステリアン	MW	3	483	4/294	9/189	クマ	54	
ラ・フェラシ	J～K1～K3	オーリニャシアンI・II	SW	3	156	9/155	1/1	ウシ	52	
サン・セゼール	EJOP	シャテルペロニアン	SW	3	516	4/28	9/488	トナカイ	48	12
グロット・ブロイ	B3/4	ムステリアン	MC	3	396	5/45	8/351	アイベックス	47	
ガバサ1	d	ムステリアン	MW	3	702	7/71	7/631	アイベックス	47	24
グロット・トゥルナル	III FA,FB, F1～F4	オーリニャシアン	MW	3	696	5/63	9/633	トナカイ	44	25
クエバ・モリン	17	ムステリアン	SW	3	506	2/3	7/503	ウシ	43	
グロット・トゥルナル	IIb	ムステリアン	MW	3	1,225	5/315	8/910	ウマ	41	33
ガバサ1	a+c	ムステリアン	MW	3	658	7/51	8/607	アイベックス	40	27
リパロ・フマーネ	A3～DI-Ic	オーリニャシアン	MC	3	1,287	8/216	7/1,071	アイベックス	38	48
リパロ・フマーネ	A13-2～A4 III - II	ムステリアン	MC	3	678	5/45	8/633	アカシカ	37	36
ガバサ1	f	ムステリアン	MW	3	1,123	8/30	9/1,094	アイベックス	36	21
ガバサ1	g	ムステリアン	MW	3	1,814	9/176	9/1,638	アイベックス	36	46
ガバサ1	h	ムステリアン	MW	3	806	7/83	8/723	アイベックス	34	14
ガバサ1	e	ムステリアン	MW	3	1,405	9/120	9/1,285	アイベックス	31	29
グロッタ・ディ・サン・アゴスチーノ	SO～SX	ムステリアン	MC	3	3,141	7/529	9/2,612	アカシカ	26	34

 また，骨の表層部の保存がよくないので，カット・マークの痕跡も認められない．だが，骨の多くはハンマーと台石を使って打ち割られ，骨髄が抜き取られている (Farizy,David and Jaubert 1994:図129)．

 バイソンを捕獲し，解体したこの遺跡をドルドーニュのベゼール川流域にあるアブリ・パトウ14層のオーリニャシアン (Bouchud 1975, Movius 1977, Spiess 1979) と比較してみよう．ここでは，

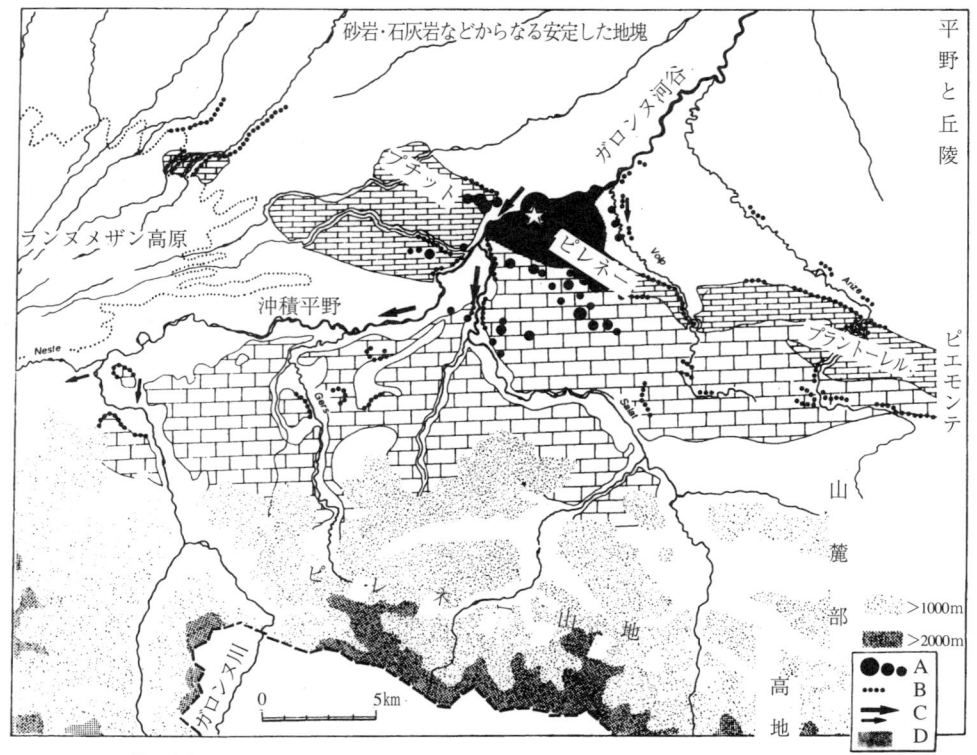

凡 例
A 遺跡から15km以内の石材産地
B 狩猟に使われたと考えられる崖と露岩
C 主要移動経路
D 遺跡から徒歩1時間圏

図6.24 南西部地区フランスのプチット・ピレネーにおけるモーラン遺跡の位置(星印) 小規模な集団によってこの場所の東にある丘からバイソンが追い立てられたと考えられる。この場所は動物の移動を見張り，待ち伏せ猟を行うためには絶好の場所であると見られる(Farizy, David and Jaubert 1994：Fig.128による)。

　他のオーリニャシアンの層準と同じようにトナカイが卓越するが，これはペリゴーディアンとグラベッティアンとも共通している。14層では，15m²と推定されている居住範囲から1,500点の同定可能な獣骨が検出されているが，トナカイがその99％を占めていた（Spiess 1979:表6.20）。この層準は，この遺跡では最古の層準であり，二次加工のある石器が101点出土している(Movius 1977:140)[30]。

　この遺跡の形成された時期に関しては突っ込んだ議論があるが（Boyle 1990:111-14），スピースの晩秋〜初冬説が支持されている。これはアブリ・パトウの上部旧石器時代前半期の各層準とも一致するものである。また，この結論は歯の断面観察結果とも矛盾しない（ibid. 表6.6）。こうした観察結果から，彼はベゼール川流域は冬のレフュジアであったという結論を提示している。

　年齢査定についての情報は少ないが，スピース（1979:197〜203）は狩猟者たちは小規模なさまざまな年齢層からなるムレをねらったと解釈している。彼のデータ（ibid.表6.6）によれば，3歳から9歳の成獣が53％を占め（n=93）[31]，主体的に捕獲されていると評価されるが，大量捕獲の形跡はない。

　やはり南西フランスにある岩陰であるラ・フラジョーレⅠのⅤ層のペリゴーディアンⅤ石器群に

は，トナカイの卓越する動物群が共伴している（Enloe 1993:表6.27）。捕獲季節についてのデータによれば，それは冬季であり，年齢査定結果によれば2歳から6歳の成獣が多いという（ibid. 図1）。興味深いことに，カット・マークは全体のわずかに3％のものに認められるにすぎない。ただし，脛骨や大腿骨，中足骨といった，肉のたっぷりついた部分や，骨髄の豊富な部分が多く遺存していた。アンロウEnloe（1993:109）はこうした状況は，一群の狩猟者がかなりの距離を食糧を運んできた証拠であると解釈している。この結論を支持するためには，肉の量がとくに豊富な部位（Binford 1978b,1981a, Binford and Bertram 1977）の骨は，運ぶものの負担とならないように減量するため，肉をそぎ落とされたことが前提とされる[32]。ビンフォードはこれは部位別の選好（gaurmet strategy）と，後に残された骨の示唆するように嵩対策（bulk strategy）であったと考えている。もっとも利用価値の高い肉や脂肪，骨髄，グリースなどをもった遺体部位の欠如は部位別選好という戦略性の現れであり，これは成獣を対象とする狩猟とも関連する（Binford 1978b:81）。嵩対策の戦略がとられるのは，獲物の収量が減少し，その結果，老獣や幼獣も狩猟対象となり解体される場合である。

こうしてみると，動物遺存体の検討によるかぎり，モーランとアブリ・パトウにおけるヒトには戦略性や組織性をめぐる能力などに根本的な違いを見出すことはできないだろう。これと同様の結論は，パトウ・マチスPatou-Mathis（1994）による地中海西部地区にあるグロット・トゥルナルGrotte Tournalからも得られている。この洞穴のムステリアンとオーリニャシアンの層準は，ウマとトナカイが卓越している（表6.27）。しかしながら，動物遺存体の細心のタフォノミー研究によれば，これら両種間にはほとんど違いが認められないという。この洞穴は，両時期において数多く短期的な居住が行われたパリンプセストの例であり，ムステリアンの場合は，包含層がクマやハイエナによって強烈な影響をこうむり，人類活動の形跡は後景に追いやられたのであろう。

マンモス

6.0〜2.1万年BPの間，1頭のみの死骸に関わるギャザリングが認められない点は注意しなければならない。先に注意したように，湖畔における遺跡の欠如がこの理由であろう。先行するザーレアンでは（第5章），例えばノイマルク・ノルトのようなオーロックスやサイ，ゾウなどを含む例はいくつか知られている。これと対照的に，モーランのような遺跡では，同一の場所にある期間おびただしいバイソンの骨が集積されていた。こうした遺跡は，先行する時期のヴァラーテイム（Gaudzinski 1992），ラ・ボルド（Jaubert et al. 1990），イリスカヤ（Hoffecker,Baryshnikov and Potapova 1991）などと比較されよう。

この時期において，もっとも目立った変化が生じるのは3.3万年BP以降であり，さらに絞り込めば，2.8万年BP以降の最終氷期盛期に向かう気候の寒冷化にはじまる。これを場に即していえば，マンモスの遺体の集積がこれである。これは大陸の限られた地域に見られる。コズロウスキー（1990:表15.1）が指摘するように，彼の上部旧石器時代前半期の多角的な研究に従えば，北部・中央地区と北部東地区のグラベッティアンのいくつかの遺跡がこれに該当する。マンモスの骨が風よけや，リピチェニ・イズボルRipiceni-IzvorコンプレックスⅠ（Gamble 1986a:図6.4,Paunescu 1965）やスパジスタ・ストリートSpadzista Street（Kozlowski 1974）などのように小屋掛けに使われること

もある。ゾファー（1993）はマンモスの分布についての概説を公表している（表6.28）。

　ゾファーはこうしたマンモスの遺存体が，人の手による場合と自然につくり出される場合のあることを強調している。後者は，いわゆるマンモスの墓場と呼ばれるもので，永久凍土地帯の河川沿いに分布する。たしかにカット・マークを欠き，肉食獣の噛み跡のあるものは，その由来が狩猟によるばかりではなく，採集されたものであることを強く疑わせる（Soffer 1993:37）。マンモスの骨にはあらゆる年齢のものがあるが，半成獣のものがとくに多い。ゾファーはモラビアの遺跡と，その近傍にあるミネラル含有地との間の興味深い関連性を示唆している（1993:40）。こういう場所は，周回するゾウを引きつけ，そこでは季節ごとに命を落とすものもあったであろう（Conybeare and Haynes 1984）。また，モラビアの遺跡では，マンモスの骨は燃料としては使われなかったし，ピットの中に貯蔵されることもなかった点にも注意したい。このような特徴は，コスチェンキ1/1や最終氷期最寒冷期以降のロシア平原においては認められている（Soffer 1985b）。

イベックスの狩人

　資源の乏しい地域にあっては，どのようにして環境と取り組むことができたのか，こうした能力は，スタイナーによって提起された，さまざまな戦略の組合わせこそが中部旧石器から上部旧石器への移行を特徴づける，という仮説の検証にふさわしい問題であろう。この問題を考察するために，ここでは*Capra ibex*に焦点をあててみたい。これは，中位の大きさのウシ科の動物で，標高の高い険しい山地に居住し，小型のムレを形成する（Gamble 1995c:表Ⅳ）。ストロウス（1987）も指摘するように，この動物の狩猟が行われていたとすれば，それは狩猟者が特別な技量（specialist skills），スタイナーの用語によれば，複合的な方法（complex ways）によってそうした景観に関わったことを示している。

　ヨーロッパの3地域における588にのぼる動物群の中で，*Capra ibex*を含むものは152例あった（表6.29）。この種がもっとも繁栄したのは上部旧石器時代前半期あり，地域的には地中海東部に集中していた。

　動物遺存体中にイベックスが認められる場合，とくに注意されるのは，その動物群中においてはイベックスを含まない動物群よりも多彩な大型肉食獣が含まれることが多い点である（Gamble

表6.28 10頭以上のマンモスの出土した遺跡（Soffer 1993による） これらの遺跡はすべて露天遺跡で，2.9〜2.1万年BPのグラベッティアン石器群をともなっている。

場	地区	マンモスのMNI
ドルニ・ヴェストニツェ−パブロフⅠ・Ⅱ	NC	>150
パブロフ	NC	>30
ミロヴィッチ	NC	>30
プシェドモスチ	NC	>1,000
スパジスタ	NC	60
ヴォロノヴィツァ	NE	12
コスチェンキ1/1	NE	>10 (最もひかえめな見積り)

表6.29 カプラ・アイベックスをともなう152の動物遺存体の地理的および時期別分布状況（相対比はサンプル総数588の動物群に対する比率）

地　域	カプラ・アイベックスをともなう動物群	全体的な動物群との相対比
北部中央	78	21
南東部	27	31
地中海東部	47	34
時　期		
上部旧石器後半期	33	20
上部旧石器前半期	65	38
中部旧石器	54	22

表6.30 ヨーロッパ上部更新世における四つのコミュニティー（Gamble 1995e：Table 6.29） 大型肉食獣にはクマ，ライオン，ハイエナ，オオカミなどがいるが，肉食獣ギルドのすべての構成員はしばしばヒトと拮抗関係におかれている。小型のものには，キツネ，オオカミ，オオヤマネコ，ヤマネコ，アナグマ，カワウソ，クオンなどがある。

コミュニティー	ヒト	大型肉食獣	小型肉食獣	資源状況の推測
1. MP・EUP・LUP	X	X	X	富資源
2. PNT		X	X	
3. LUP	X		X	
4. PNT			X	貧資源

※MP：中部旧石器，EUP：上部旧石器前半期，LUP：上部旧石器後半期
PNT：ポンティニアン

1995e,表ⅠおよびⅤ）[33]。この傾向は3地域に共通するが，時期的にはそうとはいえないようである。例えば，ギリシャ北西部にある上部旧石器後半期のクリシKlithi（Bailey 1997, Gamble 1997）にはイベックスが含まれているが，大型肉食獣はきわめて稀かまったく含まれておらず，小型肉食獣が多く発見されている。古生物学的な動物群にはこうした両タイプが認められる。

この肉食獣の出現パターンは，四つの動物コミュニティーによって示される資源の多様度を測る物差しとなろう（表6.30）。

そうすると，*Capra ibex*はコミュニティー1に見出されるが，そこでは大型肉食獣と小型肉食獣，さらにヒトが共存しており，また，地形的に変化に富むものの，あまり山がちではない地域に豊かな資源が存在することを示している（第5章参照）。この種は，ギリシャのピンドス山脈といった限られた地域や，また，この種がいることと大型哺乳類がいないことが資源の乏しさの指標ともなっているコミュニティー3などにも棲息している。

コミュニティー1の代表は，南東部地区のバチョ・キロ（Kozlowski 1982）や，北部・中央地区のシュバリウクSubalyuk（Mottl 1941）などの上部旧石器時代前半期の遺跡などであろう。これらの遺跡ではイベックスはありふれているが，同時に肉食獣が活動した痕跡もある。例えば，数種の遺体が確認され，噛み跡も認められるが，こうした要素は，歯や四肢骨といった残りやすい部分のみからなる動物遺存体に認められる特徴である。地中海西部地区の中部旧石器時代の洞穴遺跡であるオルチュス（Pillard 1972）においては，*Capra ibex*と断片化したネアンデルタール人とが共存していたが，これもコミュニティー1に含まれる（表6.27）。レパードがどれくらいこの種を洞穴内に搬入するのかについては，綿密なタフォノミーの研究が求められる[34]。

スペイン北東部のウエスカ地方のガバサルGabasa1洞穴（Blasco Sancho 1995）からも示唆的な資料が出土している。この遺跡には典型的ムステリアンの文化層が6枚あり，そこでは*Capra ibex*がもっとも一般的であった[35]。肉食獣は全体の9％であり，噛み跡もある。遺存していた種の骨は，遺体の中でも食糧として重要な部分によって占められていた。

ブラスコ・サンチョBlasco Sancho（1995）はガバサルの大型肉食獣の研究において，歯の萌出と摩耗度に基づいて四つのカテゴリーを設定している（表6.31）。イベックスとシャモワは成獣が卓

表6.31　ガバサ1における年齢構成（Blasco Sancho 1995:Table 36）

	新生児（%）	若年（%）	成年（%）	老年（%）	N
アカシカ	60.4	9.4	29.2	1.0	96
ウマ	61.7	7.5	28.0	2.8	107
アイベックス	13.7	5.6	72.0	8.7	161
シャモワ	18.9	10.8	62.2	8.1	37

越しており，ウマやアカシカなど他の主だった種の年齢構成とは大きく異なっていた。

　年齢的データの違いは，通常，狩猟対象の選択性によって説明される。しかしながら，地域的な動物コミュニティーの構造も重要な要素であり，これに基づいて洞穴への遺体の最短運搬経路が決定される。この決定は何を狩るのか（選択）にはあまり関係なく，むしろ捕獲後にどうするのか（搬送）に関わっている。

　このモデルによれば，頭部（この部位の利用度は低い）が解体・消費されるために遺跡にもち帰られるのは，小型の幼獣や状態の悪い老獣などを捕獲し，その食糧としての利用価値が低い場合である。成獣が捕獲された場合，頭部は利用価値が低いため，その場に残される。どの部位をもち帰るのかという決定は，ビンフォード（1978b:81）によって提示された嵩対策と嗜好部位に関する戦略性に類似した，需要・供給カーブによってモデル化されことになる。成獣が捕獲されたときには，各部位は搬送用に切り分けられるが，その傾向は嗜好部位カーブと近似したものとなるであろう。ここで重視されるのは，食糧として利用度の高い部位である。頭部のような食用として価値の低い部位も含まれている嵩対策カーブが適用されるのは，幼獣や老獣が捕獲された場合である。もしそうであれば，搬送戦略によって，同一の種ではあっても，さまざまな年齢の歯や骨が残されることになる。歯の摩耗によるU字型の外観（Stiner 1990:図2）および骨の癒着パターンなどから成獣の卓越した年齢構成が想定可能である。ガバサルにおけるハンターが，長期にわたり成獣の捕獲に成功していたとすれば，それは多様度の高い環境のもとでの僥倖ということもできよう（Gamble 1995e）。

　したがって，種の多様性によって動物群のパターンを説明することは可能であり，また新しい行動パターンを導入するというよりも，むしろ連続性をもった行動の結果を説明することもできる。資源の豊富なコミュニティーでのイベックスの狩猟は，中部旧石器から上部旧石器への移行期に発達した技量であった。この種が狩猟対象とされたのは比較的遅く，11.8万年BPの最終間氷期以降のことであったので，その技量は特別の意味をもっている。

　しかしながら，新たな技量がその真価を発揮するようになるのは，最終氷期最寒冷期以降の，しかも *Capra ibex* の卓越する，他の動物も乏しい山がちの地域においてであった（Gamble 1995e,1997, Straus 1987）。上部旧石器時代後半期のハンターの技量は，乏しい資源量しかないコミュニティーの開発に向けられていたともいえる（表6.30）。こうした技量は，獲物の周期的な利用可能性への対応を超えるものであった（Stiner 1992:447）。というのも，そこには選別された獲物の捕獲に向けて知識を総動員するという，新しい環境利用パターンが含まれていたからである（Bailey 1997）。諸主体の織りなす動景というコンテクストの中でつくりあげられた特殊技量は，その性格からして，

いつもで発動できる状態におかれていた。それらは必ずしも特定の種に限定されたものではなく，動景の空間的なレベルとしての社会生活を組みあげる，日常化され慣習化されたリズムに依存するものであった。

これと同様の結論は，南西フランスにおける動物遺存体の多様度を考察したシーメクとスナイダーSnyder（1988）の研究からも得られる。彼らは，2.8万年BP以降，多様度（evenness）と動物種が減少し，特定の獲物への集中，つまり特殊化傾向を強めることを指摘している（*ibid.*:329）。それゆえに，獲物の変化は中部旧石器から上部旧石器への移行期よりも，上部旧石器の内部でのほうが大きいということになる。シーメクとプライスPrice（1990:258）は，ペリゴーディアンにはじまる，この2.8万年BPという時期における石器組成（richness）と石器群多様度（evenness）の変化は動物群の多様性が低下することによって，技術的な変動に対して淘汰圧が働いたことで，全部とはいえないまでも，少なくともその一部は説明することができるとも指摘している。

要　　約

中部旧石器から上部旧石器への移行期の研究にはどうしても避けることのできない必要条件がある。われわれが，ある平面上の競技場を見出すことで満足しなくてはならないとしても，そこでのさまざまな変化は，生態系とか，遺存状況とかいったいろいろな要因の違いによるというよりも，むしろその平面上につくられた社会の変化として理解されるのである。

本章で触れた資料が示すところによれば，こうした変化が引き起こされた6.0～2.1万年BPの間に，この平面上に競技場はつくられていたのである。この平面の性格を規定するものは，古気候や遺存する資料にほかならないが，われわれは石器群のサイズ，地域開発の集約度，そして成獣を対象とする狩猟活動，この3点において，中部旧石器から上部旧石器への連続性を確認することができた。この点に関しては，コズロウスキー（1990）による多角的モデルによって明確に説明されているとおりである（表6.8）。

だが，この連続性には，革新されたリズムと社会的テクノロジーが，この期間を通して付帯していたのである。そのもっとも著しい例としては，石器原産地との距離の拡大や貝類の移動，装身具や彫刻品，音楽的なフレーズ等の物質的な表現の創出などがあげられる。

しかしながら，こうした革新があるとはいえ，旧石器時代の記録に看取される最大の構造変動は，すでに多角的モデルによって示されているように，3.3万年BP以降に生じたものである。とはいえ，このことは，さしあたり4.5～3.5万年BPの間におかれた，移動祝祭日ともいえる伝統ある上部旧石器の境界線を引き直そうということではない。しかし，本章で論じたリズムが，第7章で論じることになる場や域とどのようにリンクしていたのだろうかと問うとき，このような時間的なパターンには十分な配慮が求められるのである。この点は，場のもつ量的かつ質的な変化を問題とする場合，ことに重要である。

考古学的に定義された文化とは次のように要約される。

・中部旧石器時代後半期の遺跡は，中部旧石器時代前半期の遺跡と比較して，構築物，内容，遺

物量などの点で，複合的であるとはいえない。石器石材についても，移動距離，移動された石材のタイプ両面で顕著な変化は認められない。
- 木葉形尖頭器およびセレティアンやシャテルペロニアンといった移行期の石器群は，数量的なサイズの小さいものが多い。石器石材の移動距離は拡大する。
- オーリニャシアン石器群は数量的なサイズが小さく，複合的なベース・キャンプも限られている。しかしながら，移動される物資の移動距離とその種類には目立った変化がある。ディスプレー用の特別なアイテムの製作や洞穴壁画による動景の変化などが，歴史上はじめて生じた。
- グラベッティアン石器群は，時に大規模なものもあるが，それは北部・中央地区と北東部地区に限定されていた。きわめて遠距離からの搬入素材の相対的増加，という移動距離の面での変化が著しい。埋葬跡のデータからは，大陸中央部や西部，リグリア海沿岸部などでの新たな展開を予測させるが，貝類の移動はヨーロッパ中央部と地中海沿岸部との交通関係を示している。

このパターンに対する私の解釈は，第2章において定義した，システム統合に帰結するリズムの革新という一点に収斂していく。これは，象徴資本によって成就され，「とともにあること」という限界を超え出していくことでもある。このシステム統合は次章においても考察したいが，3.3万年BP以前に選択的に生起した社会関係の拡張によく見てとることができる。ネアンデルタール人社会とクロマニョン人社会という二つの相異なる社会システムは，情緒的・物質的，そして象徴的という三つの相をもっているが，いずれもこの競技場をつくりあげ，中部旧石器の置き換わりの解釈の焦点を構成するものである。こうしたアプローチも，もしもこの置き換わりを単純に人口の交代と見なすとすれば，置き換わりのもつ複雑な問題をとらえ損なうことになるであろう。

本章において，私はリズムと社会的テクノロジーに議論を集中してきたが，諸主体の分かちもつ社会生活の技量についても一貫して追及してきた。こうした観点からすれば，グロット・トゥルナルやモーランにおけるネアンデルタール人ハンターの技量は，場のスケールという点でのみ，クロマニョン人ハンターと違うように見えるにすぎないのではないだろうか。われわれは，社会的ネゴシエーションとしての場と域を論じる次章において，炉や小屋掛けについてさらに詳しく検討したい。だがこれは，スタイナーによる「相違とは，利用可能な資源への応答としての戦略的な組合わせとテリトリーの使い方におけるルールの問題である」（1993:74）という指摘とはいささか異なった結論ということができよう。私は，ネアンデルタール人の動景には，特殊化した技量も含まれるが，それは彼らを結びつけあい，諸資源のギャザリングを可能にしたと指摘してきた。もしもネアンデルタール人とクロマニョン人の間に違いがあるとすれば，それは戦略の組合わせ，つまり外的な環境への適応としての意志決定にあるのではなく，こうした環境の中での生活そのものにあるのである。人間的な働きかけは，彼にどのような化石名がつけられていようと否かにかかわりなく，身近に動景をつくり出すのである。それは身辺にいかなる人類がいようと，彼あるいは彼女を包み込んでくれるともいえるだろう。

このことは，いかなる時期であろうとも，単に組織的な多様性をテクノロジーのデザインやら組織化などと結びつけるだけでは，旧石器時代の諸記録上の変化を十分に理解することにはならない，ということを明示するものである。例えば，動物遺存体の分布状況からエリアの機能を判定すると

いった，空間的パターンの検討からは満足のいく結果は得られないであろう。そうであるから，私はファリジーとデヴィッドソンDavidsonの次のような結論に同意したい。

> このことは，中部旧石器時代の諸集団が短期的，あるいは長期的な捕食戦略を保持していなかったということを少しも意味しない。彼らの行動は，社会的な縛りに大きく依存しており，このことによって，行動的なパターンが，かくも緩慢に変化したことを説明することもできるのである（1992:93）。

われわれに必要なのは，社会的な行動という枠組の内部での行動パターンについてのさまざまな証拠類をまとめあげることである。こうしたアプローチは，次章でさらに展開されることになるが，外的な環境に適応する組織的なシステムではなく，あくまでも主体が重視される。もしも，われわれがシステムを一義的課題とすれば，われわれが知りうるのは，常同的な肉食獣のギルド内に置かれた自己のポジションしかないであろう。視点を主体に転じることにより，本章で検討し，次章でも考察するように，中部旧石器から上部旧石器への移行にともなって，さまざまな技量もまた変換されはしたが，同時に新たなものもつけ加えられたことを理解しうるのである。それでは次に，獲得，製作，歩行，パフォーマンス，気づかいなどといった人類共通のリズムが，どのように上部旧石器時代におけるさまざまなスケールの場と域にリンクされ，生存のための新しい，また特殊化した技量が生み出されたのかを考えることにしよう。

註

1) 近年のネアンデル河谷出土人骨からのDNA抽出分析によれば，それは5万年前のものであった可能性が示唆されている。それは新型ホモサピエンスのDNAと類似しているものの，同時に，決定的に異なっているという事実は，人口交代論者にとっては力強い証拠と見られている（Ward and Stringer 1997）。

2) ストリンガーとギャンブル（1993:付表1）に完全なリストが示されている。

3) ダンスガール（et al.1993）はデネカンプを約3.5万年BPに位置づけているが，これはC14による花粉帯分析と一致しない（Behre 1989）。グリーンランド・コアの亜間氷期ステージ5，6，7がデネカンプに対応し，ステージ8～11をヘンゲロと対比するべきである。こうした跛行性は今後十分な補正が必要とされることを物語っている。

4) 洞穴内堆積物の花粉帯分析の問題点については，ターナーTurnerとハーノンHannon（1988）が論じている。石灰岩の裂け目や堆積層を通じた花粉の濾過は，その解釈に致命的ともいえる影響を与えるという。

5) この区分はデスブロスDesbrosseとコズロウスキー（1988）による。

6) 氷河によって形成された湖の湖畔には蚊が多いため，そこを訪れるものの活動の妨げとなったであろう。

7) これは調査者の側の欠陥とばかりとはいえない。スボボダ（et al. 1994:457）は，それ以降の発掘調査がレス採取という強い商業的な圧力のもとで遂行されたため，調査者の関心は発掘区を掘り下げ，それを記録化することに集中し，考古学的な調査計画がおろそかにされたのではないかと指摘している。

8) 1964年にはネアンデルタール人の女性の上顎骨が発見された（Le Tensorer 1993:260）。

9) 資料数が僅少であることは洞穴のみの特徴ではない。モロドヴァⅤ10層からは37点の石器が出土し，そのうち1点が木葉形尖頭器であった（Kozlowski 1986:表3.4）。ところで，この石器群はモロドヴィアン

（Molodovian）と呼ばれることがある．

10) 彼のスキームは層位学に基づいた編年に立脚しているが，これにはシャムバッハSchambach上層，グローシェ・グロットGroße GrotteⅡ，それにマウエルンとウルスプリングのハルデンシュタインHaldenstein洞穴の木葉形尖頭器（Blattspitzen）の層準などが含まれている．

11) この数字にはすべての中部旧石器時代の居住跡が含まれており，6.0〜4.0万年BPのそれに限定されているわけではない．

12) しかしながら，これは異なる条件への適応なのではなく，むしろ人々のこの岩陰への訪問頻度の多寡に関連する堆積層の蓄積率の違いを反映するものであろう．もしこの推定が正しければ，二次加工の少ない鋸歯縁石器は急速に埋没するが，シャランティアンの石器は長く表土上にとどまり，結果的にディブル（1987）が指摘するように継起的に二次加工が加えられることになろう．

13) 多様度には二面がある．つまり，分類学的な器種（richness）と石器群の多様度（evenness）がこれである．とくに後者が重要視されるが，それはサンプル・サイズの影響がより少ないからである（Simek and Price 1990:245）．

14) ヨーロッパの北部および南部で石器を研究している研究者とこのスキームについて討議したおりに気づいたのだが，彼らはラプラス・システムおよびその近年の改訂版にすっかり惑わされているようであった．

15) 細長石器（leptolithic：英 light stone）とは小型の石器であり，石刃を素材とし，一般に重量は縮減されており，上部旧石器に著明なものである．

16) この翻訳が適切なものかどうかについては疑問をもっている．同一文献中においても用語法と用語の使用法に関しては齟齬が認められる．ヴァケロVaquero（1992:25）とカルボネルCarbonell（1992:205）を比較すれば，この問題は納得がいくだろう．

17) 『型式学的分析（typologie analytique）』およびこれに派生する『論理・分析システム（sistema lògico-analitic）』においては，旧石器時代は3期に大別されている．生命が機能をはたす（bio-functional）段階：250〜150万年，生命が機能と形態を備えた段階（bio-morphofunctional）：150〜3万年，生命がさまざまな可能性をもつに至った段階（bio-potenntial）：3万年〜6千年（Vaquero 1992:51）．だが，私はこの区分には賛成しない．

18) ショーベの推定年代はクラークとリンドリー（Clark 1992b, Clark and Lindly 1989, Lindly and Clark 1990）のネアンデルタール人と新人との文化的・行動論的連続性説への強力な反論となる．彼らの主たる論拠は2万年BP以降の爆発的な想像力の開花であったからである．この結果，彼らはその年代を2万年BP以前に遡行させなければならないだろう．ショーベとコスカーの年代は，この創造性の爆発が伝統的に考えられていたよりもはるかに遡ることを示唆している．

19) 一般的に公認されているスタロセリエStarosel'eの小児埋葬墓（Grozdover et al. 1996, Smirnov 1991）については，最近中世後期の墳墓ではないかという疑いがもたれているが，イスラム的な葬法とも矛盾しないようである（Marks et al. 1997:122）．

20) イタリア南部，アルタムーラ近郊のグロッタ・ラマルンガGrotta Lamalungaで発見された頭骨と，表面がひどく風化した骨片もこうした葬法の一つであろう（Ventura 1993）．

21) ル・ムスティエ，ラ・キーナ，サン・セゼールでは絶対年代が測定されているが（表6.1），ラ・シャペル・オー・サンはドゥフルールDefleurによって亜寒冷期という推定がなされているにとどまる（1993:図68）．

22) 彼女の時期区分ではタイム・ブロック2および3に相当する（Féblot-Augustins 1993表2）．

23) もっとも好まれたのはベルジュラク産のフリントで，ほかにフリントがあったにせよ，もっとも広く

利用された。

24) クラークはすぐれた品質のもつ通文化的な象徴性に関する議論において，そのものの輝くような性質に着目している。「象牙は滑らかさとクリーム色の色調によって，ヒスイは光の透過性や色合い，肌触りによって，金は衰えることのない光輝によって，真珠は見事な光沢によって，宝石の多くはその光輝によって人々を惹きつけてきた」(Clark 1983:6)。

25) アリス・ケーホウAlice Kehoe（私信による）は，槍先や矢柄整直器と解釈されている遺物が，実際は編み物に使われたものであるという挑発的な見解をもっている。この解釈の是非については今後の検討を待ちたいが，ここで私が着目するのは，どう使うかではなく，製作にまつわるテクニックである。

26) ショーニンゲンから出土したザーレアン・コンプレックス期の槍に着柄用の刻みがつけられていることから，このような技法の古さを想定することができる。

27) この年代はもっとも内輪な見積もりであると考えなければならない。生物層位学的な観点から，オデラーデ時代は8.1〜8.5万年BPと見られる。

28) これらのうち2点は焼け焦げており，1点は推定温度290度〜300度で焼成されていた（Carbonell and Castro-Curel 1992:714)。このことは，それらが以前に加工されていたかに関わりなく，燃料として利用されていたことを示唆している。

29) 主要調査区では17種の石器石材が使われていた（Farizy,David and Jaubert 1994:図32)。石器総数2,142点のうち石英岩とフリントが70％を占める。

30) これらはカタログ記載資料（Spiess 1979）であると考えられるが，製作段階の資料は含まれていないようである。289点のカタログ記載資料には，モヴィウスによる14層の石器（1977:140)，骨角器，石製品なども含まれている。

31) アブリ・パトウでの数字は低いが，トナカイの年齢に関しては層準間の差はほとんど認められない。パイク・タイとブリッカー（1993:図9.8,および9.9）は南西フランスにおけるペリゴーディアンとグラベッティアンとを合わせた数値を提示している。これらはアカシカ，トナカイともに例外なく成獣主体のプロフィールを示している。

32) しかし，アンロウは「利用価値の高い部分のみがもち出される」と混乱を助長する。この指摘は骨に関してはあてはまるが，すでに失われた肉については，仮にそうであっても検証することはできないであろう。

33) 資料が不均一であるため，実数をカウントするのではなく，有・無を基準にした集計法を採用した。いうまでもなく，ゴジンスキーがヴァラーテイムで行ったような（1992,1995)，人類活動との関連性を検討するためには，詳細なタフォノミーの調査が必要である。このような一般的な方法を採用することによって，種多様度は地域的かつ地方的な資源の潤沢さをはかる物差しとして使うことができるようになるだろう。

34) オルチュスからはモーランと同じように，鋸歯縁ムステリアンが発見されている。これをピレネーのフレシェットFréchet（Jaubert 1994）と比較すると興味深いであろう。ここでの予備的な報告によれば，サンプルは大きくないが（NISP=241)，同定資料の59％をイベックスとシャモワが占める。

35) e層は最上層から3枚目の層であり，46.500+4,400-2,800BP（GrN 12.809）という年代が与えられている。

第7章　社会的生活の拡張（6万〜2万1,000年前）
——域，場，ネットワークならびに景観——

社会生活とは，（中略）プログラムの実行なのではなく，
まさに構成のプロセスである
　　　　　　　　　　　　　　　ピーター・ウィルソン　1980

旧石器時代の権力

　本章では，旧石器時代における重要な移行期には，必ず権力関係の変化が伴うことが論じられる。ここでいう変化には，トナカイを殺戮する新しい方法とか，暖をとるための技術的な工夫といったこと以上のものが含まれている。また，それには先々を見越して，人員配置や移動の時期をはかったりなどしながら，資源不足に対処するといったこと以上の意味も担われている。もっとも重要なのは，こうした種々の変化によって，主体の行動範囲が拡張され，またそのために根本的に権力構造も改まったことである。

　権力について考察する際にいつもつきまとう問題は，その概念規定である。この問題は旧石器時代の場合，とくに深刻である。というのも，この時代は通常無権力の時代と考えられており，それは人間とその環境との相互関係から生まれるというよりも，そこでは，大文字の自然に操られる大文字の人間が行動するものと考えられてきたのである（第1章）。そうではなく，すでに第2章で触れたように，権力とはルールと資源にほかならず，それによって人は力を得，同時に力に制約されることにもなるのである。

　本書で考察する資源とは，人と人との間の関係を媒介するものである。親密な，日常的な，そして拡張されたネットワークという三つのネットワークは，情緒，物質，そして象徴という資源によって原理的には定義されるが，それによってネットワークの機能は維持され，われわれの関わりをもつ社会も瑕疵なくつくりあげられているのである。それらは内在的であると同時に，主体による社会的なパフォーマンスや，生活を営むことによって培われる行動を通して実現される。

　例えば，相当なサイズの拡張されたネットワークを情緒的な資源によって基礎づけることはできない。なぜならば，情緒的な資源には，共にすごす長い時間と眼差しの交叉と，「とともにあること」が含まれるからである。また，象徴的な資源によって親密なネットワークを維持することもできない。象徴的な資源は現実的な行動から離脱しているからである。したがって，そのような資源は，身体化によって支えられ，また相互関係の性格が規定されることもある親密なネットワークにとっては不必要な存在といえるだろう。

　私は，第6章において，中部旧石器時代から上部旧石器時代への移行は，各々の行動を形づくっていたリズムの違いによって明示されると指摘した。本章の目標は，このような変化を，行動を通

じて社会生活を築きあげているルールと資源に即して説明することである。この目標を達成するためには、社会的な統合のプロセスが検討されなければならない。つまり、域と場のレベルにおいて、日々繰り返される人々の生活がいかにまとめ上げられているのかを説明することになる。移行とは、社会的な景観の内部で新たな場の創出と、社会的な場の内部での拡張されたネットワーク（表2.8）の出現によって特徴づけられることが論じられる。ようやく人々はヒトとモノに関わるルールと資本とを駆使して、新たな社会的な知を創出しえたのである。一方、われわれといえども、各自パーソナルな領域でのネットワーク、つまり親密な、日常的な、そして拡張された領域におけるネットワークに直面しているのであり、また同時に、彼あるいは彼女の切り結んでいる社会的な機会と制約としてのグローバル・ネットワーク（表2.8）にも立ち会っている。個人の関与があるとしても、それ自体は制約や束縛なのではなく、世界をマルチ化し、変換するためにリズムを備給してくれるが、そのリズムは世界の中で、世界を素材に、世界とともに生活することから生じるのである（第3章）。その結果として、システムは統合されることになるが、それは「今ここにない」行動とも関わりをもつであろう（第2章）。制度としての権力とともに個人的な権力も時間と空間を超えていく。ここにおいて、類人猿と人類の社会的遺産の上に立つ「近接性からの解放」（Rodseth et al. 1991）が、ようやく達成されるのである。

　だが、次の点はもう少し明確に述べなくてはならないだろう。すなわち権力の起源はけっして新しいものではない。女性は特定の環境のもつ契機に促されて権力を「喪失」したとか、権力とは大型獣の、また大きなムレを対象とする組織の組替えによって「獲得」された（Gilman 1984）、といった意味からすれば、権力の出現という変動は、必ずしもネガティブなものとはいえない。このようなヒトとヒトの間の、あるいはジェンダーの、また集団間の非対称性を歴史時代において、さらに先史時代においても一般的な事態であると見なすとすれば、この問題に対して特定の先入見をもって臨むことになってしまうだろう。かつて、アーネスト・ゲルナーは政治史家は搾取の起源を説明することが不可避の課題であると考えているが、これは誠に奇妙なことだと指摘した[1]。この指摘は正鵠を射ているが、ネガティブな権力関係の代表ともいえる搾取は、その性格からして人類によって発明されたといった類のものではない。だが、ここから導き出される結論は認めなければならないだろう。すなわち、ルールと資源とを具備したネットワークを通してやりとりされる生産的な行為にあえて他人を引き込むといった工夫がなくとも、十分やっていけたのである。

　私は6.0〜2.1万年BPにおける上述の変化を、すでに導入した域と場という概念的な枠組から考察したい。本章においてとくに強調したいのは社会的な景観であり、また社会的なできごとやその場であるが、こうした概念はこれまでのところ、あまり突っ込んで議論されてこなかった。社会的な景観は一連の地域研究を通じて検討されることになるが、その事例としては、チェコのドルニ・ヴェストニツェ-パブロフが研究される。

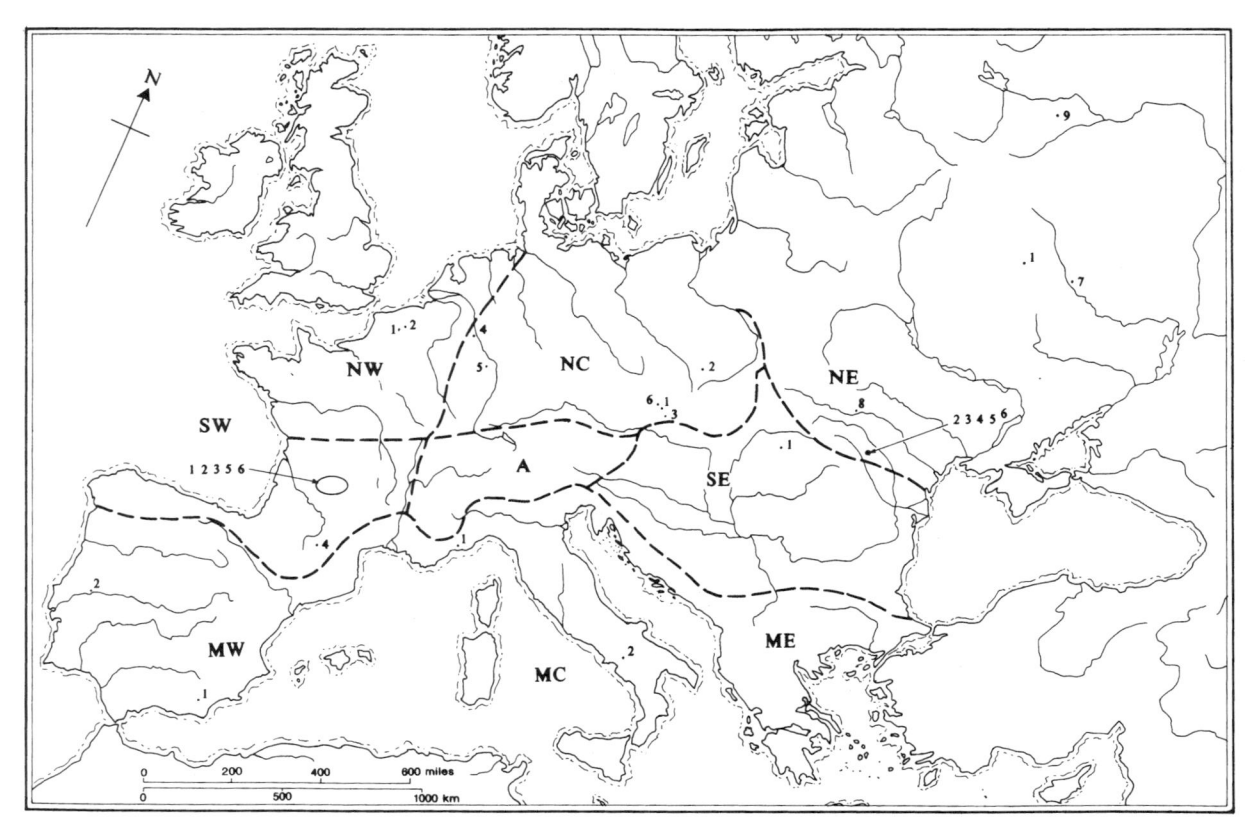

凡 例

	NW	NC	NE	SW
1	シャビアーグ	ブルノ	アブディエボ	コルビアック
2	エーニン	クラカウ・スパヂスタ	ビストリショーラ・ルタリー	ゴウ
3		ドルニ・ヴェストニツェ, パブロフ	チャーラウ-ボフ・ミック	ル・コット
4		ロンメルズーム	チャーラウ-セタチカ	モーラン
5		スプレンドリンゲン	チャーラウ-ディルチュ	タンブレット
5		ヴェドロヴィッチ	チャーラウ-ポディス	ヴォフレイ
7			コスチェンキ	
8			モロドヴァ	
9			スンギル	

	SE	MW	MC
1	レメッティア・ソモス	カリエラ	グリマルディ
2		ヴィラ・ルイヴァ	セリノ

図7.1 本文および表7.11で触れた主要遺跡分布図

域

習俗としての景観

　習俗としての景観は主体を中心に広がっていく。そして，主体は何らかの決定を下さなくてはならない。近やギャザリング，社会的な場面性（第3章）などの過程での意志決定は，相互にやりとりが交換される空間的なネットワークを拡張し，社会的再生産を促進するのである。これはあらゆる人類に該当するばかりでなく，人類進化の道すがら変化し，時に手直しもされてきた，移動性や環境に関する知識，さらに生き延びるための技量全般に及んでいる。それは，身近な相互関係に必要な技量を学び，その空間的な限界がどの辺にあるのかについても教えてくれる知的な環境であったのである。

　それほどに習俗としての景観は，すでに第4章，第5章で見てきたように，社会的統合のためのルールと資源とを保持している。しかしながら，社会的統合といっても，後期更新世に至るまで習俗としての景観を特徴づけてきた，親密なネットワークと日常的なネットワークとによって負荷されてきた限界を超えるほどのシステム統合が成立したことを意味しているわけではない。

　習俗としての景観の広がりは，域と域との間の石器石材の移動によってたどることが可能である（第4，5，6章）。80km～100km圏が最遠隔圏であることは変わらないが，大部分の石材の移動距離はそれほど大きくはなく，普通は20km以内であった。移動距離は中部旧石器時代後半期でもこの程度であり，上部旧石器時代前半期の多くの遺跡でも同様である。しかしながら第6章で触れたように，上部旧石器時代前半期では最遠隔地までの距離が増加し，また遺跡によっては運ばれる量も増加し，これに貝類や，おそらくは象牙などといった移動物資などが新たに付け加わった。

移 動 性

　このような変化は，オーリニャシアンとグラベッティアンにおける習俗としての景観が，ムステリアンに比較して拡張されたということを意味するわけではない。大半の移動距離は先のモデルの範囲内に十分に収まっているのである（Féblot-Augstins 1997）。だが，80km～100kmという閾値を超える移動距離の一般化と，単純な減衰曲線からの逸脱は，もはや遺跡への，あるいは原産地からの原石移動を説明することを難しくしており（Turq 1993図1および2），諸個人の移動パターンが新たな問題となるのである。

　南西部地区，アキテーヌ盆地の研究によれば（Geneste 1988a,1988b, Turq 1992a,1993），ムステリアンの原石移動は他の日常的な仕事に埋め込まれていた。大半の距離は，1日か2日くらいの社会的行動期間と対応し，これに対応する距離は5km～20kmくらいであった。ジュネストの原則（1988a）によれば，この程度の距離であっても，相対的に遠方の石材は石核素材あるいは塊状の原石ではなく，二次加工された石器として搬入されていた。第5章で見たように，30万年BPに出現するルヴァロワ技法の動作の連鎖は，こうしたパターンによく合致していた。

　石器の接合に関しては，20km以内から搬入された石材には，チェスラ（1987,1990）による3種

の接合類型がすべて含まれている。ところが，30km～80kmのいわゆる「遠隔地」という範疇においては，通常，刃部再生といった継続して行われる変形が含まれているにすぎない。このことは，石材原産地に近い場所に，これらの生産場所が存在することを意味している。

このモデルは，ネアンデルタール人が恒常的に自分たちの石器生産技術を反復更新していたことを指し示している。石器石材をもち回ることはごくありふれた行動であり，それは石材産地でより良質の原石をそのつど取得するよりも一般的な行動であったろう。彼らがこれ以外の，例えば木製品とか動物の肉，子供たち，さらに食料となるものなどももち歩いたことを疑うことはできない。いいかえれば，彼らは自分たちと一緒に環境をももち歩いたことになる。彼らは，第3章で規定したように，無原則的にあちこち動き回るものではなく，よく馴染んで役に立つものに取り囲まれており，その環境に関わりのあるものを身にまとっていたのである。

こうした特徴は，解剖学的にネアンデルタール人といわれるヒトに限られていたことではない。それはハイデルベルク人Homo heidelbergensisにも，また中東でムステリアン石器群とともに発見される解剖学的な新人にも該当している（Stringer and Gamble 1993）。ポケットをひっくり返してみればわかるように，ルヴァロワ・ムステリアンをつくろうと，オーリニャシアンであろうと関係なく，それは解剖学な新人にもあてはまるのである。

大きな違いがあるとすれば，われわれがある社会的な場面性から別の社会的な場面性へと移動するのに対して，ネアンデルタール人はギャザリングからギャザリングへと移動を反復していたことである。先に言及したように（第5章），クーンはネアンデルタール人は恒常的に石器をもち歩いていたが，物資をキャッシュする場所はもたなかった，と指摘している。こうした供給場所のつくられた社会的な意味は大きい。将来の行動に備えた場所が形成されることによって，行動のテンポは変貌するからである。原石の獲得，生産，使用，再生，廃棄といった一連のプロセスは，今や時間的な間隔をおいて切れ切れにされ，移動につれて素材は装いを新たにすることになろう(Scheer 1993)。

そうであれば，クーンの提言をネアンデルタール人は，「未知の，一般的な必要にそなえて」(1992:206)石器をもち歩く，といい直すこともできるだろう。ネアンデルタール人が世界の内部にあることなど意識しないのは，われわれが自分の時間の大半を，そのようなとりとめのないことを考えながら過ごさないのと同様である（第3章）。彼らがもち歩いたのは一連の身振りによる表現（人工物）であり，延長された腕であった。同様に，彼らが普段身を包んでいた衣類の形態は，それが押し包んでいる身体によって規定されていた。

道具をもち運ぶことは，それが帽子であれハンドアックスであれ，人類であるということの一部分であり，また，それらのものには人類であることの証が包み込まれている。それらは，われわれの一連の動作の一部分であるといってもよい。学び，獲得し，製作し，使うといった相互に関連しあう行動は，ネアンデルタール人とその環境との相互関係をつくり出した。さらに，もち運ばれるものには何がしかの意味も荷担されていたであろう。というのも，それらのモノは慣習化された身振りの物質的な表現をもち運ぶ特定のヒトと関連づけられるからである[2]。

グロット・ヴォフレイにおける中部旧石器時代の物資の移動

もしもネアンデルタール人が日常的に近場を歩き回っていたならば，ある場にやってくるまでの，

表7.1　グロット・ヴォフレイの石器石材（Geneste 1998b:table 2〜14 一部改訂）

石材の種類	km	XII	XI	X	IX	VIII	VII	VI	V	IV	III	II	I
1	<5	11	41	57	26	966	209	82	28	153	21	194	66
2	<5		34	10	5	864	178	86	59	191	71	254	23
3	<5		1	5	1	151	141	24	24	34	6	56	20
4	<5					16	1	2	2	2		2	
5	40					7	1			2			
6	30					12	6	3	2	2	2		
7	25					4							
雑							1		1	10		2	
不明					3		9	6			23		
石英	<5	3	21	9	4	46	15	6	5	46		20	3
合計		14	97	84	36	2,075	558	203	121	463	100	528	112

またやってきて，そこに滞在した期間とはどれほどのものであったのだろうか。さらに，そこで何らかの儀式的な行動を行った形跡はあるのだろうか。

アキテーヌ盆地における石器石材の示すところによれば，それは全方位から搬入されている。例えば，中部旧石器時代の包含層が厚く重複する遺跡であるグロット・ヴォフレイ（Geneste 1988b, Rigaud 1988a）では，その場への原石搬入経路は星形をしている（Féblot-Augstins 1993:239）。

こうしたパターンは二通りに解釈できるだろう。第一の解釈は，洞穴とはネットワーク状に張り巡らされた道の結節であり，各方向からの移動によって星形のパターンが形成されたというものである。この解釈は，ある場への訪問はつねに短期間であったことを意味している。そこに搬入される素材は短期的な滞在に十分な量でよい。第二の解釈は，人々がそこに居住している間は10km以内にある石材はいつも補給されていたというものである。この第一の解釈よりも妥当性の高いシナリオによれば，Ⅲ，Ⅴ，そしてⅥ層では，石材タイプ6の原産地である北西部方面から，少なくとも1回は石材が搬入されていることになる（図5.13）。また，Ⅳ，Ⅶ〜Ⅷ層では少なくとも3回，おそらくは5回以上の補給があったと考えられる[3]。

このような違いは，サンプル・サイズに左右されることもある（表5.5および表7.1）。石器サンプルの大きさが大きくなれば，その原産地の数も増加し，5km以上の距離を移動してきた資料数も増加するであろう。しかしながら，こうした傾向はⅡ層にはあてはまらない。この層準には多くの資料があるが，それは相当期間地元の石材が搬入された結果であった。この研究は，グロット・ヴォフレイにおいては，洞穴のまわりで拾得されたものではない石材の量は，実際は少量であったことをも示唆している。

ネットワークによる移動

次に，移動パターンを別な視点から眺めてみよう。われわれはグロット・ヴォフレイに出入りするルートに関して，両極的ともいえるイメージをもつことが可能である。つまり，大きな循環の一部として，おそらく周年的なサイクルで反復利用されるというイメージと，車輪の要として，そこから恒常的に放射状に出入りするイメージがこれである。このようなネットワーク・モデルは，す

でに表2.4において検討したが，それはネットワーク内の諸主体間の結びつきの強さを示すものであった。この循環・放射という二つのモデルは，高密度のネットワークと低密度のネットワークを代表するものである。

食糧資源の分布に著しい季節的な偏りがあった場合，循環的な景観の利用が促進される。その結果，場の利用は完全にローテーション化されることになろう。このパターンを参考にすると，ある周回路の内部に存在する単一の石材原産地から採集された石器石材は逓減化することが予測されるだろう（図7.2A）。石材原産地に近接する二つの場が石器石材の質や量の面で，一方は最高のものを，他方は最低のものを保有する場合が想定されるばかりでなく，両者における二次加工のある石器の割合にも大きな違いが認められる可能性があろう。

循環的な移動は，密度の高いネットワークを形成すると考えられる（第2章）。というのは，それには集団として移動している人々と，ある場所を動かずにいて，循環経路を自分たちよりも移動性の高い集団からの補給を期待している人々との両者が含まれるからである。食糧を求めて共に移動する集団の場合，その紐帯の緊密さは，共同行動とまではいえないまでも，日常的関係の疎密によって決定されるであろう。この場合，循環性は急速に多チャンネル化する可能性がある（図2.1）。そこでは交叉型のリンクが生じ，中央部への石器石材の移動は一層複雑な過程をたどることになる。

中部旧石器を循環型システムの例としたい誘惑に駆られるかもしれない。そこでは，ネットワークに組み込まれた諸個人は季節的な移動を共にし，食糧資源が個人的な行動を許容する場合には分散することもあったかもしれない（Gamble 1987）。しかしながら，こうした環境決定論的なモデル化は，石器石材のデータに基づく社会的な行動を解釈するには適当ではないだろう。

グロット・ヴォフレイのような一つの遺跡において，逓減曲線の形成は当然予想されるし，また標準的なあり方であろう。さらに，同一エリア内の複数の遺跡におけるより大きなサンプルの場合もしかりである（Turq 1992a）。だが，純粋のローテーションによる移動過程を示唆する資料は存在しない。南西部地区においては，資源の季節的な偏り（Auguste 1993:表1）が相当の規模で生じたために，特定の移動経路が決定され，このために人々が相当長期間，かなり遠方にまで，この経路に追い込まれたといったことを示唆するデータも知られていない。

そのかわりに，中部旧石器に見出されるパターンは，低密度車輪型である（図7.2B）。石材原産地を中央のハブとすれば，スポークが道に相当し，すべての場がこの石材の価値を共有することになる。だが，原産地の位置をスポークの一端に変更してみると（図7.2C），中央のみが高い価値をもち，これ以外の場での価値は中位になってしまう。

この車輪型はさらに分裂した星形モデルへと拡張される（図7.2D）。結節数は増加するが，紐帯の結合度はあいかわらず低い。リンク数の多寡がそれぞれの場における石器石材の相対的頻度を変化させるため，単純な逓減ルールによれば，副次的につくり出されたハブから放射されるすべての結節での価値は低下する。

中部旧石器時代の石材移動パターンを見ると，こうしたリンクが行動の空間性と時間性によって規制されていたことが予測される。諸個人は石器石材を20kr以上もち歩くことはなかった。仮にそのようなことがあったとしたら，それは逓減曲線の形に反映されるであろう。また，素材が人から

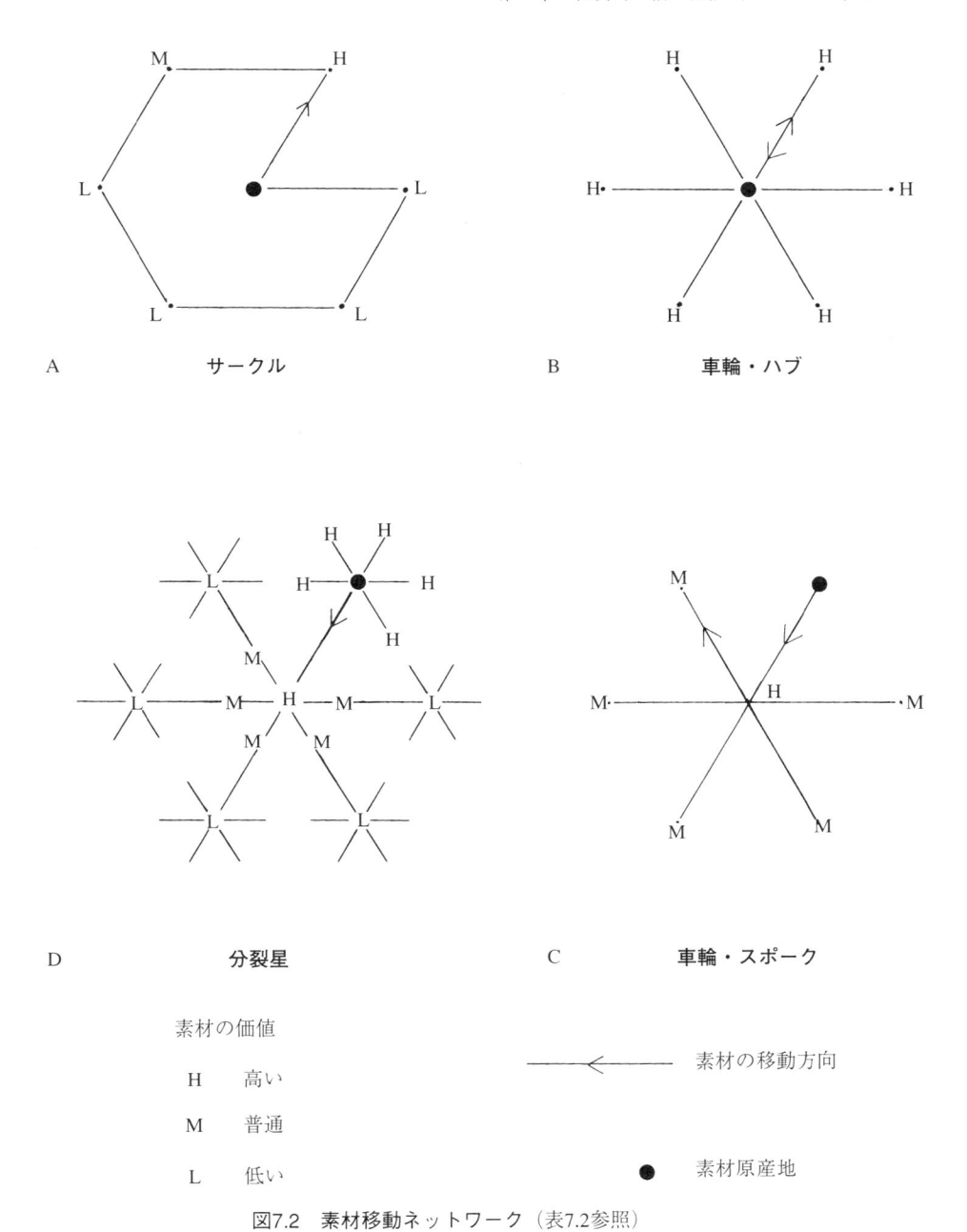

第 7 章　社会的生活の拡張（6 万〜2 万 1,000 年前）　331

A　サークル

B　車輪・ハブ

D　分裂星

C　車輪・スポーク

素材の価値
H　高い
M　普通
L　低い

←―――　素材の移動方向

●　素材原産地

図7.2　素材移動ネットワーク（表7.2参照）

人へと手渡されることもなかった。そのようなメカニズムがあったら，やはり逓減曲線の形は変化したはずである。

　もしも，上述のとおりであるならば，結節あるいは場を切り結ぶリンクは，車輪型のネットワークを構成し，そのさしわたしは5km〜10km程度であったと考えられる。そうでないとすれば，それぞれの場にはこれ以上に遠方から将来された石器石材が存在することになろう。この結論から，各個人独自の，あるいは他者とともに行う行動を解き明かすことができる。彼らは，もしも望むならば，分裂した星形のネットワーク（図7.2D）内を自在に歩き回ることもできる。また，場と場との

表7.2 さまざまなネットワーク内の石器石材想定値（図7.2）各ネットワークは七つの結節をもつが，そのうちの1か所を石材原産地と仮定した。分裂星型ネットワークは七つの車輪状ネットワークをもつが，それらは中央の1か所とつながっている（図7.2D）。高い値はリンク1，中位の値はリンク2，低い値はリンク2以上である。

ネットワーク	石材値 結節数/場の数		
	高	中	低
サークル	1	1	4
車輪（ハブ）	6		
車輪（スポーク）	1	5	
分裂星	6	5	25

距離を必要最小限にとどめ，居住地での滞在期間も短縮することによって，日常的なネットワークにおける構成メンバーとの相互関係を維持することも可能であったろう。さらに，こうした相互関係は通常の移動の方法や，その過程でのさまざまな出会いによっても維持することができるのである。

中部旧石器における居住地のデータは，石器石材が搬入されたのは社会的なやりとりの行われる場面性の結果であるというよりも，ギャザリングによって形成された場であることを指し示している（第3章）。いうまでもないが，残されたものが再利用されれば，こうした場の数は減少する。また，考古学的に「記録されない」逅は数知れぬほどあっただろう。したがって中部旧石器時代の人類は，小さな空間的な範囲内で互いに遭遇しあっていた，ということができるだろう。そこでは，ギャザリングとギャザリングとの間隔はせいぜい5kmか10kmくらいなものであったに違いない。

この結論は，諸個人がある景観の中をランダムに，あるいは無計画に移動していたという仮説が成立しないことを意味している。移動とは，パターン化され予測可能であった。これは中部旧石器時代のネットワークの地域的な特性をよく物語っているが，それは資源の利用に制約されたものとはいえ，相互関係の具体的な維持を可能にするものであった。

上部旧石器時代の石材移動から見たネットワーク構造は，これとは違っていた。たとえば，オーリニャシアンは，トゥルクによるアキテーヌ盆地の逓減曲線に示されているように（Turq 1993:図2），高密度・全方位型の構造をしていた。これは，もはや距離と量との関係によって描かれる単純な逓減曲線は示さず，交換システム内の場や特定の個人を対象とする明確な移動パターンを示している。この上部旧石器時代のネットワークは中部旧石器とは異なったやり方で組織化されていたという結論は，移動距離の増加と搬出・入される場の違いから導かれたものである（表6.18）。場と場との間の距離が大きくなれば，それだけ場の数は減少し，考古学的に認知できる逅の数も減少に転じるであろう。北部・中央地区における，オーリニャシアンの洞穴遺跡と露天遺跡との距離が300kmもあったのは，この一例と見られる（第6章）。最後に，サポートと道具（モード8）以外の技術的なモード（表5.14）のうち，20km以上移動したものの数が著しく増加する事実をあげておきたい

表7.3 20km以上の距離を搬送された石器石材と技術的モードとの関連性（Féblot-Augustins 1997：figure 43,47,58,65ならびに66）　モード1の中部旧石器後期の遺跡はポーランドのツボレンZwolen。モードについては表5.14参照。

>20km	モード	1	2	3	4	5	6	7	8
中部旧石器後半期									
ヨーロッパ西部								+	
ヨーロッパ中央部		+						+	
上部旧石器									
ヨーロッパ西部		+	+	+		+	+	+	+
ヨーロッパ中央部		+			+	+		+	+

（表7.3）。こうした変化は，環境が諸個人に影響を及ぼした結果とはいえないが，それらの距離の大きさは，地域的な条件が，ある点でシステムのスケールをいぜんとして左右するものであったことを示しているのである（Gamble 1986a,第2章,表6.18）。

ネットワークの密度

中部旧石器時代の諸個人の移動は，石器石材の移動を通して再構成されたように，諸個人の張るネットワークとしては，かなり規模の小さなものであった。だが，移動距離は必ずしも諸個人間の紐帯や結合度を測るものではないという反論が提出されるかもしれない。すでに第2章で見たように，われわれは濃密であるが，不在のネットワークを維持する方法をもっている。現代の手紙や電話などは，このわかりやすい実例である。

こうしたメカニズムが欠如していたために，中部旧石器時代のシステム間の隔たりは，構成員が利用できる資源を媒介として，社会的なネゴシエーションが可能となる程度のものであった。主体が結節を行き来し，車輪や分裂した星形の道を往還するにつれて，彼らの親密な，また日常的なネットワークはいっそう強化された。人々は，そのために特別の時間を割くことなく，ネゴシエーションに参画することができた。この道は季節的に潤沢になる資源へと通じており，ひとたびギャザリングという段になれば，移動や居住期間に関する判断を授けてくれるものでもあった。このネットワークは低密度のネットワークではあったが，当面する問題については，満足のいく答えを与えてくれた。なぜならば，そこでは情報のプールが容易であったからである（第2章，表2.6および2.7）。

これに較べると，周回的なネットワークは情報伝達の面では効率的とはいえない。というのも，それには多くのメッセージが必要であり，経路内を情報が伝達される過程で，誤ってコピーされる危険性もあるからである。情報といっても，それは最後の伝達者のものであるにすぎない。さらに，迄とギャザリングの間の距離が開けば開くほど，その情報が，それに基づいて行動するには，すでに遅きに失している危険性もある。

しかしながら，この周回的でマルチ・多チャンネル的なネットワークは，上部旧石器時代前半期の移動パターンを特徴づけているように見える。とくにライン川やダニューブ川に沿った（Hahn 1987），またポーランド南部からモラビアへのカルパチア山脈越えの石器石材の移動（Djindjian 1994, Féblot-Augustins 1997:図107,111,121,122,123, Kozlowski 1994, Svoboda 1994a）を見るにつけ，

そのような印象を受ける。この「軌道」は，最終氷期最寒冷期に向かう時期の北部・中央地区と北東部地区における大陸的な気候下では，格別に際だったものになった。だが，この「軌道」は南西部地区のフランスでも確認される。それは，この地域の上部旧石器時代前期の遺跡から目立って出土する大西洋産の貝殻によってうかがうことができるのである。

ところで，すでに見てきたように（第6章），中部旧石器から上部旧石器への移行は，地域ごとにさまざまな様相を垣間見せている。南西部地区のペリゴール地方においては，上部旧石器時代前半期の遺跡数は顕著な増加を見せる（Mellars 1973, White 1982）。一方，カンタブリア地方では，同一の地域内おいても，まったく逆の傾向が抽出されるという（Straus 1992）。これ以外の地域では，時間軸を対比させることが困難ではあるが，北部・中央地区では上部旧石器時代前半期の遺跡は多くはない，という傾向は揺るがないだろう（第6章）。北東部地区の一部，とくにロシア平原中央部やウクライナでの主要河川沿いでは，大規模な集落が形成されはじめるのは上部旧石器時代前半期であり，その分布も河川に沿ったものであった。

気候条件が影響していることは疑うことができない。第6章で指摘したように，考古学的に説得力のあるイメージが提起できるのは3.3万年BP以降であり，この時期から氷床の発達を伴う気候の寒冷化が開始される。クーン（1995）は，こうした環境変化は，直線的な移行をもたらしたと主張しているが，それは見かけだけで実際はそれほどでもないのかもしれない。

こうした見解の違いはどうして生じるのだろうか。それは，地域的なネットワークが首尾一貫した構成ではなかったために，3.3万年BP以前については跛行的な考古学的なイメージしか描けないことによるのであろう（表6.5）。この首尾一貫性の欠如は，習俗としての景観とのネゴシエーションに際して，仮にそれが同一の資源であっても，時と所によってさまざまな使われ方をしたことに由来するのである。このことは，ネアンデルタール人とクロマニョン人という二種類の人類を比較した場合，車輪型と循環型とが各々を代表するシステムであったというよりも，解剖学的に定義されたそれぞれの構成員が，こうしたシステムに別々の手だてをもって関わっていたということを意味するのである（表2.7と比較せよ）。3.3万年BP以降，高密度の循環的なシステムが急速に発展するが，それを考古学的な目で見ると，地域的なパターンのもつ独自性は減少に転じることになる。

社会的な景観

しかし，私の提示した第二の地域概念，つまり社会的な景観に関する証拠は存在するのだろうか。本書に関する限り，私は社会的な景観が出現するのは上部旧石器時代であった，と指摘してきた。これは，長期にわたる資料の便宜的で大雑把な区分以外のもではないかもしれない。だが，私は考古学的なデータのスケールや地域間の隔たり，さらに時間的な編成などに照らして，ここで提示した区分は正当なものであると考えている。以下，本章ではこの概念の検討にあてるが，そのために地域的な研究成果や，それ自体，社会的な景観の構成要素である社会的な場面性などについて考察する。

社会的な景観の組立は，同時にネゴシエーションに基づいている。それは習俗としての景観に，主体的で媒介的な行動が時間と空間を拡張していった成果を組み込むことである。第3章で注意し

たように，社会的な景観はいかなる空間的な境界をももっていない。なぜならば，人々がゆくところ，そこがどこであっても，潜在的にグローバルなネットワークが構築される可能性があるからである。

　その結果，人間の創造性が地域的間の関係を多様化させるということは，社会的な景観の刻印なのである。なぜこうしたパターン化が惹起されるのかといえば，社会的な景観のもつポテンシャルは無限であるのに，実際問題としては，この景観を連絡し，また景観を超えていく道は限られているからである。文化が地域的に多様化する可能性は増大するかもしれないが，こうした変化をもたらす手段がかぎられているということは，事態の推移に大きな影響を及ぼすことになろう。つまり，システム自体に大きな拡張可能性があったとしても，ネットワークをつくりあげるために主体が活用できる資源には限りがあるため，そこには自ずと一定の限界が生じることになる。そうであるから，地域内・地域間の変化によって示される社会的な景観の諸相を検討し，可能ならば，そのスケールをも考察することが必要なのである。

複合的な社会，複雑化した社会

　中部旧石器から上部旧石器への移行が情報処理能力の向上というよりも，むしろその欠如を補うためのものであった，といえば逆説的に聞こえるだろうか。この見解は放射状の移動パターンに基づくものであるが，これまで工芸品とか人工物のスタイルに働く淘汰は，情報交換の拡張として解釈されてきたことも事実である（Gamble 1982）。

　だが，重要なのは情報そのものである。世界についてより多くのことを知るということは，必ずしも進化論的な成功にいたるためのルートとはいえない。リスクを逓減し，自分の将来を確実なものにするために，高価な情報を使って少数を育て上げるよりも，多くの子孫を残した方が戦略としてはすぐれているだろう[4]。それゆえに，第2章で触れたように，重要なのは一片の情報なのではなく，むしろ情報のかたまり（chunks）なのであり，そのかたまりの再布置化である。このかたまりとしての情報を活用するためには，コードと行動を提示してくれる記号と象徴が必要である。認知論的には，策略や嗅覚とともに視覚と聴覚が必要である。また，進化論的にいえば，こうした一定のコードが許容する範囲内で，また言語的なコミュニケーションであれ，物質文化を媒介にしたものであれ，特定の行動のかわりとなってくれるのは情報のもつ具体的表現力である。

　情報のかたまりによってつくり出されるカテゴリーは，われわれに移動や相互関係に基づく豊穣な情報世界のもつ可能性を探求させてくれる。情報を個々別々に処理するのではなく，今や各主体はこうしたソースをとりまとめカテゴリー化することによって，さまざまなパターンをつくりあげることが可能になる。こうしたプロセスの多様化を通して社会という組織は織り上げられるが，それは既成事実によって主体を縛ると同時に，新たな解釈の道をも拓いてくれるのである。

　そうであるがゆえに，情報量が増えるにつれて，ある行動が適切なものであるか否かという問題はいっそう曖昧なものとなるであろう。一見適切に見える行動も，こと権力の行使においては明確なロスと映ることもあろう。しかし，このことはわれわれが第2章で検討した，複雑社会と複合的な社会との区別を思い出してもらえば，たいした問題にはならないだろう。複雑な社会においては，諸主体は単純な行動をつなぎ合わせることによって，曖昧さを回避しようとする。ビーズの生

産（White 1993b, 1993c）はこの一例であった。それはしばしば外部にある，象徴的なコードを参照することに依存している。複雑な社会にはいくつものカテゴリーが存在するが，われわれはそれらを情報源として，また外部の象徴として認識しながら行動するのである。これと反対に，複合的な社会は身体を唯一の資本とする個人によって演じられる社会である。複合的な社会では，社会は緩慢に情報を受け容れるのみである。主体だけが情報源となる。というのは，諸主体は相互関係と具体的な身振りと技術を媒介として，たいていは個々別々に，お互いどうし関わり合うからである。

人間としての人工物

複雑な社会と複合的な社会という単純な性格規定には，もう一つつけ加えねばならないことがある。この二つの社会は親密な，また日常的なネットワークを共有してはいるが，複雑な社会のみが拡張されたネットワークをもっている。情報のかたまりがもっとも大きい広がりをもつのはこのネットワークの内部においてである。

これら二つのタイプの社会における親密なネットワークの内部では，情報源としての主体は，情緒的な資本として，他とまったく同じように処遇される。この相互関係に伴う時の流れによってネットワークの特質が明確に定められるのであるが，それはまた，霊長類の特権性そのものでもあるといえる。

しかしながら，複雑な社会と複合的な社会の親密なネットワークの間には，可能態であると同時に制約態でもある権力関係において相違点を指摘することもできる。複合的な社会においては，権力の行使は身体化された情緒的な資本に完全に依存しているという意味で，制約条件は明確であり，また場当たり的でもある。こうした要因は複雑な社会にも認められる。だが，ここでの親密なネットワークは，ネットワークの拡張を性格づけるカテゴリー化と外在化に大きく影響されている。このため，権力にはまったく別の階層をもつ可能性が拓かれるのである。それはもはや親密なネットワークのルールと資本にのみ依存することをやめ，より幅広い社会秩序のもとでの経験によって染め上げられた曖昧さを解釈し直し，積極的に導入するしようとする。その結果，曖昧さを解消し，あるいは曖昧さに対処することが重要な課題になり，内的な矛盾と外的な記号という関係が生成されることになる。こうした曖昧さの中にこそ，われわれが儀式として理解するものが胚胎するのである。

私は，中部旧石器時代の人工物は一連の身振りに組み込まれており，文字どおり身体器官の延長であったと論じてきた。それゆえに，このような物質はまた，社会的な演者となるための身体的資源でもあった。この社会的な権力は，身体と行動，そして身振りに織り込まれた物質的な諸関係の表現であった。上部旧石器にあっては，権力とは身体の物質的な代替物によってつくり出された曖昧さに基づいて，意識的に演じられる表現そのものといえる。人工物はもはや主体の付属物であることをやめ，素材の獲得や製作，あるいは使用などの各ステージで意味を付加され，リズムによって行動とリンクされた。つまり，人工物は主体を，あるいは不在の拡張されたネットワークを表現するものとして，主体化されているのである。社会的なできごとと関連するときには，また場が域へと広がりをもつにつれて，それらは手の込んだ，また線条化された手順を踏むようになり，実感的に理解できる「とともにあること」という水準を離脱していくのである。

地域的な空間はどのように利用されたのだろう

したがって，上部旧石器が時間と空間に関する限り，それ以前よりも理解しやすく，また変化に富んだものとなったとしても，驚くには値しない。この視点から移行期の実態を再評価してみよう。

これは，（上部旧石器時代）石器群の斉一的な構成，およびそれ以前の石器群の伝統には含まれていなかった，示準化石の登場というレベルにおいて示される。上部旧石器の示準化石はある種の編年的な位置を指し示し，文化史的なグループ分けの参照点をつくり出してくれる。例えば，諸君が野外調査に際して1点のハンドアックスを採集したとしても，せいぜいいいうることは，それが3.5万年BPよりも古いということくらいだろう。（中略）ところが，もしもフォン・ロベール型尖頭器を採集したとすれば，それを一瞥しただけで，その編年的な位置を正確にいいあてることができるばかりでなく，本来それが帰属していた石器群の一般的な性格までも推定することができる（Gamble 1986a:248）。

このような性格はいったいいつ頃から顕在化したのだろうか。ボジンスキー（1982）はそれを中部旧石器の特徴と考えているが，メラーズ（1992:39）は地域性が明確になる時期を，おそらくは6.0万年BP以降にはじまる中部旧石器時代後半に求めている。アシューレアン系統のムステリアンにある三角形をした両面体石器のような特徴ある石器とか，アルトミューリアンAltmühlianのような木葉形尖頭器を伴う石材消費過程などがこの例である。ヴァロッホValochはチェコの上部旧石器時代前半期における，地域的な石器群のパターン化と文化について詳論している（1995,1996）。この地域化は石器石材が運搬される距離の増加と歩調をそろえている（Féblot-Augstins 1993:表2, Svoboda, Lozek and Vlček 1996）。

これを上部旧石器と比較すると，そこでは結合された鎖が徐々に遠くまで延長されていくことがわかる（表6.18）。そこには生産物の多様性も含まれるが，装飾品や素材，石器などがさまざまな形で表現され，さらに技術的なモードも多岐にわたっている（表7.3）。上部旧石器の時間的・空間的なパターン化においては，こうした表現に関与する情報は曖昧化し，また情報量も減少する傾向にあるのはたしかであるが，将来のある時点で必要とされるネゴシエーションの基盤として保持されていたことは事実である。だが，このような連鎖は，彼らが使うことができる物質的な，また象徴的な資本がほとんど無限ともいえる形をとりうるために多様化するのである。こうした変化は，われわれの社会学的枠組の中で，さらに考察されなくてはならない課題である。

社会的な景観：事例研究

社会的な景観という概念を考察するもっともよい方法は，この定義にも一役買った拡張されたネットワークの具体的な事例を検討することである。さらに，中部旧石器から上部旧石器への移行は，ヨーロッパという地域における多様なネットワークを考えるための絶好の素材でもある。

それゆえに，考古学者が移行期を取り扱う際に通常使用する素材を吟味し，明確にしておく必要がある。私が前章までに駆使してきた定義の一部についても，さらに練り上げ，これと比較されなければならないだろう（表7.4）。

・**遺物群**（*assemblage*）……考古学的な遺跡から発掘された特定の層準の一群の人工物（Laville,

表7.4　旧石器関係術語とその相互関係（表3.1参照）

中部旧石器	上部旧石器	スケール	ネットワーク
石器群	石器群	場	親密な
インダストリー	インダストリー	場と場	
習俗としての景観	習俗としての景観	域	日常的
伝統	文化	域	
	テクノコンプレックス	域と域	拡張された
	社会的景観	域・域と域	グローバル

Rigaud and Sackett 1980:13-14）

- **インダストリー**（*industry*）……二つ以上の遺物群において繰り返し起こる，人工物の諸類型からなる独特の複合体あるいは集合体，また諸類型の出現頻度（Laville, Rigaud and Sackett 1980:14）。
- **伝統**（*tradition*）……一群のインダストリーであり，その人工物の類似性によって，技術知と実践に関する広範囲の文化史的なまとまりに帰属させられる（Laville, Rigaud and Sackett 1980:13-14）。
- **文化**（*culture*）……特定の，また分明な人工物の諸類型の多価的な結合体であり，それは，限られた地理的な範囲内の遺物群において，つねに反復される（Clarke 1978:490）。
- **テクノコンプレックス**（*technocomplex*）……一群の文化であり，多価的な遺物群を共有する。共通する環境・経済・技術などの面で共通因子と対応しているため，人工物の類型の一般的な組合わせは共有するが，個々の類型には違いがある。また，広い範囲への伝播が認められ，5％以下の違いは，統合性にとっては無視できるレベルであり，特定類型の共有による集団としてもまとまりは保たれるが，それが30％～60％の中程度の類似性しかもたない場合，集団は類型群（type families）としてのまとまりを保つにすぎない（Clarke 1978:495）。

　この定義においてとくに興味深いのは，文化が特定の地域性と関連づけられるというクラークClarkeのコメントである。というのも，この指摘は象徴体系によるネットワークの拡張という私の見解と調和的であるからである。この定義については，私なりの見解を提示しておく必要があるだろう。彼のテクノコンプレックスという概念にはいかなる空間的な境界も想定できないが（Gamble 1986a:10），上部旧石器に関する記述には盛んに使われている（例えば，Hahn 1977）。しかしながら，私はクラークがその定義に含めている環境や経済，さらに技術といった共通因子は，社会の一部分に繰り込んでおきたい。かくして，テクノコンプレックスとは，生存という意味での純然たる適応概念として受け容れることは困難になるのである。

　クラークのいう統合性のレベルを測定することが難しいが，テクノコンプレックスという用語は，広い範囲の類似性に向けられた考古学的語彙の必要性を明らかに満足するものである。この用語が問題になるのは，中部旧石器と上部旧石器の実態に関して適用されるときであろう。従来，文化と規定するには「弱すぎる」という理由から，典型的ムステリアンとかグラベッティアンといった用

	西部	中央	東部
北部	400	800	1,000
南部	550	150	550
地中海	550	300	300

図7.3　9地域の面積　単位1,000km²。海水面の変動や氷床の前進などによって面積は変化するため，あくまでもおおよその数字である。

語がテクノコンプレックスと見なされたのであったが，これではあらゆる時間とすべての空間での文化的な反応の共通項を重視するあまり，重要な相違点が水面下に沈められてしまうことになるだろう。習俗としての景観という概念は，こうした事態を回避し，さまざまな考古学的な事象間に存在する相違点への接近をはかろうとするものであるが，それは行動面での進化に共通する核心部の根拠を認識しようとするものでもあるといえよう。

域の広さはどれくらいだったのだろう

社会の範囲が拡張されたことこそが上部旧石器への移行に重要な役割を演じたのである，という主張を検証するためには，上に列挙したさまざまな社会の実際の大きさを吟味してみることがどうしても必要になる。さらに，変化の基点を定め，諸個人が日常的に交流していたスケールを分析しなければならない。まず，九つの地域（図3.1）の広さが参考になるだろう。これによれば，域の大きさは15万km²から100万km²以上の範囲となっている（図7.3）。

人　口

ネットワーク・サイズに関わるもう一つの視点は，地域間に見られる人口学的なパターンである。この問題はシマンSimán（1990,1990-1）が検討している。彼女はC14法とTL法を使って，地中海沿岸，氷床周辺，さらに北方という広大な地域の居住地についての累積グラフを作成しているが[5]，同時にC14年代の測定個数が地域的に展開された居住地の人口と継起性についての間接的な手がかりになるという仮説を提起している。

この測定個数をプロットしてみると，こうしたデータと亜間氷期のデータとがうまく整合するため，人口移動は気候の変化によってコントロールされていたという結論が導き出されている（van Andel and Tzedaskis 1996も参照せよ）。彼女の分析では，資料の信憑性が増す4.0万年BP以降，地中海地区は人口稠密地域として別な道を歩むことになるという。この仮説は，地中海地域における多数の遺跡での遺物密度や文化層の重複頻度などからも納得のいくものである（第6章）。同様の傾向は南西部地区にも該当し，3.3万年BP以降の人口絶滅，あるいはより南方への人口の移動を強く示唆するものである。

ムステリアンのグルーピング：それは文化なのか伝統なのか

おもなムステリアンの伝統がどれくらい広がっていたのかを地図上にプロットすることは難しい。この問題はベイリー（1987:地図1）が巧妙に説明しているが，彼はフランスで幅広く認定されている五つの変異の分布を提示している。支配的な伝統が行政区分ごとにプロットされているが，これ

表7.5 フランスの22の行政区分におけるムステリアン主導遺跡の分布（Beyries 1987:Carte 1）

ムステリアン石器群	行政区分数
典型的	12
シャランティアン	8
フェラシ	1
キナ	2
鋸歯縁	6
MTA	19

はおおむねエリアとしては近似している。ペリゴール地方とブルゴーニュ地方とが四つの変異をもっているが，残り22地域の半分は二つしかもっていない。表7.5は，各変異が支配的となる区域の数を示したものである。

　アシュトンAshtonのパイオニア的な業績（1983）もまた，フランス北部と中央部におけるMTAの卓越と，南方の地中海地区におけるシャランティアンの卓越に注目している。とりわけMTAの分布が広い。フランスにおいては，それは北西部地区にも南西部地区にも分布している（Ashton 1983:図1）。さらにベルギー（Ulrix-Closset 1975），イギリス（Roe 1981），また部分的ではあるがカンタブリア地方（Straus 1992）にまで広がっている。このことは，最低でも間氷期の間，約2万年間にわたり，80万km^{2}以上の面積の地域にそれが分布していたことを意味している。まず，この見積もりの過大さを疑うべきであり，ここには，長期間広域的に人口の前進と後退が反復されたプロセスが覆い隠されていると見るべきである。本書では，上部旧石器における分布傾向と対照させる目的で提示している。

　仮にMTAの範囲が確定できないとすれば，これ以外の変化については標準となる石器がないのであるから，その分布範囲を定めることはさらに難問となろう。ストロウス（1992:60）は，過去30年間におけるスペイン北部地区のムステリアン石器群に対する評価の変貌ぶりをまとめている。フリーマンFreemanの業績（1973）によれば，カンタブリア地方の小規模なムステリアン石器群は，鋸歯縁石器の卓越するものから二次加工のある石器の 三分の二 が側削器によって占められるものまで，段階的に変化しているという。私は先に，ディブルとロランド（1992,Rolland and Dibble 1990）がペリゴール地方の石器群に対して同様の結論を提示していることに触れたが，文化というよりも伝統（Turq 1989,1992b）といった方が適切であろう。

　ヨーロッパの中央地区（Bosinski 1967）や東部地区（Gabori 1967）などからも，同趣の結論が提出されている。すでに見たように（第5章および6章），石器群は量的に小さい。たしかに，ミコキアンの両面体石器といった特徴的な石器はあるし，ボジンスキーは実際にこれを駆使して四つの地域的な範囲を区別している[6]。事実，それは上部アシューレアン（Jungacheuleen）などとは区別することが可能であろう。だが，こうした問題を論じた文献中の引用による限り，これらのグループに含まれている石器群のまとまりはけっして強固なものではない。ボジンスキーによって，特徴的な石器類型に明確な地域性が認定された変異は，木葉形尖頭器を保有するアルトミューリアンのみである。これはドイツ南部に分布し，ヘンゲロ亜間氷期に対比されている。しかしそれは，先に

定義した文化と位置づけるにはあまりにも脆弱な実態しかもっていないが，その理由は資料があまりにも少ないことによるのである（Freund 1987）。

中部旧石器を分類する

　伝統という用語が使われる背景にある社会的な分類体系は，中部旧石器にこそふさわしいのであり，単なる社会的なタイプ分けを適用するだけでは不十分である。こうした分類体系が成立しうるのは，当時のテクノロジーが現代と同様に社会的に統合されていたからである。スタイルと機能という概念は，製作と使用あるいは補修等といった身振りにおいて統一されているため，もはや放擲すべきである。道具の製作に際して，そこに類似したパターンがあろうと，あるいは対称性が意識されていようと，格別驚く必要はない。製作に際して認められるこうした要素が中部旧石器の分類基準とされてきたが，テクニックと型式上の類似性は，広い範囲にわたって追跡可能である（Gabori 1976:図62）。製作技法には地域的な特色があり，そうした類似した行動は長い期間，また広い範囲で安定して維持されていた。中部旧石器は社会的な行動に満ちあふれているので，われわれはムステリアン社会の構造を，すでに試みたように，それを構成しているネットワークをよすがに検討することができるのである。

　だが，中部旧石器時代には，先に定義したような意味での文化もテクノコンプレックスも存在しない。そうであるから，上部旧石器時代以来，ヨーロッパのあらゆる社会に対して試みられてきた社会に関する物質的な，あるいは文化的な類型化は，こと中部旧石器に関しては存在しないのである。この時代以来，社会形成のプロセスは地域的に限定されるというよりも，時間的かつ空間的に柔軟性に富み，また可変的なものになっていった。地域に限定された生活，したがって排除の原則が支配的であったという見方を，ネゴシエーションを通じて，お互いを包括することが可能であった，という見方（表1.2および第3章）へと転換しなければならない。その結果，社会生活はこれまでとは違ったリズムによって，予測できない方向へと転換させられた。そのリズムとは，さまざまなスケールをもった主体間のやりとりと，グループとしての行動とをリンクするものである。

　これと対照的に，われわれが中部旧石器と呼ぶものは，ムステリアンであれミコキアンであれ，地域的な判断基準としての習俗としての景観によって支えられた波動的な伝統であった。社会的テクノロジーのもつリズムの変化は（第5章および第6章と比較せよ），地域性（図3.1）とか文化的伝播のメカニズムといった偶然的な要因によって説明される。例えば，通常人工物の製作に運用される身振りは，各地域の土地に根ざした諸個人と切り離して理解することはできない。そうしたことは，おもに親密な，また日常的なネットワークのルールと資本によって規制された対面的なギャザリングにおいて学習されてきたと考えられよう。

　社会のタイプ分けは，むしろこうした伝統が文化やテクノコンプレックスに変化する拡張性に依拠している。生業など多くの問題に対する取組方にはあまり違いはないが，拡張されたネットワークによるシステムの統合性の高次化という点で，ラジカルな相違を見せることになる。今やスタイルがものづくりとパフォーマンスを統合する諸行動から析出するのである。

　このことを別な視点から見てみよう。両者の違いは，人類の行動の多くが該当するのであるが，何をするべきかと考えることと，何かをすることの違いであると例示することができるかもしれな

い。それは，第3章で検討したように，プラチックな意識と反省的な意識との違いである。プラチックな意識は習俗としての景観において決まりきった行動を生起し，反省的な意識は知の諸領域の間の架け橋となる（Mithen 1996）。

ここで下部旧石器時代のアシューレアンの両面体石器との関連性が想起されるかもしれない。この石器はテクノコンプレックスの要素であると考えられているが，それは第4章で考察したように，北ヨーロッパと南アフリカとを横断的にリンクしていた。形態的な変化が少ないことは，意識的な選択の結果であるとも考えられているが，左右対称に製作されることは，われわれと同じような知的な技量の発露であるとも解釈されている。しかしながら，このような属性および分布状況は，私にはとてもテクノコンプレックスの証拠になるとは思えない。そうではなく，それは技術的な伝統なのであり，文化伝播と社会的な行動というコンテクストに則して見れば，その動作の連鎖は限定されていたのではないだろうか。すでに第4章で論じたように，変化の幅の狭さとか変異の欠如，あるいはそうした考古学者自身の認識の相違などは，石材資源とギャザリングを支配するルールのネットワークに依存し，また地域的な広がりを見せる技量をモデル化することによって十分に説明することが可能である（Gowlett 1984,1996, Noble and Davidson 1996,1993, Wynn 1988,1989,1993a, 1993b）。

しかしながら，中部旧石器時代前半期（第5章）と後半期（第6章）との間には，こうしたパターンに従う地域化現象が認められる。このことも私には少しも不可思議なことではない。なぜならば，この時期を下部旧石器時代（第4章）と比較すれば，サンプルサイズも，また編年的な解像度も格段に向上しているからである。とくに洞穴遺跡の継起的な堆積状況は，石器群と技術の変化を叙述するには格好の素材である[7]。さらに決定的なことは，前章で詳しく論じたように，中部旧石器時代後半期と上部旧石器時代前半期の間に，かくも明確なサンプリング上の違いがないとすれば，考古学的な記録に見られる相違が意味をもつとすれば，それは両時期を特徴づけるリズムと社会的なテクノロジーに関わるときに限定されるであろう。

オーリニャシアンの到来

この問題は中部旧石器から上部旧石器への移行に関する編年を考えるうえでも重要である。ハーンHahn（1993）は上部旧石器時代前半期と中部旧石器時代後半期のC14年代に検討を加えている。これは年代的には4.3〜3.0万年BPに相当するが，上部旧石器時代前半期は大きく3時期に分けられている（表7.6）。

ヨーロッパ大陸の範囲に等時線（Hahn 1993:図3〜6）を書き入れると，そこには二つのパターンが浮上する[8]。ムステリアン終末期と移行期のテクノコンプレックス，さらにオーリニャシアン前

表7.6　C14年代中央値による上部旧石器前半期の区分（Hahn 1993）

	N	中央値（万年）
移行期石器群：ボフニシアン，ウルティアン，シャテルペロニアン	18	39
オーリニャシアン草創期：ガイセンクレシュテル，クレムス・フンツシュテイク，ラルブレダ，エル・カスティージョ	13	35
オーリニャシアンⅠ	24	31.1

半期の等時線は，すべて子午線方向のパターンをしている（図7.4）。前二者の年代は，東側が相対的に西側よりも古い。等時線のパターンはきわめて類似しており，両グループの関係が非常に密接であったことを示唆している。とくに，3.8万年BPの等時線は同じようなところを，つまりデンマークからイタリアへと南北に走っている[9]。

もし各地区で地域的な変化が生じ，また新しいテクノロジーと文化とを携えた集団移動を示す傾向を見つけようと思っても，ヨーロッパ中央部を走るぎゅうぎゅう詰めのエリアを縦断する垂直線は，実際のところは何も起こらなかったことを示している。仮に移動があったとすれば，それは南北方向のものであり，したがって，最終氷期亜寒冷期の生態学的な区画性（grain）と一致しないことになってしまう。また，もしもムステリアンとシャテルペロニアンやセレティアンといった移行期の諸文化との同時性を示すものとすれば，これらの地図は南西部と南東部を中心とする二つの地域において文化の生起が認められることを支持するものと見られよう。さらに，最終氷期亜寒冷期のテクノコンプレックスを示すものとすれば，等時線図からはこの二つのテクノコンプレックスの存在を読みとることができるであろう。その一つは23万km²以上の面積をもち，存続期間は4.2万年BPから4.0万年BP間の2,000年間にわたっている。もう一方は85万km²以上の面積をもち，存続期間は4.3万年BPから3.8万年BPの5,000年間にも及んでいる（図7.4）。この数字は最古のデータを示す場所から新しい等時線までの距離を圏円の半径と見なして産出したものである。この数字は手っ取り早く計算した大雑把なものであり，むしろ最大値と見なすべきものであるが。前者のスケールは中途半端なものであるが，後者は北東部地区を除く全地区よりも大きい（図7.3）。ただし，北東部地区の面積は最低限の数字となっている。ここで記憶されなければならないのは，これらの諸地域の大半の部分は無人，もしくはきわめて人口希薄であり，習俗としての景観というスケールで，人々はなじみの道に沿って往還を繰り返していたということである。

プロト・オーリニャシアンとの比較は劇的でもある（図7.4）。子午線に平行する等時線は姿を消し，新たにきわめて急速な人口移動を示唆するゾーン状の等時線が登場する。エル・カスティージョやラルブレダといった遺跡がここには含まれるが，そこでは大陸西部でのオーリニャシアン最古の年代が提示されている。このサンプルの中央値は3.5万年BPであり，四分位偏差値（Hahn 1993：図7）によれば，この違いは有意とはいえない。かくしてストロウス（1989,1993）は，オーリニャシアンの東西方向の人口移動は証明されていないことを想起させてくれたのである。ストロウスによれば，もしもハーンによるプロト・オーリニャシアンと移行期の石器群をシャッフルしてしまえば，例えば，TL法では4.6万年BPと4.5万年BPという年代の与えられているブルガリアのテムナタ洞穴（Kozlowski, Laville and Ginter 1992）のオーリニャシアンの層準はプロト・オーリニャシアンに加えられることになるかもしれないという[10]。

ハーン（1993：78）が注意を喚起してくれたように，ここでのC14年代は実際の年代ではなく，あくまでも推定値である。しかしながら，描き出されるパターンによって，われわれはどの考古学的な資料がヒトの移動と密接に関連しているのかを検討することができるだろう。それはこうした等時線図の形態に準拠するが，そこでは移行期のテクノコンプレックスとムステリアンとは事実上同一である。われわれが見ているものはネットワークの継起性であり，新たなものの追加による，そ

図7.4の1　ムステリアン終末期

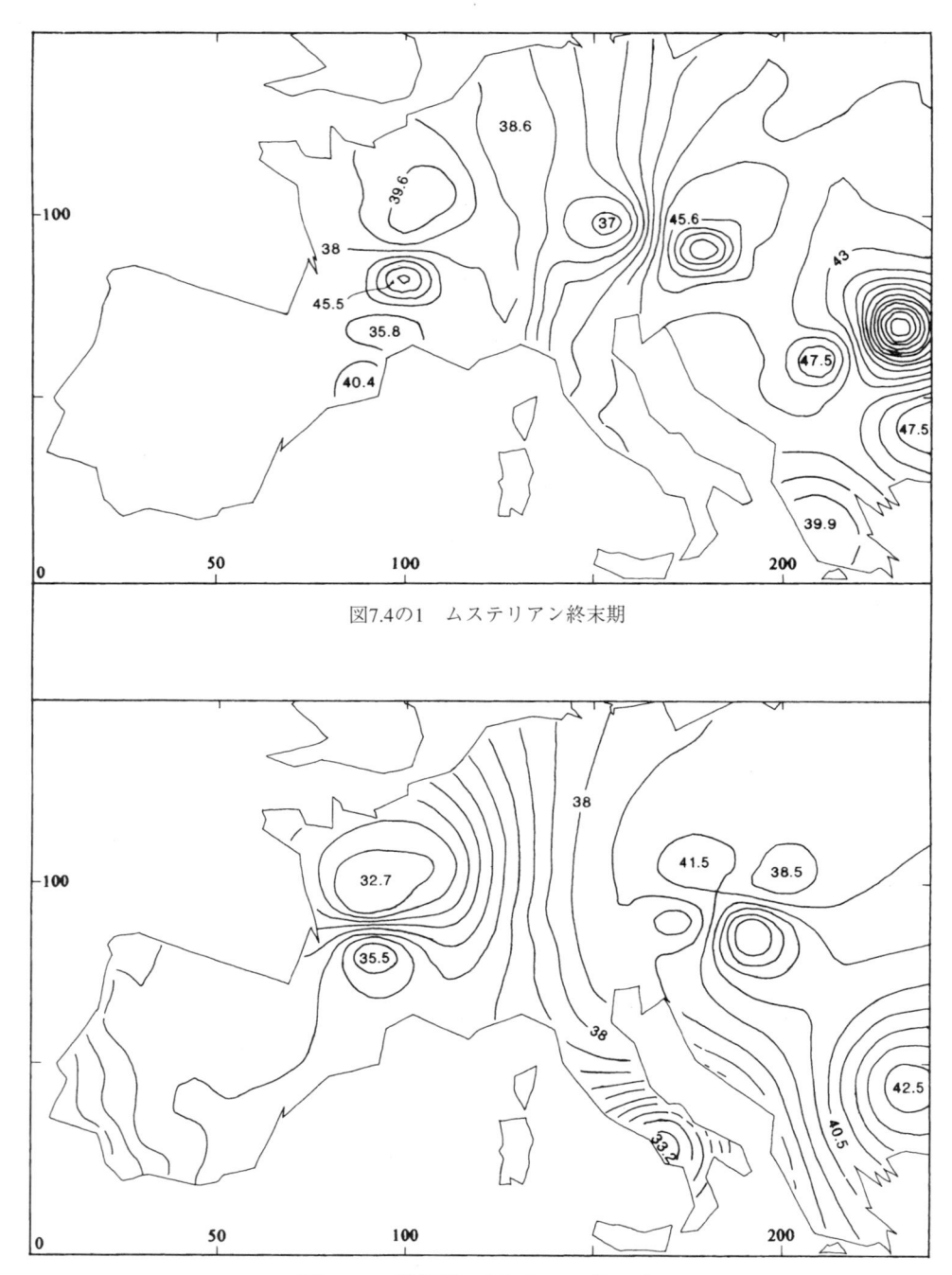

図7.4の2　移行期のテクノコンプレックス

図7.4　中部旧石器から上部旧石器にかけての四つのテクノコンプレックスに関するC14データの空間パターン（Hahn 1993 : Fig.3〜6による）

第 7 章 社会的生活の拡張（6 万～2 万 1,000 年前） 345

図7.4の3 プロト・オーリニャシアン

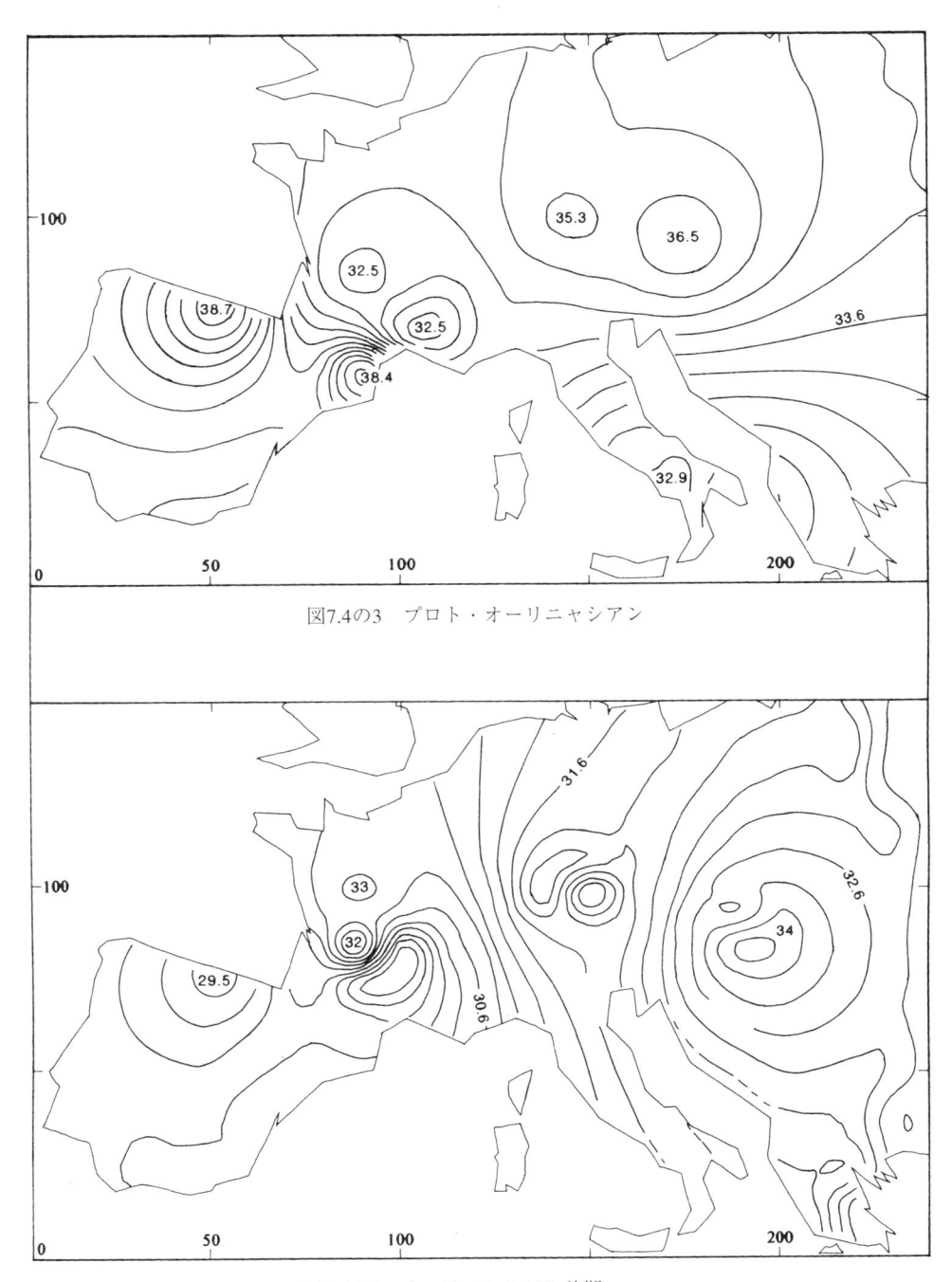

図7.4の4 オーリニャシアン前期

図7.4 中部旧石器から上部旧石器にかけての四つのテクノコンプレックスに関するC14データの空間パターン（続き）（Hahn 1993：Fig.3～6による）

の洗練化である。ユブランHubln（et al. 1996）による，アルシー・シュール・キュールでは，ネアンデルタール人と解剖学的な新人との間で石器が交換されていたという最近の指摘は，さらに新たな検討課題を追加するものである。

移動が確認されるとすれば，そのネットワークの意味を論じることもできる。緩慢な移動は，スティール（1994）による部族的なネットワークの特徴とされる（図2.2）。ここには，ネットワークの構造面において，文化的な革新に対する抵抗が存在する。これに対して，ポワソン・ネットワークでは，高い頻度で紐帯の組替えと蛙跳びが発生する。この違いは次の喩えによって説明できるだろう。それは，進歩のテンポが遅い森（子午線）で歩みを止めるのか，流れ（ゾーン）を素早く泳ぐのか，という比較である。

北部の平原とイタリア北部の放棄

上部旧石器時代前半期，ことにオーリニャシアンが保持していたと考えられる優位性をことごとく数え上げてみると，それがヨーロッパ北部の平原や，おそらくは地中海沿岸部のエリアの大部分に居住の場をもっていなかったことは驚くべきことといえる。

オーリニャシアン期における北西部地区の西側には居住地が存在する。例えば，パヴィランドPavilandでは，オーリニャシアンに対比される遺物を伴う墓地が発見されており（Jacobi 1980），その年代は2.8万年BPとされている。と同時に，ペリゴーディアンⅤ・グラベッティアンに帰属するフォン・ロベール型と呼ばれる独特な有茎尖頭器が，イギリスやベルギーのメジェール運河，東側ではビルツィングスレーベン（Otte 1981）やザルチンク（Weißmüller 1987）といったドイツ側からも発見されている。図7.5では南西フランスにおける群在状況がうかがわれる。

しかしながら，この種の遺物は北部ヨーロッパ平原からは出土していない。この平原はビルツィングスレーベンのあるドイツ中央部の高地前面から，ポーランド，ロシア西部へと横たわっている。この広大な地域からは上部旧石器時代前半期の遺跡は発見されていない。遺跡は丘陵地帯に偏在的に分布し，またイギリスのような温暖な西部地区にも見られる。これは，モラビアやポーランド南部およびオーストリアなどといった中央ヨーロッパのレス地帯（Svoboda 1996）と対照的なあり方である。平原部にもっとも近接した遺跡は中央高地への湾入部にあり，ケルン盆地にはオーリニャシアンの遺跡であるロンメルズームLommersum（Hahn 1974）が，またチューリンゲン盆地ではブライトンバッハBreitenbach（Hahn 1977）が発見されている。最東部では，平原の西側の限界を画するドネストル川やデスナ川沿岸に上部旧石器時代前半期が分布している。

こうした遺跡の空白地帯については，環境の面から解釈したい誘惑に駆られる。つまり，気候の寒冷化により植生は単純な帯状になった。その結果，有益な資源を産出する多様度の高い景観を育んだモザイク状の生態系は他の地域へと移動させられた，といったように。これはたしかに魅力的なシナリオではあるが，最古のオーリニャシアン（Hahn 1993）は亜間氷期（第6章，表6.3）をもつOIS 3亜寒冷期に出現しており，これ以降，居住が促進されたと考えられている。なお，上部アシューレアンの遺跡であるザルツギッター・レーベンシュテット（Busch and Schwabedissen 1991）はOIS 4という気候的に厳しい寒冷期に位置づけられることは確実であり，それは北部ヨーロッパ平原のドイツ側に位置するハンブルグ近傍に所在している。

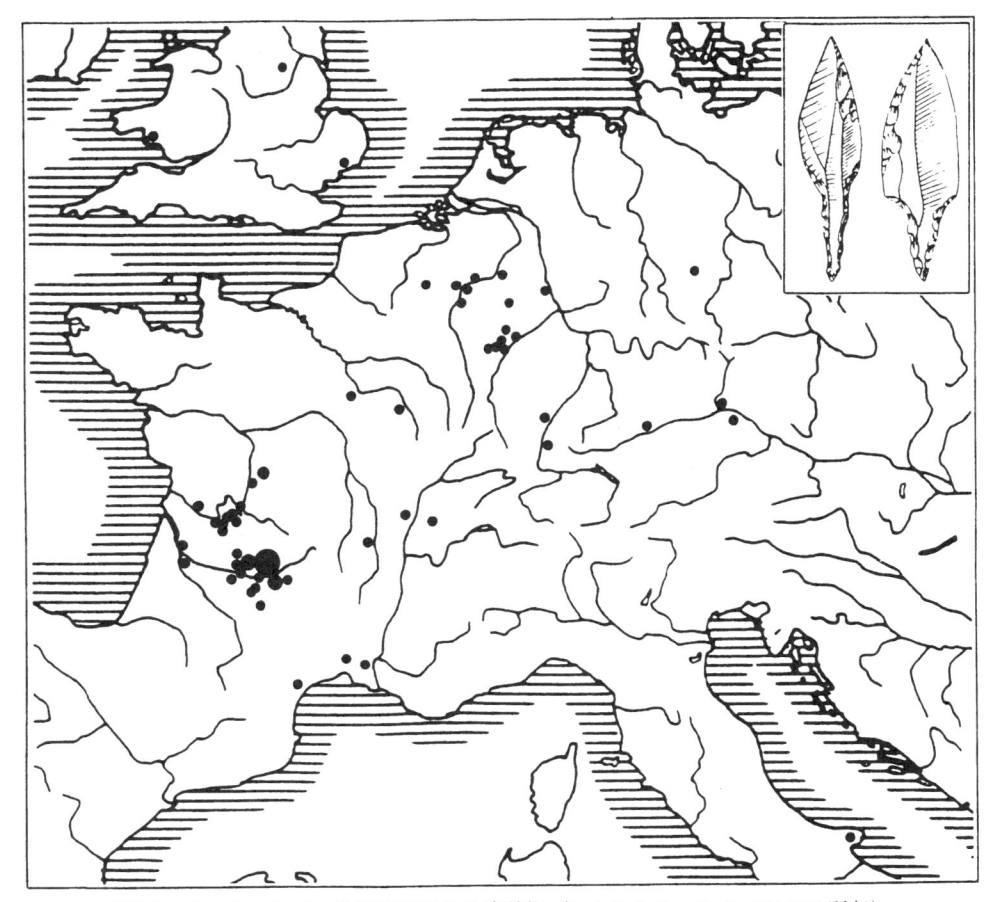

図7.5　フォン・ロベール型尖頭器の分布状況（Jörisによる。Bosinski 1995b所収）

　オーリニャシアンの遺跡は3.0〜2.5万年BPの間のイタリア全土でも数少ない。ただし，マッシMussi（1990:139）は，この現象はこの場所が完全に放棄されたのではなく，遺跡が考古学的には発見されにくい低地へと移動したからであると主張している。

空白地帯への移動

　目の詰んだ子午線に平行する等時線（図7.4）は，大陸中央に居住の稀な空白地帯があったことを明瞭に示している。第6章で見たように，ドイツのライン川とダニューブ川流域のムステリアンと上部旧石器時代前半期の遺跡に関しては，遺跡数も少ないし，遺跡の規模も大きくはない。さらに，資料数の多い遺跡はつねに洞穴や岩陰から発見されている。

　こうした遺跡がどれくらい小規模なものであるのかは，ハーン（1988）やシェアScheer（1993）によってドイツ南部アシュタルについて提示されている。石器の接合の結果，多層遺跡のいくつかはクリオターベーションの結果であることが判明した。また，接合結果から同一洞穴の居住単位が明確にされている。こうした居住単位が複合する場合ですら，遺存していた遺物の量は少ない。さらに，遺跡間の接合によって，グラベッティアンにおいてはアシュタルへの訪問に際して，少なくとも三つの洞穴が利用されていたことも示されている。これから，2.9〜2.1万年BPにおいては，アシュタルは数人が数ヵ月間訪れる程度の使われ方をしていたことが想定されている。これは，ごく

短期的なイベントが保存された考古学的な記録の雄弁さを示しているが，同時に，最低限の地域利用のされ方を提示するものである。

こうした北部・中央地区のさなかにおける遺跡利用頻度の低さと低人口密度状態は，オーリニャシアンがガイセンクレシュテルといった遺跡で早く出現する経緯を語っている。人々は人類の空白地帯，あるいはめったに訪れることのない地域へと歩を進めた。それはヘンゲロ亜間氷期における木葉形尖頭器の少ない時期におけるアルトミュール渓谷とか，シュバーベン高原地帯沿いの地域（Freund 1987, Koenigswald, Müller-Beck and Pressmar 1974）などで確認されている。この地域では，現在までミコキアンとムステリアンのC14年代が提示された例がないが，このことは中部旧石器時代後半期のこの地域が空白地帯であったことを指し示している。

フランスでの共存

ところが，南西部地区では事情は一変する。ここでは，この地域におもに分布するシャテルペロニアンが卓越し，その年代もよく整備され，移行期の石器群の様相を考察するための資料も豊富である。ボルド（1968a）はペイロニ Peyrony（1933）に従って，シャテルペロニアンはアシューレアン系統ムステリアンBから直接発展したものであると主張した。シャテルペロニアンの背部の屈曲した有背尖頭刃器あるいはナイフは，アシューレアン系統ムステリアンBに多く見られる自然面を背部にした有背刃器に由来するものであると説かれている。こうした特徴をもつシャテルペロニアンは，ドルドーニュ地方の核心部にあるラ・フェラシ岩陰ではペリゴーディアンの最初の2期と平行していた。ボルドの考え方では，こうした初期ペリゴーディアンはラ・フェラシ上層でオーリニャシアンに置き換えられ，さらに，後の時期になってドルドーニュ地方に再登場することになるが，それがペリゴーディアンⅢ～Ⅵに相当するという（Bordes 1973参照，また，Laville, Rigaud and Sackett 1980に完全な記述がある）。

こうしたドルドーニュ地方における長期間の，だが断続性を認める見解は，すでに過去のものになっている。ペリゴーディアンの前期と後期とを結ぶリンクはもはや支持されていない。しかしながら，こうしたリンクが失われようとしている一方で，シャテルペロニアンは考古学的に確固たる地位を築き上げている（Farizy 1990, Harold 1989）。例えば，ロック・ド・コンブ（Bordes and Labrot 1967）やピアジュ（Champagne and Espitalie 1981）において，オーリニャシアンの層準と重なり合って発見されている。地理的に見ると，シャテルペロニアンはフランス北部からカンタブリア地方へと分布を拡げている（第6章）。サン・セゼールでは，成人のネアンデルタール人の化石をともなうEjop層から検出され（Leveque, Backer and Gilbaud 1993），また，アルシー・シュール・キュールではⅩb層からネアンデルタール人の特徴ある内耳骨をともなって発見されている（Hublin et al. 1996）。

ハロルド（1989）はシャテルペロニアン石器群を詳細に検討し，それをムステリアンとオーリニャシアンと比較している。彼の見解によれば，この石器群はネアンデルタール人の手仕事によるものであり，ペリゴール地方の在地のムステリアンから急速に発展したものであるという（ibid.:705）。

シャテルペロニアンがオーリニャシアンと共存していたことは一点の曇りなく明らかである。図7.6a～cには，3.8～3.15万年BPにおける遺跡の分布状況を示した[11]。カンタブリア地方のカスティ

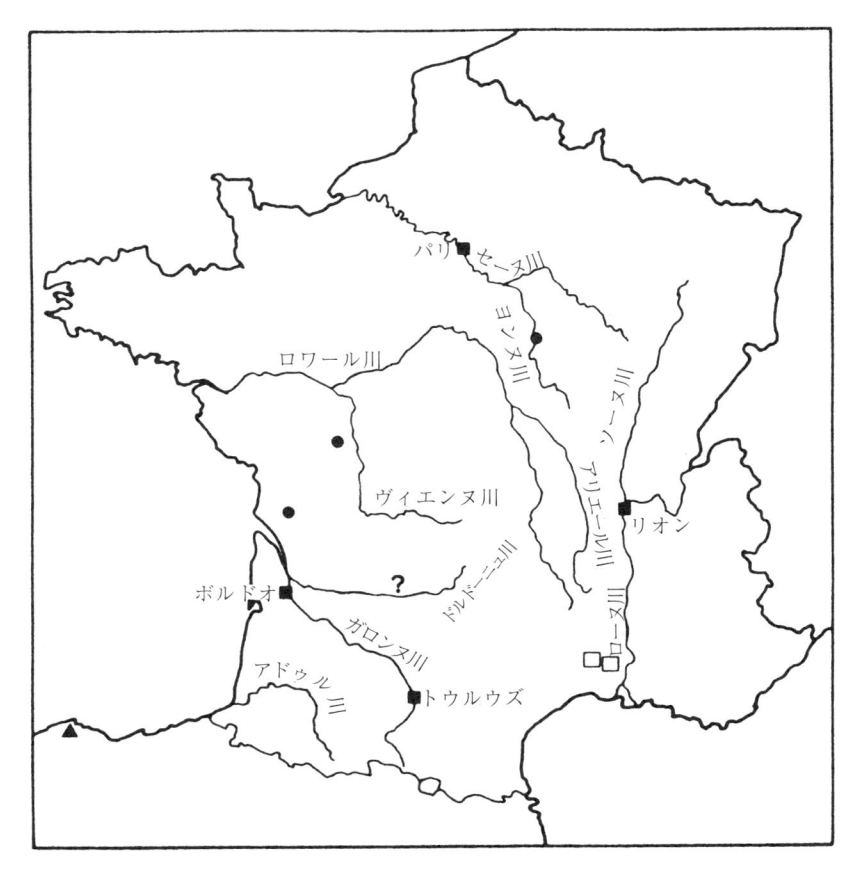

第7章　社会的生活の拡張（6万〜2万1,000年前）　349

▲　ムステリアン
●　シャテルペロニアン
□　オーリニャシアン

図7.6　フランスの亜寒冷期におけるネアンデルタール人の「ポケット」
(a)ヘンゲロ亜間氷期（3.8〜3.45万年BP）（Harrold 1989 : Fig.33 1-3による）

ージョ洞穴（Cabrera-Valdes and Bischoff 1989）のオーリニャシアンと，カタロニア地方のラルブレダ(Bischoff et al. 1989)のオーリニャシアンの絶対年代は，いうまでもなくこれよりも古い（表6.2）。ハロルドによってつくられた地図に一言つけ加えれば，ネアンデルタール人は，すでに到来者によってまわりを取り囲まれていたドルドーニュ地方のポケットに取り残されていたことになる。本当の年代についてはよくわかっていないが（第 6 章），オーリニャシアンがカンタブリア地方やカタロニア地方に4.3万年BPには存在していたとすれば，その背景には長期にわたる淘汰のプロセスがあったに違いない（Harrold 1989:705）。ファリジーは次のように指摘している。

　　外部からの圧力によって，ネアンデルタール人の集団が上部旧石器的な数多くの特徴を身につ
　　け，発達させた可能性が指摘される（Farizy 1990:325）。

いうまでもないが，シャテルペロニアンの特徴は背部の屈曲した有背刃器のみではない。骨や角を素材とする道具もあり（Leroi-Gourhan and Leroi-Gourhan 1964），レ・コッテやグロット・デュ・レーヌ，アルシー・シュール・キュール 9 層や10層に見られるような動物の歯に穿孔したペンダン

● シャテルペロニアン
□ オーリニャシアン

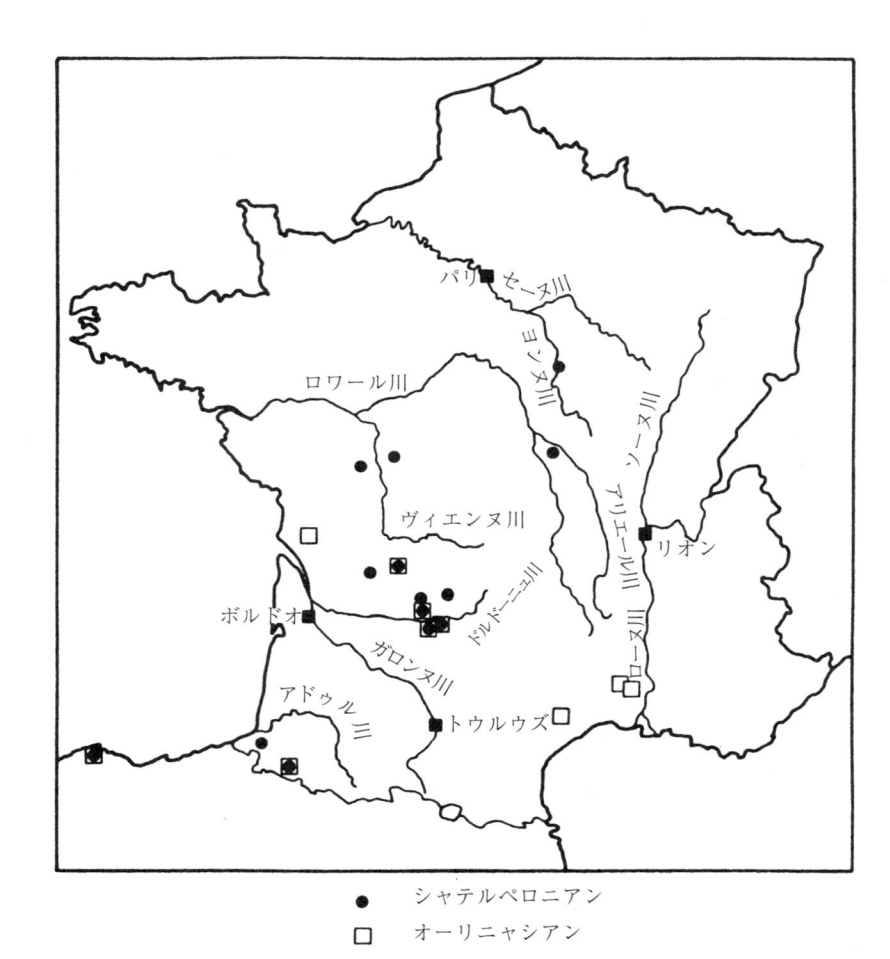

図7.6　フランスの亜寒冷期におけるネアンデルタール人の「ポケット」（続き）
(b)ウルム氷期Ⅲ期（3.45～3.3万年BP）

トなども知られている（Farizy 1990:320, Harrold 1989:表33.8）。

　現在のC14年代の示すところによれば，オーリニャシアンがペリゴール地方の中央に「押し込まれた」時期は多少遅れるのかもしれないが（図7.6c），ファリジーとハロルドが指摘するように，南西フランスと北部スペインにおいては，模倣と伝習のための条件が備わっていた。例えば，シャテルペロニアンの包含層中には多量の赤色オーカーが残されているが，それは，ホワイト（1993b, 1993c）がオーリニャシアンについて指摘するような，装身具の生産に関連するものなのかもしれない。ユブラン（et al. 1996）はさらに一歩を進め，二つの種に帰属する個人間のモノの交換を示唆している。

　この共存関係がどれくらい続いたのかについてはよくわからないが，カスティージョとサン・セゼールのデータによれば，その期間は最低でも4.3～3.6万年BPであった可能性が高い。この間における交換と模倣は，骨槍や穿孔された歯，あるいはペンダントにまで及んでいた。興味深いことに，それには埋葬は含まれていない。サン・セゼールにおける人骨の大部分は意図的な埋葬であるという見解もあるが，決定的な証拠とはいえない（Defleur 1993, Vandermeersch 1993）。

●　シャテルペロニアン
□　オーリニャシアン

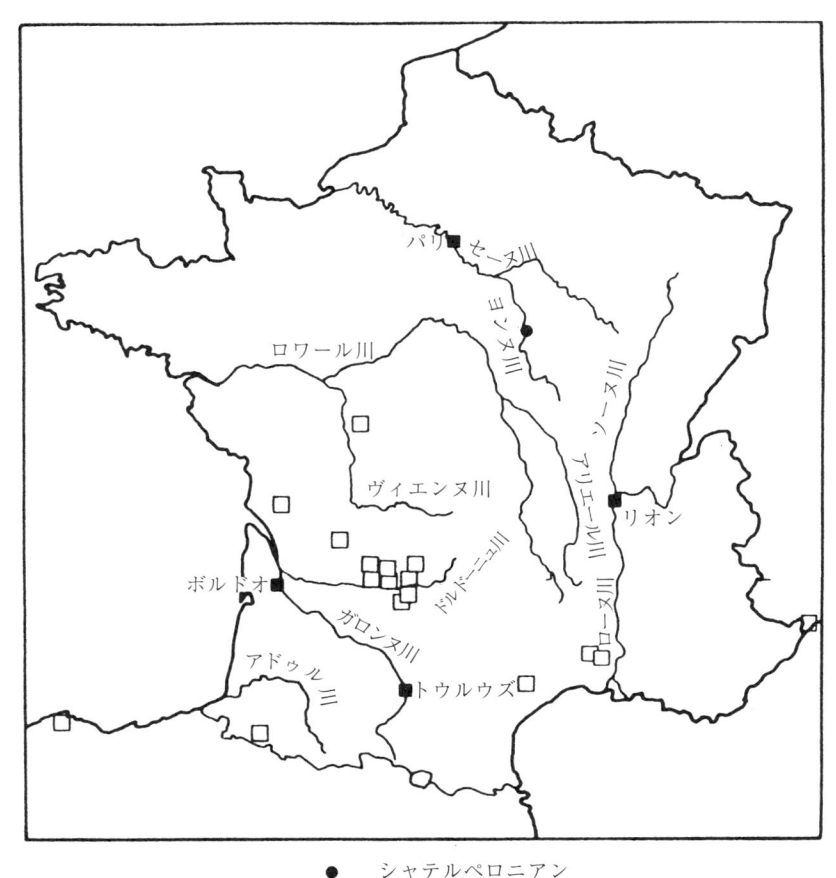

図7.6　フランスの亜寒冷期におけるネアンデルタール人の「ポケット」（続き）
(c)ウルム氷期Ⅲ期後半（3.3〜3.15万年BP）

　ヘンゲロ亜間氷期（表6.3）に位置づけられるアルシー・シュール・キュールやグロット・デュ・レーヌ Ⅹ層では，マンモスの牙でつくられた構築物や柱穴，炉跡などが発見されている。平面形は円形であり，板状の石灰岩でベンチがつくられている（Farizy 1990:308）。ルロワ・グーランはそれが洞穴の入り口のテラス部につくられた，面積が12㎡ほどの屋根つきの構築物であったと指摘している。

　こうした解釈も，これ以降のアルシーでの構造物についても，詳細が不明なため，積極的に支持することはできない。だがファリジーは，アルシーにおけるムステリアンの層準とシャテルペロニアンの層準との空間利用の違いを抽出している[12]。

　　こうした変化は，どちらかといえば，生活の質的な違いと関連しているかに見える。人間集団の日常的な環境，つまり慣習的なゾーンの知覚のされ方に決定的な違いが認められるのである。これに対応する変化は石器群にも見られ，石器の形が改まり，排他的ともいえる特徴を備えるに至る（Farizy 1990:325）。

　現在明らかにされつつある遺跡の構造性に関しては，簡単に解釈はできないにせよ，サン・セゼ

ールでも認められる（Backer 1993）。そのEjop層では，マンモスの牙も柱穴もベンチも認められないが，ベッカーBackerの空間分析では（*ibid.* 図9.1），33m²の調査区内の石器群の構成差から二つの分布域が識別されている。これら二つの分布域は岩陰の雨垂れラインの内側に位置している。

文化とネットワークとしてのシャテルペロニアン

ストロウス（1993:xii）はネアンデルタール人とシャテルペロニアンとのリンクに関して警鐘を鳴らし続けている。というのも，信頼できる化石といえば，サン・セゼール以外にはないからである。

> われわれは「誰が」フランスのオーリニャシアンのつくり手であるのかを知らない。いや，それをいうなら，スペインのカンタブリア地方では，ムステリアンとシャテルペロニアン，オーリニャシアンの区別すら判然としない（*ibid.*）。

オーリニャシアンが「押し込み」を果たすまでの最低でも7,000年間の共存を前提とすれば，彼の結論は誤っていないだろう。しかしながら，これまでのように，この問題を化石人骨と石器の生産との関連性からではなく，ネットワーク・システムとして考察するとき，まったく異なった見方が可能になる。

こうした観点からすると，シャテルペロニアンが認められるペリゴール地域の資源は，他の地域よりも生物量は多く，季節性も明確であり，また予測可能性も高ったと考えられる。こうした資源構造は，高度の移動性と短期的な居住，そしてもち歩かれる物資の僅少性等によって特徴づけられる車輪型をしたネアンデルタール人のネットワークに適合したものであった。諸個人は既知の径にそって往還し，また好みの場所の間を行き来する過程で，なじみの接触を確保していた。その結果，親密なネットワークはある程度距離が離れていても維持することはできたが，日常的なネットワークの確立こそが焦眉の課題であった。彼らは言語を操っていたが，それによって，同じ景観内に点在する諸個人の間の情報伝達は高次化された。この個人の移動に焦点をあてたモデルは，もしも男性と女性とが分散状態におかれていたとすれば，両性はどの程度移動し，どれほど強固な紐帯を切り結んでいたのかという物差しによって測られる低密度のネットワークを共有していたことを示唆するであろう（第2章）。しかしながら，仮に女性が生まれた場所を含むテリトリーを動かないとすれば，そこには濃密かつ強固なネットワークが，また男性の場合はこれよりも弱いネットワークの形成が予測されるであろう。高密度の女性のネットワークは，子供を保護し育てるために必要とされる女性からなる日常的なネットワークを生成する機運を醸成することになろう。だが，両性が低密度のネットワーク内におかれた場合，両性の責任は共有化され，日常的というよりも，むしろ親密なネットワークの方が生存に必要な仕事のためには重要な意味をもつことになる。

それでは，シャテルペロニアンを先に触れたクラークのいう意味での文化と見なすことができるのだろうか。その要素はたしかに多価的なあり方をしている（Harrold 1989:表33.7, 33.8）。装身具は，一部の石器と同様に，大部分の遺跡からは発見されていない。だが，身近で利用可能なものについて見ると，それらは一定の地理的な範囲内に繰り返し出現し，文化の要件である反復性という規定を満足しているように見える（Ashton 1983:図2）。ハロルドの分布図を参考にして（図7.6a-c），最大領域を次のように見積もることができる。

時　間　幅	最大面積	遺跡数
3.7〜3.45万年BP	20万km²	3〜4
3.45〜3.3万年BP	50万km²	14

　この数字を各地区の面積（図7.3）と比較すると，分布図からも簡単に読みとられるように，南西部地区の面積とおおよそ一致している。この存続期間は少なくとも1,500年間である。ここで注意しておきたいのは，この見積もりは，考古学的に広く認められている分析単位のスケールを際だたせるためのものにすぎない点である。これをシャテルペロニアンのテリトリーの大きさと見ることは誤りであり，一つの可能性を見積もったものにすぎない。われわれがここで検討しなければならないのは，技術と身振りのスタイルの共通性によって，同じような範囲を「とともにない」状況でも維持できる能力の有無である。

　これに対して，オーリニャシアンの拡張ぶりはめざましいものであった。対面的な社会の縛りを超え出て，社会的な景観を横断して統合的なシステムをつくり出した。どうして，こうしたことが可能だったのだろうか。このような発展が，成人男性がグローバルなネットワークを構築する一方，女性は子育てに専念したからであると考えてみよう。結果的に，そこには第2章で見たように，非人類霊長類に見出されるような非対称なネットワーク構造が見出されることになろう。さらにそこには，遺伝子の流れに影響を及ぼすように，文化伝播にも影響が及ぶことになるのである（Steele 1994）。

　かくして，ここにはネアンデルタール人社会とオーリニャシアン社会との違いが浮彫りにされる。そこには，出生率や死亡率といった人口学的なパラメータ（Zubrow 1989）が関与することになるが，両者の本質的な違いがどこにあるのかといえば，更新世という共通する景観の中にネットワークを構築するに際して，彼らが二つの別々の道をたどったことにある。どちらがよく，どちらが悪いという判断の問題ではない。しかしながら，その重大な結果として，権力が構築されることになったのである。例えば，オーリニャシアンの場合，それまでよりもはるかに広い範囲で権力が起動されたのだった。権力というのは特定のコンテクストにおいて現実態になるものだ。というのも，権力とは三つのネットワークを源泉として，それによって諸主体が自分自身を支えることに根拠をおいているからである。いうまでもないが，権力の表出形態は社会的なシステムごとに異なっている。だが，見やすいように，行動に権力が負荷されるのは，相互関係とそこに胚胎するネットワークを媒介にするときのみである（表2.1）。その結果，他者に対する行動のひろがりと因果関係の中で，諸個人は制約を受け，また新たな可能性をもちうるのである。

　もしも本当にシャテルペロニアンが移行期の石器群であれば，つまり本章冒頭で述べたように，それがネアンデルタール人の社会的なテクノロジーであったとすれば，それは権力関係の変化として理解されなければならないだろう。このことが意味しているのは，これが拡張されたネットワークであれば，そこでの文化的な伝達によって，諸個人が社会的な景観に関与できるようになる可能性が生まれるということである。これについてのモデルを表7.7に示した。

　この表から予測されることは，模倣され交換され，ついでわがものとされるものは，近において役立つものであり，ネットワークの拡張過程に必要とされるものでもある，ということである。か

表7.7 南西フランスにおける上部旧石器初頭のネットワーク構造　ただし形質人類学的な評価は行っていない。ネットワーク・モデルはスティール（1994）によるが、第2章を参照せよ。

	居住	ネットワーク密度	育児	文化的な伝達	ネットワーク・タイプ
シャテルペロニアン					
男性	分散	低	共同	普通	低密度
女性	分散	低	共同	普通	低密度
オーリニャシアン					
男性	分散	低・高	消極的	選択的	ポワソン型
女性	停留	高	積極的	選択的	部族型

くして、穿孔された歯やオーカーが装身具の製作に使用されることになる（White 1993b,1993c）。それはまた身振りの交換でもある。また、男性にも女性にも模倣される。なぜならば、ネットワークにバリアがつくられるのは、親密な、また日常的なネットワークのルールと資源によって範囲が定められることによるからである。しかしながら、装身具の製作はシャテルペロニアンの独創であって、オーリニャシアンの製品を表面的に模倣したものではない。

相互のやりとりの中で伝達されるものが、選択的に働きかける対象はまず男性である。その理由は、ネットワークの根本的な組立が女性のそれとは異なっているためである。ゾファー（1994:図1）も指摘しているように、おそらく女性は男性によって食糧を供給され、養育されていたのであろう。それゆえに、ネットワークと近のルールは行動と身振り、そしてネットワークの多様性に依拠しながら生み出される新しい権力のかたちという領域における変化を物語っているに違いない。いかなるものであれ、権力の非対称性は男性と女性によってつくりあげられているさまざまなネットワークからあふれ出していくのである。

イベリア半島の分割

スペインへのいち早いオーリニャシアンの到来は（Cabreta-Valdés 1993）、イベリア半島におけるムステリアンの残存というもう一つの問題を提起することになる。両者が共存した可能性はC14法とTL法による年代決定結果とも調和的である。スペイン南部でのムステリアン石器群の年代は、コンスタントに2.0～3.0万年BPの間に入るが、この年代は新しすぎるとして、だいたい却下されることが多い。だが、イベリア半島南部においては、ヨーロッパの南部や北部において、ムステリアンが置き換えられた後までも、長期にわたってそれが残存していたことを否定することは困難である。

シラーオZilhao（1988,1993）はポルトガルの事例をまとめている。カルデイラCaldeirao洞穴は、中部旧石器から上部旧石器にかけての文化層が重複している点で重要である。AMS法による2.76万年BPという年代がK層のトップから得られているが、そこはムステリアンの終末と上部旧石器の初源期の間に相当する。検出された石器群は少量ではあるが、コロンベリアColumberiaでは同様の年代がムステリアンに与えられている。また、この時間面はペゴ・ド・ディアボPego do Diaboにおけるオーリニャシアンや、ヴァール・コンプリドVale Comprideのグラベッティアン石器群を横断している（Zilhao 1993:表1）[13]。

図7.7 エブロ・フロンティアからの俯瞰 地中海西部スペインのカリエラ洞穴周辺の景観であるが，ここはネアンデルタール人終末期のレヒュジアであった（著者撮影）。

ここには，小規模なサンプルが覆い隠してしまう複雑さが明らかに存在する。しかしながら，ここにスペイン南部の証拠を含めてみると，このパターンが明確になる。ゴラムGorham洞穴やジブラルタルGibraltar（Vega Toscano 1993）では，オーリニャシアンはC14法で2.8万年BPという年代が与えられている。数多くの遺跡での動物遺存体と堆積層の研究から，ヴェガ・トスカーノVega Toscano（1993）は，スペイン南東部にあるカリエラCarihuela V，クエバ・ホラCueba Hora，サッファラヤZafarrayaといった各洞穴を2.6～3.0万年BPに位置づけている（図7.7）。カリエラと サッファラヤでは，ネアンデルタール人の化石が典型的ムステリアン石器群に共存した（Garralda 1993）。ジブラルタル洞穴におけるムステリアン石器群を共伴したネアンデルタール人の化石の年代も遅れる可能性があろう。

シラーオ（1993）は，こうしたデータについての地理学的な検討を行っている。彼は，エブロ川が障害となり，3.8万年BPにオーリニャシアンの急速な拡張をくい止めたと考えている（図7.8）。彼は，またイベリア半島の南部ではネアンデルタール人は生息し続け，2.8～3.0万年BPの間に最終的に置き換えられたという試論を提起している。シラーオ（1993:143）は，長期にわたる共存ではなく，急速な置き換わりを支持している。

こうした挑戦的なシナリオに，ネットワークに基づくアプローチはどの程度寄与しうるであろうか。もしも，こうした状況を先に議論したシャテルペロニアンと比較してみると，二つの点が問題になる。まず第一に，イベリア半島にはシャテルペロニアンやウルッツィアン，あるいは木葉形尖頭器石器群などに比較される移行期の石器群が欠如していることである（Cabrera-Valdés 1993,1979, Fullola 1983, Zilhao 1988）。第二に，イベリア半島には，シャテルペロニアンの装身具に顕著であった，動作の連鎖に伴う身振りを模倣した遺物群も欠落している点があげられる。

エブロ・フロンティア
40000〜30000BP

カスティージョ
オーリニャシアン
アルブレダ
エンファリーク
カルデイリョ
ムステリアン
フィギュラ・ブラヴァ
コヴァ・ネグラ
カリエラ

図7.8　スペインの分割　オーリニャシアンの圏域が地中海西部地区と南西部地区とにまたがっている（Zilhao 1993：Fig.7）。

　このような観察の結果によれば，われわれが考察しているのは，南西部地区ピレネー山脈以北のネットワークとは別種のネットワークなのではないだろうか。それだけではなく，上部旧石器時代の拡張されたネットワークのスケールにも，ある限界線が引かれることになろう。こうした観点からすると，スペイン中央部のメセタからはたしかに中部旧石器時代の遺跡は発見されているものの（Vega Toscano, Raposo and Santonija 1994），この地域には上部旧石器時代前半期の遺跡が知られていないことに注目すべきである（Cabrera-Valdés 1993, Fullola 1979, 1983）。

　すでに触れたように，地中海沿岸部はヨーロッパの他の地域よりも濃密に居住されていた可能性がある。中部旧石器時代のスペイン，ことにポルトガルとアンダルシアのメセタ側面に接する地域のネットワークの性格規定によって，こうした多くの遺跡数についても説明することができるであろう。小規模であるが，密度の高い緊密なネットワークが存在した，というのが結論である。なぜならば，どこにも接触点がなく，上部旧石器が侵入する空白地帯もなかったとすれば，継起性が帰結されるであろう。2.8万年以降の気候変動によって，この地域の資源量が減少するにつれて，ネットワークの亀裂が拡大し，ようやく上部旧石器の人口が流入することが可能になった，と想定することができるわけである。装身具が欠落し，いわゆる移行期の石器群も存在しないことは，人口の置き換わりが急激なものであった，というシラーオの仮説を擁護するものである。

　だが，別の視点から問題を投じることもできる。分裂状態にあったイベリア半島にあるカリエラ洞穴のネアンデルタール人は社会的な景観を保有していたのだろうか。もしも，共有していなかったなら，イベリア半島のもう片方の「最前線」にいたクエバ・モリンのオーリニャシアン人とペリゴーディアン人も，こうした他と異なる社会的な枠組を受け入れていたのだろうか。まず，ストロウス（1992）も指摘しているように，カンタブリア地方の上部旧石器時代の違いを論じるに足るほどの資料は蓄積されていない。原料の移動は顕著ではなく，ポータブル・アートや装身具はきわめ

て少ない。わずかにクエバ・モリン（Freeman and González-Echegaray 1970, González-Echegaray and Freeman 1971,1973）の埋葬跡が何かしら違う，といった印象を受ける程度であろう。ストロウスは次のように要約している。

> スペインのカンタブリア地方の上部旧石器時代前半期を通して，中部旧石器的な適応から「古典的な上部旧石器時代」の適応への移行は不規則であり，多くの点で緩慢なものであった。（中略）4万年前以降進行していたとはいえ，上部旧石器時代前半期の変化はモザイク状であった（Straus 1992:89）。

しかしながら，石器のスタイルに基づくリンクによれば，この地域はエブロ川以南のネアンデルタール人よりもピレネー山脈以北に広範囲に分布する上部旧石器前半期との関係が深かったように見える。この概念的な「最前線」が，埋葬跡や構築物，洞穴壁画などといった情報発信機能の増加によって明示されるものでない以上，二つのまったく異なったシステムが共存していたと考えるのが妥当であろう。両者はあまりにも異なっていたため，社会的な景観において象徴的な資源を駆使してネットワークを拡張する必要を生じなかったのではないだろうか。同じ理由から，ネアンデルタール人も習俗としての景観として地域的に繰り広げられていたシステムに，あえて明確な境界線を引く必要はなかったのであろう。両システムは，先に検討した南西部地区とは異なり，相互排除的なものであった。とはいえ，この排他性は，象徴的な資源による社会化された技術の拡張といった事態に示されるように，相互浸透の原理によって補足されてはいたが。

これは私の見解でもある。社会的な景観が小屋掛けや炉，そして工芸品といったような明確な，そして輝かしい考古学的な記録に依存していないことをまず認めなければならない。こうした時間と空間からできた帯が引き延ばされる機会は，まだまだ偶発的であって，とても当然の結果というわけにはいかない。同じように，象牙を削ってもともとその素材をもっていた動物の姿をつくることによって世界観を表現する能力があるからといっても，象牙のあるところでは，どこでもマンモスが彫られるということにはならないであろう。いわゆる上部旧石器時代の想像力の爆発（Pfeiffer 1982）に従ったとしても，世界には芸術や装身具が豊富な地域があるのと同じくらい，それらが貧困な地域もあるのである。支配と転換というネガティブな意味における権力とは，遍く選択肢としてあるのであり，必ずしも結果としてあるわけではない。スペインの事例研究によって，旧石器時代におけるその一事例が示されたのである。

場

社会的な場面性（第3章）は，社会生活というパフォーマンスとの関わりやその素材の面で，ギャザリングと区別される。それは，環境を単なる場所から相互関係とリズムを媒介としてかたちがつくり出される場へと変換する（Leroi-Gourhan 1993:309）。私の用語によれば，ギャザリングが依存しているものは，社会の中にいる演者とその身体化された道具が共にあることから生じる配視をおいてほかにはない。社会的なできごとには特定数の人工物が使われるが，それらは名づけられ外在化されることによって，身振りから切り離されてしまうことになる。人工物は，こうした意味に

おいて，社会生活からは分離されてしまってはいるが，それはいぜんとして社会を形づくり，創出する力を秘めているといえるだろう。かくして，人工物によって配視はつくり出されるているが，それは人々の時間と空間を横断する象徴的なシステムに基づいていることがわかる。今や過去とは未来を構想するために使われるが，そのためには場と人とモノとが，それらが「とともにある」場合でも「とともにない」場合でも，相互に参照しあうことが求められるのである。

場：ドルニ・ヴェストニツェ-パブロフについての事例研究

北部・中央地区に位置するモラビア南部にあるドルニ・ヴェストニツェ-パブロフというよく知られた遺跡は，社会的な場面性と場に関する考古学的な資料を考察するためには，またとない事例である。ここではとくに，ある場所が特別の場に変換される参入と離別のための儀式的行動が問題とされるが，それは特定の場の組立に有効性を発揮する（第 3 章）。こうした儀式は拡張されたネットワークを創出するための象徴的な資源をとりまとめる役割を演じる（表4.1）。それは場に物質的な構造を与え，文化を演じるための，また未来の行動のための時間的なリズムを刻む。

背景と調査

ドルニ・ヴェストニツェ-パブロフ周辺の景観は，ディエ川の流域と標高550mに達する石灰岩からなるパブロフスキー丘陵一帯に広がっている（図7.9）。過去80年間にわたって調査されてきた数多くの地点は，川の南岸に沿う丘陵裾部に明瞭に発達している段丘上に位置している。石灰岩がカルシウム分を供給したため，崩積土中やレス中に包含される人骨や有機物の保存は良好であった。

こうした概況の中でも，パブロフスキー丘陵は中央に臥伏し，また重要なルートでもあった。遺跡の100km南方には，著名な多層遺跡であるヴィレンドルフⅡのある狭隘なヴァハウ渓谷があり，ダニューブ川に沿ってオーストリアやドイツ南部へとつながっている。一方，北東150kmにはポーランド南部へとつながるモラヴィアン水門がある（Djindjin 1994:図3）。

ドルニ・ヴェストニツェにおける組織的な発掘調査はアプソロンAbsolonによって着手された。1924年～1938年までの間，彼は第Ⅰ遺跡でマンモスの骨や石器，半地下式の小屋掛け，炉跡，粘土の焼き物，さらに象牙の破片などを発見した。これには非常に有名な偶像が 2 点含まれており（図7.10），国際的にもこの遺跡のイコンであると評価されている。粘土製の女性像は1925年に発見された。それは顔面を表現するかわりに「フード」をかぶせられ，目を表現する短い斜線が加えられている。1936年には，象牙に刻まれた小型の顔面部が発見されたが，やはり女性像であろうと考えられている。このほかに，地元のレスでつくられた小型の動物像の破片がたくさんある。ただ，残念なことにアプソロンの発掘資料は，保管されていた館が1945年に焼失した際に燼灰に帰した（Klima 1954:5）。

アプソロンは伝統的な方法に従って，遺物の平面分布を図化し，居住跡の広がりを発見しようとした。1939年から1945年のナチによる占領期間中に調査方針は変更された。ボーマーBohmerによる発掘調査は，層位学と遺跡の年代が中心であった。また，遺構はインド・ゲルマン系民族によって構築されたとものだと主張された。1949年～56年の冷戦初期における考古学的調査では，土壌や

図7.9 (A)パブロフスキー丘陵低位面にあるブドウ園内に保存されているドルニ・ヴェストニツェⅠ遺跡の土層断面

図7.9 (B)写真手前がドルニ・ヴェストニツェⅡ　西向き斜面が発掘調査され，マンモスの遺体集積地点は中景の近代集落と溜め池の背後にある（著者撮影）。

360

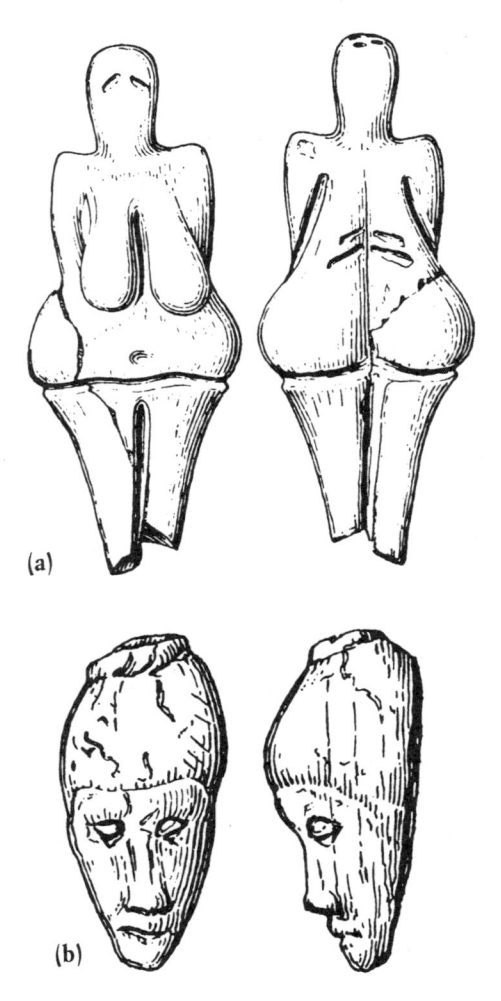

図7.10 ドルニ・ヴェストニツェ出土のイコン
(a)の土偶は1925年発見,図は実物の3/4。
(b)は象牙製で1936年の調査で出土,実
大 (Klíma 1983 : Fig.3および37による)。

地域的な層序といった政治的にニュートラルな分野が根気強く検討された（Tomásková 1995:310）。しかしながら，1950年代に行われたクリマKlímaによるドルニ・ヴェストニツェ（Klíma 1963,1983）とパブロフ（Svoboda 1994c,1994d,Svoboda,Lozek and Vlček 1996）の調査では，アプソロンによる居住跡中心のアプローチが再び採用された。こうして本遺跡の国際的な評価が定まり，また生産手段の研究を通して，先史時代の社会組織を検討するための絶好の機会が与えられたのである（Tomásková 1995:312）。

　チェコスロバキアの考古学者は，レスの中に埋没したこの著名な遺跡が単なる野営地ではなかったと主張してきた。つまり，そこは，最古のオトコのイエをもち，長期にわたりさまざまな社会生活が営まれた遺跡であった。このような生活が可能であったのは，社会が（母権制を示すたしかな証拠によれば）組織化された集団生活によって方向づけられ，また，それが日々繰り返される確たる習慣と不文律によって導かれていたからである（Klíma1954:14）。

表7.8 パブロビアンとグラベッティアンの編年序列（Svoboda 1994e:Fig.2）

パブロビアン前期	32.0〜2.7万年BP
ドルニ・ヴェストニツェⅠ・Ⅱ下層	
ヴィレンドルフⅡ6層	
モロドヴァⅤ9層	
パブロビアン発達期	2.7〜2.4万年BP
ドルニ・ヴェストニツェⅠ・Ⅱ中層〜上層	
パブロフⅠ	
ミロヴィッチ？	
ブシェドモスチ	
ヴィレンドルフⅡ7層・8層	
ヴィレンドルフ・コスチェンキ	2.4〜2.0万年BP
ミロヴィッチ	
ペトルコヴィッチ	
ヴィレンドルフⅡ9層	
スパジスタ・ストリートC2	
モロドヴァⅤ7層	
コスチェンキⅠ/1	

　1985年以来，ドルニ・ヴェストニツェ周辺では，レスのブロックを採取するための土取りに伴う第Ⅱ遺跡の緊急調査や，その西側斜面の調査，あるいは第Ⅲ遺跡の調査が行われ，さらに重要な居住跡と埋葬跡が発見されている（Klíma 1995, Skrdla, Cilek and Prichystal 1996, Svoboda 1991）。1986年にはパブロフ村の3km南から，ミロヴィツェMiloviceによってマンモスの骨でつくられた遺構と豊富なフリント製石器群が発見されている（Oliva 1988a, 1988b）。

編　　年

　スボボダはモラビア，オーストリア平地部，ポーランド，ウクライナ，それにロシアにおけるグラベッティアン文化の編年案（1994e:224）を提示している（表7.8）。これはパブロフ村にある標式遺跡の名にちなんで，パブロビアンとして知られており，彫器の数が他の器種よりも多い石器群によって構成されている。後半期はヴィレンドルフ/コスチェンキ文化と呼ばれ，有肩ナイフあるいは有肩尖頭器によって特徴づけられるが，その広がりはドン川流域からモラビア，オーストリアのバッハウBachau，そしてポーランド南部に及んでいる（Desbrosse and Kozlowski 1988, Praslov and Rogachev 1982, Soffer and Praslov 1993）。この文化にはまた，マンモスの骨でつくられた住居や貯蔵穴，さらに豊富な女性像や動物像などを含まれている（Svoboda 1994e:216）。

　ドルニ・ヴェストニツェ-パブロフの調査の結果，3期にわたるの編年的様相が区別されている[14]。しかしながら，遺跡がもっとも盛んに使われたのは発達期パブロヴィアンの3,000年間であった。クローニンゲンCröningenはこの時期のC14年代を区間ごとにプロットしているが（図7.11），これによれば遺跡群西部のドルニ・ヴェストニツェⅡ，Ⅲ遺跡については，古典的なドルニ・ヴェストニツェⅠおよびパブロフ両遺跡よりも常に古いデータが出されている[15]。

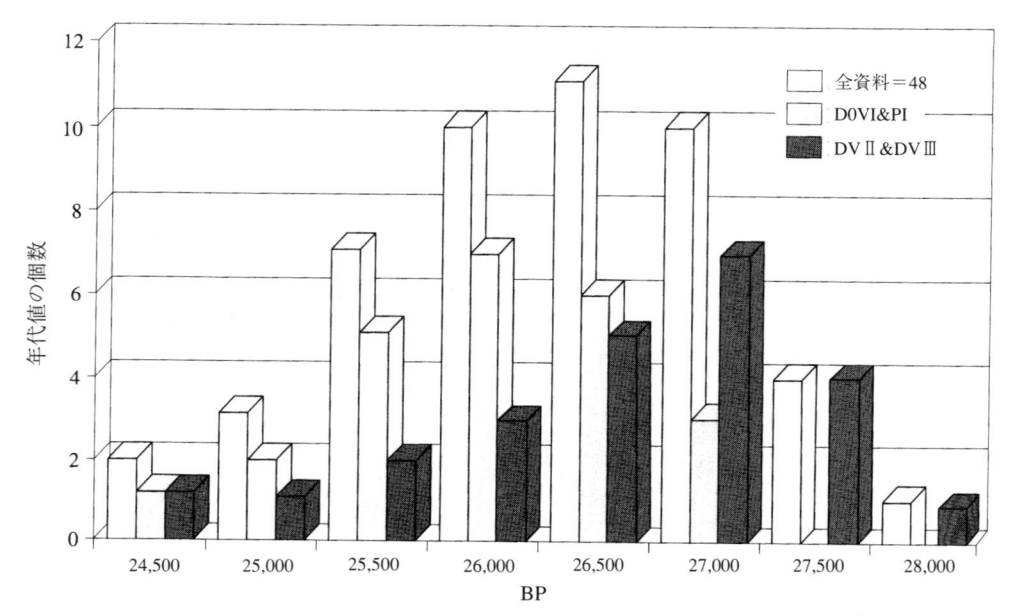

図7.11 北部中央地区チェコ共和国のドルニ・ヴェストニツェ-パブロフの未補正放射年代
グラフはデータを250年きざみにし，これを500年分ずつ図示してある。

遺跡の内部構造

この3,000年間に遺跡は，東は現在のパブロフ村から，西はドルニ・ヴェストニツェに及ぶほぼ3kmの範囲にまで拡張した（図7.12）。遺跡内には，200m〜300mの間隔で調査区が設定され（Svoboda, Klima and Skrdla 1995:283），二つの主だったクラスターが検出されている。

この二つの地点の考古学的な内容には違いがある（表7.9）。ドルニ・ヴェストニツェIIおよびその西方斜面部（Klima 1995, Svoboda 1991）では，炉跡，埋葬跡，接合資料を含む石器群などが発見されている（Svoboda, Skrdla and Jarosova 1993:図3）[16]。これに対して，500m離れ，ほぼ同一時期の居住跡と考えられるドルニ・ヴェストニツェIおよびパブロフIでは，これらとともに数千点もの粘土製品と竪穴式の遺構が発見されている。クリマはこの遺構を斜面部を平らに整形してつくられた半地下式の住居であると考えている（Klima 1954, 1963, 1983, Svoboda 1994c, Valoch 1996）。ドルニ・ヴェストニツェI，IIならびにII西方斜面においては，マンモスの骨の大規模な集中地点が検出されている。この成因については，人工説と自然説とがあって，いまだ決着を見ていないが，発掘調査に際しては，こうした濃密にパックされた骨層からフリント製の石器とともに炭化物も出土している。

炉と技量

炉跡とカマドとはドルニ・ヴェストニツェ-パブロフでもっとも特徴のある遺構である（表7.9）。身体と人工物，土偶，植物性食糧資源，そして住居などが場とリンクされ，後に見るように，それらはパフォーマンスと社会的生活の焦点となったのである。それは，洞穴や露天遺跡を問わず，ヨーロッパの上部旧石器時代前半期の遺跡における同様に，本遺跡においても一般的であった。それゆえに，モーラン（第6章）のような中部旧石器時代の遺跡では，もっとも単純な炉跡すら見あたらないのは驚くべきことであろう。

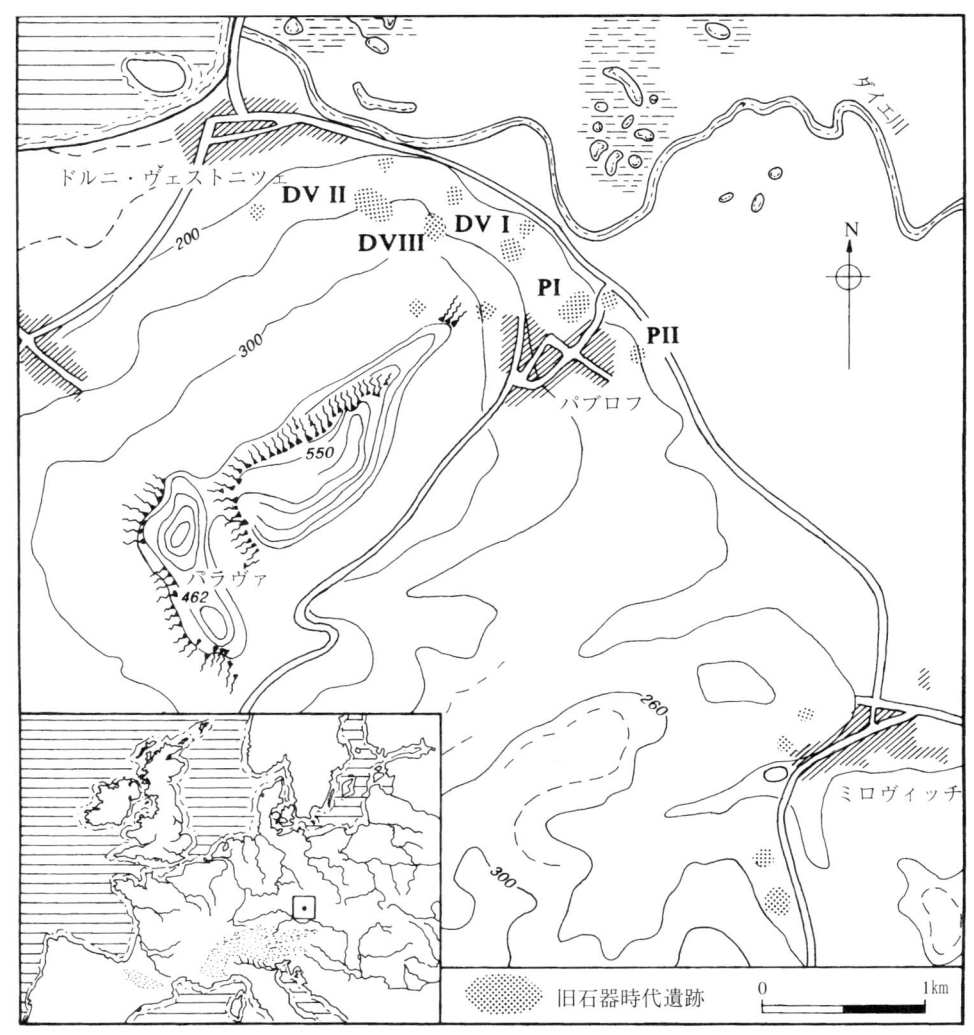

図7.12　北部中央地区チェコ共和国のドルニ・ヴェストニツェーパブロフならびにミロヴィッチ村周辺の旧石器時代遺跡分布図　各村落はパブロフスキー丘陵の低位面に位置する（Valovh 1995：Abb.1による）。

　モーランはESR法で3.5〜4.5万年BPという年代が与えられているが，同じ南西部地区のアブリ・パトウ14層では，伝統的なC14法によって3.33〜3.42万年BPという年代となっている（Movius 1977）。この二つの遺跡のもっとも大きな違いといえば，炉跡の有無である。モーランでは空間的なパターンの欠如と炉跡の欠如は調和的である。焼けた獣骨と少量の炭化物があるが，それらは一過的な炉の痕跡を示すものであろう（Farizy 1994:図127）。

　ムステリアン石器群に伴う入念につくられた炉跡は別な遺跡から発見されている。ポルトガルの中部旧石器時代の露天遺跡であるヴィラ・ルイバスVilla Ruivasでは，石組炉にTL法によって5.4±1.2万年BPという年代が与えられている（Vega Toscano, Raposo and Santonji 1994）。フランスのオール渓谷の標高825mにあるグロット・ド・ペイレールGrotte de Peyrere上層（Jaubert et al. 1992）はC14法で4.2万年BPという年代が与えられているが，ここでは炭化物，焼けた骨，焼けて砕けた礫

表7.9 ドルニ・ヴェストニツェ-パブロフにおけるグラベッティアン発達期（2.7～2.4万年BP）に帰属する遺跡の比較（Klima 1983, Svoboda 1991, 1994e, 1996, Valoch 1996）

	ドルニ・ヴェストニツェⅠ	パブロフ	ドルニ・ヴェストニツェⅡ
屈葬	DV Ⅲ	P Ⅰ	DV ⅩⅥ
三体合葬			DV ⅩⅢ-ⅩⅤ
遊離埋葬	+	+	+
竪穴式住居	2	4～5	?
平地式住居	+	+	3?
貯蔵穴	0	1	0
マンモス遺体集積	+		+
分厚い灰層	+	+	
屋外炉	+	+	+
カマド	+	+	
土偶	+++	+++	+
穿孔された貝と牙の装身具	+++	+++	
見せ物としての工芸品	+++	+++	+
太陰暦			+
オーカー・ランプ	+	+	+
搬送距離100km超の石器石材	60～90%	60～90%	60～90%
繊維生産技術		+	
居住期間	長期	長期	短期
季節的な利用	?	冬季	冬季
毛皮用の動物	+	+	+
トナカイの卓越	+	+	?
植物植			+

などを伴う炉跡が検出されている。

　これらは一般には単独の炉跡であった。アブリ・パトウにおいては，オーリニャシアンでは炉跡は普通に認められるが，それらはきわめてしっかりつくられており，明確なものである。14層では5基あるが，11層では二つの浅いピットとともに7基発見されている。これらの炉跡は大型であり，長さ1m，幅70cmに達するものがある（Movius 1977）。これには，2.3万年BPという年代が与えられている3層のペリゴーディアンⅥの炉跡のように，焼けた円礫は含まれていない。この文化層は，この岩陰ではメインとなる文化層であり，礫が充満した5基の炉跡が岩陰の奥壁に沿って並び，奥壁と屋根から崩落した円礫との間に等間隔に築かれていた。炉跡の中心間の距離は2mと規則的であった。11層でも5基の炉跡が奥壁と平行に配置されていたが，中心間の距離は1m～1.5mと小さい（Spiess 1979:231）。

　ここには炉をつくるための2種の相異なる技術的体系が存在するが，いずれの場合も炉は直線的に配置されている。ビンフォード（1983a:図98）は3層の炉跡の間隔は人の睡眠のためであると指摘している。これと異なる14層の炉は，スピースによれば，異質の社会的なまとまりのための中心的な場所ともいうべき様相を呈しているというが，これがどのようなものであったのかはよくわからない。しかし，これらの炉の使用された期間に関する彼の見積もりによれば，これらの炉が求心的というよりも直線的であるという事実は，長期間，大勢の人間に使われていたことを示唆するものである（Spiess 1979:231）[17]。

シメック（1987）は，そのル・フラジュレ5層の検討の中で，炉を中心とする行動がどれほど考古学的な記録に影響を与えるかを論じている。このペリゴール地方にある上部旧石器時代前半期の岩陰遺跡の分析によって，そこが時間的にも空間的にも小規模な居住跡であり，集中的に行動が行われたのは1か所のみであることが指摘されているが，その一連の行動が行われた空間にはさまざまな痕跡が残されていた（ibid.:31）[18]。これと対照的に，グロット・ヴォフレイ（第5章参照）におけるザーレアン期の場に関する空間分析からは，そうしたパターン化は得られていない。

密度の比較

調査は綿密に行われた。アプソロンが発掘したドルニ・ヴェストニツェⅠの主要3地点の面積は合計して4,500㎡ほどである。もっとも最近の調査は1947年〜52年のもので，350㎡が追加された。それはアプスロンによる1924年〜8年の調査区に隣接しているが，新たに西側に長さ70mのトレンチが追加された（Klíma 1963:図4）。パブロフⅠの調査面積は2,000㎡と見られるが，このうち1952年〜3年に行われた約300㎡分のみが報告されているにすぎない（Svoboda 1994c）[19]。ドルニ・ヴェストニツェⅡの緊急発掘と西方斜面部の調査区を合計すると1,500㎡くらいになるが（Klíma 1995, Svoboda 1991），ここは二つの主要エリアに分かれている（Klíma 1995:図33）。

さらに詳しい量的なデータを得るために，表7.10にさまざまな考古学的な遺構や土層ごとの遺物分布密度を示した。

この数字（表7.11）を他の同期の露天遺跡の数字（表4.10, 5.18）と比較すると，著しく高い値を示していることがわかる。二次加工のある石器以外にチップなど副産物をも含めた全点についての㎡あたりの数字をプロットすると（図7.13），上部旧石器時代前半期を含む初期のサンプルのうち，㎡あたり100点を超える遺跡はわずかに4遺跡しかない。

ドルニ・ヴェストニツェ-パブロフの11サンプルのうち，㎡あたり100点を超えるものは6サンプルあり，10点未満の例は存在しない（表7.12）。

これに比肩する密度は，北部・中央地区のグラベッティアンの露天遺跡に見られる（表7.13）。このことは，3.3万年BP以降における露天遺跡のスケールが変化したことを示していよう。

こうした遺跡を，北部・中央地区のドイツにあるおもなグラベッティアンの遺跡と比較してみると興味深い（表7.13）。なお，ドイツの遺跡の大部分はモンテ・ホワイトMontet-Whiteによって外縁部・中規模集団と規定されている。すでにアシュタルのデータを検討したが（第6章），これらの小規模な石器群の多くは洞穴から出土しており，グラベッティアン期にはスカンジナビアとアルプスという二つの氷床に挟まれた回廊状の地域として，いっそう外縁化が促進されたのであろう。

コンテクストの比較：儀式とパフォーマンス

だが，先に下部旧石器の項で述べたように（第4章），石器のすべてが社会的な場面性のために製作されたものではない。ところで，ドルニ・ヴェストニツェ-パブロフから出土した石器は，例えば，中部旧石器時代のモーランの場合ように（第6章），ディエ川の河畔でのギャザリングの反復に使用されたものといった以上の意味をもっていたのだろうか。

この問題には，今ここで，といった行動を超える広がりをもった二種の儀式によって接近することができる。それは，社会的なギャザリングに参入し，またそれから離別するための儀式というこ

表7.10 ドルニ・ヴェストニツェ-パブロフにおけるグラベッティアン発達期（2.7〜2.4万年BP）に帰属する遺跡の比較（Klima 1963, Svoboda 1991,1994c。＋は存在するが数量が不明なもの）

	ドルニ・ヴェストニツェ I				パブロフ I	
	1号住居跡	2号住居跡	マンモス遺体集積	包含層下部	1952	1953住居跡?
調査面積（m²）	151	78	105		60	217
石器総数	35,232	6,889	1,354	3,803	13,530	39,144
加工された石刃/剥片	1,259	385	73	199	593	1,494
石核	148	29	4	35	47	
未加工の石核と剥片	870	471	120	186	3,153	
剥片・砕片	32,955	6,004	1,157	3,383	9,737	
1 m²あたりの道具	8.3	4.9	0.7		9.9	6.9
1 m²あたりの石核	1.0	0.4	0.04		0.8	
1 m²あたりの石器数	233.3	88.3	12.9		225.5	180.4
骨角器	＋	＋	＋	＋	＋	＋
貝	＋	＋	＋	＋	＋	＋
穿孔歯	＋	＋	＋	＋	＋	＋
土偶	全エリア>5,761				全エリア1,332	
オーカー・ランプ	＋	＋	＋	＋	＋	＋
石板	＋	＋	＋	＋	＋	＋

	ドルニ・ヴェストニツェ II			ドルニ・ヴェストニツェ II 西側斜面および居住ユニット			パブロフ I
	1986~7エリアA 上部	1987エリアB 上層	A~B~C 下層	1	2	3	4
調査面積（m²）	671	370		8	16	24	98
石器総数	14,770	14,352	2,657	2,102	2,186	2,865	4,079
加工された石刃/剥片	497	467	163	66	39	59	163
石核	310	149	19	13	14	25	
未加工の石刃と剥編	3,439	2,565	374	489	832	1,118	
剥片・砕片	10,524	11,171	2,101	1,534	1,301	1,663	
1 m²当たりの道具	0.7	1.3		8.3	2.4	2.5	1.7
1 m²当たりの石核	0.5	0.4		1.6	0.9	1.0	
1 m²当たりの石器数	22.0	38.8		262.8	136.6	119.4	41.6
骨角器	204	93	5	2	4	10	
貝	184	116		12	14	15	
穿孔歯	31	10		5			
土偶	196	245		7			
オーカー・ランプ	246	234		18	7	45	
石板	＋	＋		4	4	9	

とができる。こうした参入と離別は，親密な，また日常的なネットワークの創出にいつも重要な役割を演じている。これには身振りと，そのいつもどおりのつながり方というパフォーマンスが含まれる。さて，上部旧石器時代の特質が何かといえば，それは「今・ここ」という配視を超えたパフォーマンスの定着であった。このことをいいかえれば，人々がいちいち行動に関与したり，また行動に影響を与える必要がなくなったということである。

なぜこうしたパフォーマンスに集中しなければならないのかといえば，こうした儀式とは現世的なものであると同時に，特別なものであったからである。それは習俗としての景観の一部分を構成

表7.11 中部旧石器から上部旧石器前半期における露天遺跡と洞穴遺跡の石器分布密度 （Allsworth-Jones 1990, Bitiri 1972, Bordes 1968b, Bricker and Laville 1977, Chernysh 1961, Cziesla 1984, Hahn 1977, Jaubert 1993, Kind 1985, Klima 1963,1995, Kozlowski 1974, Marcy et al. 1993, Nicolaescu-Plopsor, Paunescu and Mogosanu 1966, Svoboda 1991,1994c,1994d）

遺跡	層準	考古学	地区	調査面積(m²)	石器総数	石器密度(m²あたり)
チャーラウ-セタチカI		EUP	NE	220	152	0.7
モロドヴァV	X	EUP	NE	774	617	0.8
チャーラウ-ボフ・ミック		EUP	NE	688	810	1.2
モロドヴァV	IX	EUP	NE	774	1,282	1.7
モロドヴァV	VIII	EUP	NE	774	1,655	2.1
チャーラウ-ディルチュ		EUP	NE	461	1.405	3.0
ビストリショーラ・ルタリー		EUP	NE	210	1.379	6.6
レメッティア・ソモスI		EUP	SE	302	2,056	6.8
チャーラウ-ポディス		EUP	NE	505	3,535	7.0
シャビアーグ		EUP	NW	42	405	9.6
ドルニ・ヴェストニツェII	廃棄場所	EUP	NC	105	1,354	12.9
クラカウ・スパジスタB		EUP	NC	91	1,379	15.2
コスチェンキ1	I	EUP	NE	612	12,000	19.6
ロンメルズーム		EUP	NC	62	1,228	19.8
エーニン	G	MP	NW	175	3,500	20.0
ドルニ・ヴェストニツェII エリアA		EUP	NC	671	14,770	22.0
コスチェンキ1	V	EUP	NE	46	1,300	28.3
スプレンドリンゲン		EUP	NC	40	1,259	31.5
ゴウ		EUP	SW	39	1,350	34.6
ドルニ・ヴェストニツェ エリアB		EUP	NC	370	14,352	38.8
ヴェドロヴィッチ		EUP	NC	120	4,946	41.2
パブロフI		EUP	NC	98	4,079	41.6
セリノ・サウス		EUP	MC	60	2,619	43.7
モロドヴァV	VII	EUP	NE	774	44,947	58.1
ル・コット		EUP	SW	18	1,070	59.4
コルビアック		EUP	SW	150	9,809	65.4
タンブレット		EUP	SW	8	542	67.8
モーラン		MP	SW	25	2,142	85.7
ドルニ・ヴェストニツェ1号住居跡		EUP	NC	78	6,889	88.3
ドルニ・ヴェストニツェII 西斜面		EUP	NC	24	2,865	119.4
ドルニ・ヴェストニツェII 西斜面		EUP	NC	16	2,186	136.6
パブロフ1住居跡?		EUP	NC	217	39,144	180.4
パブロフ1		EUP	NC	60	13,530	225.5
ドルニ・ヴェストニツェI 1号住居跡		EUP	NC	151	35,232	233.3
ドルニ・ヴェストニツェ西斜面		EUP	NC	8	2,102	262.8

していた。通常，習俗としての景観においては，行動をとくに意識しなくても生活は維持されていくが，そこには結節的なイベントが介在することによって，社会的な再生産のパターンが確立される。こうしたイベントは，そこからより大きな，しかし曖昧模糊とした社会的なサイクルのもつ謎を解いてくれる媒介となってくれるのである。

ここでは三つのパフォーマンスが考察されるが，それはイエの設営と火とのたわむれ，そして死者との訣別である。

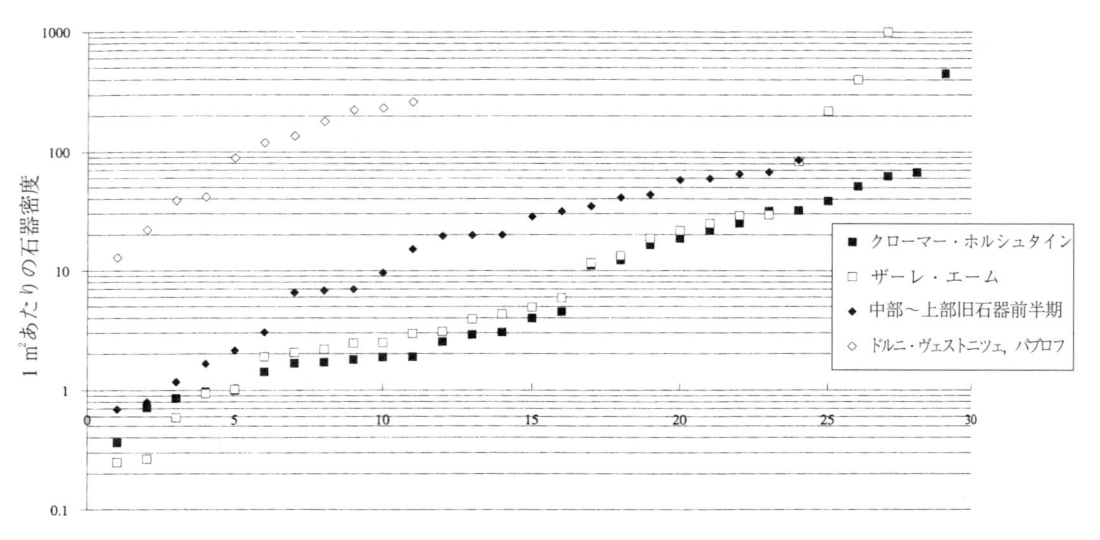

図7.13 露天遺跡における石器密度（対数グラフ） 時間をおって密度が高くなる傾向が見られるが，これは各遺跡の性格がギャザリング（捕食・採集の場）から社会的なできごと（捕食・採集をこえた社会的イベントの場）へと変化したことを物語る。

表7.12 北部中央地区におけるグラベッティアン・セトルメントの階層性（Montet-White 1988:362） これにはパブロビアン発達期とヴィレンドルフ・コスチェンキ文化が含まれる）

セトルメントの分類	トゥール数	石器総数	遺　　跡　　（場）
周縁的	10〜30	100〜300	
中間的	200〜1,000	1,000〜10,000	スパジスタ，プシュカリ，カダール，ルブナ，ペトルコヴィッチ，ヴィレンドルフⅡ5-7
集中的	>1,000	>10,000	プシェドモスチ，ヴィレンドルフⅡ9，ドルニ・ヴェストニツェ-パブロフ，ミロヴィッチ

表7.13 ドイツのグラベッティアン遺跡の石器群サイズ
（Boainski et al. 1985:Abb.56, Cziesla 1984）

遺　　跡　　（場）	タイプ	トゥール数	石器総数
マグダレーナ・ヘーレ	洞窟	10	115
ヴィルトショイエル	洞窟	40	180
ボックシュタイン・テーレⅥ	洞窟	71	
ガイセンクレシュテル 1 a/b	洞窟	91	
ブリレンホーレⅥ	洞窟	103	
シュプレントリンゲン	露天	110	1,259
マインツ・リンゼンベルク	露天	114	775
ヴェインベルクヘーレン	洞窟	331	
ブリレンヘーレⅦ	洞窟	409	

イエの設営

　この遺跡の特徴は土地を更地にすることにある。径4m〜5mの範囲を円形にレス層まで掘りくぼめて，半地下式の基礎がつくられる。ドルニ・ヴェストニツェにおける柱穴は屋根用であろうと考えられている（図7.14）。炉が中心部に位置し，そのまわりには石や骨がおかれ，境界が定められ

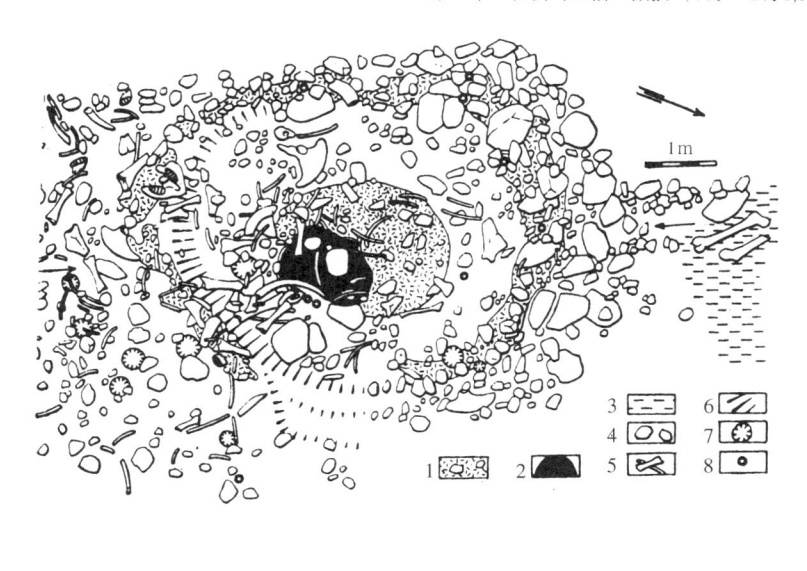

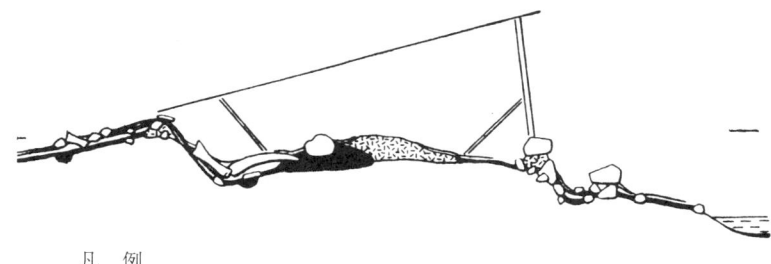

凡　例
1 カマド　　　　　5 獣骨
2 炭化物　　　　　6 人為的な掘り込み上端
3 灰　　　　　　　7 柱穴
4 石灰岩のブロック　8 棒を立てた穴

図7.14　ドルニ・ヴェストニツェⅠで1951年に発見された2号住居跡とその復元図　この施設は魔術師のイエとして知られており、大型冬季用住居跡から離れたところにつくられている（Klima 1983：Fig.30による）。

る（Svoboda 1991:図26）。こうした構造のかわりに、例えばミロヴィツェでは、平坦な地面の上にマンモスの骨で円形の囲いがつくられている（Oliva 1998a:109）。また、ドルニ・ヴェストニツェⅡの3号住居跡では炉の大きさが3m×2m、深さが40cmもあり、繰り返し使われたことを示唆している。この遺構のまわりには窪みとピットが回るが、それらはテントのような小屋掛けのための柱穴ではないかと見られる。パブロフにある8字形の遺構は、内部に4か所の炉跡があるが、実際は二つの炉跡をもつ2基の住居跡の重複したものであろう（Tomáskova 1994）。こうした半地下式の遺構は、石器や獣骨によっても明確にその範囲をおさえられるが、このような遺物分布はむしろ遺構外の方が濃い[20]。

　このように、イエの設営のされ方にはさまざまなかたちがあることがわかる。まず第一に、ミロヴィツェやドルニ・ヴェストニツェⅠのように、在地の資源が使用されている居住跡の反復再利用があげられる。この資源には、マンモスの骨や森林ステップの居住地周辺にあるトウヒ、マツ、さらにカシ、ライム、シデ、セイヨウブナといった広葉樹などのポケットなども含まれている

(Opravil 1994, Svoboda 1991)[21]。また，こうした住居は恒久的なものであり，季節的なギャザリングの期間を超えて，数年間に及ぶ継続居住に利用されたとも考えられるが，より可能性が高いのは，パブロフスキー丘陵への反復的な訪問に際して使われた施設と想定することである。さまざまな小型住居の存在から（図7.14），世帯の人数は少数であり，また小世帯による反復居住が想定される。居住期間は数か月から数日であった（Svoboda 1994d:75）。ドルニ・ヴェストニツェⅡにおける，幼児のための粥状の食糧かと推定されている植物性食糧の存在から（Mason, Hather and Hillman 1994:53），居住者の年齢構成が推察されている[22]。両性の存在と年齢構成の多様性は，遺跡内に散在する人骨からも推定されている。第二の設営のかたちは，キャンプ地の再利用である。そうした目的をもって，テントの支柱も遺跡内に搬入されたのであろう。

いずれの場合も，補修や建替えが行われたが，そこでのモノは一定の役割を演じていた。この場への参入と離脱に際して遂行された儀式によって，場には記憶や人物などが固着された。こうしたパフォーマンスには，場が，また遠くから搬入されたモノも含まれていた。マンモスの骨がディエ川の流れで洗われ，ポーランド南部から運び込まれたフリントは石器に加工された。これには，すでにできあがったモノも含まれていた。例えば，テントのポール，編み物やバスケットの圧痕，焼かれた粘土の表面につけられた網の痕跡などから想像される，多彩な繊維加工技術による製品なども含まれていただろう（Advasio, Soffer and Klima 1996, Soffer, Advasio and Hyland 1997）[23]。これ以外にもいろいろなモノがもちこまれた。脂肪や食肉，テントの覆い，衣服などに使われる地元の動物（Musil 1994）や，彫器をつくるのに適したスロバキアやオーストリアのラジオライトなどがこれである。

スタイルと文化的なコンテクスト

こうしたリニューアルというパフォーマンスは，場への儀式の固着化にほかならない。これによって場には身振りとしての意味が定着されるが，これによって歴史と地元意識がつくられ，またそれが再認確認されるのである。

スタイルとは場と域とが渾然一体となり，習俗としての景観を社会的な景観へと越境させるプロセスをいう。その形態は多様であった。参入のための儀式にはつくること，つくりなおすことが含まれていたかもしれない。また，人工物やモノが介在する場合もあるが，それには人類の歴史が蓄えられていた。モノづくりとモノのディスプレイについていえば，トナカイや北極キツネ，オオカミ，クズリといった毛皮用の動物の捕獲と処理というコンテクストにおいては，その場のもつ社会的なコンテクストの再認というプロセスが構成されることもあった。ネゴシエーションを背景にもつスタイルは，われわれにとってもなじみ深いが，それは多くの約束事の要求されるモノ，例えば，腹面剥離のある尖頭石刃などに認められるであろう。同種の石器はパブロフⅠ，プレドモスチ，ヴィレンドルフⅡ5層および8層などにあるが，ドルニ・ヴェストニツェでは検出されていない（Svoboda 1994d:75）。スタイルについていえば，プレドモスチやドルニ・ヴェストニツェ-パブロフ（Klíma 1994, Valoch 1982）といったモラビアの諸遺跡において認められるありふれた骨器からも追求することが可能である。このように考えれば，ポーランド南部からのフリントや，スロバキアやオーストリアからのラジオライトのような（Svoboda 1994e:217, 1994d:71-2），非常に遠隔地か

らの石材移動が，ごく普通に行われていたとしても驚くには値しない。それらは文字どおり社会的なモノであったのだ。それらの社会的な意味は，諸個人のネットワークに由来する文化的なコンテクストから汲みとることができるのである。

こうしたイエづくりや他者との出会い，動物の捕獲，モノづくりなどといった社会的な行動におけるモノのスタイルは，情報のやりとりにも威力を発揮する（Gamble 1982）。しかし，重要なのは，視覚的に搬送されるものではなく，モノが何を象徴するのか，という点である。それは，諸個人の生涯の中で，あるいは諸主体が織りなす歴史の中で，遠方にいる狩猟集団や将来の出会い，あれこれの社会的なできごとなどを象徴化しているのかもしれない。モノに諸個人が社会と関わる力能を賦与するコンテクストとは，社会的な景観においてこそ備給される。そこでは「今・ここ」という行為は時間と空間のはざまを越境していく。

火とのたわむれ

かくして，人々は自分の行い，自分のもちこんだモノ，そしていかに自分を演じるのか，といったことを素材として自分をつくりあげていく。それまでは他者との関わりしかもっていなかったモノは，あらためて自分の行いを形づくるものとして見なければならなくなった。この変化によって，拡張されたネットワークの諸々の資源を媒介にして，社会的な場面性とギャザリングへの参加が許容されることになる。それ以前はといえば，ビルツィングスレーベン（第4章）やマーストリヒト・ベルヴェデールと（第5章）におけるように，親密な，また日常的なネットワーク（表2.8）のみを媒介とするやりとりがギャザリングに意味を与えていたのである。

しかし，このようなネットワークのすべてに共通する基本理念は，社会的でない技術的行動など存在しない，ということであった。石器をつくることは，単に求められる機能性に応えるだけではない。そこでは石器製作者はより大きなネゴシエーションと創造性という世界に包まれており，そこでの身体の動きは権力と意味との参照点となっていた。

これまでの各章において，私はさまざまな技量の運用のされ方に関するモデルを練り上げてきたが，そこでは習俗としての景観が考察の枠組であった。ドルニ・ヴェストニツェ-パブロフにおいては，これまで述べてきた技量とともに，その場に限定された技量が問題とされる。つまり，物質的な資源と，それを生産する社会的なコンテクストが組み合わされることによって形成される，その場にもっともふさわしい技術知がどのようなものであったのかが問題とされるであろう。レスを素材とする焼成されたディスプレイにまつわる動作の連鎖がその実例である。

何千点という粘土製品と土偶の破片（表7.9）こそは，ドルニ・ヴェストニツェⅠとパブロフⅠ（Klima 1983）のもっとも特徴ある遺物である。こうした遺物は，ここ以外の遺跡ではきわめて稀で，類例がモラビアのパブロビアン後期の遺跡から少量発見されているが，その数は10点に満たない。ヴァンディヴェールVandiver（et al.1989:1007）はそれを「上部旧石器時代の軟質の石材を素材とするテクノロジーの先駆けである」と評価している。だが，土偶の大半が破片となっていることに注意すべきであろう（Soffer and Vandiver 1994:172）。

このような事実に基づいて，ヴァンディヴェール（Soffer et al. 1993, Vandiver et al. 1989）は，技術的熟練性の検討を通して，その全体的なプロセスを考察している。彼らはまず，土偶をおおよそ

成形する際に使われる地元のレスを陶芸的な観点から分析している。ここでのもっとも重要な発見は，2遺跡のレスがカマドでの焼成にもっとも適していたという点である。また，予想外の事実として，焼成時の破損を結果する熱衝撃の痕跡が数多く確認されていることがあげられる。ところが，地元のレスを使用した普通の焼き方では，これほどの破損は生じないという（Vandiver et al. 1989:1007）。つまり，現代の陶芸家が思いもよらないことであるが，意図的に熱衝撃を発生させていたのである。そうすると，耐久性のある最終生産物を得るのではなく，技量的には，むしろ形づくることおよび焼くことこそがもっとも重要な行動であったということになろう[24]。問題なのは，ドルニ・ヴェストニツェⅠで検出された2基のカマドの中で土偶を爆発させることであり，将来にわたる永続的なイメージを与え続けることではなかった（図7.15）。それは，あたかも打上げ花火を上げる作業のように見えるが，その意味は夜空の星の爆発に似て，刹那的なものであった。

それゆえに，土器づくりが必要になる何万年も前に，いち早くそれに着手したのはパブロビアンのレオナルド・ダ・ヴィンチではなかった。そうではなく，彼らはパフォーマンスの能動的な関与者として，レスのもつ性質を利用したのである（Soffer et al. 1993:272）。ゾファーとヴァンディヴェール（1994）は，相互に1,500m離れたドルニ・ヴェストニツェⅠとパブロフⅠの間では，レスの焼成適応度に違いがあることも指摘しており，技量が場によって独自性をもっていたことが示唆されている。このことは焼成施設の場所からもうかがわれ，ドルニ・ヴェストニツェⅠではカマドは遺物集中部分から70m離れたところにあるが，パブロフⅠでは集落の中につくられていた。

われわれは，幼児，小児，成人を含む全人口の中で，誰がこれに関与していたのかを具体的に再構成することはできないが，技量の水準と，その場との関わりについては指摘することができる。こうした土製品と土偶をつくり，焼くという行為には老若を問わず関与することが可能であり，クリマが最初に指摘したように（1963），宗教的な目的を想定することもできる。ここにあるのは，目的の限定された施設を構築し，それを燃焼し，内容物の破砕を見守ることであった。砕け散った土製品の中に投影されたイメージは，狩猟魔術の表現ではなく，遺跡にあるレスと同じように無限にある資源の再生を確認することであった。人々が粘土の

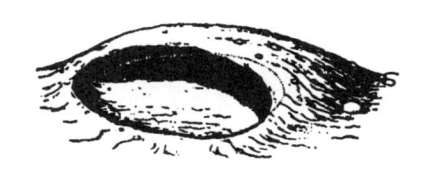

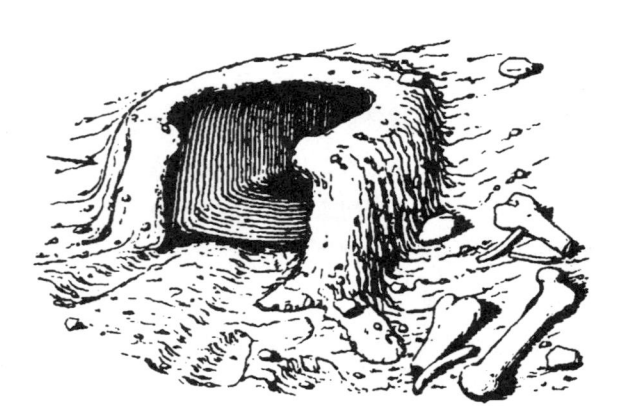

図7.15 ドルニ・ヴェストニツェⅠにおける二つのカマド
上は2号住居跡（図7.14）にあり，内部から2,300点に及ぶ粘土製品破片が発見された。下は1978年発見のもので，上の40m東側に位置する。直径は1mほどで，深さは60cmある。馬蹄形をした壁面は粘土によってつくられている。内部からはやはり粘土製品が発見されている（Valoch 1996：Fig.64, Soffer et al.1993による）。

破砕をわざわざ見るためにその場所に赴いたとは考えがたい。だが彼らが，かつてともに破砕を見守った人々から遠く離れたときにも，それが思い出のよすがとなったことはたしかであろう。

死者との訣別

　墓は離脱するための儀式の極端な事例といえる。第6章で見たように，ネアンデルタール人の埋葬跡は再会（*au revoir*）というよりも離別（*adieu*）の色彩が濃い。前者には語の真の意味での離別としての儀式を期待することができる。というのも，また別のコンテクストでの再会が含意されているからである。この離別によって，極言すれば，場の使用のされ方にも大きな違いが生じるかもしれない。そこで，ドルニ・ヴェストニツェ−パブロフを素材に，こうした社会的な場面性としての場を考察してみよう。

　グラベッティアンは，ヨーロッパ上部旧石器時代の埋葬について考察するうえで焦点となる時期でもある。カンタブリア地方のクエバ・モリン（Freeman and González-Echegaray 1970）における擬似的な例は別にして，オーリニャシアン初期には埋葬跡の事例は知られていない[25]。ヨーロッパでは，3.0万年BPよりも古い完全な人骨は，確定的とはいえないフランスのコンブ・カペルの例外はあるとはいえ，ネアンデルタール人に限られている（Quéchon 1976）。だが，これ以降，様相は一変する。この時期になると，露天遺跡での埋葬が認められるようになる。複数の埋葬跡をもつ遺跡が知られているが，そのうち最大のものはプシェドモスチPredmostí（Svoboda 1994a, Svoboda et al. 1994）の「集合墓」であり，ここでは1894年に，マスカMaskaによって8体の成人骨と12体の小児骨，合計20体以上の人骨が発見されている（Absolon and Klima 1977，Valoch 1966:図121）[26]。この遺跡は多時期にわたるが，パブロビアンの年代は後にC14法によって2.68万年BPおよび2.63万年BPと測定されている。

　これ以外のパブロビアンの埋葬跡は，1891年にモラビアの州都ブルノBrnoで発見されている[27]。これは男性骨で副葬品が一括して発見されている。それにはマンモスの肩胛骨，牙，ウマの歯，肋骨，有毛サイの頭骨などが含まれていた。さらに，600点以上のツノガイ，大型の石製有孔円盤2点，いろいろな材料でつくられた彫刻のある小型円盤14点などが含まれていた（Jelinek, Pelisek and Valoch 1959:図版ⅡおよびⅢ）。この中には3点の加工された象牙があり，操り人形の頭部，胴部，左腕と見られる（Jelinek et al. 1995 : Tafel Ⅳ）。頭部と胴部とを合わせると長さ20.3cmとなり，脚部を結わえつけるための小孔が視認できる（Jelinek, Pelisek and Valoch 1959:図版Ⅳ）。

　この時期の二人用埋葬跡はより広い範囲から発見されているが，この中にはモスクワの北東にあるスンギルSunghirの遺物包含層中から発見された頭部と頭部を寄せ合って埋葬された2体の小児骨がある（Bader 1967，Bader 1978）。これには被りものと衣服とに縫いつけられていた象牙製のビーズや彫像，象牙製の槍先などが副葬されていた。これと同じような飾られた衣服はリグリア海沿岸の仏伊国境にあるグリマルディGrimaldi洞穴の埋葬跡でも普通に認められる（図7.16）。

　リグリア海沿岸の埋葬跡の記録と年代は芳しいものではないが，また露天遺跡ではなく洞穴遺跡であったとしても，そこにはグラベッティアンの伝統を十分にうかがうことができる（Mussi 1986a, 1986b, 1988, 1992，Zampetti and Mussi 1991）。これは，バルマ・グランドBarma Grandeの単葬墓，複葬墓，そして三人埋葬墓にもあてはまる（表7.14）。マッシ（1986b:548-9）は，これらの洞

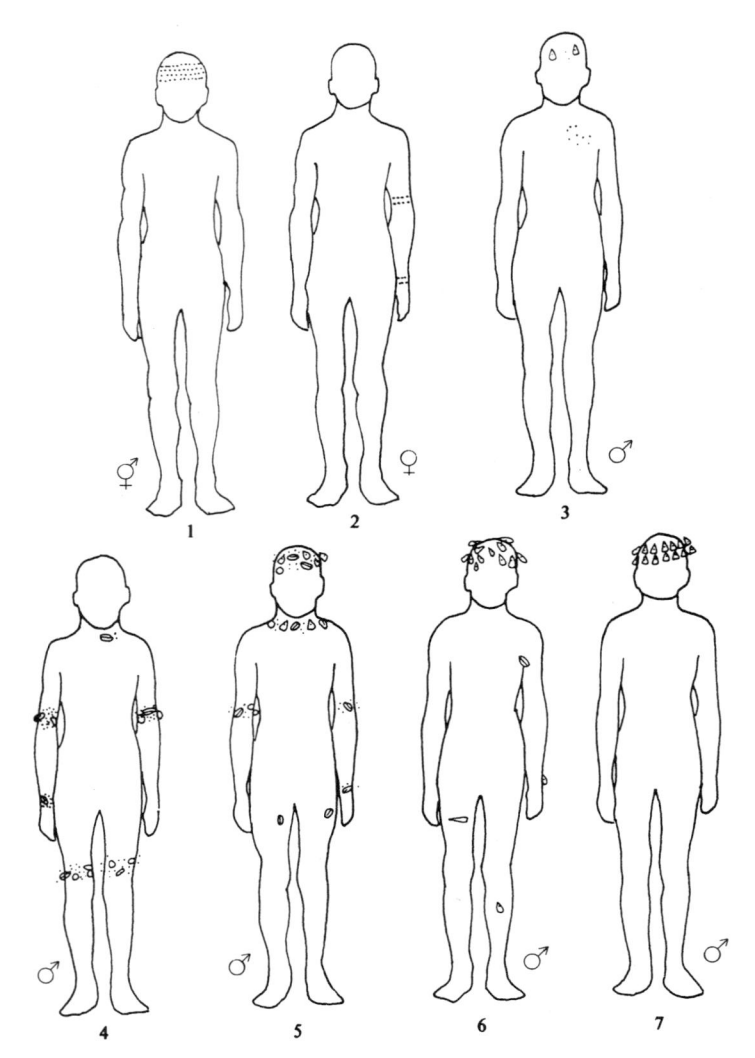

1～2　グロット・デ・ザンファン　5・6号複葬墓
3　　　グロット・デ・ザンファン　4号墓
4　　　バウッソ・ダ・トーレ　1号墓
5　　　バウッソ・ダ・トーレ　2号墓
6　　　グロッタ・パグリッチ
7　　　グロッタ・デル・ヴェネリ

図7.16　地中海中央部地区イタリアのグリマルディほかのグラベッティアンの埋葬跡における装身具と骨角器の装着部位（Zampetti and Mussi 1991：Fig.2による）

穴のグラベッティアンの埋葬跡を総括し，男性または成人を伸展位で葬るが，その背部あるいは側部は洞穴内の壁面に近い部分に向けられていた，と指摘している。墓坑は洞穴の主軸に平行し，遺体はその左側，たいていは東向きに安置された。墓坑はつねに掘削され，遺体を保護する目的で石が使用されることもある。オーカーや装身具，選ばれた骨，フリント製の石器などが副葬品として供えられた。

　ドルニ・ヴェストニツェ-パブロフの資料は在地の露天遺跡の伝統をよく伝えている。その伝統は次のように要約される。

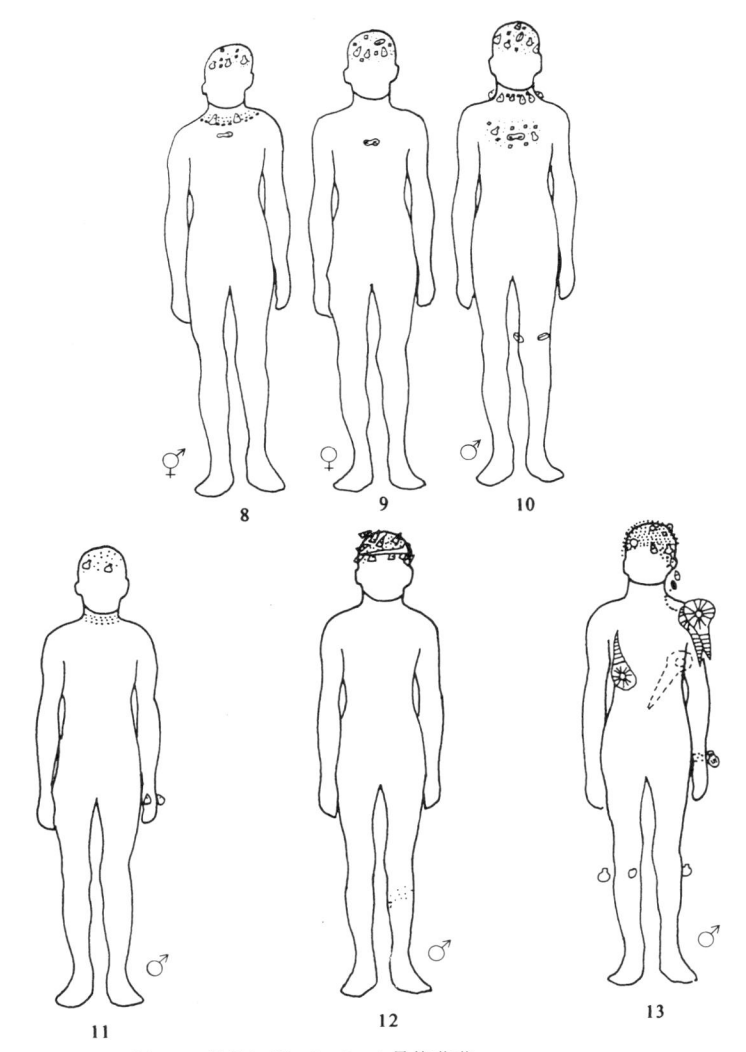

8〜10　バルマ・グランデ　2・3・4号複葬墓
11　　　バルマ・グランデ　5号墓
12　　　グロッタ・デル・カヴィグリオーネ　1号墓
13　　　グロッタ・デル・アレーネ・カンディッド　1号墓

図7.16　地中海中央部地区イタリアのグリマルディほかのグラベッティアンの埋葬跡における装身具と骨角器の装着部位（続き）（Zampetti and Mussi 1991：Fig.2による）

・埋葬のため特定の場所を反復利用する。
・多人数を埋葬する。
・オーカー，装身具，衣類の副葬が顕著である。

　1995年までに，ドルニ・ヴェストニツェからは，断片的なものから完全骨格までを含めると，ほぼ34体の遺体が発見されている（Klima 1995）。さらに，パブロフからは3体の遺体が知られている（Oakley, Campbell and Molleson 1971，Valoch 1996）。このうち完全骨格は6体ある（表7.9）。単葬の3体はすべて成人である。ドルニ・ヴェストニツェⅢの小型で脆弱な女性の遺体は，コンパク

表7.14 リグリア海沿岸，バルツィ・ロッシ，グリマルディ洞穴群におけるグラベッティアン～エピ・グラベッティアン前期（2.5～1.8万年BP）の埋葬事例（Mussi 1986a,1986b,Oakley,Campbell and Mollesson 1971）グロット・デ・ザンファンの小児合葬墓には1.4万年BPという年代が与えられている（Mussi 1986a : 95-6）。

グロット・デ・ザンファン＝グロッタ・デ・ファンシウリ
4	単葬	成人男性
5, 6	2体合葬	老人女性　青年男性あるいは女性

グロット・デュ・カヴィヨン＝グロッタ・デル・カヴィグリオーネ
1	単葬	成人男性

バルマ・グランド
1	単葬	成人男性
2, 3, 4	3体合葬	成人男性・青年女性・青年男性あるいは女性
5	単葬	成人男性
6	単葬	成人男性（一部焼成）

バウッソ・ダ・トーレ
1	単葬	成人男性
2	単葬	成人男性
3	単葬	青年男性

トに折り畳まれていることから縛られていたと推定されている（図7.17）[28]。ドルニ・ヴェストニツェのXVI号人骨の脚部はあまりしっかりとは折り畳まれていなかったが，やはり束縛されていたらしい（図7.17）。ドルニ・ヴェストニツェのⅢ号人骨はマンモスの骨の下に横たえられていたが，そのうち1点にはカット・マークが認められた（Klima 1963:図60）。類例はパブロフⅠ遺跡にあるが，詳細は不明である。DV XVI号人骨は男性であるが，炉跡に面しており，その縁と膝との間隔は20cmほどであった。なお，この炉跡には小児用の木の実をつぶした粥状の食物が保存されていた。

三人埋葬墓は，ドルニ・ヴェストニツェXVI号のように，墓坑というよりも非常に浅い窪みに埋葬されている。このうち，外側の2体は成人と考えるのが合理的である。DV XV号では，中央に埋葬された人物の性別は病変が著しいため明確ではない（Klima 1988:834）。この病変には脊柱側湾症による脊柱の左側への変形や大腿骨の変形などが見られる。彼もしくは彼女は右足を引きずっていたと考えられる。外側の2人には象牙とイヌ科動物のペンダントが副葬されていた。遺体は異なる体位で葬られていた。つまりDV XV号は顔面を上に，XIV号は下に向けられており，DV XIII号は両手を伸ばし，中央のDV XV号に触れていた（図7.18）。3人ともに顔面にはオーカーが散布され，中央のみならず下腹部にも散布が認められた。墓坑中には多量の炭化物が遺存していたことから，遺体を樹枝で覆い，火を点じた後，すばやく土をかけて消火したため，遺体はあまり焼かれていなかったのではないかと推測されている。

墓坑に近接して石灰岩の小桿が発見されたが，これには記号表記が認められる（Emmeling,Geer and Klima 1993, Klima 1995）。この小桿の復元的な研究によれば，そこには29個のマークが認められ，これは月齢を示す表記であろうと解釈されている[29]。その単位は5・7・7・5および5となっており，もしこれが正しければ，この単位は月の満ち欠けによる明るさの変化を示しており（Marshack 1972），観測というパフォーマンスの揺るぎない証拠となろう。

第 7 章　社会的生活の拡張（6 万〜2 万 1,000 年前）　377

凡　例
A　浅く掘りくぼめられたところで，少量の獣骨と石器が散布していた。また，オーカーと貝殻（*Dentalia*）も遺存していた。
B・C　石器と獣骨の集中部
D　炉跡で，底面は弓形である。内部には炭化物，焼けた獣骨と共に多量の石灰岩礫が含まれていた。また，その上部には大型の肋骨が横倒しになっており，それには炭化した植物性食料が入り込んでいた。
E　浅いピットで，覆土中には大小の獣骨，穿孔された歯牙，貝類（*Dentalia*）6 点，オーカー，骨器や石器などが含まれていた。

図7.17　ドルニ・ヴェストニツェ西斜面DⅤXⅥ埋葬跡　小さな窪みの中央に炉があり，そこが小屋掛けの床面であると解釈されている（Svoboda 1991:Fig.6による）。

ドルニ・ヴェストニツェⅡの単葬墓は直線的な排列をもつ（Klima 1995:図91）。2 点の部分骨を含む 7 基は，調査区西端にある三人埋葬墓から北側方向に展開している。小型の炉跡とピットも同じ方向を向いている（Klima 1995:図33）。プシェドモスチではカット・マークのあるマンモスの肩胛骨が，多人数埋葬の遺体を覆っていたが，これについてマスカは次のように指摘している。

　　重要な埋葬状況が指摘されなければならない。すなわち，各人骨はほとんどの場合，南方向，あるいは南東方向に向けられている。また，墓坑の外部には，マンモスやトナカイ，そしてキツネなどが供献されていた（Svoboda 1994:459に引用）。

ドルニ・ヴェストニツェⅡでは，同様の動物の供献が確認され，やや離れたところから三人埋葬墓に向かうように，オオカミの脚部，下肢部とマンモスの板状の骨が発見されている（Klima 1995:65）。

ドルニ・ヴェストニツェ-パブロフ：社会的な場面性とその場

　上述した出会いのための儀式と別離のための儀式を示す実例こそが，場としてのドルニ・ヴェストニツェをつくりあげているのである。これはその人々が，単なるギャザリングや近ばかりではなく，社会的な場面性とに取り込まれ，またそれを体験することを通じて達成されるのである（表3.1）。

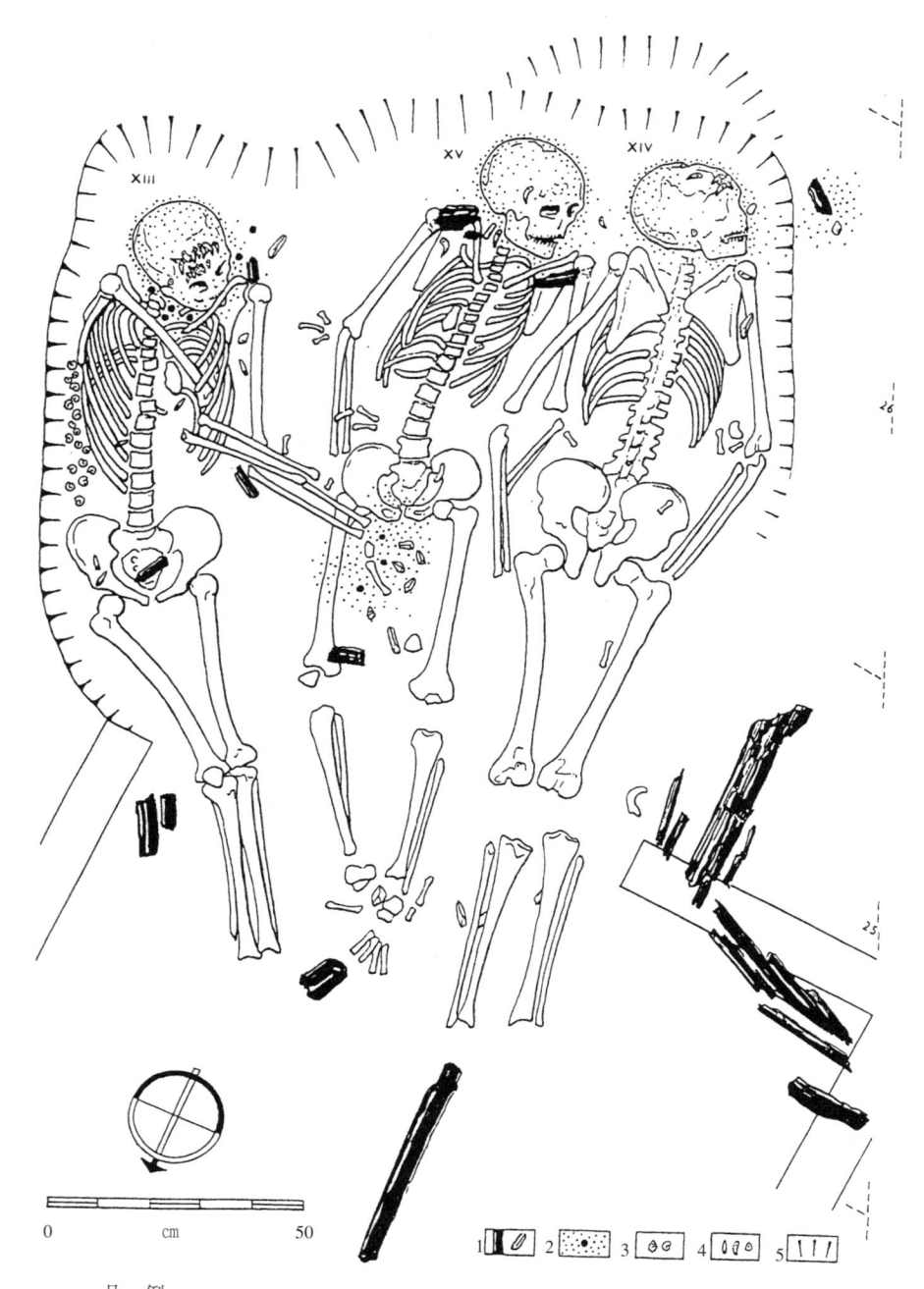

378

凡 例
1 焼けた木片と石器
2 赤色オーカーの散布範囲と小塊
3 貝製装身具
4 ヒトの歯，穿孔された歯牙，象牙製ビーズ
5 掘り込み上端

図7.18　ドルニ・ヴェストニツェⅡの3体合葬　DV XⅢ号，XV号ならびにXⅣ号を含む（Klima 1995：Abb.76による）。

だが，いったい何をもって，社会的なできごとは考古学的に認識されるのだろう，という疑問が提示されるであろう。その答えは簡明である。社会的なできごとは地域的な行動というコンテクストにおいてのみ考察されるのであり，こうした視点から，世界に取り込まれることによって，行動は組織化され，生活に意味を与えるための社会的な景観が開示されることになるのである（Ingold 1993:155）。社会的な場面性は，もしもネットワークが親密なレベルを超えるものでなかったならば，行動のためのコンテクストとしては存立しえないであろう（表2.8）。また，そのレベルが日常的なものになっただけでも大きなインパクトをもつことはありえないのである。親密な，そして日常的なレベルにおいては，ギャザリングと迩によって支えられている配視と相互関係は，社会生活を営むには何ひとつ不足はない。違いを際だたせるのは，システムの統合による社会生活の拡張であり（第2章），とくにモノに託された外在化である。そうであるがゆえに，地域的な相互関係を示す念入りに抽出された事例として，ドルニ・ヴェストニツェ–パブロフのような場が求められたとしても驚くには値しない。そこでは場が，出会いのための儀式と別離のための儀式を示す具体的な証拠によって示唆されているからである。そればかりではない。その場に留まるということは，爆発的な経験というパフォーマンスでもあった。つまり，その場には，その場をつくりあげ，そこで生を営んだ人々の追憶とこころざしが塗り込められているのある。

こうした議論をさらに深化するために，本書の核心的な思想，つまり社会生活は情緒，物質，そして象徴という資源に導かれてネゴシエートされ，また変容するという主張に立ち戻ることにしよう。そこでこそ主体は自己を取りまく環境をつくり出すために賦活されるからである（第2章）。こうした参画と配視という行動は，相互関係モデルの枢軸であるが，同時に時間を遡行するにつれて希薄になり，痕跡をとどめることも稀になる。せいぜい石器をつくったり，木器を刻んだりといった程度になってしまうだろう。習俗としての景観という地域的な枠組の中では，技量は場から場へと姿を変えていく。

さて，ここでドルニ・ヴェストニツェ–パブロフにおける参入と配視という動景のリズムについて考えてみよう。火バネを起こし，火を噴きながら爆発する粘土や，炉跡とオーカー以外にも相互関係における配視をうかがうことのできる資料が二つある[30]。この二つの資料はドルニ・ヴェストニツェ–パブロフの理解に深く関わっている。DV XV号人骨は顔面を炉に向けていたが，三人埋葬墓は覆いの枝を燃やしたことによるものと考えられる炭化物を含んでいた。この二つの埋葬跡にあった4体の頭部にはたっぷりとオーカーが振りかけられていた。配視の焦点は顔面にあったのである。そこは相互関係において視線を集め，互いにとり交わされる挨拶や了解を示す焦点ともなり，さらに，やりとりの中心である言葉を発するところでもあった。それだけではない。火との関わりは世帯の生業の中に社会的な場面性をもたらすが，それは親密な，また日常的なネットワークにおいて，紐帯をめぐるやりとりとパフォーマンスの社会的かつ空間的なコンテクストをつくりあげたのである。

DV XVI号とDV XV号人骨は衣服をまとっていた。また陰部にもオーカーが塗りつけられていた（Svoboda and Dvorsky 1994:74-5）。この別離の儀式に際して行われた，遺体の顔面と鼠径部への血を思わせる赤い顔料に視線を向けることは，考古学的には不可視である生誕と血という出会いの儀

式を遠く反響している。社会生活との邂逅と出立，出会いと別れとは等しく象徴性を共有している。この儀式は時間的連続性を分節するものであった。コンテクストと配視に捧げられた行動の時間性から文化の意味は汲み取られる。人々は集う。それゆえに社会的な行動がはじめられるのである（Ingold 1993:159-60）。

　この視点に立つとき，われわれは鼠径部のオーカーは単に性やジェンダーの領域の問題ではないことを知るのである。遺体を固定された体位で埋置すること，そして顔料を塗りつけることによって，生者は時間の永続性を去り，避けられない離別を再認するのである。この生の中断に社会生活との出会いと別れを見ることができるであろう。ドルニ・ヴェストニツェ－パブロフの埋葬跡は，永続的な社会的な場面性との別れの儀式であった。そうであるがゆえに，それは離別（*adieu*）ではなく再会（*au revoir*）という性格を帯びていた。なぜならば，その場所が生き生きとした経験のほつれのない連続性をもっていることが深く信じられていたからである。そして，祖先でもある死者は生という拡張されたネットワークの一部となったに違いない。

　ドルニ・ヴェストニツェ－パブロフにおいて，繰返し穴が掘られたことも，この場に密接に結びついた出会いと別離の儀式の性格を示唆するものであろう。オーカーを採集するためには穴を掘らなければならない。穴を掘ること，この動作もまた本源的なリズムであり，動作の連鎖に組み込まれた身振りにほかならない（Leroi-Gourhan 1993:309）。それは住居や墓坑の形を定め，火花を散らすパフォーマンスを遂行する。

　地表面はある深さ以上は凍結していたが，住居の床面の深さから見て，それは地表下80cmくらいであったと考えられる[31]。ここは気候的に見ても，世界でも極寒の地であった。その境界の中で，人々は視線を交わしあい，火によってものはその姿を変えた。そしてさまざまなことを閉め出す住居が構築されるといった行動によって，荒涼とした土地に境界線が描かれていった。火によって素材のもつ性質が引き出され，製作を媒介に素材は社会的なモノに変形された。遊離した骨は文化的な意味を担っていた，そして肉体の力が刻印されたモノとして日常生活のさなかに散在していた。人々は，生者も死者も，時間的にあるいは空間的に遠く離ればなれになろうと，けっして忘れ去られることはなかったのである。

　肉体もまたモノへとつくりかえられる素材であった。生のさなかでは，顔面への配視と肉体のモノへの転態は，ペンダントを飾り衣服をまとい，道具をもつことによって行われていた。こうした社会化されたモノへの配視は，細部を検討することによってあとづけることができる。例えば，ドルニ・ヴェストニツェから出土した土偶の臀部に刻まれた締めつけ用のベルトは，男性か女性かを問わず，単葬墓における遺体の結わえつけを想起させる。

　最後になるが，この場での社会的な場面性の考古学的証拠として，保護あるいは保全をあげることができる。PⅠ号およびDV ⅩⅥ号人骨の遺体の上を覆っていたマンモスの肩胛骨は，三人埋葬墓上の小枝と同じように保護の実例であろう。DV ⅩⅥ号人骨は炉によって護られ，DV ⅩⅤ号はDV ⅩⅢ号によってさし伸ばされた腕によって守護されていた。身振りとリズムによってモノに転態した遺体はしっかりと保存されている。この場を流れる時間は，継起性をもった儀式と，その場に存在する資源，景観と地域とを超えた眼差しによって知ることができる。パブロフスキー丘陵の麓の住

居の屋根の下で繰り返された日々の生活の中では，ここにはないモノ，遠くにしかないモノ，そして現実的にはどこまでも限界のない拡張されたネットワークとの間に引かれた区分は無化されていたのである。

要　　約

　ヨーロッパ上部旧石器時代の場と域の成りたちは，それ以前とは違っていた。マクロなスケールでも，またミクロにおいても行動とリンクしているリズムは，今や物質的な，また情緒的な，そして象徴的な資源を元手にして，媒介的な力を発揮し力を方向づけていた。本章において私は，親密な，日常的な，さらに拡張されたネットワーク（表2.8）に組み入れられた主体のネットワークの存在を示唆する証拠を検討してきた。場と域とを考察するために，社会的な場面性と社会的な景観という概念を導入してきた。実際問題として，こうした用語はお互いに分離することはできないし，ある場所が場として規定される契機でもある人間行動の継起的な流れからも切り離すことはできない。

　だが，社会的な場面性と社会的な景観という枠組は一新されたが，ミクロなスケールとマクロなスケールとを媒介するリズムは旧態を色濃くとどめていた。そのリズムとは，慣れ親しんだ慣習的な行動を伴う動作の連鎖であり，主体と他者あるいは他所とを連絡する道と径であり，諸主体の配視が文化的に意味のある相互関係をお互いに切り結ぶ動景である。

　上部旧石器の到来とともに変化したものといえば，このリズムが創出した社会である。社会生活というパフォーマンスに活用されるモノや人工物は，それらをつくり出し，またそれらを使用する身体から独立した存在となったのである。それまでと同じ人工物が，今や身振りのかわりに自立し，その道具としての機能を失った後でも，また主体との直接的な絆を失った後でも，生命を保ち続けることになったのである。下部旧石器時代および中部旧石器時代においては，人工物はパフォーマンスと対面的な関係におかれていた人々の統合化には一役買っていた。だが，上部旧石器時代になってはじめて，それらは対面的な交通を超えるシステム統合，というよりも複雑な役割を担うようになったのである。モノが決定する瞬間，生活上のパフォーマンスが行われる社会的なできごとと社会的な場所，それらが主体の関わり方を左右する時代に立ち至ったのである。それらにとって一番重要なのは時間の秩序であり，その秩序の中で主体の権力は形成され，幅広い構造によっていろいろな制約が課せられることになった。

　私が本章で論じたのは，場と域との間にその位置を占める包括的ともいえる象徴性は，上部旧石器時代になってはじめて登場したということである。拡張されたネットワークは権力の源泉となり，この新しい個人的なネットワークのもつグローバルな性格を媒介にして，「他者」といったようなカテゴリーが明確にされた。それまではどうであったかといえば，人類社会のスケールは日常的なネットワークを上限としており，そのスケールは物質的な資源の使われ方を手がかりとして知ることができた。このような社会における生活は場にしばられており，社会的には排他的な原則に従っていた。物質的な資源や情緒的な資本が重視されていたが，主体はその社会生活を手近な資源によってまかなっていた。彼らは自己の習俗としての景観を旅したが，そこにあるものはなじみの時間

的なリズムによって反復更新されていった。

　本章で吟味してきたのは，社会とシステムの統合を示唆する事例であったが，それはギャザリングと習俗としての景観とを特徴とする日常的なネットワークという社会をはるかに凌駕する社会的統合とシステム統合と評価することができるだろう。私は一連の事例研究において，ネアンデルタール人とクロマニヨン人との違いを検討してきた。とくに両者の共存については注意を払ってきた。この違いによって地域の歴史は多様化したが，それは同時に権力構造も多様化したことを意味していた。

　こうした意味で，権力とは人々と彼を取りまく環境にすでに含まれている資源との間にどっぷりと身を浸すこと以外の何ものでもない。ひとたびそこに身をおくや，社会的な景観とか社会化された場所といった問題が再吟味され，再賦活されることによって，ひとたびこうした生起が現実のものになるや，文化的な多様性の生じる可能性は無限大になるであろう。こうしてみると，権力とはこの多様性をもつ可能性を引き出し，それを諸主体の社会的プロジェクトに結合させる可能性ということができる。生活とは単なる場的なものではなく，新しい，また既存の諸関係に接近したり，距離をおいたりするという意味で，排除と包摂という両義的なものとなるのである。

　場というレベルでは，ドルニ・ヴェストニツェ-パブロフの社会的なできごとは，既に見たビルツィングスレーベン（第4章）やマーストリヒト・ベルヴェデール（第5章）などのギャザリングとは際立って異質な技量を垣間見せている。ことに，ドルニ・ヴェストニツェ-パブロフでの特定の場から切り離せない技量の存在は，その遺構の存在によってよく示されている。それには参入と別離の儀式のための遺構ばかりか，自己の記憶を賦活するための儀式に必要なカマドも含まれていた。あらゆる技量と同じように，それが包括的であろうと特殊的であろうと，それらは社会的な技量であった。しかしながら，ネットワークが拡張され，システムが統合されるにつれて，このような技量は物質的・情緒的資本であるばかりでなく，近接性からの開放（第2章）を約束する象徴的な性格を帯びることになったといえるだろう。

　その結果として，今や社会的な生活とは，すでに第2章で論じたように，単に複合化するのではなく，実際複雑化するのである。このことは，それ以前の社会的なネットワークが権力を欠いていたということを意味するのではない。そうではなく，権力が析出する構造が種々の点でそれまでとは異なっているということである。このもっとも著しい例として，残されたモノに権力を刻み込むことによって記憶を外在化しようとする行為があげられるだろう。権力とは想起という行為や他者に意を注ぐといった能力に胚胎するが，このようなコンテクストを象徴的に移し替えるという能力によって，モノばかりでなくヒトをも含む，パーソナルなネットワークがつくり出されるのである。上部旧石器時代における四囲の環境には，豊かな意味が積み重なり，それらは象徴的にリンクされていた。儀式と資源をわがものにした社会的なできごとは，旧石器人の一見すると足枷を解かれたような生活をようやくつくり出したのである。

註
1）大型無尾猿とサルのマキャベリ的な行動は彼の見解を支持する（Waal 1982）。

2）何手先を読むのか，あるいは予測といった考え方（Binford 1989b）は，中部旧石器時代と上部旧石器時代の移動性の違いを説明するのにはもってこいの概念であるが，こうした問題についても適用可能である。

3）ジュネスト（1988b:図2）の文献中の各文化層別の数字および前掲文献表2.14に記されているとおり，プロットされた原産地別の数字には齟齬が認められる。この結果，表5.5と表7.1，ならびに図5.13の数字は一致しない。

4）r淘汰とK淘汰の違いである（Gamble 1993a:表3.1）。

5）これらの地域とは以下のとおりである。北部：カルパチア，アルプス，ロシア平原北部，氷床周辺部：フランス中央部，カルパチア盆地，ウクライナ，地中海：これは大西洋沿岸と合併する（Simán 1990-1:13）。これは第6章での年代別累計の分析に使用した地域分けとは対応していない。

6）レールシェンRörshain，ボックシュタインBockstein，クローゼンニッシュKlausennishe，シャムバッハSchambachなどの遺跡に基づいている。これらのうち後三者はドイツ南部に折り重なるように分布している。

7）ボルドとボジンスキーのアプローチを統合するのは，この考古学的なデータに対する枠組であるが，その解釈については両者は同じではない。

8）ハーンは281件のC14年代を再検討し，このうち74件から等時線を描いている（Hahn 1993:65および図2）。

9）ハーンによるオーリニャシアンIの図の3万年BPの等時線はほとんど同じ位置にある（ibid.:図6）。

10）しかしながら，ストロウス（et al.1993:14）は，ヨーロッパ東部および中部における最古のオーリニャシアンとスペイン北部のそれとの間の5,000年の時間差を容認している。だが，彼らもこの時間は人と観念がヨーロッパ南東部から南西部までの2,000kmの隔たりを動くには短すぎると考えている。1年につき400mという割合になるが，これは極地の住民が一世代に移動する距離に関する歴史的に記録された民族誌に照らしても過分であるとは思われない（Rowley 1985）。

11）これはフランスの編年のウルムII/III亜間氷期に相当するヘンゲロ亜間氷期とともにはじまり，ウルムIIフェーズIIとともに終わる（Laville,Rigaud and Sackett 1980）。

12）グロット・デュ・レーヌの洞穴奥部回廊にはムステリアンの包含層があるが，人々は狭隘な条件下で生活していたことになる。

13）これは物語としては中途半端であるかもしれない。ガト・プレトGato Pretoでのオーリニャシアンの層準の焼けたフリントを素材とするTL年代は3.81万年±3千年BPである（Zilhao 1993:表1）。シラーオはこの年代は未補正であれば3.8～3.0万年BPになると指摘している。

14）スボボダ（1994c）が指摘するひとつの問題点は，詳細な編年表の欠如である。骨と木材とを材料とするC14年代はラボごとに大きな違いがある。このため，表7.8に提示した一般的なアウトラインは別にして，ドルニ・ヴェストニツェ－パブロフにおける過去の調査間の編年的な対比を困難なものにしてきた。今のところ，グレニンゲンのラボがもっとも首尾一貫した結果を出しているため信頼がおけるようである。しかしながら，年代の不一致はコンタミネーションの存在を示唆するものであり，そこでの居住の歴史はおおかたの予想以上にこみ入ったものであることに自覚的であらねばならない。

15）ドルニ・ヴェストニツェIとIIの間にあるドルニ・ヴェストニツェIIIは2.45万年BPという年代が与えられているが，これは，南東部にあるミロヴィッチを除外すれば，この遺跡ではもっとも新しい居住跡である（Svoboda,Klíma and Skrdla 1995,Valoch 1995）。パブロフ村の東にあるパブロフIIという遺跡についてはまとまった報告がない（Klíma 1995:図12）。

16）ドルニ・ヴェストニツェIIIにおける小規模ではあるが継続的な調査（Skrdla,Cílek and Prychystal 1996）

17) 居住地における人・日の計算はMNIおよびそのカロリー計算による肉の量に基づいている。
は，この遺跡の多くの地点を交叉させるために有益である。今までのところ，これらの調査に関しては，24,560+660-610BP（GrN 20342）という放射年代が公表されている。

17) 居住地における人・日の計算はMNIおよびそのカロリー計算による肉の量に基づいている。

18) 5層はペリゴーディアンV石器群を包含し，アブリ・パトウ3層に対比される（Laville, Rigaud and Sackett 1980）。

19) グラベッティアン・プロジェクト（Svoboda, Klima and Skrdla 1995）は近年実施された調査の報告書刊行を目標の一つとしている。

20) スクレナーSklenar（1976）は，この遺跡で住居跡と主張されているさまざまな遺構を概観している。

21) 炭化材はエルムとモミ（Abies）と同定されている（Mason, Hather and Hillman 1994）。

22) D号炉跡（26,390±270BP）の小サンプルから検出された炭化物には4種ある。すなわち，木炭，根あるいは根茎の繊維，種子，そして可能性にとどまるが，堅果類でつくられた粥状のもの（acorn mush）がこれである。ほかでも同様の幼児食の一部と見られる重要な資料が検出されているが，それは炭化した糞便となって保存されていた（Mason, Hather and Hillman 1994）。オーウェンOwenは最終氷期後半期において利用された可能性のある植物性食糧資源を詳細に記述している（1996）。

23) 編み物・バスケットの圧痕はパブロフIの1954年調査区から発見されている（Adovasio, Soffer and Klima 1996）。

24) 剥片の質よりも素材の光沢という点について同様の議論が可能である（Gamble 1995a）。また，第6章参照。

25) クロ・マニヨン岩陰の初期の調査に際して，人骨が5点発見されている。その年代は未測定であるが，共伴した石器群はオーリニャシアン初期のものよりも進化している（de Sonneville-Bordes 1960:73）。

26) 1945年のミクロフ城の火災に際してオリジナル資料は焼失した。

27) これはブルノII号人骨である。

28) 遺体束縛のもっともよい例はコスチェンキ14から検出されている（Praslov and Rogachev 1982）。

29) 7か所の記号表記の一部が欠損し，その全貌を知ることができない。また，この「小桿」の読み方もわからない。単位は5・5・7・7・5か5・7・7・5・5であるが，いずれかによって月齢を示す刻みとしての正確さは異なる。また，30番目の刻みも認められるが，その長さは他の29か所のものの半分くらいしかない。

30) 人間行動に焦点を合わせれば，オーカーや火は，すでに第6章で論じたように（Morphy 1989），光り輝く石材に照応する。

31) コスチェンキにおいては，土坑や竪穴住居跡の最大深度は1.10mであり，この底面下に永久凍土が見つかっている（プラスロフの私信による）。

第 8 章　ヨーロッパ旧石器時代の社会

　　　　人類の歴史は企図的な行動によってつくられているが，
　　　　　　企図されたプロジェクトではない。
　　　　　　　　　　　　　　アンソニー・ギデンズ『社会の構造』

　　　敷石の下は－渚
　　　　　　　学生のスローガン（1968年，パリ，5月）

　これまで，ヨーロッパの旧石器時代の社会生活に関する資料を検討してきた。私が50万年前から2万1,000年前までのデータを引き出してきたこの大陸は，ある程度まで人類進化というサンドイッチの具のようなものだと考えることができる。アフリカにおける社会進化初期段階の資料は除外されてきたし，それ以降考古学上の資料が量的も拡大する最終氷期最寒冷期の前までで筆は措かれている。そればかりか，旧石器時代というタイムスケールから見れば，そこから植物栽培と家畜化の開始まではあと一歩であり，それ以降の人類史の級数的な変化までも指呼の間にある。

　しかしながら，私の真意は社会進化の概観を行うことにはない。私の目的は，チャイルドによる，そして今なお多くの追従者のいる，つまり旧石器時代の社会は，資料に制約されているという見方（1951:85）がいかに不正確なものであるのかを提示することにあった。たしかに旧石器時代のデータは，より新しい時代の社会考古学者の研究対象であるピラミッドや宮殿や王宮，穀物倉庫といったもののように分明なものとはいえないが，だからといって，それが不正確であるとは断定することはできない。われわれは，時間的な面からいえば，旧石器時代全般を通して，良質で正確な推定年代をもっている。ことに，ヨーロッパにおいてはそうである。こうしたデータは地域内，地域間の変異を考察するうえで有効性を発揮してきたが，ミノス文明やローマ帝国に関する社会の叙述に際しても，こうした時間的なデータに基づく枠組は必要であった。今や資料的な蓄積は50年前と比すべくもないが，それは他の時代についても同様である。そうしたデータ程度では旧石器時代社会の研究にはなお十分ではないと考えるならば，資料集めに奔走すればよいのである。

　前章までにおいて，私が集中的に議論してきたのは，旧石器時代社会を研究するためのアプローチの仕方こそが，これまでのプロジェクトを挫折させてきたという点であった。私が2万1,000年BPで擱筆した理由は，その時点からの作業はピラミッドや宮殿並みに快適なものになるからである。手はじめにヨーロッパ各地を見ると，そこにははるかに豊富なデータがそろっている。タイムスケールが短いので，いっそう詳しくヨーロッパの再コロニー化を検討することができる（Houseley et al. 1997）。また，例えばこれを後代の農民たちの植民過程と比較することもできる（van Andel and Runnels 1995）。いうまでもなく，そこには多数の洞穴遺跡があり，可搬性工芸品があり，中石器時代へと承継される墳墓群（Whittle 1996）が存在する。生態学的な適応という枠組から社会関係

の再構成への移行は誠にスムーズである。グローバルな視点からもこの点は確認されているところである（Gamble and Soffer 1990,Soffer and Gamble 1990,Straus et al. 1996,Zvelebil 1986）。だが，上部旧石器のこうした利点も，われわれをより古い旧石器社会を検討する可能性を挫くものではない。後代の社会考古学がより多彩な資料を素材としてきたからといって，われわれの研究が，相対的に制約されたものであると考える必要は少しもないであろう。

しかしながら，私の視点は社会考古学の深化にとって，もっとも基本的なもである。本書で論じたように，われわれがつくり出さなくてはならないのは，旧石器時代の社会を再構成し，理解するためのアプローチの仕方であり，したがって，そのためには近年の社会考古学上の理論と方法とを再検討しなければない。これについてはポスト・プロセス学派から既に多くの批判が提示されているところでもある（Hodder 1990, Thomas 1991, Tilley 1996）。この領域に旧石器時代を組み入れることによって，もはや社会の類型学や進化論的な解釈（例えば，Johnson and Earle 1987）は昔日のものとなったといえるだろう。私の目標は，旧石器時代をこの領域に位置づけることによって，カロリー計算や石器のメンテナンスなどに汲々とするのではなく，多くの労を要して収集されたデータをまったく新しい視点から見直すことである。さらに，露天遺跡の埋葬や洞穴画，さらに祖先たちの頭部飾りなどにまつわる作法がどのようなものであったのか，といった程度の社会的再構成を超えていきたいと思う。換言すれば，われわれは，食餌と食餌の間の空間に挿入された程度の社会生活像を超えて進みたいと考えている。

以下，検討しなければならないさまざまな課題を要約的に述べていくことにしよう。これは新しい枠組の提示であるが，そこでは資料は，それが仮に理論負荷的ではあっても，なおもしろい物語を叙述するうえで限りなく重要な位置を占めている。われわれが直面している仕事とは，この物語をつくりあげると同時に，それを正当化することでもある。

出　発　点

ウィルソンWilsonは旧石器時代社会研究の立脚点について次のように述べている。

> われわれは直立猿人や他の初期の人類を，自由にあれこれの印象を押しつけることができる塗り絵のようなものではなく，多くの可能性を保持してはいるが，なお未成熟な創造物と見なければならない。彼らにとって切実な問題とは，自己の能力の範囲内で，生存を可能にする特定の組織原理をつくりあげるための器官と手段とをいかに工夫するのかということであった（Wilson 1980:4）

われわれにとっての個人とは，ハイデルベルク人 *Homo heidelbergensis* の社会を生み出すためにあらかじめプログラムされた人類という暗号文ではなく，創造的ではあるが，制約された行為者にほかならない。ウィルソンはわれわれに当面する課題は社会的諸形態の詳しい再構成ではない，と論を進めている。そうではなく，われわれの複雑なビジネス社会の中での経験に比較される，祖先たちがつくり出したさまざまな社会を可能にした一般的な原理の抽出こそが焦眉の課題とされるのである（*ibid*.54）。

われわれが追い求めてきた一般的な原理は，類人猿の社会と現代社会の研究を二つの源泉として

いる。私が社会の対象とするのは集団ではなく個人であり，社会生活の基盤を個人の相互関係から生み出される場面性とルールにおいてきた。わたしは個人とは，媒介的な存在という用語に集約されるように，世界と相互関係の網の目に織り込まれていることを強調してきた。この結果，階級とか宗教，経済あるいは官僚制といった社会制度に関する物質的な残り滓を探し求める必要はもはやなくなった。そのかわり，われわれが検討しなければならないのは，「とともにあること」に由来する諸行動であり，社会的なコミュニケーションと権力の中心である身体をめぐるさまざまなパフォーマンスである。さらに，人工物のもつ役割の変化や，そうしたパフォーマンスにおける文化についても考察しなければならない。とくに，モノや他の動物が人々の生活に関与する場合には，この分野への目配りが重要である。社会的行動が拡張された結果，「近接性からの解放」が達成されることになるが（Giddens 1984:35, Rodseth et al. 1991:240），これこそが人類進化の刻印と見なされるであろう。

　ルールと資源は見積もることができ，また予測することも可能である。相互関係の結果はパターン化されてもいる。なぜこうなるのかといえば，資源の行使に基づいているからである。つまり，情緒的資源，物質的資源，そして象徴的な資源などが運用され，きわめて緊密な紐帯がつくり出され，諸個人の多様なネットワークは一段と重要性をますのである。このような社会構造を射程にとらえたボトムアップ・アプローチをとることによって，繰返し起きる人口学的なパターンが抽出されるのである。

方　　　法

　だが，個人とはいつまでも旧石器時代という長い回廊の中に姿を没した陰のような存在と見なされてきた。こうした見解は，さまざまな形をまとって表現されてきたが，こうした事態は私にはささか奇妙に思える。というのも，それは旧石器時代のデータと矛盾しているからである。ミクロなスケールでは，ローマのコロシアムの群集の顔よりも，旧石器時代の個人の行動の方が，われわれといっそう多くの接点をもっているだろう。もしも，われわれが個人の行動に接近できると考えないとすれば，どうして，例えばボックスグロウブのような下部旧石器時代の遺跡の調査に際して，おびただしい遺物を苦労しながら図化したりするのだろうか。ロウはこうしたイベントの大切さを正しく指摘している（1981:197）。われわれが旧石器時代の社会を個人と集団の行動を通して研究したいと思うならば，こうした細区画的なスケールから，粗区画的な広域的かつ長期的なスケールの間に，繰返し適用しうる方法論を練り上げなければならないのだ（図3.2）。だが，保存状態のよい，瞬間が凍結されたような資料がないとしても，「先史学者が個人を同定することができないことが事実であったとしても，個人の存在を無視していいということにはならない」（Clark 1957:248）。

　この方法論は，ミクロなスケールでの人類の社会生活や社会誌とマクロなスケールでのそれを架橋するものでなければならない。ここに提起されるミドルレンジ理論は，ルロワ・グーランによって採用されているが，彼の関心は民族誌的なアプローチを考古学的なコンテクストに適用することに集中していた。行動の源泉であり，権力の参照点であった身体が彼の分析の核心である。身体は物質に働きかける運動と身振りによってパターンを生み出す。それは物質的な諸条件をつくり出す

が，同時にそれに制約されもする。場と域，ミクロなスケールの社会的な行動とマクロなそれ，それらをリンクするものは，パフォーマンスと身振りのもつリズムに基づいている。私が一貫して強調しているのは，技術的な行動とは，同時に社会的な行動であるという点である。それは世界に組み込まれることであり，世界を対象化する世界に関する分析の側に身おくことではない。

かくして，私は本書で文化の現象学的な定義を選択してきた。認知論的な，あるいは分類学的な文化観が必要とする観念的なモジュールの間のリンクの強化ではなく（Mithen 1996, Parker and Milbrath 1993），環境への人間の能動的な関わり方を重視してきたのである。こうした方針を採用するにあたっては，デネットDennettによる「脳に関してやっかいなことといえば，それをのぞき込んでも，そこには誰も住人がいないということである」（1991:29）という指摘に従った。もしもわれわれが脳が引き受けている変化と淘汰とを理解しようと思えば，それを活動というコンテクストにおかなければならないであろう。社会や文化の変化に関する循環論に陥らないように配慮するとすれば，脳は主要な研究対象にはなり得ないのである。このコンテクストが求められるのは，社会生活の創造という点においてのみであり，その場合であってもせいぜい脳は有機体とそれを取りまく環境との全体性の中では一部分であるにすぎないという位置づけが求められるであろう。脳は運転席に座って，自分の運命を勝手に描くようなものではない。このような理由から文化と社会は峻別されるのである。文化とは能動的に他と関わりをもとうとすることの表現である。文化によってさまざまな情報は社会のルールに従って処理され構造化されるが，それには，他者とモノとを包み込むリズムと身振りという行動の媒介項が必要である。この処理は必ずしも言語的なものとはかぎらない。また，人工物のスタイルに刻印されるだけでもない。むしろ，それは社会生活の維持に必要不可欠な配視や受容，そして運動等の結果と見なされるべきである。

こうしたアプローチを行うためには，旧石器時代の文化の研究をはじめるにあたって，どうしても必要な二つの領域，すなわち学習と記憶という領域設定が必要とされる。これには社会生活というパフォーマンスを営むにあたって必要とされる身体の振る舞いや身の処し方などに関する情報の文化的な伝達が含まれている。現在，旧石器時代における変化を分析的に検討しようという力強い潮流が存在する。そこで強調されているのは，問題に立ち向かい，環境との間で闘われるゲームの中で文化を活用しながら問題を解決するための精神的なトレーニングということになろうか。

例えば，ビンフォード（1989:19）による，どれくらい先を読むのか，という計画性に関する重要な論文は，ネアンデルタール人とクロマニョン人の間の組織力の違いに焦点をあてている。この計画性という概念は将来の行動とそれを見込んだ行動とに関する時間と労働力の投企量の変化を取り扱っている。結論的にいえば，クロマニョン人の計画性がより大きいとされているが，クロマニョン人は「環境と直接的に対峙するためにデザインされた」（*ibid.*:21）複雑で多様な道具を保持していた。

私はこうした移行関係を別なふうに解釈している（Gamble 1995b）。射程の長い計画性と予測とは，この世界からの離脱に依存した概念である。生活が細かく分節化されるのは，分析をわかりやすくするためである。また，ある特定の行動が出現するや，個人は外部から押しつけられた制度という暗黒の枠組の中へと消え去ってしまうと考えられてきたのではないだろうか。

クラークClarkはこうした危険性をよく理解していた。彼は，人間の計画性に関して，われわれが将来の繁栄を目指して行動するたびごとに，われわれのこうした重要な性質が発現されるとは限らないことを示唆している。むしろ，「われわれの計画性とは共有化された記憶と同じように社会的なものである」(1989:431)。本書における用語法を使えば，われわれは世界に関わり，世界の外側に立つのではなく，社会的なネットワークに組み込まれている。クラークの予測や計画性に適用された学習と記憶に関する見解は，むしろあまり分析的ではない記述によってよくうかがうことができる。ここでは，アタバスカンの狩猟民の中で生活を共にしたブロディーBrodyの記述を引用しておこう。

> 狩猟に際して，賢くてうまい選択を行うためには，考えられる限りの要素をつなぎ合わせることが重要で，ある条件の下では必ずうまくいく，といった合理的ではあるが，先験的で排他的な考え方を捨て去らなくてはならない。さらに大切なのは，判断は現在進行形でなければならない。つまり，理論と実践の間に一拍おいてはならないのだ。(中略) 計画性とは，他の文化ではいざ知らず，ここではこの種の繊細な仕事には不向きであり，かえってこうした柔軟性を混乱させることになる。狩人とは，自然や霊魂，そして人の情緒などの間を常に動き回っているがゆえに，もののやり方にはこだわりをもっている。彼らはしっかりと組み立てられた計画案や，これからやることについての細かな取決めなどはきっぱりと拒否するであろう (1981:37)。

それゆえに，行動の道筋を前もって定めることなどできない。行動とは，それ自体，いわゆる計画を損なうものともいえよう。こうした理由によって，私は動作の連鎖のリズムや道と径といった概念と同時に，インゴルドによる動景という概念を採用し拡大深化してきたのである。個人が生活を営む際にはつねに彼を包み込んでいる環境の相互性，まさにこの概念は，すべての旧石器時代の人類は環境に適応していた，という考え方を粉砕するものである。マグレードMcGlade (1995:115-16) も指摘するように，こうした環境とのゲームという観点は環境を個人の外部におき，したがって，社会のもつ役割について考古学者が議論する基盤を喪失させるものである。行動の継起性と他者への配視を重視する動景という概念は，こうした無力な二分法を排除するために導入された。それは行動に負荷される淘汰は考慮するが，同時にほとんど無限の可能性をもちつつも，いまだ萌芽期にある創造物の存在も認めるのである。

ヨーロッパ最古の社会：50万±〜30万年前

ヨーロッパがコロニー化された時期は遅い。正確な年代は目下論争中であるが，100万年前から50万年前までの間，大陸の北部を除く地中海沿岸部や他の地域に人類は登場した。50万年前以降，考古学的に見てその記録は一変する。このことは，コロニー化初期のプロセスに関してはまだまだ未発見の資料があることを示唆するものであるが，それを特定の日付をもったイベントと見る必要はない。

私はコロニー化の時期に関しては古く考えていないし，その比較的初期の資料はヨーロッパの南部あるいは北部ではなく地中海沿岸部にあると見ているが，コロニー化のプロセスは社会的な要因に帰着する。最初のヨーロッパ人は，社会的に組み立てられたコンテクストの内部で意識的に振る

舞うという意味での目的意識はたしかにもっていた。しかしながら，彼らはヨーロッパをコロニー化するという目的意識をもっていたわけではない。それは，彼らの社会的な生活の内側での変化と組織化の結果にすぎない。われわれにとって明確なことは，彼らの社会生活におけるネゴシエーションを可能にした技量である。つまり，複合的な社会における対面的な相互関係における技量である。この技量は，当時旧世界のどの地域においても，そこに居住していた人類によって共有されていた。この技量は，また参入と別離とに関わりをもつものであった。身体は個人のもっとも大きな資源であった。それによって各人は社会的な役割を担い，また他者のプロジェクトに参画することができた。彼らの使用する資源は，パターン化された配視とグルーミング，世話や養育などを情緒的な紐帯へ転化することに依存していた。こうした社会的な基盤は，頻繁な再認や密接な接触，それに情緒的な応答などを必要とするものであった。学習されたことは，この情緒的な紐帯によって支えられているコンテクストの中で，世代から世代へと伝えられていく。その結果，対面的な相互関係の中で育まれた情緒的な紐帯によって形づくられた身振りや応答の仕方は忠実にコピーされた。それゆえに，彼らの技術的な行動には反復性と重複性とが予測されるであろう。関係にまつわる記憶は長く保存される。なぜならば，紐帯にまつわる記憶は身振りの筋肉的な記憶と，諸個人間でとり行われる，また世代から世代へと受け継がれる行動などが含まれているからである。

　こうした複合的な社会における親密な紐帯は，物質的な資源を使った日常的なネットワークを通してさらに洗練化された。このレベルでは，協力関係は実際の行動の結果として成立した。それは計画的なものでもないし，新たな行動形態というわけでもない。とはいえ，こうした行動の起源を訪ねることは無益であろう。というのも，それは共通の祖先たちが500万年も前から継承してきた伝統の一部であったからである。だが，われわれは協力関係を示す証拠の存在に一驚する必要はないが，それを支えていたのがネットワークであったことはつねに念頭におかなくてはならないだろう。それゆえに，この時期の協力関係は「とともにあること」と，さらに身体化された資源を駆使した社会的な諸関係におけるネゴシエーションに依存していたのである。

　考古学的な資料には保存状況のよい遺跡も含まれているが，そこに定型的な遺構を認めることはできない。人々の往来にはパターンが認めれるが，それは諸個人がギャザリングに出逢い，ギャザリングから立ち去る際の一連の身振りから推しはかることができる。機能と実用性にのみこだわった解釈に拘泥することは，データのもつ情報を見逃してしまうだろう。それでは，そこに認められる個人行動はなぜかくも大きな変異の幅をもつのだろうか。その理由は，各自の動景には物的資源の規則的な移動が含まれていなかったからである。諸個人は物的資源を用いて次のギャザリングに取りかかるのであるが，それは手持ちの（at hand）物的資源によるのであって，用意された（in hand）物的資源によるものではなかった。彼らは赤子や衣類，食糧，資源などをもち歩いたであろう。だがそれが可能であるのは，長距離の移動過程において，彼らが場で演じる親密な，また日常的な紐帯が確たるものであった場合に限られるのである。

　移動のスケールは，石器石材の研究が示すように一貫して小規模であった。彼らは社会的な景観ではなく，習俗としての景観のさなかにいた。その結果，生活は地域内で終始し，排除の原則が親密なネットワークと日常的なネットワーク以上に人々の関係を制約していた。

文化的な伝達を条件づけていたのは，こうしたミクロな，またマクロなスケールと，それを支えるリズムであった。彼らがその社会的なパフォーマンスに言語活動をつけ加えていたことは疑問の余地はないが，そこでの発話は組織的な原理ではなく，配視の手段にすぎなかった。これとまったく同じように，モノの製作は重要な社会的な行為であり，彼らがつくったモノというよりも，彼らの行為そのものによって各個人は社会的な主体となりえたであろう。だが，どうして生み出されたモノはかくも標準化されていたのだろうか。それは，共にある他者によって，あるいは遠く離れている他者から学習された身振りとリズムによるものであったからである。つまり，対面的な相互関係によって強く束縛された，また垂直的なパターンをもった文化伝達によって生み出されたものであったからである。男性と女性とのネットワークの異同についてはよくわからないが，仮に違いがあったにせよ，諸個人間の変異は大きかったであろう。しかし，この問題は今後の課題である。要約しよう。彼らは小さな社会的紐帯しかもつことはできなかったが，その変異は大きな幅をもっていたのである。

ネアンデルタール人の複雑な社会：30万〜2万7,000年前

個体レベルでの変異の大きさは，文化的なシステムばかりでなく，生物学的な変化の基盤でもあった。淘汰が促進されたのは日常的なネットワークにおいてであった。というのも，そこではさまざまな資源に立脚した多様な紐帯をめぐる活発なネゴシエーションが行われる可能性が高かったからである。このネットワークは，個人のつくり出す紐帯の強度という点で親密なネットワークとは異なっている。そこから社会的な諸関係に関するパフォーマンス解釈に曖昧さや不確定性がもちこまれることになるであろう。個人の切り結ぶ親密なネットワークは時間的にも，また関連する人数も限定されたものである。だが，そこでの構成員を束縛する紐帯の性格はそのようなものであるがゆえに，相互の関係にはいささかも疑問の余地はなく，またとりたてて再考されることもないので，そこには曖昧な部分は少しも残されていない。諸個人の引き受けているパーソナルなネットワークのうち，日常的な部分はといえば，これよりもはるかに相拮抗し，ネゴシエーションの余地や創造性を秘めているがゆえに，曖昧なものになるのである。このもっとも明確な考古学的な事例は，習俗としての景観に看取される。そこでは，石器石材の長距離移動が開始され，またその過程で移動の方式も変容していく。30万年BP以降になると，結節をもつ連鎖はヨーロッパ各所に拡大されていく。もはや生産物，つまり人工物に何らかの意味を担った単一の身振りを見る必要はなくなった。つまり，諸個人がつくり出したモノは，行為の代替物としてのポテンシャルを搬送することになったのである。人工物の差異は，身体を離脱したパフォーマンスをより理解しやすくしてくれるが，実際のパフォーマンスというよりも，少なくともその意味に宿るものといえるだろう。彼らはまた，社会的な諸関係に差し向けられたコミュニケーション・システムをもっていたが，そこには時間と空間とを横断する諸関係を拡張するほどの能力は荷担されていなかったと見るべきである。

彼らの行使する技量は，人類であるということの証であり，特定の場に固有なものでもないし，社会的な景観の構成要素でもない。しかし，ある場合には，こうした技量は一定の方向性をもった運動をすることもある。例えば，複雑な手順とか長期的な動作の連鎖，さらに地域間変異の顕在化な

どがこれである。

　この時期の狩猟行動における共同作業の増加はすでに指摘されているところであるが，ネアンデルタール人の達成した日常的なネットワークの大きさだけを見ても，このことは驚くに値しない。一手先を読む石器製作，つまりルヴァロワ技法が行われていたこの時代には，さまざまなことが実現され，計画的な成獣の捕獲も行われるようになった。しかし，上述したように，このようなことが可能になったのも，諸個人がそこで生活し，また彼らの行動領域を拡大したネットワークが存在したからである。動物性の資源であろうと石材資源であろうと，資源の獲得・加工，そして利用といっても，それは複雑さの変化を測る目安にはならない。むしろ，それらは資源の必要性を左右する社会的な諸関係のうち，潜在的な部分を反映するものといえるだろう。

　ネアンデルタール人の考古学的な記録に認められる新出の要素に対するこうしたアプローチは，本書で採用した社会学的な方法に基づいている。それだけではなく，この方法は進化論的なモデルにも重要な影響を与えることになるであろう。われわれの身体は淘汰圧にさらされているが，文化はラマルク主義的な発展に従っている，とはよくいわれることである（Gould 1996:219-22）。文化とは観念の代用物であり，それは伝達され，身体ならざるところに蓄積されるとした，こうしたいい方もある意味では正しいのかもしれない。それゆえに，われわれは自己のあずかり知らぬ自然淘汰にさらされる生物学的な進化の道筋をひたすら走っていくのである。そういわれれば，人工物の製作やデザイン以上に，こうした過程にふさわしいものもないように見える。

　しかしながら，少し考えてみればわかるように，このような解釈がいつも妥当であるとは限らない。文化の変化に関するラマルク主義的な見解は，文化進化に関する進化論的な解釈を採用するために，モノとヒトとを切り離してしまうからである。モノには観念がきわめて合理的に貼りつけられているため，槍はいっそう鋭くなり，イエは暖かくなり，ネットは丈夫になり，テクノロジーは軽量化され，可搬性を増すようになると考えることもできる。上述したように，予測し先々を読み切る能力とともに，方向性をもった問題解決能力は，学習と記憶の組立には不可欠であり，物質的な意味における文化進化の原動力ではあるかもしれない。

　こうした見解に対して，私は，この時期にはモノとヒトとは分離されていなかったという対案を提示したいと思う。仮にこうした分離はあったとしても，それは潜在的なものであり，社会的なパフォーマンスを統合する意識的な行為なのではない。モノが生気を帯び，意味をもつためには身振りが必要であった。それらが社会生活のパフォーマンスに用いられるときには，それらは個人を取り囲む相互性を帯びた環境，つまり動景の一部分を構成していた。学ばれること，また想起されることは個人の身振りとリズムが学習され，想起されるのであって，生存のための大躍進を記した革新や歴史的に生み出されたもののみが蓄積されるのではない。それは刻々と変化する環境に働きかけ，適応するための輝かしい観念なのでもない。旧石器時代の変化のペースは，人口の少なさ（Clark 1957:249）や新しいアイディアの生み出される可能性が限られていたことを考慮すれば，けっして緩慢であったわけではないのかもしれない。だが，むしろ諸個人の親密なネットワークと日常的なネットワークの中で展開される社会生活を規定する資源の利用のされ方が，変化のペースを左右していたのであろう。動作の連鎖に関わる知の垂直的な伝達や，さまざまなサイズの域の中での場か

ら場への移動に際して形成される道と径などが，新しい考え方の選択肢の幅を大きく限定していたのである。

　こうしたネアンデルタール人の社会は，大きな脳をもつ人類によってつくりあげられたものであるが，自己について語る言語をもち，身振りをもち，そしてモノとの関わりもつ社会であった。それは，変化と創造性に富んでいたが，排他的であり地域的であり，また複合的なレベルにあった。彼らの社会はもっとも成功した社会ともいえる。氷期と間氷期の長期的なリズムに巧みに合わせ，あまり分化していたとはいえないかもしれないが，それなりに社会生活を営むための新たな資源を開発しえたからである。

移行期とクロマニヨン人の複合的な社会：6万～2万1,000年前

　時間と空間を横断する社会的諸関係の拡張は，また霊長類の特権ともいえる近接性からの解放は，複雑な社会への第一歩を印すものであった（Strum and Latour 1987）。逆説的に聞こえるかもしれないが，旧石器時代の変化を進化と評価するいかなる見解においても，この時期の考古学的な記録はそれ以前のものよりもシンプルであり，またわかりやすいものとされてきた。例えば，考古学的な文化は時間的にも空間的にも首尾一貫したものとして記述されている。この理由は，一つには物質文化のバラエティーが豊かになり，装身具や指示物をも含むようになるからである。さらに，場には通交関係や固有の意味が与えられるようになった。それらはギャザリングを采配するだけではなく，社会的なネゴシエーションと意味付与をも司っていた。マクロなスケールで見れば，この場は社会的な景観の内部に構築されていたが，それ以前はといえば，このスケールにおいて行動を現実のものとしたのは習俗としての景観のみであった。モノは人格化され，記憶と行動とが外部のモノによって表現されるようになったが，それは諸個人のネットワークが拡張されたためであり，また，このことと同義ではあるが，ネットワークがグローバル化したためである。

　しかしながら，このような見解が，われわれと同じような人間，つまり十分な手足の長さとネットワーク能力とを具備した現代人と変わるところのない存在を検討した結果から導かれたものと考えてはならない。また，文明化への第一歩が印され瞬間に文明史の開幕を告げるカーテンを開けてみたい，という衝動を断固として拒否しなければならない。新しいモノが導入され，新しい土地のコロニー化が進められたこの時期に，人類史のスタートが切られたわけではないからである（Gamble 1993a）。われわれはバンドや部族，首長，国家へと昇っていく進化の階段の最初の横木にすら足をかけていないのである。

　ヨーロッパにおける証拠によれば，ネアンデルタール人との置き換わりは緩慢な移行であった。ヨーロッパ大陸のある部分では，ネアンデルタール人とクロマニヨン人とは1万5,000年間も接触を保ち，また共存していたのである。

　だが，この置き換わりを決定的な変化，つまり新しいタイプの人類にマッチした新しいタイプの社会，と見るのではなく，われわれはそのルーツをわが人類の特権ともいえる日常的な，そして親密なネットワークにこそ位置づけなければならいのである。ネゴシエートされる際の紐帯としての拡張されたネットワークの中で，資源を象徴的な資源として活用することはハンドアックスを製作

する身振りにも影を落としていた。ハンドアックスであれ，ウマの彫刻であれ，人工物がたまたま象徴として使用されることもあるが，それは，その形態によるのであって，目的をもった自然淘汰によるものではない (Gould and Vrba 1982)。それらが象徴となるのは，今，ここにいない人物のすることをまとめあげ，再構成するのに有効であるからである。同じように，ギャザリングと場への参入や場からの離脱につきものの身振りは作法を洗練化させるリズムを身体化させるが，それは物質的資源や情緒的な資源というよりも，象徴的なパフォーマンスに基づいている。

　共にいること，つまり眼差しの交換というレヴェルを離脱し，一方で曖昧さと一貫性の欠如を回避し，他方で社会生活の豊かさと創造性とを保持したいならば，新しい資源が必要となるであろう。この拡張にはそれなりの対価が求められ，また社会生活は複雑化し，一連の行為は単純さを喪失することにもなろう。このような変化に対する淘汰圧は，生物学的に，また歴史的・文化的に各個体がもっている変異の多様性に作用していた。この淘汰が作用するコンテクストとは，その内部で個人が自己を見出すことになるネットワークの重複するところであった。つまり，完全にパーソナルであると同時に，グローバルなネットワークが本来もっている制約性と可能性に淘汰圧は作用することになる。この淘汰の作用力は，資源を転移するために求められる時間と眼差しと意志決定を要求する。垂直に伝達される学習と記憶にかわって，水平的な伝達が主題化されるのである。この結果はまことにドラマティックである。親と子の間で，また親密なネットワークや日常的なネットワークを媒介に，社会の一員としての能力を与えてくれるよく馴染んだ身振りに代わって，今や彼らはネットワークとネットワークとの間を水平に飛翔していく (Cullen 1996:425)。垂直的なシステムにあっては，継起的なリズムの忠実な模倣が奨励された。文化と個人とは進化という同じ船に乗り合わせているようなものであった。均衡と緩慢な変化がもとめられていたからである。ところが，水平的なシステムにおいては，こうした慈愛に基づく関係は必要ではない。われわれが文化を御して穏便な生活を送ろうとする際には，こうした奇妙な錬金術が取って代わることになる。拡張されたネットワークは，親密なネットワークや日常的なネットワークに組み込まれた他者の社会的立場ばかりでなく，同じく自己の社会的な立場間でのネゴシエーションに活用される。忠実な模倣は，年齢，性，出自というラインにそった非対称的な権力関係にその席を譲るのである。とくに地域的に限定された生活と小規模な人口単位におけるパーソナルな，しかも折り重なるように形成されたネットワークの排外的な性格は，原則的に変容しなければならなかった。この段階に至り，社会生活は拡張され，諸個人のグローバルなネットワークがつくり出されたことによって，生活は排他的となり，また包括的ともなったのである。他者の生活を特定の象徴的なパフォーマンスへと結集し，昂揚させるという意味での権力は，より単純な，だがより馴染み深い様相を垣間見せる。権力によって転置されたこの結集と昂揚は，ネアンデルタール人の情緒的な，また物質的な資源にその基盤をおくものであった。

　ヨーロッパ旧石器時代の社会は，ほぼ50万年間という長期間における，社会的な諸関係の多様な展開過程を詳細に検討するための絶好の機会を与えてくれた。人類進化の後期において，なぜ拡張されたネットワークが発達したのか，この問いには十分な解答を与えることはできなかったかもしれない。だが，旧石器時代社会のモデルと，そこでのデータに適用された方法論を十分に検討する

ことを通じて，この問いかけに向かって一歩を進めることはできたであろう。もしも，ヨーロッパの最終氷期，あるいはそれよりももっと古い時代の社会を考察することなく，この深遠な問題に取り組んでいたとしたら，それは汎世界的な課題へのあまりにも狭隘な取組であるとの譏りは免れないだろう。しかしながら，私が提示したかったのは，社会的な視座から，胃袋主導・脳従属といった旧石器時代人像の転換の第一歩を印すことであった。今やわれわれは，ますます興味をかきたててやまない過去を覆い隠してきたカーテンをようやくにしてあげることが可能となったのである。

参 考 文 献

Absolon, K., and B. Klíma. 1977. *Předmostí, ein Mammutjägerplatz in Mähren.* Prague: Fontes Archaeologiae Moraviae 8.
Accorsi, C. A., E. Aiello, C. Bartolini, L. Castelletti, G. Rodolfi, and A. Ronchitelli. 1979. Il giacimento paleolitico di Serino (Avellino): stratigrafia, ambiente e paletnologia. *Atti Società Toscano Scienze Naturali* 86:435–87.
Adovasio, J. M., O. Soffer, and B. Klíma. 1996. Upper Palaeolithic fibre technology: interlaced woven finds from Pavlov I, Czech Republic, c.26,000 BP. Paper presented at The Society for American Archaeology, St Louis, 1996.
Aguirre, E., and G. Pasini. 1985. The Pliocene–Pleistocene boundary. *Episodes* 8:116–20.
Aiello, L., and R. Dunbar. 1993. Neocortex size, group size and the evolution of language. *Current Anthropology* 34:184–93.
Aiello, L., and P. Wheeler. 1995. The expensive-tissue hypothesis: the brain and the digestive system in human and primate evolution. *Current Anthropology* 36:199–221.
Aitken, M. 1990. *Science based dating in archaeology.* London: Longman.
Aitken, M. J., C. B. Stringer, and P. A. Mellars (editors). 1993. *The origin of modern humans and the impact of chronometric dating.* Princeton: Princeton University Press.
Albrecht, G., J. Hahn, and W. G. Torke. 1972. *Merkmalsanalyse von Geschoßspitzen des mittleren Jungpleistozäns in Mittel- und Osteuropa.* Tübingen: Archaeologica Ventoria 2.
Aldhouse-Green, S. 1995. Pontnewydd Cave, Wales, a later Middle Pleistocene hominid and archaeological site: a review of stratigraphy, dating, taphonomy and interpretation, in *Evolución humana en Europa y los yacimientos de la Sierra de Atapuerca.* Edited by J. M. Bérmudez de Castro, J. L. Arsuaga, and E. Carbonell, pp. 37–55. Valladolid: Junta de Castilla y León.
Allsworth-Jones, P. 1986. *The Szeletian and the transition from Middle to Upper Palaeolithic in Central Europe.* Oxford: Clarendon Press.
1990. The Szeletian and the stratigraphic succession in Central Europe and adjacent areas: main trends, recent results, and problems for resolution, in *The emergence of modern humans: an archaeological perspective.* Edited by P. Mellars, pp. 160–243. Edinburgh: Edinburgh University Press.
Ameloot-van der Heijden, N. 1994. L'ensemble lithique du niveau CA du gisement de Riencourt-les-Bapaume (Pas-de-Calais), in *Les industries laminaires au Paléolithique moyen.* Edited by S. Révillion and A. Tuffreau, pp. 63–75. Paris: Centre National de la Recherche Scientifique 18.
Ames, K. M. 1985. Hierarchies, stress, and logistical strategies among hunter-gatherers in northwestern North America, in *Prehistoric hunter-gatherers: the emergence of cultural complexity.* Edited by T. D. Price and J. A. Brown, pp. 155–80. Orlando: Academic Press.

Anconetani, P., L. Evangelista, U. Thun, and C. Peretto. 1995. The Lower Palaeolithic site Isernia la Pineta. Conference on *The role of early humans in the accumulation of European Lower and Middle Palaeolithic bone assemblages*, Schloss Monrepos, Neuwied, 1995.

Anderson-Gerfaud, P. 1990. Aspects of behaviour in the Middle Palaeolithic: functional analysis of stone tools from southwest France, in *The emergence of modern humans: an archaeological perspective*. Edited by P. Mellars, pp. 389–418. Edinburgh: Edinburgh University Press.

Andrews, J. T. 1983. Short ice age 230,000 years ago? *Nature* 303:21–2.

Andrews, P., and Y. Fernandez Jalvo. 1997. Surface modifications of the Sima de los Huesos fossil humans. *Journal of Human Evolution* 33:191–218.

Anikovich, M. 1992. Early Upper Paleolithic industries of Eastern Europe. *Journal of World Prehistory* 6:205–45.

Antoine, P. 1990. *Chronostratigraphie et environnement du Paléolithique du bassin de la Somme*. Lille: Université des Sciences et Technologies Publications de CERP 2.

Antoine, P., and A. Tuffreau. 1993. Contexte stratigraphique, climatique et paléotopographique des occupations Acheuléennes de la moyenne terrasse de la Somme. *Bulletin de la Société Préhistorique Française* 90:243–50.

Anzidei, A. P., and P. Gioia. 1992. The lithic industry at Rebibba – Casal de'Pazzi, in *New developments in Italian archaeology*, Part 1. Edited by E. Herring, R. Whitehouse and J. Wilkins, pp. 155–79. University of London: Accordia Research Centre, The Fourth Conference of Italian Archaeology.

Anzidei, A. P., and A. A. Huyzendveld. 1992. The Lower Palaeolithic site of La Polledrara di Cecanibbio (Rome, Italy), in *New developments in Italian archaeology*, Part 1. Edited by E. Herring, R. Whitehouse and J. Wilkins, pp. 141–53. University of London: Accordia Research Centre, The Fourth Conference of Italian Archaeology.

ApSimon, A. M. 1980. The last Neanderthal in France? *Nature* 287:271–2.

ApSimon, A. M., C. S. Gamble, and M. L. Shackley. 1977. Pleistocene raised beaches on Portsdown, Hampshire. *Proceedings of the Hampshire Field Club* 33:17–32.

Argyle, M. 1969. *Social interaction*. London: Tavistock.

Arsuaga, J. L., J. M. Bermúdez de Castro, and E. Carbonell (editors).1997. The Sima de los Huesos hominid site. *Journal of Human Evolution* 33:105–421.

Arsuaga, J. L., I. Martinez, A. Gracia, J. M. Carratero, and E. Carbonell. 1993. Three new human skulls from the Sima de los Huesos Middle Pleistocene site (Atapuerca, Spain). *Nature* 362:534–7.

Arts, N., and E. Cziesla. 1990. Bibliography (1880–1988) on the subject of refitting stone artefacts, in *The big puzzle*. Edited by E. Cziesla, S. Eickhoff, N. Arts, and D. Winter, pp. 677–90. Bonn: Holos, Studies in Modern Archaeology 1.

Ashton, N. M. 1983. Spatial patterning in the Middle–Upper Palaeolithic transition. *World Archaeology* 15:224–35.

Ashton, N. M., D. Q. Bowen, J. A. Holman, C. O. Hunt, B. G. Irving, R. A. Kemp, S. G. Lewis, J. McNabb, S. A. Parfitt, and M. B. Seddon. 1994. Excavation at the Lower Palaeolithic site at East Farm Barnham, Suffolk: 1989–1992. *Journal of the Geological Society* 151:599–605.

Ashton, N. M., J. Cook, S. G. Lewis, and J. Rose. 1992. *High Lodge: excavations by G. de G. Sieveking 1962–68 and J. Cook 1988*. London: British Museum Press.

Ashton, N. M., and J. McNabb. 1992. The interpretation and context of the High Lodge industries, in *High Lodge: excavations by G. de G. Sieveking 1962–68* and J. Cook 1988. Edited by N. M. Ashton, J. Cook, S. G. Lewis, and J. Rose, pp. 164–8. London: British Museum Press.

Asquith, P. J. 1996. Japanese science and western hegemonies: primatology and the limits set to questions, in *Naked science: anthropological enquiry into boundaries, power, and knowledge*. Edited by L. Nader, pp. 239–56. New York: Routledge.

Auguste, P. 1988. Etude des restes osseux des grands mammifères des niveaux D, D1, II Base, in *Le gisement Paléolithique moyen de Biache-Saint-Vaast (Pas de Calais)*. Edited by A. Tuffreau and J. Sommé, pp. 133–69. Paris: Mémoires de la Société Préhistorique Française 21.

———. 1992. Etude archéozoologique des grands mammifères du site pleistocène moyen de Biache-Saint-Vaast (Pas-de-Calais, France). *L'Anthropologie* 96:49–70.

———. 1993. Acquisition et exploitation du gibier au Paléolithique moyen dans le nord de la France. Perspectives paléoécologiques et paleoethnographiques, in *Exploitation des animaux sauvages à travers le temps*, pp. 49–61. Antibes, Juan les Pins.

———. 1995. Adaptations biologique et culturelle des Prénéandertaliens et des Néandertaliens aux modifications paléoécologiques et fauniques en France septentrionale, in *Nature et culture*. Edited by M. Otte, pp. 99–117. Liège: ERAUL 68.

Axelrod, A., and W. D. Hamilton. 1981. The evolution of cooperation. *Science* 211:1390.

Backer, A. M. 1993. Spatial distributions at La Roche à Pierrot, Saint-Césaire: changing uses of a rockshelter, in *Context of a late Neanderthal: implications of multidisciplinary research to Upper Palaeolithic adaptations at Saint-Césaire, Charente-Maritime, France*. Monographs in World Archaeology 16. Edited by F. Lévêque, A. M. Backer, and M. Guilbaud, pp. 103–27. Madison, Wisconsin: Prehistory Press.

Bader, O. N. 1967. Eine ungewöhnliche paläolithische Bestattung in Mittelrussland. *Quartär* 18:191–4.

———. 1978. *Sunghir*. Moscow: Nauka.

Bahuchet, S. 1992. Spatial mobility and access to resources among the African Pygmies, in *Mobility and territoriality: social and spatial boundaries among foragers, fishers, pastoralists and peripatetics*. Edited by M. J. Casimir and A. Rao, pp. 205–57. Oxford: Berg.

Bailey, G. (editor). 1997. *Klithi: Archaeology of a Late Glacial landscape in Epirus (Northwest Greece)*. Cambridge: McDonald Institute for Archaeological Research.

Bailey, G., V. Papaconstantinou, and D. Sturdy. 1992. Asprochaliko and Kokkinopilos: TL dating and reinterpretation of Middle Palaeolithic sites in Epirus, north-west Greece. *Cambridge Archaeological Journal* 2:136–44.

Bar-Yosef, O. 1980. Prehistory of the Levant. *Annual Review of Anthropology* 9:101–33.

———. 1991. Raw material exploitation in the Levantine Epi-Paleolithic, in *Raw material economies among prehistoric hunter-gatherers*. Edited by A. Montet-White and S. Holen, pp. 235–50. University of Kansas, Publications in Anthropology 19.

Barker, G., and C. S. Gamble (editors).1985. *Beyond domestication in prehistoric Europe*. London: Academic Press.

Barnard, A. 1992. *Hunters and herders of southern Africa: a comparative*

ethnography of the Khoisan peoples. Cambridge: Cambridge University Press.
Barnes, J. A. 1972. *Social networks.* Addison-Wesley Module in Anthropology 26.
Barrett, J. 1994. *Fragments from antiquity.* Oxford: Blackwell.
Barrett, J., R. Bradley, and M. Green. 1991. *Landscape, monuments and society: the prehistory of Cranborne Chase.* Cambridge: Cambridge University Press.
Barth, F. 1978. Scale and network in urban western society, in *Scale and social organization.* Edited by F. Barth, pp. 163–83. Oslo: Universitets Forlaget.
Barton, C. M. 1988. *Lithic variability and Middle Palaeolithic behaviour.* Oxford: British Archaeological Reports, International Series 408.
Baryshnikov, G., and J. F. Hoffecker. 1994. Mousterian hunters of the NW Caucasus: preliminary results of recent investigations. *Journal of Field Archaeology* 21:1–14.
Baryshnikov, G., and J. F. Hoffecker. in press. Neanderthal ecology: a regional view from the Northwestern Caucasus. *Research and Exploration* :1–28.
Bassinot, F. C., L. D. Labeyrie, E. Vincent, X. Quidelleur, N. J. Shackleton, and Y. Lancelot. 1994. The astronomical theory of climate and the age of the Brunhes–Matuyama magnetic reversal. *Earth and Planetary Science Letters* 126:91–108.
Baumann, W., D. Mania, V. Toepfer, and L. Eissmann. 1983. *Die paläolithischen Neufunde von Markkleeberg bei Leipzig.* Berlin: Deutscher Verlag der Wissenschaften.
Bazile, F. 1976. Datations absolues sur les niveaux Paléolithiques supérieurs anciens de la grotte de l'Esquicho-Grapaou (Ste. Anastasie, Gard). *Bulletin de la Société Préhistorique Française* 73:207–17.
Beck, D. in preparation. The Stadel. PhD dissertation, University of Köln.
Behre, K. 1989. Biostratigraphy of the last glacial period in Europe. *Quaternary Science Reviews* 8:25–44.
Bell, R. H. V. 1971. A grazing system in the Serengeti. *Scientific American* 225:86–93.
Belli, G., G. Belluomini, P. F. Cassoli, S. Cecchi, M. Cuarzi, L. Delitala, G. Fornaciari, F. Mallegni, M. Piperno, A. G. Segre, and E. Segre-Naldini. 1991. Découverte d'un fémur humain acheuléen à Notarchirico (Venosa, Basilicate). *L'Anthropologie* 95:47–88.
Bender, B. 1978. Gatherer-hunter to farmer: a social perspective. *World Archaeology* 10:204–22.
   1981. Gatherer-hunter, intensification, in *Economic Archaeology.* Edited by A. Sheridan and G. Bailey, pp. 149–57. Oxford: British Archaeological Reports, International Series 96.
   1985. Prehistoric developments in the American Midcontinent and in Brittany, Northwest France, in *Prehistoric hunter-gatherers: the emergence of cultural complexity.* Edited by T. D. Price and J. A. Brown, pp. 21–57. Orlando: Academic Press.
Bergman, C. A., M. B. Roberts, S. Collcutt, and P. Barlow. 1990. Refitting and spatial analysis of artefacts from quarry 2 at the Middle Pleistocene Acheulean site of Boxgrove, West Sussex, England, in *The big puzzle.* Edited by E. Cziesla, S. Eickhoff, N. Arts, and D. Winter, pp. 265–81. Bonn: Holos, Studies in Modern Archaeology 1.
Bermúdez de Castro, J. M. 1995. Los homínidos de la Sima de los Huesos del karst de la Sierra de Atapuerca: número minimo de individuos, edad de muerte y sexo, in *Evolución humana en Europa y los yacimientos de la Sierra de*

Atapuerca. Edited by J. M. Bérmudez, J. L. Arsuaga, and E. Carbonell, pp. 263–81. Valladolid: Junta de Castilla y León.

Bermúdez de Castro, J. M., J. L. Arsuaga, E. Carbonell, A. Rosas, I. Martinez, and M. Mosquera. 1997. A hominid from the Lower Pleistocene of Atapuerca, Spain: possible ancestor to Neandertals and modern humans. *Science* 276:1392–5.

Bermúdez de Castro, J. M., and M. E. Nicolás. 1997. Palaeodemography of the Atapuerca-SH Middle Pleistocene hominid sample. *Journal of Human Evolution* 33:333–55.

Bernard, H. R., and P. D. Killworth. 1973. On the social structure of an ocean-going research vessel and other important things. *Social Science Research* 2:145–84.

Bettinger, R. 1991. *Hunter-gatherers: archaeological and evolutionary theory*. New York: Plenum.

Beyries, S. 1987. *Variabilité de l'industrie lithique au Moustérien: approche fonctionelle sur quelques gisements françaises*. Oxford: British Archaeological Reports, International Series 328.

―――. 1988. Functional variability of lithic sets in the Middle Palaeolithic, in *Upper Pleistocene prehistory of Western Eurasia*. Edited by H. Dibble and A. Montet-White, pp. 213–24. Philadelphia: University of Pennsylvania, University Museum Monograph 54.

Bicchieri, M. G. (editor) 1972. *Hunters and gatherers today*. New York: Holt, Rinehart and Winston.

Binford, L. R. 1972. Contemporary model building: paradigms and the current state of Palaeolithic research, in *Models in archaeology*. Edited by D. L. Clarke, pp. 109–66. London: Methuen.

―――. 1973. Interassemblage variability – the Mousterian and the 'functional' argument, in *The explanation of culture change*. Edited by C. Renfrew, pp. 227–54. London: Duckworth.

―――. 1977. Forty seven trips, in *Stone tools as cultural markers*. Edited by R. V. S. Wright, pp. 24–36. Canberra: Australian Institute of Aboriginal Studies.

―――. 1978a. Dimensional analysis of behaviour and site structure: learning from an Eskimo hunting stand. *American Antiquity* 43:330–61.

―――. 1978b. *Nunamiut ethnoarchaeology*. New York: Academic Press.

―――. 1979. Organization and formation processes: looking at curated technologies. *Journal of Anthropological Research* 35:172–97.

―――. 1980. Willow smoke and dogs' tails: hunter-gatherer settlement systems and archaeological site formation. *American Antiquity* 45:4–20.

―――. 1981a. Behavioral archaeology and the Pompeii premise. *Journal of Anthropological Research* 37:195–208.

―――. 1981b. *Bones: ancient men and modern myths*. New York: Academic Press.

―――. 1983a. *In pursuit of the past*. London: Thames and Hudson.

―――. 1983b. *Working at archaeology*. New York: Academic Press.

―――. 1988. Etude taphonomique des restes fauniques de la Grotte Vaufrey, couche VIII, in *La Grotte Vaufrey à Cenac et Saint-Julien (Dordogne), paléoenvironments, chronologie et activités humaines*. Edited by J.-P. Rigaud, pp. 535–64. Paris: Mémoires de la Société Préhistorique Française 19.

―――. 1989a. *Debating archaeology*. New York: Academic Press.

―――. 1989b. Isolating the transition to cultural adaptations: an organizational approach, in *The emergence of modern humans. Biocultural adaptations in the later Pleistocene*. Edited by E. Trinkaus, pp. 18–41. Cambridge: Cambridge University Press.

1991. When the going gets tough, the tough get going: Nunamiut local groups, camping patterns and economic organisation, in *Ethnoarchaeological approaches to mobile campsites: hunter-gatherer and pastoralist case studies*. Edited by C. S. Gamble and W. A. Boismier, pp. 25–138. Ann Arbor: International Monographs in Prehistory, Ethnoarchaeological Series 1.

Binford, L. R., and J. Bertram. 1977. Bone frequencies and attritional processes, in *For theory building in archaeology*. Edited by L. R. Binford, pp. 77–153. New York: Academic Press.

Binford, L. R., and S. R. Binford. 1966. A preliminary analysis of functional variability in the Mousterian of Levallois facies. *American Anthropologist* 68:238–95.

Binford, S. R., and L. R. Binford. 1969. Stone tools and human behaviour. *Scientific American* 220:70–84.

Birdsell, J. B. 1953. Some environmental and cultural factors influencing the structuring of Australian Aboriginal populations. *American Naturalist* 87:171–207.

1958. On population structure in generalized hunting and collecting populations. *Evolution* 12:189–205.

1968. Some predictions for the Pleistocene based on equilibrium systems among recent hunter-gatherers, in *Man the hunter*. Edited by R. Lee and I. DeVore, pp. 229–40. Chicago: Aldine.

1976. Realities and transformations: the tribes of the Western Desert of Australia, in *Tribes and boundaries in Australia*. Edited by N. Peterson, pp. 95–120. Canberra: Australian Institute of Aboriginal Studies.

Bíró, T. K. 1981. A Kárpát-Medencei obszidiánok Vizsgálata. *Különlenyomat az Archeologiai Ertesito* 108:194–205.

Bischoff, J. L., J.-F. Garcia, and L. G. Straus. 1992. Uranium-series isochron dating at El Castilló Cave (Cantabria, Spain): the 'Acheulean'/'Mousterian' question. *Journal of Archaeological Science* 19:49–62.

Bischoff, J. L., K. R. Ludwig, J. F. Garcia, E. Carbonell, M. Vaquero, T. W. Stafford, and A. J. T. Jull. 1994. Dating of the basal Aurignacian sandwich at Abric Romani (Catalunya, Spain) by radiocarbon and uranium series. *Journal of Archaeological Science* 21:541–51.

Bischoff, J. L., N. Soler, J. Maroto, and R. Julia. 1989. Abrupt Mousterian/Aurignacian boundary at c.40 ka bp: accelerator 14C dates from L'Arbreda cave (Catalunya, Spain). *Journal of Archaeological Science* 16:563–76.

Bitiri, M. 1972. *Paleoliticul in Tara Oasului*. Bucuresti: Institul de Archeologie.

Blackwell, B., and H. P. Schwarcz. 1986. U-series analyses of the lower travertine at Ehringsdorf, DDR. *Quaternary Research* 25:215–22.

Blasco Sancho, M. F. 1995. *Hombres, fieras y presas: estudio arqueozoológico y tafonómico del yacimiento del paleolitico medio de la Cueva de Gabasa 1 (Huesca)*. Zaragoza: Monografías Arqueológicas 38.

Bleed, P. 1986. The optimal design of hunting weapons. *American Antiquity* 51:737–47.

Boëda, E. 1988. Analyse technologique du débitage du niveau 2A, in *Le gisement Paléolithique moyen de Biache-Saint-Vaast (Pas de Calais)*. Edited by A. Tuffreau and J. Sommé, pp. 185–214. Paris: Mémoires de la Société Préhistorique Française 21.

1994. *Le concept Levallois: variabilité des méthodes*. Paris: CNRS Editions, Centre Récherche Archéologique 9.

Boëda, E., J.-M. Geneste, and L. Meignen. 1990. Identification de chaînes opératoires lithiques du Paléolithique ancien et moyen. *Paléo* 2:43–80.

Boëda, E., and B. Kervazo. 1991. Une vieille industrie du Sud-Ouest de la France: le niveau inférieur de Barbas (Dordogne), in *Les premiers Européens*. Edited by E. Bonifay and B. Vandermeersch, pp. 27–38. Paris: CTHS.

Boissevain, J. 1968. The place of non-groups in the social sciences. *Man* 3:542–56.

— 1974. *Friends of friends: networks, manipulators and coalitions*. Oxford: Blackwells.

— 1979. Network analysis: a reappraisal. *Current Anthropology* 20:392–4.

Bonifay, E., and P. Vandermeersch. 1991. Vue d'ensemble sur le très ancien Paléolithique de l'Europe, in *Les premiers Européens*. Edited by E. Bonifay and B. Vandermeersch, pp. 309–19. Paris: CTHS.

Bonsall, C. (editor). 1991. *The Mesolithic in Europe*. Edinburgh: Edinburgh University Press.

Bordes, F. 1950. L'évolution buissonnante des industries en Europe occidentale. Considérations theorétiques sur le Paléolithique ancien et moyen. *L'Anthropologie* 54:393–420.

— 1953. Essai de classification des industries 'Mousteriénnes'. *Bulletin de la Société Préhistorique Française* 50:457–66.

— 1961a. *Typologie du Paléolithique ancien et moyen*. Bordeaux: Publications de l'Institut de Préhistoire de l'Université de Bordeaux, Mémoire No. 1.

— 1961b. Mousterian cultures in France. *Science* 134:803–10.

— 1968a. *The old stone age*. London: Weidenfeld and Nicholson.

— 1968b. Emplacements de tentes du Périgordien supérieur évolué à Corbiac (prés Bergerac, Dordogne). *Quartär* 19:251–62.

— 1972. *A tale of two caves*. New York: Harper and Row.

— 1973. On the chronology and contemporaneity of different Palaeolithic cultures in France, in *The explanation of cultural change: models in prehistory*. Edited by C. Renfrew, pp. 217–26. London: Duckworth.

— 1980. Le débitage Levallois et ses variants. *Bulletin de la Société Préhistorique Française* 77:45–9.

— 1981. Vingt-cinq ans après: le complexe Moustérien revisité. *Bulletin de la Société Préhistorique Française* 78:77–87.

Bordes, F., and M. Bourgon. 1951. Le complexe Moustérien: Moustérien, Levalloisien, et Tayacien. *L'Anthropologie* 57:1–44.

Bordes, F., and J. Labrot. 1967. La stratigraphie du gisement de Roc de Combe (Lot) et ses implications. *Bulletin de la Société Préhistorique Française* 64:15–28.

Bordes, F., and F. Prat. 1965. Observations sur les faunes de Riss et du Würm I en Dordogne. *L'Anthropologie* 69:31–45.

Bordes, F., and D. de Sonneville-Bordes. 1970. The significance of variability in Palaeolithic assemblages. *World Archaeology* 2:61–73.

Boriskovsky, P. I. (editor). 1984. *Palaeolithic of the USSR*. Moscow: Nauka.

Bosinski, G. 1966. Der paläolithische Fundplatz Rheindahlen, Stadtkreis Mönchengladbach. *Prähistorische Zeitschrift* 43:312–16.

— 1967. *Die Mittelpaläolithischen Funde im Westlichen Mitteleuropa*. Köln: Fundamenta Reihe A/4.

— 1982. The transition from Lower/Middle Palaeolithic in Northwestern Germany, in *The transition from Lower to Middle Palaeolithic and the origin of modern man*. Edited by A. Ronen, pp. 165–75. Oxford: British Archaeological Reports, International Series 151.

— 1983. Die Ausgrabungen in Kärlich/Neuwieder Becken, in *Beilage zum Jahresbericht 1982 der Gerda Henkel-Stiftung*, pp. 9–20. Düsseldorf.

1992a. *Eiszeitjäger im Neuwieder Becken: Archäologie des Eiszeitalters am Mittelrhein*. Koblenz: Gesellschaft für Archäologie an Mittelrhein und Mosel 1.

1992b. Die ersten Menschen in Eurasien. *Jahrbuch des Römisch-Germanischen Zentralmuseums Mainz* 39:131–81.

1994. Settlement patterns Central Europe. Paper presented at the *ESF Workshop on the European Middle Palaeolithic*. Arras.

1995a. The earliest occupation of Europe: western central Europe, in *The earliest occupation of Europe*. Edited by W. Roebroeks and T. van Kolfschoten, pp. 103–28. Leiden: University of Leiden and European Science Foundation.

1995b. The period 30,000–20,000 14C BP in the Rheinland. Paper presented at the *ESF Workshop on the European Upper Palaeolithic*. Pavlov.

Bosinski, G., H. Bosinski, K. Brunnacker, E. Cziesla, K. P. Lanser, F. O. Neuffer, J. Preuss, H. Spoerer, W. Tillmanns, and B. Urban. 1985. Sprendlingen: ein Fundplatz des mittleren Jungpaläolithikums in Rheinhessen. *Jahrbuch des Römisch-Germanischen Zentralmuseums* 32:3–91.

Bosinski, G., T. van Kolfschoten, and E. Turner. 1988. *Miesenheim 1 Die Zeit des Homo erectus*. Andernach: Andernach Stadtmuseum.

Bosinski, G., K. Kröger, J. Schäfer, and E. Turner. 1986. Altsteinzeitliche Siedlungsplätze auf den Osteifel-Vulkanen. *Jahrbuch des Römisch-Germanischen Zentralmuseums* 33:97–130.

Botella, M., J. Vera, and J. Porta. 1976. El yacimiento achelense de la 'Solana del Zamborino', Fonelas (Granada). Primera campana de excavaciones. *Cuadernos de Prehistoria* 1:1–45.

Bott, E. 1957. *Family and social network*. London: Tavistock.

Bouchud, J. 1975. Etude de la faune de l'Abri Pataud, in *Excavation of the Abri Pataud, Les Eyzies (Dordogne)*. Edited by H. L. Movius, pp. 69–153. Cambridge, Mass.: Peabody Museum Press, American School of Prehistoric Research Bulletin 30.

Bowen, D. Q., S. Hughes, G. A. Sykes, and G. H. Miller. 1989. Land–sea correlations in the Pleistocene based on isoleucine epimerization in non-marine molluscs. *Nature* 340:49–51.

Boyle, K. V. 1990. *Upper Palaeolithic faunas from South-West France: a zoogeographic perspective*. Oxford: British Archaeological Reports, International Series 557.

Bradley, B. 1977. Experimental lithic technology with special reference to the Middle Palaeolithic. Ph.D. dissertation, University of Cambridge.

Bradley, R. J. 1984. *The social foundations of prehistoric Britain*. London: Longmans.

Breuil, H. 1912. Les subdivisions du Paléolithique supérieur et leur signification, in *Comptes rendus du 14e Congrès International d'Anthropologie et d'Archéologie Préhistorique, Genève, 1912*, pp. 165–238.

Brézillon, M. 1968. Le dénomination des objects de pierre taillée. *Gallia Préhistoire* Supplement 4.

Bricker, H. M., and H. Laville. 1977. Le gisement Châtelperronien de plein air des Tambourets (Commune de Couldardere, Haute-Garonne). *Bulletin de la Société Préhistorique Française* 74:505–17.

Bridgland, D. R. 1985. New information and results from recent excavations at Barnfield Pit, Swanscombe. *Quaternary Newsletter* 46:1–10.

1994. *Quaternary of the Thames*. London: Chapman and Hall.

Brodar, M. 1958–9. Crvena Stijena, eine neue Paläolithstation aus dem Balkan in Jugoslavien. *Quartär* 10/11:227–36.

Brodar, S., and M. Brodar. 1983. *Potocka Zijalka*. Ljubljana: Slovenska Akademija Znanosti in Umetnosti.

Brody, H. 1981. *Maps and dreams*. Vancouver: Douglas and McIntyre.

Brown, J. A., and T. D. Price. 1985. Complex hunter-gatherers: retrospect and prospect, in *Prehistoric hunter-gatherers: the emergence of cultural complexity*. Edited by T. D. Price and J. A. Brown, pp. 435–42. Orlando: Academic Press.

Brugal, J., and J. Jaubert. 1991. Les gisements paléontologiques pléistocènes à indices de fréquentation humaine: un nouveau type de comportement de prédateur? *Paléo* 3:15–41.

Brunnacker, K. 1982. Environmental conditions in Middle Europe during the Lower/Middle Palaeolithic transition, in *The transition from Lower to Middle Palaeolithic and the origin of modern man*. Edited by A. Ronen, pp. 123–9. Oxford: British Archaeological Reports, International series S151.

Brunnacker, K., and R. Streit. 1966. Neuere Gesichtspunkte zur Untersuchung von Höhlensedimenten. *Jahresheft für Karst und Höhlenkunde* 7:29–44.

Buisson, D. 1990. Les flûtes Paléolithiques d'Isturitz (Pyrénées Atlantiques). *Bulletin de la Société Préhistorique Française* 87:420–33.

Burch, E. S. 1975. *Eskimo kinsmen: changing family relationships in Northwest Alaska*. New York: West Publishing, American Ethnological Society Monograph 59.

Burch, E. S., and L. J. Ellanna (editors). 1994. *Key issues in hunter-gatherer research*. Oxford: Berg.

Burkert, W., B. Cep, Ç.-J. Kind, C. Pasda, M. Schrantz, and U. Simon. 1992. Wittlingen: Eine mittelpaläolithische Freilandfundstelle bei Bad Urach. *Fundberichte aus Baden-Württemberg* 17:1–110.

Busch, R., and H. Schwabedissen. 1991. *Salzgitter-Lebenstedt II*. Köln: Fundamenta Reihe A, Band 11/II.

Byrne, R. 1995. *The thinking ape: evolutionary origins of intelligence*. Oxford: Oxford University Press.

Byrne, R. W., and A. Whiten (editors). 1988. *Machiavellian intelligence: social expertise and the evolution of intellect in monkeys, apes and humans*. Oxford: Clarendon Press.

Cabaj, V., and V. Sitlivyl. 1994. The blade component in the Middle Palaeolithic of Ukraine: origin and evolution, in *Les industries laminaires au Paléolithique moyen*. Edited by S. Révillion and A. Tuffreau, pp. 161–77. Paris: CNRS.

Cabrera-Valdés, V. 1984. *El yacimento de la cueva de 'el Castilló' (Puente Viesgo, Santander)*. Madrid: CSIC, Bibliotheca Praehistorica Hispana XXII.

Cabrera-Valdés, V. (editor). 1993. *El origen del hombre moderno en el suroeste de Europa*. Madrid: Universidad de Educación a Distancia.

Cabrera-Valdés, V., and J. L. Bischoff. 1989. Accelerator 14C dates for Early Upper Palaeolithic (Basal Aurignacian) at El Castilló Cave (Spain). *Journal of Archaeological Science* 16:577–84.

Callow, P. 1986a. Raw materials and sources, in *La Cotte de St. Brelade 1961–1978. Excavations by C.B.M. McBurney*. Edited by P. Callow and J. M. Cornford, pp. 203–11. Norwich: Geo Books.

——— 1986b. An overview of the industrial succession, in *La Cotte de St. Brelade 1961–1978. Excavations by C.B.M. McBurney*. Edited by P. Callow and J. M. Cornford, pp. 219–30. Norwich: Geo Books.

——— 1986c. The stratigraphic sequence: description and problems, in *La Cotte de St. Brelade 1961–1978. Excavations by C.B.M. McBurney*. Edited by P. Callow and J. M. Cornford, pp. 55–71. Norwich: Geo Books.

Callow, P., and J. M. Cornford (editors). 1986. *La Cotte de St. Brelade 1961–1978. Excavations by C.B.M. McBurney*. Norwich: Geo Books.

Callow, P., D. Walton, and C. A. Shell. 1986. The use of fire at La Cotte de St. Brelade, in *La Cotte de St. Brelade 1961–1978. Excavations by C.B.M. McBurney*. Edited by P. Callow and J. M. Cornford, pp. 193–5. Norwich: Geo Books.

Caloi, L., G. B. L. Coccolini, M. Mussi, M. R. Palombo, S. Vitagliano, and D. Zampetti. 1988. Le Moustérien du Latium (Italie centrale): archéologie, milieu natural, chronologie. *L'Anthropologie* 92:73–98.

Campbell, J. B. 1977. *The Upper Palaeolithic of Britain*. Oxford: Oxford University Press.

Campbell, J. B., and G. Sampson. 1971. A new analysis of Kent's Cavern, Devonshire, England. *University of Oregon Anthropological Papers* 3.

Camps-Fabrer, H. (editor). 1974. *L'industrie de l'os dans la préhistoire*. University of Provence: CNRS.

Carbonell, E. 1992. Abric Romani nivell H: un model d'estraregia ocupacional al plistoce superior mediterrani. *ESTRAT: Revista d'arquelogia, prehistoria i historia antiga* 5:157–308.

Carbonell, E., J. M. Bérmudez de Castro, J. L. Arsuaga, J. C. Diez, A. Rosas, G. Cuenca-Bescos, R. Sala, M. Mosquera, and X. P. Rodriguez. 1995. Lower Pleistocene hominids and artifacts from Atapuerca-TDS (Spain). *Science* 269:826–30.

Carbonell, E., and Z. Castro-Curel. 1992. Palaeolithic wooden artefacts from the Abric Romani (Capellades, Barcelona, Spain). *Journal of Archaeological Science* 19:707–19.

Carbonell, E., S. Giralt, B. Marquez, A. Martin, M. Mosquera, A. Ollé, X. P. Rodriguez, R. Sala, M. Vaquero, J. M. Vergès, and J. Zaragoza. 1995. El conjunto Lito-Técnico de la Sierra de Atapuerca en el marco del Pleistoceno Medio europeo, in *Evolución humana en Europa y los yacimientos de la Sierra de Atapuerca*, vol. II. Edited by J. M. Bérmudez de Castro, J. L. Arsuaga, and E. Carbonell, pp. 445–555. Valladolid: Junta de Castilla y León.

Carbonell, E., M. Mosquera, X. P. Rodriguez, and R. Sala. 1996. The first human settlement of Europe. *Journal of Anthropological Research* 51:107–14.

Carbonell, E., and X. P. Rodriguez. 1994. Early middle Pleistocene deposits and artefacts in the Gran Dolina site (TD4) of the 'Sierra de Atapuerca' (Burgos, Spain). *Journal of Human Evolution* 26:291–311.

Carls, N., J. Groiss, B. Kaulich, and L. Reisch. 1988. Neue Beobachtungen in der mittelpleistozänen Fundstelle von Hunas im LDKR. Nürnberger Land, Vorbericht zu den Grabungskampagnen 1983–1986. *Archäologisches Korrespondenzblatt* 18:109–19.

Carlstein, T. 1982. *Time resources, society and ecology: preindustrial societies*. London: George Allen and Unwin.

Carrithers, M. 1990. Why humans have cultures. *Man* 25:189–206.

Cassoli, P. F., D. Lefevre, M. Piperno, J. P. Raynal, and A. Tagliacozzo. 1993. Una paleosuperficie con resti di *Elephas (Palaeoloxodon) antiquus* e industria acheuleana nel sito di Notarchirico (Venosa, Basilicata), in *Paleosuperfici del pleistocene e del primo olocene in Italia processi di formazione e interpretazione, Firenze, 1993*, pp. 101–16.

Cassoli, P. F., and A. Tagliacozzo. 1994. Considerazioni paleontologiche, paleoecologiche e archeozoologiche sui macromammiferi e gli uccelli dei livelli del pleistocene superiore del Riparo di Fumane (VR) (Scavi 1988–91). *Bolletino Museo Civilita Statale Naturale Verona* 18:349–445.

Champagne, F., and R. Espitalié. 1981. *Le Piage, site préhistorique du Lot*. Paris: Société Préhistorique Française.

Chance, M. R. A., and R. R. Larsen (editors). 1976. *Social structure of attention*. London: John Wiley.

Chase, P. G. 1989. How different was Middle Palaeolithic subsistence? A zooarchaeological perspective on the Middle to Upper Palaeolithic transition, in *The human revolution: behavioural and biological perspectives on the origins of modern humans*. Edited by P. Mellars and C. Stringer, pp. 321–37. Edinburgh: Edinburgh University Press.

Chase, P. G., and H. L. Dibble. 1987. Middle Palaeolithic symbolism: a review of current evidence and interpretations. *Journal of Anthropological Archaeology* 6:263–96.

Chauvet, J.-M., E. Brunel Deschamps, and C. Hillaire. 1995. *Chauvet Cave: the discovery of the world's oldest paintings*. London: Thames and Hudson.

Cheney, D., and R. Seyfarth. 1990. *How monkeys see the world: inside the mind of another species*. Chicago: University of Chicago Press.

Chernysh, A. P. 1961. *Palaeolitiginia Stoanka Molodova 5*. Kiev: An. Ukr. SSR.

Childe, V. G. 1951. *Social evolution*. London: Watts.

Chmielewski, W. 1961. *Civilisation de Jerzmanovice*. Wroclaw-Warzawa-Krakow: Institut Historicae Kultury Materialnej Polskiej Akademii Nauka.

Cioni, O., P. Gambassini, and D. Torre. 1979. Grotta di Castelcivita: risultati delle ricerche negli anni 1975–77. *Atti Toscana di Scienze Naturali Memorie, Serie A* 86:275–96.

Clark, G. A. 1992a. A comment on Mithen's ecological interpretation of Palaeolithic art. *Proceedings of the Prehistoric Society* 58:107–9.

——— 1992b. Continuity or replacement? Putting modern human origins in an evolutionary context, in *The Middle Palaeolithic: adaptation, behaviour, and variability*. Edited by H. L. Dibble and P. Mellars, pp. 183–207. Philadelphia: University of Pennsylvania, University Museum 72.

——— 1993. Paradigms in science and archaeology. *Journal of Anthropological Research* 1:203–33.

Clark, G. A., and J. M. Lindly. 1989. The case for continuity: observations on the biocultural transition in Europe and western Asia, in *The human revolution: behavioural and biological perspectives in the origins of modern humans*. Edited by P. Mellars and C. Stringer, pp. 626–76. Edinburgh: Edinburgh University Press.

——— 1991. On paradigmatic biases and Palaeolithic research traditions. *Current Anthropology* 32:577–87.

Clark, J. D. 1976. *The prehistory of Africa*. London: Thames and Hudson.

Clark, J. G. D. 1957. *Archaeology and society*, 3rd edition. London: Methuen.

——— 1986. *Symbols of excellence*. Cambridge: Cambridge University Press.

——— 1989. *Economic prehistory*. Cambridge: Cambridge University Press.

Clarke, D. L. 1968. *Analytical archaeology*. London: Methuen.

Clarke, R. J. 1990. The Ndutu cranium and the origin of *Homo sapiens*. *Journal of Human Evolution* 19:699–736.

Colson, E. 1978. A redundancy of actors, in *Scale and social organization*. Edited by F. Barth, pp. 150–62. Oslo: Universitets Forlaget.

Coltorti, M., M. Cremaschi, M. C. Delitala, D. Esu, M. Fornaseri, A. McPherron, M. Nicoletti, R. van Otterloo, C. Peretto, B. Sala, V. Schmidt, and J. Sevink. 1982. Reversed magnetic polarity at an early lower Palaeolithic site in Central Italy. *Nature* 300:173–6.

Combier, J. 1967. *Le Paléolithique de l'Ardèche, dans son cadre paléoclimatique*. Bordeaux: Delmars.

Conard, N. J. 1992. *Tönchesberg and its position in the Palaeolithic prehistory of northern Europe*. Bonn: Habelt, Römisch-Germanisches Zentralmuseum Mainz, Monograph 20.
  1994. On the prospects for an ethnography of extinct hominids. *Current Anthropology* 35:281–2.
  1995. The Middle Palaeolithic faunal assemblages from the 1991–1994 excavations in Wallertheim, Rheinhessen. Paper presented at *The role of early humans in the accumulation of European Lower and Middle Palaeolithic bone assemblages, Schloss Monrepos*. Neuwied.
  1996. Middle Palaeolithic settlement in the Rhineland. Paper presented at Workshop 5, *Middle Palaeolithic and Middle Stone Age settlement systems*. UISPP, Forli.
Conard, N. J., and D. S. Adler. 1997. Lithic reduction and hominid behaviour in the Middle Palaeolithic of the Rhineland. *Journal of Anthropological Research* 53:147–76.
Conard, N. J., D. S. Adler, D. T. Forrest, and P. J. Kaszas. 1995. Preliminary archaeological results from the 1991–1993 excavations in Wallertheim. *Archäologisches Korrespondenzblatt* 25:13–27.
Conard, N. J., J. Preuss, R. Langohr, P. Haesaerts, T. van Kolfschoten, J. Becze-Deak, and A. Rebholz. 1995. New geological research at the Middle Palaeolithic locality of Wallertheim in Rheinhessen. *Archäologisches Korrespondenzblatt* 25:1–11.
Conkey, M. W. 1978. Style and information in cultural evolution: toward a predictive model for the Palaeolithic, in *Social archaeology*. Edited by C. L. Redman, M. J. Berman, E. V. Curtin, W. T. Langhorne, N. M. Versaggi, and J. C. Wanser, pp. 61–85. New York: Academic Press.
  1985. Ritual communication, social elaboration, and the variable trajectories of Palaeolithic material culture, in *Prehistoric hunter-gatherers: the emergence of cultural complexity*. Edited by T. D. Price and J. A. Brown, pp. 299–323. Orlando: Academic Press.
Conkey, M. W., and S. H. Williams. 1991. The political economy of gender in archaeology, in *Gender at the crossroads of knowledge: feminist anthropology in a post modern era*. Edited by M. di Leonardo, pp. 102–39. Berkeley: University of California Press.
Connerton, P. 1989. *How societies remember*. Cambridge: Cambridge University Press.
Constandse-Westermann, T. S., and R. R. Newell. 1991. Social and biological aspects of the western European Mesolithic population structure: a comparison with the demography of North American Indians, in *The Mesolithic in Europe*. Edited by C. Bonsall, pp. 106–15. Edinburgh: Edinburgh University Press.
Conway, B., J. McNabb, and N. Ashton (editors). 1996. *Excavations at Barnfield Pit, Swanscombe, 1968–1972*. London: British Museum Press, British Museum Occasional Paper 94.
Conybeare, A., and G. Haynes. 1984. Observations on elephant mortality and bones in water holes. *Quaternary Research* 22:189–200.
Cook, J. 1986. A blade industry from Stoneham's pit, Crayford, in *The Palaeolithic of Britain and its nearest neighbours: recent trends*. Edited by S. N. Collcut, pp. 16–20. Sheffield: University of Sheffield, Department of Archaeology and Prehistory.
Cook, J., C. B. Stringer, A. P. Currant, H. P. Schwarcz, and A. G. Wintle. 1982. A review of the chronology of the European Middle Pleistocene hominid record. *Yearbook of Physical Anthropology* 25:19–65.

Cordy, J.-M. 1992. Apport de la paléomammologie à la paléoanthropologie en Europe, in *Cinq millions d'années, l'aventure humaine*. Edited by M. Toussaint, pp. 77–94. Liège: ERAUL 56.

Cornford, J. M. 1986. Specialised resharpening techniques and evidence of handedness, in *La Cotte de St. Brelade 1961–1978: excavations by C.B.M. McBurney*. Edited by P. Callow and J. M. Cornford, pp. 337–53. Norwich: Geo Books.

Coudret, P., M. Larriere-Cabiran, M. Olive, N. Pigeot, and Y. Taborin. 1994. Etiolles, in *Environments et habitats Magdaléniens dans le centre du Bassin parisien*. Edited by Y. Taborin, pp. 132–46. Paris: Documents d'Archéologie Française 43.

Cremaschi, M., and C. Peretto. 1988. Les sols d'habitat du site Paléolithique d'Isernia La Pineta (Molise, Italie centrale). *L'Anthropologie* 92:1017–40.

Cubitt, T. 1973. Network density among urban families, in *Network analysis: studies in human interaction*. Edited by J. Boissevain and J. C. Mitchell, pp. 67–82. The Hague: Mouton.

Cullen, B. 1996. Social interaction and viral phenomena, in *The archaeology of human ancestry: power, sex and tradition*. Edited by J. Steele and S. Shennan, pp. 420–33. London: Routledge.

Currant, A. 1989. The Quaternary origins of the modern British mammal fauna. *Biological Journal of the Linnaean Society* 38:23–30.

Cziesla, E. 1984. Das mittlere Jungpaläolithikum im westlichen Deutschland. *Archäologische Informationen* 7:28–39.

——— 1987. L'analyse des raccords ou le concept du dynamisme en préhistoire. *Bulletin de la Société Préhistorique Luxembourgeoise* 10:77–111.

——— 1990. On refitting of stone artifacts, in *The big puzzle*. Edited by E. Cziesla, S. Eickhoff, N. Arts, and D. Winter, pp. 21–56. Bonn: Holos, Studies in Modern Archaeology 1.

Cziesla, E., S. Eickhoff, N. Arts, and D. Winter (editors). 1990. *The big puzzle*. Bonn: Holos, Studies in Modern Archaeology 1.

D'Errico, F., and P. Villa. 1997. Holes and grooves: the contribution of microscopy and taphonomy to the problem of art origins. *Journal of Human Evolution* 33:1–31.

Damas, D. 1972a. The Copper Eskimo, in *Hunters and gatherers today*. Edited by M. G. Bicchieri, pp. 3–50. New York: Holt, Rinehart and Winston.

——— 1972b. The structure of Central Eskimo associations, in *Alliance in Eskimo society*. Edited by L. Guemple pp. 40–55. Seattle: Proceedings of the American Ethnological Society 1971, Supplement.

Damas, D. (editor). 1969. *Contributions to anthropology: band societies*. National Museum of Canada Bulletin 228.

Dansgaard, W., S. J. Johnsen, H. B. Clausen, D. Dahl-Jensen, N. S. Gundestrup, C. U. Hammer, C. S. Hvidberg, J. P. Steffensen, A. E. Sveinbjörnsdottir, J. Jouzel, and G. Bond. 1993. Evidence for general instability of past climate from a 250-kyr ice-core record. *Nature* 364:218–20.

David, F., and C. Farizy. 1994. Les vestiges osseux: étude archéozoologique, in *Hommes et bisons du Paléolithique Moyen à Mauran*. Edited by C. Farizy, F. David, and J. Jaubert, pp. 177–303. Paris: CNRS.

Davidson, I., and W. Noble. 1989. The archaeology of perception: traces of depiction and language. *Current Anthropology* 30:125–55.

——— 1993. Tools and language in human evolution, in *Tools, language and cognition in human evolution*. Edited by K. R. Gibson and T. Ingold, pp. 363–88. Cambridge: Cambridge University Press.

de Jong, J. 1988. Climatic variability during the past three million years, as indicated by vegetational evolution in northwest Europe and with emphasis on data from the Netherlands. *Philosophical Transactions of the Royal Society of London B* 318:603–17.

De Loecker, D. 1994. On the refitting analysis of Site K: a Middle Palaeolithic findspot at Maastricht-Belvédère (The Netherlands). *Ethnographisch Archäologische Zeitschrift* 35:107–17.

Débenath, A. 1973. Un foyer aménagé dans le Moustérien de Hauteroche à Chateauneuf-sur-Charente (Charente). *L'Anthropologie* 77:329–38.

1976. Les civilisations du Paléolithique inférieur en Charente, in *La Préhistoire française*, vol. I. Edited by H. de Lumley, pp. 929–35. Paris: CNRS.

1992. The place of the Mousterian of the Charente in the Middle Palaeolithic of Southwest France, in *The Middle Palaeolithic: adaptation, behaviour, and variability*. Edited by H. L. Dibble and P. Mellars, pp. 53–9. Philadelphia: University of Pennsylvania, University Museum 72.

Debénath, A., and H. L. Dibble. 1994. *Handbook of Palaeolithic typology*. Vol. I. *Lower and Middle Palaeolithic of Europe*. Philadelphia: University Museum, University of Pennsylvania.

Defleur, A. 1993. *Les sépultures moustériennes*. Paris: CNRS.

Delpech, F. 1976. Les faunes du Paléolithique supérieur dans le sud-ouest de la France. Thèse, Doctorat d'Etat, Université de Bordeaux.

1984. La Ferrassie: carnivores, artiodactyles et périssodactyles, in *Le Grand Abri de la Ferrassie: fouilles 1968–1973*. Edited by H. Delporte, pp. 61–90. Paris: Etudes Quaternaires Mémoire 7.

1988. Les grands mammifères de la Grotte Vaufrey à l'exception des ursidés, in *La Grotte Vaufrey à Cenac et Saint-Julien (Dordogne), paléoenvironments, chronologie et activités humaines*. Edited by J.-P. Rigaud, pp. 213–90. Paris: Mémoires de la Société Préhistorique Française 19.

Delporte, H., and G. Mazière. 1977. L'aurignacien de la Ferrassie: observations préliminaires à la suite des fouilles récentes. *Bulletin de la Société Préhistorique Française* 74:343–61.

Dennell, R. W. 1983. A new chronology for the Mousterian. *Nature* 301:199–200.

1997. The world's oldest spears. *Nature* 385:767–8.

Dennell, R. W., H. M. Rendell, L. Hurcombe, and E. A. Hailwood. 1994. Archaeological evidence for hominids in Northern Pakistan before one million years ago. *Courier Forschungs-Institut Senckenberg* 171:151–5.

Dennell, R. W., and W. Roebroeks. 1996. The earliest colonization of Europe: the short chronology revisited. *Antiquity* 70:535–42.

Dennett, D. 1991. *Consciousness explained*. Harmondsworth: Penguin.

Desbrosse, R., and J. Kozlowski. 1988. *Hommes et climats à l'âge du mammouth: le Paléolithique supérieur d'Eurasie centrale*. Paris: Masson.

Dibble, H. L. 1987. The interpretation of Middle Palaeolithic scraper morphology. *American Antiquity* 52:109–17.

Dibble, H. L., and N. Rolland. 1992. On assemblage variability in the Middle Palaeolithic of Western Europe: history, perspectives, and a new synthesis, in *The Middle Palaeolithic: adaptation, behaviour, and variability*. Edited by H. L. Dibble and P. Mellars, pp. 1–29. Philadelphia: University of Pennsylvania, University Museum 72.

Dixon, R. M. W. 1976. Tribes, languages and other boundaries in northeast Queensland, in *Tribes and boundaries in Australia*. Edited by N. Peterson, pp. 207–38. Canberra: Australian Institute of Aboriginal Studies.

Djindjian, F. 1994. L'influence des frontières naturelles dans les déplacements des chasseurs-cueilleurs au Würm récent. *Preistoria Alpina* 28:7–28.

Dobres, M.-A., and C. R. Hoffman. 1994. Social agency and the dynamics of prehistoric technology. *Journal of Archaeological Method and Theory* 1:211–58.

Douglas, M. 1973. *Natural symbols.* Harmondsworth: Pelican Books.

Dunbar, R. I. M. 1992a. Time: a hidden constraint on the behavioural ecology of baboons. *Behavioural Ecology and Sociobiology* 31:35–49.

——— 1992b. Neocortex size as a constraint on group size in primates. *Journal of Human Evolution* 20:469–93.

——— 1993. Coevolution of neocortical size, group size and language in humans. *Behavioural and Brain Sciences* 16:681–735.

——— 1996. *Grooming, gossip and the evolution of language.* London: Faber and Faber.

Dzaparidze, V., G. Bosinski, T. Bugianisvili, L. Gabunia, A. Justus, N. Klopotovskaja, E. Kvavadze, D. Lordkipanidze, G. Majsuradze, N. Mgeladze, M. Nioradze, E. Pavelenisvili, H-U. Schmincke, D. Sologasvili, D. Tusabramisvili, M. Tvalcrelidze, and A. Vekua. 1989. Der altpaläolithische Fundplatz Dmanisi in Georgien (Kaukasus). *Jahrbuch des Römisch-Germanischen Zentralmuseums Mainz* 36:67–116.

Edmonds, M. 1990. Descriptions, understanding and the chaîne opératoire. *Archaeological Review from Cambridge* 9:55–70.

Efimenko, P. P. 1958. *Kostenki I.* Moscow–Leningrad: Nauka.

Emmerling, E., H. Geer, and B. Klíma. 1993. Eine Mondkalenderstab aus Dolní Věstonice. *Quartär* 43/44:151–62.

Enloe, J. G. 1993. Subsistence organisation in the Early Upper Paleolithic: reindeer hunters of the Abri du Flageolet, Couche V, in *Before Lascaux: the complex record of the Early Upper Paleolithic.* Edited by H. Knecht, A. Pike-Tay, and R. White, pp. 101–15. Boca Raton: CRC Press.

Erfurt, J., and D. Mania. 1990. Zur Paläontologie des jungpleistozänen Waldelefanten von Gröbern, Kreis Grafenhainichen, in *Neumark-Gröbern: Beiträge zur Jagd des mittelpaläolithischen Menschen.* Edited by D. Mania, pp. 215–44. Berlin: Deutscher Verlag der Wissenschaften.

Escalon de Fonton, M. 1966. Du Paléolithique supérieur au Mesolithique dans le midi méditerranéen. *Bulletin de la Société Préhistorique Française* 63:66–180.

Estévez, J. 1987. La fauna de l'Arbreda (sector Alfa) en el conjunt de faunes del Plistocè Superior. *Cypsela* 6:73–87.

Evans-Pritchard, E. E. 1965. *Theories of primitive religion.* Oxford: Clarendon.

Farizy, C. 1990. The transition from Middle to Upper Palaeolithic at Arcy-sur-Cure (Yonne, France): technological, economic and social aspects, in *The emergence of modern humans: an archaeological perspective.* Edited by P. Mellars, pp. 303–27. Edinburgh: Edinburgh University Press.

——— 1993. Les prémiers européens venaient-ils d'Afrique? *L'Histoire* 165:42–5.

——— 1994. Spatial patterning of Middle Palaeolithic sites. *Journal of Anthropological Archaeology* 13:153–60.

Farizy, C., and F. David. 1992. Subsistence and behavioural patterns of some Middle Palaeolithic local groups, in *The Middle Palaeolithic: adaptation, behaviour, and variability.* Edited by H. L. Dibble and P. Mellars, pp. 87–97. Philadelphia: University of Pennsylvania, University Museum 72.

Farizy, C., J. David, and J. Jaubert. 1994. *Hommes et bisons du Paléolithique moyen à Mauran (Haute-Garonne).* Paris: CNRS, Gallia-Préhistoire Supplement 30.

Farrand, W. 1975. Analysis of the Abri Pataud sediments, in *Excavation of the Abri Pataud, Les Eyzies (Dordogne).* Edited by H. L. Movius, pp. 27–68.

Cambridge, Mass.: American School of Prehistoric Research vol. 30: Peabody Museum Press.

Féblot-Augustins, J. 1990. Exploitation des matières premières dans l'Acheuléen d'Afrique: perspectives comportementales. *Paléo* 2:27–42.

1993. Mobility strategies in the late Middle Palaeolithic of central Europe and western Europe: elements of stability and variability. *Journal of Anthropological Archaeology* 12:211–65.

1997. *La circulation des matières premières au Paléolithique*. Liège: ERAUL 75.

Féblot-Augustins, J., and C. Perlès. 1992. Perspectives ethno-archéologiques sur les échanges à longue distance. *Ethnoarchéologie. Justification, problèmes, limites, Juan-les-Pins, 1992*, pp. 195–209. XIIe Rencontres Internationales d'Archéologie et d'Histoire d'Antibes.

Fedigan, L. M. 1986. The changing role of women in models of human evolution. *Annual Review of Anthropology* 15:25–66.

Firth, R. 1951. *Elements of social organization*. London: Watts.

Fischer, K., E. W. Guenther, W. D. Heinrich, D. Mania, R. Musil, and T. Nötzold. 1991. *Bilzingsleben IV Homo erectus – seine Kultur und seine Umwelt*. Berlin: Veröffentlichungen Landesmuseum für Vorgeschichte Halle 44.

Fisher, J. W., and H. C. Strickland. 1991. Dwellings and fireplaces: keys to Efe Pygmy campsite structure, in *Ethnoarchaeological approaches to mobile campsites: hunter-gatherer and pastoralist case studies*. Edited by C. Gamble and W. A. Boismier, pp. 215–36. Ann Arbor: International Monographs in Prehistory Ethnoarchaeological Series 1.

Fladerer, F. A. 1996. Die Tierreste von Alberndorf in Niederösterreich, in *Palaeolithic in the Middle Danube region: Anniversary volume to Bohuslav Klíma*. Edited by J. Svoboda, pp. 247–72. Brno: Archeologicky Ustav AV CR, Svazek 5.

Flannery, K. V. (editor). 1976. *The Early Mesoamerican village*. New York: Academic Press.

Flannery, K. V., and J. Marcus. 1994. On the perils of 'politically correct' archaeology. *Current Anthropology* 35:441–2.

Floss, H. 1994. *Rohmaterialversorgung im Paläolithikum des Mittelrheingebietes*. Bonn: Habelt, Römisch-Germanisches Zentralmuseum, Forschungsinstitut für Vor- und Frühgeschichte 21.

Foley, R. A. 1989. The evolution of hominid social behaviour, in *Comparative socioecology*. Edited by V. Standen and R. A. Foley, pp. 473–94. Oxford: Blackwell Scientific Publications.

Foley, R. A., and P. C. Lee. 1989. Finite social space, evolutionary pathways, and reconstructing hominid behaviour. *Science* 243:901–6.

1996. Finite social space and the evolution of human social behaviour, in *The archaeology of human ancestry: power, sex and tradition*. Edited by J. Steele and S. Shennan, pp. 47–66. London: Routledge.

Fox, R. 1967. *Kinship and marriage*. Harmondsworth: Penguin Books.

Franco, N. 1990. El aprovisionamiento de los recursos liticos por parte de los grupos del area interserrana Bonaerense, in *Estudios liticos en Argentina vias de analisis y desarrollo actual*. Edited by H. Nami, pp. 39–51. S. F. del V. de Catamarca.

1991. Algunas tendencias distribucionales en el material litico recuperado en el area interserrana Bonaerense. *Boletín de Centro* 1:72–9.

1994. Maximizacion en el aprovechamiento de los recursos liticos: un caso analizado en el area interserrana Bonaerense, in *Arqueología de cazadores-*

recolectores: limites, casos y aperturas, Edited by L. A. Borrero and J. L. Lanata, pp. 75–88. Buenos Aires: Arqueología Contemporánea 5.

Freeman, L. G. 1973. The significance of mammalian faunas from Palaeolithic occupations in Cantabrian Spain. *American Antiquity* 38:3–44.

———. 1975. Acheulean sites and stratigraphy in Iberia and the Magreb, in *After the Australopithecines*. Edited by K. W. Butzer and G. Isaac, pp. 661–743. The Hague: Mouton.

Freeman, L. G., and K. W. Butzer. 1966. The Acheulean station of Torralba (Spain). A progress report. *Quaternaria* 8:9–21.

Freeman, L. G., and J. González-Echegaray. 1970. Aurignacian structural features and burials at Cueva Morín (Santander, Spain). *Nature* 226:722–6.

Frenzel, B. 1973. *Climatic fluctuations of the Ice Age*. Cleveland: Case Western Reserve University.

Freund, G. 1987. *Das Paläolithikum der Oberneder-Höhle (Landkreis Kelheim/Donau)*. Quartär Bibliothek 5. Bonn: Ludwig Rohrscheid Verlag.

Fridrich, J. 1989. *Prezletice: a lower Palaeolithic site in Central Bohemia (excavations 1969–1985)*. Prague: Museum Nationale Prague.

Friedman, J., and M. Rowlands (editors). 1977. *The evolution of social systems*. London: Duckworth.

Frison, G. 1989. Experimental use of Clovis weaponry and tools on African elephants. *American Antiquity* 54:766–84.

Fullola, J. M. 1979. Las induztrias líticas de paleolitico superior Ibérico. *Trabajo Vario del servico de Investigación Prehistórica* 60.

———. 1983. Le Paléolithique supérieur dans la zone méditerranéenne ibérique. *L'Anthropologie* 87:339–52.

Gábori, M. 1976. *Les civilisations du Paléolithique moyen entre les Alpes et l'Oural*. Budapest: Akadémiai Kiadó.

Gábori-Csank, V. 1968. *La station du Paléolithique moyen d'Erd, Hongrie*. Budapest: Akadémiai Kiadó.

Gabunia, L. and A. Vekua. 1995. A Plio-Pleistocene hominid from Dmanisi, East Georgia, Caucasus. *Nature* 373:509–12.

Gamble, C. S. 1978. Resource exploitation and the spatial patterning of hunter-gatherers: a case study, in *Social organisation and settlement*. Edited by D. Green, C. Haselgrove, and M. Spriggs, pp. 153–85. Oxford: British Archaeological Reports, International Series 47(i).

———. 1979. Hunting strategies in the central European Palaeolithic. *Proceedings of the Prehistoric Society* 45:35–52.

———. 1982. Interaction and alliance in Palaeolithic society. *Man* 17:92–107.

———. 1983a. Culture and society in the upper Palaeolithic of Europe, in *Hunter-gatherer economy in prehistory*. Edited by G. N. Bailey, pp. 201–11. Cambridge: Cambridge University Press.

———. 1983b. Caves and faunas from last glacial Europe, in *Animals and archaeology: 1. Hunters and their prey*. Edited by J. Clutton-Brock and C. Grigson, pp. 163–72. Oxford: British Archaeological Reports, International Series 163.

———. 1984. Regional variation in hunter-gatherer strategy in the Upper Pleistocene of Europe, in *Hominid evolution and community ecology*. Edited by R. Foley, pp. 237–60. London: Academic Press.

———. 1986a. *The Palaeolithic settlement of Europe*. Cambridge: Cambridge University Press.

———. 1986b. Hunter-gatherers and the origin of states, in *States in history*. Edited by J. A. Hall, pp. 22–47. Oxford: Basil Blackwell.

———. 1986c. The Mesolithic sandwich: ecological approaches and the archaeological record of the early post-glacial, in *Hunters in transition; postglacial adaptations in the temperate regions of the Old World.* Edited by M. Zvelebil, pp. 33–42. Cambridge: Cambridge University Press.

1987. Man the shoveller: alternative models for middle Pleistocene colonization and occupation in northern latitudes, in *The Pleistocene Old World: regional perspectives.* Edited by O. Soffer, pp. 81–98. New York: Plenum.

1991a. Raising the curtain on human origins. *Antiquity* 65:412–17.

1991b. The social context for European Palaeolithic art. *Proceedings of the Prehistoric Society* 57:3–15.

1991c. Brilliant – rock art and art rock in Australia. *Nature* 351:608.

1992a. Reflexions from a darkened room. *Antiquity* 66:426–31.

1992b. Archaeology, history and the uttermost ends of the earth – Tasmania, Tierra del Fuego and the Cape. *Antiquity* 66:712–20.

1992c. Comment on Roebroeks, Conard and van Kolfschoten. *Current Anthropology* 33:569–71.

1993a. *Timewalkers: the prehistory of global colonization.* Harmondsworth: Penguin.

1993b. The center at the edge, in *From Kostenki to Clovis: Upper Paleolithic–Paleo-Indian adaptations.* Edited by O. Soffer and N. D. Praslov, pp. 313–21. New York: Plenum.

1993c. Ancestors and agendas, in *Archaeological theory – who sets the agenda?* Edited by N. Yoffee and A. Sherratt, pp. 39–52. Cambridge: Cambridge University Press.

1993d. Exchange, foraging and local hominid networks, in *Trade and exchange in prehistoric Europe.* Edited by C. Scarre and F. Healy, pp. 35–44. Oxford: Oxbow Monograph 33.

1993e. People on the move: interpretations of regional variation in Palaeolithic Europe, in *Cultural transformations and interactions in eastern Europe.* Edited by J. Chapman and P. Dolukhanov, pp. 37–55. Aldershot: Avebury.

1995a. Interpretation in the Palaeolithic, in *Interpreting archaeology; finding meaning in the past.* Edited by I. Hodder, M. Shanks, A. Alexandri, V. Buchli, J. Carman, J. Last, and G. Lucas, pp. 87–91. London: Routledge.

1995b. Lithics and social evolution, in *Lithics in context: suggestions for the future direction of lithic studies, Lithic Studies Society Occasional Paper 5.* Edited by J. Schofield, pp. 19–26. Oxford: Oxbow Books.

1995c. The earliest occupation of Europe: the environmental background, in *The earliest occupation of Europe.* Edited by W. Roebroeks and T. van Kolfschoten, pp. 279–95. Leiden: European Science Foundation & University of Leiden.

1995d. Revisiting the Middle Palaeolithic faunas of the Hohlenstein-Stadel. Paper presented at *The role of early humans in the accumulation of European Lower and Middle Palaeolithic bone assemblages.* Neuwied, Schloß Monrepos.

1995e. Large mammals, climate and resource richness in Upper Pleistocene Europe. *Acta Zoologica Cracovensis* 38:155–75.

1996a. Making tracks: hominid networks and the evolution of the social landscape, in *The archaeology of human ancestry: power, sex and tradition.* Edited by J. Steele and S. J. Shennan, pp. 253–77. London: Routledge.

1996b. Hominid behaviour in the Middle Pleistocene; an English perspective, in *The English Palaeolithic reviewed.* Edited by C. S. Gamble and A. J. Lawson, pp. 63–71. Salisbury: Trust for Wessex Archaeology.

1997. The animal bones from Klithi, in *Klithi: archaeology of a Late Glacial landscape in Epirus (Northwest Greece)*. Edited by G. Bailey, pp. 225–68. Cambridge: McDonald Institute for Archaeological Research.

1998. Palaeolithic society and the release from proximity: a network approach to intimate relations. *World Archaeology* 29:426–49.

Gamble, C. S., and O. Soffer (editors). 1990. *The world at 18 000 BP. Volume II. Low latitudes*. London: Unwin Hyman.

Gamble, C. S., and J. Steele. 1998. Hominid ranging patterns and dietary strategies. Paper presented at the Palaeoanthropology Society Meetings. Seattle.

Gardin, J. C. 1980. *Archaeological constructs*. Cambridge: Cambridge University Press.

Gardner, P. M. 1966. Symmetric respect and memorate knowledge: the structure and ecology of individualistic culture. *Southwestern Journal of Anthropology* 22:389–415.

Gargett, R. H. 1989. Grave shortcomings: the evidence for Neanderthal burial. *Current Anthropology* 30:157–90.

1994. Taphonomy and spatial analysis of a cave bear (*Ursus spelaeus*) fauna from Pod Hradem Cave, Czech Republic: implications for the archaeology of modern human origins. Ph.D. dissertation, Berkeley: University of California.

Garralda, M. D. 1993. La transición del Paleolítico Medio al Superior en la Península Ibérica: perspectivas antropológicas, in *El origen del hombre moderno en el suroeste de europa*. Edited by V. Cabrera-Valdés, pp. 373–90. Madrid: Universidad de Educación a Distancia.

Gascoyne, M., A. P. Currant, and T. C. Lord. 1981. Ipswichian fauna of Victoria Cave and the marine palaeoclimatic record. *Nature* 294:652–4.

Gaudzinski, S. 1992. Wisentjäger in Wallertheim: zur Taphonomie einer mittelpaläolithischen Freilandfundstelle in Rheinhessen. *Jahrbuch des Römisch-Germanischen Zentralmuseums Mainz* 39:245–423.

1995. Wallertheim revisited: a reanalysis of the fauna from the Middle Palaeolithic site of the Wallertheim (Rheinhessen/Germany). *Journal of Archaeological Science* 22:51–66.

Gaudzinski, S., F. Bittmann, W. Boenig, M. Frechen, and T. van Kolfschoten. 1996. Palaeoecology and archaeology of the Kärlich-Seeufer open-air site (Middle Pleistocene) in the central Rhineland, Germany. *Quaternary Research* 46:319–34.

Geist, V. 1978. *Life strategies, human evolution, environmental design*. New York: Springer Verlag.

Gellner, E. 1985. *Relativism and the social sciences*. Cambridge: Cambridge University Press.

Geneste, J.-M. 1985. Analyse lithique d'industries Moustériennes du Périgord: une approche technologique du comportement des groupes humains au Paléolithique moyen. Ph.D. dissertation: University of Bordeaux I.

1988a. Systèmes d'approvisionnement en matières premières au Paléolithique moyen et au Paléolithique supérieur en Aquitaine, in *L'Homme de Néandertal*. Edited by M. Otte. Vol. VIII, *La Mutation*, edited by J. K. Kozlowski, pp. 61–70. Liège: ERAUL 35.

1988b. Les industries de la Grotte Vaufrey: technologie du débitage, économie et circulation de la matière première lithique, in *La Grotte Vaufrey à Cenac et Saint-Julien (Dordogne), Paléoenvironments, chronologie et activités humaines*. Edited by J.-P. Rigaud, pp. 441–518. Paris: Mémoires de la Société Préhistorique Française 19.

1989. Economie des ressources lithiques dans le Moustérien du sud-ouest de la France, in *L'Homme de Néandertal.* Edited by M. Otte. Vol. VI, *La Subsistance,* edited by L. G. Freeman and M. Patou, pp. 75–97. Liège: ERAUL 33.

1990. Développement des systèmes de production lithique au cours du Paléolithique moyen en Aquitaine septentrionale, in *Paléolithique moyen récent et Paléolithique supérieur ancien.* Edited by C. Farizy, pp. 203–13. Nemours: Mémoires du Musée de Préhistoire d'Ile-de-France 3.

1991. Systèmes techniques de production lithique: variations techno-économiques dans les processus de réalisation des outillages Paléolithiques. *Techniques et culture* 17–18:1–35.

Geneste, J.-M., J. Texier, and J. Rigaud. 1991. Les plus anciens vestiges de la présence humaine en Aquitaine, in *Les premiers Européens.* Edited by E. Bonifay and B. Vandermeersch, pp. 11–26. Paris: CTHS.

Gibbard, P. L. 1988. The history of the great northwest European rivers during the past three million years. *Philosophical Transactions of the Royal Society of London B* 318:559–602.

Gibert, J. 1992. *Proyecto Orce-Cueva Victoria (1988–1992): Presencia humana en el Pleistoceno inferior de Granada y Murcia.* Orce: Museo de Prehistoria.

Gibson, J. J. 1979. *The ecological approach to visual perception.* Hillsdale: Erlbaum Associates.

Giddens, A. 1984. *The constitution of society.* Berkeley: University of California Press.

Gifford-Gonzalez, D. 1993. You can hide, but you can't run: representation of women's work in illustrations of Palaeolithic life. *Visual Anthropology Review* 9:23–41.

Gilman, A. 1984. Explaining the Upper Palaeolithic revolution, in *Marxist perspectives in archaeology.* Edited by M. Spriggs, pp. 115–26. Cambridge: Cambridge University Press.

Giusberti, G., M. Ferrari, and C. Peretto. 1991. Tipologia, frequenza e distribuzione dei reperti paleontologici e paletnologici della paleosuperficie T.3a del I settore di scavo di Isernia la Pineta (Isernia, Molise), in *Isernia la Pineta, nuovi contributi scientifici.* Edited by C. Peretto, pp. 5–42. Isernia: Istituto regionale per gli studi storici del Molise 'V. Cuoco'.

Goffman, E. 1959. *The presentation of self in everyday life.* Garden City NY: Anchor Books.

1963. *Behaviour in public places: notes on the social organisation of gatherings.* New York: Free Press.

1967. *Interaction ritual: essays on face to face behaviour.* London: Allen Lane.

González-Echegaray, J., and L. G. Freeman. 1971. *Cueva Morín, Excavaciones 1966–8.* Santander: Publicaciones del patronato de las cuevas prehistóricas de la provincia de Santander VI.

1973. *Cueva Morín, Excavaciones 1969.* Santander: Publicaciones del patronato de las cuevas prehistóricas de la provincia de Santander X.

Goodall, J. 1986. *The chimpanzees of Gombe: patterns of behaviour.* Cambridge, Mass.: Belknap Press.

Gorecki, P. P. 1991. Horticulturalists as hunter-gatherers: rock shelter usage in Papua New Guinea, in *Ethnoarchaeological approaches to mobile campsites: hunter-gatherer and pastoralist case studies.* Edited by C. S. Gamble and W. A. Boismier, pp. 237–62. Ann Arbor: International Monographs in Prehistory, Ethnoarchaeological Series 1.

Goretsky, G. I., and I. K. Ivanova. 1982. *Molodova I: unique mousterian settlement in the middle Dniestr.* Moscow: Nauka.

Goretsky, G. I., and S. M. Tseitlin (editors). 1977. *The multilayer Palaeolithic site Korman IV on the middle Dniestr*. Moscow: Nauka.
Gosden, C. 1989. Prehistoric social landscapes of the Arawe Islands, West New Britain Province, Papua New Guinea. *Archaeology in Oceania* 24:45–58.
   1994. *Social being and time*. Oxford: Blackwell.
Goudie, A. 1977. *Environmental change*. Oxford: Clarendon Press.
Gouédo, J. M. 1994. Remontage d'un nucléus à lames du gisement Micoquien de Vinneuf (Yonne), in *Les industries laminaires au Paléolithique moyen*. Edited by S. Révillion and A. Tuffreau, pp. 77–102. Paris: Centre National de la Recherche Scientifique 18.
Gould, R. A. 1980. *Living archaeology*. Cambridge: Cambridge University Press.
Gould, S. J. 1991. Exaptation: a crucial tool for an evolutionary psychology. *Journal of Social Issues* 47:43–65.
   1994. So near and yet so far. *New York Review of Books*, October 20:24–8.
   1996. *Life's grandeur: the spread of excellence from Plato to Darwin*. London: Jonathan Cape.
Gould, S. J., and E. S. Vrba. 1982. Exaptation – a missing term in the science of form. *Palaeobiology* 8:4–15.
Gowlett, J. A. J. 1984. Mental abilities of early man: a look at some hard evidence, in *Hominid evolution and community ecology*. Edited by R. A. Foley, pp. 167–92. London: Academic Press.
   1996. The frameworks of early hominid social systems: how many useful parameters of archaeological evidence can we isolate? in *The archaeology of human ancestry: power, sex and tradition*. Edited by J. Steele and S. Shennan, pp. 135–83. London: Routledge.
Gowlett, J. A. J., and R. E. M. Hedges (editors). 1986. *Archaeological results from accelerator dating*. Oxford: Alden Press.
Grahmann, R. 1955. The Lower Palaeolithic site of Markkleeberg and other comparable localities near Leipzig. *Transactions of the American Philosophical Society* 45:509–687.
Grant, J. W. A., C. A. Chapman, and K. S. Richardson. 1992. Defended versus undefended home range size of carnivores, ungulates and primates. *Behavioural Ecology and Sociobiology* 31:149–61.
Graves, P. M. 1991. New models and metaphors for the Neanderthal debate. *Current Anthropology* 32:513–41.
   1994. My strange quest for Leroi-Gourhan: structuralism's unwitting hero. *Antiquity* 68:438–41.
Graves-Brown, P. M., S. Jones, and C. S. Gamble (editors). 1995. *Cultural identity and archaeology: the construction of European communities*. London: Routledge.
Green, H. S. (editor). 1984. *Pontnewydd Cave*. Cardiff: National Museum of Wales.
Gregory, C. A. 1982. *Gifts and commodities*. London: Academic Press.
Grigor'ev, G. P. 1993. The Kostenki-Avdeevo archaeological culture and the Willendorf-Pavlov-Kostenki-Avdeevo cultural unity, in *From Kostenki to Clovis: Upper Paleolithic–Paleo-Indian Adaptations*. Edited by O. Soffer and N. D. Praslov, pp. 51–65. New York: Plenum Press.
GRIP (Greenland Ice-core Project Members). 1993. Climate instability during the last interglacial period recorded in the GRIP ice core. *Nature* 364:203–7.
Groiß, J. Th., B. Kaulich, and L. Reisch. 1995. *Hunas: Menschen und ihre Umwelt im Eiszeitalter*. Institut für Paläontologie und Lehrstuhl für Ur- und Frühgeschichte der Friedrich-Alexander-Universität Erlangen-Nürnberg.

Grönhaug, R. 1978. Scale as a variable in analysis: fields in social organisation in Herat, northwest Afghanistan, in *Scale and social organisation*. Edited by F. Barth, pp. 78–121. Oslo: Universitets Forlaget.

Groves, C. P. 1989. *A theory of human and primate evolution*. Oxford: Oxford University Press.

Gruet. 1976. Les civilisations du Paléolithique moyen dans les Pays de la Loire, in *La Préhistoire française*, vol. II. Edited by H. de Lumley, pp. 1089–93. Paris: CNRS.

Guemple, L. 1972. Kinship and alliance in Belcher Island Eskimo society, in *Alliance in Eskimo society*. Edited by L. Guemple, pp. 56–78, Seattle: Proceedings of the American Ethnological Society 1971, Supplement.

Guenther, E. W. 1991. Die Gebisse der Waldelefanten von Bilzingsleben, in *Bilzingsleben IV Homo erectus – seine Kultur und seine Umwelt*. Edited by K. Fischer, E. W. Guenther, W. D. Heinrich, D. Mania, R. Musil, and T. Nötzold, pp. 149–74. Berlin: Veröffentlichungen des Landesmuseum für Vorgeschichte Halle 44.

Guichard, J. 1976. Les civilisations du Paléolithique moyen en Périgord, in *La Préhistoire française*, vol. II. Edited by H. de Lumley, pp. 1053–69. Paris: CNRS.

Guilbaud, M. 1993. Débitage from the Upper Castelperronian level at Saint-Césaire: methodological approach and implications for the transition from Middle to Upper Palaeolithic, in *Context of a late Neanderthal: implications of multidisciplinary research to Upper Palaeolithic adaptations at Saint-Césaire, Charente-Maritime, France*, Edited by F. Lévêque, A. M. Backer, and M. Guilbaud, pp. 37–58. Madison, Wisconsin: Prehistory Press, Monographs in World Archaeology 16.

Guiot, J., A. Pons, L. de Beaulieu, and M. Reille. 1989. A 140,000-year continental climate reconstruction from two European pollen records. *Nature* 338:309–13.

Guthrie, R. D. 1982. Mammals of the mammoth steppe as palaeoenvironmental indicators, in *Palaeoecology of Beringia*. Edited by D. M. Hopkins, J. V. Matthews, C. E. Schweger, and S. B. Young, pp. 307–26. New York: Academic Press.

1984. Mosaics, allelochemics and nutrients: an ecological theory of Late Pleistocene megafaunal extinctions, in *Quaternary extinctions: a prehistoric revolution*. Edited by P. Martin and R. Klein, pp. 259–98. Tucson: University of Arizona Press.

1990. *Frozen fauna of the mammoth steppe*. Chicago: Chicago University Press.

Gvozdover, M. D., V. M. Kharitonov, P. Allsworth-Jones, and R. A. Housley. 1996. AMS dates from Formozov's excavations at Starosel'e in the Crimea. *Cambridge Archaeological Journal* 6:139–49.

Hahn, J. 1974. Die jungpaläolithische Station Lommersum, Gemeinde Weilerswist, Kreis Euskirchen. *Rheinische Ausgrabungen* 15:1–49.

1977. *Aurignacien: das ältere Jungpaläolithikum in Mittel und Osteuropa*. Köln: Fundamenta Reihe A 9.

1982. *Archäologie des Jungpaläolithikums des Speckberg bei Meilenhofen*. München: Katalog Prähistorische Staatsammlung 20.

1986. *Kraft und Aggression: Die Botschaft der Eiszeitkunst im Aurignacien Süddeutschlands?* Tübingen: Archaeologica Venatoria 7.

1987. Aurignacian and Gravettian settlement patterns in Central Europe, in *The Pleistocene Old World: regional perspectives*. Edited by O. Soffer, pp. 251–61. New York: Plenum.

1988. *Die Geißenklösterle-Höhle im Achtal bei Blaubeuren I*. Stuttgart: Theiss, Landesdenkmalamt Baden-Württemberg Band 26.

1989. *Genese und Funktion einer jungpaläolithischen Freilandstation: Lommersum im Rheinland*. Köln: Rheinische Ausgrabungen 29.

1991. *Erkennen und Bestimmen von Stein- und Knochenartefakten: Einführung in die Artefaktmorphologie*. Tübingen: Archaeologica Venatoria 10.

1993. L'origine du Paléolithique supérieur en Europe Centrale: les datations C14, in *El origen del hombre moderno en el suroeste de Europa*. Edited by V. Cabrera-Valdés, pp. 61–80. Madrid: Universidad de Educación a Distancia.

Hahn, J., and S. Münzel. 1995. Knochenflöten aus dem Aurignacien des Geißenklösterle bei Blaubeuren, Alb-Donau-Kreis. *Fundberichte aus Baden-Württemberg* 20:1–12.

Hahn, J., and L. R. Owen. 1985. Blade technology in the Aurignacian and Gravettian of Geißenklösterle Cave, southwest Germany. *World Archaeology* 17:61–75.

Hallowell, A. I. 1961. The protocultural foundations of human adaptation, in *Social life of early man*. Edited by S. L. Washburn, pp. 236–55. New York: Wenner-Gren.

Haraway, D. 1989. *Primate visions: gender, race, and nature in the world of modern science*. New York: Routledge, Chapman & Hall.

Hare, A. P. 1976. *Handbook of small group research*. New York: The Free Press.

Harmon, R. S., J. Glazek, and K. Nowak. 1980. ^{230}Th/^{234}U dating of travertine from the Bilzingsleben archaeological site. *Nature* 284:132–5.

Harrold, F. J. 1989. Mousterian, Châtelperronian and early Aurignacian in western Europe: continuity or discontinuity? in *The human revolution: behavioural and biological perspectives on the origins of modern humans*. Edited by P. Mellars and C. Stringer, pp. 677–713. Edinburgh: Edinburgh University Press.

Hayden, B., M. Eldridge, A. Eldridge, and A. Cannon. 1985. Complex hunter-gatherers in interior British Columbia, in *Prehistoric hunter-gatherers: the emergence of cultural complexity*. Edited by T. D. Price and J. A. Brown, pp. 181–200. Orlando: Academic Press.

Head, L., C. Gosden, and J. P. White (editors). 1994. Social landscapes. *Archaeology in Oceania* 29.

Hedges, R. E. M., P. B. Pettitt, C. Bronk Ramsey, and G. J. Van Klinken. 1998. Radiocarbon dates from the Oxford AMS system: *Archaeometry* datelist 25. *Archaeometry* 40:227–39.

Helms, M. W. 1988. *Ulysses' sail: an ethnographic odyssey of power, knowledge, and geographical distance*. Princeton: Princeton University Press.

Heussner, K. U., and T. Weber. 1990. Das archäologische Inventar-Spezielle Untersuchungen zu den Feuersteinartefakten, in *Neumark-Gröbern: Beiträge zur Jagd des mittelpaläolithischen Menschen*. Edited by D. Mania, M. Thomae, T. Litt, and T. Weber, pp. 225–36. Berlin: Deutscher Verlag der Wissenschaften.

Hewlett, B. S., J. M. H. van de Koppel, and L. L. Cavalli-Sforza. 1986. Exploration and mating range of Aka pygmies of the Central African Republic, in *African pygmies*. Edited by L. L. Cavalli-Sforza, pp. 65–79. New York: Academic Press.

Hiatt, L. R. 1962. Local organisation among the Australian Aborigines. *Oceania* 32:267–86.

Hidjrati, N. I. 1995. Palaeolithic archaeology in north-central Caucasus: Weasel

Cave. Paper presented at the Conference of the Society for American Archaeology, Minneapolis.
Hill, J. H. 1978. Language contact systems and human adaptations. *Journal of Anthropological Research* 34:1–26.
Hinde, R. A. 1976. Interactions, relationships and social structure. *Man* 11:1–17.
  1987. *Individuals, relationships and culture*. Cambridge: Cambridge University Press.
Hiscock, P. 1984. Raw material rationing as an explanation of assemblage differences: a case study of Lawn Hill, Northwest Queensland, in *Archaeology at Anzaas 1984*. Edited by G. Ward, pp. 178–90. Canberra: AIAS.
Hivernel, F. 1986. Artefacts made of quartz, in *La Cotte de St. Brelade 1961–1978: excavations by C.B.M. McBurney*. Edited by P. Callow and J. M. Cornford, pp. 315–25. Norwich: Geo Books.
Hodder, I. 1990a. *The domestication of Europe*. Oxford: Blackwell.
  1990b. Commentary. *Archaeological Review from Cambridge* 9:154–7.
Hoffecker, J. F. 1987. Upper Pleistocene loess stratigraphy and Palaeolithic site chronology on the Russian Plain. *Geoarchaeology* 2:259–84.
Hoffecker, J. F., G. Baryshnikov, and O. Potapova. 1991. Vertebrate remains from the Mousterian site of Il'skaya 1 (Northern Caucasus, U.S.S.R): new analysis and interpretation. *Journal of Archaeological Science* 18:113–47.
Holdaway, S. 1989. Were there hafted projectile points in the Mousterian? *Journal of Field Archaeology* 16:79–85.
Holdaway, S., and N. Porch. 1995. Cyclical patterns in the Pleistocene human occupation of Southwest Tasmania. *Archaeology in Oceania* 30:74–82.
Hosfield, R. T. 1996. Quantifying the English Palaeolithic: GIS as an approach, in *The English Palaeolithic reviewed*. Edited by C. Gamble and A. Lawson, pp. 40–51. Salisbury: Trust for Wessex Archaeology.
Housley, R. A., C. S. Gamble, M. Street, and P. Pettitt. 1997. Radiocarbon evidence for the Late glacial human recolonisation of Northern Europe. *Proceedings of the Prehistoric Society* 63: 25–54.
Howell, F. C. 1965. *Early man*. London: Time Life Books.
  1966. Observations of the earlier phases of the European Lower Palaeolithic. *American Anthropologist* 68 (2):88–201.
Howell, N. 1988. Understanding simple social structure: kinship units and ties, in *Social structures: a network approach*. Edited by B. Wellman and S. D. Berkowitz, pp. 62–82. Cambridge: Cambridge University Press.
Howell, N., and V. A. Lehotay. 1978. Ambush: a computer program for stochastic microsimulation of small human populations. *American Anthropologist* 80:905–22.
Hublin, J.-J., F. Spoor, M. Braun, F. Zonneveld, and S. Condemi. 1996. A late Neanderthal associated with Upper Palaeolithic artefacts. *Nature* 381:224–6.
Humphrey, N. K. 1976. The social function of intellect, in *Growing points in ethology*. Edited by P. Bateson and R. A. Hinde, pp. 303–17. Cambridge: Cambridge University Press.
  1983. *Consciousness regained*. Oxford: Oxford University Press.
Hunn, E., and N. Williams (editors). 1982. *Resource managers: North American and Australian hunter-gatherers*. Boulder, Colorado: Westview.
Huxtable, J. 1993. Further thermoluminescence dates for burnt flints from Maastricht-Belvédère and a finalised thermoluminescence age for the Unit IV Middle Palaeolithic sites. *Mededelingen Rijks Geologische Dienst* 47:41–4.
Imbrie, J., and K. P. Imbrie. 1979. *Ice Ages: solving the mystery*. London: Macmillan.

Ingold, T. 1981. The hunter and his spear: notes on the cultural mediation of social and ecological systems, in *Economic Archaeology*. Edited by A. Sheridan and G. Bailey, pp. 119–30. Oxford: British Archaeological Reports, International Series 96.
    1986a. *Evolution and social life*. Cambridge: Cambridge University Press.
    1986b. *The appropriation of nature: essays on human ecology and social relations*. Manchester: Manchester University Press.
    1993. The temporality of the landscape. *World Archaeology* 25:152–73.
    1994. Introduction to culture, in *Companion encyclopedia of anthropology*. Edited by T. Ingold, pp. 329–49. London: Routledge.
Ingold, T., D. Riches, and J. Woodburn (editors). 1991. *Hunters and gatherers*. Volume I, *History, evolution and social change*; Volume II, *Property, power and ideology*. Oxford: Berg.
Isaac, G. 1972. Early phases of human behaviour: models in Lower Palaeolithic archaeology, in *Models in archaeology*. Edited by D. L. Clarke, pp. 167–99. London: Methuen.
    1976. The activities of early African hominids: a review of archaeological evidence from the time span two and a half to one million years ago, in *Human origins: Louis Leakey and the East African evidence*. Edited by G. Isaac and E. McCown, pp. 483–514. Menlo Park: Benjamin.
    1978. The food sharing behaviour of proto-human hominids. *Scientific American* 238:90–108.
    1989. *The archaeology of human origins; papers by Glynn Isaac edited by Barbara Isaac*. Cambridge: Cambridge University Press.
Ivanova, I. K., and A. P. Chernysh. 1965. The Palaeolithic site of Molodova V on the middle Dniestr (USSR). *Quaternaria* 7:197–217.
Ivanova, I. K., and S. M. Tseitlin (editors). 1987. *The multilayered Palaeolithic site of Molodova V. Stone Age men and environment*. Moscow: Nauka.
Jacobi, R. M. 1980. The Upper Palaeolithic in Britain, with special reference to Wales, in *Culture and environment in prehistoric Wales*. Edited by J. A. Taylor, pp. 15–99. Oxford: British Archaeological Reports 76.
Jacobson, D. 1978. Scale and social control, in *Scale and social organization*. Edited by F. Barth, pp. 184–93. Oslo: Universitets Forlaget.
James, S. R. 1989. Hominid use of fire in the Lower and Middle Pleistocene. *Current Anthropology* 30:1–26.
Jaubert, J. 1993. Le gisement Paléolithique moyen du Mauran (Haute-Garonne): techno-économie des industries lithiques. *Bulletin de la Société Préhistorique Française* 90:328–35.
    1994. Environmental background of Middle Palaeolithic occupation and Middle Palaeolithic settlement systems: Bassin de la Garonne: Region Midi-Pyrénées. Paper presented at the ESF Workshop on the European Middle Palaeolithic. Arras.
Jaubert, J., J.-P. Brugal, and Y. Quinif. 1993. Tour de Faure: Coudoulous I et II. *Bilan Scientifique 1993: Direction Régionale des Affaires Culturelles Midi-Pyrénées, Service régional de l'Archéologie*: 144–6.
Jaubert, J., B. Kervazo, Y. Quinif, J.-P. Brugal, and O. Y. Wilford. 1992. Le site Paléolithique moyen du Rescoundudou (Aveyron, France): datations U/Th et interpretation chronostratigraphique. *L'Anthropologie* 96:103–12.
Jaubert, J., M. Lorblanchet, H. Laville, R. Slott-Moller, A. Turq, and J. Brugal. 1990. *Les Chasseurs d'Aurochs de La Borde*. Paris: Documents d'Archéologie Française 27.
Jelínek, J., J. Pelísek, and K. Valoch. 1959. Der fossile Mensch Brno II. *Anthropos* 9:5–30.

Johnson, A. W., and T. Earle. 1987. *The evolution of human societies*. Stanford: Stanford University Press.

Johnson, G. A. 1978. Information sources and the development of decision-making organizations, in *Social archaeology: beyond subsistence and dating*. Edited by C. Redman, M. J. Berman, E. V. Curtin, W. T. Langhorne, N. M. Versaggi, and J. C. Wanser, pp. 87–111. New York: Academic Press.

——— 1982. Organizational structure and scalar stress, in *Theory and explanation in archaeology: the Southampton Conference*. Edited by C. Renfrew, M. Rowlands, and B. Segraves, pp. 389–422. New York: Academic Press.

Jourdan, L., and A.-M. Moigne. 1981. Les faunes de la Caune de l'Arago à Tautavel. Significations stratigraphique, paléoclimatique, paléoecologique et paléthnographique, in *Datations absolues et analyses isotopiques en préhistoire, méthodes et limites: datation du remplissage de la Caune de l'Arago à Tautavel*. Edited by H. de Lumley and J. Labeyrie, pp. 133–62. Tautavel: Colloque International du Centre National de la Recherche Scientifique.

Jouzel, J., N. I. Barkov, J. M. Barnola, M. Bender, J. Chappellaz, C. Genthon, V. M. Kotlyakov, V. Lipenkov, C. Lorius, J. R. Petit, D. Raynaud, G. Raisbeck, C. Ritz, T. Sowers, M. Stievenard, F. Yiou, and P. Yiou. 1993. Extending the Vostok ice-core record of paleoclimate to the penultimate glacial period. *Nature* 364:407–12.

Julien, M. 1992. Du fossile directeur à la chaîne opératoire, in *La préhistoire dans le monde: nouvelle édition de La Préhistoire d'André Leroi-Gourhan*. Edited by J. Garanger, pp. 163–93. Paris: Nouvelle Clio.

Kapferer, B. 1973. Social network and conjugal role in urban Zambia: towards a reformulation of the Bott hypothesis, in *Network analysis in human interaction*. Edited by J. Boissevain and J. C. Mitchell, pp. 83–110. The Hague: Mouton.

Karlin, C., and M. Julien. 1994. Prehistoric technology: a cognitive science? in *The ancient mind: elements of cognitive archaeology*. Edited by C. Renfrew and E. Zubrow, pp. 152–64. Cambridge: Cambridge University Press.

Keeley, L. H. 1980. *Experimental determination of stone tool use: a microwear analysis*. Chicago: University of Chicago Press.

——— 1982. Hafting and retooling: effects on the archaeological record. *American Antiquity* 47:798–809.

——— 1988. Hunter-gatherer economic complexity and 'population pressure': a cross-cultural analysis. *Journal of Anthropological Archaeology* 7:373–411.

Kelly, R. 1983. Hunter-gatherer mobility strategies. *Journal of Anthropological Research* 39:277–306.

——— 1995. *The foraging spectrum: diversity in hunter-gatherer lifeways*. Washington and London: Smithsonian Institution Press.

Kephart, W. M. 1950. A quantitative analysis of intragroup relationships. *American Journal of Sociology* 60:544–9.

Khalke, R.-D. 1994. Die Entstehungs-, Entwicklungs- und Verbreitungsgeschichte des oberpleistozänen *Mammuthus–Coelodonta* Faunenkomplexes in Eurasien (Großsäuger). *Abhandlungen der Senckenbergischen Naturforschenden Gesellschaft* 546:1–164.

Killworth, P. D., H. R. Bernard, and C. McCarty. 1984. Measuring patterns of acquaintanceship. *Current Anthropology* 25:381–96.

Killworth, P. D., E. C. Johnson, H. R. Bernard, G. A. Shelley, and C. McCarty. 1990. Estimating the size of personal networks. *Social Networks* 12:289–312.

Kind, C.-J. 1985. *Die Verteilung von Steinartefakten in Grabungsflächen: ein Modell zur Organisation Alt- und Mittelsteinzeitlicher Siedlungsplätze*. Tübingen: Urgeschichtliche Materialhefte 7.

King, T. F. 1978. Don't that beat the band? Nonegalitarian political organisation in prehistoric central California, in *Social archaeology: beyond subsistence and dating*. Edited by C. L. Redman, M. J. Berman, E. V. Curtin, W. T. Langhorne, N. M. Versaggi, and J. C. Wanser, pp. 225–48. New York: Academic Press.

Klein, R. G. 1965. The Middle Palaeolithic of the Crimea. *Arctic Anthropology* 3:34–68.

——— 1969. *Man and culture in the Late Pleistocene: a case study*. San Francisco: Chandler.

Klein, R. G., and K. Cruz-Uribe. 1994. The Palaeolithic mammalian fauna from the 1910–14 excavations at El Castilló cave (Cantabria). *Museo y Centro de Investigación de Altamira* 17:141–58.

Kleinschmidt, A. 1953. Die zoologischen Funde der Grabung Salzgitter-Lebenstedt, 1952. *Eiszeitalter und Gegenwart* 3:166–88.

Klíma, B. 1954. Palaeolithic huts at Dolní Věstonice, Czechoslovakia. *Antiquity* 28:4–14.

——— 1963. *Dolní Věstonice. Vyzkum táboriste lovcù mamutù v letech 1947–1952*. Prague: Academia.

——— 1983. *Dolní Věstonice: táboriste lovcù mamutù*. Prague: Akademia nakladatelstvi Ceskoslovenske akademie ved.

——— 1988. A triple burial from the Upper Palaeolithic of Dolní Věstonice, Czechoslovakia. *Journal of Human Evolution* 16:831–5.

——— 1994. Die Knochenindustrie, Zier- und Kunstgegenstände, in *Pavlov I: excavations 1952–3*. Edited by J. Svoboda, pp. 97–159. Liège: ERAUL 66.

——— 1995. *Dolní Věstonice II*. Liège: ERAUL 73.

Knecht, H. 1993a. Splits and wedges: the techniques and technology of early Aurignacian antler working, in *Before Lascaux: the complex record of the Early Upper Palaeolithic*. Edited by H. Knecht, A. Pike-Tay, and R. White, pp. 137–62. Boca Raton: CRC Press.

——— 1993b. Early Upper Palaeolithic approaches to bone and antler technology, in *Hunting and animal exploitation in the later Palaeolithic and Mesolithic of Eurasia*. Edited by G. L. Peterkin, H. Bricker, and P. A. Mellars, pp. 33–47. Archaeological Papers of the American Anthropological Association 4.

Knight, C. 1983. Lévi-Strauss and the dragon: *Mythologiques* reconsidered in the light of an Australian Aboriginal myth. *Man* 18:21–50.

——— 1991a. *Blood relations: menstruation and the origins of culture*. New Haven: Yale University Press.

——— 1991b. *The origins of human society*, 4th edition. London: Radical Anthropology Group.

Koenigswald, W. von. 1992. Various aspects of migrations in terrestrial mammals in relation to Pleistocene faunas of central Europe, in *Mammalian migration and dispersal events in the European Quaternary*. Edited by W. von Koenigswald and L. Werdelin, pp. 39–47. *Courier Forschungsinstitut Senckenberg* 153.

Koenigswald, W. von, and T. van Kolfschoten. 1996. The *Mimomys–Arvicola* boundary and the enamel thickness quotient (SDQ) of *Arvicola* as stratigraphic markers in the Middle Pleistocene, in *The early Middle Pleistocene in Europe*. Edited by C. Turner, pp. 211–26. Rotterdam: Balkema.

Koenigswald, W. von, H.-J. Müller-Beck, and E. Pressmar. 1974. *Die Archäologie und Paläontologie der Weinberghöhlen bei Mauern (Bayern)*. Tübingen: Archaeologica Venatoria 3.

Kolfschoten, T. van. 1992. Aspects of the migration of mammals to northwestern

Europe during the Pleistocene, in particular the re-immigration of *Arvicola terrestris*, in *Mammalian migration and dispersal events in the European Quaternary*. Edited by W. von Koenigswald and L. Werdelin, pp. 213–20. *Courier Forschungsinstitut Senckenberg* 153.

Kolfschoten, T. van, W. Roebroeks, and J. Vandenberghe. 1993. The middle and late Pleistocene sedimentary and climatic sequence at Maastricht-Belvédère Interglacial. *Mededelingen Rijks Geologische Dienst* 47:81–91.

Kolfschoten, T. van, and W. Roebroeks (editors). 1985. Maastricht-Belvédère: Stratigraphy, palaeoenvironment and archaeology of the Middle and Late Pleistocene deposits. *Mededelingen Rijks Geologische Dienst* 39:1–121.

Kolfschoten, T. van, and E. Turner. 1996. Early Middle Pleistocene mammalian faunas from Kärlich and Miesenheim I and their biostratigraphical implications, in *The early Middle Pleistocene in Europe*. Edited by C. Turner, pp. 227–53. Rotterdam: Balkema.

Kolstrup, E. 1995. Palaeoenvironments in the north European lowlands between 50 and 10 ka BP. *Acta Zoologica Cracovensis* 38:35–44.

Kosse, K. 1990. Group size and societal complexity: thresholds in the long-term memory. *Journal of Anthropological Archaeology* 9:275–303.

Koyama, S., and D. H. Thomas (editors). 1982. *Affluent foragers*. Osaka: National Museum of Ethnology, Senri Ethnological Studies 9.

Kozlowski, J. K. 1974. Upper Palaeolithic site with dwellings of mammoth bone – Cracow, Spadzista Street B. *Quaternaria* 44:1–110.

Kozlowski, J. K. (editor). 1982. *Excavation in the Bacho Kiro cave, Bulgaria*. Warsaw: Paristwowe Wydarunictwo, Naukowe.

1986. The Gravettian in Central and Eastern Europe. *Advances in World Archaeology* 5:131–200.

1988. Problems of continuity and discontinuity between the Middle and Upper Palaeolithic of Central Europe, in *Upper Pleistocene Prehistory of Western Eurasia*. Edited by H. Dibble and A. Montet-White, pp. 349–60. Philadelphia: University of Pennsylvania, University Museum Monograph 54.

1990. A multiaspectual approach to the origins of the Upper Palaeolithic in Europe in *The emergence of modern humans: an archaeological perspective*. Edited by P. Mellars, pp. 419–38. Edinburgh: Edinburgh University Press.

1994. Le Paléolithique des Carpathes occidentales. *Preistoria Alpina* 28:113–26.

Kozlowski, J. K., H. Laville, and B. Ginter. 1992. *Temnata cave: excavations in Karlukovo Karst area, Bulgaria*. Crakow: Jagellonian University Press.

Kretzoi, M., and V. T. Dobosi (editors). 1990. *Vértesszöllös: man, site and culture*. Budapest: Akadémiai Kiadó.

Kretzoi, N., and L. Vértes. 1965. Upper Biharian (intermindel) pebble-industry site in western Hungary. *Current Anthropology* 6:74–87.

Kuhn, S. L. 1989. Hunter-gatherer foraging organisation and strategies of artefact replacement and discard, in *Experiments in lithic technology*. Edited by D. Amick and R. Mauldin, pp. 33–47. Oxford: British Archaeological Reports, International Series 528.

1991. "Unpacking" reduction: lithic raw material economy in the Mousterian of West-Central Italy. *Journal of Anthropological Archaeology* 10:76–106.

1992. On planning and curated technologies in the Middle Palaeolithic. *Journal of Anthropological Research* 48:185–214.

1995. *Mousterian lithic technology: an ecological perspective*. Princeton: Princeton University Press.

Kummer, H. 1968. *Social organisation of Hamadryas baboons*. Chicago: Chicago University Press.

Kuper, A. 1988. *The invention of primitive society*. London: Routledge.
Laj, C., A. Mazaud, and J. C. Duplessy. 1996. Geomagnetic intensity and ^{14}C abundance in the atmosphere and ocean during the past 50 kyr. *Geophysical Research Letters* 23:2045–8.
Landau, M. 1991. *Narratives of human evolution*. New Haven: Yale University Press.
Lanziger, M., and M. Cremaschi. 1988. Flint exploitation and production at Monte Avena in the Dolomite Region of the Italian East Alps: lithic industry, site pattern, and paleoenvironmental context, in *Upper Pleistocene prehistory of Western Eurasia*. Edited by H. Dibble and A. Montet-White, pp. 125–39. Philadelphia: University of Pennsylvania, University Museum Monograph 54.
Laplace, G. 1961. Recherches sur l'origine et l'évolution des complexes leptolithiques. *Quaternaria* 5:153–240.
——— 1964. Les subdivisions du leptolithique italien (étude de typologie analytique). *Bulletino di Paletnologia Italiana* 15:25–63.
——— 1966. Recherches sur l'origine et l'évolution des complexes leptolithiques. *Ecole Française de Rome, Mélanges d'Archéologie et d'Histoire* 4.
Larick, R. 1984. Palaeolithic occupations of Périgord rock shelters viewed from the cherts found within Le Flageolet I, couche V, in *Jungpaläolithische Siedlungsstrukturen in Europa*. Edited by H. Berke, J. Hahn, and C.-J. Kind, pp. 29–38. Tübingen: Urgeschichtliche Materialhefte 6.
Latour, B., and S. C. Strum. 1986. Human social origins: oh please, tell us another story. *Journal of Social and Biological Structure* 9:169–87.
Laville, H. 1975. *Climatologie et chronologie du Paléolithique en Périgord: étude sédimentologique de dépots en grottes et sous abris*. Université de Provence: Mémoire No. 4, Etudes Quaternaires.
Laville, H., J.-P. Raynal, and J.-P. Texier. 1986. Le dernier interglaciaire et le cycle climatique würmien dans le sud-ouest et le Massif Central française. *Bulletin de l'Association Française pour l'Etude du Quaternaire* 1–2:35–46.
Laville, H., J.-P. Rigaud, and J. R. Sackett. 1980. *Rock shelters of the Périgord*. New York: Academic Press.
Layton, R. 1986. Political and territorial structures among hunter-gatherers. *Man* 21:18–33.
Leacock, E., and R. B. Lee (editors). 1982. *Politics and history in band societies*. Cambridge: Cambridge University Press.
Leakey, L. 1951. *Olduvai Gorge*. Cambridge: Cambridge University Press.
Leakey, M. D., 1971. *Olduvai Gorge Volume 3: excavations in Beds I and II 1960–1963*. Cambridge: Cambridge University Press.
Leakey, M. D. and D. A. Roe. 1994. *Olduvai Gorge Volume 5: excavations in Beds III, IV and the Masek Beds, 1968–71*. Cambridge: Cambridge University Press.
Leakey, R., and R. Lewin. 1977. *Origins*. New York: Dutton.
Lebel, S. 1992. Mobilité des hominides et systèmes d'exploitation des ressources lithiques au Paléolithique ancien: La Caune de l'Arago (France). *Canadian Journal of Archaeology* 16:48–69.
Lee, R. B. 1976. !Kung spatial organisation: an ecological and historical perspective, in *Kalahari hunter-gatherers*. Edited by R. B. Lee and I. DeVore, pp. 73–97. Cambridge, Mass.: Harvard University Press.
——— 1979. *The !Kung San: men, women, and work in a foraging society*. Cambridge: Cambridge University Press.
Lee, R. B., and I. DeVore (editors). 1968. *Man the hunter*. Chicago: Aldine.

(editors). 1976. *Kalahari hunter-gatherers: studies of the !Kung San and their neighbours*. Cambridge, Mass.: Harvard University Press.

Lemmonier, P. 1980. *Les Salines de l'ouest – logique technique, logique sociale*. Paris: Maison des Sciences de l'Homme.

1986. The study of material culture today: towards an anthropology of technical systems. *Journal of Anthropological Archaeology* 5:147–86.

1990. Topsy turvy techniques. Remarks on the social representation of techniques. *Archaeological Review from Cambridge* 9:27–37.

1993. Introduction, in *Technological choices: transformations in material cultures since the Neolithic*. Edited by P. Lemmonier, pp. 1–35. London: Routledge.

Leroi-Gourhan, A. 1961. Les fouilles d'Arcy-sur-Cure (Yonne). *Gallia Préhistoire* 4:1–16.

1968. *The art of prehistoric man in western Europe*. London: Thames and Hudson.

1993. *Gesture and speech*. Cambridge, Mass.: MIT Press.

Leroi-Gourhan, A., and M. Brézillon. 1966. L'habitation magdalénienne no. 1 de Pincevent près Montereau (Seine-et-Marne). *Gallia Préhistoire* 9:263–365.

1972. Fouilles de Pincevent: essai d'analyse ethnographique d'un habitat magdalénien (la section 36). *Gallia Préhistoire* supplément 7.

Leroi-Gourhan, A., and Arlette Leroi-Gourhan. 1964. Chronologie des grottes d'Arcy-sur-Cure (Yonne). *Gallia Préhistoire* 7:1–64.

Leroi-Gourhan, Arlette 1980. Les interstades du Würm supérieur, in *Problèmes de stratigraphie Quaternaire en France et dans les Pays Limitrophes*. Edited by J. Chaline, pp. 192–4. Dijon: Association Française pour l'Etude du Quaternaire.

Leroy-Prost, C. 1974. Les pointes en matière osseuse de l'Aurignacien. *Bulletin de la Société Préhistorique Française* 77:449–58.

Lesser, A. 1961. Social fields and the evolution of society. *Southwestern Journal of Anthropology* 17:40–7.

Lévêque, F., A. M. Backer, and M. Guilbaud (editors). 1993. *Context of a Late Neanderthal: implications of multidisciplinary research for the transition to Upper Paleolithic adaptations at Saint-Césaire, Charente-Maritime, France*. Monographs in World Archaeology 16. Madison, Wisconsin: Prehistory Press.

Lévi-Strauss, C. 1969. *The elementary structures of kinship*. Boston: Beacon Press.

Lhomme, J.-P., and S. Maury. 1990. *Tailler le silex*. Périgueux: Conseil Général de la Dordogne, Service de l'Archéologie.

Lindly, J., and G. A. Clark. 1990. Symbolism and modern human origins. *Current Anthropology* 31:233–40.

Liubin, V. P. 1989. Palaeolithic of Caucasus, in *The old stone age of the world: the Palaeolithic of Caucasus and Northern Asia*. Edited by P. I. Boriskovsky, pp. 9–142. Leningrad: Nauka.

Liubin, V. P., and G. Bosinski. 1995. The earliest occupation of the Caucasus region, in *The earliest occupation of Europe*. Edited by W. Roebroeks and T. van Kolfschoten, pp. 207–55. Leiden: University of Leiden and European Science Foundation.

Locht, J. L., C. Swinnen, P. Antoine, M. Patou-Mathis, and P. Auguste. 1994. Le gisement de Beauvais: deux occupations du Paléolithique moyen durant une phase pléniglaciaire. *Notae praehistoricae* 13:15–20.

Lockwood, J. G. 1974. *World climatology*. London: Edward Arnold.

Lourandos, H. 1977. Aboriginal spatial organization and population: southwestern Victoria reconsidered. *Archaeology and Physical Anthropology in Oceania* 12:202–25.

———. 1985. Intensification and Australian prehistory, in *Prehistoric hunters and gatherers: the emergence of cultural complexity*. Edited by T. D. Price and J. A. Brown, pp. 385–423. New York: Academic Press.

Lovejoy, C. O. 1981. The origin of man. *Science* 211:341–50.

Lumley, H. de. 1969a. *Une cabane acheuléenne dans la Grotte du Lazaret*. Paris: Mémoires de la Société Préhistorique Française 7.

———. 1969b. A Palaeolithic camp site at Nice. *Scientific American* 220:42–50.

———. 1969c. Le Paléolithique inférieur et moyen du Midi méditerranéen dans son cadre géologique, 1. Ligurie-Provence. *Gallia Préhistoire* supplément 5.

———. 1975. Cultural evolution in France in its palaeoecological setting during the middle Pleistocene, in *After the Australopithecines*. Edited by K. W. Butzer and G. Isaac, pp. 745–808. The Hague: Mouton.

———. 1979. L'homme de Tautavel; le prémier homme en Europe. *Dossiers de l'archéologie* 36:5–111.

——— (editor). 1972. *La grotte Moustérienne de l'Hortus*. Marseille: Etudes Quaternaires 1.

Lumley, H. de, and M.-A. de Lumley. 1979. L'homme de Tautavel. *Dossiers de l'archéologie* 36:54–9.

Lumley, M. A. de. 1976. Les anténéandertaliens dans le Sud, in *La Préhistoire Française*, vol. I. Edited by H. de Lumley, pp. 547–60. Paris: CNRS.

Luttropp, A., and G. Bosinski. 1971. *Der altsteinzeitliche Fundplatz Reutersruh bei Ziegenhain in Hessen*. Köln: Fundamente Reihe A/6.

MacRae, R. J. 1988. The Palaeolithic of the upper Thames and its quartzite implements, in *Non-flint stone tools and the Palaeolithic occupation of Britain*. Edited by R. J. MacRae and N. Moloney, pp. 123–54. Oxford: British Archaeological Reports 189.

Magee, B. 1987. *The great philosophers*. London: BBC Books.

Mai, D. H., D. Mania, T. Nötzold, V. Toepfer, E. Vlcek, and W. D. Heinrich. 1983. *Bilzingsleben II*. Berlin: Veröffentlichungen des Landesmuseums für Vorgeschichte Halle 36.

Mandryk, C. A. S. 1993. Hunter-gatherer social costs and the nonviability of submarginal environments. *Journal of Anthropological Research* 49:39–71.

Mania, D. 1978. *Homo erectus* von Bilzingsleben, Kreis Arten, und seine Kultur. *Jahresschrift Mitteldeutsche Vorgeschichte* 62:51–86.

———. 1986. Die Siedlungsspuren des *Homo erectus* von Bilzingsleben, in *Bilzingsleben III*. Edited by D. Mania and T. Weber, pp. 9–64. Berlin: Veröffentlichungen des Landesmuseums für Vorgeschichte Halle 39.

———. 1990. *Auf den Spuren des Urmenschen: Die Funde von Bilzingsleben*. Berlin: Theiss.

———. 1991a. The zonal division of the Lower Palaeolithic open-air site Bilzingsleben. *Anthropologie* 29:17–24.

———. 1991b. Eiszeitarchäologische Forschungsarbeiten in den Tagebauen des Saale – Elbe-Gebietes. *Veröffentlichungen des Museums für Ur- und Frühgeschichte Potsdam* 25:78–100.

———. 1995. The earliest occupation of Europe: the Elbe-Saale region (Germany), in *The earliest occupation of Europe*. Edited by W. Roebroeks and T. van Kolfschoten, pp. 85–102. Leiden: University of Leiden and European Science Foundation.

Mania, D., and A. Dietzel. 1980. *Begegnung mit dem Urmensch*. Leipzig: Theiss.

Mania, D., M. Thomae, T. Litt, and T. Weber. 1990. *Neumark-Gröbern. Beiträge zur Jagd des mittelpaläolithischen Menschen*. Berlin: Veröffentlichungen des

Landesmuseums für Vorgeschichte Halle 43.
Mania, D., and V. Toepfer. 1973. *Königsaue*. Berlin: Veröffentlichungen des Landesmuseums für Vorgeschichte Halle 26.
Mania, D., V. Toepfer, and E. Vlcek. 1980. *Bilzingsleben I*. Berlin: Veröffentlichungen des Landesmuseums für Vorgeschichte Halle 32.
Mania, D., and T. Weber (editors). 1986. *Bilzingsleben III*. Berlin: Veröffentlichungen des Landesmuseums für Vorgeschichte Halle 39.
Marcy, J.-L., P. Auguste, M. Fontugne, A.-V. Munaut, and B. Van Vliet-Lanoé. 1993. Le gisement Moustérien d'Hénin-sur-Cojeul (Pas-de-Calais). *Bulletin de la Société Préhistorique Française* 90:251–6.
Marks, A. E. 1983. The Middle to Upper Palaeolithic transition in the Levant. *Advances in World Archaeology* 2:51–98.
Marks, A. E., Y. E. Demidenko, K. Monigal, V. I. Usik, C. R. Ferring, A. Burke, J. Rink, and C. McKinney. 1997. Starosel'e and the Starosel'e child: new excavations, new results. *Current Anthropology* 38:112–23.
Maroto, J., and N. Soler. 1990. La rupture entre le Paléolithique moyen et le Paléolithique supérieur en Catalogne: Paléolithique moyen récent et Paléolithique supérieur ancien en Europe. Ruptures et transitions: examen critique des documents archéologiques. *Actes du Colloque international de Nemours, Nemours, 1990*, pp. 263–5. Mémoires du Musée de Préhistoire d'Ile de France 3.
Maroto, J., N. Soler, and A. Mir. 1987. La cueva de Mollet I (Serinya, Gerona). *Cypsela* 6:101–10.
Marquardt, W. H. 1985. Complexity and scale in the study of fisher-gatherer-hunters: an example from the eastern United States, in *Prehistoric hunter-gatherers: the emergence of cultural complexity*. Edited by T. D. Price and J. A. Brown, pp. 59–98. Orlando: Academic Press.
Marshack, A. 1972. *The roots of civilization*. New York: McGraw-Hill.
    1990. Early hominid symbol and the evolution of the human capacity, in *The emergence of modern humans: an archaeological perspective*. Edited by P. Mellars, pp. 457–99. Edinburgh: Edinburgh University Press.
Marshall, G. 1993. Carnivores and Neanderthals: structured interaction, a critique of the evidence for the burial hypothesis. Unpublished Undergraduate Dissertation, University of Southampton.
Maryanski, A. R. 1993. The elementary forms of the first protohuman society: an ecological/social network approach. *Advances in Human Ecology* 2:215–41.
    1996. African ape social networks: a blueprint for reconstructing early hominid social structure, in *The archaeology of human ancestry: power, sex and tradition*. Edited by J. Steele and S. J. Shennan, pp. 67–90. London: Routledge.
Maryanski, A., and M. Ishii-Kuntz. 1991. A cross-species application of Bott's hypothesis on role segregation and social networks. *Sociological Perspectives* 34:403–25.
Maryanski, A., and J. H. Turner. 1992. *The social cage: human nature and the evolution of society*. Stanford: Stanford University Press.
Mason, S., J. Hather, and G. Hillman. 1994. Preliminary investigation of the plant macro-remains from Dolní Věstonice II and its implications for the role of plant foods in Palaeolithic and Mesolithic Europe. *Antiquity* 68:48–57.
Masson, B., and L. Vallin. 1996. Ein unverlagerter Schlagplatz für Levalloisabschläge im Weichselzeitlichen Löss bei Hermies (Pas-de-Calais, Frankreich). *Archäologisches Korrespondenzblatt* 26:225–31.
Mauss, M. 1906. Essai sur les variations saisonnières des sociétés Eskimos: étude de morphologie sociale. *L'Année Sociologique* 9:39–132.

1936. Les techniques du corps. *Journal de Psychologie* 32.

1967. *The gift*. New York: W. W. Norton.

McBryde, I. 1978. Wil-im-ee Moor-ring: or, where do axes come from? *Mankind* 11:354–82.

1988. Goods from another country: exchange networks and the people of the Lake Eyre basin, in *Archaeology to 1788*. Edited by J. Mulvaney and P. White, pp. 253–73. Sydney: Waddon Associates.

in press. 'The landscape is a series of stories.' Grindstones, quarries and exchange in aboriginal Australia: a case study from the Cooper/Lake Eyre Basin, Australia, in *Siliceous rocks and culture: Proceedings of the VI International Flint Symposium*. Edited by A. Ramos-Millán. Granada: Madrid University.

McCurdy, G. G. 1931. The use of rock crystal by Palaeolithic man. *Proceedings of the National Academy of Sciences* 17:633–7.

McGlade, J. 1995. Archaeology and the ecodynamics of human-modified landscapes. *Antiquity* 69:113–32.

McNabb, J., and N. M. Ashton. 1993. The cutting edge: bifaces in the Clactonian. *Lithics* 13:4–10.

McNiven, I. J. 1990. Prehistoric aboriginal settlement and subsistence in the Cooloola region, coastal southeast Queensland. Unpublished Ph.D. Thesis, The University of Queensland.

Meillassoux, C. 1973. On the mode of production of the hunting band, in *French perspectives in African studies*. Edited by P. Alexandre, pp. 187–203. London: Oxford University Press.

Mellars, P. A. 1969. The chronology of Mousterian industries in the Périgord region of south-west France. *Proceedings of the Prehistoric Society* 35:134–71.

1970. Some comments on the notion of 'functional variability' in stone tool assemblages. *World Archaeology* 2:74–89.

1973. The character of the Middle–Upper Palaeolithic transition in south-west France, in *The explanation of culture change: models in prehistory*. Edited by C. Renfrew, pp. 255–76. London: Duckworth.

1985. The ecological basis of social complexity in the Upper Palaeolithic of southwestern France, in *Prehistoric hunter-gatherers: the emergence of cultural complexity*. Edited by T. D. Price and J. A. Brown, pp. 271–97. Orlando: Academic Press.

(editor). 1990. *The emergence of modern humans*. Edinburgh: Edinburgh University Press.

1992. Technological change in the Mousterian of southwest France, in *The Middle Palaeolithic: adaptation, behaviour, and variability*. Edited by H. L. Dibble and P. Mellars, pp. 39–45. Philadelphia: University of Pennsylvania, University Museum 72.

1996. *The Neanderthal legacy: an archaeological perspective from Western Europe*. Princeton: Princeton University Press.

Mellars, P. A., and C. Stringer (editors). 1989. *The human revolution: behavioural and biological perspectives on the origins of modern humans*. Edinburgh: Edinburgh University Press.

Mercier, N., H. Valladas, J.-L. Joron, J.-L. Reyss, F. Lévêque, and B. Vandermeersch. 1991. Thermoluminescence dating of the late Neanderthal remains from Saint Césaire. *Nature* 351:737–9.

Milardo, R. M. 1992. Comparative methods for delineating social networks. *Journal of Social and Personal Relationships* 9:447–61.

Miller, G. A. 1956. The magical number seven plus or minus two: some limits on our capacity for processing information. *Psychological Review* 63:81–97.
Milroy, L. 1987. *Language and social networks*, 2nd edition. Oxford: Blackwell.
Milton, K. 1988. Foraging behaviour and the evolution of primate intelligence, in *Machiavellian intelligence*. Edited by R. Byrne and A. Whiten, pp. 285–305. Oxford: Clarendon Press.
Miracle, P. T., L. E. Fisher, and J. Brown (editors). 1991. *Foragers in context: long-term, regional, and historical perspectives in hunter-gatherer studies*. Ann Arbor: Michigan Discussions in Anthropology 10.
Mitchell, J. C. 1974. Social networks. *Annual Review of Anthropology* 3:279–99.
Mithen, S. 1990. *Thoughtful foragers*. Cambridge: Cambridge University Press.
 1993a. Individuals, groups and the Palaeolithic record: a reply to Clark. *Proceedings of the Prehistoric Society* 59:393–8.
 1993b. Language, technology, and intelligence: a holy trinity for cognitive archaeology. *Cambridge Archaeological Journal* 3:285–300.
 1994. Technology and society during the Middle Pleistocene: hominid group size, social learning and industrial variability. *Cambridge Archaeological Journal* 4:3–32.
 1996. *The prehistory of the mind: a search for the origins of art, religion and science*. London: Thames and Hudson.
Mogosanu, F. 1976. L'Aurignacien du Banat, in *L'Aurignacien en Europe*. Congrès IX, Colloque XVI. Edited by J. K. Kozlowski, pp. 75–97. Nice: UISPP.
 1978. *Paleoliticul din Banat*. Bucuresti: Academi Republicae Socialae Romaniei.
Moncel, M. H. 1994. L'industrie lithique des trois niveaux supérieurs de l'abri du Maras (Ardèche), in *Les industries laminaires au Paléolithique moyen*. Edited by S. Révillion and A. Tuffreau, pp. 117–23. Paris: Centre National de la Recherche Scientifique 18.
Monnier, J.-L. 1994. A new regional group of the Lower Palaeolithic in Brittany (France), recently dated by electron spin resonance. *Centre Recherche Academie Science Paris* 319:155–60.
Montet-White, A. 1988. Raw-material economy among medium-sized Late Palaeolithic campsites of Central Europe, in *Upper Pleistocene prehistory of Western Eurasia*. Edited by H. Dibble and A. Montet-White, pp. 361–74. Philadelphia: University of Pennsylvania, University Museum Monograph 54.
Moore, H. 1986. *Space, text and gender*. Cambridge: Cambridge University Press.
Morphy, H. 1989. From dull to brilliant: the aesthetics of spiritual power among the Yolngu. *Man* 24:21–40.
Morris, B. 1982. *Forest traders: a socio-economic study of the Hill Pandaram*. New Jersey: Humanities Press.
Moser, S. 1989. A history of reconstructions. Unpublished BA thesis, LaTrobe University.
 1992. The visual language of archaeology: a case study of the Neanderthals. *Antiquity* 66:831–44.
 1998. *Ancestral images*. Stroud: Sutton Publishing.
Moser, S., and C. S. Gamble. 1997. Revolutionary images: the iconic vocabulary for representing human antiquity, in *The cultural life of images: visual representation in archaeology*. Edited by B. L. Molyneaux, pp. 184–212. London: Routledge.
Moss, C. 1988. *Elephant memories*. London: Montana.
Mottl, M. 1941. Die Interglazial-und Iinterstadial-Zeiten im Lichte der

Ungarischen Säugetierfauna. *Mitteilungen aus dem Jahrbuche der Königlich-Ungarischen Geologischen Anstalt* 35:1–33.

Movius, H. L. (editor). 1975. *Excavation of the Abri Pataud, Les Eyzies (Dordogne)*. American School of Prehistoric Research, Bulletin 30. Cambridge, Mass.: Peabody Museum Press.

Movius, H. L. (editor). 1977. *Excavation of the Abri Pataud, Les Eyzies (Dordogne): Stratigraphy*. American School of Prehistoric Research, Bulletin 31. Cambridge, Mass.: Peabody Museum Press.

Moyà-Solà, S., and M. Köhler. 1997. The Orce skull: anatomy of a mistake. *Journal of Human Evolution* 33:91–7.

Mueller-Wille, S., and D. B. Dickson. 1991. An examination of some models of late Pleistocene society in southwestern Europe, in *Perspectives of the past: theoretical biases on Mediterranean hunter gatherer research*. Edited by G. A. Clark, pp. 25–55. Philadelphia: University of Pennsylvania Press.

Müller-Beck, H. 1973. Weinberghöhlen (Mauern) und Speckberg (Meilenhofen) 1964–1972, in *Neue paläolithische und mesolithische Ausgrabungen in der Bundesrepublik Deutschland*. Edited by H.-J. Müller-Beck, pp. 29–36. Tübingen, zum 9. INQUA-Kongress.

— 1988. The ecosystem of the 'Middle Paleolithic' (Late Lower Paleolithic) in the Upper Danube region: a stepping-stone to the Upper Paleolithic, in *Upper Pleistocene prehistory of Western Eurasia*. Edited by H. Dibble and A. Montet-White, pp. 233–54. Philadelphia: University of Pennsylvania, University Museum Monograph 54.

Münzel, S., P. Morel, and J. Hahn. 1994. Jungpleistozäne Tierreste aus der Geißenklösterle-Höhle bei Blaubeuren. *Fundberichte aus Baden-Württemberg* 19:63–93.

Murray, T. 1987. Remembrances of things present: appeals to authority in the history and philosophy of archaeology. Unpublished Ph.D. dissertation, University of Sydney.

Musil, R. 1980–1. *Ursus spelaeus. Der Höhlenbar*. Weimar: Museum für Ur und Frühgeschichte Thüringens.

— 1994. The fauna, in *Pavlov I: excavations 1952–3*. Edited by J. Svoboda, pp. 181–209. Liège: ERAUL 66.

Mussi, M. 1986a. On the chronology of the burials found in the Grimaldi caves. *Human evolution* 1:95–104.

— 1986b. Italian Palaeolithic and Mesolithic burials. *Human evolution* 1:545–56.

— 1988. Continuité et discontinuité dans les practiques funéraires au Paléolithique: le cas de l'Italie, in *L'Homme de Néandertal*. Edited by M. Otte, vol. V, *La Pensée*, pp. 93–107. Liège: ERAUL 32.

— 1990. Continuity and change in Italy at the last glacial maximum, in *The world at 18 000 BP, Volume 1: High latitudes*. Edited by O. Soffer and C. Gamble, pp. 126–47. London: Unwin Hyman.

— 1992. *Il Paleolitico e il Mesolitico in Italia*. Bologna: Stilus, Popoli e civiltà dell' Italia 10.

— 1995. The earliest occupation of Europe: Italy, in *The earliest occupation of Europe*. Edited by W. Roebroeks and T. van Kolfschoten, pp. 27–49. Leiden: University of Leiden and European Science Foundation.

Nelson, R. K. 1973. *Hunters of the northern forest*. Chicago: University of Chicago Press.

Newell, R. R. 1984. On the Mesolithic contribution to the social evolution of western European society, in *European social evolution: archaeological*

perspectives. Edited by J. L. Bintliff, pp. 69–82. Bradford: University of Bradford.
Newell, R. R., and T. S. Constandse-Westermann. 1986. Testing an ethnographic analogue of Mesolithic social structure and the archaeological resolution of Mesolithic ethnic groups and breeding populations. *Proceedings of the Koninklijke Nederlandse Akademie van Wetenschappen* 89:243–310.
Nicholson, A., and S. Cane. 1991. Desert camps: analysis of Australian Aboriginal proto-historic campsites, in *Ethnoarchaeological approaches to mobile campsites: hunter-gatherer and pastoralist case studies*. Edited by C. S. Gamble and W. A. Boismier, pp. 263–354. Ann Arbor: International Monographs in Prehistory, Ethnoarchaeological Series 1.
Nicolaescu-Plopsor, C. S., A. L. Paunescu, and F. Mogosanu. 1966. Paléolithique du Ceahlau. *Dacia* 10:5–116.
Ninkovitch, D., and N. J. Shackleton. 1975. Distribution, stratigraphic position and age of ash layer 'L' in the Panama basin. *Earth and Planetary Science Letters* 27:20–34.
Nitecki, M. H., and D. V. Nitecki (editors). 1987. *The evolution of human hunting*. New York: Plenum.
Noble, W., and I. Davidson. 1996. *Human evolution, language and mind*. Cambridge: Cambridge University Press.
O'Connell, J. F., K. Hawkes, and N. G. Blurton-Jones. 1992. Patterns in the distribution, site structure and assemblage composition of Hadza kill-butchering sites. *Journal of Archaeological Science* 19:319–45.
Oakley, K. P. 1949. *Man the tool maker*. London: Natural History Museum.
Oakley, K. P., P. Andrews, L. H. Keeley, and J. D. Clark. 1977. A re-appraisal of the Clacton spearpoint. *Proceedings of the Prehistoric Society* 43:13–30.
Oakley, K. P., B. G. Campbell, and T. I. Molleson. 1971. *Catalogue of fossil hominids. Part II: Europe*. London: British Museum (Natural History).
Oakley, K. P., and M. D. Leakey. 1937. Report on excavations at Jaywick Sands, Essex (1934); with some observations on the Clactonian Industry, and on the fauna and geological significance of the Clacton Channel. *Proceedings of the Prehistoric Society* 3:217–60.
Ohel, M. 1979. The Clactonian: an independent complex or an integral part of the Acheulian? *Current Anthropology* 20:685–726.
Oliva, M. 1984. Le Bohunicien, un nouveau groupe culturel en Moravie; quelques aspects psycho-technologiques du développement des industries Paléolithiques. *L'Anthropologie* 88:209–20.
  1988a. A Gravettian site with mammoth-bone dwelling in Milovice (Southern Moravia). *Anthropologie* 26:105–12.
  1988b. Discovery of a Gravettian mammoth bone hut at Milovice (Moravia, Czechoslovakia). *Journal of Human Evolution* 17:787–90.
Olive, M., and Y. Taborin (editors). 1989. *Nature et fonction des foyers préhistoriques*. Nemours: Mémoires du Musée de Préhistoire d'Ile de France 2.
Opravil, E. 1994. The vegetation, in *Pavlov I: excavations 1952-3*. Edited by J. Svoboda, pp. 175–80. Liège: ERAUL 66.
Otte, M. 1981. *Le Gravettien en Europe*. Brugge: Dissertationes Archaeologicae Gandenses, de Tempel 20.
  1994. Rocourt (Liège, Belgique): Industrie laminaire ancienne, in *Les industries laminaires au Paléolithique moyen*. Edited by S. Révillion and A. Tuffreau, pp. 179–86. Paris: Centre National de la Recherche Scientifique 18.

Owen, L. R. 1988. *Blade and microblade technology. Selected assemblages from the North American Arctic and the Upper Paleolithic of Southwest Germany.* Oxford: British Archaeological Reports, International Series 441.
    1996. Der Gebrauch von Pflanzen im Jungpaläolithikum Mitteleuropas. *Ethnographisch-Archäologische Zeitschrift* 37:119–46.

Paine, R. 1967. What is gossip about? An alternative hypothesis. *Man* 2:278–85.

Palma di Cesnola, A. 1976. Le leptolithique archaïque en Italie, in *Périgordien et Gravettien en Europe.* Congrès IX, Colloque XV. Edited by B. Klíma, pp. 66–99. Nice: UISPP.
    1981. Italie, in *Resumen de las Investigaciones de 1976 a 1981,* vol. X Congresso, Comision X. Edited by R. Desbrosse and J. K. Kozlowski, pp. 31–5. Mexico City: UISPP.
    1996. *Le Paléolithique inférieur et moyen en Italie.* Grenoble: Millon, Préhistoire d'Europe.

Palmqvist, P. 1997. A critical re-evaluation of the evidence for the presence of hominids in Lower Pleistocene times at Venta Micena, Southern Spain. *Journal of Human Evolution* 33:83–9.

Parés, J. M., and A. Pérez-González. 1995. Paleomagnetic age for hominid fossils at Atapuerca archaeological site, Spain. *Science* 269:830–2.

Parish, A. R. 1996. Female relationships in Bonobos (*Pan paniscus*): evidence for bonding, cooperation, and female dominance in a male-philopatric species. *Human Nature* 7:61–96.

Parker, S. T. 1987. A sexual selection model for hominid evolution. *Human Evolution* 2:235–53.

Parker, S. T., and C. Milbrath. 1993. Higher intelligence, propositional language, and culture as adaptations for planning, in *Tools, language and cognition in human evolution.* Edited by K. Gibson and T. Ingold, pp. 314–33. Cambridge: Cambridge University Press.

Parkington, J., and G. Mills. 1991. From space to place: the architecture and social organisation of Southern African mobile communities, in *Ethnoarchaeological approaches to mobile campsites: hunter-gatherer and pastoralist case studies.* Edited by C. S. Gamble and W. A. Boismier, pp. 355–70. Ann Arbor: International Monographs in Prehistory, Ethnoarchaeological Series 1.

Pasda, C. 1994. *Das Magdalenian in der Freiburger Bucht.* Stuttgart: Materialhefte zur Archäologie in Baden-Württemberg 24.
    1996a. Rohknolle, Vollkern oder Abschlag? Strategien der Rohmaterialnutzung im Mittelpaläolithikum von Zwochau (Leipziger Tieflandsbucht). *Archäologisches Korrespondenzblatt* 26:1–12.
    1996b. Silexverarbeitung am Rohmaterialvorkommen im Mittelpleistozän. *Arbeits- und Forschungsberichte zur Sächsischen Bodendenkmalpflege* 38:13–55.

Patou-Mathis, M. 1993. Etude taphonomique et paléthnographique de la faune de l'abri des Canalettes, in *L'Abri des Canalettes. Un habitat Moustérien sur les grands Causses (Nant, Aveyron).* Edited by L. Meignen, pp. 199–237. Paris: CNRS, Monographies du Centre de Recherches Archéologiques, Monograph 10.
    1994. Archéozoologie des niveaux Moustériens et Aurignaciens de la grotte Tournal à Bize (Aude). *Gallia Préhistoire* 36:1–64.

Paunescu, A. L. 1965. Sur la succession des habitats Paléolithiques et postpaléolithiques de Ripiceni-Izvor. *Dacia* 9:1–32.

Penck, A., and E. Brückner. 1909. *Die Alpen in Eiszeitalter.* Leipzig.

Peretto, C. 1991. Les gisements d'Isernia la Pineta (Molise, Italie), in *Les Premiers Européens*. Edited by E. Bonifay and B. Vandermeersch, pp. 153–68. Paris: Editions du C.T.H.S.
    (editor). 1992. *I primi abitanti della Valle Padana: Monte Poggiolo nel quadro delle conoscenze Europée*. Milano: Jaca Book.
Peretto, C., C. Terzani, and M. Cremaschi (editors). 1983. *Isernia La Pineta, un accampamento più antico di 700,000 anni*. Bologna: Calderini.
Peris, J. F., P. M. G. Calatayud, and R. M. Valle. 1994. Cova del Bolomor (Tavernes de la Valldigna, Valencia) primeros datos de una secuencia del Pleistoceno medio. *Sagvntvm* 27:9–35.
    1997. *Cova del Bolomor: los primeros habitantes de las tierras Valencianas*. Valencia: Diputació de València.
Perlès, C. 1976. Le feu, in *La Préhistoire française*, vol. I. Edited by H. de Lumley, pp. 679–83. Paris: CNRS.
    1992. In search of lithic strategies: a cognitive approach to prehistoric chipped stone assemblages, in *Representations in archaeology*. Edited by J. Gardin and C. Peebles, pp. 223–47. Bloomington and Indianapolis: Indiana University Press.
Peterson, N. 1986. *Australian territorial organisation*. Sydney: Oceania Monograph 30.
Peyrony, D. 1933. Les industries aurignaciennes dans le bassin de la Vézère. Aurignacien et Périgordien. *Bulletin de la Société Préhistorique Française* 30:543–59.
Pfeiffer, J. E. 1982. *The creative explosion*. New York: Harper and Row.
Pickering, M. 1994. The physical landscape as a social landscape. *Archaeology in Oceania* 29:149–61.
Pigeot, N. 1990. Technical and social actors: flint knapping specialists at Magdalenian Etiolles. *Archaeological Review from Cambridge* 9:126–41.
Pillard, B. 1972. La faune des grands mammifères du Würmien II, in *La Grotte de Hortus*, Edited by H. de Lumley, pp. 163–205. Marseille: Etudes Quaternaires 1.
Piperno, M., and I. Biddittu. 1978. Studio tipologico ed interpretazione dell'industria acheulena e pre-musteriana dei livelli *m* e *d* di Torre in Pietra (Roma). *Quaternaria* 20:441–536.
Pitts, M., and M. Roberts. 1997. *Fairweather Eden: life in Britain half a million years ago as revealed by the excavations at Boxgrove*. London: Century.
Politis, G. G. 1996. Moving to produce: Nukak mobility and settlement patterns in Amazonia. *World Archaeology* 27:492–511.
Potts, R. 1988. *Early hominid activities at Olduvai*. New York: Aldine.
    1993. The hominid way of life, in *The Cambridge Encyclopedia of Human Evolution*. Edited by S. Jones, R. Martin, and D. Pilbeam, pp. 325–34. Cambridge: Cambridge University Press.
Praslov, N. D. (editor). 1981. *Ketrosy. A Mousterian Site on the middle Dniestr region*. Moscow: Nauka.
Praslov, N. D., and A. N. Rogachev (editors). 1982. *Palaeolithic of the Kostenki-Borshevo area on the Don river, 1879–1979*. Leningrad: NAUKA.
Price, T. D., and J. A. Brown (editors). 1985a. *Prehistoric hunters and gatherers: the emergence of cultural complexity*. Orlando: Academic Press.
Price, T. D., and J. A. Brown. 1985b. Aspects of hunter-gatherer complexity, in *Prehistoric hunter-gatherers: the emergence of cultural complexity*. Edited by T. D. Price and J. A. Brown, pp. 3–20. Orlando: Academic Press.
    1985c. Preface, in *Prehistoric hunter-gatherers: the emergence of cultural*

complexity. Edited by T. D. Price and J. A. Brown, pp. xiii–xv. Orlando: Academic Press.

Quéchon, G. 1976. Les sépultures des hommes du Palaéolithique supérieur, in *La Préhistoire Française*, vol. I. Edited by H. de Lumley, pp. 728–33. Paris: CNRS.

Quiatt, D., and V. Reynolds. 1993. *Primate behaviour: information, social knowledge, and the evolution of culture*. Cambridge: Cambridge University Press.

Radcliffe-Brown, A. R. 1952. *Structure and function in primitive society*. London: Cohen and West.

Ramaswamy, V. 1992. Explosive start to the last ice age. *Nature* 359:14.

Ranov, V. A. 1991. Les sites très anciens de l'âge de la pierre en U.R.S.S, in *Les premiers Européens*. Edited by E. Bonifay and B. Vandermeersch, pp. 209–16. Paris: CTHS.

Raposo, L., and M. Santonja. 1995. The earliest occupation of Europe: the Iberian peninsula, in *The earliest occupation of Europe*. Edited by W. Roebroeks and T. van Kolfschoten, pp. 7–26. Leiden: University of Leiden and European Science Foundation.

Raynal, J.-P., L. Magoga, and P. Bindon. 1995. Tephrofacts and the first human occupation of the French massif, in *The earliest occupation of Europe*. Edited by W. Roebroeks and T. van Kolfschoten, pp. 129–46. Leiden: University of Leiden and European Science Foundation.

Raynal, J.-P., L. Magoga, F.-Z. Sbihi-Alaoui, and D. Geraads. 1995. The earliest occupation of Atlantic Morocco: the Casablanca evidence, in *The earliest occupation of Europe*. Edited by W. Roebroeks and T. van Kolfschoten, pp. 255–62. Leiden: University of Leiden and European Science Foundation.

Redman, C., M. J. Berman, E. V. Curtin, W. T. Langhorne, N. M. Versaggi, and J. C. Wanser (editors). 1978. *Social archaeology*. New York: Academic Press.

Reiff, W. 1986. Die Sauerwasserkalke von Stuttgart. *Fundberichte aus Baden-Württemberg* 11:2–25.

Renfrew, C. 1973. *Before civilization*. London: Jonathan Cape.

Renfrew, C., and S. J. Shennan (editors). 1982. *Ranking, resource and exchange*. Cambridge: Cambridge University Press.

Rensink, E. 1993. *Moving into the north: Magdalenian occupation and exploitation of the loess landscapes of northwestern Europe*. Proefschrift: Leiden University.

Révillion, S., and A. Tuffreau (editors). 1994a. *Les industries laminaires au Paléolithique moyen*. Paris: Centre National de la Recherche Scientifique 18.

Révillion, S., and A. Tuffreau. 1994b. Introduction, in *Les industries laminaires au Paléolithique moyen*. Edited by S. Révillion and A. Tuffreau, pp. 11–17. Paris: Centre National de la Recherche Scientifique 18.

———. 1994c. Valeur et signification du débitage laminaire du gisement Paléolithique moyen de Seclin (Nord), in *Les industries laminaires au Paléolithique moyen*. Edited by S. Révillion and A. Tuffreau, pp. 19–43. Paris: Centre National de la Recherche Scientifique 18.

Reynolds, V. 1966. Open groups in hominid evolution. *Man* 1:441–52.

Richards, G. 1987. *Human evolution: an introduction for the behavioural sciences*. London: Routledge.

Rick, J. 1987. Dates as data: an examination of the Peruvian preceramic radiocarbon record. *American Antiquity* 52:55–73.

Riek, G. 1934. *Die Eiszeitjägerstation am Vogelherd, Band 1: Die Kulturen*. Tübingen: Heine.

Rigaud, J.-P. (editor). 1988a. *La Grotte Vaufrey à Cenac et Saint-Julien*

(Dordogne): Paléoenvironments, chronologie et activités humaines. Paris: Mémoires de la Société Préhistorique Française 19.

Rigaud, J.-P. 1988b. The Gravettian peopling of Southwestern France: taxonomic problems, in *Upper Pleistocene prehistory of western Eurasia*. Edited by H. Dibble and A. Montet-White, pp. 387–96. Philadelphia: University of Pennsylvania, University Museum Monograph 54.

Rigaud, J.-P., and J.-M. Geneste. 1988. L'utilisation de l'espace dans la Grotte Vaufrey, in *La Grotte Vaufrey à Cenac et Saint-Julien (Dordogne), Paléoenvironments, chronologie et activités humaines*. Edited by J.-P. Rigaud, pp. 593–611. Paris: Mémoires de la Société Préhistorique Française 19.

Rigaud, J.-P., J. F. Simek, and G. Thierry. 1995. Mousterian fires from Grotte XVI (Dordogne, France). *Antiquity* 69:902–12.

Roberts, M. B. 1986. Excavation of the Lower Palaeolithic site at Amey's Eartham Pit, Boxgrove, West Sussex: a preliminary report. *Proceedings of the Prehistoric Society* 52:215–46.

Roberts, M. B., C. S. Gamble, and D. R. Bridgland. 1995. The earliest occupation of Europe: the British Isles, in *The earliest occupation of Europe*. Edited by W. Roebroeks and T. van Kolfschoten, pp. 165–91. Leiden: University of Leiden and European Science Foundation.

Roberts, M. B., C. B. Stringer, and S. A. Parfitt. 1994. A hominid tibia from Middle Pleistocene sediments at Boxgrove, U.K. *Nature* 369:311–13.

Rodseth, L., R. W. Wrangham, A. Harrigan, and B. B. Smuts. 1991. The human community as a primate society. *Current Anthropology* 32:221–54.

Roe, D. A. 1964. The British Lower and Middle Palaeolithic: some problems, methods of study and preliminary results. *Proceedings of the Prehistoric Society* 30:245–67.

— 1981. *The Lower and Middle Palaeolithic periods in Britain*. London: Routledge and Kegan Paul.

— 1995. The Orce basin (Andalucia, Spain) and the initial Palaeolithic of Europe. *Oxford Journal of Archaeology* 14:1–12.

Roebroeks, W. 1988. *From find scatters to early hominid behaviour: a study of Middle Palaeolithic riverside settlements at Maastricht-Belvédère (The Netherlands)*. University of Leiden: Analecta Praehistorica Leidensia 21.

— 1996. The English Palaeolithic record: absence of evidence, evidence of absence and the first occupation of Europe, in *The English Palaeolithic reviewed*. Edited by C. S. Gamble and A. J. Lawson, pp. 57–62. Salisbury: Trust for Wessex Archaeology.

Roebroeks, W., N. J. Conard, and T. van Kolfschoten. 1992. Dense forests, cold steppes, and the Palaeolithic settlement of northern Europe. *Current Anthropology* 33:551–86.

Roebroeks, W., D. De Loecker, P. Hennekens, and M. van Ieperen. 1992. 'A veil of stones': on the interpretation of an early Middle Palaeolithic low density scatter at Maastricht Belvédère (The Netherlands). *Analecta Praehistorica Leidensia* 25:1–16.

— 1993. On the archaeology of the Maastricht-Belvédère pit. *Mededelingen Rijks Geologische Dienst* 47:69–80.

Roebroeks, W., J. Kolen, and E. Rensink. 1988. Planning depth, anticipation and the organization of Middle Palaeolithic technology: the 'archaic natives' meet Eve's descendants. *Helinium* 28:17–34.

Roebroeks, W., and T. van Kolfschoten. 1994. The earliest occupation of Europe: a short chronology. *Antiquity* 68:489–503.

— (editors). 1995. *The earliest occupation of Europe*. Leiden: University of Leiden and European Science Foundation.

Roebroeks, W., and A. Tuffreau. 1994. The Middle Palaeolithic of continental northwestern Europe. Paper presented at the ESF Workshop on the European Middle Palaeolithic. Arras.

Rogachev, A. N. 1957. The multilevel sites of the Kostenki-Borshevo region on the Don and the problem of the development of culture in the Upper Paleolithic epoch on the Russian Plain. *Materials and Researches on the Archaeology of the USSR* 59:9–134.

Rolland, N. 1981. The interpretation of Middle Palaeolithic variability. *Man* 16:15–42.

——— 1990. Middle Palaeolithic socio-economic formations in Western Eurasia: an exploratory survey, in *The emergence of modern humans: an archaeological perspective*. Edited by P. Mellars, pp. 347–89. Edinburgh: Edinburgh University Press.

Rolland, N., and H. Dibble. 1990. A new synthesis of Middle Palaeolithic variability. *American Antiquity* 55:480–99.

Ronen, A. 1991. The Yiron-Gravel lithic assemblage; artifacts older than 2.4 my in Israel. *Archäologisches Korrespondenzblatt* 21:159–64.

Rowell, T. E. 1991. What can we say about social structure? in *The development and integration of behaviour*. Edited by P. Bateson, pp. 255–69. Cambridge: Cambridge University Press.

Rowley, S. 1985. Population movements in the arctic. *Etudes/Inuit/Studies* 9:3–21.

Ruddiman, W. F., and M. E. Raymo. 1988. Northern hemisphere climate régimes during the past 3Ma: possible tectonic connections. *Philosophical Transactions of the Royal Society of London B* 318:1–20.

Ruddiman, W. F., M. Raymo, and A. McIntyre. 1986. Matuyama 41,000-year cycles: North Atlantic Ocean and northern hemisphere ice sheets. *Earth and Planetary Science Letters* 80:117–29.

Rudwick, M. 1976. The emergence of a visual language for geological science 1760–1840. *History of Science* 14:149–95.

Sackett, J. R. 1982. Approaches to style in lithic archaeology. *Journal of Anthropological Archaeology* 1:59–112.

Sahlins, M. 1972. *Stone age economics*. London: Tavistock.

Saint-Périer, R. de. 1930. *La Grotte d'Isturitz I: Le Magdalénien de la Salle de St Martin*. Archives d l'Institut de Paléontologie Humaine 7. Paris: Masson.

——— 1936. *La Grotte d'Isturitz II: Le Magdalénien de la Grande Salle*. Archives de l'Institut de Paléontologie Humaine 17. Paris: Masson.

Saint-Périer, R. de and S. de Saint-Périer. 1952. *La Grotte d'Isturitz III: Les Solutréens, les Aurignaciens et les Moustériens*. Archives de l'Institut de Paléontologie Humaine 25. Paris: Masson.

Santonja, M. 1991–2. Los últimos diez anos en la investigación del Paleolítico inferior de la cuenca del Duero. *Veleia* 8–9:7–41.

——— 1992. La adaptación al medio en el Paleolítico inferior de la Peninsula ibérica. Elementos para una reflexión, Elephantes, ciervos y ovicaprinos, in *La Economia de la prehistoria de la peninsula iberica*. Edited by A. Moure Romanillo, pp. 37–76. Santander: Universidad de Cantabria.

Santonja, M., N. Lopez-Martinez, and A. Perez-Gonzalez. 1980. Ocupaciones Achelenses en el Valle del Jarama. *Arqueologia y Paleoecologia* 1:1–352.

Santonja, M., and P. Villa. 1990. The Lower Paleolithic of Spain and Portugal. *Journal of World Prehistory* 4:45–94.

Schafer, D. 1981. Taubach. *Ethnographisch-Archäologische Zeitschrift* 22:369–96.

Scheer, A. 1985. Elfenbeinanhänger des Gravettien in Süddeutschland. *Archäologisches Korrespondenzblatt* 15:269–85.

1990. Von der Schichtinterpretation bis zum Besiedlungsmuster – Zusammensetzungen als absoluter Nachweis, in *The big puzzle*. Edited by E. Cziesla, S. Eickhoff, N. Arts, and D. Winter, pp. 623–50. Bonn: Holos, Studies in Modern Archaeology 1.

1993. The organization of lithic resource use during the Gravettian in Germany, in *Before Lascaux: the complex record of the Early Upper Palaeolithic*. Edited by H. Knecht, A. Pike-Tay, and R. White, pp. 193–210. Boca Raton: CRC Press.

Schlanger, N. 1990. Technique as human action: two perspectives. *Archaeological Review from Cambridge* 9:18–26.

1994. Mindful technology: unleashing the chaîne opératoire for an archaeology of mind, in *The ancient mind: elements of cognitive archaeology*. Edited by C. Renfrew and E. Zubrow, pp. 143–51. Cambridge: Cambridge University Press.

1996. Understanding Levallois: lithic technology and cognitive archaeology. *Cambridge Archaeological Journal* 6:231–54.

Schmidt, R. R. 1936. *The dawn of the human mind: a study of Palaeolithic man*. London: Sidgwick and Jackson.

Schrire, C. (editor). 1984. *Past and present in hunter-gatherer studies*. London: Academic Press.

Schwarcz, H. P., R. Grun, A. G. Latham, D. Mania, and K. Brunnacker. 1988. The Bilzingsleben archaeological site: new dating evidence. *Archaeometry* 30:5–17.

Schwarcz, H. P., and I. Skoflek. 1982. New dates for the Tata, Hungary, archaeological site. *Nature* 295:590–1.

Scott, K. 1986a. The bone assemblage from layers 3 and 6, in *La Cotte de St. Brelade 1961–1978. Excavations by C.B.M. McBurney*. Edited by P. Callow and J. M. Cornford, pp. 159–83. Norwich: Geo Books.

1986b. The large mammal fauna, in *La Cotte de St. Brelade 1961–1978: excavations by C.B.M. McBurney*. Edited by P. Callow and J. M. Cornford, pp. 109–37. Norwich: Geo Books.

Segre, A., and A. Ascenzi. 1984. Fontana Ranuccio: Italy's earliest Middle Pleistocene hominid site. *Current Anthropology* 25:230–3.

Service, E. R. 1966. *The hunters*. Englewood Cliffs, NJ: Prentice-Hall.

1971. *Primitive social organization: an evolutionary perspective*, 2nd edition. New York: Random House.

Shackleton, N. J. 1987. Oxygen isotopes, ice volume and sea level. *Quaternary Science Review* 6:183–90.

Shackleton, N. J., and N. D. Opdyke. 1973. Oxygen isotope and palaeomagnetic stratigraphy of Equatorial Pacific core V28–238. *Quaternary Research* 3:39–55.

Shanks, M., and C. Tilley. 1987a. *Social theory and archaeology*. London: Polity.

1987b. *Reconstructing archaeology*. Cambridge: Cambridge University Press.

Shennan, S. J. 1996. Social inequality and the transmission of cultural traditions in forager societies, in *The archaeology of human ancestry: power sex and tradition*. Edited by J. Steele and S. J. Shennan, pp. 365–79. London: Routledge.

Shipman, P., and J. Rose. 1983. Evidence of butchery and hominid activities at Torralba and Ambrona: an evaluation using microscopic techniques. *Journal of Archaeological Science* 10:465–74.

Shnirelman, V. A. 1992. Complex hunter-gatherers: exception or common phenomenon? *Dialectical Anthropology* 17:183–96.

Sibrava, V. 1986. Correlation of European glaciations and their relation to the deep-sea record. *Quaternary Science Reviews* 5: 433–42.

Silberbauer, G. 1981. *Hunter and habitat in the central Kalahari desert.* Cambridge: Cambridge University Press.

Simán, K. 1990. Population fluctuation in the Carpathian basin from 50 to 15 thousand years BP. *Acta Archaeologica Academiae Scientiarum Hungaricae* 42:13–19.

———. 1990–1. Some features of populational fluctuations in Europe between 50 to 15 thousand BP. *Antaeus* 19–20:11–16.

Simek, J. 1987. Spatial order and behavioural change in the French Palaeolithic. *Antiquity* 61:25–40.

Simek, J. F., and H. A. Price. 1990. Chronological change in Périgord lithic assemblage diversity, in *The emergence of modern humans: an archaeological perspective.* Edited by P. Mellars, pp. 243–62. Edinburgh: Edinburgh University Press.

Simek, J. F., and L. M. Snyder. 1988. Changing assemblage diversity in Périgord archaeofaunas, in *Upper Pleistocene prehistory of Western Eurasia.* Edited by H. Dibble and A. Montet-White, pp. 321–32. Philadelphia: University of Pennsylvania, University Museum Monograph 54.

Simon, H. A. 1974. How big is a chunk? *Science* 183:482–8.

———. 1981. *Sciences of the artificial.* Cambridge, Mass.: MIT Press.

Singer, R., B. G. Gladfelter, and J. J. Wymer. 1993. *The Lower Palaeolithic site at Hoxne, England.* London: The University of Chicago Press.

Singer, R., J. J. Wymer, B. G. Gladfelter, and R. G. Wolff. 1973. Excavation of the Clactonian industry at the golf course, Clacton-on-Sea, Essex. *Proceedings of the Prehistoric Society* 39:6–74.

Sklenář, K. 1976. Palaeolithic and Mesolithic dwellings: problems of interpretation. *Památky Archeologické* 68:249–340.

Skrdla, P., V. Cílek, and A. Prichystal. 1996. Dolní Věstonice III, excavations 1993–1995, in *Palaeolithic in the Middle Danube region.* Edited by J. Svoboda, pp. 173–206. Brno: Archeologicky ústav AV CR.

Smiley, F. E., C. M. Sinopoli, H. Jackson, W. H. Wills, and S. A. Gregg (editors).1980. *The archaeological correlates of hunter-gatherer societies: studies from the ethnographic record.* Ann Arbor: Michigan Discussions in Anthropology 5.

Smirnov, Y. A. 1989. Intentional human burial: Middle Palaeolithic (Last Glaciation) beginning. *Journal of World Prehistory* 3:199–233.

———. 1991. *Middle Palaeolithic burials.* Moscow: Nauka.

Smith, F. H. 1984. Fossil hominids from the Upper Pleistocene of Central Europe and the origin of modern Europeans, in *The origins of modern humans: a world survey of the fossil evidence.* Edited by F. H. Smith and F. Spencer, pp. 137–209. New York: Alan Liss.

Soffer, O. 1985a. Patterns of intensification as seen from the Upper Palaeolithic of the central Russian plain, in *Prehistoric hunter-gatherers:the emergence of cultural complexity.* Edited by T. D. Price and J. A. Brown, pp. 235–70. Orlando: Academic Press.

———. 1985b. *The Upper Palaeolithic of the Central Russian Plain.* New York: Academic Press.

——— (editor). 1987. *The Pleistocene Old World: regional perspectives.* New York: Plenum.

———. 1989. The Middle to Upper Palaeolithic transition on the Russian Plain, in *The Human Revolution: behavioural and biological perspectives on the origins of modern humans.* Edited by P. Mellars and C. Stringer, pp. 714–42. Edinburgh: Edinburgh University Press.

1993. Upper Palaeolithic adaptations in Central and Eastern Europe and man–mammoth interactions, in *From Kostenki to Clovis: Upper Paleolithic–Paleo-Indian adaptations.* Edited by O. Soffer and N. D. Praslov, pp. 31–49. New York: Plenum.

1994. Ancestral lifeways in Eurasia – the Middle and Upper Palaeolithic records, in *Origins of anatomically modern humans.* Edited by M. H. Nitecki and D. V. Nitecki, pp. 101–19. New York: Plenum.

Soffer, O., J. M. Adovasio, D. C. Hyland, B. Klíma and J. Svoboda. 1998. Perishable technologies and the genesis of the Eastern Gravettian. *Anthropologie* 36:43–68.

Soffer, O., and C. S. Gamble (editors). 1990. *The world at 18 000BP. Volume 1: High latitudes.* London: Unwin Hyman.

Soffer, O., and N. D. Praslov (editors). 1993. *From Kostenki to Clovis: Upper Paleolithic–Paleo-Indian adaptations.* New York: Plenum.

Soffer, O., and P. Vandiver. 1994. The ceramics, in *Pavlov I: excavations 1952–3.* Edited by J. Svoboda, pp. 161–73. Liège: ERAUL 66.

Soffer, O., P. Vandiver, B. Klíma, and J. Svoboda. 1993. The pyrotechnology of performance art: Moravian venuses and wolverines, in *Before Lascaux: the complex record of the Early Upper Paleolithic.* Edited by H. Knecht, A. Pike-Tay, and R. White, pp. 259–75. Boca Raton: CRC Press.

Soler, N., and J. Maroto. 1987. L'estratigrafia de la cova de l'Arbreda (Serinya, Girona). *Cypsela* 6:53–66.

Soler, N., X. Terradas, J. Maroto, and C. Plana. 1990. Le silex et les autres matières premières au Paléolithique moyen et supérieur, au nord-est de la Catalogne, in Le silex de sa genèse à l'outil: Actes du V Colloque international sur le Silex. *Cahiers du Quaternaire* 17:453–60.

de Sonneville-Bordes, D. 1960. *Le Paléolithique supérieur en Périgord.* Bordeaux: Delmas.

1974–5. Les listes types. Observations de méthode. *Quaternaria* 18:9–43.

1989. Foyers Paléolithiques en Périgord. *Mémoires du Musée de Préhistoire d'Ile de France* 2:225–37.

de Sonneville-Bordes, D., and J. Perrot. 1954–6. Lexique typologique du Paléolithique supérieur. Outillage lithique. *Bulletin de la Société Préhistorique Française* 51:327–35, 52:76–9, 53:408–12, 547–59.

Sperling, S. 1991. Baboons with briefcases: feminism, functionalism, and sociobiology in the evolution of primate gender. *Journal of Women in Culture and Society* 17.

Spiess, A. E. 1979. *Reindeer and caribou hunters: an archaeological study.* New York: Academic Press.

Stanley, V. 1980. Palaeoecology of the arctic-steppe mammoth biome. *Current Anthropology* 21:663–6.

Stanner, W. E. H. 1965. Aboriginal territorial organisation: estate, range, domain and regime. *Oceania* 36:1–26.

Stapert, D. 1992. Rings and sectors: intrasite spatial analysis of stone age sites. Doctoraat in de Letteren, Rijksuniversiteit Groningen.

Steele, J. 1994. Communication networks and dispersal patterns in human evolution: a simple simulation model. *World Archaeology* 26:126–43.

1996. On predicting hominid group sizes, in *The archaeology of human ancestry: power, sex and tradition.* Edited by J. Steele and S. Shennan, pp. 230–52. London: Routledge.

Steele, J., A. Quinlan, and F. Wenban-Smith. 1995. Stone tools and the linguistic capabilities of earlier hominids. *Cambridge Archaeological Journal* 5:245–56.

Steiner, W., and O. Wagenbreth. 1971. Zur geologischen Situation der altsteinzeitlichen Rastplätze in unteren Travertin von Ehringsdorf bei Weimar. *Alt-Thüringen* 11:47–75.

Stern, N. 1993. The structure of the Lower Pleistocene archaeological record. *Current Anthropology* 34:201–25.

Steward, J. H. 1936. The economic and social basis of primitive bands, in *Essays in anthropology presented to A. L. Kroeber*. Edited by R. H. Lowie, pp. 331–50. Berkeley: University of California Press.

1955. *Theory of culture change*. Urbana: University of Illinois Press.

Stiner, M. C. 1990. The use of mortality patterns in archaeological studies of hominid predatory adaptations. *Journal of Anthropological Archaeology* 9:305–51.

1992. Overlapping species 'choice' by Italian Upper Pleistocene predators. *Current Anthropology* 33:433–51.

1993. Modern human origins – faunal perspectives. *Annual Review of Anthropology* 22: 55–82.

1994. *Honor among thieves: a zooarchaeological study of Neandertal ecology*. Princeton: Princeton University Press.

Stiner, M. C., and S. L. Kuhn. 1992. Subsistence, technology, and adaptive variation in Middle Paleolithic Italy. *American Anthropologist* 94:306–39.

Straus, L. G. 1987. Upper Palaeolithic ibex hunting in SW Europe. *Journal of Archaeological Science* 14:163–78.

1989. Age of the modern Europeans. *Nature* 342:476–7.

1992. *Iberia before the Iberians: The Stone Age Prehistory of Cantabrian Spain*. Albuquerque: University of New Mexico Press.

1993. Preface, in *Context of a late Neanderthal: implications of multidisciplinary research for the transition to Upper Palaeolithic adaptations at Saint-Césaire, Charente-Maritime, France*. Edited by F. Lévêque, A. M. Backer, and M. Guilbaud, pp. xi–xii. Madison, Wisconsin: Prehistory Press, Monographs in World Archaeology 16.

Straus, L. G., J. L. Bischoff, and E. Carbonell. 1993. A review of the Middle to Upper Palaeolithic transition in Iberia. *Préhistoire Européenne* 3:11–27.

Straus, L. G., B. V. Eriksen, J. M. Erlandson, and D. R. Yesner (editors). 1996. *Humans at the end of the ice age: the archaeology of the Pleistocene–Holocene transition*. New York: Plenum.

Street, M., M. Baales, and B. Weninger. 1994. Absolute Chronologie des späten Paläolithikums und des Frühmesolithikums im Nördlichen Rheinland. *Archäologisches Korrespondenzblatt* 24:1–28.

Stringer, C. B. 1981. The dating of European Middle Pleistocene hominids and the existence of *Homo erectus* in Europe. *Anthropologie* 19:3–13.

1984. The definition of *Homo erectus* and the existence of the species in Africa and Europe. *Courier Forschungsinstitut Senckenberg* 69:131–43.

Stringer, C. B., and C. S. Gamble. 1993. *In search of the Neanderthals: solving the puzzle of human origins*. London: Thames and Hudson.

Stringer, C. B., and E. Mackie. 1996. *African exodus*. London: Cape.

Strum, S. C., and B. Latour. 1987. Redefining the social link: from baboons to humans. *Social Science Information* 26:783–802.

Stuart, A. J. 1982. *Pleistocene vertebrates in the British Isles*. London: Longman.

1996. Vertebrate faunas from the early Middle Pleistocene of East Anglia, in *The early Middle Pleistocene in Europe*. Edited by C. Turner, pp. 9–24. Rotterdam: Balkema.

Sturdy, D. A. 1975. Some reindeer economies in Palaeolithic Europe, in

Palaeoeconomy. Edited by E. S. Higgs, pp. 55–95. Cambridge: Cambridge University Press.

Suc, J.-P., and W. H. Zagwijn. 1983. Plio-Pleistocene correlations between the northwestern Mediterranean region and northwestern Europe according to recent biostratigraphic and palaeoclimatic data. *Boreas* 12:153–66.

Sutcliffe, A. J., and K. Kowalski. 1976. Pleistocene rodents of the British Isles. *Bulletin of the British Museum (Natural History), Geology* 27:37–137.

Svezhentsev, Y. S. 1993. Radiocarbon chronology for the Upper Paleolithic sites on the East European plain, in *From Kostenki to Clovis: Upper Paleolithic–Paleo-Indian Adaptations*. Edited by O. Soffer and N. D. Praslov, pp. 23–49. New York: Plenum Press.

Svoboda, J. 1987. Lithic industries of the Arago, Vértesszöllös, and Bilzingsleben hominids: comparison and evolutionary interpretation. *Current Anthropology* 28:219–27.

——— 1989. Middle Pleistocene adaptation in Central Europe. *Journal of World Prehistory* 3:33–70.

——— (editor). 1991. *Dolní Věstonice II: western slope*. Liège: ERAUL 54.

——— 1994a. *Paleolit Moravy a Slezska*. Brno: Dolnovesonické studies 1.

——— 1994b. Environment and Middle Palaeolithic adaptations in eastern Central Europe. Paper presented at the ESF Workshop on the European Middle Palaeolithic. Arras.

——— (editor). 1994c. *Pavlov I: excavations 1952–53*. Liège: ERAUL 66.

——— 1994d. The Pavlov site: lithic evidence from the Upper Palaeolithic. *Journal of Field Archaeology* 21:69–81.

——— 1994e. Afterword, in *Pavlov I: excavations 1952–53*. Edited by J. Svoboda, pp. 213–25. Liège: ERAUL 66.

——— (editor). 1996. *Palaeolithic in the Middle Danube region: anniversary volume to Bohuslav Klíma*. Svazek 5. Brno: Archeologicky Ustav AV CR 5.

Svoboda, J., and P. Dvorsky. 1994. *Archeologové na loveckych stezkách*. Brno: Albatros.

Svoboda, J., B. Klíma, and P. Skrdla. 1995. The Gravettian project: activities during the 1991–1994 period. *Archeologické Rozhledy* 47:279–300.

Svoboda, J., J. Lozek, H. Svobodová, and P. Skrdla. 1994. Předmostí after 110 years. *Journal of Field Archaeology* 21:457–71.

Svoboda, J., V. Lozek, and E. Vlček. 1996. *Hunters between east and west: the Palaeolithic of Moravia*. New York: Plenum.

Svoboda, J., and K. Simán. 1989. The Middle–Upper Paleolithic transition in Southeastern Central Europe (Czechoslovakia and Hungary). *Journal of World Prehistory* 3:283–322.

Svoboda, J., P. Skrdla, and L. Jarosova. 1993. Analyse einer Siedlungsfläche von Dolní Věstonice. *Archäologisches Korrespondenzblatt* 23:393–404.

Svobodova, H. 1991. The pollen analysis of Dolní Věstonice II, section No.1, in *Dolní Věstonice II Western Slope*. Edited by J. Svoboda, pp. 75–88. Liège: ERAUL 54.

Swisher, C. C., G. H. Curtis, T. Jacob, A. G. Getty, A. Suprijo, and Widiasmoro. 1994. Age of the earliest known hominids in Java, Indonesia. *Science* 263:1118–21.

Taborin, Y. 1993. *La parure en coquillage au Paléolithique*. Paris: CNRS, Gallia Préhistoire supplement 29.

Tanner, N. 1981. *On becoming human*. Cambridge: Cambridge University Press.

Tattersall, I. 1995. *The last Neanderthal: the rise, success, and mysterious extinction of our closest human relatives*. New York: Macmillan.

Tavoso, A. 1984. Reflexion sur l'économie des matières premières au Moustérien. *Bulletin de la Société Préhistorique Française* 81:79–82.

Thieme, H. 1983. Der paläolithische Fundplatz Rheindahlen. Dissertation, Köln.

——— 1990. Wohnplatzstrukturen und Fundplatzanalysen durch das Zusammensetzen von Steinartefakten: Ergebnisse vom mittelpaläolithischen Fundplatz Rheindahlen B 1 (Westwand-Komplex), in *The big puzzle*. Edited by E. Cziesla, S. Eickhoff, N. Arts, and D. Winter, pp. 543–68. Bonn: Holos, Studies in Modern Archaeology 1.

——— 1997. Lower Palaeolithic hunting spears from Germany. *Nature* 385:807–10.

Thieme, H., and R. Maier. 1995. *Archäologische Ausgrabungen im Brauaohletagebau Schöningen, Landkreis Helmstadt*. Hannover: Verlag Habüsche Buchhandlung.

Thieme, H., and S. Veil. 1985. Neue Untersuchungen zum eemzeitlichen Elefanten-Jagdplatz Lehringen, Landkreis Verden. *Die Kunde* 36:11–58.

Thomas, J. 1991. *Rethinking the Neolithic*. Cambridge: Cambridge University Press.

Thrasher, F. M. 1927. *The gang*. Chicago: Chicago University Press.

Tilley, C. 1996. *An ethnography of the Neolithic*. Cambridge: Cambridge University Press.

Tindale, N. B. 1974. *Aboriginal tribes of Australia*. Los Angeles: University of California Press.

Tode, A. (editor). 1953. Die Untersuchung der paläolithischen Freilandstation von Salzgitter-Lebenstedt. *Eiszeitalter und Gegenwart* 3:144–220.

——— 1982. *Der Altsteinzeitliche Fundplatz Salzgitter-Lebenstedt*. Köln: Bohlau Verlag.

Tomásková, S. 1994. Use-wear analysis and its spatial interpretation, in *Pavlov I: excavations 1952-3*. Edited by J. Svoboda, pp. 35–47. Liège: ERAUL 66.

——— 1995. A site in history: archaeology at Dolní Věstonice/Unterwisternitz. *Antiquity* 69:301–16.

Torrence, R. 1983. Time budgeting and hunter-gatherer technology, in *Hunter-gatherer economy in prehistory*. Edited by G. Bailey, pp. 11–22. Cambridge: Cambridge University Press.

——— (editor). 1989. *Time, energy and stone tools*. Cambridge: Cambridge University Press.

Trinkaus, E. (editor). 1989. *The emergence of modern humans: biocultural adaptations in the later Pleistocene*. Cambridge: Cambridge University Press.

Trinkaus, E., and J. Jelínek. 1997. Human remains from the Moravian Gravettian: the Dolní Věstonice 3 postcrania. *Journal of Human Evolution* 33:33–82.

Trinkaus, E., and P. Shipman. 1993. *The Neandertals*. New York: Alfred A. Knopf.

Tuffreau, A. 1982. The Transition lower/middle Palaeolithic in northern France. in *The transition from Lower to Middle Palaeolithic and the origin of modern man*. Edited by A. Ronen, pp. 137–49. Oxford: British Archaeological Reports, International Series 151.

——— 1988. L'industrie lithique du niveau 2A, in *Le gisement Paléolithique moyen de Biache-Saint-Vaast (Pas de Calais)*. Edited by A. Tuffreau and J. Sommé, pp. 171–85. Paris: Mémoires de la Société Préhistorique Française 21.

——— (editor). 1993. *Riencourt-les-Bapaume (Pas-de-Calais)*. Paris: Documents d'Archéologie Française.

Tuffreau, A., and P. Antoine. 1995. The earliest occupation of Europe: continental northwestern Europe, in *The earliest occupation of Europe*. Edited by W. Roebroeks and T. van Kolfschoten, pp. 147–63. Leiden: University of Leiden and European Science Foundation.

Tuffreau, A., J. P. Bouchet, A. V. Moigne, and A. V. Munaut. 1986. Les niveaux acheuléens de la moyenne terrasse de la vallée de la Somme à Cagny-l'Epinette (Somme). *L'Anthropologie* 90:9–27.

Tuffreau, A., S. Révillion, J. Sommé, and B. Van-Vliet-Lanoe. 1994. Le gisement Paléolithique moyen de Seclin (Nord). *Bulletin de la Société Préhistorique Française* 91:23–45.

Tuffreau, A., and J. Sommé (editors). 1988. *Le gisement Paléolithique moyen de Biache-Saint-Vaast (Pas-de-Calais)*. Paris: Mémoirs de la Société Préhistorique Française 21.

Turner, A. 1990. The evolution of the guild of larger terrestrial carnivores during the Plio-Pleistocene in Africa. *Geobios* 23:349–68.

——— 1992. Large carnivores and earliest European hominids: changing determinants of resource availability during the Lower and Middle Pleistocene. *Journal of Human Evolution* 22:109–26.

Turner, C. 1996. A brief survey of the early Middle Pleistocene in Europe, in *The early Middle Pleistocene in Europe*. Edited by C. Turner, pp. 295–317. Rotterdam: Balkema.

Turner, C., and G. E. Hannon. 1988. Vegetational evidence for late Quaternary climatic changes in southwest Europe in relation to the influence of the North Atlantic Ocean. *Philosophical Transactions of the Royal Society of London B* 318:451–85.

Turner, E. 1989. Miesenheim I: A lower Palaeolithic site in the Middle Rheineland (Neuwied Basin), FRG. *Ethnographisch Archäologische Zeitschrift* 30:521–31.

——— 1990. Middle and Late Pleistocene macrofaunas of the Neuwied Basin region (Rhineland-Palatinate) of West Germany. *Jahrbuch des Römisch-Germanischen Zentralmuseums Mainz* 37:133–403.

——— 1991. Pleistocene stratigraphy and vertebrate faunas from the Neuwied basin region of western Germany. *Cranium* 8:21–34.

Turner, J. H. 1991. *The structure of sociological theory*, fifth edition. Belmont: Wadsworth.

Turner, J. H., and A. Maryanski. 1991. Network analysis, in *The structure of sociological theory*. Edited by J. H. Turner, pp. 540–72. Belmont: Wadsworth.

Turq, A. 1988. L'approvisionnement en matières premières lithiques du Magdalénien du Quercy et du Haut-Agenais: étude préliminaire. *Colloque de Chancelade*, October 1988, pp. 301–8.

——— 1989. Approche technologique et économique du faciès Moustérien de type Quina: étude preliminaire. *Bulletin de la Société Préhistorique Française* 86:244–55.

——— 1990. Exploitation des matières premières lithiques dans le Moustérien entre Dordogne et Lot. *Cahiers du Quaternaire* 17:415–27.

——— 1992a. Le Paléolithique inférieur et moyen entre les vallées de la Dordogne et du Lot. Thèse, L'Université de Bordeaux I.

——— 1992b. Raw material and technological studies of the Quina Mousterian in Périgord, in *The Middle Palaeolithic: adaptation, behaviour, and variability*. Edited by H. L. Dibble and P. Mellars, pp. 75–87. Philadelphia: University of Pennsylvania, University Museum 72.

——— 1993. L'approvisionnement en matières premières lithiques au Moustérien et au début du Paléolithique supérieur dans le nord-est du bassin Aquitain (France), in *El origen del hombre moderno en el suroeste de Europa*. Edited by V. Cabrera-Valdés, pp. 315–25. Madrid: Universidad de Educación a Distancia.

Tylor, E. B. 1881. *Anthropology: an introduction to the study of man and civilisation*. London: Macmillan.

Tzedakis, P. C. 1993. Long-term tree populations in northwest Greece through multiple Quaternary climatic cycles. *Nature* 364:437–40.

Tzedakis, P. C., and K. D. Bennett. 1995. Interglacial vegetation succession: a view from southern Europe. *Quaternary Science Reviews* 14:967–82.

Ulrix-Closset, M. 1975. *Le Paléolithique moyen dans le bassin Mosan en Belgique*. Wetteren, Bibliothèque de la Faculté de Philosophie et Lettres de l'Université de Liège, Publications Exceptionélles No. 3, Editions Universa.

Valensi, P. 1991. Etude des stries de boucherie sur les ossements de cerf élaphe des niveaux supérieurs de la grotte du Lazaret (Nice, Alpes Maritimes). *L'Anthropologie* 95:797–830.

Valeri, V. 1992. Buying women but not selling them: gift and commodity exchange in Huaulu alliance. *Man* 29:1–26.

Valladas, H., J. L. Reyss, J. L. Joron, G. Valladas, O. Bar-Yosef, and B. Vandermeersch. 1988. Thermoluminescence dating of Mousterian 'Proto-Cro-Magnon' remains from Israel and the origin of modern man. *Nature* 331:614–16.

Vallois, H. V. 1961. The social life of early man: the evidence of skeletons, in *Social life of early man*. Edited by S. L. Washburn, pp. 214–35. New York: Wenner-Gren.

Valoch, K. 1982. Die Beingeräte von Předmostí in Mähren (Tschechoslowakei). *Anthropologie* 20:57–69.

——— 1988. *Die Erforschung der Kulna Höhle 1961–1976*. Brno: Moravske Muzeum, Anthropos 24.

——— 1995a. Einige Aspekte der Besiedlungsstabilität im Paläolithikum, in *Man and environment in the Palaeolithic*. Edited by H. Ullrich, pp. 283–9. Liège: ERAUL 62.

——— 1995b. Territoires d'implantation, contacts et diffusion des sociétés du Paléolithique supérieur dans l'ancienne Tchécoslovaquie. *L'Anthropologie* 99:593–608.

——— 1996. *Le Paléolithique en Tchéquie et en Slovaquie*. Grenoble: Millon.

Van Andel, T. H. 1996. European Palaeolithic landscapes 140,000–30,000 years ago – a summary. *XIII Congress UISPP, Forli, 1996*, pp. 1–17.

Van Andel, T. H., and C. Runnels, N. 1995. The earliest farmers in Europe. *Antiquity* 69:481–500.

Van Andel, T. H., and P. C. Tzedakis. 1996. Palaeolithic landscapes of Europe and environs, 150,000–25,000 years ago: an overview. *Quaternary Science Reviews* 15:481–500.

——— 1998. Priority and opportunity: reconstructing the European Middle Palaeolithic climate and landscape, in *Science in Archaeology*. Edited by J. Bayley, pp. 37–45. London: English Heritage.

Van den Boggard, P., C. M. Hall, H.-U. Schmincke, and D. York. 1989. Precise single grain dating of a cold to warm climate in central Europe. *Nature* 342:523–5.

Vandenberghe, J., W. Roebroeks, and T. van Kolfschoten. 1993. Maastricht-Belvédère: stratigraphy, palaeoenvironment and archaeology of the Middle and Late Pleistocene deposits: part II. *Medelingen Rijks Geologische Dienst* 47:1–91.

Vandermeersch, B. 1993. Was the Saint-Césaire discovery a burial?, in *Context of a late Neanderthal: implications of multidisciplinary research for the transition to Upper Palaeolithic adaptations at Saint-Césaire, Charente-Maritime, France*. Edited by F. Lévêque, A. M. Backer, and M. Guilbaud,

pp. 129–31. Madison, Wisconsin: Prehistory Press, Monographs in World Archaeology 16.
Vandiver, P. B., O. Soffer, B. Klíma, and J. Svoboda. 1989. The origins of ceramic technology at Dolní Věstonice, Czechoslovakia. *Science* 246:1002–8.
Vaquero, M. 1992. Processos de canvi technologic al voltant del 40,000 BP. Continuitat o rutura. *ESTRAT: Revista d'arquelogia, prehistoria i historia antiga* 5:1–156.
Vega Toscano, L. G. 1989. Ocupaciones humanas en el Pleistoceno de la depresion de Guadix-Baza: elementos de discusion, in *Geologia y paleontologia de la cuenca de Guadix-Baza*. Edited by M. T. Alberdi and F. P. Bonadonna, pp. 327–45. Madrid: E.T.S. 11.
——— 1993. El transito del Paleolitico Medio al Paleolitico Superior en el sur de la Peninsula Iberica, in *El origen del hombre moderno en el suroeste de europa*. Edited by V. Cabrera Valdés, pp. 147–70. Madrid: Universidad de Educación a Distancia.
Vega Toscano, L. G., L. Raposo, and M. Santonja. 1994. Environments and settlements in the Middle Palaeolithic of the Iberian peninsula. Paper presented at the ESF Workshop on the European Middle Palaeolithic. Arras.
Ventura, D. 1993. La Grotta di Lamalunga. *Atti della I conferenza cittadina Altamura*.
Vértes, L. 1964. *Tata – eine mittelpaläolithische Travertinsiedlung in Ungarn*. Budapest: Akadémiai Kiado.
Villa, P. 1976–7. Sols et niveaux d'habitat du Paléolithique inférieur en Europe et du Proche Orient. *Quaternaria* 19:107–34.
——— 1982. Conjoinable pieces and site formation processes. *American Antiquity* 47:276–90.
——— 1991. Middle Pleistocene prehistory in southwestern Europe: the state of our knowledge and ignorance. *Journal of Anthropological Research* 47:193–217.
Vita-Finzi, C., and E. S. Higgs. 1970. Prehistoric economy in the Mount Carmel area of Palestine, site catchment analysis. *Proceedings of the Prehistoric Society* 36:1–37.
Vlček, E. 1978. A new discovery of *Homo erectus* in Central Europe. *Journal of Human Evolution* 7:239–51.
Vogel, J. 1983. C14 variations during the Upper Pleistocene. *Radiocarbon* 25:213–18.
Von den Driesch, A., and J. Boessneck. 1975. Schnittspuren an neolithischen Tierknochen. *Germania* 53:1–23.
Waal, F. de 1982. *Chimpanzee politics*. London: Jonathan Cape.
Waechter, J. d'A., M. H. Newcomer, and B. W. Conway. 1970. Swanscombe 1970. *Proceedings of the Royal Anthropological Institute of Great Britain and Ireland for 1970*: 43–64.
Ward, R., and C. Stringer. 1997. A molecular handle on the Neanderthals. *Nature* 388:225–6.
Warren, S. H. 1914. The experimental investigation of flint fracture and its application to problems of human implements. *Journal of the Royal Anthropological Institute* 44:412–50.
——— 1920. A natural 'eolith' factory beneath the Thanet Sand. *Quarterly Journal of the Geological Society* 76:238–53.
Washburn, S. L. (editor). 1961. *Social life of early man*. New York: Wenner-Gren.
Washburn, S. L., and I. DeVore. 1961. Social behaviour of baboons and early man, in *Social life of early man*. Edited by S. L. Washburn, pp. 91–105. New York: Wenner-Gren.
Watts, W. A., J. R. M. Allen, and B. Huntley. 1996. Vegetation history and

palaeoclimate of the last glacial period at Lago Grande di Monticchio, southern Italy. *Quaternary Science Reviews* 15:133–53.

Weber, T. 1986. Die Steinartefakte des *Homo erectus* von Bilzingsleben, in *Bilzingsleben III*. Edited by D. Mania and T. Weber, pp. 65–231. Berlin: Veröffentlichungen des Landesmuseums für Vorgeschichte Halle 39.

Weißmüller, W. 1987. Eine Freilandfundstelle des mittleren Jungpaläolithikums (Périgordien-Gravettien) am Südrand der Straubinger Senke bei Salching. Ldkr. Straubing-Bogen. *Quartär* 37–38:109–34.

——— 1995. *Sesselfelsgrotte II: Die Silexartefakte der unteren Schichten der Sesselfelsgrotte, ein beitrag zum Problem des Moustérien*. Saarbrücken: Saarbrücker Druckerei und Verlag, Quartär-Bibliothek 6.

Wellman, B., and S. D. Berkowitz (editors). 1988. *Social structures: a network approach*. Cambridge: Cambridge University Press.

Wellman, B., P. J. Carrington, and A. Hall. 1988. Networks as personal communities, in *Social structures: a network approach*. Edited by B. Wellman and S. D. Berkowitz, pp. 130–84. Cambridge: Cambridge University Press.

Wetzel, R. 1958. *Die Bocksteinschmiede mit dem Bocksteinloch der Brandplatte und dem Abhang sowie der Bocksteingrotte*. Stuttgart: Müller und Gräff.

Wetzel, R., and G. Bosinski. 1969. *Die Bocksteinschmiede im Lonetal (Markung Rammingen, Kreis Ulm)*. Stuttgart: Veröffentlichungen der Staatliche Amtes für Denkmalpflege A.15.

Whallon, R. 1984. Unconstrained clustering for the analysis of spatial distributions in archaeology, in *Intrasite spatial analysis in archaeology*. Edited by H. Hietala, pp. 242–77. Cambridge: Cambridge University Press.

——— 1989. Elements of cultural change in the later Palaeolithic, in *The human revolution: behavioural and biological perspectives on the origins of modern humans*. Edited by P. Mellars and C. Stringer, pp. 433–54. Edinburgh: Edinburgh University Press.

White, J. W. C. 1993. Climate change: don't touch that dial. *Nature* 364:186–220.

White, L. A. 1959. *The evolution of culture*. New York: McGraw-Hill.

White, M. J. 1995. Raw materials and biface variability in southern Britain: a preliminary examination. *Lithics* 15:1–20.

White, M. J., and P. P. Pettitt. 1995. Technology of early Palaeolithic western Europe: innovation, variability and a unified framework. *Lithics* 16:27–40.

White, R. 1982. Rethinking the Middle/Upper Palaeolithic transition. *Current Anthropology* 23:169–92.

——— 1989. Production complexity and standardization in early Aurignacian bead and pendant manufacture: evolutionary implications, in *The human revolution: behavioural and biological perspectives on the origins of modern humans*. Edited by P. Mellars and C. Stringer, pp. 366–90. Edinburgh: Edinburgh University Press.

——— 1993a. Introduction: Gesture and speech, in *Gesture and speech*, by A. Leroi-Gourhan, pp. xiii–xxii. Cambridge, Mass.: MIT Press.

——— 1993b. Technological and social dimensions of 'Aurignacian-age' body ornaments across Europe, in *Before Lascaux: the complex record of the Early Upper Paleolithic*. Edited by H. Knecht, A. Pike-Tay, and R. White, pp. 277–99. Boca-Raton: CRC Press.

——— 1993c. A social and technological view of Aurignacian and Castelperronian personal ornaments in SW Europe, in *El origen del hombre moderno en el suroeste de Europa*. Edited by V. Cabrera-Valdés, pp. 327–57. Madrid: Universidad de Educación a Distancia.

1997. Substantial acts: from materials to meaning in Upper Palaeolithic representation, in *Beyond art: Pleistocene image and symbol*. Edited by M. W. Conkey, O. Soffer, D. Stratmann, and N. G. Jablonski, pp. 93–121. San Francisco: Wattis Symposium Series in Anthropology, Memoirs of the California Academy of Sciences 23.

Whitelaw, T. M. 1989. The social organisation of space in hunter-gatherer communities: some implications for social inference in archaeology. Unpublished Ph.D. thesis, Cambridge University.

1991. Some dimensions of variability in the social organisation of community space among foragers, in *Ethnoarchaeological approaches to mobile campsites: hunter-gatherer and pastoralist case studies*. Edited by C. S. Gamble and W. A. Boismier, pp. 139–88. Ann Arbor: International Monographs in Prehistory, Ethnoarchaeological Series 1.

1994. Order without architecture: functional, social and symbolic dimensions in hunter-gatherer settlement organisation, in *Architecture and order: approaches to social space*. Edited by M. Parker-Pearson and C. Richards, pp. 217–43. London: Routledge.

Whittle, A. 1996. *Europe in the Neolithic: the creation of new worlds*. Cambridge: Cambridge University Press.

Wiessner, P. 1982. Risk, reciprocity and social influences on !Kung San economics, in *Politics and history in band societies*. Edited by E. Leacock and R. Lee, pp. 61–84. Cambridge: Cambridge University Press.

Williams, B. J. 1974. A model of Band Society. *Memoir of the Society for American Archaeology* 29.

1981. Hunters: the structure of bands and the structure of the brain. *Anthropology UCLA* 7:239–53.

Wilmsen, E. N. 1989. *Land filled with flies: a political economy of the Kalahari*. Chicago: University of Chicago Press.

Wilson, L. 1988. Petrography of the Lower Palaeolithic tool assemblage of the Caune de l'Arago (France). *World Archaeology* 19:376–87.

Wilson, P. J. 1980. *Man the promising primate: the conditions of human evolution*. New Haven: Yale University Press.

1988. *The domestication of the human species*. New Haven: Yale University Press.

Wobst, H. M. 1974a. Boundary conditions for Palaeolithic social systems: a simulation approach. *American Antiquity* 39:147–78.

1974b. The archaeology of Band Society: some unanswered questions. *Memoir of the Society for American Archaeology* 29:v–xiii.

1976. Locational relationships in Palaeolithic society. *Journal of Human Evolution* 5:49–58.

1977. Stylistic behaviour and information exchange, in *Papers for the Director: research essays in honor of James B. Griffin*. Edited by C. E. Cleland, pp. 317–42. Museum of Anthropology, University of Michigan, Anthropological Papers 61.

1978. The archaeo-ethnology of hunter gatherers or the tyranny of the ethnographic record in archaeology. *American Antiquity* 43:303–9.

Woillard, G. M. 1978. Grande Pile peat bog: a continuous pollen record for the last 140,000 years. *Quaternary Research* 9:1–21.

Wolf, E. R. 1988. Inventing society. *American Ethnologist* 15:752–61.

Wolpoff, M. H., F. H. Smith, M. Malez, J. Radovcic, and D. Rukavina. 1980. Upper Pleistocene human remains from Vindija Cave. *American Journal of Physical Anthropology* 54:499–545.

Woodburn, J. 1980. Hunters and gatherers today and reconstruction of the past, in *Soviet and Western Anthropology*. Edited by E. Gellner, pp. 95–117. London: Duckworth.

———. 1982. Egalitarian societies. *Man* 17:431–51.

———. 1991. African hunter-gatherer social organization: is it best understood as a product of encapsulation? in *Hunters and gatherers. Volume I: History, evolution and social change*. Edited by T. Ingold, D. Riches, and J. Woodburn, pp. 31–64. New York: Berg.

Woodcock, A. 1981. *The Lower and Middle Palaeolithic periods in Sussex*. Oxford: British Archaeological Reports 94.

Wrangham, R. W. 1980. An ecological model of female-bonded primate groups. *Behaviour* 75:262–99.

Wylie, A. 1993. A proliferation of new archaeologies: 'beyond objectivism and relativism', in *Archaeological theory: who sets the agenda?* Edited by N. Yoffee and A. Sherratt, pp. 20–6. Cambridge: Cambridge University Press.

Wymer, J. J. 1968. *Lower Palaeolithic archaeology in Britain, as represented by the Thames valley*. London: John Baker.

———. 1985. *Lower Palaeolithic sites in East Anglia*. Norwich: Geo Books.

———. 1996. The English rivers Palaeolithic survey, in *The English Palaeolithic reviewed*. Edited by C. S. Gamble and A. J. Lawson, pp. 7–22. Salisbury: Trust for Wessex Archaeology.

Wynn, T. 1988. Tools and the evolution of human intelligence, in *Machiavellian intelligence*. Edited by R. Byrne and A. Whiten, pp. 271–84. Oxford: Clarendon Press.

———. 1989. *The evolution of spatial competence*. Urbana: University of Illinois Press.

———. 1993a. Two developments in the mind of early *Homo*. *Journal of Anthropological Archaeology* 12:299–322.

———. 1993b. Layers of thinking in tool behaviour, in *Tools, language and cognition in human evolution*. Edited by K. Gibson and T. Ingold, pp. 389–406. Cambridge: Cambridge University Press.

Yellen, J. E. 1977. *Archaeological approaches to the present. Models for reconstructing the past*. New York: Academic Press.

Yellen, J. E., and H. Harpending. 1972. Hunter-gatherer populations and archaeological inference. *World Archaeology* 3:244–52.

Yoffee, N., and A. Sherratt (editors). 1993. *Archaeological theory: who sets the agenda?* Cambridge: Cambridge University Press.

Zagwijn, W. H. 1992a. Migration of vegetation during the Quaternary in Europe, in *Mammalian migration and dispersal events in the European Quaternary*. Edited by W. von Koenigswald and L. Werdelin, pp. 9–20. *Courier Forschungsinstitut Senckenberg* 153.

———. 1992b. The beginning of the ice age in Europe and its major subdivisions. *Quaternary Science Reviews* 11:583–91.

Zampetti, D., and M. Mussi. 1988. Du Paléolithique moyen au Paléolithique supérieur dans le Latium (Italie centrale), in *L'Homme de Néandertal*. Edited by M. Otte. vol. VIII, *La Mutation*, edited by J. K. Kozlowski, pp. 273–88. Liège: ERAUL 35.

———. 1991. Segni del potere, simboli del potere: la problematica del Paleolitico Superiore italiano, in *The archaeology of power*, Part 2. Edited by E. Herring, R. Whitehouse, and J. Wilkins, pp. 149–60. London: Accordia Research Centre, Papers of the Fourth Conference of Italian Archaeology.

Zavernyaev, T. M. 1978. *Xhotylevo*. Leningrad: Nauka.

Zeuner, F. E. 1959. *The Pleistocene period*. London: Hutchinson.

Zihlman, A. 1978. Women in evolution, part II: subsistence and social organisation in early hominids. *Signs. Journal of Women in Culture and Society* 4:4–20.

Zilhao, J. 1988. The early Upper Palaeolithic of Portugal, in *The early Upper Paleolithic: evidence from Europe and the Near East*. Edited by J. F. Hoffecker and C. A. Wolf, pp. 135–55. Oxford: British Archaeological Reports, International Series 437.

———. 1993. Le passage du Paléolithique moyen au Paléolithique supérieur dans le Portugal, in *El origen del hombre moderno en el suroeste de Europa*. Edited by V. Cabrera-Valdés, pp. 127–46. Madrid: Universidad de Educación a Distancia.

Zubrow, E. 1989. The demographic modelling of Neanderthal extinction, in *The human revolution: behavioural and biological perspectives on the origins of modern humans*. Edited by P. Mellars and C. Stringer, pp. 212–32. Edinburgh: Edinburgh University Press.

Zvelebil, M. (editor). 1986. *Hunters in transition: Postglacial adaptations in the temperate regions of the Old World*. Cambridge: Cambridge University Press.

訳者あとがき —— 解説にかえて ——

田 村　　隆

　クライブ・ギャンブル著『ヨーロッパの旧石器社会（The Palaeolithic Societies of Europe）』はケンブリッジ・ワールド・アーキオロジーの一巻として書き下ろされたものである。ちなみに，同シリーズはノーマン・ヨッフィーが監修し，スーザン・アルコック，トム・ディレイ，クリス・ゴスデン，カーラ・シノポリが編纂委員に名を連ねているが，最新の方法論による資料解釈と，新しい解釈のための枠組の提示を目的とするものであるという。また，人類学や歴史学などといった関連諸分野との連携も重視されているが，まさしくギャンブルの著作はこのシリーズの理念に沿ったものといえるだろう。参考までに補足しておくと，ギャンブルが序文で触れているビンフォードの大著『参照軸の構築（Constructing Frames of Referennce）』も2001年にカリフォルニア大学からようやく刊行され，ここに旧石器時代研究のための必携文献が相継いで公刊されたことになる。

　外国文献に疎い訳者がはじめてギャンブルの論文に接したのは，田島新氏に複写していただいたジョフ・ベイリー編『先史時代狩猟・採集民の経済学（Hunter-Gatherer Ecomomy in Prehistory）』所収「上部旧石器時代のヨーロッパにおける経済と社会（巻末文献参考）」および「エピルス再訪－ギリシャ北西部地域上部旧石器時代遺跡における季節性と遺跡間変異－（Epirus revisited:seasonality and inter-site variation in the Upper Palaeolithic of north-west Greece.）（ベイリー，パット・カーター，ヘレン・ヒッグスと共著）」であった。この論文集にはヨーロッパの旧石器時代に関する16編の論文が集められているが，多岐にわたる内容と斬新な方法論の提示は，当時（1983年）における旧石器考古学の到達点を示すものと評価することができるだろう。

　ギャンブルの論考「上部旧石器時代のヨーロッパにおける経済と社会」は上部旧石器における洞穴壁画やポータブル・アートの発生と普及の背景を考察したものであるが，そこでは情報交換と情報交換を可能にした社会的な諸関係（同盟関係）に焦点があてられていた。興味深いことに，同書にはこれと同じテーマを扱ったジョチムの論考「旧石器時代の洞穴壁画と生態学的視点（Palaeolithic cave art in ecological perspective）」も収録されており，ここでは生態学的制約条件とそれへの文化的な適応が主調音となっていた。この時点におけるこうした関心の違いが，以後の両者の歩みを決定づけたわけである（ジョチムの近著については安斎2001「長野県神子柴遺跡の象徴性」（『先史考古学論集』第10集所収）参照）。なお，ヒッグスらとの共著は，いわゆるサイト・キャッチメント分析による移動パターンの実証的な研究であった。

　さて，クライブ・ギャンブルについてはストリンガーとの共著『ネアンデルタール人の探求（邦訳：ネアンデルタール人とは誰か）』が朝日選書の一冊として1997年に訳出されており，わが国でも周知の人物であろう。現在はサウサンプトン大学教授兼「人類起源に関する考古学研究センター（CAHO）」のディレクターという肩書きになっている。ケンブリッジ大学の出身であり，学位論文

は1978年に提出されている。そのタイトルは「西ヨーロッパにおける動物群集とその先史経済との関係（Animal Comunities and their Relationship to Prehistoric Economies in Western Europe）」であった。このタイトルを見ると，大学院時代の研究は生態学系のものであったらしいが（これと同年度に刊行されている論文も進化生態学の分野を取り扱っていた。巻末文献参照），このキャリアは本書における生態的ニッチをめぐる議論にその片鱗をうかがうことができるのかもしれない。

最初の著書は『ヨーロッパ旧石器時代のセトルメント（The Palaeolithic Settlement of Europe）』であり，ケンブリッジ大学出版シンジケートから1986年に刊行された。じつはこれもケンブリッジ・ワールド・アーキオロジーの一冊であり，ビンフォードの序文が付されている。このことからもわかるように，この著書の通奏音調はミドルレンジ・リサーチにあった。社会に関しては第7章「人口学とスタイル」および第8章「社会，堆積層並びにセトルメント」で議論されているが，この段階におけるギャンブルの社会認識は，一定の生態系に組み込まれていた特定の人口集団をその同盟関係と情報交換網の結節環として把握しようとする位相にあり（同書54〜59頁），生態系−人口という古典的な基礎の上に構想されたものであった。ここで主題化されているのは世界を身分け・言分けする主体によって日常的に再生産されている社会というよりも，むしろ考古学者によって言分けされたセトルメントであったというべきであろう。

ところで，『ヨーロッパ旧石器時代のセトルメント』が刊行された翌年にはシャンクスとティリーによる『社会理論と考古学（Social Theory and Archaeology）』が出された。また，すでにギャンブルが学位請求論文を提出した年にはホダーの『象徴作動態（Symbols in Action）』が刊行されており，ケンブリッジはポスト・プロセス考古学の牙城となりつつあった。ギャンブルはいち早くサウサンプトンに転出しており，また，ビンフォードらとの親交もひとかたならぬものがあったらしく，むしろ冷静・沈着な対応に終始していたように見えたが，本書によってその旗幟をようやく鮮明にしたかのごとくである。

本書刊行後，ルートリッジのベーシックス・シリーズに，一般向けの考古学入門書である『ベーシック考古学（Archaeology:The Basics）』が加えられており，考古学の理論や方法に関心のある向きは一読するとよいだろう。手頃なボリュームであり，また本書よりはるかにわかりやすく記述されており，機会があれば邦訳したいと考えている。

●

さて，本書は「下部旧石器時代のホルドについては，嘆かわしいほどの資料しかなく，社会組織を示すような資料も驚くほど少ないか，まったく欠落している。こうしたがらくたしかないので，いかなる一般化も不可能である」というチャイルドの断念に対する異議申し立てであり，不敵な挑戦であるともいえるだろう。嘆かわしいほど少量の資料しかないのではけっしてない。資料ならふんだんにある。膨大な石器群とセトルメントの詳細な記録，さらにさまざまな要因で埋没した動・植物遺体や堆積層に関する最新のデータ等々，これほどの資料がありなながら，諸君はいったい何が不満だというのか。問題は資料を見る「解釈学的基底」（クーン）なのだ，というわけである。

第2章において挑戦のための定位点が示される。ここでの定位点とはハインドによるアプロー

チ・モデルとギデンズの構造化モデルであるが，構造化モデルはアプローチ・モデルを与件としている。まず，アプローチ・モデルであるが，これを煎じ詰めれば超越論的言語のエポケー（否定ではないことに注意）ということになろう。これまでの社会考古学あるいは文化人類学の長い伝統の中で醸成されてきた天下り的な参照点をいったん棄却（エポケー）し，個人の切り結ぶ関係的な世界を出発点とし，そうした関係の重層的な展開を考察することが社会考古学の課題である，とされているが，こうしたアプローチは**ボトムアップ・アプローチ**と呼ばれる。これに対して，なお多くの研究者が依拠している天下り的な概念規定によって組み上げられた社会を対象とする，いわば仮構の方法論的基盤に立つ方法論は**トップダウン・アプローチ**という。

だが，私たちは一見すると恣意的に他者と関係しているように見えるが，事実，私はその時々の，あるいはその場に応じて自在に振る舞っているように感じることもあるが，私たちの帰属する，また私たちのつくりあげている社会はあるまとまりをもち，いつもすでに，私たちを束縛し，あるいは，ひとときの自由を許容しているのではないだろうか。これがギデンズのいう**構造的二重性**という事態にほかならない（ギデンズについては『社会理論の最前線』ハーベスト社刊1989参照）。ギデンズが，ソシュール（厳密には『講義』草稿におけるソシュールというべきかもしれないが）を批判するオースチンらの遂行論的言語観の強い影響下にあることは明らかであるが，ボトムアップ・アプローチに依拠するかぎりは，いかなる社会も主体的行為者の行動によって媒介され，また，そのような行動によって不断に社会が生成されるという視点，つまり構造的二重性という概念を手放すことはできないであろう。

それでは，私たちの関係的な世界とはどのように組織化されているのだろうか。ギャンブルは明言していないが，この始点は性・労働（身分け）および言語（言分け）という範疇にもとめられる。いうまでもないが各範疇措定は学理的物象化の帰結であり，関係的位相の分析的分節化でもある。このように抽象化するとわかりにくいが，私たちには性的関係によって結ばれた家族があり，日々の糧を得る労働の場があり，まとまりのあるコミュニティーが形成されている。さらに，その上部には法的言語の体系としての民族国家が屹立している，といったことならば誰しも納得するであろう。本質的にいって，この関係構造は人類社会の登場をもって開始されたと考えられる（ただし，このようなスキーム自体が近代的知の基本的構図であるというフーコーの指摘には自覚的であらねばならないが）。

第2章ではこうした関係的世界は階層化され，ネットワーク構造といいかえられている。いうまでもなく，ネットワークは階層化されているが，その中心には主体・個人が座を占め，彼らの行動によってはじめてネットワークは生動化する。かくして，**親密なネットワーク，日常的なネットワーク，拡張されたネットワーク，グローバルなネットワーク**という4層構造が主体を中心に同心円上に広がっていくことになる。さらに，このネットワークを支え，またネットワークを往来するコンポーネント，つまり資源（本）として，**情緒**（愛憎によってよく表現される気持ち），**物質**（経済学的な意味での資本はこの部分性であるにすぎない）ならびに**象徴**（言語の恣意性に胚胎する）が措定される。こうした多様な資源は各ネットワークにおいて固有の位置価を割り振られているがゆえに，またつねにそこから逸脱しようとするがゆえに，関係的な世界としての社会は構造的二重

性を帯び，あるまとまりにむかって収斂しようとする。これがギャンブルの，いやギデンズらの社会理論の俯瞰図といえるだろう。

●

　ここで社会という劇場世界のレイアウトは定められた。しかし，まだそこにいるはずの社会的演者の身のこなしは見えていないばかりか，劇場世界自体を立ち上げることもできない。劇場世界における演者が自ずと語り出し，吾知らず身を振るためには，さらにいくつかの道具立てが必要である。

　日常生活の中における，換言すれば重層的なネットワーク構造の内部における主体の布置を**場**という。主体がネットワークの網目を往還するルートを**道**あるいは**径**という。ある主体の印す道あるいは径が，他の何もの（ヒトの場合もあるし，そうでないこともある）かの道径と交差する結節を**辺**と呼ぶ。径における特別な場所との交差も辺と呼ばれる。また，道径に沿って，他の何ものかと何らかのやりとりがなされる場およびやりとり行動を**ギャザリング**と定義する。定義により，ギャザリングの内容はそこで行使される資源の性格によって異なったものになるが，狩猟・採集行動における動植物との遭遇と捕獲・採集はもっともわかりやすいギャザリングである。ギャザリングのうち特有の社会的パフォーマンス，とくにネゴシエーションを伴うものを**社会的な場面性**，あるいは**意識された場**ともいうことがある。

　さて，ここで演者が登場する。かれは道径を往還し，辺においてあたりを見回し，時にギャザリングやネゴシエーションを繰り広げる。しかし，それは筋書きのないドラマであった。この問題を考えるためには迂路を経なければならないだろう。

　『ヨーロッパ旧石器時代のセトルメント』刊行後，もっとも英米の考古学者に衝撃を与えた書物の一つにルロワ・グーランによる『身ぶりと言葉（Le Geste et la Parole）』の英訳があげられよう。本書はすでに昭和48年に荒木亨による寺田和夫の序文付き邦訳が出されており（本書引用も荒木訳に準拠している），一部では高く評価されていたにもかかわらず，わが国では考古学の分野で引用されることは少なかったようである。海外で英訳本が反響を呼んだ理由は，ランドール・ホワイトによる英訳本序文の影響もさることながら，そこに人類進化に関する理論的曙光が見いだされたからにほかならない。

　ルロワ・グーランは次のようにいっている。

①人間の進化はすべて，人間を除く動物界で種の適応に相当する部分を人間の枠外に置こうとすることと一致している。もっともいちじるしい物質的な事実は，たしかに道具の〈解放〉ではあるが，実際の基本的な事実は言葉の解放であり，人間がその記憶を自分の外，社会組織体の中に置くことができるという，例のない資質である（邦訳233頁）。

②道具は動作をめぐってしか存在しない（同234頁）。

③狩猟者やその後の農民や職人などの技術生活は，物質的に生存するうえで，多岐にわたる行為に対応した数多くの動作の連鎖を含んでいる。これらの鎖は経験的であり，世代から世代へ伝えられた集団の伝統から取り入れられている（同249頁）。

④これ（訳者注：鞴や婚姻形式といったありふれた文化要素）を一民族の〈精神〉の表現に変えてしまう民族的な特殊性というのは，言語では分類しがたいところで，特有の価値をもつとともに，集団の文化の総体がひたっている様式なのである（同270頁）。

⑤様式の浸透は，日常的な慣習〔行動例〕や，その枠の中の深いところでなされ，明晰な意識の外にある。技術作業の場合と同じく，それは引き続く数世代の生活に痕跡を残す。ある種の態度，礼儀や伝達のある種の身振り，歩みのリズム，食事作法，衛生の作法などは，世代を通じて伝わっていく民族の音調なのである（同271頁）。

⑥それゆえ民族の様式は，集団に特有な形や価値やリズムの引受け方であると定義できよう（同272頁）。

ここによく知られた**動作の連鎖**という概念がはじめて提示されることになる。①を迂闊に読むと，道具の使用や言葉の使用が人類の証であるといった陳腐な指摘であるように見える。しかし，そんなことはどこにも書かれていない。これに関連して二つほど引用しておく。「人間が──文字どおりでなり，比喩的な意味でなり──この共同体の成員であるかぎりにおいてのみ，各個人は自分を所有者または占有者とみるのである。労働の過程による現実の領有は，こうした先行条件のもとでおこなわれる。それは労働の所産ではなく，労働の自然的な，もしくは天与の先行条件である」（『グルントリッセ』市川訳，未来社版）。なお，この著者は「言語そのものは，共同体の所産であるとともに，他面からみれば，それじたい，共同体の宿るところであり，いわずと知れた共同体じたいである」（同書）と周到に注記している。

また，こうした指摘もある。「人間が樹立する事物間の絆は，事物に先立って存在し，事物を決定する働きをなす。他の場所（ailleurs）においては事物すなわち，与えられた対象が存在し，ついでそれをさまざまな視点から観察することができる。此処（ici）においては，それが正しいにせよ誤っているにせよ，まず在るものは視点だけであって，人間はこの視点によって二次的に事物を創造する。（中略）いかなる事物も，いかなる対象も，一瞬たりとも即自的には与えられていない」（「ソシュール手稿」：丸山圭三郎『ソシュールの思想』岩波書店所収）。この二つの引用によって①の含意するところはほぼ尽くされているように見える。

②以下が動作の連鎖の理論的射程を論じた箇所である。まず②で，モノ一般（抽象的事物）と道具との違いが説明されるが，このことをハイデガーは『存在と時間』第3章「世界の世界性」において「そのつど道具に合わせて裁断された交渉のうちでのみ，道具は純正におのれの存在においておのれを示すことができる」（中央公論社版158頁）といっている。「裁断された交渉」とは何だかわからないかもしれないが，ハンマーという道具を例にとれば，ハンマーで釘を打つ行為をいう。

③で動作の連鎖という用語が登場するが，これは学習の結果身につく技術生活という全体性であることが指摘されている。つまり，技術生活は父祖伝来の身体技法であり，父祖と自己との絆を民族とすれば，それは，まさしく民族性を表現する〈様式（スタイル）〉ということになろう。そして，民族と民族との異差性に価値が淵源する（④）。ここでは，アン・ソワな様式などどこにも存在しない。存在するのは様式と様式の異差性，つまり価値のみだ，というラジカルな立場が表明されている（だからこそ「特殊性」ということができる）。この価値が「言語では分類しがたい」も

のであるというのは，身体技法をめぐる異差性であるということであるが，同時に価値とは時間性であり，したがって，まったく無根拠である（恣意的な，といってもよい。つまり父祖がそうしたからそうするのであって，なにがしかの合理的な判断が介在しているわけではない）というもう一つの意味がこめられていることも読み込んでおきたい。

⑤は読むとおりの内容である。「明晰な意識」とはデカルトのコギトにほかならない。ここからは，「ハビトゥス」（ブルデュー）や「記憶痕跡」（ギデンズ）までは半歩しかない。逆に，ミズンらのプラグマチックな立場（したがって誤った道を歩むいわゆる認知考古学も含む）とは千里の径庭が介在している。さらに，アフォーダンス理論がにわかに身近なものに感得されるであろう。とくに動作の連鎖とはリズムの持続であるという指摘におけるリズムとは，アフォーダンスの地平における身体所作というほかはないだろう。⑥は最終テーゼであり，「民族の様式」とは私たちのいう文化であることが確認できるであろう。

●

以上，動作の連鎖という重要な概念の内容について検討を加えた。これは訳者によるルロワ・グーランの読解であり，必ずしもギャンブルの意図するところとは合致しないかもしれないが，社会という劇場世界における演者の立ち居振る舞いとはかくのごとく理解されるのではないだろうか。

さて，すでに瞥見したように，ギャンブルによって想定された資源とネットワークは，今や客観性の側から主観性の側に引き寄せられなければならない。これまでの多くのシステム論的構図の致命的な欠陥は，そこにおける環境あるいは生態系なるものが客観の側に，いいかえれば主体の外部にあるものと考えられてきたことである。しかし，これほど馬鹿げた議論はないだろう。客観的な環境，あるいは環境一般などどこにも存在しないからである。いいかえれば，道具は動作をめぐってしか存在しない，というルロワ・グーランの発言を先に引用したが，環境も動作をめぐってしか存在しないからである。

このような事態をギャンブルは**動景**と規定している。動景とは聞き慣れない用語であるが（事実インゴルドの造語であるという），動というのは文字どおり「動く」という意であり，また「運動する」あるいは「動作」という意味もこめられている。そして景とはいうまでもなく景観をいう。動作は連鎖し，リズムが持続することによって，アフォーダンスも推移するであろう。逆に，景観の与えてくれるアフォーダンスにリズムが随伴するといえるのかもしれない。動景という概念は**習俗としての景観**に陸続する。時系列に沿って移りゆく動景，つまり人の生誕から死に至る長い人生の中で濃密な関係を累積していく。この関係の広がりを習俗としての景観という。

この景観は身体化された「民族の音調」あるいは「民族の様式」を具備した同族性，および同族性固有のネットワーク構造によって形成されているが，同族が概念的に成立するためには異族がいなければならない。そこにはさまざまな水準性が想定できるにせよ，異族観念の欠落する同族性など原理的に想定しようがないが（したがって交換はつねに共同体間交通として成立する），異族性が対象化されるところで社会的な景観が概念化される。すなわち，この概念は自己のアイデンティティーの表出と同義であるといえるだろう。

以上の用語解説によってギャンブルの基本的な分析概念は出そろったことになる。第4章以下では時代を追って膨大な資料が提示されているが，ギャンブル独特の分析装置を理解し，そこに通底する理念をわがものにしさえすれば，その文体は明晰で，かつ平易に映る。それでは，ギャンブルの挑戦によってチャイルドの宣告は完全に過去のものとなったのだろうか。また，今なお先験的な理念にしがみついている社会人類学は一掃されるのだろうか。この問いへの答えは読者各位にゆだねたいが，訳者の私見によれば，たしかにチャイルドの宣告は無効となった。また，先史社会を対象とする社会人類学の理論的・方法論的革新についても，少なくとも，その最初の一歩は印されたのではないだろうか。

　一方，わが国の旧石器考古学にとっても得るところは少なくないように見える。たしかに，石器群しか資料として遺存しないという大きな制約はあるが，すでに蓄積されている後期旧石器石器群に関する良質なデータは，世界的に見ても比類のないものであると考えられるからである。また，遺跡調査事例の多さも際だっており，逆に外国における遺跡の僅少さがいぶかしく思われる。昨今，こうした，長い年月をかけて培われてきた旧石器考古学に対して厳しい批判が寄せられていることも事実であるが，本書を通読してみても納得されるように，わが国の資料精度の高さが世界的な水準にあることを疑うことはできないだろう。このファイン・グレインな資料をいかに活用しうるのか，本書は多くの示唆を与えてくれるはずである。

　安斎正人氏には本訳書出版の斡旋の労をとっていただいた。多くの誤訳や発音表記の誤りがあることを危惧する。また，都合により目次と写真の一部，索引のすべてを省略させていただいた。乞寛恕。

(筆者：千葉県立房総風土記の丘学芸課勤務)

ヨーロッパの旧石器社会

2001年12月30日発行	
著　者	C・ギャンブル
訳　者	田村　　隆
発行者	山脇　洋亮
印　刷	㈱深高社
	モリモト印刷㈱

発行所　東京都千代田区飯田橋4-4-8 東京中央ビル内　同成社
TEL 03-3239-1467　振替 00140-0-20618

printed in Japan　The Dohsei Publishing co.
ISBN4-88621-233-6 C3022